U0647113

浙 江 大 学 文 科 高 水 平 学 术 著 作 出 版 基 金
受　科技部科技创新2030“脑科学与类脑研究”重大项目　资助
中 央 高 校 基 本 科 研 业 务 费 专 项 基 金

神经科学与社会丛书

丛书主编：唐孝威　罗卫东

执行主编：李恒威

心智考古学

人类情绪的神经演化起源

THE ARCHAEOLOGY OF MIND

NEUROEVOLUTIONARY ORIGINS OF HUMAN EMOTIONS

［美］雅克·潘克塞普（Jaak Panksepp）［英］路茜·彼文（Lucy Biven）著

王昊晟　李恒威　译

W. W. NORTON & COMPANY

NEW YORK · LONDON

ZHEJIANG UNIVERSITY PRESS

浙江大学出版社

·杭州·

图书在版编目（CIP）数据

心智考古学：人类情绪的神经演化起源 /（美）雅克·潘克塞普（Jaak Panksepp），（英）路茜·彼文（Lucy Biven）著；王昊晟，李恒威译. —杭州：浙江大学出版社，2023.8(2024.5 重印)

书名原文：The Archaeology of Mind: Neuroevolutionary Origins of Human Emotions

ISBN 978-7-308-23935-6

Ⅰ.①心… Ⅱ.①雅… ②路… ③王… ④李… Ⅲ.①行为考古学—研究 Ⅳ.①C912.4

中国国家版本馆 CIP 数据核字(2023)第 123905 号

心智考古学：人类情绪的神经演化起源

［美］雅克·潘克塞普（Jaak Panksepp）［英］路茜·彼文（Lucy Biven）著
王昊晟 李恒威 译

责任编辑 陈佩钰
文字编辑 金 璐
责任校对 宁 檬
封面设计 雷建军
出版发行 浙江大学出版社
（杭州市天目山路 148 号 邮政编码 310007）
（网址：http://www.zjupress.com）
排 版 杭州青翊图文设计有限公司
印 刷 杭州宏雅印刷有限公司
开 本 710mm×1000mm 1/16
印 张 39
字 数 599 千
版 印 次 2023 年 8 月第 1 版 2024 年 5 月第 2 次印刷
书 号 ISBN 978-7-308-23935-6
定 价 128.00 元

浙江大学出版社市场运营中心联系方式：0571－88925591；http://zjdxcbs.tmall.com

谨以此书献给

蒂娜·亚历山德拉·潘克塞普(Tiina Alexandra Panksepp,1975—1991)

总　序

每门科学在开始时都曾是一粒隐微的种子，很多时代里它是在社会公众甚至当时主流的学术主题的视野之外缓慢地孕育和成长的；但有一天，当它变得枝繁叶茂、显赫于世时，无论是知识界还是社会公众，都因其强劲的学科辐射力、观念影响力和社会渗透力而兴奋不已，他们会对这股巨大力量产生深入的思考，甚至会有疑虑和隐忧。现在，这门科学就是神经科学。神经科学正在加速进入现实和未来；有人说，“神经科学正在把我们推向一个新世界”；也有人说，“神经科学是第四次科技革命”。对这个新世界的革命，在思想和情感上，我们需要高度关注和未雨绸缪！

脑损伤造成的巨大病痛，以及它引起的令人瞩目或离奇的身心变化是神经科学发展的起源。但这个起源一开始也将神经科学与对人性的理解紧紧地联系在一起。早期人类将灵魂视为神圣，但在古希腊著名医师希波克拉底（Hippocrates）超越时代的见解中，这个神圣性是因为脑在其中行使了至高无上的权力：“人类应该知道，因为有了脑，我们才有了乐趣、欢笑和运动，才有了悲痛、哀伤、绝望和无尽的忧思。因为有了脑，我们才以一种独特的方式拥有了智慧、获得了知识；我们才看得见、听得到；我们才懂得美与丑、善与恶；我们才感受到甜美与无味……同样，因为有了脑，我们才会发狂和神志昏迷，才会被畏惧和恐怖所侵扰……我们之所以会经受这些折磨，是因为脑有了病恙……”即使在今天，希波克拉底的见解也是惊人的。这个惊人见解开启了两千年来关于灵与肉、心与身以及心与脑无尽的哲学思辨。历史留下了一连串的哲学理论：交互作用论、平行论、物质主义、观念主义、中立一元论、行为主义、同一性理论、功能主义、副现象论、涌现论、属性二元论、泛心论……对于后来者，它们会不会变成一处处曾经辉煌、供人凭吊的思想废墟呢？

现在心智研究走到了科学的前台，走到了舞台的中央，它试图通过理解心智在所有层次——从分子，到神经元，到神经回路，到神经系统，到有机体，到社会秩序，到道德体系，到宗教情感——的机制来解析人类心智的形式和内容。

20 世纪末，心智科学界目睹了“脑的十年”(the decade of the brain)，随后又有学者倡议“心智的十年”(the decade of the mind)。现在一些主要发达经济体已相继推出了第二轮的“脑计划”。科学界以及国家科技发展战略和政策的制定者非常清楚地认识到，脑与心智科学(认知科学、脑科学或神经科学)将在医学、健康、教育、伦理、法律、科技竞争、新业态、国家安全、社会文化和社会福祉方面产生革命性的影响。例如，在医学和健康方面，随着老龄化社会的迫近，脑的衰老及疾病(像阿尔茨海默病、帕金森综合征、亨廷顿病以及植物状态等)已成为影响人类健康、生活质量和社会发展的巨大负担。人类迫切需要理解这些复杂的神经疾病的机理，为社会福祉铺平道路。从人类自我理解的角度看，破解心智的生物演化之谜所产生的革命性影响，有可能使人类有能力介入自身的演化，并塑造自身演化的方向；基于神经技术和人工智能技术的人造智能与自然生物智能集成后会在人类生活中产生一些我们现在还无法清楚预知的巨大改变，这种改变很可能会将我们的星球带入一个充满想象的“后人类”社会。

作为理解心智的生物性科学，神经科学对传统的人文社会科学的辐射和“侵入”已经是实实在在的了：它衍生出一系列“神经 X 学”，诸如神经哲学、神经现象学、神经教育学或教育神经科学、神经创新学、神经伦理学、神经经济学、神经管理学、神经法学、神经政治学、神经美学、神经宗教学等。这些衍生的交叉学科有其建立的必然性和必要性，因为神经科学的研究发现所蕴含的意义已远远超出这个学科本身，它极大地深化了人类对自身多元存在层面——哲学、教育、法律、伦理、经济、政治、美、宗教和文化等——的神经生物基础的理解。没有对这个神经生物基础的理解，人类对自身的认识就不可能完整。以教育神经科学为例，有了对脑的发育和发展阶段及运作机理的恰当认识，教育者就能“因地制宜”地建立更佳的教育实践和制定更适宜的教育政策，从而使各种学习方式——感知运动学习与抽象运算学习、正式学习与非正式学习、传授式学习与自然式学习——既能各得其所，又能自然地相互衔接和相得益彰。

“神经X学”对人文社会科学的“侵入”和挑战既有观念和方法的一面，也有情感的一面。这个情感的方面包括乐观的展望，但同时也是一种忧虑，即如果人被单纯地理解为复杂神经生物系统的过程、行为和模式，那么与生命相关的种种意义和价值——自由、公正、仁爱、慈悲、憧憬、欣悦、悲慨、痛楚、绝望——似乎就被科学完全蚕食掉了，人文文化似乎被此新一波神经科学文化的大潮淹没，结果人似乎成了一种生物机器，一具哲学僵尸(zombie)。但事实上，这个忧虑不可能成为现实，因为生物性从来只是人性的一个层面。相反，正像神经科学家斯蒂文·罗斯(Steven Rose)告诫的那样，神经科学需要自我警惕，它需要与人性中意义性的层面“和平共处”，因为“在‘我’(别管这个‘我’是什么意思)体验到痛时，即使我认识到参与这种体验的内分泌和神经过程，但这并不会使我体验到的痛或者愤怒变得不‘真实’。一位陷入抑郁的精神病医生，即使他在日常实践中相信情感障碍缘于5-羟色胺代谢紊乱，但他仍然会超出‘单纯的化学层面’而感受到存在的绝望。一个神经生理学家，即使能够无比精细地描绘出神经冲动从运动皮层到肌肉的传导通路，但当他‘选择’把胳膊举过头顶时，仍然会感觉到他在行使‘自由意志’”。在神经科学中，“两种文化”必须协调！

从社会的角度看，神经科学和技术在为人类的健康和福祉铺平道路的同时，还带来另一方面的问题，即它可能带来广泛而深刻的人类伦理问题。事实上，某些问题现在已经初露端倪。例如，我们该如何有限制地使用基因增强技术和神经增强技术？读心术和思维控制必须完全禁止吗？基因和神经决定论能作为刑事犯罪者免除法律责任的理据吗？纵观历史，人类发明的所有技术都可能被滥用，神经技术可以幸免吗？人类在多大程度上可承受神经技术滥用所带来的后果？技术可以应用到人类希望它能进入的任何可能的领域，对于神经技术，我们能先验地设定它进入的规则吗？至少目前，这些问题都还是开放的。

2013年年初，浙江大学社会科学研究院与浙江大学出版社联合设立了浙江大学文科高水平学术著作出版基金，以提升人文社会科学学术研究品质，鼓励学者潜心研究、勇于创新，通过策划出版一批国内一流、国际上有学术影响的精品力作，促进人文社会科学事业的进一步繁荣发展。

经过前期多次调研和讨论，基金管理委员会决定将神经科学与人文社会科学的互动研究列入首批资助方向。为此，浙江大学语言与认知研究中心、浙江大学物理系交叉学科实验室、浙江大学神经管理学实验室、浙江大学跨学科社会科学研究中心等机构积极合作，并广泛联合国内其他相关研究机构，推出"神经科学与社会"丛书。我们希望通过这套丛书的出版，能更好地在神经科学与人文社会科学之间架起一座相互学习、相互理解、相互镜鉴、相互交融的桥梁，从而在一个更完整的视野中理解人的本性和人类的前景。

唐孝威　罗卫东

2016年6月7日

致　谢

我们要感谢很多人。雅克的妻子阿奈莎·米勒(Anesa Miller)阅读并编辑了全部书稿,感谢她给予的支持和提出的建议。她是在接受淋巴瘤药物治疗期间完成这项繁重工作的。同时,雅克正在与另一种不同类型的淋巴瘤做斗争(万幸的是,他们两人的身体目前都完全康复了)。雅克是华盛顿州立大学兽医学院兽医比较解剖学、药理学与生理学系(Veterinary Comparative Anatomy, Pharmacology, and Physiology, VCAPP)动物福利研究中心的成员,他感谢所有让追求科学再次成为一件快乐的事的同事们。这期间,雅克实验室主管谢里·西克斯(Sheri Six)竭尽全力,兢兢业业,保证实验室工作正常运转,这在现代科学时代是一件令人生畏的任务。她也独具慧眼地仔细阅读了书稿,并专心致力于将动物谨慎地用于研究用途。在过去的一年里,受人爱戴和令人尊敬的同事马克·索尔姆斯(Mark Solms)对每一章都提供了有益和热心的意见。在本书即将出版的最后阶段,蒂姆·莱昂斯(Tim Lyons)(以前的一位学生,不过现在已不仅仅是一名学生了)在2010年夏末返回学校数周,对书稿做最后润色工作,他字斟句酌,使文字更流畅。他的精力和奉献,特别是他作为第二职业的临床/咨询(在他作为律师的大部分职业生涯之后)训练,使得本书有了实质性改进。

雅克感谢华盛顿州立大学相关理科系和爱达荷大学(University of Idaho)人文系所有友善的同事,在他的第三次学术生涯的过去六年中,他们给予了诚恳的支持和关爱。雅克于1969年在马萨诸塞大学(University of Massachusetts)获得博士学位后,先后在苏塞克斯大学(University of Sussex)

和伍斯特实验生物学基金会(Worcester Foundation for Experimental Biology)做博士后研究。雅克对动物脑的初级过程情绪研究的见解成形于他在博林格林州立大学(Bowling Green State University,BGSU)长达30年的工作期间,这些工作在其他地方几乎是不可能进行的,也正是在这期间,他由助理教授晋升为心理生物学特聘教授。在提前退休之后,一定程度上由于医疗问题,加之他女儿蒂娜(Tiina)的早逝,雅克加盟西北大学法尔科分子治疗学研究中心(Falk Center for Molecular Therapeutics),在乔伊·莫斯卡(Joe Moskal)、罗杰·克勒斯(Roger Kroes)和杰夫·伯格多夫(Jeff Burgdorf)的友情、智慧和研究支持下,从事情感心智的遗传学研究。他与许多以前的同事继续合作,特别是进行情绪脑的遗传学研究,渴望达到确定新神经化学通路的目标,正是这些通路控制着哺乳动物的情绪。他感谢BGSU诸位同事,特别是弗恩·宾曼(Vern Bingman)和凯西·克伦威尔(Casey Cromwell),他们为庆祝雅克的工作成就,在2010年5月组织撰写了纪念文集,其中大多数文章发表于《神经学与生物行为评论》(*Neuroscience and Biobehavioral Reviews*)特刊上。

雅克同样感谢奥德莉·格鲁斯(Audrey Gruss)以及抑郁症希望研究基金会(Hope for Depression Research Foundation,HDRF)的朋友和同事,因为他们明智地资助了抑郁症问题研究,并在过去的几年里进行了富有成效的互动。雅克目前是HDRF研究联合主任,他正在进行的研究主要致力于建立新的动物模型以理解和治愈抑郁症。他被公认为是所在研究领域的(有些激进的)革命者,获得了许多奖励和赞赏。他的工作成果发表在400多种科学出版物中,其中一半可列入生物学文献,另外一半则可列入对社会科学有所助益的文献之中。

路茜·彼文(Lucy Biven)是英格兰莱斯特郡国民医疗保健服务机构(National Health Service)的儿童和青少年精神健康服务机构(Child and Adolescent Mental Health Service)心理治疗科(Department of Psychotherapy)的前负责人。她大约从20年前开始对神经科学感兴趣,当时美国密歇根最高法院指定她设计和实施一个监护权转移方案,将一个两岁半女童的监护权从被其视作父母的夫妇家里转移至其亲生父母家里。与她的大多数同事一样，路茜为小女孩的心理发展感到担忧，但后来她健康地成长，现在已经是一名情感健康的年轻女孩。这一切是怎么做到的？只有神经科学能够提供答案。

这激发了路茜对神经科学持久的兴趣。不过，在数年的广泛阅读之后，她还是感到失望，因为大多数研究集中于知觉、学习和记忆，而不是情绪。在神经科学真正接触到情绪问题时，它通常研究恐惧及其在条件性学习中的作用。神经科学并未聚焦于覆盖整个范围的情绪或者情绪本身。

2000 年，她在伦敦参加了由国际神经精神分析学会组织召开的学术报告会，马克·索尔姆斯担任主席。雅克·潘克塞普是会议主题报告人。雅克是第一个，也是唯一直接聚焦于情绪脑的神经科学家。随之而来的是雅克与路茜之间长久的具有启发性的系列电子邮件的往来，而这最终促成了本书的出版。

雅克富有思想深度的研究改善了路茜的临床工作，不过她还要感谢另外一些人的指教和建议。首先是她的父亲查尔斯·布伦纳(Charles Brenner)，他是一位精神分析学家，他的思路清晰，文字表述深入浅出，始终是她的榜样。安娜·弗洛伊德(Anna Freud)在管理伦敦汉普斯特德诊所(London's Hampstead Clinical)时，在智力上依然充满活力，路茜曾经在那里接受过培训，时至今日，路茜尚未遇到比安娜更有天赋的临床医生。当路茜还是一名学生时，她认识了范恩·思普鲁伊尔(Vann Spruiell)，他在临床和情感上的诚信让她认识到，精神分析能够而且应当成为一种令人鼓舞的职业和智力活动。一路走来，还有其他一些优秀且有影响力的同事，其中有约瑟芬·克莱因(Josephine Klein)、安妮·阿尔瓦雷斯(Anne Alvarez)以及西尔玛·希拉比(Thelma Hillaby)。

路茜曾在另外一位杰出的临床医生汉贝托·纳戈拉(Humberto Nagera)博士富有启发性的指导下，在密歇根大学担任高级研究助理。她曾经是密歇根精神分析研究所(Michigan Psychoanalytic Institute)的教员，1985 年以一篇临床论文获得艾拉·米勒(Ira Miller)纪念奖。她还曾经是《国际精神分析杂志》(*International Journal of Psychoanalysis*)和《精神分析季刊》(*Psychoanalytic Quarterly*)的编辑审稿人。

她在神经科学及其与精神疗法和精神病学之间的关联方面撰写过多篇论文，并曾在美国、英国、南非和墨西哥等国家发表演讲。最后，对在她的职业生涯和个人生活中最重要的人——她的丈夫巴里(Barrie)，她真心表示感谢。

我们两人都要感谢使本书得以完成的 W. W. 诺顿(W. W. Norton)的优秀团队，尤其要感谢我们的策划编辑黛博拉·马尔穆特(Deborah Malmud)，感谢她在本书写作过程中给予的指导和鼓励。

序

丹尼尔·J.西格尔

对我们内在的主观生活以及我们与他人的相互关联的理解,以一种深入透彻且令人受益的方式呈现在《心智考古学:人类情绪的神经演化起源》的深度之旅中。通过探索我们的神经结构、我们的社会关系、我们的心智世界,以及它们如何相互交织等问题,神经科学家雅克·潘克塞普和心理治疗医师路茜·彼文创立了一个详尽的视角,以了解人类生活的古老起源。这个重要综合的关键在于这样一种见解,即我们的皮层下回路是情绪和动机这类"初级"体验的根本基质,正是这些初级体验塑造了我们的主观生活,影响了我们的行为和我们的人际关系。潘克塞普和彼文认为,在我们如何学习产生情绪反应中,高级新皮层扮演着重要的——但显然是"次级的"——角色,但在我们更深的皮层下的隐秘之地——它们仍然存在于哺乳动物和爬行动物的回路中——塑造着我们日常心智体验的先天"纹理"。

在雅克·潘克塞普学术生涯中,他致力于探索这些回路的本质,而他的观点是这本著作的核心。在他的职业生涯中,他一直致力于倡导这样一种观点,即非人类动物具有需要予以尊重和理解的内在情绪世界,后来这位情感神经科学领域的重要领军人物将关注点转向帮助人类将这些新的洞见运用于古老的回路中。潘克塞普直言不讳地提倡,应富于同情心地理解动物王国中的所有成员。通过他的著作,我们开始明白尊重主观生活的内核以及运用这些知识帮助所有生命的重要性。

无论你是临床医生、教育工作者、科研人员,还是有兴趣的普通读者,都将会在这些见解中获得有益的、详细的信息,这些信息是对形成我们情感并塑造我们动机的七种主要初级回路的令人着迷的探讨,它们分别是:探索、愤怒、恐惧、欲望、关怀、惊慌/悲痛以及嬉戏。在我们作为人类的体验之中,皮层下系统和高级新皮层之间的相互影响必然是重要的,但是,本书将会为我们提供一个机会,深入我们情感内核的更为古老的来源。我们知道,精神疗法和心智训练的许多方面在新皮层随时间学习并改变我们情绪脑的诸方面上发挥了重要作用(对此的有益探讨,见Davidson & Begley,2012)。例如,正念冥想已被证明可以改变某些重要区域的皮层关联,这些区域调节着情绪、注意力、共情以及自我理解等方面。依恋关系(Schore,2012;Cozolino,2010)会对前额叶皮层有影响,这里联结着彼此分开的高级与低级神经区域(Siegel,2012a,2012b)。因此,新皮层是从经验中学习的。

神经可塑性对我们终其一生的自我改变来说是一个重要的维度,这一点对于治疗师、教师、父母和其他对于学习如何改变我们心智和脑这一问题感兴趣的人是毋庸多言的(关于皮层神经可塑性的综述,见 Doidge 2007)。既然如此,那么,为什么我们还要花时间去了解这些在我们出生前(即在子宫外学习开始之前)就已经很好形成的更“基本”或“初级”的神经区域呢?答案非常简单:因为这些皮层下区域不仅是皮层以可区分方式生长的基质(Trevarthen,1990;McGilchrist,2009),而且是我们体验心智生活(即我们每时每刻生活的核心的、内在的主观“纹理”)的基质。此外,对这些深层结构的科学审视,不但有助于扩展我们的自我理解,而且能够提供改善我们生活的有积极影响力的见解。

在本书中,你将看到对抑郁、焦虑、忧伤、恐惧等情绪的深入探讨,它们可以解释与你个人生活相关的某些问题。对经验如何塑造记忆和情绪的回路,形成我们内心生活的神经基础,改变我们调整情感反应的能力,本书也做了有益探索。这些讨论为临床医生提供了重要视野,从而理解他们的客户/患者的体验的本质问题,以及他们如何使用这些新知识去改善他们的共情理解和临床干预能力。人们会经历各种挑战,有的来自社交困难,如自闭症;有的来自学习问题,如注意力缺陷;有的来自情绪调节问题,如情绪失常,本书对每一种挑战都采取了新的阐释。本书还为教师提供了一个独一无二的机会去理解作为教育体验之核心的动机、情绪和学习的深层回路。当我们认识到师生关系是建立在信任基础之上时，我们将会看到，这些皮层下回路为有效学习关系做好了准备。如果你是一位学术研究者，本书将提供一份关于情感神经科学皮层下问题的视野开阔且内容详尽的综述，本书叙述流畅，它可能会激发一些理解该研究领域的新思想，或者直接有助于你自己的项目。

作为一个训练有素的研究者和临床医生，我发现本书对一个被忽视的科学领域及其在治疗理解上的应用开展了引人入胜的探索。作为一个教育工作者和诺顿人际神经生物学丛书的发起编辑，我感到了解这些材料将有助于把更有效的治疗和教育见解带入我们的工作和世界。

如果可以，请允许我在此提出一个建议，它可能有助于我们深入了解下面几页的内容。如果你是一位科学家，你很可能会对丰富的细节和贯穿全书的大量学术文献具有极大的兴趣。可是，如果你是一位临床医生、教育工作者或者普通读者，你可能会发现不同的阅读方法会使阅读这本书更有趣。在本书中有大量深入浅出和引人入胜的材料，其中不乏对神经回路和介质的详细讨论以及对阐明我们对它们的理解的研究。这就是我的建议：像读一本令人着迷的非虚构故事那样阅读这本著作。正像你不会去记住一篇小说一样，不要担心记不住研究工作的全部细节。你不会被考查对阅读内容的记忆情况。当你以这种自由自在的方式去阅读时，你可能会发现，你的心智将察觉到随时间推移而自然涌现出来的信息模式。最初不熟悉的术语开始感觉熟悉起来，异乎寻常的名字让人看起来和说起来都感觉更舒服，随着阅读的推进，你会越来越熟悉这些不太常见的术语。常见的大众媒体的古老的皮层下区域——例如，杏仁核和海马体——都在这里了。但是，你也会遇到不太有名的皮层下神经区域，例如中脑导水管周围灰质（periaqueductal gray，PAG）和伏隔核，就我们对情绪生活的考古学叙述来说，它们扮演着重要的角色。你可能对多巴胺和血清素非常熟悉，不过，你也会在书中发现对催乳素和催产素的详细讨论。放松一下，聆听这个迷人的、逐渐明朗的故事。让我们远离那些（在童年时代和学校中）过时的恐惧和惊慌的反应，这种恐惧和惊慌是由于你想记住阅读的每项内容而产生的。相反地，当你阅读时，你应当保持兴趣并且寻求那些你感觉与你相关的事物。你即将开始体验雅克·潘克塞普的热情以及他思考我们的神经起源的方式。与雅克一起享受这次旅行，让自己体验一次愉悦心智的劳动和学习！

前　言

我们都有生气的时候，尤其是当我们的利益被忽视或受到阻挠时。传统脑科学是否已向我们讲述了这种情绪是如何产生的？可以说，还没有。我们都有孤独或悲伤的时候。现代神经科学是否已竭力阐明我们本性的这些方面？我们还几乎没有开始讨论这些问题，尽管在某些领域已经取得了重大进展。大部分人在与他人嬉戏互动中可以获得极大的快乐；而有些人并非如此，尤其是当他们感到沮丧之时。神经科学在很大程度上避而不谈快乐的本质，尽管心理学中出现过一场对其认知衍生物——幸福——的研究和讨论的革命，但心理学对快乐的神经本质却鲜有见地。

就像我们心智中由脑功能所产生的许多情绪力量一样，传统神经科学几乎没有告诉我们这些被称作情感(affects)的强烈情绪感受(emotional feelings)是如何从脑活动中产生的。这是因为感受(feelings)是主观体验，并且有些人认为传统科学的第三人称测量(例如，对现象的外部观察)无法有效地处理第一人称体验。我们反对这种看法，因为某种程度上其他哺乳动物有演化相关的脑系统。现代神经科学已经准备好最终阐明：哺乳动物的脑是如何以非言语感受状态或心智激情的形式来产生对世界事件的情感评价，正如文艺复兴时期一些学者所描述的那样。

本书介绍了一门叫作情感神经科学(affective neuroscience)的新兴科学学科，它尝试阐明我们最为强烈的情绪感受——原初情绪情感(primal emotional affects)——是如何从位于新皮层“思维的帽盖”(thinking-cap)之下的古老神经系统中产生的。新皮层是一种生成复杂认知能力以及文化的器官，并且它对于复杂的知觉、学习和认知极为重要。人类所能达到的一切文化里程碑都是因为有新皮层。神经科学也已经提供了一个重要信息——皮层中几乎所有心理专门化能力都是通过学习获得的。尚未有经验证明，存在固有的、演化上指定的“模块”。

然而，如果离开了脑深处高度演化的基础心智，那么皮层将一事无成。那些新皮层下的古老神经区域构成了我们的祖传心智，即情感心智(affective mind)，它在演化上是专门的，而且也是我们与许多其他动物共享的。它是“考古学的宝藏”，因为它是一些我们最强烈的感受的来源。这些古老的皮层下的脑系统，对于任何想要理解我们已知的、并将在我们的生活中体验到的所有基本价值观根源的人来说，都是珍贵而多彩的“宝石”。这些情感是构成生命中美与丑的基础。情感也会随经验而改变，但更多是量变而非质变。

本书是对推广早前的教科书《情感神经科学：人类和动物情绪的基础》(*Affective Neuroscience: The Foundations of Human and Animal Emotions*)(Panksepp,1998a)的一次更新和尝试。作为情绪心智科学(science of the emotional mind)的一个主要研究进路，这本教科书已经赢得了广泛关注，并且成为希望理解受访者基本情绪的临床医生的参考书。尽管研究同类动物对于情感神经科学的发展极为重要，但雅克·潘克塞普(Jaak Panksepp)首先从他感兴趣的人类情绪出发，尤其是那些由临床疾病带来的困扰。他很快认识到，如果离开合适的动物模型，就无法实现对神经科学的深入了解。这一立场在现代脑成像出现后虽有一定的改变，但对想要真正理解脑的演化功能网络的人来说并没有太大变化。当躺在不允许身体活动的脑部扫描仪内一动不动地接受测量时，很难有强烈的情绪体验。尽管从那些惊人的脑成像技术中获得的新证据极大地澄清了情绪的认知方面，但却很少阐明脑中这些感受的来源。

初级过程情绪(primary-process emotions)都与运动相关联。现有证据表明，原生(raw)情绪感受与对我们本能情绪生活的控制都来自同一个古老脑网络。撇开这一领域内的许多理论不提，这一事实表明，这些原生情绪感受产生于脑的情绪行动网络。

总之，情绪主题几乎对所有人都具有重要意义——无论是处理那些极端人类感受的精神病学家，还是对控制我们做什么以及我们是谁的那些强有力的状态感兴趣的任何人。我们希望在这些掩蔽中所发现的东西能给那些试图理解自己和他人(包括动物同伴)的人们带来极大的帮助，并且认识到，所有哺乳动物在多大程度上共享了它们对世界做出情绪反应的方式。我们猜想，许多不同群体的人都会发现这些观点特别有益。

为何精神病学家、内科医生及心理治疗师应理解七种基本情感系统

我们已经发现，哺乳动物脑中古老的皮层下区域包括至少七种基本情感系统：我们在此指的是探索(SEEKING)[期望(expectancy)]、恐惧(FEAR)[焦虑(anxiety)]、愤怒(RAGE)[气愤(anger)]、欲望(LUST)[性兴奋(sexual excitement)]、关怀(CARE)[养育(nurturance)]、惊慌(PANIC)/悲痛(GRIEF)[悲哀(sadness)]以及嬉戏(PLAY)[社交快乐(social joy)]。(后文将会解释为何我们要使用大写字母来表示这些系统；目前，只要了解它们表明了我们的脑在演化上非常古老的区域的特定功能网络即可)。

本书应当特别引起精神病学家、其他精神卫生专业人士以及情感、行为和认知神经科学学生的兴趣(这些神经科学领域采取不同的进路来研究和探讨情绪)。我们在此关注的重点是这些系统的初级过程(primary process)的本质，但是我们并不忽视其他研究者正在研究的层级——次级过程(secondary process)(内置的情绪学习机制)和三级过程(tertiary process)(在人类经验中非常突出的情绪性思想和慎思)。

神经科学家对情绪组织的初级过程(演化)层级在经验研究上的不足阻碍了将不同进路协调起来，而这种协调在目前的情绪研究中已经成为可能。随着脑和心智的演化层级不断上升，人们具有了多种多样的方式来设想情绪生活。与此相对，有大量的证据表明，哺乳动物脑(brains)的基本情感系统是哺乳动物心智(minds)古老且普遍的价值结构，它们以各种个体情感体验的形式来评价这个世界。人们越是走进脑心(BrainMind)复杂性——从初级到第三层级——整个局面就越会变得更加多变和复杂。多重情绪流在

思维的心智(thinking mind)中交织,形成了心理学家所关注的大量高级情绪——骄傲(pride)、羞愧(shame)、自信(confidence)、愧疚(guilt)、嫉妒(jealousy)、信任(trust)、厌恶(disgust)、控制(dominance)等许许多多可能的变体。然而,如果没有对初级过程的明确认识,那么对高级过程的重要研究就会相当不完整。基本情绪感受是我们继承下来服务于生存的演化工具,如果没有对基本情绪感受的可靠理解,我们就不能获得一个可靠的心智理论(theory of mind)。

有可能更高的(社会构建的)感受都要求对我们演化出来的各种感受能力做出某种安排。心智生活的所有方面都受到我们初级过程感受的影响,而且低级心脑(MindBrain)的整个情感谱系是高级心理健康问题的基础。心智的低级能力在多大程度上会受到新兴的高级功能的影响将是未来非常有趣的工作。我们已经认识到高级脑过程可以唤醒情绪,其强烈程度就像它们抑制情绪一样。所有这些仍将是情感神经科学在未来很长一段时间里最令人感兴趣的方面。

内科医生尤其是精神病科医生必须了解这些情感系统,因为它们提供了对身心交互的新理解。有些身心交互是人们非常熟悉的。例如,持续焦虑的痛苦,这种痛苦是恐惧系统的一个表达。恐惧系统的唤醒最终导致过量皮质醇的产生。在最适条件下,当动物感到恐惧时,皮质醇的分泌会调动葡萄糖给骨骼肌供应能量,为动物逃离做准备。在这种意义上,皮质醇的分泌是有益的。然而,皮质醇的过度分泌并长时间处于高位状态就会给机体带来伤害。通常当皮质醇通过血液循环回到脑,下丘脑室旁核(paraventricular nucleus,PVN)将会发挥抑制作用来阻止更多的皮质醇产生。但是,如果一个人或动物遭遇过量的压力——当他们长期感到害怕或焦虑——下丘脑室旁核(PVN)将有可能无法阻止皮质醇的产生。

尽管皮质醇情绪效应的强度和时间模式因人而异,但长期过量的皮质醇会对所有内脏器官、脑的许多区域以及免疫系统造成不良影响。在脑和身体中,级联诱发的许多压力也同样会导致这些不良影响。长期高皮质醇水平在许多精神病症状中也很常见,尤其是在抑郁症中。我们尚未准确地知道皮质醇的过度分泌是如何导致临床抑郁症的。然而,多种生长因子在正常生长过程中的中断也会牵涉其中，例如脑源性神经营养因子（brain-derived neurotrophic factor，BDNF），嬉戏通常会在一定程度上通过这些化学作用而促进积极情感（见第10章），为在心智的情感经济性（affective economy of the mind）中积极情感和消极情感的相生相克这一常识性原则提供了证据。

此外，当人们陷入重度抑郁时，其海马体通常会遭受损伤，因为过量的皮质醇会导致海马体细胞萎缩甚至死亡。这可能会让那些只是简单地给老鼠挠痒，让它们"发笑"以使海马体产生新神经元的人们感到惊讶（见第10章）。海马体是一个脑结构，它对陈述性记忆和情境性记忆（即关于知识和体验的有意识记忆）的生成至关重要（见第6章）。离开这个脑区，一个人就只能活在当下，而没有任何关于过去事件的记忆。因此过量皮质醇的释出会导致许多严重的精神障碍，包括记忆减退。

类似地，摄入小剂量麻醉剂，可以提升情绪并且增进社会团结。如果大剂量摄入麻醉剂，则会导致中毒。事实上，适量的内源性阿片肽具有医疗价值。例如，安慰剂效应，即患者对伪装的药物治疗产生积极反应，这就可以用情绪化学过程来进行解释。如果患者感觉到他的需求被尊重并且倾向于被满足，那么被关心的积极感受会伴随着脑中起到镇定作用的内源性阿片肽而产生，这样会减少与惊慌/悲痛系统相关联的感受。

除了产生良好的情绪感受，阿片肽同样能够减少压力的唤起，减少生理和心理上的疼痛感受，并产生各种免疫益处。因此，这些患者将会感到舒适，并且从医学上来说要比他们认为没有人关心时的情况要好得多。如今我们已经知道，安慰剂效应主要是通过激活脑阿片系统从而实现真正的治疗。因此，这些康复趋势可以通过纳洛酮和纳曲酮等阻断阿片类物质发挥作用的药物来减少甚至是消除。

过去，当一位看起来健康的患者表现出情绪焦虑并且抱怨有身体不适症状时，医生往往认为这种症状属于身心失调，"一切都在心（智）中"，因此并不是身体的或"真实的"症状。如今这不再是一种公认的身心疾病观点。一旦我们认识到，情感产生于情绪系统，而情绪系统产生于脑内化学物质，这些化学物质最终对脑和身体功能产生影响，那么区分情绪和生理障碍的界限就消失了。虽然心智与脑似乎是不同的实体(entities),心智是非物质的(incorporeal),而脑是物理的,但它们实际上是同一事物。心脑[MindBrain,或脑心(BrainMind)]是一个与身体没有任何边界的统一实体——它是整体物理系统不可分割的一个部分。

对脑情绪系统以及由其产生的心理和生理症状的理解,不但对一般医学来说非常重要,而且它还为当代精神病学提供了一种全新视角。情感神经科学指出了治疗真实且具体的情绪失调症状的方法,即脑心的自然内表型(endopheno-types),而非诸如自闭症、抑郁症和精神分裂症等模糊的疾病分类学抽象概念,这些抽象概念传递给我们的是前神经科学对于精神障碍的分类。这些临床诊断的概念是通过一般临床表现而推断出来的。不过,我们现在知道,所有这些概念都太模糊不清了——每一个诊断分类都是一系列重叠的心脑问题的"伞状概念"(conceptual umbrella)。

例如,大鼠天生害怕捕食者的气味,它们同样天生害怕光线充足的空地,因此更喜欢待在黑暗和隐蔽的地方。当把它们放在一个不熟悉的笼子里时,它们也常常表现出恐惧症状(通常表现为行动僵硬、血压升高和排泄频率增加)。常见的抗焦虑药物,如苯二氮平类药物可以缓和大鼠对空地和新笼子的恐惧。然而,大鼠仍对捕食者的气味感到恐惧,这表明对气味的恐惧或多或少是某种不同类型的恐惧。令人意外的是,吗啡作为对减少分离焦虑有效的药物,能够减少大鼠对捕食者气味的恐惧。通常情况下,我们将不同类型的恐惧归为一个类别,但是情感脑的研究显示,特定类型的恐惧和焦虑具有特定的神经模式。如此,我们应当为每种类型研发特定的药物。如我们将在随后章节中详细探讨的那样,与生理危险相关的恐惧感(恐惧系统)和与分离焦虑相关的恐慌感(惊慌/悲痛系统)之间存在着令人信服的区别。

长期以来,精神医学发展受到人为概念的制约,这些概念源于复杂的症状学而不是脑研究。如果精神病学研究能更多地与心脑的情绪症状相联系,并且能更有效地与功能性神经科学相联系,我们将取得更快的进展。例如,我们可以更容易地研发针对烦躁(irritability)和愤怒(anger)的药物。目前,这很难做到,因为没有针对过度愤怒[也许间歇性狂暴症

(intermittent explosive disorder)除外]所设计的正式诊断分类。然而，整个社会，尤其是儿童，特别容易成为过度愤怒的受害者。我们已有诸如 P 物质(Substance P)受体拮抗剂这样的药物，还有阿瑞匹坦(一种目前用于治疗恶心的药物)，如果有人从动物数据中进行归纳，可以知道它能够缓和易怒症(见第 4 章)。由于目前在更好地理解这种情绪内表型方面有着让人兴奋的进展，因此我们可以从根本上更新诊断工具，从而开发更有效的药物。

七种基本情绪系统的知识已经开始对心理治疗的实践产生革命性的影响，因为它提供了目前已知的最全面的、基于数据的关于初级情感过程的脑分类法。有关这些系统的知识，我们还需要更全面地了解人类情感是如何运作的。我们帮助提供一种基于数据的分类法来探讨情感生活的基础，并提供诸多实例来说明特定脑功能在情感生活中的重要性——例如，内源性阿片类物质和催产素在对支持性社会关系的积极影响中发挥着强大作用。这为以下观点提供了神经生物学的支持，即健康情绪的形成很大程度上依赖于维系支持性的人际互动。在极端情况下，支持此类脑化学物质的安全药物处方能够促进并巩固心理治疗实践。

为了突出我们研究心理治疗中关键概念问题的方法，让我们对比一下现在的观点与经典精神分析思想的一些原则。我们钦佩该领域在理论上的精妙之处，但在这里，我们主要关注如何以不同于精神分析理论家的方式看待初级情感过程，精神分析理论家的观点是基于临床见解，而不是神经科学研究。

虽然在过去的半个世纪里，心理治疗在许多不同的方向上发展，但是许多治疗师仍然以精神分析理论来获知对基本情感的认识。此外，当前关于情绪的流行观点认为，在高唤起和低唤起的调节下，积极情感和消极情感效价的简单两极图式上会出现一些变化，但实际上，这种观点并没有远离精神分析法。弗洛伊德(Freud)坚持认为，人类驱动力植根于我们的生理需求，并且仅将其划分为两种驱动力：力比多(libido)和攻击(aggression)。驱动力在充满情感色彩的一厢情愿中寻求心灵(psychic)表达。按照弗洛伊德的理论，这两种主要情感与性欲和攻击性冲动有关。

弗洛伊德论证了几种不同类型的驱动力表达，每一种都植根于力比多发展的不同阶段:口腔期、肛门期、性器期和恋母情结。攻击驱动力也可以划分为类似的若干发展阶段。这就给两种相互作用的驱动力及它们所产生的情感愿望提供更广阔的空间。然而,这些离散的情感比神经科学研究所揭示的七种情感系统所涵盖的范围要小得多。我们很高兴地注意到,探索系统与弗洛伊德的性欲驱动(他将性欲视作一种普遍的欲求力量,而不是单纯与性相关)存在有趣的对等关系。然而,要将弗洛伊德关于焦虑的观点,与依恋和情感纽带相联系的欲望的观点以及其他许多观点与我们从严格的神经科学研究中获得的知识协调起来还很困难。

大多数现代精神分析和认知—行为疗法,都未能清楚地把探索作为一种基本的情绪驱动力。有些研究者倾向于混淆恐惧和惊慌/悲痛,将焦虑视为一种单独表现。社会互动的重要性在许多精神分析理论中也没有得到足够重视。弗洛伊德学派将社会互动视为一种满足性冲动和攻击性冲动的衍生手段。社会需求不被视为一种基本的驱动力,虽然它有时可能比性和攻击更为重要,甚至体现在原始本能冲动的层面上。尽管客体关系理论家强调人际关系需求的重要性,但他们倾向于关注家庭内部的早期关系,尤其是母子关系。如今我们更加了解例如嬉戏以及相关社会优势的基本心理学的重要性。

同时,我们在这里提供的内容很少涉及每个心理治疗师必须面对的人类心智生活的独特的、具体的方面。在现实生活中,情绪通过更高级的、三级过程的认知功能来实现互动。但是,通过阐明在试图帮助情绪抑郁的人时需要考虑的原始心智能量,我们可以简化心理治疗师三级过程的任务。如何简化呢?这可能是另一本书的任务了。但眼下只需要提出一个观点就够了:低级脑似乎是以如下方式组织的,即任何时候只有一种原始情感状态占据优势。这种“偏执”(没有更合适的词汇来描述了)还会诱使认知装置“跟着”做出强迫性的自利考虑。这种治疗的目标是促进在高级心智结构中采取的一种更复杂的视角,即亚里士多德(Aristotle)所说的“实践智慧”(phronesis),它使人们通过理解“低级心智的”形态而成为自己激情的主人。

或许传统精神分析临床实践中的这个核心问题可以通过情感神经科学来解决。正如我们所看到的,传统精神分析不如想象中有效的一个关键原因在于解释(interpretation)——谈话疗法的关键——长期被认为是心理治疗的一个主要工具。精神分析学家倾向于关注情感状态与它们相对应的认知表现(愿望)之间的关系。他们一直认为,通过解释相关的思想和观点,通过揭示它们在儿童时期的起源并解释其原始情绪意义,患者就能够被治愈。但是,我们怎样知道这种方法能解开大多数人生活中的情绪之"结"呢?

假设一个男孩在儿童期遭受了他父亲的身心虐待。成年后,这个人往往会欺负弱者。心理治疗医师将帮助患者鉴别其成年人格中存在的问题,即欺负甚至虐待他人的倾向,然后将这些特征追溯到童年。治疗师或许会解释道,这个男人欺负弱者、虐待弱者,是为了以不会导致报复的方式发泄他对父亲的愤怒。其他解释则可能会突出他通过虐待他人来恢复男性自尊的可能性。由于这样或那样的解释,患者可能会被治愈或者至少会让他过得更快乐一些。在这种观点看来,认知问题可被视为通往情绪问题的大门。

在行为主义时代,跟随精神分析传统的是广受关注的"行为矫正疗法",无论认知要素还是情绪要素都被搁置一边,治疗师旨在通过调整强化措施来矫正不良行为方式。随着认知革命的到来,关注点转移至"认知行为疗法"(cognitive behavioral therapies,CBT),这对治疗某些疾病卓有成效,例如特定恐惧症(Beck,1976)。如今,随着人们认识到情绪波动是精神疾病的核心,风向又开始改变了。

情感在心脑演化中的首要性地位意味着治疗师必须对人类的情感生活具有清晰的认识,才能为精神病学问题提供最优理解和帮助。确实,这种自下而上的观点可能会颠覆心理学和哲学中的认知"解释型"情绪理论。显然,尽管认知问题在三级过程情绪中很突出,但是初级过程情绪也应按照它们自己的方式来处理。当传统的治疗模式(精神分析或者认知行为疗法)无法平息情绪风暴时,可能需要药物治疗。目前,由于精神病学家对于情绪脑的解剖学和化学知识知之甚少,药物是很少的。我们希望本书能够引发更多研究,从而带动这类药物的研发。从某种意义上说,我们需要的是更全面地整合所有的治疗传统,包括从动态精神分析到本书着重介绍的新一代情感平衡疗法(见第 12 章)。

例如，针对我们前面提到的案例，假设在儿童时期受到虐待的男孩注定会有敏感的恐惧和愤怒系统，使他难以或无法控制相应的情感。即使治疗师成功地使患者认识到问题的来源，而且患者清楚意识到他对待其他人的不公，这也可能不足以起到任何治疗作用，因为他仍然经受着无法抗拒的易怒性，这种易怒性可能表现为一种霸凌的冲动。

神经科学支持这一假设。2000年前，普鲁塔克(Plutarch)就指出："愤怒的持续和频繁发作会在灵魂中产生愤怒的习性：当心智败坏，易怒和爱抱怨时，它就会经常处于愤怒、怨恨和郁闷之中，鸡毛蒜皮的事也会让人倍感伤害。"普鲁塔克似乎是正确的。我们现在认识到，脑中的愤怒回路会变得敏感并产生过激反应。因此，即使患者完全理解他自身愤怒的根源，并且倾尽全力来抑制这种愤怒，他也可能无法停止长期的愤怒感，并且仍然会情绪不适。别人也许会免受他愤怒的不良影响，但是患者自己可能继续遭受治疗前同样的痛苦，甚至更痛苦，因为以前他至少可以发泄自己无法控制的感受。

关键在于思想并非总强于情感，这就是为何认知解释通常无法很好地处理严重的心理疾病。事实上，患者可能会对治疗师"清楚地"看到的复杂性感到困惑。当情感占据上风时，谈话疗法很容易失败，因为作为主要的心理治疗工具，解释法在面对我们的原初激情时通常难以奏效。也许这就是为什么连弗洛伊德自己都期待有一天可以对他所提到的驱动力施加直接的化学影响。但是，这并不意味着精神疗法可以简单地被药物疗法所取代。情感神经科学研究强调，临床医生不应当将人类当作一个包含神经化学物质的皮囊或"缸中之脑"。情感感受是整个程式的一部分，当精神病学家寻找解决问题的新方法时，不应当忽略它们。同样地，哺乳动物脑本质上是一个社会性的脑，并且应该被当作社会性的脑对待。即使是在初级过程的层面，基本情绪系统并非在社会真空中运行。因此，几乎所有精神药物干预都需要辅以合适的社会心理帮助，不仅仅是追溯和阐明基本情绪失衡的次级和三级过程的衍生物(可能是终身的)，同样还应当引导、促进并激活理想的初级过程情感。积极情感能够提高适应能力，这对许多情绪问题都有持久的有益影响。情感神经科学强调，在未来所有的心理治疗思想流派中，都必须将社会情绪的角色置于关注焦点上，以便最大限度地实现持续改进。

其他读者

所有希望充分了解人类情绪的人们——从父母到教育工作者——都渴望理解感受是如何从脑内产生的。这些情感系统对于大多数研究人的学科——从哲学到经济学，从人文科学到社会科学——都具有重要意义。

父母

父母希望了解这些系统，以便评估他们孩子的正常发育。如果看到所有系统都处于适当的平衡状态，则表明孩子在情绪方面是健康成长的。但是，如果某个系统处于偏高或偏低的唤起状态，则表明存在问题。举例来说，过分用功或者认真的孩子的嬉戏系统可能不够活跃。嬉戏系统能够让孩子习得社会行为规则——例如，何时合作，何时竞争，以及偶尔以心情愉快的方式退出而让他人获胜。当动物们进行打斗游戏，其中一只动物胜率超过 70%的时候，失败的动物将不再享受游戏的乐趣，它们有可能彻底退出这种互动活动。所以，当孩子们玩耍时，他们可以习得宝贵的社交技能，比如互惠互利以及偶尔让步的必要性。孩子们将会学习这些技能，因为如果他们不学习，他们的玩伴就会开始拒绝他们。

父母应当理解保持积极情感的最优平衡对他们孩子的重要性，特别是在孩子很小的时候。皮层下的情绪系统可以通过经验敏化。神经科学家正逐步认识到，情绪脑系统是如何通过生活体验而被持久地塑造的，就像支持我们的身体充满活力地在世界上活动的肌肉和骨骼一样，随着时间的推移而发展和加强。这些改变将延伸到激活基因的程度，有时会导致持续终身的情感强弱模式。理解这些表观遗传的(由环境诱发的)基因表达的长期变化，以及脑心持续终身的优势和劣势，将成为未来情绪研究中最激动人心的篇章。

因此，幸运的孩子会得到精心的关怀，这种关怀促使他们形成安全的社会纽带,具有正向的依恋,惊慌/悲痛系统的活跃性低。一方面,如果孩子有机会参加丰富而有趣的游戏,而且他们的好奇心得到激发,那么支持这些能力的神经回路在其一生中都将比较强健;另一方面,如果孩子遭受了引发其愤怒系统的不幸挫折,或者如果孩子经受了高度的恐惧或者惊慌/悲痛,那么他承受这些消极感受的能力将会增强。然而,这并不意味着父母需要保护他们的孩子免受消极情绪的影响。所有孩子都必须学会应对消极情绪,因为它们是生活中自然的一部分。我们有理由相信,所有少量的、在可控范围内的消极情绪,都会促进长期的心理弹性,这也许有助于抵御可能导致抑郁的长期沮丧。

教师

教师将无疑会从对七种基本情绪系统的理解中受益。所有优秀的教师都会启用探索系统,以此将学习变为一种令人兴奋的体验而不仅仅是死记硬背。然而,考虑到许多学习涉及大量单调沉闷的工作,教师也需要利用社会约束。认真的孩子得到表扬回报,从而带来令人满足的感受,这种感受来源于关怀和惊慌/悲痛系统中积极社会纽带的力量。然而,桀骜不驯的孩子必须经常忍受批评的训诫,这往往伴随着激活上述社会情感系统的消极部分,更不用说愤怒和恐惧的痛苦了。如果是这样的话,孩子的生活将会受到消极情感和忧虑——而不是那些能够激励孩子取得更大成就的积极情感——的支配。温情地给予有过多负面情感的儿童以第二次机会,将会是一次美妙的维持生命的体验。无论如何,良好的社会约束可以增强孩子们承受挫折的能力,并使他们准备好应对成年生活中不可避免的挫折。

我们还将强调,丰富的体育活动对于降低冲动性及诸如注意缺陷多动障碍(attention-deficit hyperactivity disorder,ADHD)等问题的发病率非常重要。当孩子身体的嬉戏需求得到满足后,他们会更好地准备在教室里静坐并专心听讲。如果我们把课间休息作为每天的第一节课,那么重新引入嬉戏可能效果最好。实际上,这一需求过去常常在孩子们步行上学、提前到达学校、在上课前和同学们交流时得到满足。

管理者与指导者

某些情绪类型似乎在特定角色和环境中最有效。每个管理者都需要赢得员工的信任和尊重。员工应当感受到管理者将帮助他们解决工作中遇到的问题，而管理者则应当坚信员工会尽职尽责。这种隐含的社会契约是建立在关怀系统的亲密关系的基础上的。他们必须给予对方让其感到安全和优越的东西。管理者也懂得团队凝聚力的重要性。团队活动日可以通过培育嬉戏精神来推动这一进程，通过这种方式，大型团队的成员分享在更亲密和放松的环境中互动的机会。这种嬉戏互动可以巩固社会纽带，这对维护全体员工的团结来说非常重要。

动物行为学家

与动物打交道的人会在这里找到许多有助于控制动物行为的情绪的重要信息。事实上，作为美国最敏感，也是最重要的动物行为学家之一，坦普·葛兰汀(Temple Grandin)——一位成就斐然的自闭症患者——在她引人注目的著作《动物造就人类》(*Animals Make Us Human*，2009)中提供了这类信息。这项工作也有助于确认长期以来的信念，即动物确实有情绪感受。确实，这是一场在学术领域之外蓬勃发展的运动，即承认并重视其他动物的情绪，但其中大部分是基于合理的信仰和引人入胜的轶事，而不是基于精心收集的科学事实。

本书总结的证据旨在提供一种经验实证的观点，而不是一种基于意见的观点，来了解哺乳动物的情绪心智(emotional minds)到底是什么样的。目前基于证据的观点认为，所有其他哺乳动物都富有情绪激情——它们极富情感。正如我们将看到的，目前这个结论已经得到了大量实验证据的支持(相关讨论，见 Panksepp，1998a，本书会更谨慎地加以探讨)。那些持否定观点的人则仍然坚持一种由来已久的怀疑论。这样一来，他们通常无法将现代情感神经科学研究融入他们的思想中。也许其他哺乳动物不能像我们一样去思考它们的情感生活（它们的三级过程可能非常不同），但是，强有力的证据表明，它们确实体验到了所有初级过程情感。

我们可以继续谈论那些可以从理解情感神经科学中获益的人：包括哲学家、政治家、艺术家和其他致力于让世界更美好的文化领袖。但最重要的是，在某种程度上，每个人都想熟悉大自然赋予我们脑的这些基本生活工具。

目　录

第1章　祖传的激情

……我们把某些动作视为特定心智状态的表达，它们是由神经系统的构造直接造成的，从一开始就独立于意志，而且在很大程度上也不依赖于习惯……当前这个主题还非常模糊，但因为它很重要，所以必须要对其进行相当详细的探讨；而清楚地认识到我们的无知，总是非常明智的。

——查尔斯·达尔文(Charles Darwin,1872)

本书是对哺乳动物脑，我们情绪心智的祖传来源进行的一次深度的考古发掘。据我们所知，所有哺乳动物脑的基本生物学价值都建立在相同的基本蓝图之上，即集中于皮层下区域产生意识的情感回路，该区域在脑中的位置远低于人类高度发达的新皮层的“思维帽盖”。离开了这一基础，心智生活将无以为继。在我们与其他哺乳动物共享的祖传脑网络中，有数盎司的脑组织构成了我们情绪生活的基石，产生了许多让我们感受自身情绪好坏的原始方式。随着我们发育成熟，以及对自身和所居住的这个世界的了解，这些系统为心智的进一步发展提供了坚实基础。所有哺乳动物都具有十分类似的皮层下脑网络，但在细节上稍有区别。这种相似性甚至可以扩展到特定种类的鸟，例如，那些同样具有分离—悲伤的惊慌网络的鸟类，这是一种我们会在本书经常提及的悲痛系统——它是我们和其他动物脑中心理痛苦的主要来源之一(见第9章)。

哺乳动物与鸟类共享了许多其他基本情绪系统，有些系统甚至也可能存在于爬行类冷血动物身上,但我们对此知之甚少。因此,对于许多恒温脊椎动物而言,大量基本情绪网络从解剖学上看都位于相似的脑区,并且具有十分相似的功能。我们将会通过研究其他动物(后文仅称"动物")来探讨这些脑系统的本质。这些知识会告诉我们关于人类本质更深层次的诸方面。它将提供一种研究心智起源的基于科学的视野。

正如前言所简述,哺乳动物脑古老的皮层下区域至少包含了七类情绪或情感系统:探索(期望)、恐惧(焦虑)、愤怒(气愤)、欲望(性兴奋)、关怀(养育)、惊慌/悲痛(悲哀)以及嬉戏(社交快乐)。每一类系统都控制着明确且特定类型的行为,它们与许多重叠的生理变化相关。就我们所知,这些系统同样会产生明确类型的情感意识,支撑这一点的最引人瞩目的数据来自人类自身(Panksepp,1985)。我们将会看到,当这些系统在人体内被激活时,人们总会体验到强烈的情绪感受,并且我们可以假定当这些系统被生活事件正常激活时,它们会产生丰富的记忆和思想来告诉人们发生了什么。

情感神经科学的三角进路(后文会讨论)为我们提供了机会来汇集这些系统效应的必要证据。但是,为了取得有效进展,我们需要一种全新的语言来描述脑的情绪系统,以便与我们对这些初级过程的心理力量的新理解相匹配。这就是我们用大写标示这些情感系统的原因。在大众心理学中流传的关于这些词的用法,可能会使我们对这些心智初级过程的能力产生误解。这些大写词语表明,各种情绪系统明确而真实的物理网络确实存在于哺乳动物脑中。

正如右半脑内侧视图(见图 1.1)所显示,这些情绪生成的脑区主要集中于脑最古老的内侧(中线)和腹侧区域,范围包括:(1)中脑,特别是中脑导水管周围灰质(PAG)区,即过去所说的"中央灰质";(2)下丘脑和内侧丘脑,以及;(3)与其相连接的更高级的脑区,即传统上的"边缘系统",它包括杏仁核、基底核、扣带皮层、岛叶皮层、海马体以及脑隔区(见图 1.2,它描画了隐藏在左半球并与图 1.1 中所毗连的回路);(4)为情绪反应提供高级控制的内侧额叶皮层和腹侧前脑区(例如,眶额皮层)。尽管皮层下"边缘系统"这个概念在一段时间内受到攻击,但所有人都不得不承认,相对于认为情绪位于高级脑区的一些早期观点(例如,詹姆士—兰格理论),它是一种巨大的进步。

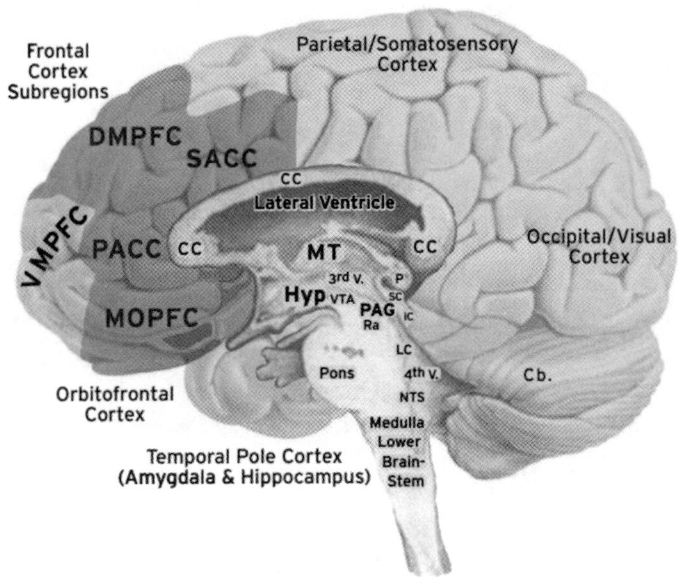

图 1.1　人类脑的内侧视图(右半球)展示了某些主要的脑区域。从前到后分别为,DMPFC:背内侧前额叶皮层;SACC:顶上前扣带回皮层;VMPFC:腹内侧前额叶皮层;PACC:前扣带回皮层膝部;MOPFC:眶额皮层;CC:胼胝体;MT:内侧丘脑;Hyp:下丘脑;VTA:腹侧被盖区(边缘多巴胺系统的来源,它刺激了基底核与内侧前额叶区域;见第 3 章);P:松果体;sc:上丘;ic:下丘;PAG:中脑导水管周围灰质;Ra:中缝背核(血清素系统的主要来源,它刺激了边缘系统);LC:蓝斑核(上行的背侧去甲肾上腺素通路的主要来源,供给整个前脑);NTS:孤束核(通过交感神经由内脏到达的内部受体系统所在的主要区域);Cb:小脑。(我们感谢 Georg Northoff 提供脑视图使用权)

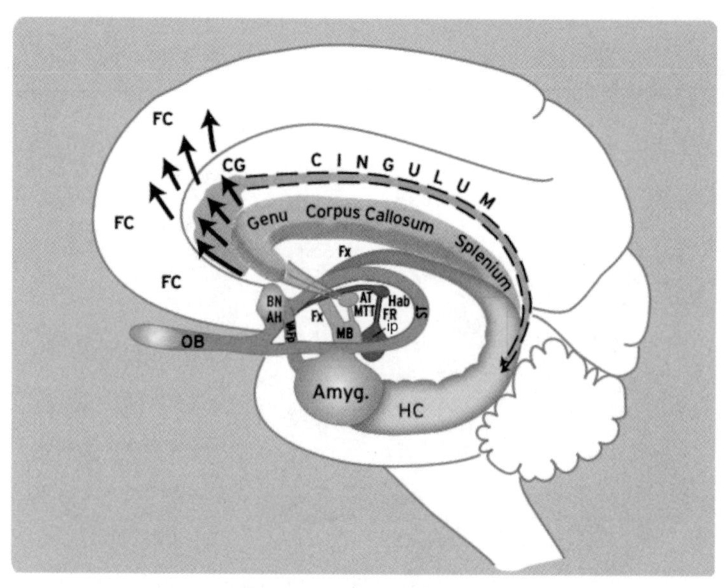

图 1.2 阴影区域显示边缘系统及帕佩兹回路（Papez circuit）视图。FC：额叶皮层；CG：扣带回；OB：嗅球；BN：终纹床核；AH：下丘脑前区；VAFp：杏仁核腹侧传出通路；Amyg：杏仁核；HC：海马体；Fx：穹窿；AT：丘脑前部；MB：乳头体；MTT：乳头—丘脑束；Hab：缰核；FR：缰核脚间束；ip：脚间核；ST：终纹。（来源：Panksepp，1998a；获得牛津大学出版社授权转载）

就我们目前所知，由神经解剖学和神经化学所揭示的原始情绪系统在所有哺乳动物中都十分相似。这意味着这些系统很久以前就已经演化了，并且在基本情绪和动机层面上，所有哺乳动物都更相似而非相异。从我们大脑古老的情感层面看，我们在演化上都是近亲。这一点在我们的身体结构和生物化学方面表现得十分明显。在不同的哺乳动物中，也发现了相同类型的神经通路和脑内化学物质，它们能唤起这七类情绪—调节系统中的任何一类。依现有的证据，当这些系统激活时，人类和其他动物都体验到了相似的感受。当然，这些感受并非完全相同，我们也不应当期望如此。演化总是在共享的一般原则中加入差异性，抛开演化的多样性不提，这些一般原则提供了一座桥梁，从而将关键问题从一个物种转移到许多其他物种。通过运用这样的推理方式，现代医学从动物模型上获得了许多发现。

正如我们在前言中所提及，这些情感基质是“考古宝藏”——心智的多面“珠宝”，它蕴含了我们情感体验的能力，这是一种我们依然与动物近亲共享的能力。然而，作为人类，我们的脑有更高级的扩展，这使得我们能够深入思考我们的本质，以及思考我们做出的更理智、更人文和更具有创造性生活的选择。我们可以在生气时压住怒火，不说让事态变得更糟糕的话。但许多人“选择”不这么做。我们在上一句中用了引号，因为对许多人来说，他们的情绪并未处在高级心智的有意志的控制之下。确实，有理由相信，我们新皮层的功能基本上是由我们的低级心智程序化的，与我们早期的养育经历相结合，这些功能引领我们走向幸福或导致充满痛苦的生活(Narvaez et al.,2012;Szalavitz & Perry,2010)。

由于我们高级脑的扩展，我们在认知层面上体验着其他动物无法想象的生活。我们能够以微妙的方式反思我们的选择，从而带来更为微妙的感受，这主要是通过学习构建的。我们拥有这个世界和宇宙中独一无二的心智，这源自我们高级新皮层的扩展所带来的认知丰富性。但我们的高级心智从来都植根于我们远古的过去。不难理解，许多人希望将我们的情感生活看作与我们的认知能力完全交织在一起的，但从神经演化的角度来看，这并不正确。尽管许多认知科学家和哲学家倾向于只考虑我们独一无二的大脑皮层的能力，但这并不能够帮助我们理解心智的起源。但是，思考我们心智的第三层级确实让人着迷。在那个层级上，我们拥有所有层面交织在一起的充分的复杂性，它甚至使我们带着对存在的恐惧思考我们的死亡，或者感受到崇高(Hoffman,2011)。其他动物不太可能以这种神经—情感的忧虑和领会的深度来体验它们的心智。但是它们确实体验着自身的原始情绪以及某些非常令人难以理解的层面。在此，我们所关注的是，通过理解其他生物的心智来深入人类心智的最深处。

虽然神经科学家已经熟知我们脑中的远古情绪回路，但直到最近这些回路才被确证与我们的情绪感受联系在一起。这使得神经科学家能够深入探究情感——各种复杂多样的内在生成的感受——的神经基质。哪些脑系统给我们带来了快乐？为什么我们有时会悲伤？为什么有些人会一直悲伤？我们如何体验激情？什么让我们充满欲望、愤怒、恐惧和温柔？传统的行为主义和认知科学不能为这些深刻的问题提供令人满意的答案(并不仅仅是因为研究者没有提出这些问题)。

情感神经科学通过自下而上的过程获得了一个全新的开端,它不但没有贬低我们人类独一无二的能力,而且还提供了一个心智起源的新视角和新的数据来支持这种主张。情感神经科学试图将情感心智与动物脑联系起来,针对如下三个方面采取一种三角进路:(1)主观心智状态(最容易通过人类来研究);(2)脑功能(更容易通过动物来研究);(3)所有幼小哺乳动物为了生存必须在生命早期展示的自然(本能)情绪行为。这种三角进路可以让我们想象人类心智生活远古的底层模式和我们价值观的深层神经来源——我们最初的情绪感受。

这种知识引导我们必须研究脑功能以便理解情绪障碍——导致人类和动物心智错乱的各种精神症状。但是,成熟的经验很快就为这些演化工具补充了丰富的思想和知识,使整体情况变得非常复杂。然而,我们计划尽可能地保持在初级过程的分析层面上。这不只是因为该层面被研究心理学、哲学和人类学的学者所忽视,也因为对无意识的次级过程的分析已经成为行为神经科学的一个成熟的强健分支(只需要想一下我们在第 5 章和第 6 章会讨论的恐惧条件反射)。我们将会略过人类心智的许多高阶(三级过程)方面,但我们仍会说明,所有那些心智的“奢华之物”都必须基于对根本问题最彻底的理解。我们之所以尚未实现最彻底的理解是因为这些问题只能够通过研究动物脑来阐明。而一个世纪以来,很少有人讨论和研究心智是如何在动物脑中出现的。许多研究者仍然声称,动物是无心的僵尸,它们没有与人类相媲美的、产生清晰自我感的脑心组织(BrainMind organization)(见第 2 章)。

确实很多学者不同意上述策略。我们将尽量避免在这里进行复杂的学术辩论(那将是无休止的),但我们需要让读者知道在这个领域内许多具有既得利益的科学家对我们立场的可能回应。我们只是一般性提及,通常不会针对任何还健在的具体个人。有兴趣了解该领域各种不同看法细节的读者可以参阅雅克·潘克塞普的其他出版物,他已多次谈及这些议题。《情绪的本性》(*The Nature of Emotion*)(edited by Ekman & Davidson, 1994)一书中有一篇相当不错的补充材料,突出了许多观点。

目前,心理学界正在进行着一场论战,一方认为我们具有“基本的”情绪,而另一方则偏好情绪生活的“维度论”观点。扎切尔(Zachar)和埃利斯(Ellis)编辑的文集(Zachar & Ellis,2012)对清楚地展现这一争论尤其有用:书中对潘克塞普和波士顿大学詹姆斯·罗素(James Russell)教授的观点进行了详尽的阐述,后者一直倡导情绪生活的维度论。维度论认为,源自脑过程,被称为核心情感(Core Affect)的统一的二价性(正效价和负效价,以及高唤醒维度和低唤醒维度)是我们情绪本质的根基。许多评论家对这一争论提出了补充观点。维度论引出了很多优秀的研究成果,包括最近关于动物情绪的细致的研究,这些研究旨在评估动物如何做出复杂的且与情感相关的认知选择(Mendl et al., 2010)。现在,通过将研究结果与脑心的神经进化控制水平联系起来,情感神经科学策略可以补充这一方法,这个进路现在可以通过情感神经科学研究策略来补充,其做法是将研究发现与脑心(BrainMind)中神经演化层面的控制相联系[见潘克塞普对门德尔及其同事的评论(Panksepp, 2010a)]。这种混合方法对更全面地理解心脑(MindBrain)的复杂性至关重要。

我们在此使用了这两个术语,心(mind)与脑(brain),并且在心脑(MindBrain)与脑心(BrainMind)两个序列中都做了首字母大写处理,用以强调情感神经科学是彻底的一元论,没有任何二元论的容身之所。当采用自下而上的观点时,我们经常用“脑心”(BrainMind)这个术语;当采用自上而下的观点时,我们经常用“心脑”(MindBrain)这个术语,二者对于理解脑演化层面上的“循环因果性”都必不可少。双首字母大写,并且中间没有空格,这再次强调了如下观点的必要性,即把脑——有些人更喜欢称为“心—肉”(mind-meat)——看作一个统一的器官,不残留任何视心与脑是分离实体的二元论的观点,而二元论是一个一直以来阻碍我们理解的知识传统(见第 2 章)。同时,这一术语的两个版本强调:(1)脑的某些方面内在于我们所具有的心智内容的类型(脑心);(2)它还强调在这一器官的较高区域——涉及丰富的学习和思想,通常是由社会和文化的影响所引导,产生了通过动物研究无法阐明的复杂性。

因此,我们具有更高级的脑功能——现在通常所说的计算—认知心智(computational-cognitive mind)——这需要与更广义上的情感心智区分开来。心智的情感方面与认知方面的区分,尽管并不流行,但仍可以在许多方面得到支持(见图 1.3)。将心理疗法建立在情感过程的知识基础上,从而理解如何最有效地引入有益的认知视角,这是很重要的(Panksepp,2010b)。

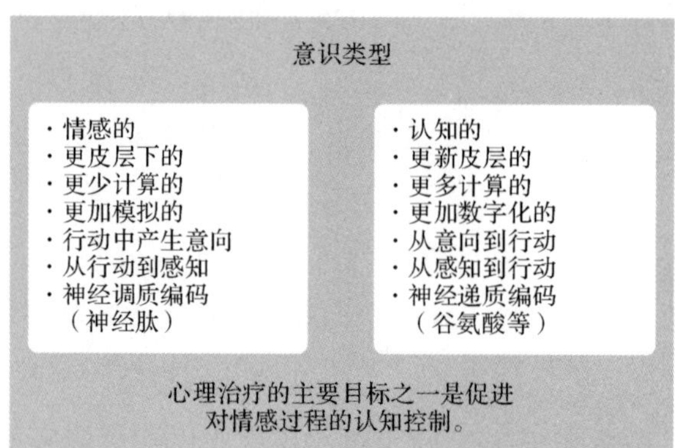

图 1.3　关于调节脑中情感和认知过程的脑系统之间主要区别的总结。总的来说,情感系统控制脑的全局状态,而认知则处理来自外部感官的输入信息。

借用安东尼奥·达马西奥(Antonio Damasio,1994)众所周知的说法,笛卡尔最大的错误在于将脑和心智分开这一立场。笛卡尔的另一个重大错误是认为动物没有意识,没有体验,因为它们缺少构成人类心智的某种微妙的非物质成分。这一观点至今尚未消弭,许多人仍坚信动物并不会思考,甚至无法感受到它们的情绪反应。许多研究动物脑的学者尚未学会如何像研究习得行为那样系统而出色地讨论和研究动物的心智,尤其是它们的情绪感受。通过行为学进路监测动物的自然情绪倾向是研究动物的原始感受最好的方法。我们认为,现在是时候开始这段艰难旅程,因为相较于其他任何尝试过的进路而言,这种进路能够告诉我们更多关于自己心智的古老基础。

因此,主要是通过动物研究收集到的现代神经科学的详尽知识表明,区分心智与脑不再有用,尽管我们必须区分心智的种类与脑的种类:心理学家和哲学家通常尝试依靠观念去理解的情感感受实际上是脑的功能。但是,在伦理上,能够研究神经"机制"(即神经系统实际运行方式的细节)的那些脑研究根本无法在人类身上进行,它是否能运用到动物身上还存在伦理上的争论。无论如何,我们都相信有确凿的证据证明其他动物同样具有情感体验,理解这些系统对于生物精神病学和心理治疗实践都十分重要。因此,我们可以自由地使用心脑或脑心,这取决于我们想要强调人类或动物脑的哪个方面。但是正如动物脑研究所阐明的那样,我们在这里主要关心的是心脑的初级过程情绪。

在继续前进之前,我们要对澄清术语作如下的补充:在本书中,我们最关注的首先是生成原生情感感受的本能情绪反应,它们是大自然母亲安置在我们脑中的,我们将其称作初级过程的心理体验(它们是脑心在演化上“给定的”)。其次是在这个“本能的”基础之上,我们有各种各样的学习和记忆机制,我们在此将其视作脑的次级过程;那些研究恐惧条件反射的人已经对这些进行了很好的研究(见第 5 章和第 6 章);我们相信这些中间脑过程是深度无意识的。最后是在脑的顶部,我们发现了多种高级心智过程,即各种各样的认知和思想,从而使我们反思从经验中学到的东西,我们把这些高级心智过程称作三级过程。认识到这些控制层次,会极大地帮助我们理解脑心的更全面的复杂性(见图 1.4)。

脑的情绪—情感控制的层级
状态控制（1.）与信息处理（2. & 3.）

1.初级过程，基本—原生的情感（新皮层下的）
（1）情绪性情感（情绪行动系统；行动中的意向）
（2）体内平衡性情感（脑—身内感受器：饥渴、口渴等）
（3）感官性情感（由外感受—感官触发的令人愉悦的或不悦/厌恶的感受）

2.次级过程情绪（通过基底核实现的学习）
（1）经典条件反射（例如，通过杏仁基底外侧核&中央核实现的恐惧）
（2）工具性&操作性条件反射（通过伏隔核实现的探索）
（3）行为的&情绪的习惯（大部分是无意识的背侧纹状体）

3.三级过程情感与新皮层的“觉知”功能
（1）认知执行功能：思想&计划（额叶皮层）
（2）情绪性反思&调节（内侧额叶区）
（3）“自由意志”（高阶工作记忆功能从意向到行动）

图 1.4　对脑中全局控制层次的总结:(1)三种一般情感类型;(2)三类基本学习机制;(3)新皮层的三种代表性觉知功能(它们完全依赖于从基底核到丘脑的下行循环,并在其能够完全处理思维和行为之前重新返回新皮层)。

一旦我们开始认真思考现有证据,我们就不会质疑在心智的底层存在许多基本的情绪感受(Panksepp,1998a)。研究人类面部表情的学者很久以前就开始倡导这种有关情绪生活的"基本"看法(Darwin,1872;Ekman & Davidso,1994;Izard,2007)。事实上,最近关于人脑成像的"元分析"与大量相关研究的证据相结合,也得出了相同的结论(Vytal & Hamann,2010)。

由于几乎所有在人身上所做的研究都集中于次级和三级过程的分析,而这些研究确实无法清晰地描述人类心智的初级情绪过程,这导致了许多争论(Ekman,1994;Russell,1994)。由于初级过程情绪的心理力量,那些研究我们面部表情的人已经清楚地看到,通过基本情绪可以使大多数人相信,我们的情绪本质中有一些基本的东西,只是他们还缺少工具来告诉我们这些东西是什么。然而,通过动物研究,我们可以确信所有哺乳动物都具有许多初级过程的情绪系统,以及其他情感系统(见图 1.4)。尽管这些系统与我们的高级脑功能具有相互关系,但这些系统并非集中分布于新皮层(见图 1.5)。

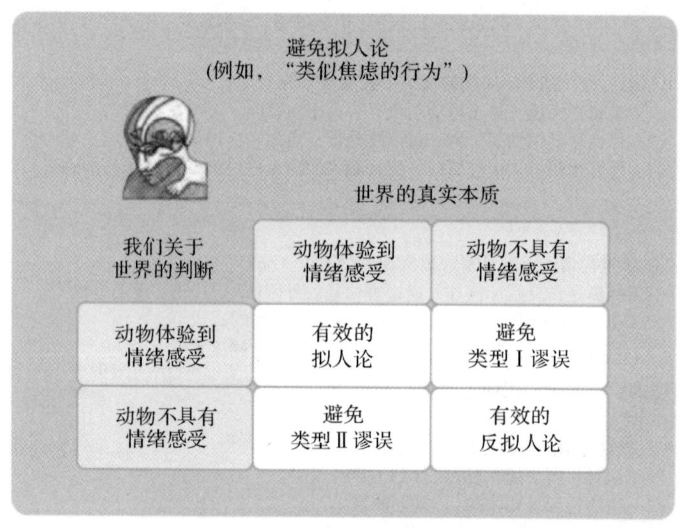

图 1.5　关于我们需要如何思考动物可能的情感本质的真理图。在 20 世纪大部分时间里我们都相信右下象限在哲学上是正确的,因此人们可以避免类型 I 的错误,即断定某些不真实的东西在科学上是正确的。这导致人们讨论的是动物的"类似焦虑"行为,而不是动物实际的恐惧。本书的前提是基于数据的结论,即科学家明智地将自己定位于左上象限,因此我们可以避免类型 II 的错误,这个错误就是由于我们的错误信念,或者没有足够的方法来评估一种现象的存在,而错过了对真实现象的检测。

很少有神经科学家,更不要说心理学家,研究所有哺乳动物共享的初级过程情绪机制是如何在脑中形成的。几乎没有人研究感受(情感)方面。这也解释了为什么有关感情如何在脑中产生的问题在长达一个世纪的时间里毫无起色。相比之下,有非常多的科学家从事感知功能的研究,例如听觉和视觉(对低级脑感知能力的详细总结,见 Merker, 2007)。对于脑初级过程情感网络的普遍忽视导致许多研究人类的心理学家、社会科学家和哲学家,忽视了那些与他们关系最为紧密的跨学科同行没有谈及的内容。

在认识到脑心的演化层次之后,关于脑专门化的问题就变得尤为重要:在我们出生时,我们心脑的新皮层的"思维帽盖"几乎是一个白板,而经验将许多能力和技能"自然地"印刻在上面。这些印记包含了一些似乎是"天生的"(hard-wired)的脑功能,例如,我们复杂的听觉和视觉能力。在新皮层的层次上,那些能力都是通过在世界中的生活经历构成,而非由任何严格的基因指令所决定。在众多关键的证据中,最令人信服的是:如果我们在出生前就去除"注定"要成为视觉过程区域的皮层区,那么完好的视觉功能将会在临近皮层区内形成(Sur & Rubinstein,2005)。皮层下的(例如,丘脑的)影响可能直接来自外侧膝状体核(LGN)的视觉投射或者皮层本身的化学梯度,这些影响足以使大脑表面发展出视觉能力。顺带说一句,我们可以确信,在脑心的演化过程中,复杂的听觉相较于视觉是一个更古老的过程。这是因为在中脑层面,听觉过程的中枢——投射至丘脑内侧膝状体核(MGN)的下丘脑部位——比中脑视觉过程中枢(上丘,投射至外侧膝状体核)要更低一些(更接近尾部,即更古老)。这也可能有助于解释为什么从触觉演化而来的听觉比视觉更具情绪性。

目前,我们用来粗略"确定"脑的各个系统的时间顺序的原理还只是一种经验法则(rule of thumb),并且存在例外。例如,来自新皮层的更加现代的下向影响确实穿过了脑的许多古老层。最引人注目的例子也许是皮层—丘脑束这一脑中最长的通路。从脑额叶区的运动皮层一直延伸到脊髓的皮层—丘脑束使我们能够自主控制手指和脚趾,弹奏钢琴和所有其他复杂乐器、表演舞蹈和写书都要用到这一通路。

许多情绪研究人员以及神经科学同僚对情感(affect)与情绪(emotion)

进行了严格区分,将情绪视作缺乏情感体验的纯粹行为或者生理反应。他们将情绪的唤醒视作一系列的生理反应,包括与情绪相关的行为以及一系列的内脏(激素/自主)反应。在他们的科学观点中,动物可以表现出强烈的行为情绪反应,但实际上没有体验到任何东西——许多研究者相信,其他动物可能没有感受到它们的情绪唤醒。我们并不同意这种观点。有些人宣称,我们将要讨论的系统是深度无意识的——在我们称之为初级过程脑心的祖先体验剧场中没有发生任何事情。我们认为证据表明情况并非如此。

大多数神经科学家都同意,许多生理和情绪的行为反应是由脑内部皮层下结构产生的,但是他们通常会否认或忽略,这些结构同样能够产生原始的情感感受。按照他们的观点,如果一个动物处于危险之中,深层脑结构产生自动行为(例如僵住或者逃离)以及本能反应(例如心跳加快以及将一种常见的应激激素皮质醇分泌至血液中)。他们认为,这种反应只是纯粹生理的——纯粹的情绪行为而不伴随任何情感。这些学者们过分自信地宣称拟人论——将人类的心理过程归因于其他动物——这在根本上是不正确的(关于这些问题的深入讨论,见 Daston & Mitman,2005)。许多其他研究者则选择对此保持沉默,宁愿采取更谨慎的不可知论立场。我们对所有以情感神经科学方式研究过的哺乳动物的证据的解读是,人类与动物的心智起源于基因同源——演化上相关——的情感系统,它为高级心智活动提供了许多相似的生物"价值结构"(见图 1.5,该图应作为所有思考这一问题的人的指导)。显然,一些系统有很强的可比性,而其他系统,尤其是社会情绪,则由于演化分歧的选择性压力而愈加不同。

原生情绪在成年人身上并不会每天都出现,但是大部分人都会记得他们在愤怒时会握紧拳头,脸色通红,极度恐惧,以及感受到深深的悲伤和快乐。我们在此的任务就是分享这些心智生活的初级过程机制的证据,其中大部分是来自动物研究。这些感受产生了一种充满活力的意识形式——一种充满情感强度的意识——我们将其称为情感意识(affective consciousness)。原初感受本质上并不聪明,但它们之所以建立在我们脑中,是因为它们对于立即处理世界和了解其潜力非常有用。原初情感是帮助我们生存的祖传的记忆。这些古老的脑网络可以通过多种方式让我们感受到我们有时称之为核心情绪情感(core emotional affects)和原生情绪感受(raw emotional feelings)的内容。不管我们用哪个术语,我们所谈的东西都是相同的。

研究人类的认知科学家倾向于宣称,情绪感受产生于人脑的某些最高级区域。许多和我们一样对人类心理学感兴趣的科学家坚持认为,当人或动物能够从认知上理解情感的外周生理变化时,情感就会产生。换句话说,情感是由对身体反应的认知反射来定义和衍生的,而并不是脑本身所固有的。从这一观点来看,如果一个人胃部翻腾或者握紧拳头,那么高级的认知脑(新皮层)会在这些原始生理反应通过感觉神经进入大脑时解释它们,并将这些感觉标记为情绪。据说只有在那时,这个人才有感觉焦虑或愤怒的主观体验。这就是一个世纪前著名的詹姆斯—兰格理论(James-Lange theory,见第 2 章)。现在我们知道,脑本身通常会激发伴随情绪的身体唤醒。尽管如此,一些同行更进一步断言,情感只有在我们能够用语言表达它们时才存在——感受产生于我们能够将心智的无意识力量概念化的能力。由于大脑外层的新皮层是认知和语言的所在地,因此这些认知/语言学理论主张,当新皮层“读出”位于脑中情绪的生理控制时,情感就会产生。对于他们而言,我们所关注的脑深层部分不会生成任何体验。我们相信证据与之相悖。

读出理论所暗示的是将意识与认知——我们对感受和相伴随的思想的自觉意识——相等同。而且,如果一个人相信意识总是认知的,那么情感一定在某种程度上也是认知的。按照读出理论,情感意识不可能从生成情绪生理变化和情绪本能行为的深层脑功能中产生,因为这些深层基质是非认知的,因此必然也是深度无意识的。情感只能源于有意识思维,而有意识思维很大程度上依赖于脑的最顶部,即我们的新皮层,它对于我们所有的高级认知活动而言都至关重要。然而,大量的动物实验和许多临床观察否认将意识等同于认知。如果人们认同情感感受是意识的一种基本形式,那么有许多方法可以将那些心智状态与构成认知意识的信息处理区分开来,而这种认识意识是人类理性的基础(见图 1.3)。

这里有一个极端的例子:基本上没有大脑半球并因此基本上没有新皮层的新生婴儿(无脑畸形)将无法开发智力,但是只要他们获得适当培养并身处社会交互的环境中他们可以成长为充满活力的有情感的孩子,(Shewmon et al.,1999;关于这类儿童的照片见图13.2)。正如我们所见,在实验室动物身上已经完成了许多去皮层实验。在未受过训练的人看来,这些动物与正常动物难以区分,事实上,它们比正常动物更情绪化。既然这些孩子和动物几乎没有新皮层区,那么它们的情感能力只能产生于脑新皮层之下的其他区域。虽然在科学中,结论通常受到多种可能解释的限制,但这几乎可以看作一个科学的证据了。现在,突破性的神经学家和神经心理学家指出,即使是我们的高级认知心智,也无法离开允许它们工作的低阶皮层下系统(Damasio,2010;Koziol& Budding,2009)。我们也持这样的观点,心智的古老情感基础对许多高级心智活动而言至关重要。简言之,想要理解整个心智,我们必须尊重在脑演化过程中最早出现的心智的祖先形式。

更不必说,那些失去说话能力甚至失去语言思考能力(主要是由于左侧新皮层损伤)的中风失语症患者,他们仍保有情感能力,这意味着情感意识是独立于语言而存在的。因此,临床观察表明,无论是认知还是语言思考能力,都不是情感意识的必要条件。被感受到的体验可以是无思维的(anoetic)——一种非反思、非思考的初级过程类型的意识,它先于我们对世界的认知理解,或者说先于我们通常所说的纯思维的(noetic)(学习和基于知识的)次级过程意识。用受人敬仰的神经心理学家安道尔·图威(Endel Tulving,2002,2005)的话来说,这赋予了我们自主思维的(autonoetic)三级过程的思想意识——在我们的心智中进行时间旅行以及能够回顾与前瞻的能力。

这种观点包含了一种激进断言,即初级过程的核心情感是无思维的(anoetic,即无外部知识),但却是一种情感意识或以情感形式被体验到(它反映了内在的、非反思的脑“知识”)。当我们感受自己的情感状态时,我们不需要知道我们在感受什么。换句话说,初级过程的情绪感受是自动为我们做出重要决定的原生情感,有时可能是不明智的决定(至少在我们更高的认知心智的观点之上来看)。在文明社会中,在行为准则下,情绪用事通常不受欢迎。可是,产生这种情感感受的能力是脑演化中的一个关键事件,它使得更高形式的意识得以出现。完整的意识知觉当然要等到我们具有足够的脑皮层(尤其是额叶区)才会产生,它使得我们能够进行思维活动,具有自主思维、执行和决策能力。但是,所有这些精细的心智机制仍深受我们情绪的影响。情感感受传递给高级脑的内在评价,使得人类和动物能够判断它们在生存方面做得好还是坏。但是,它们有时只会让我们陷入麻烦。如果这种情况持续发生,心理治疗通常会有很大的帮助。

图 1.6 总结了另一种设想这些心智演化层级的有用方式。在图 1.6 的左侧,我们设想这些层级在早期发展的"量级"——起初,婴儿几乎都是纯粹初级过程意识,但随着婴儿成熟和长大成人,那些祖传价值"似乎"越来越小,而我们的高级脑开始充满知识和观点(见图 1.6 的右侧)。大多数心理学家尝试解决心智的上层,并通过研究基本的学习和记忆过程来解决心智的中层。神经科学家是唯一一个能够阐明心智机制的科学家群体——知道我们如何体验自身以及整个世界。遗憾的是,迄今为止,很少有人尝试阐释意识的情感感受方面,而这对于理解人类的情绪问题和心智障碍可能特别重要。

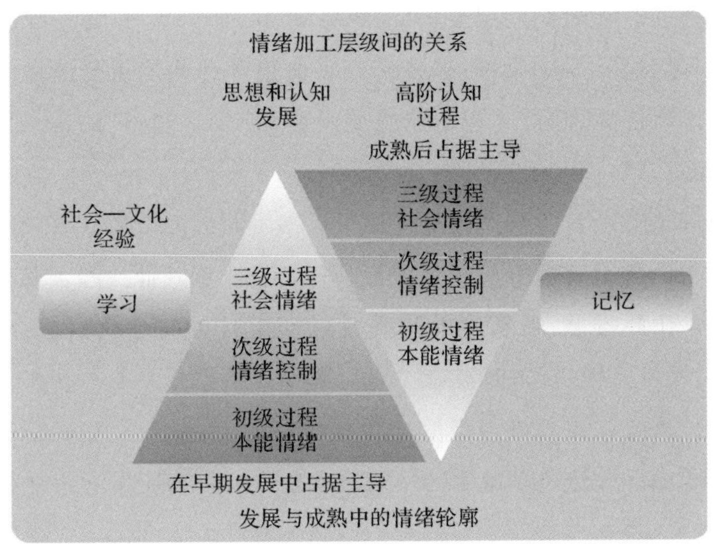

图 1.6　该图概括了婴儿脑心中的控制层次,其中本能的初级过程情绪反应非常突出而高级心智过程尚未发育。这可以与成人的心脑组织形成对比,成人的高级心智过程(三级过程)已经完全发育,但初级过程受到抑制,这表明初级过程可能只对心智生活具有一定的影响或者具有相当的影响,但在良好发育的个体中,它们受到高级心智的调节。

我们的主要目标是厘清初级情绪过程的本质,它们是脑的心智装置的根本支柱。在幼年生活中,初级过程指导着婴儿的行为和感受;在成年期,后天获得的高级脑功能似乎掌控一切,但正如每一位心理治疗师所知道的,这种情况是很少见的。我们仅仅会顺带提及高级情绪和认知过程,但显而易见的是,如果这些高级脑功能离开了它们所依赖的坚实的情感/演化基础,那么它们将会彻底瘫痪。这种层级结构让我们很容易处理这个领域内的一些传统悖论。例如,人们常常会问为何有人喜欢看恐怖电影。答案很简单:在心智活动最高级的三级过程层面——例如自主思维意识——我们可以通过在实际安全的情况下操纵我们的初级过程系统来获得极大的愉悦。同样,我们可以享受一场雷雨;而大部分动物则会感到颤栗。离开了这种高级的反思过程,人类将不太可能"自愿地"将自己暴露在能够触发消极情感的感知中,例如恐惧。我们同样坚信,我们的思想通常跟随着我们的感受。最早的一个证明相当简单:当人们被哄得快乐或者悲伤时,他们的思想往往追随他们的感受(Teasdale et al.,1980)。这是一个普遍的观察结果,但是,这并不意味着,那些代表着快乐和悲伤的感受来源于我们的高级脑。没有证据表明,这些原始感受是由新皮层"读出"的,不过,这种信念仍旧存在。

读出理论暗示着情感只出现在那些足够聪明因而能够解释情绪生理机能或者具有语言的动物中。这意味着只有人类或者其他一些灵长类动物是情感生物。由此推测,低智能的哺乳动物交配时没有性欲,攻击时没有愤怒,退缩时没有恐惧,抚育时没有关爱。它们无法感受社会损失的刺痛——精神痛苦。这或许是主流观点的一个极端写照,而对于那些实际进行动物脑研究的人来说,这不算太离谱,因此(想必)他们应当深入地关注这些问题。

尽管(或者是因为)时代思潮发生了变化——从动物权益运动到关于动物情绪的流行书籍——大多数神经科学家在动物的情感问题上仍是坚定的不可知论者。如果你不能直接测量情感,那么,许多人会说,你就不应该讨论它。但是,我们能够测量核心情感。我们只需要采取间接的方法,例如,确定在各种学习任务中,人工诱发的某些古脑系统的唤醒(可以通过局部大脑刺激来实现)是否可以作为各种学习任务的“奖励”或“惩罚”。事实上,本书始终强调的一个普遍原则是,当我们以直接的脑操作唤醒本能情绪行为模式时,动物会将这些人工唤醒的内部状态视作奖励和惩罚,从而实现接近和逃离的学习,这就可以算作动物具有明确情绪体验最有力的证据,这一证据为其他动物具有情感思维模式提供了有力的支持。它同样告诉我们,在我们理解这些感受如何通过神经网络构建之前,需要更详细地了解哪些脑区。

像那些已经深入研究世界本质的人一样,脑科学家必须学会如何有效地利用这些证据。如果物理学家忽视了世界本质中这些相对隐秘的方面——也就是说,采取了一种鸵鸟策略——或许就不会有量子革命,也就可以避免数量惊人的核弹头。尽管对动物原生情绪感受的理解可能不具有如此的爆炸性,但它将会改变科学家探讨人性及其各种精神疾病的方式。它可能会改变我们设想心智演化的方式,明显地将其视作一个最终实现自上而下控制的自下而上的过程(见图 1.6)。但是,整整一代的行为主义神经科学家必须学习如何明确地阐明他们所研究的动物的内部情感状态。与那些一直回避这类话题的人们进行全面对话,仍然存在很大的阻力。

情感是初级体验

在后面的章节中,我们将论证现在最可信的说法——各种(1)原生情绪感受,(2)本能情绪行为,以及(3)所伴随的内脏反应,都是由至少七类“相对”不同的皮层下系统协调的,这些系统包括探索、恐惧、愤怒、性欲、关怀、惊慌/悲痛和嬉戏。我们说“相对”,是因为这些系统之间存在着交迭控制:例如,通用目的的唤醒/注意力促进系统都是由诸如乙酰胆碱、去甲肾上腺素、血清素等常见的递质介导的——其细胞体主要集中于脑干深处(见图 1.1,它提供了人脑一些关键部位的大致位置)。

除此之外,我们强调“相对”,是因为诸如探索这类最大的系统,对于其他情绪系统的运行非常重要。我们之所以用不同的方式来探索各类事物,是因为这一系统指导着许多不同种类的预期学习。就我们所知,探索系统和其他所有情绪系统在所有已被研究的哺乳动物中都惊人地相似。当然，其他动物的感受与人类使用自己语言时所说的感受(如生气、焦虑等)并不完全相同，因为它们通常与特定生活事件相关联。但它们必然极为相似，因为这些感受是由相同脑区生成的，并且涉及相同神经递质和其他脑化学物质。因此，我们所讨论的存在于其他动物中的核心情绪情感势必与人类所体验的情绪感受具有很强的对应关系。

不过，仍然有其他类型的情感，我们并不将其称为“情绪的”[包括脑对各种身体状态的表征，例如原生的饥饿(HUNGER)和口渴(THIRST)，即体内平衡的情感(homeostatic affects)，包括平时所说的大小便的冲动]。此外，还有由于外部感觉所引起的快乐和痛苦(诸如甜和苦，以及其他感官情感，诸如厌恶和许多其他感觉，包括不同类型的疼痛)。我们在此不会详细讨论这些体内平衡的和感官的情感。这些主题的行为方面已经得到了行为神经科学家的大量研究关注，尽管几乎没有提及它们可能也伴随着情感状态。那么，除了情绪感受确实非常有趣这个简单的事实外，我们为什么要关注它们呢？这是因为，研究这些类型的情感对于理解人类精神疾病而言极为重要，并且它将使我们能够获得关于人类情绪问题的有效动物(“临床前的”)模型。如果我们仅仅讨论动物的行为变化，而不讨论它们的感受以及它们如何在脑中控制这些感受，我们就不可能取得如此大的进步。

总而言之，我们的观点是，我们要谨慎地接受这一观点，即情感是所有哺乳动物情绪表达不可分割的部分，而非仅仅是几个物种的认知后思维(afterthoughts)。这是否意味着动物与我们的感受完全相同呢？当然不是！多样性是演化的规律。确实，每个物种的脑过程和身体新陈代谢过程的所有细节都大相径庭。事实上，即使双胞胎的神经系统的精细结构也并非完全等同。当原生感受与我们的高级心智能力相结合时，许多深层变化和组合就应运而生——这将会产生复杂的社会性情绪，如嫉妒、羞愧、猜忌、羞耻、敬畏、希望、幽默……甚至是体验敬畏和崇高的能力(Hoffman，2011)。我们可能永远不能从科学上知晓动物是否具有这类高级感受，因为这需要我们能够知晓它们的思想，而这是我们无能为力的，虽然我们有信心解读它们的情绪感受。当然,有些高级情绪是某类与众不同的复杂生物所特有的,尤其是像我们这种具有能够思考并能够深入谈论自身存在的脑的物种。

在正常生活中,特别是在童年时期,情感与高级认知能力的发展紧密联系。这是由于我们所关注的原初情感基质与成熟的新皮层之间存在的相互作用。不同哺乳动物新皮层的大小与复杂性大相径庭,这导致了不同水平和类型的认知能力和智力。如前所述,高级情绪在不同哺乳动物种类间注定存在很大差异。大部分复杂情绪(人类认知上复杂的、社会构建的"混合情绪"如此普遍,试想一下羞耻和蔑视)尚未得到任何详尽的神经科学分析。现实的实验室模型并不包括嫉妒和羞愧,虽然在诸如猜忌的感受研究方面已经取得了一些进展(Panksepp,2010c)。由于科技的进步,通过诸如功能性磁共振成像(fMRI)的脑部扫描,我们现在可以对人类心脑中这类精细的高级心智过程进行成像。猜忌在男性和女性的脑中表现出不同的图像(Takahashi et al.,2006),男性的猜忌产生于更低的情绪脑区,而女性的则生成于高级皮层区。这也许意味着女性的猜忌带有更多的认知反应,基于对她们经济损失的评估。而男性则更关注与性相关的问题。值得注意的是,当对"低级"灵长类动物(恒河猴)进行关于猜忌的脑成像研究时,例如让一只处于支配地位的雄性观看处于被支配的猴子们与其配偶交配,它的脑产生了类似于先前提到人类研究所观察到的东西(Rilling et al.,2004)。很容易设想,雄性的猜忌是一种将探索、性欲、恐惧以及即将到来的悲伤混合在一起的感受(Panksepp,1982,2010c),但目前这仅仅是一种理论推测。

就我们自己作为智能物种而言,复杂观念与情感相互纠缠在 起。毫无疑问我们将会创造出不同的更高级的心智景观(mental landscapes),这与其他动物的认知能力不同。然而,深藏在脑皮层之下的同源情感基质,在解剖学和神经化学上与新皮层存在明显的区别,这在所有哺乳动物中十分相似。这些事实都表明,在哺乳动物物种中,存在产生各种类似的初级过程情感体验的系统。最复杂的社会情绪,可能是通过学习而从更原始情感动力与认知态度的结合中生成的。换句话说,初级过程情感确实控制了次级过程的学习机制,然后这两者与更高级的认知能力相结合,从而进入大多数心理学家所关注的三级过程的心智景观。目前,更多的兴趣点主要集中在其他动物的复杂学习甚至是其高级心智能力,而这些有趣的工作却很少与脑研究相关联。

由于在我们具有前瞻性和回顾能力的自主思维(autonoetic)意识中,情感与复杂观念和个人经验混合在一起,我们人类通常难以想象情感可以独立于它们发生于其中的高级心智环境而存在。我们常常感到很难以其最纯粹的形式来理解感受概念,而将它们放在我们生活的具体认知环境中进行考虑时,就会容易得多。我们认为某个特定的人会使我们感到愤怒,或者某个可怕的经历会使我们感到恐惧(在哲学术语中,这意味着情感是有意向性的——它们总是"关涉"某物的。它们是产生自"情绪评价"的"命题态度"——我们只是在此顺带提及这些概念)。由于脑的方式是如此高度地相互连接,因此我们的观念和情感的体验完全交织在一起,并且由于我们是高级认知生物,我们往往将认知能力当作首要的,而假设情感是由思想或感知所产生的。仍有一些心理学家坚持认为,是生活经验教会我们拥有情感,如果我们没有这些经历,我们不会具有情感能力。他们宣称那些从未遭遇危险和疼痛的人们缺乏感受恐惧的能力。对于这些理论家而言,情绪大体上是后天习得的反应。

不过,在初级过程层次,情绪并不是个体学习的问题。它们通过演化建构在脑中:它们是祖传的"记忆"。就我们所知,我们生来就具备完整的七种基本情绪的神经能力,它们天生地存在于所有哺乳动物脑的皮层下网络中。在对动物特定脑区进行局部刺激的研究中,我们清楚地看到这一点。例如,如果一个人对生成恐惧的系统[从杏仁核到中脑中心的一段很长的路径,即中脑导水管周围灰质(PAG),我们会在第 5 章中讨论]进行电刺激或者化学刺激的人工唤醒,即使是幼年的、没有经验的动物也会胆怯退缩,并且如果这个刺激足够强大,它们会因恐惧而逃离。尽管人工刺激并没有提供任何关于环境的信息,它们同样会迅速学会关闭这种脑唤醒,并且避免去到曾让它们产生类似体验的地方。因此,体验恐惧以及其他基本情感的能力,是独立于任何环境经验的。在某种意义上,感受情感的能力很大程度上是"无对象的"(objectless)——最初只有很少的一部分刺激能够唤醒这样的脑心状态,但是这些刺激种类将通过学习迅速扩大(见第 6 章)。

恐惧是哺乳动物脑与生俱来的能力。然而,恐惧与其他所有基本情绪一样,迅速地与世界上的事件混合在一起,因为它会被学习所调节,并被编码在我们的意识中。因此,至少在人类中,我们的基本情绪与关于世界的意图和思想交织在一起(正如我们前文所说,哲学家称其为“命题态度”),由此,我们对于世界的评估可以生成感受。

大多数基本情绪并不需要在出生后就立即得到表达。例如,关怀、性欲和嬉戏(因物种而异)的出现要比探索、愤怒和恐惧晚得多。但是所有这些情绪都有遗传的神经基础。有些哺乳动物的惊慌/悲痛反应在生命早期就已经变得活跃(例如食草类动物,它们一生下来就非常成熟或者说早熟);而另一些则活跃得较晚(例如大多数食肉类动物,它们生下来时还不成熟或者说晚熟)。其他哺乳动物,例如在实验室繁殖了数百代的实验室大鼠,由于自然(演化)选择压力的极大纾解,特定情绪启动(的确,可能只是它们的行为表达)已经退化。例如,与其他哺乳动物相比,大鼠和小鼠的叫声并没有展现出显著的分离苦楚,这可能是因为恰巧选择了可以单独居住而不感到痛苦的动物。它们温和的叫声可能是由于身体遭受到诸如寒冷等压力而发出的痛苦呼叫。因为我们的初级过程情绪受基因控制,因此不同物种之间的情绪气质可能大不相同。同样,饲养用于研究的不同实验室种群,例如小鼠,有成千上万的变体,拥有许多独特的个性,其中一些是人工创造的(Crawley,2007)。

尽管体验情感的能力是脑固有的,但是人类和动物在出生时都只对少数特定刺激具有无条件或本能的情感反应。几乎所有动物都害怕大分贝的噪声和疼痛。人类婴儿会在没有被抱紧或者跌倒时哭泣。而且,几乎所有幼年哺乳动物,在被它们的母亲丢下时都会马上哭泣,但这种反应在许多物种中需要一些时间才能成熟,包括狗和人类。由于感官的特殊化,存在一些只有特定物种才具有的本能情感倾向,例如,大鼠天生对猫或雪貂等捕食者的气味感到害怕。即使是一只被人工饲养且从未见过捕食者的大鼠,当把捕食者的皮毛放在它的笼子边时,它依然会变得谨慎而恐惧。在这种情况下,气味是特殊的本能触发器,或者用行为主义的说法,是无条件刺激(UCS)唤醒了恐惧的无条件反射(UCR)[如果搭配任何中性的线索，那么就是条件刺激(CS)将会导致经典条件作用——条件反射(CRs)的生成，例如巴甫洛夫的发现。巴甫洛夫设计了著名的实验，当狗听到预示着食物的蜂鸣器响起时会流口水]。虽然行为主义者发现厌恶型无条件刺激，例如捕食者的气味或者电击，在许多学习任务中可以作为“惩罚”，但他们可能忽略了一种看似无关的事实，诸如恐惧等无条件反射同样具有内在感受。其他的无条件刺激可以作为“奖励”来促进接近行为而不是回避行为的学习。传统上，在动物的行为学习逻辑下很少有对任何相应感受的讨论。当然，奖励和惩罚在控制学习时如此有效，很可能是因为它们在脑中生成了情感感受。这种令人毛骨悚然的强化过程，可能反映了感受在脑中运作的方式。

当人和动物在日常生活过程中经历条件反射和其他学习经验时，条件性唤醒刺激的简短列表迅速成倍增长。举例来说，条件反射的经验使得动物获得了对刺激的某种情绪反应，此前这种刺激对于它们来说是中性的。例如，如果在一只猫的脖子上戴上铃铛，并且有一只老鼠遇到这只猫，那么这只老鼠将迅速习得对铃声感到恐惧并且逃离。更智能的动物会对因果关系和时间的流逝有所认知理解(通常有明显的缺陷，见第3章)。人类可以灵活利用过去的学习来规划行为，从而提升舒适度和生存的概率，同时减少不适和死亡的可能性。例如，当人们去爬山时，他们通常学会了要携带许多安全设备——大量的水、额外的夹克衫、防晒霜、防水火柴等等——因为他们足够聪明，能够预测和理解各种可能的条件变化所导致的危险后果。

情感反应，以及我们可以看到的明确的情绪行为，是所有脑神经科学研究中最为滞后的部分。情感以各种各样的方式感受好或坏。源自我们欲望的性满足感与打闹嬉戏时的欢愉或者温柔的爱抚、养育和照顾婴儿时的欣喜都大不相同。相较于沮丧的愤怒而言，恐惧是一种完全不同的情绪“痛苦”；而两者又都与社交孤立的惊慌痛苦不尽相同。在世界中进行探索——无论是为了获得安全、坚果还是知识——都具有一种特殊的、充满活力的，并且有时感到欣快的感觉，但它也可能会导致许多消极事件。

这些多种多样的愉快的和不愉快的情感为生活提供了指导，因为它们在演化过程中被赋予了提升生存优势的能力。情感是我们如何有效地进行生存和繁衍游戏的祖传记忆；这些记忆是通过我们遗传密码中收集的无意识的"智慧"传递下来的。唤醒各类愉快情感的交互作用——遇到食物、水、伴侣、后代或者有趣的朋友——有助于动物生存和繁衍。唤醒痛苦情感的生活经验——捕食者、对手、糟糕的天气等——则将生活和繁衍能力置于危险之中。

因此，原生情感为我们最基本的本能行为模式提供了坚实基础——接近或者回避——无论缺少哪一个，我们都无法生存。人类和其他动物会接近可以唤醒愉快情感的事物，并且远离那些让他们感到不适的事物。因此，情感的变化可以强化全新的行为模式，尽管行为主义者从来没有很好地研究过强化作用（正如方才所说，这个术语所意味着的可能不只是"情感"——并且不只是基本的初级过程情感——如何在学习情境中运作）的脑过程。动物不必"知道"或者细想这些感受——这些感受在大多数物种中可能仅仅是原生的无思维的体验。然而，人类对于自身的个人经验显然具有许多思考和反思，从而进一步阐明情感，允许情绪体验的纯思维形式（事实认知）和自主思维形式（自传式的时间旅行）的产生（有关总结见Vandekerckhove & Panksepp，2009）。其他哺乳动物，像类人猿和大多数食肉动物这样高度聪明的动物，在多大程度上具有如此高水平的认知（思考、反思）意识，这也无疑要比我们现在正在处理的这个问题——在所有哺乳动物都存在的原生的情感—情绪体验——更为困难。

脑、心智和行为的三角研究法

为什么动物情感对于理解人类福祉如此重要？因为理解它们会给我们提供关于我们基本价值系统（即生命内在地感受好与坏的那些方面）的知识。我们无法在人脑的精细神经层面进行这些研究。为了理解跨哺乳动物物种的情感，使用三角研究法对我们大有裨益，它让我们同等地集中在如下三种理解：(1)哺乳动物的脑，(2)其他动物的本能情绪行为，(3)人类心智的主观状态。这种三角研究法是一种基本方法,通过它我们可以研究自身和其他动物情感生活的神经基础(Panksepp,1998a)。这种方法对一般的基于情感研究理解上的发展,特别是对生物精神病学和心理治疗的实践产生很大影响。它也第一次提供了一种科学地理解其他动物的一些体验的方式。

这种三角研究法的第一个组成部分涉及脑系统及其功能。物理脑通常是严格的神经科学研究的主要内容。只有当我们知道脑是如何工作的,我们才能够更深入地理解动物与人类的行为和心智过程。不过,在本书覆盖范围内,我们并不会像专业科学论坛那样深入地研究底层的神经问题、神经化学问题以及神经遗传问题(关于那些细节问题,见 Panksepp,1998a)。

第二个组成部分是对动物行为的精细研究,特别是它们的自然(本能)行为倾向——它们的无条件反射(UCR)。现在有大量证据表明,产生无条件情绪行为的脑网络事实上伴随着情感体验(有意识的、无条件的脑内过程,可以在学习任务中作为"奖励"和"惩罚")。因此,我们可以进一步得出结论,唤醒动物自然情绪行为的脑操作同样引发了相伴随的情感状态。当然,脑也可以通过其他方式构建。但是,现在原生情绪情感与本能行为表现之间已建立起的对应关系,足以表明情感体验是所有哺乳动物甚至可能是大多数脊椎动物情绪唤醒的重要组成部分。

第三部分是心理分析,主要包括人对情感体验的口述自我报告。人类能够详细地谈论他们的感受。因此,如果一个既定的脑操控在动物身上生成了情绪行为,并且当人类接受类似的局部脑刺激时,也描述了相关的情感体验,这就对动物观察进行了补充。同样,由于有许多方法可以通过动物逃避或追求其神经系统某些状态的倾向来确定它们是否有某种感觉,我们至少可以肯定它们确实具有满足需要的和不合需要的心智体验。例如,我们可以用实验方法"询问"动物是否会进行或者回避特定的脑操作,比如,对脑局部区域进行电刺激,或者观察它们是否会回到或者躲避它们经历过这种脑操作的地方。它们的反应给予了我们寻找的答案,尤其是当人类在类似状态下能够提供相类似的口述自我报告时。

总而言之,目前关于哺乳动物脑中的情绪感受以及其他情感是如何组织的最有说服力的知识,来自对特定脑系统的直接操作。尽管我们无法就体验的精准品质询问被实验动物,但如果通过实验所引发的情绪行为是不同的,并且人类在类似情况下报告了不同的情绪体验,那么相比于许多心理学家支持的简单的全局"积极"与"消极"情感,我们就有初步(prima facie)证据判定脑中具有一个更加确定的情感基础结构。我们还可以在动物身上进行甄别试验,来确定它们是否能分辨特定的感受(Stutz et al.,1974),但这一领域的研究才刚刚起步。

神经化学操作的至关重要性

除了脑的局部电刺激,特定化学物质也可以作用在动物脑的特定区域,以产生特定情绪行为。例如,促肾上腺皮层激素释放因子(CRF)——开启脑—身体应激反应的执行系统——生成哺乳动物和鸟类不同形式的恐惧(僵住或逃走),而且我们有充足理由相信,还会产生惊慌/悲痛,因为CRF会在社会分离时显著提高哭声。如果我们所认为的动物情绪行为变化暗示着动物情感状态的结论是合理的,那么我们就可以假设类似的人脑操作可以产生相似的情感变化。尽管对人类脑局部化学刺激的研究尚未开展,大量基于动物的类似工作已经充分揭示初级过程情感是如何在人脑中生成的。事实上,阻断分离—苦楚系统的药物在生物精神病学中处于抗抑郁药物发展的前沿(完整综述见Watt & Panksepp,2009)。大量关于外周注射药物的工作已经展开,这些药物以特定方式影响脑的化学物质。而且,动物和人类的数据非常吻合。例如,所有哺乳动物都极易对相同种类的药物成瘾。这种认识具有极大的实用价值,因为它允许在人与动物情感体验之间进行直接的神经药理学转译。

在此,我们不打算深入展开关于脑神经解剖学和神经化学的内容,但我们会简略分享一下目前的思考。例如,在所有哺乳动物脑中,被称为"阿片肽"(功能上与吗啡或海洛因等成瘾药物类似)的内部阿片类递质化学物质对在神经细胞之间传递"信息"——有时候被视作"存在状态"更为合适——起作用。例如,β-内啡肽与μ受体(集中于神经细胞突触表面的大"倾听"分子)在特定皮层下区域相结合,以生成各种所需的内部状态——社会陪伴的快乐,或者令人愉悦的口味和触感。这类内部阿片类 μ 受体能够消除疼痛的感受并向大脑发送愉悦满足的信息。正如第 8 章和第 9 章所总结的,我们所发现的第一种由阿片肽控制的微妙的情绪满足是,当人们与所关心的人在一起,在情绪上感到安全和社会满足时,人们体验到的令人沉醉的爱的感受(Panksepp,1981a)。最近,人们发现这种化学物质可以调节我们对糖果的上瘾状态(Avena et al.,2008)。我们还将在本书中举出许多其他情感实例。事实上,许多自然的欢愉可以抵消药物成瘾。其中一个最引人注目的发现是,母性"点亮"了许多与可卡因效用类似的脑皮层下区域,其与这类滥用药物具有同样的吸引力(Ferris et al.,2005)。

递质与其特定受体的结合以"钥匙"与"锁孔"的形式出现,相对较小的递质分子作为钥匙,而较大的受体分子作为控制神经放电之"锁"的锁孔。在脑的情绪区域,这些分子可以解锁我们的感觉。用不那么诗意的话来说,特定的钥匙分子与特定的受体分子相结合,这一过程跨越了大量突触(神经元之间的信息传递间隙)并且触发复杂的化学级联反应,产生了数种不同类型的情绪唤醒。有必要指出,有许多情绪化学反应是在脑中以全局方式起作用的——它们在许多大脑区域被释放,从而在一个情绪指挥的协调下实现各种网络功能。目前来看,由许多氨基酸链——神经肽——构成的一些较大递质为我们可以体验到不同情绪倾向和感受提供了可观的特异性。

神经科学家尚未绘制出神经系统活动与情绪表达之间存在的所有神经步骤,这还需要漫长的时间。但现在非常清楚的一点是,特定的脑内化学物质,尤其是神经肽,可以生成高度可预测的情绪感受反应。例如,见第 9 章图 9.3,了解促肾上腺皮层激素释放因子(由 31 个氨基酸组成的传递分子)在激活幼鸟脑中反映分离—苦楚的哭泣类型时的力量。

正如我们将在第 9 章详细讨论的那样,少量阿片剂与 μ 受体结合将会产生相反的感受。这触发了生成情绪满足反应的化学级联反应。动物表现得快乐且放松,它们似乎相当自我满足。即使让它们单独居住,也没有表现出哭泣的动机,并且丝毫不会变得困倦;事实上,在平息它们的情绪抑郁的微小剂量下,这些动物通常会表现得更加活跃。它们的嬉戏变得更多。如果剂量增多,这些动物就会变得昏昏欲睡。在按照"药理学"而非"生理学"给出高剂量的状态下,它们表现出紧张症,呈现几乎昏迷的状态。然而,微小剂量仅仅会减少哭泣,而并不会产生任何上述状况,除了在一些特定的初生"早产婴儿"身上,例如类似胎儿的新生大鼠,在它们尚未成熟的神经系统中,这样的小剂量对脑的影响要大得多。如果我们假设小剂量阿片剂所实现的满足行为反映了动物的满足感受,那么,鉴于哺乳动物皮层下神经网络和功能的相似性,我们可以假设人类会有相似的反应。事实也正如此。这一点适用于所有成瘾类的阿片剂。当人们受阿片剂的影响时,他们说自己感到平静且舒适。这是因为他们的惊慌/悲痛系统不太活跃,并且这也有助于解释为什么孤独和被剥夺权利的人更容易沉溺于这些药物。事实上,如果阿片剂不这么容易成瘾,它们几乎是完美的抗抑郁药。现在已有更为安全且更不易成瘾的阿片剂(如丁丙诺啡)取代了其他用于治疗抑郁的手段(Bodkin et al.,1995)。由于大量的动物研究,我们现在可以对控制各种情绪状态的大量神经肽甚至更小的递质分子产生类似的想法。

多巴胺就是这样一种分子,它由单一种类的氨基酸——酪氨酸合成。这种小型的递质分子促使动物充满热情地探索它们的环境(见第 3 章)。这类情感和行为的唤醒可以通过施用"精神兴奋剂"(psychostimulants)药物来实现,这些药物能够提升脑中多巴胺的分泌。随后,多巴胺作为钥匙与多巴胺受体锁孔相结合(有五种主要类型的多巴胺受体,每一种功能略有区别)。许多增加多巴胺在突触处活性的兴奋剂分子——例如安非他命和可卡因,对所有哺乳动物而言同样是高度成瘾的,尽管它们所唤醒的感受与阿片剂有所不同。

当脑中多巴胺分泌增多时,动物会以不同类型的方式被唤醒。它们变得更加急切和惊奇。正如第 3 章所详述,当这种情况发生时,这些动物表现出兴奋的探索行为,以预知所处环境中各种有吸引力的事件。当这些动物处于这种兴奋状态时,脑外侧下丘脑(LH)会被唤醒,其余被唤醒的还有脑中更高级的伏隔核和内侧额叶皮层。所有这些区域都被一个相当大的通路所连接，也就是连接脑低级与高级区域的通路——内侧前脑束(MFB)，它包含了许多不同的神经化学网络，其中有些与多巴胺协作。沿内侧前脑束对其中每一个脑区进行直接电刺激，也同样能够产生这种兴奋的反应。动物喜欢自我激活这些电极位点——并且它们乐于通过强制的和成瘾的方式来自我刺激自己的脑。

脑的多巴胺系统几乎是所有类型的药物成瘾和所有哺乳动物自然欲望的必不可少的中介，这不再令人惊讶。当人体内的内侧前脑束受到刺激时，无论是通过多巴胺还是电流，他们都会报告兴奋、有趣以及期待的愉悦感。他们会变得躁狂。动物乐于回到它们接受这种体验的地方。人们的主观报告使我们能够推测动物也体验到了类似情感。当这个脑系统中的活动被抑制时，动物会相应地表现出抑郁，而人们则会报告心理上感觉乏力，不再对任何事物产生热情。

与受体锁孔相匹配的(那些从外部引入身体的)外源性(exogenous)化学键并不会引起接收神经元放电速率的变化，但确实会让它们暂时停止作用，这被称作受体阻滞剂(blockers)或拮抗剂(antagonists)。例如，纳洛酮和纳曲酮这类化学物质可以阻滞 μ 受体。它们同样能够抑制吗啡和海洛因等外源性阿片剂的影响，还包括一些内源性阿片肽——产生于脑中的一些类阿片的化学物质。当内源性阿片肽被阻止与 μ 受体结合时，动物变得更加紧张，并且它们似乎并不喜欢这种心理效应。人们也报告了类似的不愉快的情感，但变化往往是不易察觉的，需要长期大剂量给药。同样，阻断多巴胺作用的关键分子会导致人类和动物的嗜睡和抑郁。大量突触受体拮抗剂已被开发，这对于研究各种内源性脑突触神经化学的心理效应特别有用。

另外，当外源性药剂与受体结合产生类似于内源性脑化学物质相同的结果时，这种外源性药剂可以被称作激动剂。在罂粟植物(罂粟花，Papaver somniferum)中发现的阿片剂与内源性阿片肽会产生相似的情感感受。两者在情绪上都会带来安慰。因此，阿片类物质可以作为内源性阿片肽的激动剂。还有许多其他的受体激动药物，可以提升脑内特定内源性化学物质的作用。例如，可卡因和甲基苯丙胺都可以通过增强多巴胺在突触处的可用性来提升多巴胺的活性。

还有许多其他药物可以用于所有哺乳动物，以改变神经递质的合成或降解速度，这为神经科学家提供了一套不可思议的工具，从而在情绪状态的神经、心智和行为分析之间开展三角法研究。所有这些药物都可以在动物研究中在脑内局部使用。人们也可以在动物表现出情绪行为时，直接测量神经化学物质的分泌量。通过这些工作，我们知道在任何实际上会使动物表现出兴奋行为的情况下，都会分泌多巴胺。其他药物通过作用于其他神经化学系统产生了明显不同的行为效应和感受。

在继续下文之前，让我们先来解决一个大部分读者会感到疑惑的问题。诸如无脊椎动物等“低级”动物是否具有情感感受？它们是否也会寻觅那些使哺乳动物成瘾的药物？许多动物都会。我们现在知道，淡水螯虾会更加偏好那些能够获得精神兴奋剂或阿片剂的地方(Panksepp & Huber,2004; Nathaniel et al,2009)。这项研究成果表明，情感体验在脑心中的演化并不仅限于哺乳动物发展的层面，而是深入得多。但是，也有其他解释认为，无脊椎动物迥异的神经系统，让我们无法像研究哺乳动物那样，轻易地对其行为、脑机制和心智感受进行三角法研究。因此，我们将不会过多讨论这些有趣的问题，但是我们必须对那些尚未通过实验检测的多种合理的可能性敞开大门。

高级和低级脑功能的现代脑成像

虽然神经解剖学和神经化学分析对于跨物种的三角研究法而言至关重要，但是，对动物行为，特别是动物自发表现出的本能情绪行为的详尽研究，是目前情感神经科学中的关键部分。也许在将来，我们会充分了解脑的功能，以至于能够从现代人脑成像设备[例如，正电子发射计算机断层成像(PET)和 fMRI]所获得的“图像”中轻而易举地推测出情感体验。但是，这对人类和动物都尚不可行。不过目前已经取得了一定的进展。例如，通过对比脑的伏隔核(获得丰富的多巴胺信息)与其他脑区，如岛叶(调节厌恶的感受)，研究者发现，当人们去购物时，他们会购买“点亮”伏隔核的商品,而很少会愿意购买那些激活岛叶的东西(Knutson & Greer,2008)。

遗憾的是,诸如fMRI等技术需要人类和动物处于完全静止的状态,这与情绪唤醒的强烈水平在行为上是不兼容的。PET使用起来更为便利,研究者甚至可以在把动物带到脑扫描仪之前就把正电子放电成像分子注射入动物体内。PET已经被用于监视猴子在"猜忌"时的脑变化(Rilling et al.,2004),但这项技术对于正常动物研究而言过于昂贵。虽然fMRI被有效地用于越来越多的动物研究,但是动物也必须被完全固定以获取有用的图像。我们必须认识到,大多数人类神经影像学研究为脑的高级新皮层区提供了更好的视图,这主要是因为这些区域要比那些古老的皮层下区域更大,并且它们的新陈代谢更加活跃。皮层下区域的成像通常是困难的,因为这里的细胞放电频率较低,或者仅仅改变它们自身的放电模式(例如第3章讨论的多巴胺神经元)。此外,许多产生冲突信息的临近系统可能会更广泛地重叠在一起。更重要的是,即使皮层下区域的成像得以实现,它通常也不会提供正在发生的神经细节,因为神经成像技术监测的是整体区域的脑活动(例如血流量或糖消耗量)。

基本假设是,脑功能需要由以氧介导(有氧)的新陈代谢形式提供能量,因此,局部血流量,或者氧化作用,或者血糖水平变化都可以反映局部脑活动。然而,能量消耗和血流量可以反映神经抑制信号和激活信号——在下游突触中产生抑制作用的神经放电同样需要消耗能量。因此,可能确实无法知晓的是,在人类脑中亮起的如此之多的"灯"究竟反映的是激活(增加放电)还是抑制(减少放电)。此外,还有许多过于复杂而不在此加以考虑的统计陷阱可能导致对效应强度的错误印象(Vulet al.,2009)。对于外行而言,最糟糕的是,极其细微但连续的脑信号变化转换成为屏幕上不断变化的强烈颜色,这会很容易欺骗那些粗心的人,使他们觉得脑变化要比实际的更大。从情感神经科学家的角度看,最麻烦的部分也许是这些技术的设计还没有完善到能够构想脑最古老的那些区域,神经化学的力量在那里通常要比纯粹的神经放电变化更有影响力。尽管如此,人脑成像所获得的数据仍然是相当惊人的。

因此，虽然对动物行为的观察看上去要比先进的神经影像技术简单许多，但是，动物的行为提供了相当优质且有用的科学数据，因为动物的初级过程(本能的)情绪行为可能是它们初级过程的情感体验的准确反映。人脑成像在阐释人类的初级过程情绪方面则相当乏力。人类能够思考他们的情感并且抑制他们的情绪行为，恰恰是因为他们足够智能。一般来说，脑更深处的情绪部分唤醒了控制我们认知的表层皮层区域，然而高级的皮层通常会抑制并调节从下层产生的情感唤醒。拥有巨大新皮层的人类，通常能够抑制参与情绪唤醒的行为。例如，受到惊吓的人通常可以假装镇静。确实，大部分人类社会生活都涉及某种程度的情感抑制和模糊处理(obfuscation)。我们不去拿取我们想要的东西，我们倾向于弱化胜利或失败的感受，甚至当我们在生气时，我们也尝试表现出友好。动物通常不具有这种自我产生的能力来抑制或掩饰它们的情绪反应。当一只大鼠或猴子体验某种情感时，它们的行为通常反映了自身的感受。因此，当我们尝试理解情绪行为和情感感受如何在脑中生成时，没有任何一种现代脑成像可以取代对动物行为的详细研究。

情感不像其他任何事物

如果情感不是对身体生理变化的认知读出，如果它们发源于脑深处的非认知部分，那么情感究竟像什么呢？我们认为情感不像其他任何事物。它们是初级现象体验，不能够仅仅通过所伴随的身体变化进行解释，尽管在情绪唤醒时会有许多独特的身体感受。许多情绪感受和生理唤醒的混合之所以可能，是因为初级过程情绪系统与调节我们的内脏、荷尔蒙分泌以及注意力和行动能力的活动位于相同的脑区。

可以肯定的是，身体反应同样能够影响情绪唤醒。例如，愤怒总是伴随着血压升高。血压同样也会对情感产生影响，任何能够使血压升高的化学物质都会让处于愤怒状态的人或动物更加气愤。这是因为动脉中的压力受体能够直接地促进脑的古老内脏区中(即脑中代表我们身体内部器官的部分)的愤怒回路。然而，人为地升高血压并不会使一个还未激怒的人或动物变得愤怒。因此，情感似乎并非只是反映外周情绪生理。正如我们已经指出的那样，情感是编码价值的古老脑过程——启发脑快速判断什么是有利于或不利于生存的。

那些主张语言是情感标志的观点实际上离题更远。语词最适合解释我们周围世界运作的方式。语词可以解释乔治华盛顿大桥连接了纽约与新泽西。语词可以告诉你如何烘焙蛋糕。但是，语词无法解释初级体验。语词甚至无法解释看到红色时的初级感知体验。诸如“猩红色”“深红色”或“红宝石色”等词汇并没有描述任何事物。它们仅仅是一种标签或符号，表示看到各类红色的共同体验，这严格来说是一种主观脑功能。人们可以使用任何符号，包括非语言的，作为体验看到红色时的标签。“红色”没有内在的意义，但关于红色的体验则具有——它意味着生命中某些最为激动人心的事情，从水果的成熟到性爱的激情，以及流溢的鲜血等。语词无法向那些失明的人描述关于红色的经验。

语词也无法描述情感。人们无法解释生气、恐惧、贪婪、温柔、孤单、愉悦或激动是怎样的感受，除非用间接的隐喻。语词仅仅是我们共同具有的情感体验的标签——我们普遍认可的初级情感体验。但是，因为它们深藏于我们的心智中，来源于我们脑古老的前语言能力，所以我们找不出条理清晰地谈论它们的方法。

这些系统如何联结成为更高级的人类意识能力，仍是未来科学的一项研究任务。然而，由于这些系统对于临床精神病学现象的重要性，我们将会在专门讨论“七大”情绪情感的章节中简要提及这些高级的认知方面。

情感分类：七种基本情感系统

到目前为止，三角研究法已经揭示了七种基本系统的存在，它们在所有哺乳动物中都是类似的。我们不知道动物何时开始具有了情感体验，但是目前的研究表明，有些情感在非哺乳类脊椎动物中已经存在。例如，孤单的幼鸟体验到的分离苦楚与幼年哺乳动物所体验的大致类似(见第 9 章)。同样，正如前文所举的淡水螯虾的例子，有明显的证据表明，有些无脊椎动物同样具有情感体验。

我们有理由相信,完整的七类基本情绪系统在基本形式上已经随着哺乳动物的出现而完全演化。这是因为鸟类具有清晰而独特的情感特性。在所有哺乳动物和鸟类中,相似的化学物质唤醒或抑制这些系统;就我们目前所知,每个系统都会产生不同的情感体验。但是,这些系统之间有许多重叠,例如,探索系统参与了大多数其他系统,而且,所有这些系统都受到通用目的脑唤醒调节器的调控,例如血清素、去甲肾上腺素、乙酰胆碱等。这些问题为我们带来了无法回避的复杂性,就像我们的语词也会产生复杂且交叠的意义一样。

语言,特别是晦涩难懂的技术语言,是无法充分描述情感的。所以,我们将使用通俗语言的形式——简单的语词——作为七类情绪系统的标签。不过,为避免歧义,我们将会(正如前文已经提及)使用大写字母的形式,以强调我们所谈论的是一些明确的脑系统,它们生成了特定的情感和情绪,我们并不是简单地谈论这些语词通常表示的共同感受。

同样需要说明的是,我们通过三角研究法所获得的情感神经科学知识,并不能解释我们现实生活中出现的全部情绪体验的复杂性。虽然认知神经科学仍存在许多部分或整体的困惑(Bennett & Hacker,2003),但是我们在此希望能够回避它们。我们谈论的是特定的神经系统,它们是我们生命中心理整体的重要组成部分。我们并不声称将情绪视为一个整体。科学仅限于研究部分现象。

只有理论叙述才能把各个部分汇总成为一个可理解的整体。例如,达尔文收集化石并观察不同岛屿上的生命,他观察所得的多样化数据,是其最终提出的完整演化论(适者生存)的科学组成部分。我们至今尚未有统一的情感理论——该理论能够从神经和心理细节上理解高级与低级脑功能的整合。为使这种进展成为可能,仍需要收集许多数据。但是什么类型的数据最能提供信息呢?也许最重要的是不同情绪行为的神经机制及其奖惩效应。与此同时,现代神经科学的巨大成功产生了越来越多奇特的分析工具,它们着眼于神经活动更加细微的方面,通常难以运用于整体的心理问题。因此,我们在寻找功能的神经机制方面有大量的知识;这是一种相当奇特但在理智上令人兴奋的状态。例如,“静默突触”的功能是什么?做好准备,等待有利于学习的合适神经条件(见第6章)?这种技术财富上的尴尬也有不利的方面,它促进了一种“无情的还原论”,即很重视神经机制的研究,但却忽视它们产生的体验。我们并不支持这种忽视心智的观点。

本书将重点讨论在识别七类脑情绪基质过程中取得的大量实证和理论进步,正是这些脑基质唤醒了所有被研究过的哺乳动物的明确的情绪行为并生成情感体验。我们并不是说这七类情绪脑基质构成了整个清单,可能仍有更多的种类有待发现。此外,对于调节或部分调节这些系统的各类化学物质而言,仍有许多需要研究的地方。同样,我们尚未准确地理解情感和其他心智过程究竟是如何从精细而又复杂的脑中生成的。然而,我们的方法确实有助于从新的角度来理解这些相当复杂的神经科学和现象学问题。这条进路可以继续下去,因为我们对脑核心区域和过程有了更多的认识,尤其是一些关键的神经化学物质。

在本书的结尾,我们将会提出一个关于情感生成的新颖的甚或是革命性的假说——这一假说依赖于我们构想“核心自我”(core-SELF)的能力,它鼓励我们思考古老的“灵魂”神经生物学(见第11章)——这为从脑活动中产生的原始情绪感受提供了一个重心,该重心位于情绪—运动/行动网络中。在这里,理论(由一些让人兴奋的数据所支持)是为了理解心智中相对无形的那些方面,那些方面仍有待通过神经科学工具进行充分探索。然而,目前我们可以相信,七种情绪系统中的一种或多种的唤醒是哺乳动物产生情感的必要条件。未来的研究者需要提供更多的细节去解决如下问题,情感究竟是如何从脑中产生的,这些脑功能如何与身体的其他部分协调一致从而得以正常运作。

尽管语词无法完整地表述这七类基本情绪,但我们将会竭尽所能,甚至会诉诸生理相关因素,以充实其含义。下面,我们为“七大基本情绪”提供了一个大纲。对这些原初情绪系统和一些高级情绪复杂性的有趣解读,见图1.7。

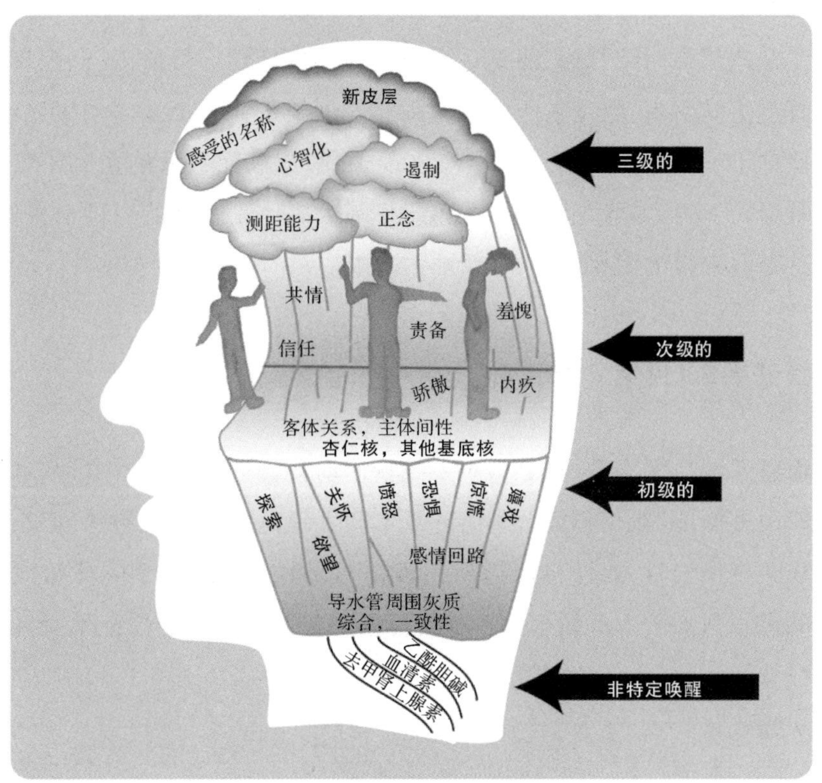

图 1.7　关于初级过程情绪系统以及作为结果的次级和三级过程。该图根据桑德拉·保尔森(Sandra Paulsen)为本书精心绘制的作品改编而成，并在征得她的许可后使用。

探索或期望系统(见第 3 章)

探索或期望系统的特征在于持续探索的好奇心。这种系统产生了充满活力的前进运动——接触和参与世界——例如，动物以其物种特有的方式对感兴趣的隐匿处、物体或事件进行探索。这种系统在情绪系统中处于特殊的位置，因为在某种程度上它对所有其他情绪起着动态的支持作用。在为积极情绪服务时，探索系统产生一种目标感，伴随着引起幸福愉悦的感受。例如，当母亲感受到抚育后代的冲动时，探索系统将会促使她去寻找食物和住所来提供这种关爱。探索系统同样在消极情绪中发挥作用，例如，为受惊动物提供一部分动力来寻找安全之处。现在尚不清楚这个系统只是帮助产生某些消极情绪行为，还是它也能促成消极情绪。目前，我们假设它在很大程度上是前者，但是它所产生的积极心理能量往往会抵消消极情绪，比如那些由于恐惧而出现的逃离以及由于惊慌/悲痛而导致的焦躁不安。基于这种原因，动物实际上可能会发现，逃离在某种程度上是一种积极行为，因为这是最直接的生存途径，尽管非常有限。

愤怒系统(见第 4 章)

愤怒系统与探索系统相反，该系统驱使动物接近厌恶的对象，并且用它们的四肢去撕扯、抓挠和猛击。愤怒从本质上说是一种消极情感，但当它与认知模式相结合时，同样也能起到积极作用，例如，战胜对手的体验或者将自己的意志强加于人从而达到控制或征服的目的。纯粹的愤怒本身并不蕴含这些认知成分，但是在成熟的多层级的哺乳动物脑(见图 1.4)中，它确实蕴含认知成分。

恐惧系统(见第 5 章)

恐惧系统产生了一种让所有人类和动物都希望逃离的消极情感状态。在较为轻度的唤醒时，它会造成身体的紧张以及颤栗的静止不动，这将会加强并导致一种动态的逃离模式，使人或动物慌不择路地离开危险的地方。正如我们在前文所推断的，如果这种逃离是在恐惧系统唤醒探索系统时触发的，那么研究初级过程恐惧的厌恶特质的最好方法，可能是通过不动的“僵直”反应或者其他形式的行为抑制来进行研究，而不是通过逃离，从而减少积极情感的影响。

欲望系统(见第 7 章)

当动物处于欲望系统挣扎之中时，它们会表现出大量的“讨好”行为并最终与接受自己的伴侣走向身体的结合（见图 7.1），通常以性高潮的愉悦作为结束——这是生活可以提供的最激动人心和积极的情感体验之一。在没有伴侣的情况下，唤醒性欲的生物会体验到一种渴望的紧张感，如果能够很快得到满足，这种状态则是积极的（也许是因为同时唤醒了探索系统）。如果难以得到满足，这种渴望的紧张感则可能成为一种情感上的消极压力源。欲望是爱的来源之一。

关怀系统（见第 8 章）

当人或动物被关怀系统唤醒时，它们会有一种冲动，用温柔的爱抚和温柔的服务来包围所爱之人/动物。如果没有这个系统，照顾幼儿将是一种负担。相反，抚育可以带来丰厚的回报——一种珍贵的、积极的且放松的情感状态。关怀是爱的另一种来源。

惊慌/悲痛系统（见第 9 章）

当被惊慌/悲痛（或者说分离苦楚）系统所笼罩时，个体会感受到深刻的心灵创伤——一种内在的心理疼痛体验，它并没有明显的生理原因。从行为上说，尤其是幼年哺乳动物，这个系统通常会表现为持续哭泣以及与照料者通常是母亲重聚的强烈愿望。如果重聚无法实现，婴儿或者幼儿就会逐渐表现出悲伤甚至绝望的身体姿势，这反映了脑从恐慌到持续性抑郁的级联反应。惊慌/悲痛系统有助于促进积极的社会联结（这种系统的次级表现形式），因为社会联结减轻了这种心理痛苦，并且以舒适感和归属感（关怀得到满足）取代它。基于这种原因，儿童重视且喜爱照顾他们的成年人。当人和动物享受安全的情感纽带时，它们会表现出满足的放松感。这些感受的波动同样是爱的来源。

嬉戏系统(见第10章)

嬉戏系统表现为充满活力的轻快运动,参与者通常会互相轻戳和戏弄。有时,嬉戏类似于攻击行为,尤其是当通过扭打在一起来嬉戏时。但是,深入观察这种行为会发现,追逐打闹的嬉戏行为不同于任何形式的成年攻击行为。进一步说,参与者享受这种活动。当儿童或动物嬉戏时,它们通常会轮流扮演支配和服从的角色。在受控实验中,我们发现一只动物会逐渐开始胜过其他动物(可以说是成为赢家),但是嬉戏仍可以继续,只要输家仍有一定机会成为赢家。当赢家与输家都接受这种设定时,参与者仍然会玩得开心并享受这种社会活动。如果赢家总是想要获胜,这种行为就类似于恃强凌弱。我们将在第10章中看到,即使是大鼠也能够通过它们情绪性叫声清楚地表明它们在嬉戏活动中所处的地位:当它们被剥夺获胜的机会时,它们快乐类型的叫声就停止了,而情绪性抱怨则开始了。嬉戏系统是友情的主要来源之一。

再次重申,这七类系统被认为是情绪系统,是因为每个系统的唤醒都会产生强烈的内脏、行为以及情感反应。例如,催产素与其他化学物质一起,对于关怀系统中母性行为的产生具有关键作用,同时还会减轻来自惊慌/悲痛系统的分离苦楚。在正常情况下,催产素会在怀孕后期内源性地生成。它诱发子宫在分娩时收缩并且促使母乳在分娩后分泌。这些反应都是在关怀系统被唤醒时所出现的内脏反应。不过,脑也会获得额外的心理奖励。当动物脑充斥着催产素时,它们会变得不那么具有攻击性并且更加自信和愿意抚育。

如果一只没有交配过的大鼠被注射催产素,并且发生了一些其他生理变化,她将会表现出关怀行为和感受的唤醒。她将会寻找幼崽去抚育;她将会为它们筑巢;她将会为它们提供温暖;她还会在它们离群时把它们找回。这些都是典型的关怀行为,我们通常会在产后的母鼠身上看到。我们从产后人类母亲(她们的脑中生成了类似的催产素混合物)的口头报告中得知,她们对自己的婴儿感到温柔和强烈的保护冲动。这些都是关怀系统唤醒时的情感反应。但是，催产素是主要原因吗？催产素是婴儿哺乳时释放的一种激素，但也会因各种压力而升高？人类研究可以解决这一问题，但只限于心智的三级过程层面。对动物初级过程的研究是否有助于对原始情感原则"提供关键的澄清"？让我们详细考虑一下这种可能性。

催产素与社会情绪——爱还是信心？

直接向动物脑注射催产素的工作已经持续了 30 余年，范围包括从给予更好的孕期护理和改善母亲与婴儿的关系(Kendrick，2000)以及婴儿与母亲的关系(Nelson & Panksepp，1996)。这样的研究路线直接导致了大量与人类有关的研究工作。

目前，关于鼻内催产素对人类的影响的有趣发现仍旧在不断出现，但我们在 2010 年 8 月完成的文章并没有反映所有最近的活动。在大众的想象中，催产素几乎已经等同于"爱的分子"：当我们在网络上搜索"催产素之爱"时，有 20.5 万个匹配项出现，它们大多数是轻度炒作或营销。虽然科学研究对这种猜想的支持度不断提升，但是，目前尚未有令人信服的证据表明催产素能够强有力地提升积极情绪，像许多致瘾分子可以实现的那样。如果它是爱的调节器，那么它是不是也应该能够做类似的事情？尚未有确凿的证据证明它对于动物有显著影响。事实上，如果发现它在特定条件下能持续促进积极情绪，那么人们就可以推测，这一效应可能是由于脑中的催产素提升了阿片剂的活性(Kovács et al.，1998)，这将会更好地支持社会依恋理论，并引申开来而将伴侣之爱视作一种阿片介导的脑过程(Panksepp，1981a，1998a)。

尽管如此，在许多实验中，催产素确实对动物和人的亲社会行为和态度都有积极影响。在人们之间，催产素提升了在经济交流中信赖他人的意愿(Meyer-Lindenberg，2008)。当伴侣在讨论某一话题且存在意见分歧时，积极互动(眼神交流、感兴趣、情绪的自我表露，求证、关怀、非语言的积极行为等)的比例相较于消极互动(批判、轻视、防卫、盛气凌人的行为、斗争性、妨碍、非语言的消极行为、打断等)显著提高(Ditzen et al.，2009)，还有其他一些表现(Heinrichs & Domes,2008)。换句话说,在适当条件下(与你所爱之人一起),催产素使得我们更加亲社会——更加宽容和友好。然而,我们应当记住,催产素系统位于脑的皮层下深处,是相当低级且古老的,所以它的原初功能并不是控制诸如浪漫爱情或估计他人可信度这类高级认知行为。因此,这种效应首先应当通过某些类型的初级过程的脑机制的变化进行解释。所以,关键的问题在于,在服用催产素后,究竟是提升了亲社会的友善感受,还是减轻了人际接触时的紧张焦虑感?在我们手中,所见到的最有力并且最可重复的前临床效应之一是分离苦楚的减轻(Panksepp,1992)。以图 1.8 为例(它包含了我们按照这一标准收集的大约 5%的数据),从这种有利情况来看,我们可以推测,如果没有正常的催产素分泌,那么母亲很容易产后抑郁。当我们编辑本书时,有一篇论文恰好提出了这种关系(Skrundz et al.,2011)。

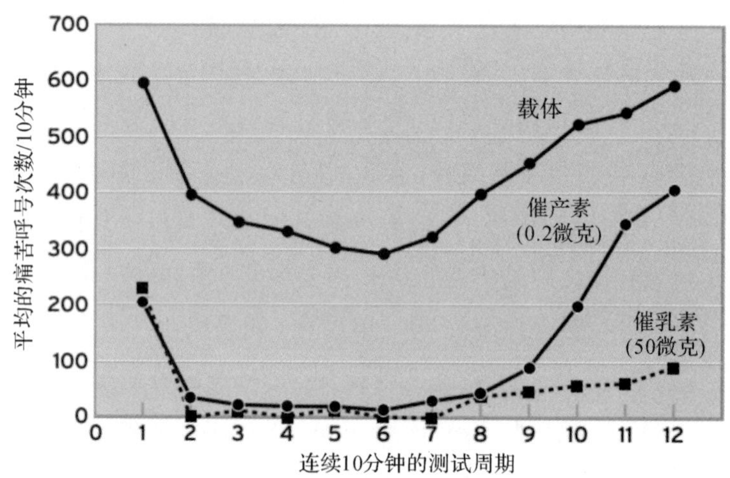

图 1.8 脑室内催产素和催乳素对因分离苦楚而发出求救呼号的影响,这些叫声来自出生 5 至 6 天且离开鸡群 2 个小时的雏鸡。这些对哭泣的显著影响是在没有任何明显镇静作用的情况下产生的,就像使用低剂量阿片剂刺激 μ 受体一样。

近年来出现的一系列研究甚至开始质疑更加冷静的“亲社会”结论。例如,在经济游戏中,一个人可以取胜或输给假想的(基于计算机的)对手,如果竞争对手恰好失败,那么催产素将会提升心满意足感。如果虚拟对手得到更高分数，这将会提升嫉妒感(Shamay-Tsoory et al.，2009)。这并不太亲社会。因此，这种促进母性行为的肽有一个棘手的方面。另外，当其他人在利他主义的设定中进行测试时，上述两种感受会混合出现。催产素确实倾向于提升与你的小组和朋友合作的感受——但它也会对组外的陌生人产生相反的感受，它提升了防御性攻击的倾向(De Dreu et al.，2010)。这并不是人们所期望的亲社会的爱分子的效果。

那么，问题出在哪里呢？脑中究竟发生了什么情感变化能够导致这种复杂的效应？催产素的递质通路相当有限，没有迹象表明它如何直接在三级过程中生成这种变化。是否应当存在一种单独类型的初级过程情感转换能够解释这些变化以及其他令人困惑的人类结果呢？也许有，但尚未有人提出令人信服的方案。另一个悖论在于：当催产素被注入那些边缘性人格障碍(BPD)的人的体内时，将会降低信任和合作反应的可能性(Bartz et al.，2010)。基于我们在鸟类身上观察到的催产素效应，我们想提出一个解决方案，它可以将这些分散的结论整合在一起。

以鹌鹑为例，陌生的雄性鹌鹑之间非常难以容忍彼此。它们互啄对方的脑袋，直到其中一方屈服并任由对方叼啄自己的脑袋。通过这种方式，只要占优势的那只仍处于巅峰，鹌鹑永远知道它们自己在互啄中的排序。所以，我们想知道，直接将催产素注入完全以初级过程运作的幼鸟脑中(注入脑脊髓液中，正如通常动物研究所做的一样)会发生什么。我们测试了离开鸡群保护的家养雏鸡，明显的效果是它们几乎不再哭泣(见图1.8)。此外，它们还会更多地打哈欠，更频繁地甩头和扑打翅膀(Panksepp，1992)。如果进行分组测试，注射催产素的鸡群比单独的小鸡扑打翅膀的频率更高，这似乎意味着它们“感觉到精神饱满”(feeling their oats)——它们通常更加自信(打哈欠以及甩头并不是亲社会的行为)。

因此，我们好奇当一只鹌鹑得到类似催产素的刺激时，它的社会支配地位会发生什么变化？然而，让我们吃惊的是，得到这种刺激的鹌鹑真的愿意让其他鹌鹑啄它们的脑袋。也许它们变得更加顺从，也许它们只是更加能够容忍其他鹌鹑的“坏行为”。如果这种次数的脑袋啄击发生在正常的鹌鹑身上，以后它一定会特别顺从。但是，当我们第二天测试相同的鹌鹑时，那些似乎十分顺从的鹌鹑却变得非常勇猛并且成为赢家(Riters & Panksepp, 1997)。这种“战局扭转”几乎从未在正常的鹌鹑身上出现，一旦成为输家，就永远是输家。那么，为什么在第一天注入的催产素让当时已经失败的“顺从”的鹌鹑在第二天成为赢家？是它们刚好忘记了吗？如果是那样，它们最多与前一天表现得不相上下。事实上，那些输掉的鹌鹑恢复状态时会变得更强，这意味着它们只是在前一天变得平静，但并没有认为自己不强壮。我们是否可以将此称为“信心”？这当然似乎是一个合理的假设。

那么，如何测试动物这种精妙的情感结构？将一组雏鸟(我们在未发表的研究中使用的是家养小鸡)放在一间大屋子的桶里，并观察当它们探索这个新屋子时，彼此会离开多远。事实上，正常小鸡倾向于集中在一起并作为一个紧密的群体移动。但是，当我们将催产素注入它们的脑后，它们变得更容易分离彼此，似乎它们变得不再亲社会，或者说，它们更加“自信”而更少焦虑。从20世纪80年代中期开始，我们就已经知晓这类分子在减少鸟类的分离焦虑上格外有效(见图1.8)。

也许催产素能够提升动物的信心。这是否能够解释人类研究呢？当你自信时，你将会在经济交易中更有安全感，这听起来似乎很合理。当你与伴侣讨论冲突的观点时，难道你不会变得更加友善和宽容——更少防卫？如果一个陌生人在赌局中没有你赢得多，难道你不会在感到更加自信时变得沾沾自喜？如果你赢得较少，难道你不承认在你心智的高级层面会有一些嫉妒，并且希望将其表达出来？如果你因为边缘性人格障碍(BPD)而长期具有不安全感，那么增加自信剂量的催产素会让你变得独立，并且你可能更愿意坚持自己的观点，而不是继续控制自己的长期依赖需求，这难道不合理吗？因此，我们需要的是一个良好的关于信心的心理测试。与此同时，已有一些恰当的数据表明，催产素可以减轻社交焦虑障碍(Guastella et al., 2009)。

因此，情感焦点的微小转变对社会生活中某个基本方面的影响是意想不到的，所以那些对人的研究所得到的复杂多样的发现也开始变得有意义。确实，自信对于称职的母亲而言是一个重要的特征——当个人责任感极大提升时，一种“能行”的态度让母亲变得更好。如果这种解释是合适的，那么基于一个众所周知的事实,即很多人害怕公开演讲这一点,我们可以提出一种预测。如果催产素增强了社会自信,那么,焦虑表现应该会减弱。通过对动物脑初级过程系统以及催产素回路的研究,我们可以对我们所期望的人类心理变化做出显著的预测。例如,催产素会增加我们探索他人眼睛的倾向,试图读懂他们的心思,因为你此时感觉到更加安全。而且,事实上确实如此,尤其是当你沮丧时,尽管单次鼻腔注射催产素并不能显著改善抑郁症状(Pincus et al.,2010)。催产素甚至可以缓解一些精神分裂症的症状(Rubin et al.,2010)。这类分子演化跨度是巨大的。即使是鱼,当这些分子注入它们的脑时,也会表现出各种社会效应,包括促进一夫一妻制的交配行为(Oldfield & Hofmann,2011)。

那么,催产素究竟是一种爱的分子,还是一种减弱焦虑而提升信心的分子?精明的投资应该投向后者。当你在爱情中有自信时,你也许会拥有更多的性行为和更多的孩子。

情感与演化

当我们思考演化时,我们通常是指动物物种随着时间的推移而产生的生理上的变化和发展。当我们谈到情感时,我们通常是指心智,而心智通常被认为是一种非物质实体,但这是无稽之谈。心智仅仅意味着针对特定脑状态存在一种主观感受,而这提供了某种适应功能,诸如为高级意志(volitional)行为——“行动的意向”——提供一种“在行动中的意向”的基础(见图1.4)。因此,如果我们理解情感是物理脑的功能,那么将初级过程情感作为演化现象就能够得以解释。它们跨物种的相似性意味着,情感能力是脑的古老功能。与许多适应性演化类似,支持生物学上成功的情感能力的脑系统在动物演化过程中得以保留。其他得以保留的演化发展包括DNA复制,消化和呼吸等新陈代谢,以及能量的细胞生产。如果你理解克雷布斯循环(Krebs cycle)在一种动物身上的工作机制,那么,你就能理解它在所有动物身上的工作机制。

演化的逻辑表明,情感能力通过自然选择在许多物种演化过程中得以保存,因为这些脑功能提供了有效的生存和繁衍的方法。这些脑功能提供了选择性优势,它们能够有效预测普遍的、未来的生存需要。拥有这些能力的动物得以生存和繁衍,取得了更大成功。从这个角度看,情感是脑固有的预测性的神经心理机制。想象一下痛觉对于人的生存是多么重要。

情感为生存提供了一种灵活的指导。在情绪演化之前,动物必须以更古板僵化的方式行动。例如,原始海洋生物在穿越海洋时,除了匀速波动外别无选择。相对僵化的活动同样可以非常复杂——蜜蜂展现出多种本能功能,其中有些我们认为包含情感内容。例如,当实验人员将高浓度、非常甜的糖转移到浓度低很多、不受蜜蜂欢迎的糖时,蜜蜂确实表现出一种类似沮丧的反应(Wiegmann et al.,2003)。然而,哺乳动物成熟的情感能力使它们能够以高度灵活的方式应对当下的生活挑战。

例如,如果一只大鼠习惯在田地的某个特定角落进食,并且有一只雪貂居住在附近,那么即使雪貂不在时,大鼠也会察觉到雪貂的气味。捕食者的气味无条件地唤醒了大鼠的恐惧系统,这一系统激活了令其不快的恐惧情感。大鼠会避开雪貂的气味,以免感到害怕,为了躲避这种恐惧感,大鼠将会寻觅另一个觅食地。通过这种方式,情感使得动物们能够预测事件。但请注意,这种预测并不是一种认知功能。这是一种自发的情感反应,使无意识的学习机制参与其中,从而使动物能够回避恐惧感。

虽然大鼠的行为可以告诉我们,它在某种程度上可觉知到雪貂的可能出现之处,但事实却未必如此。恐惧自身是一种预测未来事件的可靠方式,即使大鼠孱弱的认知能力不足以将关于未来的想法概念化(这显然是脑心第三级的能力)。那些由恐惧系统产生的防卫型情感保护着个体自身的生存,而抚育的关怀情感则保护着其他个体的生存(特别是那些携带部分关怀个体基因的人或动物)。欲望同样保护着物种的生存。关键是,天生的情感能力在某种程度上指导着动物的行为,以保护当下的存活以及代际的延续。

情感系统位于脑皮层下的深处,但认知却生成于新皮层区,这是脑的最外层并且在演化上是最新的部分。这意味着,情感体验的能力远在复杂的认知能力形成之前就指导着动物面对复杂的环境情况。同样值得注意的是,情感系统在脑更深层次的演化位置使得这些系统更不容易受到伤害,这也可能突出了如下的事实,即它们比认知系统具有更为古老的生存功能。

我们已经说过,情感是初级过程体验,因为它是纯粹的心智要素,不同于其他任何事物。但是,我们同样有理由将情感看作意识的原始形式——情感可能是脑演化过程中可感体验的第一来源。不过,它们有几种类型——情绪的、体内平衡的和感官的(见图1.4)。原生情感可能是非思维意识——未经理解的初级过程体验——的最初来源。

总而言之,在脑心演化中,我们所设想的分层种类引导人们首先关注最古老的层面,并用这些知识来阐明次级过程,即初始情绪功能与感知相结合,从而允许条件性学习。例如,大鼠对猫的铃铛声的恐惧就使用了次级情绪过程,基本的认知策略也是如此,比如当大鼠听到铃声时,它学会逃回自己隐蔽的窝中。这为动物们提供了关于世界的事实知识——一种原初的思维的或认知形式的意识。但是,大鼠是否也会思考这种意识?它们是否"觉知到"自己在体验某种事物?我们尚未知晓。而且,尚未有人提出解决这一难题的办法。

当心智的前两级开始生成更为复杂的认知能力时,例如计划周末爬山或者未来的职业目标,我们开始转向处理这些高级情绪功能的三级过程。三级过程使人们能够对世界和自身进行反思,在自主思维的意识中思考过去和未来的框架。这一层级的心智活动难以通过动物进行研究。三级层次与额叶和顶叶皮层的功能密切相关——它们是新皮层中最新演化的区域,存在于大多数人类以及一部分脑容量较大的生物中。

小结

我们所有人都想要理解我们自身的心智和那些我们所知道的生物的心智中都发生了什么,包括那些野生动物的心智以及各种丰富我们生活的家养和伴侣动物的心智。情感神经科学为心脑情绪功能的本质提供了一种全新、独特且循证的视角,为我们解读自身最深层的情感价值的祖先来源打开了一扇窗口。

在下一章中,我们将会从科学和历史的角度解释为何情感被神经科学边缘化。我们还将简要概述支持其他动物存在情感的研究。我们会在讨论探索系统时更加全面地审视同样的研究，它为解决这个问题提供了判决性证据。每一章都会单独讨论七大初级过程情绪系统中的一种。由于该领域的研究大都关注恐惧系统，我们将会在那一章后暂停，总结一些关于脑学习机制（次级过程）的内容。特别是，我们将会揭示，条件反射并非像一些人所认为的那样是一种认知功能。它是一种自动的脑反应，不需要任何新皮层参与其中。与心智初级过程不同，脑心层面的整合似乎是深度无意识的，但它却为我们的思维意识提供了基础。我们同样会强调情绪本能——无条件的情感网络——可能是打开学习（研究动物学习的大脑机制，特别是恐惧条件反射的人基本上忽略了这个话题）"大门"的关键。

自始至终，我们都将回到人的临床问题，即关注复杂的三级过程和具有情绪色彩的思想，以及情绪调节和失调。在这个领域里，对人的研究是必要的，目前许多现代心理治疗学派的研究和发展方向，越来越强调情绪问题（见第12章，潘克塞普从情感神经科学角度阐述一些自己对心理治疗未来的看法）。在这个过程中，我们同样会思考"自我"的本质，以及这些脑系统鼓励我们去考虑的一种新的敬畏生命的可能性。

总体而言，我们的观点是，理解情感对于我们理解人类本质而言至关重要。这不仅仅是因为我们的人格结构根植于情感（Davis et al.，2003；Davis & Panksepp，2011），而且有许多人类社交生活的重要内容需要从情感和认知角度进行审视。富有见解的现代心理治疗师早已知晓心理治疗的目标是情感调节。尽管心理治疗似乎集中在思维上，但就患者主要用语言交流而言，治疗的目的是积极地改善患者的情感体验。这不可避免地需要改变她或他的思维方式，但心理治疗的目的不仅仅是简单地改变认知方式或内容。相反，许多精神药物可以在没有认知干预的情况下直接改变情感，但通常在情感得到更好的控制之后，认知也会发生强烈的变化。确实，有越来越多的证据表明，环境、人际以及药用方式结合要比单独任何一种都能够有效地治疗心理问题。在本书的结尾，潘克塞普将讨论替代疗法在更直接地解决情感问题方面可能采取的一些方向。

从根本上说，情感是我们心理存在的基石。当情感得到满足时，生活充满了愉悦。当它们受到扰乱,生活就会走向地狱。正如生活在苏格兰巴特岛的诗人约翰·斯特林(John Sterling,1806—1844)所说,"情绪回归自身,而不是引导思想或行动,这是疯狂的要素"。在第 11 章中,我们将会得出结论,即原始情绪感受是整个心智装置的原始基础——它们是核心—自我的原初生物基质——这也许是"灵魂"概念的神经基础。

现在有推论证据表明,一个普遍的核心—自我型结构存在于脑深处的古老区域,即初级过程的情绪系统被发现的地方,这对于有机体的连贯性至关重要。我们脑所拥有的多样的、演化上"被赋予"的情绪工具可能全都依赖于这种广泛存在的原始身体表征的基质,来产生所有哺乳动物都经历过的许多类型的原始情感,其中有许多目前我们知之甚少的细微的演化差异。

相反,我们许多更高级的情绪观点——从责备到羞愧,以及从嫉妒到同情与仁慈——都与我们的认知结构联系紧密。我们的高级认知结构给予了我们大量情绪选择,使我们既能够从爱好中抽身而退,也能够沉浸于悦纳或"正念"(mindfulness)。

认知科学仍然几乎完全依赖于心智的计算理论,一旦研究者意识到人类的思想是如何深刻地被情感性感受所影响,它就会彻底改变(Davies,2011)。情绪如何支配我们所学的观点并对我们的体验进行再加工,最终情形可能与我们现在所假设的看法截然不同(见第 6 章)。随着对情感的进一步理解,可以想象的是,治疗事业将会朝着更加精细化并基于神经科学方向发展,即一个人如何通过协同使用心理疗法和精神药物治疗来帮助他人走向情绪上的平衡。

对原始激情的理解可能会让人们更容易渴望亚里士多德的实践智慧(见第 4 章引语)——知晓如何用自己的情绪和智慧进行认知,而不是成为一个不幸的受害者,生活在永久的冲突之中。而且,我们应当认识到,这些力量与那些指导其他动物的力量是相同的。最终,我们将通过理解动物的深层神经本质来理解我们的深层心智本质。我们还在等待什么呢?让对话开始吧!

第2章　情感意识的演化：研究其他动物的情绪感受

> 我们不能够绝对地肯定其他人具有体验，更不能说那些非人类动物具有体验（“他心”问题）。但是，在演化论的基础上，我们似乎有理由相信意识的形式随着体现它们的生物形式的演化一同演化。但是蜜蜂看到的是什么呢？……飞蛾和海豚听到的是什么呢？
>
> ——马克斯·威尔曼斯（Max Velmans，2009）

马克斯·威尔曼斯的话凸显了我们的困境。原生体验——即哲学家所说的现象意识（phenomenal consciousness）——是如何从脑活动中产生的？这不仅仅是意识研究的“难题”，也是神经科学的“难题”。事实上，也许解码其他动物的脑如何体验感官输入要比解码基本情绪感受的情感品质更加困难。为什么？(1)因为我们可以通过刺激动物脑的特定区域，来诱发特定情绪行为模式；(2)如此诱发的每一初级过程情绪都伴随着消极或积极的情感状态，这可以通过客观地监控各种学习任务实现，而不需要通过语言进行自我报告。因此，在脑中确定神经回路如何生成情绪性的“奖励”和“惩罚”要比在知觉中更加容易。我们可以确定，动物对人工诱发的任何形式的情绪唤醒的态度都不是中性的。通过大量现有的学习和偏好测量，我们得知，所有被研究过的哺乳动物都喜欢某些类型的脑唤醒（探索、欲望、关怀和嬉戏）而厌恶其他类型（愤怒、恐惧和惊慌/悲痛）。

然而，必须强调的是，所有这些积极情绪在某种程度上都有探索冲动

(消极情绪的生成可能也同样有这种冲动，例如，在恐惧中寻觅安全和在悲痛期间寻觅母性关怀)。所有被研究过的哺乳动物都共享了这些情感—评估能力——我们对此了然于胸。许多这类脑回路也存在于其他脊椎动物中。而且，一些相关的脑化学物质甚至可以介导部分无脊椎动物的情感：有些物种(如淡水螯虾)对于使人类成瘾的药物，例如吗啡和安非他命，同样表现出明显的偏好(Huber et al.,2011)。

我们是否可以就此得出关于其他哺乳动物各种初级过程的积极和消极情绪的体验品质的更多推论呢？或许可以。每种感受状态的内在动力可能与对应情绪本能的外显表达有更多的相似之处。每一种感受到的情绪在行为上都表现为明确的可见信号，尤其是在“低级”动物身上更为明显——表现为从探索到悲痛。成年人类可以熟练地抑制他们的情绪表达，也就是说，让他们的感受进入“地下”(的确，当这种初始情绪受到调节——处于控制之中时，新皮层则展现出最佳功能)。然而，对于我们的孩子而言，这些身体动力仍然会传递最强烈的情绪唤醒的整体品质。可以试想愤怒的强硬坚持、恐惧的颤抖、嬉戏的轻松喧闹、爱意关怀的温柔爱抚，以及我们会做更多讨论的探索中的热切搜寻和探求。这些行为也可以通过刺激大脑的特定区域来诱发。这些自然的情绪表达可能与情绪感受自身有很多相似之处。而且，这是一个关键点：情绪感受和它们自发的行为表达产生于相同的古老神经系统。因此，我们现在知道去哪里寻找情绪感受的构成及其神经机制。

然而，我们如何知道各种积极与消极的感受实际上是不同的，而不是一种好的或坏的感受的适度变体呢？在积极情感中，人们可以确定：动物是区分由各种神经化学物质(例如，神经肽和精神药物)诱发的不同情绪状态，还是区分各种奖励和惩罚形式的直接大脑刺激。事实上，我们确实知道动物能够区分脑中不同“奖励”区域的特定积极感受(Stutz et al.,1974)，以及由吗啡等成瘾类阿片剂或者可卡因等精神兴奋剂(psychostimulants)所生成的内部状态(Overton,1991)，这对所有哺乳动物都是高度奖赏(Tzschentke,2007)。但是，在我们了解不同原初情感的实际数量和产生各类情绪感受的脑机制之前，在这条研究道路上仍有许多工作要做。

处于基本情绪状态的动物发出的特有叫声，与我们发出的情绪化声音往往并没有什么不同。可以试想一下痛苦的尖叫、愤怒的咆哮和欢快的笑声等。这些声音产生自灵长类动物特有的脑网络(Jürgens,2002)。同时，我们在所有研究过的哺乳动物身上发现,每种声音都源于基本相同的脑区(有关总结,见 Brudzynski,2007;Brudzynski et al.,2010;Newman,1988)。因此,产生情绪情感的脑皮层下系统在整个哺乳动物王国中极为相似。同样,有大量证据表明,人类基本情绪感受源于这些相同的低级脑系统,而不是新皮层的高级区域(Damasio et al.,2000;Northoff et al.,2009;Vytal & Hamann,2010)。

因此,动物的初级过程情绪感受与我们自己情绪感受相似的可能性不仅基于丰富的数据,同时还基于我们初级过程的情绪本质中坚实的跨物种演化连续性(Darwin,1872/1998;Panksepp,1998a)。在脑的基本情绪学习机制中,也显著地表现出这种相似性(LeDoux,1996)。我们不能简单地将这些概念推广到三级过程层面的心理复杂性。其他动物似乎很难体验敬畏或感受崇高,并且由于缺乏可信的证据,我们甚至不会考虑这种可能性。尽管大猩猩确实在争吵后表现出和解行为(de Waal,2009),但也许它们并不像我们一样体验到宽恕的魅力。高级感受根本不可能通过当前的方式进行研究。因此,没有实验证据表明其他动物关注幸福的意义,或者具有足够的自我反思能力来感受尴尬、内疚和羞愧的刺痛。也许它们在遭受不当对待时心怀怨恨(试想大象遭受虐待时暴怒的故事),但是,我们无法像探究它们的情绪一样有效地审视它们的思想。对于人类而言,精细的三级过程情绪问题——从贪婪到同情——非常重要,但它们可能永远无法通过其他动物的神经科学细节来研究。尽管我们可以从仔细的行为观察中推测出一些可能性(Bekoff,2007;Grandin & Johnson,2009),但目前并没有科学上可靠的模型在其他动物身上研究这种复杂的三级过程情绪。然而,原初情绪感受最终可以通过实验进行研究,并且这些知识对于我们理解自身的深层本质和与其他动物的亲缘关系可能会有深远影响。

因此,相较于在脑中有专用(演化)神经控制的初级过程情绪,大多数高级动物情绪(共情、幽默、嫉妒、羞愧等)的行为指标仍是模糊且有争议的,尽管我们可以系统性地收集人的意见(Morris et al.,2008)。从科学层面讲,它们的存在目前只能依赖于轶事证据。当然,大量的轶事叠加可以成为数据,至少那些对其他动物具有高级情绪的可能性持开放态度的人认为如此(Bekoff,2007)。并且,有充足的行为证据表明,许多高级灵长类动物可以表现出复杂的社会情绪(de Waal,2009)。甚至小鼠也能够表现出意味着共情的行为和自主神经变化(比如因恐惧而僵直和心率变化)(Chen, et al., 2009)。

当然,这些精细的、高级的情绪过程可以通过人脑成像予以解决(Decety & Ickes,2009;Iacoboni,2009a,2009b)。当这些研究工具变得足够精细,能够做到将本书中所讨论的新皮层下的情绪网络[①]中发生的变化可视化时(例如,使用更强大的磁场和更复杂的统计技术),我们也许就可以发现所有高级人类情绪的情感能量——令人惊奇和微妙的感受——仍然以哺乳动物生成初级过程情感的古老神经区域为基础。初级过程可能仍然是这种多样性出现的坚实演化平台。事实上,越来越多的证据证明了这一点。脑扫描仪中的情感变化与皮层下唤醒的正相关程度远远高于与新皮层唤醒的正相关程度;皮层唤醒往往反映感觉强度的降低。因此,皮层唤醒在心智充满情绪感受时通常处于低点,而当感受强度较低时则处于高点。这意味着高级脑活动倾向于抑制源自低级脑区的感受(Northoff et al.,2009),正如去皮层动物会表现出狂躁。然而,我们同样知晓,当人们在扫描脑时反思自己的情绪,他们自我专注的沉思通常会唤醒脑内侧额叶区域(Northoff et al., 2011)。例如,"正念"冥想练习——学习如何在当下保持平静——相较于传统的心理治疗进路,通常能够更有效地减弱这种沉思的情绪唤醒(Siegel, 2007)。

仍有可能的是,通过丰富且复杂的家庭生活和延展的早期认知发展,只

---

① 我们应当记得,情绪区域的皮层下神经元放电通常要比丘脑和新皮层的高阶感知区域中的神经元放电慢得多。在许多系统中,神经放电的集聚比更高的放电频率更为重要。特定情感—内脏神经化学物质(如神经肽)的能量与持续作用通常在情绪感受及反应的模式中更为重要,相较于神经放电频率的提升以及随之而来的血流量增加,如 PET 和 fMRI 监控技术。因此,这些技术对于大脑低阶情感功能不如高阶认知功能那样有效,这也导致了这些技术被用于研究情绪时产生了期望偏差:相较于情感基质,它们对情绪伴生的认知—思维相关物更为敏感。

有人类和相关的灵长类动物(也许还包括大象、鲸鱼和海豚)能够体验更为复杂的社会性情绪。但这些仍是尚未研究的问题,也许超过了当今科学审查的范围。对人类而言,基本情绪与复杂认知的融合必然会对人的情绪生活产生深远影响,有时是好的,但更多时候会更糟。我们似乎比其他动物更容易遭受情绪障碍,因为我们能够使情绪渗透到高级认知过程的力量中。当人们沉湎于自己的烦恼时,这会持续并引发独特的情绪动荡。但是,我们在此不会过多讨论这种高级人类情绪。我们的任务是发展强健的论证,将所有体验初级过程情感的动物纳入其中,并且我们将努力客观地并从神经科学的角度证明这一点。

我们已经说过,理解人类和其他动物的初级过程情感对于理解心脑如何运行而言至关重要。我们相信,如果我们想要破解意识的神经密码并且为生活中严重的精神病学问题找到新的更好的治疗方案,那么这就是研究的关键领域之一。科学的三角研究法是通过现在所允许的跨物种的科学研究进行神经的、行为的和心智的分析,最终对人和动物所共享的情绪提供一个比之前更精练的理解。但是,为了实现这一点,我们仍需要审视一些历史原因,为何心理学和神经科学往往将动物的心智生活和情感生活的研究边缘化,至少直到最近都是如此(Panksepp,1998a)。我们将总结神经科学的证据,从而展示原生情感(即我们心智的祖传感受)是如何从我们与其他生物共享的次皮层系统中产生的。在我们继续讨论后续章节中的各类初级过程情绪系统之前,我们在这里分享一段关于情绪研究,特别是关于情绪感受研究的历史,将仍然影响该领域的各种相互交错的观点罗列出来。对于那些并不想反思这些历史影响力的读者,他们随时可以转到讨论探索系统的下一章。

脑与心智装置结合的历史

直到最近,许多哲学家甚至一些科学家还倾向于将心智生活视作非物质的副现象——视作硬生物科学永远无法研究的一个主题。与其他硬科学一样,神经科学必须依赖于对生理和行为事实的客观观察,而许多研究者仍认为动物的体验(初始意识)无法被测量。它无法被称量,它没有长度或宽度;它仅由朦胧深奥的神经动力学深度构成,无法使用任何方法进行严格监测,即便是人的言语反馈也可能是特异的和具有欺骗性的。试想一下与中风患者进行交谈,他们大脑的右半球受到影响,使得他们的语言半球没有深度的情感指导。这些人经常用他们自私自利且具有语言能力的左半球虚构的故事来否认他们明显的左侧瘫痪——这样的虚构故事有时会在精神分析对话中消失(Kaplan-Solms & Solms,2000)。例如,这些人可能会高谈阔论,似乎他们没有任何问题,但当他们卸下社会面具并自由地谈论这些"毁掉"他们生活的残疾的意义时,他们才会突然承认自己的软弱和恐惧。

许多神经生物学取向的科学家坚持认为,我们对心智生活无法有任何深刻实质的认识,当然对其他动物也是如此,而且我们甚至无法断言意识是真实的——它不过是我们想象力的虚构。1992 年,著名的演化生物学家乔治・克里斯托弗・威廉姆斯(George Christopher Williams,1992)这样写道:"我倾向于将它(心智领域)从生物学解释中删除,因为它是一个完全私人的现象,而生物学的研究对象必须是公开可证明的。"许多研究者对此表示认同。但是,我们并不这样认为。如果我们不研究处于困境中的人们的真实感受,并且尝试科学地理解他们深刻且通常是消极的感受,那么,我们将永远不会真正理解是什么样的情绪困扰着他们。这种理解很大程度上来自我们对其他动物的研究。我们可以想象有一天,我们可以使用积极情感的知识来治疗抑郁等心智疾病,以重新平衡那些被消极情感所淹没的心智。当然,这同样需要协同的人际互动,尤其是当我们开发新的更有效的心理治疗实践时(见本书最后一章所举的个例)。总而言之,我们认为,没有对动物脑和思维进行适当的、理论指导的研究,我们就无法获得对情感的生物学理解。这可能令许多人吃惊,但如果透彻地考虑相关的科学和伦理问题,那么情况必然如此。

无论如何,当我们研究脑心时,我们面对的不仅仅是脑回路和分子,而且还要面对源自神经物理基质的感受的复杂"纹理"如何有助于创造心智生活。为了理解各种精神病学的疾病,我们必须科学地面对情感体验的本质。除非我们问"为何抑郁会痛苦?"(Solms & Panksepp,2010;Panksepp &

Watt,2011)或者更恰当地问“这种痛苦是什么?”否则我们无法从“抑郁”的诊断标签走向对这个神经—心智现象的彻底以脑为基础的理解(Watt & Panksepp,2009)。

其他动物是如何失去它们的情绪感受的?

早在笛卡尔著作之前的若干世纪,二元论就被许多学者所接受,它是古希腊人思想的必不可少的一部分,他们通常认为非物质比物质世界更为重要。柏拉图(Plato,424—348 B.C.)相信“形式”——非物质的概念实在——抓住了物质实在的真正本质。例如,人们可以看到个体事物中的美,但要理解美的本质,人们必须把美理解为一种“形式”,把美理解为一种超越所有个体美的实例的概念。因此,对于柏拉图而言,物理实在仅仅是终极的非物理实在(即理想形式的实在)的一种反映(Copleston,1962a;Plato,1941)。

亚里士多德是古代伟大的生物学家(Aristotle,384—322 B.C.),他认为,所有生物都蕴藏着灵魂,他所说的灵魂并非指个人的灵魂,而是一种导致物理世界发生变化的非物质的自然之力。例如,幼苗的灵魂是其有潜力长成大树的原因(McKeon,1941)。我们现在认识到,这些原因来自基因遗传。基督教早期最具影响力的思想家之一圣·奥古斯丁(Saint Augustine,354—430)将灵魂描述为一种特殊的实体,它具有理性且帮助支配身体。笛卡尔对奥古斯丁传播的亚里士多德的思想给予了特殊的宗教荣光,这可能部分出于政治原因(他不希望像伽利略一样遭受宗教审判,遭到那些酷刑的威胁)。他根据个人意识来思考非物质的力量,并将其描述为上帝的精神在人类心智中的表达。以这种方式,上帝的非物质的精神决定了人类的行为(Copleston,1962b)。

笛卡尔以另一种方式看待动物。他不将动物视作有意识的生物,因为他相信上帝不会在这种低级的生命形式上展现他的神圣精神。他认为动物只不过是活着的机器,是没有圣光闪耀的生物。这种观点导致当时人们在动物身上进行不人道的实验(如没有麻醉剂的活体解剖),它们抗议的叫声和逃跑的努力仅仅被视作缺乏任何意识体验的条件反射行为。只有人类是有意识的,并且人类的意识是上帝神圣王国的一部分。同样,人的意识决定了他的行为。为了让这一牵强的想法发挥作用,亚里士多德的灵魂和笛卡尔的人类神圣心智必须被看作是由非物质力量控制,而这种力量同样决定了物理世界的行为。亚里士多德的理论说明了所有生命变化的原因,而笛卡尔的理论特别说明了人类的行为。

非物质存在领域的想法同样出现在古希腊希波克拉底学派的医学中,即他们所信奉的活力论(vitalism)概念。活力论继承了亚里士多德的思想,相信存在非物质的力量是物质世界变化的原因。按照希波克拉底的观点,活力产生了疾病和健康(Smith,1979)。希波克拉底(Hippocrates,ca. 460—370 B. C.)被称为"医学之父",因为他将疾病归结为身体的状态,而非神秘的力量。然而,虽然他反对医学的基础全部来源于神秘力量,但他仍是一个二元论者,他坚信非物质的活力的存在。他坚持认为有四种基本体液(humors),或者说液体(黄胆汁、黑胆汁、粘液质和血液),认为它们是活力的物理表现并决定健康或疾病。在他看来,这些体液稳定平衡的结果就是健康,而所有的不健康都是因为失衡。在中世纪,这种想法被扩展到情绪气质,其中包括胆汁质(气愤)、抑郁质(悲伤)、粘稠质(冷漠和恐惧)和多血质(愉悦)等性格概念。

在前现代欧洲,医疗干预措施主要是为了平衡体液,这反过来意味着控制身体和心智的非物质活力获得平衡(Smith,1979)。例如,葡萄酒可以通过提升血液与血色水平来抵消过量的黄胆汁;柑橘类的水果则被认为能够减少粘稠质;等等。最糟糕的是,希波克拉底的原则导致医生给患者放血或者施用藜芦等导致呕吐和腹泻的毒物。除了可能的安慰剂效应,这种干预通常似乎只会伤害患者或者毫无作用。

从 19 世纪医学到行为主义

在希波克拉底的时代,医学是一种钝器,尤其因为当时尸检被国家所禁止。希波克拉底对于身体内部的运作知之甚少。虽然如此,希波克拉底原则在医学上占据主导地位仍然超过了 2000 年。但是,在文艺复兴之后,科学进步逐步瓦解了对希波克拉底理论的信心。类似显微镜的现代发明使得科学家明白了有些疾病是由于微生物而非体液的不平衡造成的。但是,变化往往缓慢且令人难以接受。直到 19 世纪中期,一个致力于构建以经验实证为基础的医学大陆学派医生群体[由卡尔·路德维格(Carl Ludwig,1816—1895)、埃米尔·杜·布瓦-雷蒙(Emil du Bois-Reymond,1818—1896)、赫曼·冯·赫尔姆霍茨(Hermann von Helmholtz,1821—1894)和恩斯特·冯·布吕克(Ernst von Brücke,1819—1892)等杰出人士所领导——他们都在某种程度上对脑感兴趣]组建了一个志趣相投的医学家组织,后来被称为柏林生物物理学俱乐部(Greenspan & Baars,2005)。他们反对希波克拉底的观点,认为四种体液说不符合现代关于疾病的物理发现。

一般来说,柏林生物物理学俱乐部也反对活力论,他们否认所有假定能够控制身体机能的幽灵般力量的存在。这些杰出的科学家坚信非物理的力量无法接受科学的审查,因此人们无法知道关于它们的说法是否真实,或者它们是否真的存在。有鉴于此,柏林生物物理学俱乐部的成员果断地在科学中抛弃了二元论。对于他们而言,科学必须植根于对物理世界的独立研究。

这些革命性的医学家满足于在身体上进行试验,并根据他们的观察构建机械理论。但他们没有将自己的理论视作高于一切的非物质的真理,科学理论只是作为对现有证据的最佳解释,事实要比理论更为重要。原则上,理论总可以在面对矛盾的证据时被推翻。这一革命运动迅速在坚实的科学基础上成功地建立了一套全新的严格的医学课程。俱乐部的胜利使得循证的医学进路至今仍是医学教育的基础。然而,在心理学中,反活力论采用了一种特别的形式。人们如何从生物物理学角度研究心智?强大的行为主义运动提出了前神经科学的权宜之计——意识无关紧要,这种观点主导了学术界,直到 20 世纪的最后 25 年——并且在神经科学,特别是在行为神经科学中尚未消失。行为主义者只选择研究脑功能的外部可观察的维度(即行为,以及行为作为输出"反应"的输入"刺激")。行为主义者最重要的工具是两个概念,分别被他们称作无条件刺激(UCS)和无条件反射(UCR)(类似于遭受电击和由此产生的僵直行为,见第 5 章和第 6 章),它们导致动物迅速展现习得的应对策略。通过这种方式，行为主义者可以绕过脑的"黑箱"(Skinner，1938)进而绕过心智。他们不假思索地将所有形式的心智力量(来自可观察的行为和其他科学数据)与饱受质疑的活力论的力量概念等同起来。因此，他们无法以任何科学的方式研究心智的本质。至少就 20 世纪科学心理学中的大多数研究人员而言，尤其是在动物研究的讨论中，心智不复存在。

哲学的实证主义运动把对所有概念进行严格定义(实证主义)看作是构建严谨科学的唯一出路。伟大的语言哲学家路德维希·维特根斯坦(Ludwig Wittgenstein，1922/1981)在他的《逻辑哲学论》(*Tractatus*)中，以其著名断言——"如果答案无法用语言表达，那么问题也不能"(命题 6.5)——提出了一个支持物质主义对心智研究的无情挑战的"决定性"命题。既然心智品质无法用清晰的和具有可操作性的科学语言表达，那么就会遇到如下困境："即使当所有可能的科学问题都被解答，生命的问题仍完全未被论及。当然没有任何问题遗留，它本身就是答案。"(Wittgenstein，1981，命题 6.52)

有关维特根斯坦怀疑论指导的更多内容，请参阅第 13 章的结尾。令人心酸的是，在第二次世界大战这一人类悲剧之后不久，维特根斯坦，一个一生中的大部分时间都饱受情感折磨的人，在他的《哲学研究》(*Philosophical Investigations*)中提出了一种对心智生活研究更为宽容的观点——在这一观点中，我们相对主义的语言游戏占了上风，这导致了至今仍在蓬勃发展的心理学领域一场强大的社会建构主义运动。

当然，活力论与心性(mentality)是完全不同的。活力论认为存在着一种根本的非物质的实在，活力并没有被想象成包含任何生物前因或物理基础，正相反，它们被认为是决定身体健康的不可见的力量。另外，心性拥有清晰的生物前因，并且是物理脑的一种明确属性。它不是一种非具身的(disembodied)自然之力，它是一种脑功能，因此可以通过正常的科学方法进行研究，如同其他生物学事实一样。我们所要做的就是继续这些困难的工作，这也是情感神经科学(Panksepp，1998a)的研究人员所寻求的。由于神经科学的进步，这最终是一个可行的项目。

不幸的是，这些区分在一些柏林生物物理学俱乐部的外围成员身上丢失了。在美国工作的生物学家雅克·洛布(Jacques Loeb,1859—1924),先是在布林莫尔学院,随后到芝加哥大学工作,最终到洛克菲勒大学(那时还是"研究所")。在芝加哥大学时,他影响了约翰·B. 华生(John B. Watson,1878—1958),即后来的"行为主义之父"。洛布的观点同样说服了在哈佛大学的B. F. 斯金纳(B. F. Skinner,1904—1990)。受到洛布启发的华生和斯金纳共同提出了一种全新的、在方法论上严格的——并且最终变得教条的——激进行为主义。

他们是许多心理学家心目中的英雄,尽管他们将心智从课程中剔除。在某种程度上,他们的成功是因为现代科学的笛卡尔主义基础,这是一种深度的怀疑论。让我们回忆一下,笛卡尔通过怀疑一切开启了他的哲学之旅。他欣然想象他周围的世界只不过是一场梦或者幻觉。他认为怀疑逻辑和数学的实在性毫无问题,因为他认为邪恶的魔鬼可能控制了他的理性。他认为,唯一不能怀疑的就是怀疑本身,这使得他从无限的怀疑中获得了救赎:一个无可争议的证据——我思故我在(cogito ergo sum)。因此,怀疑主义成为科学王国中的通用货币。"证明给我看"成为标语,即使在20世纪的科学中,没有科学证明,只有数学和逻辑证明,这一点已经很清楚。科学,因其本质,必须建立在证据的基石之上。从这一点来说,本书的主要论点对于那些遵守科学规则的人而言将是一个好消息:大量的事实表明,其他哺乳动物确实具有情绪体验,并且对我们自己的初级过程情绪而言,我们所有人都共享了非常类似的神经基础。但是,对于许多神经科学家而言,他们在这个重大问题上对怀疑论的热爱超过了理性的证据……几乎没有关于这个话题的任何讨论,至少在行为神经科学家中是如此,虽然他们拥有最好的工具来把这些问题最大限度地推向实证的解决方案。

因此,行为主义的建立者,那些极度怀疑心理学需要任何心智构想(construct)的人们,将行为分析上升到全新的复杂程度,提供了在心理学领域长久以来缺失的严格性。他们给了我们第一种有前景的方法来分析学习,即习得性行为改变的原因。他们向科学家提供能够在实验室中可靠地实现行为改变的工具。但是,为了实现这一点,他们觉得必须拒绝提及所有内部情绪或动机过程。华生(Watson,1929)最初对情绪感兴趣,但他认为,理智能力是独立于任何性情因素之外的,而且是习得的,并不受先天机能的影响。他的著名论断是"给我一打健康的婴儿,一个由我自己支配的特殊的环境,让我在这个环境里养育他们,不论他们先辈的才干、爱好、倾向、能力和种族如何,我保证能把其中任何一个训练成为任何一种人物——医生、律师、美术家、商业领袖以及,是的,甚至乞丐或强盗"。斯金纳(Skinner,1953)则更进一步。斯金纳从一开始就蔑视新行为科学中的情绪概念,并且声称:"'情绪'是我们通常归属于行为的虚构原因中的非常典型的例子。"奇怪的是,这两位科学家都不认为心理学要想成为一门完整的科学就必须对脑进行研究,不过这已经是在神经科学成为理解生物体功能的最重要的科学学科之前很久的事了。

因此,意识体验——特别是情感体验——对于这些激进行为主义者而言毫无意义。他们忽视了达尔文的建议,即动物行为为它们的情感状态提供了指示,并且也忽视了威廉·詹姆斯(William James)的信念,即情绪感受的出现并不先于情绪行为,而是随着行为表达而来的(或者说等同于行为表达)。从某种意义上说,这就是本书所要传递的信息,但要认识到,是脑的情绪一行动系统而不是外周身体的情绪行动携带了情感信息。这并不是一个微不足道的区别,甚至达马西奥(Damasio,1994)都被一个类似的皮质视觉的情绪感受所吸引。

所有这些想法,对于行为主义者而言,"只是说说罢了"。行为主义者同样忽视了第一位系统研究动物学习的心理学家爱德华·桑代克(Edward Thorndike,1874—1949)最初提出的著名的"效果律"(law of effect)的措辞。桑代克的原始版本坚称,动物体验到"满足"与"不适"等感受,这不仅促使它们展现出喜好与厌恶,同时也指导着它们进行学习。"效果律"的原始版本实际上是一种"情感律"(law of affect),行为主义者拒绝了这一点。这正是桑代克提出的:

> 在其他条件都相同的情况下,在对相同情境做出的几个反应中,那些伴随着或紧随着满足动物意愿的状态会更牢固地与这个情境相联结,以至于当这个情境再现时,那些反应更可能再现;在

其他条件都相同的情况下，那些伴随着或紧随着使动物意愿不适的状态会减弱它们与这个情境的联结，以至于当这个情境再现时，那些反应更可能再现。满足或不适状态越明显，这种联结的加强或减弱就会越明显（Thorndike，1911）。

相较于使用像满足或不适这类主观的词汇——这些词汇表示伴随着感受基调的一种被激发的心智状态——行为主义者则代之以使用指向外部可观察事件的更客观的词汇：奖励和惩罚（或者当用于学习情境时使用强化）。他们认为所有的行为都是在心理上不可定义的奖励和惩罚的基础上习得的。他们明确地选择无视脑中情感变化会使奖惩事件具有控制行为的能力的可能性。“强化”并没有排除奖惩通过在大脑中产生体验来发挥作用的可能性，而是用纯粹的操作术语来定义——世界上的物体向一个方向或另一个方向“强化”行为变化的能力。直至今日，我们仍不知道“强化”究竟是一种特定的非情感的脑功能，或者仅仅是一个被用来描述我们如何通过系统地操纵控制动物感受的脑系统来训练动物的词汇。

有一点是可以肯定的，动物确实是按照争取奖励和避免惩罚的原则行事，人类也是如此。人类和动物都因为情感“原因”而做这些事情，行为主义者无法将此视作科学上可行的，因此也是可信的，而他们的这种偏见已经传给了今天的行为科学家。很少有人会质疑这些前提假设。由于提及情感和动机状态（如饥饿或口渴）是不被接受也不被允许的，所以这些概念就从大多数心理学词典中消失了。第三人称的客观语言才是新行为主义领域中的硬通货；而第一人称的主观语言则完全被禁止用在科学话语中。这个禁令既适用于动物也适用于人。但现在，在我们这个开明时代，这种禁令已经被解除。但是这样吗？事实上，在 20 世纪 70 年代早期认知革命之后，行为主义者的偏见很大程度上得以保留，但大多数变得更隐蔽，并且在许多研究动物行为的学者中依然盛行。受过教育的公众似乎并未认识到这个事实。我们希望当前这本书能够改变这种现状，并且揭露行为主义的残余：这是一种时代错误，只有对那些在特定传统中接受训练的人们才有意义，而不是它本身有什么内在的意义！目前，它仍然妨碍人们广泛地讨论动物脑的心理功能(尤其是情感功能)和人类心智。

有趣的是，没有迹象表明，柏林生物物理学俱乐部的成员仅仅因为感受或意识不是容易研究的身体过程就反对研究它们。如果一名患者抱怨疼痛，19 世纪的现代医生肯定会重视他们的抱怨并且尝试探索疼痛的生理原因。可是，疼痛体验并不仅仅是一种无意识的物理实体，它是一种物理心智状态，一种现象体验。它是主观的，但也是实在的——脑的一种生理过程。疼痛既有原因，也有效果，它帮助我们生存。因此，即便它是主观的，在诊断人类和动物的身体损伤和疾病时，它仍然值得我们对其进行科学考虑。也许最重要的是，疼痛不仅仅是由于身体机能障碍引起的，它同样是由脑神经活动导致的(实际上是生成的或构建的)。尽管疼痛局限于特定的身体部位，但是体验并没有包含在它起始的地方，并且体验在心理上似乎存在，即便有些哲学家持不同观点。事实上，据我们所知，脑将疼痛的感受投射到表征身体的神经空间上。无论如何，疼痛都是脑的一种属性，并且它不是在脑外的身体中被体验到的。

古人并不清楚脑是不是心智事件的基质。柏拉图和希波克拉底认为它是，而亚里士多德则相信情绪产生于心脏。然而，早在柏林生物物理学俱乐部使医学重获新生之前，一些研究者就已经将对物理脑的研究作为一种更好地理解心智功能的手段。这些伟大的具有现代眼光的历史先行者中包括托马斯·威利斯(Thomas Willis，1621—1675)，一位深入解剖脑的英国医师[详见其所著的《脑解剖学》(*Cerebri Anatomi*，1664)]，他还著有关于脑病理学的著作和另外一本医学心理学著作《关于野兽灵魂的两篇论述》(*Two Discourses Concerningthe Soul of Brutes*，1672)。威利斯试图描述心智变化如何与脑功能相关，虽然他并没有放弃传统的体液控制情绪气质的观点。到了 19 世纪，颅相学家弗朗兹·约瑟夫·加尔(Franz Joseph Gall，1758—1828)和他的门徒(protégé)约翰·加斯帕尔·施普尔茨海姆(Johann Gaspar Spurzheim，1776—1832)进行了更精细的脑部解剖，使心智生成于脑活动的观点得到了更广泛的认可——虽然加尔和施普尔茨海姆将人格与颅骨形状(隆起)相关联的想法是失败的。颅骨形态被错误地认为能够准确反映脑内区域(或“心智器官”)的大小，但一段时间之后，这种猜想被认为是一种令人反感的过度简化。[①] 无论如何，19 世纪中叶，许多研究神经系统的学者已经准备好与二元论分道扬镳，并且将脑视作心智的器官，正如许多医师已经准备好抛弃医学迷信并且将医学现代化。

尽管大多数以柏林为中心的实证医学圈成员并不关心情绪问题，但值得注意的是，路德维希门下的伊万·巴甫洛夫(Ivan Pavlov)和师从恩斯特·冯·布吕克(Ernst von Brücke)的西格蒙德·弗洛伊德(Sigmund Freud，来自维也纳的精神疗法之父)并非如此。巴甫洛夫关于狗的自主反射的研究从未被边缘化。他认识到情绪的力量，尤其是当他的实验室被涅瓦河淹没，他的狗差点被淹死后。许多小狗随后表现出我们现在称之为创伤后应激障碍(PTSD)的症状。当然，弗洛伊德让情感成为他过于前卫(脑科学尚未成熟)的愿望的核心要素，用以创建一种被称作精神分析的科学心理学。弗洛伊德最终抛弃了脑科学，并建立了一种基于情绪精神分析的超心理学(metapsychology)，但他也承认这缺乏“科学的硬标志”(Freud，1895/1968)。

柏林生物物理学俱乐部的成员可能会接受一种植根于脑科学的情绪心智的理论(a theory of the emotional mind)。事实上，19 世纪的一些学者，如查尔斯·达尔文(Charles Darwin)和威廉·詹姆斯(William James，1842—1910)，对于情绪和意识具有相当现代化的观点(Darwin，1872/1998；James，1892)。这些伟大的思想家都未曾从现代脑科学中受益。事实上，大多数情绪的心理学研究直至今日似乎对底层的初级过程的神经细节不甚关心，而三级过程的细节目前几乎不可能获得，尽管我们可以通过现代脑成像来估计感兴趣的区域及其交互作用。与传统上诸如精神分析的“唯心理学”(psychology-only)理论的追随者不同，目前有几种新的运动，包括神经精神分析(neuropsychoanalysis)，它们对心智和神经分析进行了明智的融合。然而，很少有人追随诸如 1949 年诺贝尔奖得主瓦尔特·赫斯(Walter Hess，

---

① 现代的脑成像，尽管是基于更为准确的脑活动测量(血液流动和代谢变化)的，但它产生的脑功能的图像仍不能准确地反映生成精神事件的脑内活动。它们仅仅让我们能够更加准确地估计哪个脑区可能是最需要研究的，能够告诉我们心脑是如何组织的。据许多执业医师所知，如果尝试将脑活动转译成心智过程，这种新的“颅相学”仍面临着许多挑战和缺陷。

1881—1973)等先驱者的脚步。赫斯是第一位证明通过电刺激下丘脑特定区域，进而可唤醒猫的全面初级过程的愤怒行为和相应的自主反应的研究者(有关完整概括见 Hess,1957)。

也许赫斯在心理学上少有追随者，因为他没有探讨他所唤醒的动物的情绪感受。同他所在时期的其他研究者一样，他选择将这些由电击诱发的愤怒称为假怒(sham rage)。在他退休后，他承认后悔当时过于胆小，不忠于自己的信念，没有宣称他的动物们确实感觉到了真正的愤怒。他承认他这样做是因为他害怕这种言论会招致美国强大的行为主义学者的攻击，从而也可能边缘化他更具体的科学发现。在一定程度上，他尝试在他的最后一本书《心智生物学》(*The Biology of Mind*,1964)中纠正他的"错误"，但该书反响甚微。尽管如此，他至少提供了可能为心理学提供神经生理学基础的数据，这是威廉·詹姆斯和查尔斯·达尔文会为之击节赞赏的工作。

行为主义统治理论心理学长达 50 年，直到 20 世纪最后 30 年，认知革命重新复活了心智的科学合法性后，它才逐渐失去影响力。认知科学家受到计算机发展的启迪，认为心智像一台活的计算机，使得人类和动物能够计算偶然事件并且做出指导行为的决定。心智计算理论(computational theory of mind)诞生了，这一理论可能同样是在没有脑研究的情况下被理解的。研究者尤其感兴趣的是无意识和天生的认知能力等想法，诸如诺姆·乔姆斯基(Noam Chomsky,1968)关于人类儿童对所有语言共同的基本语法结构具有先天知识的假设。然而，在大多数情况下，认知科学关注信息过程——感知和学习——的机制，而并非活着的心智的内源和生成的属性。认知革命主要关注心智活动中与计算机软件非常相似的那些方面，即心智的"信息处理"的部分，因此直到最近才着手解决情感、动机和情绪等问题(Gardner,1985;Panksepp,1988)。同样，正如已经指出的，认知革命主要关注人类的认知，所以在动物研究领域，行为主义仍处于统治地位。只有一小部分科学家诸如哈佛大学的唐纳德·格里芬(Donald Griffin,2001)在推动动物行为领域的研究时，能更自由地研究动物的思维，但他主要关注认知领域，从神经科学角度看，认知领域比情绪更难解决。

公平地说，行为主义者的目标是建立一种高度可复现的科学，研究者从而可以指定“行为控制”的变量（这个流行语用以指明那些精准的环境条件，这些条件对引导习得行为朝向可预测的方向而言十分必要）。大部分研究者从未真的主张他们试图理解控制动物行为的基本机制。在他们有限的领域中，他们只想确定并预测动物在良好受控环境而非真实的自然环境（那是生态学家的领域）中的行为表现。因此，他们建立了人工隔室（斯金纳箱），在这里，动物的外部环境的每一个方面都可以被控制并且进行系统的操控。行为主义者对在这些生物内部发生的不可观察的事件根本不感兴趣，并且他们也不相信这些对科学地理解行为有什么帮助。然而，悲剧在于，一旦神经科学发展成熟，其中的很多事件甚至包括情感事件都可以科学地进行研究。但行为主义神经科学家很大程度上仍对此没有兴趣，甚至拒绝去研究它们。脑功能中关于心理的那些深刻方面，诸如情绪的初级过程本质，在当时已经成为可以被解决的科学问题，但是却被忽视或者说被故意忽略了。因此，神经科学家未能解决情绪感受问题，这直接归因于行为主义的寒蝉效应（chilling effect）。在动物研究中，这一点至今基本没有改变。

现代情绪神经科学

现代神经科学革命始于 40 多年前，随着脑工作机制的研究取得不可思议的全新进展，当今的神经成像设备允许研究者进行活体（in vivo）观察，从而了解当人们进行各种各样的活动时，在人脑中究竟发生了什么。许多被这项非凡新技术吸引的人都接受过关于行为和认知的传统教育。前者不接受将情绪感受作为他们研究项目的一部分，后者倾向于认为情感感受只不过是认知过程的一个子集，这是一个巨大的错误，至少在脑组织的初级过程层次而言是如此，这也是本书主要关注的内容。认知是由感知、学习和高级脑功能创造的。初始情感是维持生存的祖传工具，具有用于各种“低级”脑功能的专用回路。尽管人类的认知心智功能现在被普遍接受为事实，但大多数从事动物研究的研究者仍坚持行为主义，并且忽视、否认动物存在任何情感生活，或对此保持不可知论的态度。

正如已经指出的那样，有些动物行为主义者，在认知行为学的旗帜下，开始考虑动物潜在的心智能力(Griffin,2001)。但他们大多数回避对情绪议题的讨论,并且很少有人进行脑情感研究。于是这成为现代神经科学倾向于拒绝承认其他动物具有情感并进行系统科学研究的思维定式。第一个思维定式根源于错误的古老信仰,即认为心性是一种活力——一种无法进行科学审查的、独立的、非物质力量。如前所述,将意识等同于活力是不正确的。初级过程心性,即对内在演化价值的体验是脑的一种功能,并且可以像分析其他生物功能一样采用同样方法进行科学分析(事实上,采用了测量自然界中任何功能或过程——诸如物理学中重力或量子活动——的同样方法)。

导致神经科学家拒绝或忽视其他动物情感问题的另一个思维定式,则根源于 19 世纪后半叶,当时威廉・詹姆斯和卡尔・兰格(Carl Lange,1834—1900)各自独立并且几乎同时建立了情感的外周反馈理论。他们将情绪行为(如逃离一种可怕的情境)视作一种自动的、反射性的身体反应,其本身并不包含情感。他们认为,这些身体反应的信息随后被反馈到脑的思维和观察部分,即从认知上体验情绪的脑皮层。因此,人们认为高级脑功能生成了情感体验(Damasio,1994;James,1884/1968;Lange,1885;LeDoux,1996)。所以,并不是因为害怕而逃离持刀的窃贼;相反,是由于逃离才变得害怕,当高级脑功能"读出"身体如何感受时才产生了各种变化。平心而论,我们将指出,威廉・詹姆斯(心理科学中心智的伟大捍卫者)同样注意到,所有本能都有与之相随的感受,并且感受与情绪反应同时发生(这也是我们在此捍卫的立场)。

尽管目前已有科学证据表明,情绪行为的发生可以导致情感感受的微弱变化(Clynes,1977;Schnall & Laird,2003;Stepper & Strack,1993),并且这种效果可以通过人类心智中的情绪行动的意象(imagery)获得(Panksepp & Gordon,2003),但只有很少或者说几乎没有证据表明,情绪行为中的强烈情感感受需要通过外周身体反馈到脑。相反,许多证据表明,原生情绪感受直接由脑组织生成,实际上是由那些生成本能情绪行为的脑回路生成。这并不意味着身体的输入没有作用。它们确实可以增强或削弱脑中生成的感受,但它们对于生成我们的情绪感受的特定方式而言并不是决定性的。无论如何,120 年前提出的詹姆斯—兰格理论的经典解释,仍然是关于情绪如何由那些我们知之甚少的脑皮层下区域生成的最受青睐的观点。

直到今天,仍然没有坚实的实验证据支持传统版本的詹姆斯—兰格理论。但是,数据支持了威廉·詹姆斯关于初级过程情绪的替代性猜想——本能行为具有感受成分,而他的传统皮层读出理论可以帮助我们理解脑如何解读它的情绪。因此,据我们目前所知,脑以两种方式生成情感:脑的低级区域可以生成特定的情感感受,它能够准确表示身体的需求(体内平衡的和感官的情感)和脑的需求(情绪的情感)的信号。然后,我们的高级脑则以各种特殊的认知方式来处理这些心智的力量,这给"人类的喜剧"增添了情调。此外,所有感受都有一个唤醒强度维度,这一维度通常由许多不同的感受共享。

然而,我们还应当认识到,脑和身体具有许多唤醒系统,包括一个主要的压力轴(垂体—肾上腺系统),如果人们在没有真实情绪唤醒的情况下激活了它们,那么人们将会倾向于按照环境所促成的情绪场景来解释这种唤醒(Schacter & Singer,1962)。一般唤醒本身并不是一种情绪。一个人感受好坏同样有多种方式,对应于各种本能的行动冲动。当某人感到愤怒时,他可能会想要袭击他人。袭击他人的冲动,在皮层下的初级过程层面同时伴随着一种愤怒的情绪感受。到目前为止,这就是数据所表明的。但我们同样需要指出,每一个科学事实总是具有多种解释,科学的目的就是在这些解释中进行筛选。这就是为何去皮层实验如此重要的原因,因为它意味着情绪感受可以在上层(新皮层)脑区域遭受巨大损伤的情况下幸存。

如果你对上述我们关于詹姆斯—兰格情绪的"身体反馈"观点的概述感到满意,那么你随时可以跳到下一节专门讨论安东尼奥·达马西奥观点的部分。但如果你对更详细的讨论感兴趣,那么请继续阅读……

尽管我们并不认可詹姆斯—兰格的反馈理论(或者现代的"读出"理论),但我们是詹姆斯的仰慕者。如前所述,高级脑区对身体骚动的外周"读出"概念并非他关于情绪的唯一理论观察。在我们看来更准确的是,他同样指出,每一种本能情绪反应都伴随着特有的感受。如果他只是知道这些本能反应是由明确的脑回路生成,那么他可能会猜想,没有必要假设认知"读出"来产生情感感受,尽管倾向专注于我们的感受——甚至通过我们的意识觉知能力来改变它们——确实是我们高级认知装置的一部分。这就是情绪调节成为当今心理学中一个如此受欢迎的话题的原因(Gross,2009),

并且这对心理治疗也非常重要。无论如何,这也正是我们贯穿全书的一个论点,即原生情绪感受是新皮层下回路的一部分,而新皮层下回路也能够生成情绪行动的准备。由于思想史的沉重包袱(试想一下激进的行为主义),詹姆斯理解情绪感受的替代进路直到最近才得以充分发展(Panksepp,1982,1998a,2005a)。

我们知道,一般的身体反馈并不是感受生成的主要来源。高位脊椎损伤导致四肢瘫痪而没有躯体感官输入的人,同样具有基本正常的情绪感受(Borod,2000)。当然,他们的损伤脊椎仍保留了如迷走神经等交感神经的功能,还有血液中可以影响脑不同区域的循环内分泌因子。因此,特别需要指出,即使是高位脊髓横断或者因为脑干损伤产生"闭锁"综合征的个体——那些只能移动眼睛并因此用眼睛进行交流或以脑波进行交流的人——仍然具有情绪感受(Bauby,1997;Birbaumer,2006;Laureys et al.,2005),即使身体感官输入显著地减少。

研究外周自主神经系统的哈佛大学生理学家沃尔特·坎农(Walter Cannon,1871—1945)提供了许多令人信服的反对詹姆斯—兰格情绪理论的论据,并且主张情绪是脑的内在功能。坎农指出,许多自主反应需要时间构建,并且不能快速反馈到脑以生成一种瞬时情感反应(Cannon,1927)。他总结认为,情感不是一种反馈,而是产生自脑本身。保罗·麦克莱恩(Paul MacLean,1913—2007)医师首次在更详细的演化细节上发展了这一观点,他创造了一个关于人类脑中古哺乳动物层的概念——"边缘系统",该系统主要负责初级社会情绪。麦克莱恩在 20 世纪五六十年代对癫痫患者的情绪变化进行了深入的脑分析,随后他构建了关于性行为和其他许多社会表现的动物模型(20 世纪七八十年代)。凭借丰富的想象力,麦克莱恩(MacLean,1990)设想了,心性(包括情感体验)是如何与边缘系统中各种原始结构相联结的。事实证明,麦克莱恩并非完全正确,并因此遭受到许多"少壮派"不公正的批判(关于这方面的辩驳,见 Panksepp,2002)。例如,麦克莱恩认为海马体是脑中最重要的情绪结构之一,但事实并非如此。我们将在第 6 章看到,海马体对于记忆形成尤为重要:自传式记忆的编码和我们关于空间环境的映射,不过,它也有助于了解哪里是恐惧事件发生的地方。而且，海马体的腹侧部分对于情绪学习相当重要，特别是与空间有关的问题，如场所条件反射。然而，人们同样可以唤醒特定的强烈情绪，例如，通过向海马体局部注入催产素，人们可以很容易地使大鼠勃起（Melis et al.,1986）。

然而，缺少证据并不是许多研究人员拒绝接受脑皮层下边缘系统生成原生情感体验的主要原因。一些研究者十分讨厌哺乳动物的"情绪脑"（即边缘系统）这样一个在解剖学上十分不严谨的概念，同时有些研究者还拒绝接受情绪体验可以直接从皮层下系统活动中生成这一观点。确实，如上所述，大部分情绪研究学者仍然喜欢詹姆斯—兰格的观点，即情感生成于脑高级的皮层区域，而情绪行为是由新皮层解读（读出）的。

在现代"读出"理论得到发展的同时，本书的年长作者在早前的一本书中发展了基于演化的跨物种的"情感神经科学"概念（Panksepp,1998a）。麦克莱恩与潘克塞普的方法基本趋同，尽管潘克塞普在他职业生涯开始时就开始发展情感神经科学，而麦克莱恩则在职业晚期越来越向动物神经科学模型方向前进。两人同时且又独立地开始对解读脑的社会情绪系统产生了兴趣——尤其是分离苦楚、社会联系和嬉戏。两人都是坎农和达尔文的追随者，因为他们认识到情绪感受是明确的脑网络中可指定活动的直接反应，而非外周反馈或者高级脑的读出。根据这种已逐渐成为少数人立场的替代观点，古老的情感大脑被设计通过情感本能的无条件反应来预测生活中的挑战事件，这有助于引导学习到的行为和相应的思考。

尽管现代读出理论与詹姆斯—兰格模型在许多细节上有所出入，但它们的原理是相同的：脑的情绪状态是高级脑对低级脑或身体过程的反应或反映。许多杰出的神经科学家强烈认为，我们与其他哺乳动物共享的同源古老皮层下脑区域并不具备内在的情感属性（Damasio, 1999; LeDoux, 1996; Rolls, 2005）。顺便提及，在本书即将付梓之际，达马西奥（Damasio,2010）做出了180度的转变，明确承认皮层下功能在构建心智时的重要性，尽管他仍然假设情绪感受位于高级皮层区域。就现代具有神经科学指向的读出理论而言，如果研究者对情感（情绪的感受维度）表现出任何兴趣，当然很少，他们倾向于得出这样的结论：只有当无意识的情绪信息被脑的认知思维部分（尤其是新皮层）读出时,情感体验才会出现。这导致了现今大多数关于情绪感受和其他形式的现象意识的流行观点,即它们只是高级认知过程的一种变体。用我们的术语来说,认知科学家的主流观点认为,情绪感受是脑的三级过程。有些研究者甚至认为没有基本情绪——所有情绪最终都反映了高级概念行为(Barrett,2006)。尽管这可能适用于三级过程情绪,但这些观点忽视了大量来自人类的行为证据(Izard,2007)和所有哺乳动物初级情绪的跨物种神经证据(Panksepp,2007d,2008a)[新期刊《情绪评论》(*Emotion Review*)和新近专著(Zachar & Ellis,2012)都对这个话题进行了全面的讨论]。

我们将忽略过去数十年间心理学领域大量的情绪理论,因为它们很少建立在理解脑的基础上。然而,值得指出的是,达尔文关于情绪的身体表达的开创性工作,《人和动物的情绪表达》(*The Expression of the Emotions in Man and Animals*,1872),终于在 20 世纪七八十年代被保罗·艾克曼(Paul Ekman)和卡尔·伊扎德(Cal Izard)重新引入现代科学。他们在由他们的导师、临床心理学家西尔万·汤姆金斯(Silvan Tomkins)开创的基本情绪理论的传统中开展工作,这促使他们研究人类内在的情绪行为模式,这种模式是可以跨文化、跨发展层级复制的,特别是面部表情。其他诸如罗斯·巴克(Ross Buck)和罗伯特·普拉奇克(Robert Plutchik)也在不同方向发展了基本情绪理论,尤其是新的内省与临床措施的制定。诚然,只有很少一部分心理学家在这段时间愿意讨论基本情绪感受的本质。在这些“叛军”中,最为著名的就是上文提及的西尔文·汤姆金斯(Silvan Tomkins,1962,1963),以及最近的社会心理学家罗斯·巴克(Ross Buck,1999)。尽管心理治疗学家早就认识到情绪感受的重要性,但直到最近才有越来越多的临床医生用新的方式关注情绪,从而帮助实现情感健康(如 Fosha et al.,2009a;Greenberg,2002)。我们不会在本书中详细介绍这些有影响力的心理治疗学家的想法,因为他们的工作并没有集中在对潜在的大脑机制的理解上,但他们对于新情绪—动力疗法的革命性影响将由潘克塞普在第 12 章进行介绍(本书的另一位年轻作者不希望附属于这些观点)。

现在我们简单介绍三种现代读出理论,它们分别是由安东尼奥·达马西奥(Antonio Damasio,1994,1999)、约瑟夫·勒杜(Joseph LeDoux,1996)

和埃蒙德·罗尔斯(Edmund Rolls,1999,2005)等三位杰出神经科学家提出的。尽管我们不同意他们关于情感基础的观点，但我们赞赏他们在实验方面做出的那些令人印象深刻的贡献。显然，在接下来的概述中我们无法充分展现他们绝妙的实证研究的细节——但所有这些成就都在上述所引用的大量专著中详细地介绍过。我们还想强调的是，我们所写的关于达马西奥的观点，在本书撰写过程中可能变得有些过时，因为他已经接受皮层下区域对情绪感受和意识的强有力贡献这种观点，这与潘克塞普过去30年间所支持的观点非常一致。然而，仔细阅读后发现，达马西奥仍然设想情绪感受在很大程度上是由更高级的感官过程构建的。因此，鉴于这种及时的发展(Damasio,2010)，我们保留了我们的论述，特别是因为我们的目的是简单地传递达马西奥关于强化的最具影响力的历史观点。

我们认为这些科学家关于初级过程的情绪感受的观点并没有得到很好的发展。事实上，很少有人强调脑与心智的演化分层。因此，对于我们而言，他们关于情感体验的看法通常似乎偏离目标很远，尤其是当涉及其他动物时。但我们也不想彼此推诿。我们猜测这些受人尊敬的同行，可能吸纳了基于学习的次级过程情绪(勒杜和罗尔斯)和当认知与情绪组合成复杂的混合物时所产生的第三级感受(达马西奥)等研究成果。这些研究人员在很大程度上忽视了演化的初级过程情感的可能性。我们在本书所关注的重点是形成人类情绪基础的那些古老感受的本质。为了概述这个领域的当前状态，我们现在简明扼要地总结一下当代这些杰出的情绪研究者的“经典”进路。

安东尼奥·达马西奥的神经心理学的观点

达马西奥在人类情感过程脑成像领域做了许多令人惊叹的工作(Damasio et al.,2000)，他提出一种詹姆斯—兰格式的情感出现之前的事件序列。他认为存在两种初级映射，一种[原自我(protoself)]储存关于身体状态的信息，另一种初级映射则存贮有关环境的感官信息。第三类映射过程[核心意识(core consciousness)]扮演着连接两种初级映射并确认环境的某些状态与身体状态的变化相一致的角色。这生成了一种知道环境对象的感受(a feeling of knowing)。这种知道的感受(a feeling of knowing)是一种意识体验,一种“内在感觉”(inner sense),它是一种“对所发生事情的感受”,但它不是一种情感。达马西奥将这种知道感受称作一种躯体标记(somatic marker),因为原自我的身体反应标记(评价)了环境中的感官刺激。核心意识将这些刺激与反应组合起来,并产生了认识对象的非情感性感受。

达马西奥认为,核心意识是一种转瞬即逝的现象,表现为连续的、间断的脉冲。当人们将它与新皮层的记忆和复杂精微认知混合在一起后,核心意识的脉冲就可以被记住,并且被理解。随后,意识随着时间的推移而延展,并成为自传式的,因为个体可以记住他生命中的事件。这使得人们有能力理智地反思关于对象的感受,即一种生成情感的过程。因此,个人有意义的情感的生成是新皮层的成就。

达马西奥相信,只有少数灵长类动物能够生成这种延展的和自传式的意识。因此,人类和我们的一些近亲哺乳动物是仅有的具有完整情感体验的动物。在他之前的一本著作《寻找斯宾诺莎》(*Damasio*,2003)中,他进一步并多次坚持,“动物具有情绪行为(emotional behaviors),而我们人类具有情绪感受(emotional feelings)”。达马西奥的经典理论本质上是詹姆斯—兰格的“读出”或“反馈”理论的变体,但它在多个富有成效的方向上发展了这些理论。迄今为止,在谈到储存关于身体状态信息的原自我映射时,达马西奥至少认识到脑本身能够生成情感[甚至他将它们称为“好似”(as if)情感,并且将所有情绪感受置于脑的相当高级的位置]。然而,正如已经指出的那样,在他最近的著作中,达马西奥(Damasio,2010)已经明确承认动物确实具有情绪感受,并且在脑皮层下区域具有恰当的成分对被体验到的感受和意识做出贡献。这是 40 年来潘克塞普一贯坚持的立场。

约瑟夫·勒杜的认知神经科学的观点

勒杜在大鼠恐惧条件反射的脑机制方面做出了一些杰出工作,他同样区分了情绪(emotion)与情感(affect),认为情绪是一种缺乏情感的纯粹生理反应。情感是某种情绪的后续产物,在支持工作记忆的前额叶皮层部分读出情绪生理状态时，情感随之生成。工作记忆的基质在前额叶皮层的背外侧部分被发现，这是脑中最聪明的部分，或者至少是思考能力最强的部分。工作记忆可以被视作一种思考当下信息的心智工作空间（见第 6 章）。例如，当你在阅读这一段时，你记住了一些重要的想法，而与此同时你可能会想起上周阅读的一篇相关文章。所有这些观念都是你工作记忆中的项目。因此，工作记忆是一种高度智能的脑功能，它可以理解即将到来的信息。当人们理解某事时，人们会将许多信息整合成为一个连贯的概念。勒杜指出，工作记忆可以执行多种多样的认知任务，其中一项就是生成情感。按照勒杜的观点，情绪的生理状态（行为的、本能的、低级无意识的脑反应）在脑的认知区域被转换成情感感受状态。

值得注意的是，勒杜的研究几乎完全集中在恐惧上，同时也指出古老的皮层下区域是恐惧的情绪—行为和自主的（而非情感的）基质。他的研究揭示，杏仁核，这个长久以来被认为与恐惧密切相关的皮层下结构，如何在生成恐惧条件反射而非感受时起到核心作用。杏仁核是由数十个专门的细胞群或细胞核构成，每个细胞群或细胞核的功能有所不同。杏仁核的中央核在下游生成无感受的恐惧反应时起到关键作用，尽管从情感神经科学的角度看，它与其他深层结构（尤其是中脑导水管周围灰质）共同构成了恐惧系统的一部分。杏仁核的一些其他外侧核在条件性学习中发挥作用，但在恐惧本身的生成中不起作用［关于恐惧系统的更多细节，见潘克塞普著作（Panksepp，1991）和本书第 5 章和第 6 章］。

不知为何，在勒杜的著作（LeDoux，1996）出版后，人们普遍认为杏仁核是所有恐惧的源泉——这是一种令人遗憾的断章取义的观点。杏仁核完全受损的个体［例如，先天患有乌尔巴赫—维特病（Urbach-Wiethe）的患者，其杏仁核逐渐钙化并损毁］同样能够体验惊慌、恐惧和其他各种情绪。而且，嬉戏、悲痛、关怀和探索的唤醒通常并不明显涉及杏仁核。事实上，只有杏仁核的中央核是初级过程情绪系统的一部分，它帮助整合演化上提供的恐惧状态与高级学习过程（生成次级情绪）。相反，勒杜和其他研究恐惧条件反射的学者认为，杏仁核的中央核仅仅是各类恐惧反应的“输出”系统（如僵住不动、心跳加速、血压升高、因恐慌失禁和其他应激反应）。勒杜和其他研究恐惧条件反射的学者尚未明确考虑存在一种整合的恐惧系统，通过它的许多上下行组件连接杏仁核与其他许多脑区，足以生成恐惧的原生感受。他们倾向于假设情绪感受生成于高级的新皮层区域（并且勒杜宣称他所感兴趣的是人类的情绪感受，而不是动物的情感过程）。我们对此表示反对，因为我们不相信在不理解与我们相伴的动物们的前提下，人们可以理解人类的情绪感受。

埃蒙德·罗尔斯的行为神经科学的观点

按照我们的理解，罗尔斯认为在动物中，情绪是对各种刺激的非情感性评估，只有当各种身体感觉被阐述语言等符号功能的三级大脑过程（即新皮层）重新解释时，感受才会出现。他最出色的研究集中于感觉过程，特别是味觉方面。他坚持认为，非情感的情绪反应发生在皮层下结构中，包括早期构想中的一些刚好先于新皮层区演化的脑古皮层区。总的来说，情绪感受产生于大脑高级皮层区域的假设与证据不符，证据表明，制定奖惩的情绪系统位于更深层的大脑区域。我们认为，更有可能的是，深层结构规划（或者指导）古皮层结构如何生成评价。例如，在恐惧条件反射中，是恐惧系统的唤醒（所谓的无条件反射）使条件反射出现在杏仁核中。换句话说，仅仅是较新的皮层结构能够产生评价这一事实，并不能排除脑深层区域实质参与产生初级原始感受的可能性，而次级评价是以这些原始感受为基础的。

不过，目前我们将继续讨论罗尔斯关于如何将由脑低级区域生成的有关环境刺激的非情感评价转化为现象体验的公式。由高级脑干（丘脑及下丘脑）所组织的这种被认为是非情感的信息，可以在两个方向发送。在其中的一个方向上，这些信息会到达基底核，它是前脑的深层结构，控制着无感受的本能行为，诸如进食、排泄、性行为和攻击行为时的特定姿势等。因此，例如（按照罗尔斯的说法），一只大鼠碰巧遇到一块奶酪，那么它的古脑结构将会评估该食物的味道和质地等方面。这种评价是非情感的，并且生成的信息将会被发送到大鼠的基底核，从而指导大鼠继续去吃这块奶酪。由古脑区生成的非体验的（nonexperienced）信息还会被发送到另一个方向，上行至新皮层（事实上，在这个例子中，是被发送到一个较古老的皮层区域，即位于眼窝正上方的眶额皮层）。然而，在其情绪感受的一般性表述中，需要一个如同大部分人类所具有的巨大且复杂的皮层，以构建对非情感的低级脑评估的符号解释。这种符号解释可以用语言来呈现。而这些符号和语言的转变创造了情感体验，罗尔斯（和随后的许多哲学家）将其称作“感受质”（qualia）。然而，对于许多只有简单皮层构造的动物而言，如大鼠，可能并不存在伴随着情绪行为的情感。这是因为，这类动物几乎不具有足够的高级脑来生成关于情绪评价的符号概念，而这些概念可能是产生情感所必需的。基于这种原因，罗尔斯总结认为，“非智能的”物种不具有情绪体验——因此，我们在实验室中进行常规研究的动物，无论是大鼠还是小鼠，都不是情感生物。

总而言之，按照罗尔斯的一般意识结构，当你在品尝一勺由大厨所做的奶酪蛋糕时，较古老的脑区（包括眶额皮层）中的各种结构将会评价这块蛋糕的味道和质地等非情感信息。这些信息将会发送到你的基底核，从而引导你去享用更多的蛋糕。此外，古脑皮层将会把信息发送到新皮层并将信息符号化，因此你能够谈论吃这块美味的蛋糕时愉快的情感体验。因此，对于罗尔斯而言，语言化或至少是概念化评价的能力是情感体验的必要条件之一。在他看来，只有人类和其他少部分具有智能的物种才具有情感体验。

也许罗尔斯的构想中最大的问题是他使用感官情感（sensory affects）来讨论情绪情感（emotional affects），这在我们看来是一种范畴错误（category error）。同时，从他撰写第一本情绪专著开始，他提供了大量关于人脑成像的数据，表明眶额皮层（一种古皮层区域）如何参与愉悦度（hedonic value）的生成，作为对食物味道、质地变化以及舒适触觉的反应（Rolls，2005）。简言之，他的研究成果更适用于感官体验产生的情感，而非我们此处所讨论的情绪回路类型。

经典情感神经科学的观点

由于这一观点在整本书中都有概述，所以此处仅简单概括，经典的情感神经科学观点认为，古老情绪回路集中于脑的原始区域，但与高级脑区有丰富的联系。情绪系统按照这些回路的属性进行定义，具有如图 2.1 总结的至少七类特征，包括：(1)一些最初激活情绪的无条件刺激；(2)明确的无条件行为反射和触发支持这些行为的多种自主身体变化；(3)控制和评价同时输入刺激的能力，部分是通过基本学习机制(即控制激励显著性)实现的；(4)比无条件刺激更为长久的正反馈；(5)高级三级过程认知功能的调节；(6)强烈影响高级心智过程的情绪系统；(7)整个系统生成了不同的情感感受，其中最重要的感受生成器位于皮层下控制回路中(见图 2.2)。我们强调，没有人在科学上能对初级过程情绪进行充分的言语定义；这样的定义必须基于神经回路的标准，而这个标准随着越来越多可重现证据的积累不断完善。

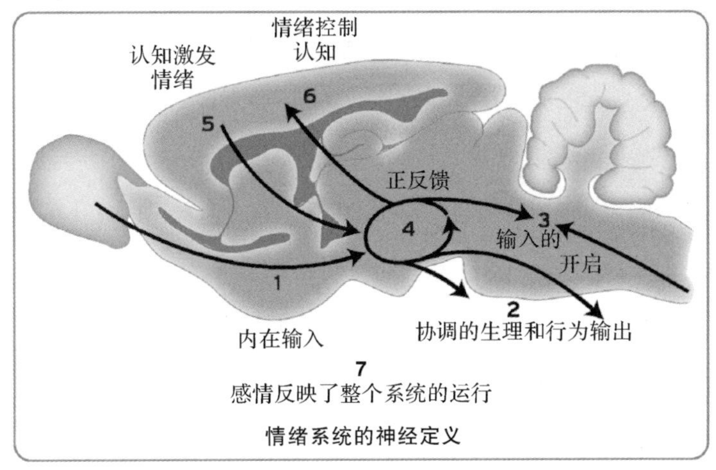

图 2.1　基本本能情绪系统的定义性特征简图。这些系统都具有一些(1)内在输入，即行为主义者所说的无条件刺激(UCS)；(2)各种本能行为和身体输出，尤其是自主—内脏的输出，即行为主义者所说的无条件反射(UCR)；(3)把各种其他刺激输入到更高的脑区域——潜在的条件刺激(CS)——如果他们认为奖励和惩罚是由情绪系统所控制的(产生某些人所说的“刺激显著性”)；(4)情绪要比激活了系统的刺激——无论是外部的(无条件刺激)还是内部的沉思——持续时间更久，诸如那些源自(5)高级皮层区域，尤其是激活或抑制情绪的前额叶皮层和(6)显然有能力控制并调节高级脑功能的情绪系统。一种情绪的情感感受大部分是由属性(4)所概括的内部脑过程实现的。但是，正如属性(7)所强调的，系统的所有其他方面可以修改和调节情绪反应的强度、持续时间和形式。因此，最终的情感是定义每个原初情绪网络的所有脑心属性交互作用的结果。

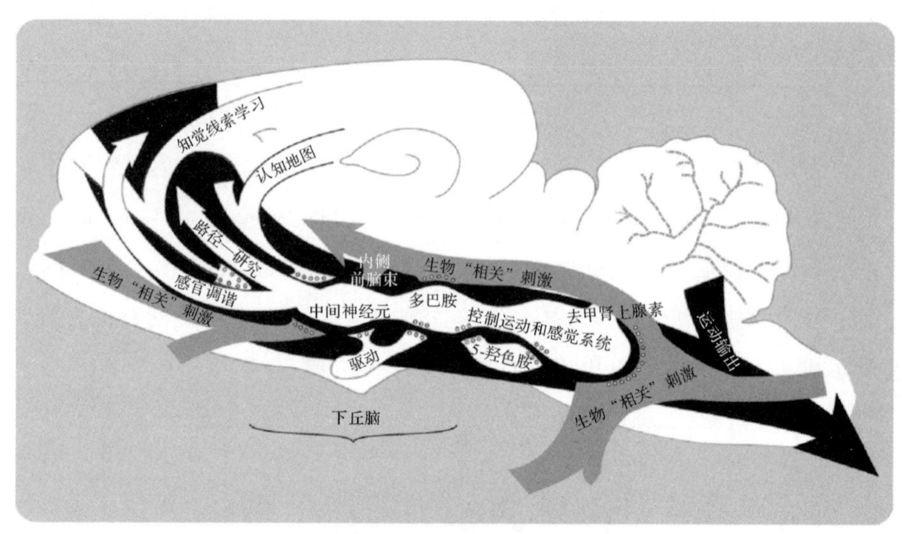

图 2.2 关于完整探索系统在脑中可能情形的半写实图示概念描述,其中对主要交互功能的描述使用了类似解剖学的方式(改编自 Panksepp,1981,经作者许可)。

当然,每种初级过程的情绪系统(探索、愤怒、恐惧、欲望、关怀、惊慌/悲痛和嬉戏)都有自己特定的基础构造,它们以抑制或协同关系与其他情绪系统和一系列由广泛分布的乙酰胆碱、去甲肾上腺素、多巴胺和血清素等系统——这里的神经元在所有的脊椎动物中都位于相同的古老脑干区域(近似情形见图 1.1)——所控制的一般唤醒功能交互作用。每一种系统都是纵向组织的,从低级中脑区域延伸至高级内侧额叶皮层区域。所有情绪系统都倾向位于中线附近,这凸显出它们在脑演化中相当古老的地位。图 2.2 提供了关于探索系统及其多种功能联结的直观描述(有关解剖联结,见图 3.1)。下一章将深入讨论这一极其重要的情绪系统。多巴胺是这个巨大情绪系统的核心,几乎控制了生物的一切。它与其他脑区的交互非常广泛,它有助于促进大部分其他情绪冲动。

同样地,去甲肾上腺素作为一个更古老的系统(因为细胞位于脑中更深处),在每一种情绪唤醒期间促进了注意力,但在欣快感中更为重要。乙酰胆碱的功能类似,但通常用于负面情绪。这种通用复杂性需要记在心里,因为它适用于我们在后续章节中所讨论的各类初级过程的"情绪控制"系统。脑回路中特定类型的谷氨酸(兴奋性氨基酸)能够促进大部分情绪反应的特异性,大量的神经肽(见图 13.1 中的氨基酸链)也会促进许多情绪的特异性。

情感神经科学进路并没有设想情绪感受被脑高级认知功能“读出”,尽管它们与心脑的那些区域存在着普遍的互动。情感状态是每种情绪操作系统中不可或缺的一部分。然而,这并不意味着,高级认知机制不与那些古老的力量交互或者不反思它们。原初情绪系统不仅调节和激发更高层次的认知活动,而且它们肯定也是更高层次的心理器官非常感兴趣的状态,这取决于孩子的成长方式,往往看起来非常令人困惑。例如,诊断患有边缘型人格障碍(BPD)这种在成年人身上发生的情绪问题的患者,他们通常有着紧张的社会关系,这归因于情绪上的不安全感,诸如惊慌/悲痛系统的不受控制的感受。这些感受可以导致“绝望地试图避免被抛弃”,这种企图往往自相矛盾地“伴随着试图贬低亲密关系的重要性和/或者旨在惩罚重要他人的攻击行为……导致关系具有频繁争吵、反复分手和整体情绪波动的特点”,以至于与他人“难以持续合作”(Bartz et al.,2010)。

显而易见,高级脑可以与低级脑“并肩作战”。在上述的例子中,过度活跃的惊慌/悲痛系统可能导致人们以弄巧成拙的方式维护自尊。有人认为,催产素会使这些人变得成熟,增加他们的信任感,然而,正如巴茨(Bartz)等人的论文所表明的那样,催产素实际上会减弱他们的信任感和合作性。这些矛盾在高级的和更为理性的脑尝试应对低级脑情感领域的变化时经常出现,并且尚未有人知晓如何解释这种意想不到的结果。也许这反映了我们大部分人都会对自己真实感受的强度感到尴尬,所以我们会掩盖它们,有时甚至会把它们压抑至感受不到的程度[这种状态可能会导致述情障碍(alexythmia)]。有人会期望,在专家的心理治疗帮助下,这些人将能够产生催产素更亲社会的感觉(见第 7 章至第 9 章),从而帮助协调情感心智与认知观点,这些认知观点有自身的心智,并往往可以超越情感心智。因此,高级认知心智通常似乎不愿意承认,也不愿意准确读出,低级情感心智中究竟发生了什么。

情绪"读出"理论的问题

埃蒙德·罗尔斯教授和许多从事非生物学领域工作的研究者都认为,我们使用词语来生成概念,这导致了对情感的语义和概念的构建(Barrett,2006)。谁会否认高级心智可以极大地影响低级情感的景观呢?然而,这里导致许多激烈争论的问题可能只反映了一个事实,即不同的理论家在极端复杂、分级组织的心脑系统中讨论着不同层级的分析。似乎无法否认的是,所有的哺乳动物共享了某些基本的初级过程情绪系统。据我们所知,所有哺乳动物的次级过程学习机制(即经典的和操作的条件反射)也相当类似。然而,由于高级皮层认知区域的演化和跨物种多样化,通往大规模情绪—认知交互的大门打开了。这一通路在不同生物中大相径庭。它处于心智发展的最后一个领域中,而最大的科学困境也由此产生。将所有的心理体验置于这个最高级的心智领域内,这对于许多学者而言是一种诱惑(他们将自己大量的心智生活花费在脑心过程的高级概念层次上)。这导致了一种不合理的假定,即低级脑功能从严格意义上来说是无意识的。但是,这个结论并未获得证据的支撑(Merker,2007;Panksepp,1998a;Shewmon et al.,1999)。

显然,科学家需要考虑所有层次的情绪过程,然后才能确定这些复杂到足以维持体验的情感网络所在的位置。我们认为,更好的方式是设想各层次的脑组织如何通过嵌套的层次结构对完整的情绪体验做出贡献(见图 2.3)。根据这种观点,低级脑心功能嵌入并再现于高级脑功能中,这不仅仅对情绪产生传统的自下而上的控制而且还产生自上而下的调节。这提供了双向的控制路径,可以被视为"循环因果"的形式,这反映了脑是一个具有剧烈内在心理冲突的、完全整合的器官。有时,我们似乎没有考虑这种观点,这只是因为科学是一门理智的学科,它旨在将事物分解成部分,以便理解复杂机制和过程的具体细节。这是一种认识论,如果不把整体分解成部分就无法获得详细的理解,尽管通常情况下不会再将分解的部分重塑为整体。每一个将内燃机拆散来观察它是如何工作的人都知道,将这些散落的零件再组合成一个能够工作的机器是一件更让人畏惧的任务。社会建构主义者通常不会有详细研究脑的机会，但他们似乎相信，他们对于情绪概念的“整体”描述与那些尝试理解脑实际上如何工作的人所处理的问题是一样的。

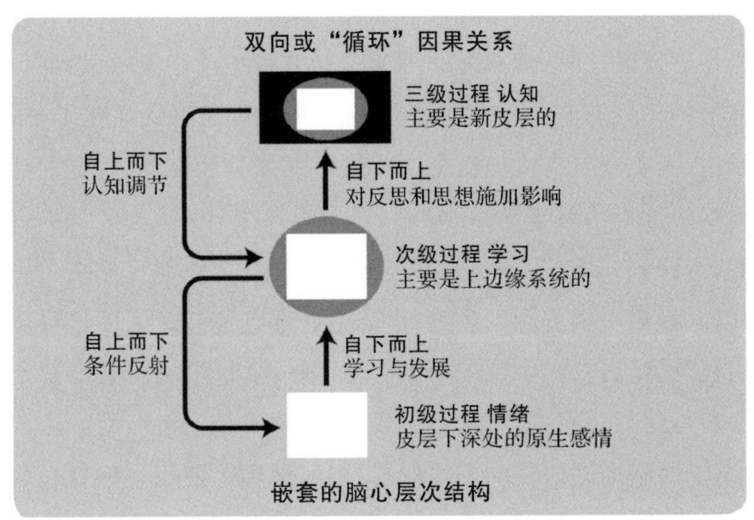

图 2.3　运行于脑的每一个原初情绪系统中的自下而上和自上而下（循环）因果作用的概述。该图示概述了一种假设，即为了高级心脑功能发挥作用，它们必须与低级脑心功能进行整合，其中初级过程被描绘成正方形，次级过程被描绘成圆形，在顶端的三级过程被描绘成长方形。请想象每个符号都是用不同颜色编码的，以便更好地设想整合了各个层级脑心的嵌套层次结构（改编自 Northoff et al.，2011）。

公平地说，一直对心智生活持有社会建构主义观点的社会和人格心理学家，最近开始假定情感的前概念基础。局限于情绪的维度观点的人认为，横跨负效到正效（价）的某种原始“核心情感”是所有其他情绪感受得以建构的根本过程（Russell，2003）。他们观点的这个方面具有煽动性且广受欢迎，尽管他们通常没有充分考虑跨物种情感神经科学研究的现有证据（已发表的带有评论的相关辩论，见 Zachar & Ellis，2012）。

社会建构主义者历来认为概念和语言是情感的标志，许多无法进行概念化的动物就无法体验情感。概念通常是由多重体验抽象而来的。例如，椅子的概念是在看到许多不同类型的椅子后得出的，并且椅子这个词代表着整个类别。第一次看到椅子时,你可能不知道它是什么,因为尚且没有一个将其置入其中的概念,你必须习得每一把单独的椅子都是更广泛群体的构成成员——这使得你能概念化椅子是什么。

罗尔斯同样认为,非情感性评价也会以某种方式变成概念,并且当你将这些概念用语言表达时,情感随之产生。只有智能动物能够做到这一点,这就是为何他相信只有它们能够体验情感。我们认为这从演化上说不通,因为我们知道,人类在具有疼痛概念之前就可以体验到疼痛,我们在此讨论的所有其他初级过程情绪也是如此。

然而,有些词语表达了概念,而其他的并没有。正如我们在上一章中所指出的那样,当第一次看到红色时,你会迅速地直接知道关于这种颜色的一切。你的视觉体验并非从其他体验抽象而来,除非你的视觉系统是在发展过程中逐步构建的。看见红色(黄色或棕色)并不是一个概念。因为你足够聪明,以至于能够通过语言的形式使用符号,你可以使用类似红色、猩红色、深红色、红宝石色等词汇来区分并标注体验中的细微差异。但看到红色的原始现象体验并不需要智力。因此,椅子等词语表达的是智能概念,而红色等其他词汇所表达的是初级体验,它们不需要智能,除非你想给这种体验贴上标签。

我们坚持认为,基本情感是初级体验的一类,就像看到一种颜色,语言只是标记和表达这样一些体验。但是,情感体验本身,例如看到红色,并不需要任何概念上的智能。人类可以使用语言来标记他们的情感,但是他们不需要用语言来体验它们。因此,我们使用语言,并不意味着其他动物必须具备类似的语言概念才能够体验情感。原初情感毫无疑问是前语言的体验——对于所有哺乳动物甚至其他动物都共通的体验(Huber et al.,2011)。

达马西奥(Damasio,1999)提出了情感意识的复杂精微的观点,他在低级无意识过程与在脑中相当高级的高级意识过程之间画下分界线,这仍有待实验性证据的证实;他从来不清楚他的理论的关键测试会是什么样子。尽管他的躯体标记假说——来自身体的信息转化为指导行动的感受这一事实——获得了许多(目前具有混合跟踪记录的)实验关注,但是这些实验中很少监测到人类被试的情感变化的时间历程。同样,神经科学家还不清楚达马西奥所假设的两种初级映射的细节:一种用于身体变化,而另一种则用于外部世界。他们也不知道这些映射是否由他所说的核心意识这种高级映射进行综合,需要进一步的研究来检验核心意识通过综合来自身体和环境映射的信息,生成了对所发生事情的内在情绪感受。我们倾向于反对他在1999年提出的观点,不仅仅是因为它没有被详尽说明。然而,我们很高兴看到在本书将要付梓时,达马西奥(Damasio,2010)的观点发生了根本性的转变:他现在接受皮层下结构确实有助于各种情感体验,这一观点已经得到了近半个世纪的坚实经验支持。

勒杜声称,情感来自新皮层支持工作记忆的部分:背外侧额叶区域。然而,现在有大量证据表明,在强烈的情绪状态下,人类脑背外侧额叶区域的唤醒会减少,但是勒杜和其他研究者已经确定该区域是工作记忆的基质(Goel & Dolan,2003;Liotti & Panksepp,2004b;Northoff et al.,2009)。与此相反,当人们参与认知的、非运动的追求时,这些背外侧额叶区域却最容易被唤醒。如果背外侧额叶区域在情绪生成时相对安静,那么它如何能够成为情感体验的源泉?我们同意,背外侧额叶区域是人类脑以认知反思的方式思考我们的情绪体验的主要区域,但更古老的内侧额叶区域似乎才是我们沉思自身的情绪问题和其他感受的脑区。这一脑区通常在抑郁患者身上过度活跃(Northoff et al.,2011)。

那些支持读出理论的人们通常认为,情感是一种认知结构。然而,据我们所知,新皮层区域(脑的首要认知结构)无法单独生成情感。上述三位研究者似乎都赞同,关于感知刺激和身体反应的信息是非情感的。但是,非情感的信息如何在通过独自无法生成情感的新皮层系统转译后,生成一种有意识的情感体验呢?读出理论充满了问题与矛盾。所有这些当代理论的经典形式都选择将其他动物排除在迷人的"情感圈"之外,情感圈是指以感受去体验和响应事件的能力,这些感受包括了殷切的期盼、愤怒、好奇、性欲、母性的温暖、分离的心智痛苦和有趣的社交愉悦等。我们将证明,大量的现有证据并不支持读出理论。确实,如果仔细阅读笛卡尔的《论灵魂的激情》(*Passions of the Soul*),人们可以明显发现,即便是二元论之父也接受其他动物确实具有某些粗糙的感受:它们只是不具有足够的“思维实体”(高级心智能力)来深刻地思考关于它们的初级过程的心智状态。要是这一点被许多其他意见领袖注意并强调,那么关于动物心智的情感方面的研究就会蓬勃发展。要是詹姆斯—兰格理论不是如此有吸引力地违反直觉,对创造性思维产生了奇妙的刺激,但至今仍缺乏坚实的(因果的)科学支持,那么其他动物到现在也不会被认为没有情绪感受(最有希望做到这一点的是行为神经科学家,因为当学者们对这种“没有脑的东西”束手无策时,公众经常会感到震惊,有时还会笑出声来)。如果行为主义不是如此傲慢地否认情绪,我们现在可能已经对人类情绪有了丰富的理解,而不是长久地迟滞于情感只是一系列高级心智能力这种错误信念。我们的高级(新皮层)心智功能可以从我们的情绪中创造艺术和疯狂,但它们无法凭自己的力量创造感受。长期以来的数据强烈地表明了这一点。

其他动物中存在情绪感受的确凿证据

考虑其他理论家立场中存在的弱点当然很好。我们可以解释行为主义的各种弊病和读出理论的过失。但是,这些批评都不能让我们说,情感是初级的、非认知的、前语言的体验。科学并不是空谈之学。只有通过脑研究以及谨慎的心理学实验,才能够让我们做出这个断言。以下是对通过这种方式得出的某些确凿证据的简略勾画,我们将在随后的章节进行更完整的讨论,首先讨论探索系统,然后依次为愤怒、恐惧、欲望、关怀、惊慌/悲痛和嬉戏等系统。这些确凿的证据使我们能够得出结论,认为其他动物确实是情感生物,并支持少数人的观点,即如果我们理解了它们的情绪感受,那么我们就拥有了一种有关我们生命中这些脑心力量的祖传来源的坚实科学。

如果这个论断是有效的,那么行为科学在对他们希望理解的生物进行的研究中剔除情绪感受就犯了一个大错误。事实上,他们训练动物所使用的主要概念——“强化”习得行为改变的奖励和惩罚——可能已经成功运作,这主要是因为动物大脑中未被承认的情感原则。一旦我们认识到这是具有高度可能性的神经科学事实，而不仅仅是一种假设，那么我们使用临床前动物模型所提供知识的方式就会发生革命性的转变，它为我们提供了对人类情绪和许多情绪障碍的理解。所有这些都不需要我们抛弃任何已经获得的知识，即关于脑的行为、神经生理和神经化学机制的知识，这些知识都是那些不允许谈论动物感受的行为神经科学家的辛劳收获。

那么，生理心理学家如何“偶然”发现了这些事实，使我们得出结论认为动物确实具有情绪感受呢？20 世纪中叶，詹姆斯·奥尔兹(James Olds)和他的同事皮特·米尔纳(Peter Milner)发现，所有动物，至少是他们测试过的所有动物(以及从那时起被测试过的所有动物)都会全力地工作，直到精疲力竭，就为了获得对内侧前脑束—外侧下丘脑区域(MFB-LH)的电刺激，正如吉姆·奥尔兹(Jim Olds，1977，作者去世后出版)在其著作中所简要描述的，这是一个巨大的系统。图 2.4 是该系统在大鼠脑中最早的真实描绘之一，该系统连接了下脑、中脑和上脑区域，对于行为以及心理的连贯性而言，它是最重要的脑系统之一。

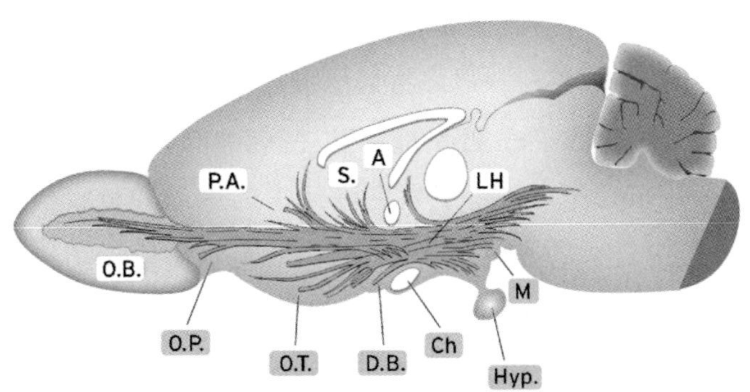

图 2.4　关于内侧前脑束(MFB)的示意图，它连接了中脑核心区域与高级脑区。内侧前脑束贯穿了外侧下丘脑(LH)，其位于视交叉(Ch)的上方及两侧，余下的部分在解剖学上分别称作嗅球(O. B.)、嗅脚(O. P.)、旁嗅区(P. A.)、嗅束(O. T.)、布洛卡斜角带(D. B.)、前连合(A)、脑下垂体腺[pituitary gland，或者垂体 hypophysis(Hyp.)]和乳头体(M)。在中脑中，内侧前脑束下行分支的一部分投射到导水管周围灰质等内侧区域。(这一经典图示改编自 Le Gros Clark et al.，1938)

而且,回顾过去,对这种复杂网络的刺激毫无疑问是有回报的,但在1954年,这是一个惊人的发现,它像野火一样燎遍心理学的原野。动物持续工作以唤醒这个系统的倾向被称作自我刺激,通常通过执行类似推动杠杆的任务实现。这个发现是一个完全令人意外的惊喜;奥尔兹和米尔纳正在寻找通过脑刺激来提升学习的方式。但他们明智地转移了他们的关注点,并开始深入研究这个新现象到底是怎么回事(毫无疑问,他们使用了自己的探索系统)。很明显,这种刺激中某些回报相当高,否则动物为什么会这么努力工作?假设他们发现了脑的"奖励系统"似乎是合理的,而这种过分的想法作为"明确的"概念得以持续至今。尽管脑中有许多种奖励系统,但是只有一种驱使着动物积极地探索所有其他种类的奖励,主要是感官的和体内平衡的奖励,这是它们在世界上生存所必需的。这就是为什么我们一直倡导给它一个取更合适的、尽管不寻常的情绪名称(Panksepp,1981b,1982)——最初是期望系统,而现在是探索系统。

当我们在下一章详细讨论探索系统时,我们会发现它的中心位于脑低级区域的神经网络中,包括腹侧被盖区(VTA)和外侧下丘脑(LH)。在下一章中,我们将说明,与情感——最好将情感描述为欣快的兴奋而不是奖励或快乐,这种感受是一种预期—期待的渴望,在更高的认知水平上,它会产生离散的预期——一起,探索系统引发充满活力的探测和觅食活动。正是这些在与世界交互中进行的充满活力的、欣快的觅食活动让动物们感到充满奖励。这些感受正是某些人所说的欢乐活力的核心。

然而,在20世纪中期,探索系统还是未知的;科学家唯一想到的奖励只是那些与恢复体内平衡有关的奖励。食物、水、温暖和性满足等被视作奖励体验,因为它们恢复了身体的体内平衡(这是驱力降低理论的核心观点),甚至斯金纳等激进行为主义者也将体内平衡(驱力降低)视作奖励。导致饥渴的体内平衡失调的影响,可以在生理上加以科学的测量,例如,从低血糖或低血容量角度,以及在行为上根据食物和水摄入量提升。这些可以在不需要提及类似饥饿或口渴这类情感或动机状态的情况下完成(Skinner,1953)。

行为主义者观察到,诸如低血糖等体内平衡的失调会导致动物倾向于工作以换取食物。然而,大多数行为主义研究者最终发现,这些奖励的感官属性——动机属性，诸如质量和数量，以及奖励延迟——在控制学习方面比改变身体的体内平衡状态而言更重要。换句话说，感官奖励越好，动物学习越快，单独降低驱力并没有那么有效。例如，尽管饥饿的动物很容易学会通过工作获得美味的食物，但它们需要很长时间才能学会将食物直接注入胃中，尽管大多数动物最终会通过长期训练学会这一点（Mook，1989）。

探索系统的简史

由于探索系统是被研究得最彻底的情绪系统，因此尽管是在“脑奖励系统”的标题下，我们还是需要简单地讨论一下它的特点，在此我们不会引用任何科学参考文献，因为在许多著述（包括 Panksepp，1981b，1998a）以及下一章中都能很容易找到大量相关内容。我们在此介绍这一系统，因为它可能是最难理解的一个，无论对科学家还是那些对此感兴趣的读者都是如此，而且它对其他情绪系统功能的正常发挥也十分重要。因此，这个简短概述为本书的后续内容做了铺垫。

与行为主义者只从行为的角度考虑奖励有所不同，神经科学家对脑的功能更感兴趣。所以，当奥尔兹和米尔纳发现动物会特别努力地工作以获得内侧前脑束—外侧下丘脑（MFB-LH）刺激后，这则新闻横扫了心理学界。许多生理心理学家（他们在那时的称谓）开始假设内侧前脑束—外侧下丘脑是所有体内平衡和感官奖励形式的通用基质。带着这种想法，研究这一现象的科学家，如潘克塞普，最初认为对内侧前脑束—外侧下丘脑的电刺激或药物刺激是奖励性的，因为它符合所有满足奖励的方式。换句话说，当内侧前脑束—外侧下丘脑的一部分被电刺激时，动物的脑会产生与它享用了一顿美味相同的反应。内侧前脑束—外侧下丘脑的另一部分则会做出像动物解渴时一样的反应。而内侧前脑束—外侧下丘脑的另一部分则会像动物进行奖励的性行为时那样做出反应。

然而，实验证据并没有遵循预期的模式。当动物发现它需要的资源并且开始进行能够获得满足的行为（例如吃、喝和性行为等）时，沿着内侧前脑束—外侧下丘脑进行的神经放电会暂时但显著减慢（Hamburg，1971）。这表明由内侧前脑束—外侧下丘脑刺激提供的奖励在体内平衡恢复之前就已经开始活跃。确实，内侧前脑束—外侧下丘脑在人和动物处于体内平衡需求状态，并且有机会在环境中发现美好感受时最为活跃。

所以，内侧前脑束—外侧下丘脑刺激究竟能提供什么类型的奖励？它肯定不仅仅是一种体内平衡或感官奖励，尽管该系统确实对这些事件做出反应。可以从动物接收到这类脑刺激表现出的无条件行为中直接获得线索。当大鼠自我刺激时，它们会格外兴奋。并且如果有人直接给予了内侧前脑束—外侧下丘脑"免费的"电刺激，而不需要大鼠为之工作，这时动物们就会到处走动，急切地探测它们所处的环境，即使是单调的环境，例如，空的盒子。它们探索环境中的一切，似乎在寻找什么东西。同样，为什么动物们在内侧前脑束—外侧下丘脑的自我刺激已经远远超过了它们所需的情况下，仍会按下杠杆以获得所有"奖励"，这仍是个谜。它们这么做似乎仅仅是因为过度兴奋，这与消费奖励所唤醒的愉快状态并不相同。

内侧前脑束—外侧下丘脑不是脑唯一可以使动物自我刺激的部分。例如，动物们会按下杠杆来自我刺激隔膜。但它们会以更加有条不紊的方式来做这件事，通常每次获取电刺激只会按压一次，而不是按压超过需要次数的杠杆。换句话说，关于内侧前脑束—外侧下丘脑刺激的某些方面引起了兴奋状态。事实上，动物可以描述隔膜与内侧前脑束—外侧下丘脑刺激之间的这种差异——它们可以进行区分(Stutz et al.,1974)。显然，两种刺激会生成不同的体验。当刺激人类脑隔膜区域时，人们通常会报告性欲感受。而当刺激脑内侧前脑束—外侧下丘脑区域时，他们则会报告更加笼统的兴奋与期待感——这种感觉难以用语言表达。尽管隔膜刺激确实参与到性行为的完成—高潮奖励，但是内侧前脑束—外侧下丘脑的探索系统则详细阐述了性欲的渴望阶段以及对所有其他奖励的预期。

这个结论不可避免。在认知层面，内侧前脑束—外侧下丘脑提供了情感奖励，表现为欣快的一般期望状态，最初没有明确的目标。刺激内侧前脑束—外侧下丘脑肯定不会产生与我们身体的体内平衡恢复时的感受(即满足感)相对应的脑状态。在动物感到满足时，它们往往会入睡。内侧前脑束—外侧下丘脑刺激使动物保持清醒。在内侧前脑束—外侧下丘脑刺激状态下,动物似乎充满热情并且乐于探索它们所处的环境。而人们则会感觉到对世界更感兴趣,并且会制定未来的计划——这明显是一种踌躇满志的期望状态。没有人报告体验到一种感官愉悦的明确感受,例如,一种美妙的味道。内侧前脑束—外侧下丘脑唤醒生成的奖励更接近于精神欣快,而非任何感官—身体愉悦。

更进一步,即使动物被剥去皮层——通过外科手术移除了它的新皮层——它仍会竭力工作以获得内侧前脑束—外侧下丘脑刺激。因此,情感奖励不可能发源于新皮层,因为这些动物根本就不再有任何新皮层。人们被迫得出这样一个结论:新皮层下的结构生成了这些情感奖励,以精神欣快的情感意识的形式——这是一种人和动物都非常渴望的主观感受状态,以至于它们会为之竭力奋斗。

在日常生活中,内侧前脑束—外侧下丘脑以及探索系统的其他部分,通常在动物处于体内平衡失调的状态下更容易被唤醒,但真正启动这个系统的是世界中唾手可得的甜头。人们都知道,所有主要的体内平衡失调都会令人不舒服。相反,与激励刺激交互,能够唤醒获得奖励的愉快感受,这不仅仅预示体内平衡的恢复,同时也引发了愉快的体验(Cabanac,1992)。但“奖励系统”并不是为我们而那样做的。它在做一些同样重要的事情——它允许我们满怀热情地追求奖励。探索是一个能更好描述这个系统的名称,它生成了压倒性的期望欣快感,它促使人和动物寻找它们所需要的资源。这一系统不仅仅帮助动物满足身体需求,同样,就我们所知,它也满足了许多其他高级情绪需求,从对金钱和信息的渴望到音乐和其他审美体验。

其他六种情绪系统并不适合这种体内平衡的解释,因为它们并没有紧密地与满足身体需求相关联。其他情绪更严格地与脑心的内在方面相关联,但它们都需要其中一种情绪来寻找环境中的资源。因此,在某种程度上,其他情绪同样依赖于探索冲动的心理行为的推动。在某种意义上,探索是所有情绪系统的“祖父”。为满足欲望,人们必须寻求一段情侣关系;为感受温柔的爱的关怀,人们必须力图帮助那些需要帮助的人,尤其是婴幼儿;为感受完全愤怒,人们必须伤害那些拿走你资源的人;为恰当地应对恐惧,人们必须寻求安全;为让你的惊慌/悲痛为你服务,你必须找到那些能够支持你需求的人们;为了愉快的嬉戏,你必须找到朋友。

显然,伴随着人工唤醒探索系统的情感来自新皮层下区域,正如前脑严重损伤后,自我刺激仍能存留所强调的那样(Huston & Borbély,1973,1974;Valenstein,1966)。这一点使得长久以来读出理论都受到质疑,因为其主张情感体验是新皮层的产物,而事实并非如此。当然,新皮层可能有助于从更原始的情感现象中构建复杂的情绪(三级过程情绪),这本身就是一个十分有趣的神经科学话题,但目前我们对其究竟如何发生知之甚少。上述分析也应该终结行为主义者长期以来在动物研究上的偏见:其他动物不是情感生物。

尽管探索系统的相关数据比其他任何系统都多,但对于其他初级过程情绪系统的研究都支持相同的总体结论——原生情绪感受来自生成本能情绪行为的脑皮层下网络。而其他所有哺乳动物都是有情感地活着,如同我们一样,虽然我们不能宣称它们的感受与我们完全相同——演化通常会产生细节变化——但我们确实具有相同的一般范畴的原生感受。在某些物种中,一些感受可能会比其他的更强或更弱,但这都是程度上的。它们是我们心智的基础。如果是这样,通过详细地研究动物身上的这些系统,我们就能够理解我们自身情绪的一般原则和来源,大鼠和小鼠适合用于大部分的此类研究,并且无需使动物感到太多压力就能够很好地进行研究。这些本能情绪系统中的大多数可以在被麻醉的动物身上进行研究(Panksepp,Sacks et al.,1991;Rossi & Panksepp,1992)。事实上,去掉皮层的动物表现出了所有七类初级过程的情绪行为(Kolb & Tees,1990;Panksepp et al.,1994)。

对动物情绪情感的进一步支持

所有被研究的动物都明显表现出喜欢或不喜欢本书中讨论的七种人工唤醒情绪系统生成的情感感受。这有助于我们理解为什么各种无条件刺激和被激发的无条件反射对于学习是如此重要。正如动物会被曾经产生正向激励体验的地方所吸引(表现出条件性的地点偏好),例如,吃喝或者进行性行为,对于能够人工激活促进这些行为的回路的环境,它们也表现出相似的偏好。相反,它们回避曾经让它们产生不悦情感体验的地点(它们表现出条件性的地点厌恶),远离曾受过惊吓或伤害的地方。这些情绪是由环境事件产生的,还是由大脑系统的人工激活产生的,这并不重要。

其他相关实验表明,情感生成于哺乳动物脑的新皮层下区域。例如,动物对服用让它们上瘾的药物的地点表现出偏好——这些药物可以引起人类愉快或期望的情感状态。这些效应的关键网络都位于皮层下区域。正是因为这类成瘾药物影响了脑情感系统,它们才能够用于动物研究,从而理解人类成瘾的脑机制。大多数研究者的隐含假定是,动物出于类似的情感原因寻找这些药物,而非仅仅是学习"奖励",但很少有人承认这一点(例外情况,见 Kassell,2010)。我们现在知道,这些药物是通过模拟在我们脑中生成特定类型感受的神经化学物质,从而在人类身上发挥作用的,这与其他动物没有什么不同。然而,成瘾有一种额外的属性——一种拮抗过程(opponent process),即当药物从系统中消退时留下的漆黑的情感空洞。随着人们越来越多地服用某种特定的药物,这种可怕的后果会变得愈发严重,例如,安非他命、可卡因和阿片剂。摆脱这些因成瘾导致的负面感受,可能要比由特定药物产生的美妙的初始感受更为重要(Koob & Le Moal,2001)。

药物滥用分为两类:一类是在药理学上刺激探索系统的药物,另一类是调节感官愉悦的药物,包括对惊慌/悲痛系统的神经化学抑制,它会产生社会纽带的温暖感受。例如,可卡因和安非他命等药物主要是提升多巴胺的作用,它会刺激探索系统,唤醒与刺激外侧下丘脑电相同的殷切期待感。阿片剂,如吗啡和海洛因,在化学上类似于调节感官愉悦和构建积极社会关系的内源性脑化学物质(Panksepp,1981a,1998a)。这就是为何梳理毛发(grooming)对猴子来说是一种奖励(Keverne et al.,1989),以及为什么好朋友和爱人的陪伴能够唤醒我们舒适和放松的感受。我们在第 10 章中会看到,当阿片剂直接注入脑时,它们会刺激情绪感受,就像那些从积极的社会纽带中体验到的情感,以及许多其他情感上可取的刺激。其他的脑系统,例如基于催产素的系统,最近也被发现产生类似的效果。

然而,阿片肽系统遍布在脑中。为什么我们要相信这些美好感受仅仅由位于新皮层下的脑系统生成的呢?通过动物研究,人们可以直接将阿片剂注入特定脑区,以评估这个问题。动物会很喜欢将吗啡注入原始的新皮层下脑区,诸如中脑导水管周灰质(PAG)和腹侧被盖区(VTA)(这是一些通过内侧前脑束—外侧下丘脑发送通路的脑区),但当吗啡被注入其他高级脑区时,即使这些区域具有大量阿片剂受体,动物也没有表现出位置偏好反应(Olmstead & Franklin,1997)。当这种药物被注射到动物的深层皮层下区域时,动物会表现出对这种药物做出反应的位置偏好,这一事实表明,这些深层结构会产生奖励性的影响,也就是说,动物喜欢经历的影响。而当相同剂量的吗啡注入许多高级脑区(包括皮层)时,动物并没有表现出此类偏好,这意味着那些区域可能不具有同等的能力以生成获得奖励的情感感受。

除了因为阿片剂表现出的位置偏好,动物同样愿意以工作换取接受直接注射吗啡和可卡因到探索系统内侧皮层下的深层位置的机会(Ikemoto,2010)。因此,脑化学与电刺激的发现是彼此相吻合的。其他药物注入其他情绪系统会产生类似的效应,但从调节探索冲动的神经网络到其他情绪系统,整体的数据量在减少,这并不意味着证据相矛盾,它只意味着许多必要的研究仍有待进行。

动物们同样可以通过声音表现它们的好恶(它们的偏好)。我们都知道,通过观察宠物,我们可以发现声音表达着特定的愉快和不悦。当我们下班回家时,我们会听辨出家犬快乐的吠叫,而当陌生人接近时,我们也能够理解它们生气的咆哮。我们很容易分辨出当我们抚摸猫时它满足的叫声与当我们不小心踩到它的尾巴时的尖叫。毫无疑问,我们可以理解把一只狗留在狗屋时它的可怜哀号和猫烦躁时的嘶嘶声。所有这些情绪声音都源自脑的皮层下区域,在不同的物种中具有非常相似的解剖结构和神经化学(Burgdorf et al.,2007;Brudzynski,2010;Jürgens,2002;对早期工作的大量总结,见 Newman,1988)。

最近,大部分关于情绪发声的科学工作都是通过大鼠完成的。例如,当大鼠与其他同类玩耍或者被挠痒时,它们会发出 50 千赫兹(超声波的)的尖锐叫声。类似频率的声音出现在当大鼠期待性行为或其他各类食物时,而这与雌雄无关(Knutson et al.,2002;Panksepp,Knutson,Burgdorf,2002)。因此,只要在脑中通过人工电刺激诱发 50 千赫兹的叫声,大鼠就会自我刺激这些电极部位(Burgdorf et al.,2007)。相反,当大鼠在社交上遇挫或者周围存在危险(例如,旁边有只猫)时,大鼠会发出 22 千赫兹长波的"抱怨"或"警报声"。这在恐惧条件反射研究中尤为突出,在连续足底电击过程中,当意味着没有疼痛即将到来的安全信号响起时,大鼠会长叹一口气(Soltysik & Jelen,2005)。令人惊讶的是,在交配之后,雄性大鼠同样会发出 22 千赫兹的声音。也许,仅仅是也许,这是一种声音报告,让雌性大鼠知道,它不再处于社交的心情中。或者,也许是动物发出一种虚假的"警报"以阻止其他雄性接近雌鼠(大鼠是一种滥交动物),从而提高它成为雌鼠下一批"婴儿"的父亲的概率(当然是下意识的)。

这些关于自我刺激、地点偏好、情绪性发声回路和其他本能—情绪行为的事实让我们可以得出,究竟哪些脑区对于生成原生情绪体验最为重要的结论。这类证据对于真实地理解脑如何生成所有初级过程情感状态,无论是感官的、体内平衡的还是情绪性的,都尤为重要。

感官的、体内平衡的和情绪的情感

除了基本情绪,动物还会体验初级过程情感吗?有充足的证据来最终考虑感官的愉悦与不适(即感官情感,诸如美味的愉悦和疼痛的苦楚等)以及源自身体不平衡的情感(体内平衡的情感,诸如饥饿与口渴)的本质。然而,我们不会在本书中特别关注感官的和体内平衡的情感,即使我们认为动物可能会强烈地感受这些情感。

为什么呢?主要是因为这些情感的数据库不如情绪情感的数据库那样广泛,并且那些系统可能并不是意识本身必不可少的基础。科学家也缺少精细的操作,诸如对相关脑区进行局部电刺激和化学刺激,以明显地唤醒动物的这类状态,从而对这些状态的情感品质进行因果实验。大多数可用证据都是相关的,而非因果或构成的领域,所以我们知道当潜在的刺激呈现给动物时,会发生什么类型的行为和脑变化,但我们并不知道究竟哪些变化真正产生了相关的情感。在缺乏此类数据的情况下,人们会陷入一种逻辑困境,即在相关观察的基础上论证因果关系。

无论如何,随着人类脑成像的发展,出现了越来越多的关于体内平衡情感的实质性的科学文献。人脑成像证据强调,口渴、饥饿和所有其他"身体一内脏的"感受都深藏在皮层下结构之中,这些结构在动物体内也调节着相同的过程(Denton,2006)。同样,关于味觉的电生理学的相关因素的精彩文献(Rolls,2005)也敏锐地指出了感官情感的可能本质。但是,认为这些发现可以解释情绪则是一种范畴错误。

我们尚不清楚这些感官的情感开始于何处。最有可能的答案是,它们在神经系统的许多层级上生成,甚至在新皮层中。得到最充分理解的系统是一些调节味觉的系统(Berridge,2000,2004;Steiner et al.,2001)。对该系统的研究,使得人们清楚地知道实验室大鼠的正向味觉品质(positive taste qualities),例如甜味在某种程度上是由基底前脑和苍白球周围的深层脑干结构所调节的。密歇根大学肯特·贝里奇(Kent Berridge)和苏珊娜·佩奇纳(Susana Peciña)已经证实,基底前脑的特定区域(腹侧苍白球)是进行甜味神经过程的中心(Peciña et al.,2006)。有时,研究人员认为这些皮层下区域仅仅加工味觉信息,这些信息在脑高级区域的某处被转换成味觉感受,例如脑岛,它显然对厌恶的感受十分重要(Craig,2003a,2003b)。众所周知,许多感官输入系统在它们到达丘脑时一分为二,其中刺激的情感方面会分别进入各种皮层下系统,而有助于我们仔细分辨各种感觉的认知信息则进入新皮层区[见苏沃兹(Sewards,2004)对味觉的分析,这同样适用于痛觉和触觉等]。我们猜测,低级脑区本身足以生成他们所研究的原生情感的味觉体验。但大多数关于感官—情感体验的脑基质问题,正如关于初级过程的情绪情感的脑基质的问题,目前并不容易解决。

脑心演化与高级感受

随着脑的演化,较新的结构补充了较古老结构的功能(见图 2.3),这导致随着发展而改变的分级控制(见图 1.4、图 1.6)。因此,很可能在演化早期的历史中,与情绪的、体内平衡的和感官的体验相关的情感都严格地发源于脑深处的皮层下区域,并且随着脑的演化,这些情感通过最近增加的脑网络得以详细阐述。也许有些情感的生成已经被高级新皮层区域所“接管”，但我们却不知如何处理这样的猜想。我们唯一可以肯定的事实是，所有动物幼年期的发展更多地依赖脑的低级而非高级结构的功能（Chugani，1998）。

很可能，在成熟过程中，脑更深层的部分可以规划——或“教导”——更表层的结构如何以特定方式起作用（见图 2.3）。所以，可能特定的初级过程情感最初生成于新皮层下区域，并且随着个人的发展，这些功能不断优化，也许在某种情况下，它们就被新演化的脑功能所接管。如果这样，很有可能大多数情感受到更近期演化功能的强烈影响，这无疑与某些高度认知介导的感官情感特别相关（例如，那些为专业品酒而培养的感官情感）。但感受的精细化可能会牺牲感受的强度（即认知调节功能经常会抑制初级过程感受而非增强它们），但在这里我们完全是推测。

相反，我们相信情绪感受在低级脑区比高级区域更强烈——原因很简单：在所有被研究过的哺乳动物中，包括人类，在低级脑区只需更小电流的电刺激就能生成强烈的感受。因此，刺激人类和其他动物的杏仁核所产生的情绪感受的强度要比刺激诸如位于中脑中心位置（脑最古老的区域之一）的中脑导水管周围灰质（PAG）等脑干区域要小得多。此外，如前所述，当新皮层缺失或在发育早期被移除时，相较于那些具有能够抑制初级过程情绪的高级脑区的人或动物而言，无论人类还是动物都会成长为外表看来更情绪化的生物，唤醒缺少新皮层（尤其是额叶区域）动物的情绪表现要比具有完整脑的动物更简单。

这些事实对于我们科学地理解情绪情感来说简直是一种福音。生成原生情感的神经回路与本能情绪表达的展现之间的紧密联系使我们能够通过看到的变量（情绪行为）去研究我们无法直接看到的内容（情感）。为什么这种见解在神经科学和心理学中不见踪迹？也许是因为我们太过习惯于将运动过程仅仅作为一种“纯粹的输出”，而不是作为整个有机体的整合过程。除非在动物的脑中具有复杂精微的行动图式，例如，基本情绪，否则它们没有任何机会生存下去。当人们开始思考地球上生命的本质时，这种复杂的“运动”脑功能可以构成情绪感受这一事实似乎很有说服力，并且现在数据已经充分证明脑中的情绪行动系统与情绪感受系统之间的一致性。

这使得基于动物脑研究的大量可测试的预测成为可能,特别是关于神经化学因素的研究,这些研究可以以类似的方式应用于动物情感和人类体验的研究。由此获得的知识对于生物精神病学和心理治疗科学至关重要。显然,情绪情感对于心智健康和疾病具有重要影响。调节愤怒,发展抵消惊慌/悲痛的能力(通过形成温暖的社会依恋),适应性地处理恐惧,享受嬉戏的能力,优雅地满足人的欲望,以乐观的期待、同情和宽容迎接生活,这些都是良好心理健康的基本要素。

情绪系统很容易就会出问题——这就是为什么情感失调是,并且可能一直是,一种常见的人类体验。直到最近,心理学家才开始对积极情绪产生强烈的兴趣(最新的全面总结见 Sheldon et al.,2011),甚至神经学家和精神病学家也开始触及积极情绪(Burgdorf & Panksepp,2006;Vaillant,2008)而非仅仅研究脑的"奖励系统"(这是一种误称,正如我们前文所说,我们将在下一章中进一步阐明)。在初级过程情感的神经本质被澄清之前,精神病学和心理治疗仍然没有严格和透明的科学基础。目前仍没有公认的策略来解决这个难题。但是,情感神经科学跨物种的三角(在行为的、神经的、心理的证据链中)进路提供了一个既定的记录,从我们脑的深处揭示了我们最基本的情绪情感的来源。

人类情绪感受的机制不再是一个谜。如果我们把从动物模型中获得的见解用于理解人类情绪情感的本质,也许我们可以开始填补现在仍然相当大的实证鸿沟。直到现在,心理健康专家都依赖于完全不同的理论,没有一个是完备或完全有效的。精神病学所依赖的诊断类别与脑科学或我们对情绪大脑的理解没有什么关系;它们是从外部认知迹象和症状的描述中衍生出来的,大部分是口头报告的。精神病药物的发现在很大程度上是偶然的,因为治疗其他疾病的药物的副作用被意外地发现能产生有益的情绪变化。在过去的 40 年里,几乎没有发现任何新型的精神药物。随着情感脑的神经科学视野更加清晰,新药物的发现应当更加迅速(Burgdorf et al.,2011)。

我们相信,一旦我们开始认真地将初级过程的情绪行动作为所有哺乳动物脑中可以预测的、有组织的情感实体,实证和理论的理解都将会取得巨大进步。然后,我们可以在统一的理论框架下开发新的药物和疗法,而不是零敲碎打、碰运气。换句话说,我们可以使用心理障碍的前临床模型,在这些模型中,我们操控不同的脑情感系统,并监控其他情感系统如何改变(对抑郁症的建模,见 Panksepp & Watt,2011)。

简言之,获得对情绪情感脑机制的全面理解似乎是当代精神病学的一个重要项目。这类知识同样能够为心理治疗提供更为坚实的基础。在第 12 章中,潘克塞普将对某些贯穿心理治疗实践新想法的实例进行考察,它们是基于我们对情绪和情绪记忆的神经基础的新理解而提出来的。有些发现完全出乎意料。对再固结(reconsolidation)的发现(见第 6 章)表明,我们可以取走旧的和麻烦的记忆,然后用一个情感上不那么令人不安的半影来重新塑造它们。

对哺乳动物大脑的初级过程情感过程的神经科学研究可以打开现象意识的潘多拉盒子,即原始的情感体验实际上是如何在脑中构建的,它可以同时解释人类和许多其他动物脑中原始的情感体验是如何构建的。我们对其他动物的这些过程了解得越多,我们就越能更好地了解我们自己。

第3章 探索系统:殷切期望、欲望、欣快和一切追求的脑来源

虽然动物从观察中学习了许多知识,但它们也有许多知识一开始便从自然之手得来…… 我们称其为本能,常常将其视为非凡的东西而加以赞赏……生命的全部行为都有赖于此…它教会人如何躲避火灾;同样的,它教会一只鸟,如此精确的孵化的艺术,以及抚育后代的精简与秩序。

——大卫·休谟《人类理智研究》(David Hume,1748/1910)

脑最重要的本能—情绪系统之一是让动物能够探索、发现并获取生存所必需的一切资源。这种探索系统的唤醒产生了各种各样的趋向行为,但也以特殊的方式让人感觉良好。这并不是我们平时所体验的那种愉悦,例如享用佳肴或者餐后的满足感。相反,它提供了一种当我们期待吃那顿饭时发生的激动、欣喜的期望。难道你没有经历过在饥肠辘辘时闻到厨房飘出的香味的感觉? 与所爱之人分离一段时间,在重聚的喜悦之前,同样能够产生一种特殊的魅力。性期待往往比性满足更加激动人心。甚至洗热水澡的期待都可以成为一种精致的、想象的喜悦,尤其是当一个人正在忍受寒冷的天气时。还有探险的刺激,更不用说许多审美趣味。这种对预期渴望的积极感受(欣快?),这种探索冲动,完全不同于渴望得到满足时所释放的愉悦。这种感受早在脑与世界之间形成丰富的客体关系(如前文所述)之前,就已经作为一种情绪存在于哺乳动物大脑的某些皮层下网络中。最初,它仅仅是一种没有目标的刺激。

如前一章所述,探索系统在传统上被称作"脑奖励系统",因为吉姆·奥德兹和皮特·米尔纳(Olds & Milner,1954)发现,大鼠会过度兴奋地自我刺激这一区域,直到它们精疲力竭——大鼠强制性地用少量电流刺激这一脑区,似乎世界上没有比这更重要的事情。图2.4展示了对这一系统的早期描述,在解剖学上称为内侧前脑束(MFB),它穿过下丘脑外侧,将下脑干和中脑的许多区域与脑高阶区域连接起来,一直到额叶内侧皮层。这个庞大的系统发送连接到许多其他脑区,因此,如果这一系统在两个脑半球中都受损的话,动物就无法再照顾自己。它们会看上去极端抑郁(也许第一个动物抑郁模型的研究者并没有意识到这一事实);这些动物通常会因缺少精心的照顾而死去。

行为主义神经科学家并不习惯将这种生存所必需的网络称作探索,因为这意味着动物具有一定程度的意向性,但这是因为他们没有充分考虑初级过程情绪的力量本身确实具有简单心智的可能性——一种使动物能够在自然环境中成为活跃能动者的原始心智。这些远古的脑系统自动调节了"行动中的意向",这可能是人类最终具有"去行动的意向"的先决条件。以行为为导向的心理学传统将其称作欲求的"趋近动机系统",甚至设计了人格测验来衡量这种冲动以及与之相反的"戒断"或"回避动机系统"(Elliot,2008)。

伟大的人格理论学家汉斯·艾森克(Hans Eysenck)在英国开展的一个外向和内向/神经质的人格测试中首次将这些维度概念化。他的学生杰弗里·格雷(Jeffrey Gray)则具有更加鲜明的神经科学取向,自主开发了包括行为激活系统和行为抑制系统在内的人格测试系统(有关概述见Larsen & Augustine,2008)。随后,其他包括正向情感量表和负向情感量表的测试相继出现(如著名的PANAS,见Watson et al.,1988)。看到科学家们用不同的语言描述同一事物是一件奇妙的事情,这些术语被设计为只关注这个多面过程其中的两个方面。在意识到这些测试都没有评估基本的情绪气质后,潘克塞普及其同事着手开发了情感神经科学人格量表(Davis et al.,2003),基于统计区分的探索、关怀和嬉戏量表共同组成了正向情感的超级因子,而恐惧、气愤和惊慌/悲痛则组成了负向情感的超级因子。

因此,这一系统涉及(1)一般的行为激活;(2)一种控制"激励显著性"的"需求"状态(Berridge & Robinson,1998);(3)行为的"持久性"(Salamone et al.,2009);(4)行为集合之间的转换(Oades,1985;Redgrave et al.,1999);(5)简单的趋近行为(Ikemoto,2010);以及(6)也许是最神秘的,就是由那些对学习理论着迷的研究者提出的"奖励预测误差"(Schultz & Dickinson,2000;Schultz,2010),我们将会在后文详述。不幸的是,这些术语并没有告诉我们探索系统所促进的各种的欲求行为,也没有说明这一系统所促进的任何特定的积极情感的特征——预期的欣快——与各种消耗后的"愉悦"截然相反。

我们相信,探索这一标签是对这种初级过程系统最好的全称。这一系统被发现参与到大鼠的大量行为中,其中有些发现已经扩展到了人类身上(Knutson & Cooper,2005)。然而,我们此处使用的许多例子尚未经过神经科学家的实际研究,因此它们是启发式假设,可以使我们的理论观点更加清晰。我们预测,在研究了我们描述的各种行为之后,在确认探索系统在我们沉迷的每一种积极欲求行为中的作用之后,我们将会得出结论。

从情感的角度看,这一领域长期存在的难题是,许多对这些问题感兴趣的科学家[例如,也许最突出的是达马西奥(Damasio,1994,1999)]似乎相信,所有类型的良好感受都是由我们的感官所调节的。也许他们忽视了在我们古老的脑内,本能的情绪行为系统同样可以阐明心智的情感特质。大多数情感性感受的科学分析似乎都缺少这一重要信息。无论如何,有证据表明,尽管每个动作系统都有特定的感觉触发点(如疼痛唤醒恐惧),但生成感觉的情绪行为系统可以完全在脑内激活。在学习后,这些系统通常会被许多其他事件唤醒。

尽管进入脑区的许多感觉输入维持了自我刺激的奖励,但我们仍需要考虑每一种动物的基本情绪,以及它们的核心自我在运动坐标中的分布(Panksepp,1998b)。并不排除存在这样的可能性,伴随着探索唤醒的渴望和欣快感,可以整合各种来自身体和外部世界的感官反馈;它仅仅意味着,有机体的一致性被固定于原初的行动装置中,即固有的"行动中的意向",它位于我们脑干中核心自我结构的中心(见第 11 章)。无论如何,探索系统都有助于激励我们充满活力地做每一件事。

探索在当下世界中的诸多表现

当探索系统被唤醒时,动物对世界表现出强烈而又热切的好奇。例如,大鼠会带有目的感地走来走去,大力嗅探并停下来研究有趣的角落和缝隙。大鼠通常会发出小声的兴奋叫声,我们需要用特殊的设备才能听到:50 千赫兹的啾啾声,当它们在玩乐的时候尤其持久(见第 10 章对嬉戏的讨论)。大鼠在寻求奖励时也会表现出同样的行为,而它们在进食时则不是如此。作为能够使世界上的事情发生的能动者,人类报告了一种殷切的期盼感,以及一种增强的自我感。显然,人和动物都喜欢这种感觉,尽管它也可能会变得过度。它们会不停工作直到精疲力竭(有时不死不休,比如在实验室大鼠的案例中,只允许它们每天进食一次,但与此同时,它们被允许自我激活脑的"欣快"系统)。动物们会花费大量精力来获得激活这一回路的电刺激或化学刺激(Ikemoto,2010)。我们将这种重要的动机系统称作探索—期望系统或者简称探索系统。这一名称要比经典的"奖励系统"概念更好地说明整个系统的功能。脑中有许多情感奖励过程。

行为主义科学家对我们此处区别的满足行为和欲求行为,也做出了传统的区分。在动物能够满足奖励之前,它们必须经历欲求阶段:它们必须寻找、发现并占有它们所需要的资源。这不仅仅适用于探索消耗性资源。探索系统可能参与了所有其他的情绪系统的欲求阶段,尽管其中大多数尚未得到神经科学研究。例如,当一个孩子准备与朋友们去游泳池玩耍时,她迫不及待地穿上游泳衣,她的探索系统将会帮助她做好准备。当我们密谋报复那些激怒了我们的人时,显然是探索系统促使我们制定了这些计划。因此,一些恶棍将会急切地渴望打上一架。当满怀希望的情侣为重要约会选择最合适的餐厅时,他们的探索系统将会为一场浪漫的邂逅铺平道路。当你为所关心的人烘焙蛋糕时,探索系统帮助你预期他们的惊喜和高兴。当你惊恐时,你会寻求安全。在这些体验中有许多认知上的差异,但所有这些行为中的预期紧迫感都共享了相同的想要做(want-to-do)和能够做(cando)的积极感受。同样，从消极方面来说，当探索系统长期处于活跃不足状态时，我们会体验到一种绝望的抑郁感，表现为嗜睡和缺乏进取心。

探索的唤醒，同样使我们能够在糟糕的状态中坚持下去——当我们饥饿、口渴、寒冷或者孤独时。也许我们会因为它而感受好一些。这是因为，探索系统提供了积极而又热切的情感，可以抵消这些消极感受，至少在一定程度上可以，我们通常将这种状态称作绝望。设想一只处于饥饿状态的动物。饥饿的感受非常糟糕，但由探索的唤醒所引起的令人鼓舞的目的感仍然使动物对其周围环境充满好奇，并且足够乐观地去专心而又积极地寻找食物。换句话说，这种发现食物的"愉悦"期望以及能够找到食物的积极感觉，提供了一种充满希望的期待感，这将会抵消饥饿的消极感受，并最终幸运地消除它们。然而，当所有的计划都失败后，最终绝望会降临并且导致抑郁。

所有令人不快的内稳态失衡，都会自动使探索系统对奖励(以及预测奖励的线索)更加敏感。在脑古老的内侧区域和其他身体器官中发现的被称作内感受器[interoceptors，或"需求探测器"(need detectors)]的特殊神经细胞，可以测量导致口渴或身体需求的其他情感指标的内稳态失衡。例如，特定种类的内感受器会在血液中水浓度降低时做出反应，无论是因为细胞脱水还是血量减少，并由此引起口渴感。另一种内感受器会在糖量和身体脂肪水平下降时采取行动，从而引起饥饿感。其他系统则会促进睡眠，并且我们熟睡时的梦境是由多巴胺驱动的探索冲动生成的。动物们是否也具有探索的梦境？蜂鸟每天必须大量进食，否则它们就会死去；演化教会它们每晚进行"迷你冬眠"，以保存白天寻找花蜜时所需的能量。但我们不知道它们是否会像我们一样被希望和恐惧驱使而做梦，并且我们没有发现的方法。

一些内部传感器测量性激素的变化，它们能够促进性欲。还有其他的传感器监控核心体温。尽管我们尚未知晓这一切所涉及的精确机制，但神经科学家已经取得巨大进步，并开始研究神经肽是如何将这些特定的内平衡信息传递到探索系统，从而促进行为激活。探索唤醒后，会激励动物们热切地寻找它们所需要的各种资源。当动物饥饿、口渴或寒冷时，尤其是有迹象表明环境中有可用的资源时，它们的探索系统将高速运转来寻找食物、水和住所。同样,当它们具有社会需求时,它们会寻找伴侣,如果它们还很年轻则会寻找它们的母亲。

除了应对内稳态失衡,当动物体验到更复杂的社会需求的消极情感时,探索系统同样会被唤醒。这些社会需求不受那些测量简单内稳态需求的内感受器的监控。虽然如此,未被满足的社会需求,例如陪伴或嬉戏的需求,会导致情感上的困扰,我们在后文中将会提及。我们不知道不适感唤醒探索系统的确切机制,但研究表明,许多神经肽再次参与其中。例如,脑中高水平的促应激激素释放因子(CRF)和缺乏内啡肽(内啡肽是脑内源性阿片类镇静神经肽),会导致心理上的痛苦和孤独感。当人(和动物)脑内具有足量的内源性阿片肽时,他们会感受到积极情感和舒适感,非常类似于好朋友和爱人陪伴的感受。当这些化学物含量较低,并且皮层激素释放因子量较高时,人和动物就会感到孤独、忧虑和痛苦不堪。这些痛苦的情感会在他/它们找到伴侣时得以减轻,部分原因是内源性阿片肽的分泌,但也有部分原因是脑内催产素和催乳激素以及许多未确定的分子活性的提升。最近一种被确认能够提升探索功能的分子是胰岛素样生长因子-1(IGF-1)(Burgdorf et al.,2010)。

也许仅仅是内源性阿片肽的缺乏就能够唤醒探索系统,随后促使人和动物去发现能够使他/它们感觉更好的社会伴侣;但是目前仍缺乏有关此类问题的充分证据。我们还知道,虽然看似矛盾,但我们可以通过将小剂量的阿片类药物直接放置于多巴胺细胞附近来增强探索活性,并且这些阿片类药物可以激发欲望和刺激食欲。也许低剂量的阿片类药物确实通过抑制附近的氨基丁酸(GABA)神经元促进了探索,而这些神经元通常抑制探索冲动(Ikemoto,2010)。探索系统同样参与到减轻其他负面情绪,比如恐惧(Salamone,1994;Blackburn et al.,1992)。当人和动物处于危险之中,他/它们的探索系统会促使其找到安全的避难所。

探索系统除了响应需求,同样也响应贪婪。最初,它对于所有在掌控范围内的奖励都十分敏感(Schultz et al.,1993)。当某人极端饥饿时,像身处集中营或其他极端残酷社会环境中的囚徒,即使是一小片干面包皮也是值得欣喜的。但即使是身体的需求得以满足,动物和人仍会被有诱惑力的刺激所吸引。例如,如果一只猴子刚刚吃饱,仍会为发现食物——一只香蕉或其他喜爱的食物而兴奋。然而,当我们饥饿时,我们更容易被食物所吸引。我们哺乳动物也同样容易受到各式各样的诱惑。有谁能够抗拒一块额外的蛋糕或者其他喜爱的食物?而当涉及酒精等物品,正是探索系统巩固了我们成瘾的欲望。不仅人类会这样,动物也会成瘾。一些研究者认为,这是在动物没有任何感受的情况下发生的。事实上,当我们开发出各种方法来监控动物的感受时,例如,通过它们情绪化的声音,我们发现那些声音可以自发地表明动物的感受,并突出了成瘾冲动的潜在情感性质(Browning et al.,2011;Burgdorf et al.,2001;Panksepp,Burgdorf et al.,2002;Panksepp,Knutson et al.,2002)。

在野生动物中,很容易发现探索系统在发挥作用。资源并不容易获得,因此动物们为了生存,必须持续地去寻找它们。它们必须狩猎或觅食并且寻找水源,寻觅树枝或者挖洞筑巢来寻求庇护。探索系统促使它们哺育后代,寻找性伴侣,并且当动物生活在社会群体中时,它们还要寻找非性伴侣,建立友情和社交联盟。然而,在现代人类舒适生活的环境中,探索系统的作用并不是这么明显,尤其是在发达国家。我们以悠闲的步调在超市的货架间"狩猎"。只要自来水仍可使用,人们就不会积极地寻找水。我们可以很容易回到温暖舒适的家中,也会在安排好的聚会上遇见朋友并找到恋人。

然而,即使身体的需求已经得到满足,这一系统仍对诱人的可能性十分敏感。因此,我们很容易理解这一系统如何在提供如此多诱惑的现代社会中引发各种过度活动。我们很容易在明知不理智的状况下,仍然暴饮暴食、吸烟和过量饮酒。我们中的许多人都是工作狂。我们过于热切地去查收邮件,沉溺于不明智的拈花惹草的行为中。简而言之,我们的探索系统可以轻而易举地让我们沉溺于各类活动中,而不会停下来仔细思考自己正在做什么。

尽管这个系统对内稳态需求、情感冲动和诱人的诱惑都有积极的反应,但它或多或少在幕后持续运转,虽然在人类和动物没有任何特别的资源需求或被迫切需要解决的问题所困扰时,它的水平要低得多。这一系统使得动物持续地探索它们所处的环境,以便它们记住资源在哪里。这样一来,它们可以在需要食物、水、同伴或安全时随时采取行动。人类的探索系统也或多或少地持续运作。我们定期扫描我们所处的环境，观察店面的窗户，翻阅杂志，浏览网页并回复邮件。我们总是在寻找我们可能需要或者想要的东西，或者那些引起我们兴趣并满足我们好奇心的东西。我们的探索系统使我们处于与世界互动的一般状态中。

动物的智力与我们无法相比，其探索系统的运行并不像人那样混合了前瞻性和策略规划。对人而言，策略性思维在探索唤醒时扮演了重要的角色，因为该系统与我们所有的情绪系统一样，与额叶皮层（这是认知上的心脑最为发达的部分）之间存在大量联结。当探索系统唤醒人类的新皮层区时，它会激发思维过程——一种虚拟的世界——产生非本能，甚至是反本能的复杂习得行为。

想象一下正在扑灭大火中的消防员。情况十分危急，他们会感受到恐惧，这将会自动唤醒他们的探索系统。在通常情况下，伴随着同时激活的恐惧系统，探索的唤醒将会促使消防员寻找逃离的方法。然而，因为他们接受过帮助他人和灭火的训练，通过激活新皮层的思考和计划能力，探索的唤醒将会激发这些习得技能。我们注意到，当动物饥饿时，它们的探索系统会产生冲动，促使它们积极地寻找食物。而当消防员的探索系统被唤醒时，它则会帮助消除恐惧并集中注意力完成工作。所有的训练、经验以及技巧——所有认知和身体的力量——都将会致力于扑灭火灾并帮助人们逃离。

除了促进消防员参与的这种实践策略思维，探索系统同样会唤醒新皮层的纯粹智能。例如，你购买本书，很可能是因为你在智力上好奇脑生成情感体验的方式。我们已经证实，新皮层本身并不具有自我动机；新皮层由皮层下的情绪系统激活。皮层下的探索系统帮助激发你的新皮层（即你的智力），促使你购买此书并从中学习。同样，建筑师、作家、艺术家、政客以及科学家的探索系统，也会促使他们去寻找更新更好的方法来解决问题和表达自我。这一系统激发了所有人类的创造力——它是所有文明的精神引擎。

这并不是一个小问题。它强调了一个事实，在许多方面，新皮层——我们人类智慧的来源——是我们情绪系统的仆从。探索系统促使新皮层寻找满足我们需求和欲望的方法:耕种农田、饲养动物、建造舒适的庇护所以及编织防护的服装。探索系统督促新皮层做出让我们感到重要并且决定我们命运的事情;我们试图操纵社会关系来让我们更具影响力或更加强大。我们为自己和信仰之神建造纪念碑,并且我们通过艺术努力来表达自我。探索系统促使我们满足我们对新奇事物的喜好。比如我们从事科学研究,揭示大自然的秘密。探索系统同样促使新皮层想方设法地满足我们的每一个欲望。我们不仅仅耕作农田、饲养奶牛,还会制作巧克力。我们的衣服不仅仅是为了防护,而且也是为了美丽和性吸引。人类伟大且独特的成就,我们惊人的新皮层的产物,都来源于这一系统提供的精神能量。

显而易见,探索—期望系统是一种通用系统,用于获取世界上存在的各种资源。简而言之,它参与到所有的欲求行为,直到其完成;它生成探索一切环境中"果实"的冲动;它激发了人们对积极体验的热切渴望,从美味的食物到可能的性行为再到政治权力;它激励人和动物克服危险,或者是战胜它们,或者是逃到安全之处;它激励着人们,促使我们从事创造文明的伟大任务。但在诞生之初,它只是"一种没有目标的刺激"(Panksepp,1971),它打开了与世界以及知识互动的大门。

探索系统被脑多巴胺所驱动,但它不仅仅是一种激励神经递质的产物。它是一种复杂的知识以及信念生成器。难怪这一系统仍被称作"脑奖励系统"。事实上,这是一种古老的脑系统,它允许我们和其他动物收集世界上的所有奖励。很有可能是这个系统导致了一个世纪以来的第二次经济大萧条,即2008年的经济危机——自私贪婪超越了更普遍的人类和社会关切。很明显,这一系统需要进行良好的训练,以减少人类悲剧。它没有内在的道德。它只是一种超高效的"即取即用"的系统。人类的认知渴望,无论好坏,都是来自其庞大的情感"能量"。

探索系统的解剖

从解剖学上说,探索系统的轨迹从腹侧被盖区(VTA)延伸到三个主要位置:(1)前脑内侧束和下丘脑外侧(MFB-LH),(2)直到伏隔核,以及(3)经由中脑边缘和中脑皮层的多巴胺通路到达内侧前额叶皮层。解剖结构的概述参见图 3.1。这个系统的一些主要神经元,位于腹侧被盖区的多巴胺获得了大量来自脑其他区域的输入。如前所述,这一系统同样向若干高阶脑区进行大量输出,尤其是伏隔核,它是欲望学习的一个主要站点。在特定的"低阶"哺乳动物中,例如大鼠,激活这一系统的上升多巴胺通路并没有超出额叶皮层区。然而,人类的这一系统则可以到达更深处,一直延伸到集中于脑背侧的感觉—知觉皮层。这与人类的探索激发认知功能的事实是一致的,而这些认知功能在其他动物身上并没有明确的同源性。

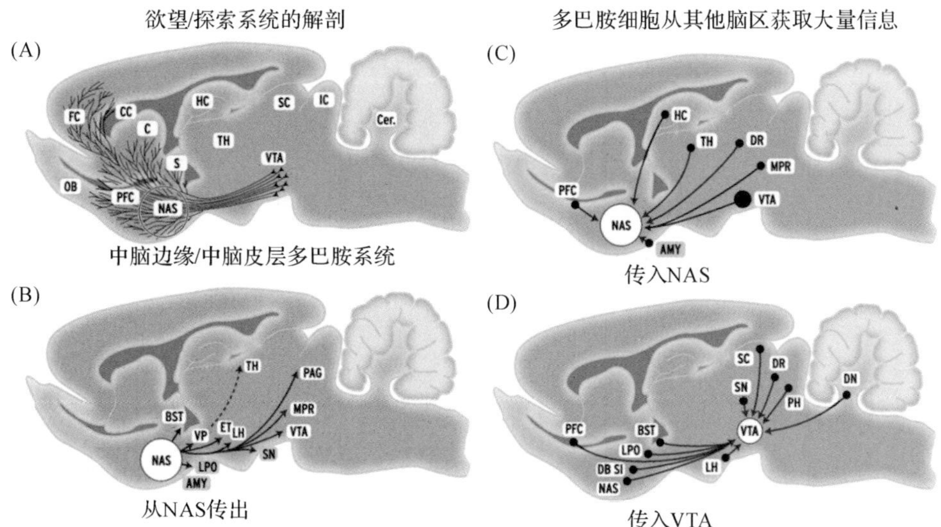

图 3.1　大鼠脑示意图。(A)位于 VTA 的 A10 多巴胺神经元的上行投射,支配了边缘区域,包括 NAS(伏隔核)、中脑边缘的多巴胺系统以及通过中脑皮层多巴胺系统的脑皮层区域。(B)来自 NAS 的主要传出投射。(C)到达 NAS 的传入投射。(D)到达 VTA 的传入投射。缩写:AMY:杏仁核;BST:终纹床核;C:尾状壳核;CC:胼胝体;DB:布洛卡区斜角带;DN:齿状核;DR:中缝背核;ET:脚内核;FC:额叶皮层;HC:海马体;IC:下丘;LH:下丘脑外侧;LPO:外侧视前区;MPR:中脑桥网状核;OB:嗅球;PAG:中脑导水管周围灰质;PFC:前额叶皮层;PN:臂旁核;SC:上丘;SI:无名质;SN:黑质;TH:丘脑;VP:腹侧苍白球;VTA:腹侧被盖区。(改编自 Ikemoto & Panksepp,1999)

在所有的哺乳动物中,伏隔核与额叶内侧皮层交互作用,以促进简单的欲望学习(以及成瘾)。由于探索系统激活了额叶皮层区,尤其是关注于即时情绪需求的内侧区域,因此我们能够制定策略来获得生活奖励并摆脱陷阱。当体验异常愉悦时,我们将会记住它们,这为成瘾可能性奠定了基础。如前所述,这一系统的多巴胺部分在人类脑皮层区的延伸比大多数其他动物要远得多。当然,这一区域与许多其他脑区域相关联[见图 3.1 的(B)、(C)、(D)],包括控制一般唤醒的区域(全局地操控去甲肾上腺素和血清素系统)以及更加具体的脑注意力功能,例如那些由乙酰胆碱、伽马氨基丁酸以及谷氨酸调节的功能。探索系统同样参与本书中所有其他情绪的生成,我们不会在每一章都重复这些复杂性,但是我们认为读者会理解如下讨论,每一种系统都是从更大的脑复杂性中抽象出来的,这也是各个系统所嵌入之处。没有任何一个情绪系统可以离开脑其他区域的帮助而独立运行。

探索系统的化学性质

探索系统的动力源泉可能主要是神经递质多巴胺。多巴胺在刺激这一系统中的作用已经得到深入研究,但还有其他一些关键化学物质能够使该系统执行它的全部功能。神经科学已经积累了关于多巴胺功能丰富的分子细节,这些细节足以让普通读者眼花缭乱。可卡因或安他非命等药物之所以具有成瘾性,是因为它们直接提升了多巴胺的效果并因此唤醒了探索冲动。如果受到过度刺激,动物的行为就会变得千篇一律,而人类则会变得对非常平常的事情产生强烈的兴趣。例如,女人可能会重复整理她们的手袋——把东西拿出来又放回去,似乎没完没了而且欲罢不能。如果这种唤醒持续过久,个体将会变得多疑,并且大多数人会出现偏执的倾向。正如我们将看到的,这一系统的过度活跃会导致偏执型精神分裂症(paranoid schizophrenia)等精神疾病。

其他脑化学物质,特别是谷氨酸(Heidbreder et al., 1992; Yeomans et al.,1993),是脑主要的兴奋性神经递质,对探索系统的习得功能(学习)发挥着重要作用。在很大程度上,欲望学习发生在伏隔核整合来自内侧前额叶皮层向下的认知影响,以及探索系统低阶区域向上的情绪能量的时候(Kelley,1999,2004)。谷氨酸是为欲望学习过程提供能量的主要脑化学物质,它同样是其他情绪系统中学习的能量来源。

除了多巴胺和谷氨酸,其他多种神经肽也是明确参与调节探索系统的化学物质。例如,食欲肽与其他情绪系统(如恐惧系统)一起导致内稳态失衡,从而唤醒探索系统。动物通常会热衷于获得类似神经降压素这类能够激活探索系统的神经肽,而不喜欢强啡肽这类会使系统失活的化学物质。这一点表明,人和动物喜欢探索系统唤醒的感受,而不喜欢这种系统维持低位。现在很清楚的是,当这一系统崩溃并且由强啡肽产生的相反情绪占据主导时,人们就会感到沮丧。研究者们现在正在研发新的抗抑郁药物,它能够减弱由过量强啡肽占据通路所导致的可怕感受。

内在唤醒探索系统的刺激

我们前面说过,只有极少数刺激能够内在地(无条件地)唤醒大部分情绪系统。大鼠对捕食者的气味和明亮的空地存在与生俱来的恐惧。其他哺乳动物也有各自的固有喜恶。然而,探索系统也会被所有新奇的事件短暂唤醒,这意味着它会在短时间内被大量环境中的变化所唤醒。当一种刺激不再新奇时(当动物习惯了这种刺激),探索系统将不会再响应。这种现象被称作"习惯化"。探索系统同样会固有地响应意料之外的奖励刺激,如给予食物(Schultz,2006)。并且,如果奖励零星地出现或者每隔一段时间出现一次,系统就会持续反复响应——也就是说,它产生了 种持续的期望需求(或长期渴望)。对于一些动物而言,这可能包括猎物的气味或看到成熟的红色果实。

这种已经很庞大的刺激因素会随着学习而扩展。假设一个婴儿对悬挂在婴儿床头的闪亮挂件感兴趣。当这个吸引人的物体移动时,零件会相互碰撞并发出叮当的碰撞声。也许在一个夏日的午后,婴儿刚刚吃完午饭并坐在餐厅的高脚椅上。他的母亲正在享受一杯冰茶,此时婴儿听到了冰块碰撞杯子的声音,他开始变得兴奋。也许是因为这一声音听起来像挂件的叮当声。当婴儿第一次看到挂件时，它是一种唤醒了探索系统的新刺激。现在由于已经适应了它，婴儿的探索系统在某种意义上被习惯化了。不过，虽然叮当声没有起初那样强烈，但是仍然能够唤醒婴儿的探索系统。现在，任何能够让婴儿想起挂件的事物，比如他母亲的杯中冰块发出的声音，甚至当婴儿想象这一声音时，探索系统都会被唤醒。但我们无法真正地研究人类的此类问题。对于每一种被观察的行为而言，总存在着替代选择。例如，也许就是冰块的声音唤醒这一系统，因为它是一种新颖的声音，而不是因为它唤醒了关于挂件的声音的某种记忆。

无论如何，一生中都会发生各种这样的关联，从而导致高度个性化的唤醒方式。动物研究实际上可以追踪因果关系的级联，而人脑成像则只能提供关于类似过程的不够精确的证据。因此，我们有充足的理由相信，强迫性的性冲动是探索冲动的精致的煽动者——随着人们变得越来越兴奋，伏隔核也变得越来越亮。似乎生活中所有欲望的兴奋都会唤醒这一系统。然而，有些路径导致过度行为，而另一些则引导人们通向实质性的生活成就。受过良好教育的新大脑皮层会决定要追求哪种生活选择。但如果条件反射足够强大，通常情况下高阶心智无法抵抗低阶心智想要追求的诱惑。

探索与失望和愤怒的关系

探索系统会在渴望的事物被满足时得以平静，但如果这一满足没有持续，那么它并不会平静太久。当一只饥饿的动物寻找食物时，它的探索系统被唤醒，但当它开始吃东西时，探索系统就会变得静止。但这一系统仍可以因为可能的特殊对待而迅速唤醒。然而，当这一系统受阻时，例如其他动物获得了特殊对待，愤怒可能就会爆发。想象一下这种常见的挫败感，当你把硬币投入自动售货机，而货物没有出来。人们会摇晃甚至有时会脚踢机器。从神经生理学方面来看，探索系统会在没有获得完成的好处（没有得到款待）时关闭，并随后唤醒愤怒系统。

探索系统的病理学

运作良好的探索系统对于生理和情绪健康至关重要。然而,当这一系统缺乏刺激或者过度刺激时,它会导致从抑郁直至精神错乱的情绪障碍。奥利弗·沙克斯(Oliver Sacks)的《觉醒》(*Awakenings*,1973)一书中描写了帕金森病导致的多巴胺消耗致使探索系统缺乏刺激的患者所遭受的极度抑郁。左旋多巴药物暂时纠正了这种化学失衡现象,并取得了令人瞩目的效果。沙克斯引用了他的病人伦纳德(Leonard L.)的描述,"我感到被拯救……复苏,重生。我感到身体非常健康……我感受到像是一个沐浴爱河的人。我打破了将我与爱隔离的障碍"。遗憾的是,大量的多巴胺最终过度刺激了这些病人的探索系统,导致了过度的欲望以及关于命运的不切实际的感觉——简言之就是精神病的症状。正如我们将要看到的,在这样的心智结构下,人们会开始在事件间建立臆测的联系;动物也会表现出类似的错误归因。

如前所述,抑郁感会在探索系统长期活跃不足时出现,例如,在多次挫折后或者停止服用安他非命和可卡因后。精神分裂症、躁狂症和妄想则出现在探索系统频谱的另一端,反映了系统被多巴胺过度刺激而产生的心理倾向(Grace,1991)。例如,安他非命和可卡因等成瘾类药物是探索系统非常有效的兴奋剂,因为它们提升了突触间隙中(神经元之间的通信渠道)多巴胺的效用性。这些药物非常容易成瘾,它们使探索冲动过度敏感,使人们会更加依赖这些成瘾药物。动物同样会对其他乐事更加敏感,如从美味食物到性接触(Nocjar & Panksepp,2002)。精神病学家充分意识到,如果这类药物服用时间过长且剂量过高,最终会导致精神病症状——对任何人皆是如此。有些人很快会屈服,另一些则会恶化得慢一些。但任何服用过多此类药物的人最终都会产生精神异常和偏执的思维(Snyder,1972)。然后,在停药期间,抑郁将会成为主导情感。

我们已经指出,探索系统在唤醒内侧额叶的认知区域时尤为有效。新皮层的功能之一就是生成因果关系的概念。当它被过度刺激时,额叶皮层将充斥着“工作记忆”(见第6章),这将会引发关于这个世界是如何组织的大量新想法。它往往会激发人们看到因果或者其他有意义的联系,而实际上只有相关性或者根本不存在有意义的联系。当这种情况发生时,思维会变得不受约束,导致狂野的并且通常是错误的结论。此时,心智成为妄想生长的沃土。自我感的增强,这也是探索唤醒的典型表现之一,同样也会以不切实际的程度导致一种自以为是的妄想症。

例如,一个精神分裂症患者可能怀有一种妄想,认为他的行为,比如打碎自己最喜欢的一面镜子,导致了一个重要的世界性事件,比如“9·11”世贸中心大厦的爆炸。这将会构成一种因果关系的妄想信念,因为患者的个人行为并没有在世界范围内造成任何影响。其中还有一种妄想的宏大元素,因为病人相信他具有导致这些重要事件发生的能力。这些精神障碍幻想是由探索系统过度唤醒生成的。有趣的是,压力可以提升额叶皮层中多巴胺的活性。这也许可以解释严重的压力如何会导致偏执乃至精神分裂的思维模式。确实,有些研究者设想这种思维模式和梦境之间存在联系(Panksepp,1998a;Solms,2002),并且最近的研究也已经证实,探索系统中的多巴胺神经元在快速眼动睡眠阶段的放电频率非常高(Dahan et al.,2007)。因此,有理由得出结论,在梦中以及精神分裂症中,脑内都具有大量的多巴胺活动(Léna et al.,2005;Panksepp,1998a;Solms,2000)。

抗精神疾病药物

多巴胺是唤醒探索系统的主要化学物质——尽管它不是唯一的,但它无疑是我们最了解的一种。多巴胺通过在全局突触中释放并与接收神经元上的称为受体的分子结合而唤醒该系统(有五种主要的受体类型,分属于两个家系,即D1和D2,此处我们只考虑其中的D2受体,它对于精神分裂症等精神疾病而言尤为重要)。结合以钥匙和锁孔的方式发生,其中多巴胺充当钥匙,受体作为锁孔。除了多巴胺,许多其他化学物质(如神经肽和其他神经递质)同样能够作为它们对应受体的化学键。

每种脑递质化学物质通常可以与多种不同的受体结合——每一种化学

物质都具有超过一种可以“对话”的受体。另外，受体通常更具排他性；它们只能够“听取”并仅与特定的传递化学物质结合。一种符合受体“锁孔”却不能够打开（或激活）受体的化学钥匙被称为受体阻断剂。当一种受体被阻断时，正常情况下能与其结合的化学物质则无法完成结合，从而降低了这种脑部化学物质的活性。因此，如果使用多巴胺阻断剂（此类药物中有许多是抗精神疾病药物），那么突触分泌的多巴胺则无法与探索系统中的受体相结合，这一系统就会处于唤醒低位，从而导致上文描述的一系列抑郁症状。

研究人员发现，多巴胺及其受体（即 D2）的过度活性会导致一些精神分裂症症状（或至少与其相关）。实际上，所有治疗精神分裂症的药物，即抑制错觉和幻觉的药物，都会阻断多巴胺在 D2 受体中的活性。如前所述，如果打破镜子的病人服用抗精神病药物 D2 阻滞剂，那么虽然他的错觉的认知方面不会完全消失，但错觉误导的力量会明显减弱。他可能仍会觉得他与某些灾难性事件相关联，但这些想法将不会再具有相同的信念强度。换句话说，抗精神病药物通常会减弱妄想的强度，但不会改变其内容。这就是为什么谈话治疗有时候也能够对病人重塑他们的妄想认知有所帮助。就这个病人而言，如果他的妄想来源于过度愤怒，那么这可能有助于理解起初是什么让他如此愤怒。阻断多巴胺信号的抗精神疾病药物同样可以抑制动物调查它所处环境并由此获取新信息的倾向。这种调查倾向是探索系统的一种常见表达方式。妄想位于整个探索连续体的病理学末端。

仪式性附加行为的怪异案例

当探索系统没有被严重地过度刺激时，它会生成附加行为，这些行为通常是强迫性的，但没有明显的外在目的。在实验室条件下，人们可以观察附加行为，例如，当饥饿的动物定期接受少量食物时，它们所获得的少量食物不足以满足它们的需求，并且它们也无法自己取得更多食物。由于这些动物持续处于饥饿状态，它们的探索系统会持续亢奋地被唤醒。当它们在等待下一次的少量食物配给时，这些动物通常会表现出附加行为。例如，一只饥饿的实验室大鼠可能会在转轮上不停地奔跑，另一只大鼠则可能会撕纸片、咬木头或喝大量的水。这些行为与它们的身体需求没有关联,因此被称作附加行为。人们同样能在日常生活中发现附加行为。饥饿中的人们倾向于来回踱步。踱步是一种附加行为,它对于为身体提供营养或者获取食物而言毫无意义。事实上,如果这种行为消耗了本就稀缺的能量,可能会适得其反。

附加行为往往是重复的,并且似乎具有仪式性。行为主义创始人之一斯金纳曾指出,饥饿的鸽子在获取少量食物之间的间隔很长的时间里,会表现出重复的、可预测的昂首阔步以及拍动羽翼的"舞蹈"(Skinner,1948)。它们在刚刚获取少量食物之后不会跳舞,同样,在非测试时间它们也不会这样做。然而,鸽子们会在等待下一次食物时跳舞,通常处于极度饥饿的状态,这种状态无条件地激发了探索系统。我们并非认为鸽子从认知上"思考"它们可以通过跳舞制造食物,而是似乎当探索系统被过度刺激时,它会自动促使重复的仪式性的行为产生。这些附加行为在多巴胺阻断剂作用下以及在外侧下丘脑病变时显著减少,因为这些导致探索系统失活或受损。

更加难以理解的是,为什么动物会表现出某一种重复的附加行为而不是其他?例如,为什么这个饥饿的人会来回踱步,那个则会吹口哨,而另一个则会用拳头击打手掌?在动物研究中,这些行为类型似乎是被研究动物的一种特定属性——它的性格的一种属性。因此,具有更加激进性格的人会挥拳,而更加顺从的人则会吹口哨。此外,附加行为可能更有目的性——它们直接指向通常预示着奖励的刺激。例如,被定期给予少量食物的饥饿大鼠会开始撕咬盛着食物的盒子,虽然这一点也不会影响给予食物的速度。似乎特定的行为类型给予了动物们一种集中的目的感。换句话说,仪式性的附加行为似乎以某种方式让动物们感觉到它们正在从事生产性的活动,尽管事实并非如此。同样,摄入高剂量可卡因和安他非命的人和动物都会强烈刺激探索系统,表现出近乎无休止的重复行为。如前所述,当人们受到这种强烈的刺激时,他们通常会汇报一些平常的行为,例如整理他们的手提袋突然变得十分有趣。

表现出这种重复性和仪式性行为的倾向性可能具有适应性价值。学习一种新的技能需要重复,有时甚至会变成一种仪式。当一名体操运动员学习如何翻双筋斗时，也许她会严格按照四个步骤，以特有的方式团身抱膝，并且总是用相同的脚跳跃，等等。我们有许多习惯涉及重复与仪式。我们每晚将钥匙挂在同一个吊钩上，以特定的方式叠我们的衣服。甚至当我们洗澡时，我们都习惯以特定的顺序清洗身体的每个部分。看起来似乎是探索唤醒帮助生成了这些习惯。然而，当一种行为变成习惯，它就会被放置至多巴胺控制的脑区，例如伏隔核上方的背侧纹状体（如尾状核），它的唤醒是由位于腹侧被盖区外侧的黑质纹状体的多巴胺系统所控制。对那些脑区的刺激获得的奖励很少，因为习惯只是习惯而已。大部分都是无意识完成的。在这种情况下，当先前通过探索冲动实现的令人兴奋的行为变成例行公事时，人们不再需要变得情绪激动。因此，动物们没有表现出过多的自我刺激行为来激活那些更加接近的多巴胺系统也并不奇怪。

“自我塑型”的奇怪案例——相关不是原因，而是……

自我塑型（autoshaping）是指一种实验室现象，它在动物非常饥饿并且暴露于短暂的外部刺激时会逐渐显现（这同样意味着它的探索系统被高度唤醒），例如，在分发少量的食物之前，托盘上的按键会亮起（Brown & Jenkins，1968）。这种成为前兆的刺激，似乎与动物获得食物具有因果关系。一个头脑冷静的哲学家可能会决定耐心等待直到食物到来，而不是充满渴望和满怀期待，并因此开始与预示着食物的刺激进行互动。[①] 这种行为完全无助于减轻饥饿；然而，动物们会逐渐开始与这种刺激进行互动，仿佛它们相信这种互动会获得奖励。在反复进行这样的配对之后，动物（在本例中为鸽子）会在食物发放前啄击这个按键使其发亮。鸽子会在实验人员停止提供食物后很长时间内仍持续这一动作，即使啄击没有任何效果。自我塑型

① 目前，有越来越多的人关注那些对预示着奖励的刺激特别感兴趣并与之互动的动物，即所谓的“信号追踪者”，以及那些似乎对即将到来的食物最感兴趣的动物，即“目标追踪者”。前者在响应预期刺激时要比响应奖励本身表现出更多的脑多巴胺唤醒，而后者则对预期刺激和目标刺激都会表现出适度的唤醒。这似乎反映了作为基础的探索系统的气质特征。相较于目标追踪者，信号追踪者更容易对可卡因等药物成瘾（Flagel et al.，2011）。

在当前所有被研究的哺乳动物物种中都有发现。这很明显是一种探索行为，因为多巴胺阻断了自我塑型的效果(Phillips et al., 1981)。对于那些认为动物的行为是理智的而不是情绪化的人来说，这是一个挑战。

对于我们人类这种以因果关系进行思考的聪明心智而言，自我塑型的鸽子似乎在按键与食物供给之间建立了一种有用但虚幻的精神联系。然而，大多数行为主义研究者质疑，鸽子是否足够聪明，能够完成这种精神飞跃。那么，是什么导致了这种行为呢？这似乎只是一种盲目学习。也许鸽子并没有“认为”啄击按键能够确保食物供给，就如同斯金纳的跳舞的鸽子也并没有“认为”它们的舞蹈能够获得食物。当然，我们永远不会知道，因为我们没有办法进入其他哺乳动物的思想中，更不用说鸟类(Clayton et al., 2003)，至少不如我们可以清楚地衡量它们的情绪那样。那么，我们如何理解这一行为？为什么鸽子要啄击按键？好吧，也许它只是变得习惯于情绪亢奋，在一个非常无聊的环境中，产生迷信行为和其他方式一样是一种很好的消磨时间的方式，尤其是当实验人员每隔一段时间就会拿食物来诱惑它，这些食物相当连贯地由同一个线索预测。

当探索系统被唤醒时，动物会开始对它们所处的环境产生好奇。当饥饿的鸽子看到被照亮的钥匙时，它的好奇心被唤醒，并且通过啄击按键来进行探索。换句话说，探索唤醒导致人和动物去注意并尝试任何能够帮助它们理解世界的刺激。动物们不需要去“思考”外来的刺激与食物供给之间是否存在因果联系。条件性的探索唤醒确保它们会以模式化的方式对环境产生好奇。这种好奇心是适应性的，因为有时这种无关紧要的刺激是获取资源的线索。确实，在世界上，这种“洞察”可能经常奏效，也可能不奏效。例如，当公园里一只饥饿的鸽子恰巧发现并调查了地面上一些闪光纸片，它可能会发现好吃的薯片残渣。此后，任何有光泽的纸都可以作为预测食物的线索，看到它就会唤醒鸽子的探索系统进入一种专注的状态，并且与这一刺激进行互动。

自我塑型以及附加行为在严格的实验室条件下相互独立发生。然而，在现实生活中，自我塑型和附加行为通常紧密相关。动物进行重复附加行为，通常对一个外部对象——一种条件刺激——执行附加行为。例如，在自我塑型的实验中，鸽子重复地啄击按键，公园中的鸽子则会重复啄击薯条包装。人同样会表现出附加行为与自我塑型的结合。设想一下你的上司十分专横且不公，唤醒了你的愤怒系统。你想与他讲个清楚，但是他却让你等到下个星期，你不得不强压下你的怒火。在晚饭后，你阅读报纸，希望能转移你愤怒的注意力，然后你发现了填字游戏，这通常是你所忽略的内容。然而，今晚你却尝试了，并且变得十分投入，以至于错过了睡觉时间。在你填字谜时，你感觉好了一些，甚至开始享受这一活动。然而，一旦当你放下报纸，你可能又会想到你的上司并感到愤怒。

用神经科学的术语来说，你的愤怒系统的唤醒是因为你的上司给你带来一段艰难的时光。就我们所知，有些探索系统的唤醒起初伴随着所有类型的情绪唤醒，在这种情况下，它可能会促使你制定有关如何与上司接触的策略。然而，由于你的上司没有时间，你的困境类似于自我塑型实验中的鸽子。鸽子想要通过觅食来满足它的饥饿，而你希望通过向上司阐述你的想法来缓解你的愤怒。你们都没有办法完成想做的事情。所以你和鸽子的探索系统被唤醒，却无法进行有用的活动。在这种情况下，你和鸽子对外部刺激进行附加行为。鸽子啄击按键而你奋力解字谜。也许这有点发散，但好在观点是明确的。如果我们设想一个伴侣而不是一种无意义的字谜，那将更加令人心酸，也更具有临床意义。人们很容易迁怒于错误的对象。我们喜欢感觉到我们正在控制世界，即使我们并没有。这会是许多人祈祷的原因之一吗？或者为什么他们会误入歧途，将他们的情绪发泄到“无辜的旁观者”身上呢？

在本章的后面部分，当我们讨论条件学习时，将再一次思考自我塑型和附加行为在提供学习所必需的环境中发挥的重要作用。自我塑型的倾向确保人和动物注意到似乎有因果关系的外部刺激。这是条件学习的必要前提条件。附加行为的倾向使得人和动物去学习如何进行有效的重复行为，这通常也出现在动物条件反射时。自我塑型和附加行为都是探索唤醒的表现，并且二者可能都是条件学习在现实世界中发生的基础。

而且其中有一个方面也是科学的核心——归纳法在可检验假设的产生中的作用。归纳逻辑无非是看到关联事件之间的关系，以及“洞察”这些关联所暗示的因果关系。当然,这导致了一些实验,在这些实验中关键的相关变量被独立操作,来确认它们是否存在可以被证明的因果关系。这种方式避免了许多将基于自我塑型的关联视作因果关系的来源的潜在错误。假设和可测试性多次从归纳思维方法可能导致的错误中拯救了科学——从认为地球是宇宙中心的观察,到祈祷的潜能可以改变世界中的物理事件。这种批判性的思维方式,从看似无尽的循环错误信仰中拯救了科学,使科学从对表面观察的不加批判的接受中发展出来,而表面观察往往是人类思维和文化的特征。

探索系统与信仰

我们已经看到,探索唤醒可以产生持续的仪式性行为,如鸽子在可预测奖励间隔期间的舞蹈或者自我塑型地啄击按键。探索系统并不考虑个人事物,但新皮层则会考虑,尤其是与这一系统关联的内侧额叶皮层。当人们开始沉思时,脑的这一区域就会点亮(Northoff et al.,2010)。人们具有巨大的新皮层,而新皮层有能力用因果关系来理解和解释事件。想象一下,在科学知识匮乏的年代,一个部落遭受干旱天气。人们在沮丧中可能会从事仪式性和附属性的情绪行为。他们可能会持续走动,有时踢一脚或大声叫喊,脚踢大地在某种意义上与鸽子的舞蹈相似。最终,大雨会降临。由于注意到他们附属性的跺脚与下雨之间的关联,他们可能会相信这之间存在着因果关系,从而促使他们创造出求雨舞,以祈求未来的雨水降临。此后,他们可能会定期地进行舞蹈仪式——祈祷的一种形式——一种文化上可以被容忍的求雨努力。

在现代西方世界中,我们大多数人都认为这是一种妄想。但我们许多人都有在痛苦时祈祷的倾向。一些人虽然祈祷,但并不相信这会起作用。然而,这似乎使他们感觉更好,因为他们正在采取某种行动。因为人们通常都很聪明,知道什么时候他们不能控制自己的命运,所以这种行为往往采取口头呼吁的形式,祈求更高级的力量——能够控制命运的上帝。似乎附加行为让人和动物感觉更好,因为它们给人以错觉,使人认为它们是有效的媒介——这同样是探索唤醒的特征之一。有些人明确地祈求上帝的力量,例如在看不见停车位时找到停车位——有时它确实“实现”了!这是否能部分解释为什么祈祷是一种流行的行为,尤其是在倍感压力之时?祈祷是否一种附加行为,让人产生一种错觉,以为自己能够以某种方式神奇地改变自己的命运?

人们同样可以想象自我塑型是如何参与到宗教符号的创造。假设一个部落的酋长在干旱季节在一块木头上漫无目的地乱削。当雨水来临时,有人发现这个偶然乱削的图案类似于狼的面部。这块木头可能会吸引部族长老的注意,就像发光的圆盘吸引鸽子的注意一样。这是一个新奇且具有象征意义的对象,他们的探索系统将专注于此。由于他们巨大的新皮层能够以因果关系的方式思考并设计叙事,他们可能会认为狼的图案具有能够带来降雨的超自然力量。然后他们会在木头上雕刻狼面,并把它们作为一种宗教符号,以在遇到麻烦时可以向其祈祷。当然,我们只是想象了这种情形。然而,如果祈祷可以被视为一种附加行为,并且自我塑型在宗教符号的创造中起到了作用,那么探索系统就可以解释许多宗教信仰的神经根源。在这方面,宗教狂热是许多精神疾病的核心特征也许并非偶然。

但情感生活还有许多其他方面,深度卷入了宗教传统中。与杉德伽(Thandeka,2009)的观点一致,我们认为人类宗教信仰背后的推动力之一是我们的情感本性,尤其是我们对养育和理解以及通过社群来抵御悲痛的迫切需要,还有对于追求更高善的渴望。在关于惊慌/悲痛系统的章节中,我们将再次讨论这一革命性的主题。

两代人(及其后续)对探索系统的误解

正如前文所述,对探索系统最早的研究始于 1953 年加拿大麦吉尔大学的吉姆·奥尔兹和米尔纳,尽管他们并没有使用这个名字来称呼该系统。在进行其他研究(即人工诱导的脑唤醒/关注如何促进学习)时,他们偶然发现了这一现象,即动物会为了获得对特定脑区的电刺激而工作。

有时,吉姆·奥尔兹称其为"愉悦系统"。但其他研究者则更为谨慎,直到20世纪80年代,当对自我刺激研究的大探索时代接近尾声时,大部分研究者才开始关注这一复杂系统的多巴胺成分。

从那时起,几乎所有人都称其为"脑奖励",甚至是"强化系统"。但是,人们一定会怀疑。奥尔兹在撰写最后一本书(Olds,1977)时,他已经意识到这一系统所做的远不止创造愉悦感。他开始研究欲求驱动的经典条件反射,通过将音调与向饥饿的老鼠输送食物配对,并监测整个大脑的神经元活动。他发现,老鼠脑中的许多区域学会了预测即将到来的食物,但最快的神经条件反射,以及表明动物正在预测食物的最早信号,都来自我们称之为探索系统的 MFB-LH 通路中的神经元。细胞放电通常意味着即将到来的奖励,但奥尔兹似乎从未下定决心承认他所发现的实际上是热切地期望奖励,而非只是记录消耗奖励带来的愉悦的脑系统。在奥尔兹去世前几年,潘克塞普在一趟飞往欧洲的班机上与他讨论了期望/探索假设,他对此很感兴趣,并表示他的电生理学工作与这一观点相一致。

奥尔兹和米尔纳关于"脑奖励"的发现,无疑是20世纪最伟大的神经科学发现之一,最终导致了揭示学习和成瘾的神经基础的研究。动物可以通过 MFB-LH 刺激学习各类事情,从按压杠杆到在迷宫中走特定的路径,这被正式地称作操作性和工具性条件反射(operant and instrumental conditioning)。他们称这种效应为自我刺激,因为动物在接受"欢乐"的电击中扮演了一种积极的角色(它们起作用),有人甚至认为他们发现了一种精神自慰的形式。动物们所刺激的脑区在演化上是被设计用以获得其他好处的。毕竟,一个人自慰其实是想要获得一种情爱关系,但出于各种原因,最终成为独自的自我满足,这与成瘾非常类似(Zellner et al.,2011)。现在我们知道,这种通用的探索系统对于所有类型的药物成瘾,甚至是性瘾等都起到重要作用(Wise & Rompre,1989;Robinson & Berridge,1993)。这一系统同样是所有创造性活动背后的力量源泉(Reuter et al.,2005)。

还有一个大问题依然存在。大部分"继承了"这个迷人的脑系统研究的年轻学者,几乎不会质疑诸如"奖励"和"强化"等前人传下来的统一概念,就好像它们是统一的现象。确实,"强化"这个概念可能只是我们无知的一种概括术语——也许是行为主义科学的“燃素”[1]——只是一种训练动物的简便程序。然而，作为一种脑过程，这只不过是掩盖（隐藏）了大量的无知。一直以来，大多数研究这种“大脑奖励系统”的研究者没有考虑到实际的“自然”行为模式，即动物在探索系统被人工唤醒时自发表现出的特征性探索活动。

动物会自我刺激脑的许多区域，其中最主要的是隔膜和 LH 中包含上升多巴胺系统的 MFB，当然还有许多其他神经网络。我们已经知道，MFB-LH 和隔区的自我刺激所产生的体验对于动物而言大相径庭，尽管动物对沿 MFB-LH 区域的感受往往相同，因为它们难以识别这条通路中的两个远端区域（Stutz et al.，1974）。因为几乎没有进行过这样的区分工作，因此我们必须假设，其他许多调节自我刺激的脑区同样会生成不同类型的奖励。无论如何，脑都包含了许多奖励系统。

迄今关于 MFB-LH 刺激生成的奖励类型，已经有好几代研究者在科学上“推卸了责任”，而我们不希望重复这件事情，“脑奖励系统”这个整体概念远远偏离了方向，即使是知道更好选择的人们，他们也继续使用着这一概念（Haber & Knutson，2010）。这一描述完全没有抓住这种脑刺激在动物身上唤起的自然行为模式，并且电生理学始终表明该系统旨在首先对新发现的奖励感到兴奋，然后在更多奖励出现时迅速做出预期。归根结底，获得 MFB-LH 奖励的动物并非简单地表现得类似于享受一顿美食或体验一种感觉—情感奖励。刺激中隔区产生的行为更接近于此。

当动物自我刺激 LH 时，它们是以一种非常疯狂的方式这样做。它们疯狂地按压杠杆，同时用鼻子“快速”嗅探，近乎是在尝试发现杠杆后面到底有什么——去探索它——并且它们所做的通常比获取全部“奖励的”电刺激所需要的多得多。与之相反的是，动物会以一种相当不同的行为“态度”自我刺激中隔区——它们有条不紊地行动，每次电刺激通常只会按压一次杠杆，并且也不会躁动。通过各种措施，隔膜刺激所产生的愉悦并非不如 LH

[1] “燃素”（Phlogiston）是早期物理学家给出的一种虚构的（理论上假设）物质，它能够使可燃物燃烧。当它们烧成灰烬时，这种物质被认为是“脱燃素的”。当然，这被证明是一个并不存在的实体的名字；它的作用是在人们理解之前让人们觉得理解了。

刺激,并且通过人们的自我报告,隔膜刺激确实唤醒了愉悦感(Heath,1996)。那么,为什么动物们如此渴望获得LH刺激?最合理的假设是,当动物体验到某种欣快的热情时,探索系统会激发出一种强大的精神和行为活力,即动物在获得即将到来的奖励之前所表现出的那种唤醒。可以想象一下,一只饥饿的狗在你拿来盛放食物的碗时不停上蹿下跳和原地转圈。

然而,在发现自我刺激后的那段时间,行为概念被认为是讨论动物行为的唯一有意义的科学方法。即使是更喜欢研究野生动物自然行为的动物行为学家,也将他们的分析限定于对行为的准确描述,而不涉及任何心理结构,情绪问题也很少涉及。诺贝尔奖获得者、动物行为学家尼科·廷博根(Niko Tinbergen,1951)指出,既然"主观现象无法通过对动物的客观观察获得,那么最好是搁置或者否认它们的存在"。当时,任何关于脑主观方面的讨论都是禁忌(Wallace,2000)。因此,动物心智被大部分科学家所忽视也不奇怪,直到唐纳德·格里芬(Donald Griffin,1984,2001)才开始再一次强调动物意识存在的可能性——在19世纪晚期(如Lindsay,1880)这种尝试极为常见,甚至过于流行,尤其是达尔文的门徒乔治·罗曼斯(George Romanes,1882)所做的那些尝试。

当奥尔兹和米尔纳发现自我刺激现象时,行为主义正值顶峰。行为主义运动最大的成就是,它发现动物可以被诱导按照特定的方式(它们将会表现出操作性/工具性行为),以高度可预测的方式行动,当奖励(通常以食物或水的形式)按照特定时间发放时[例如,按照许多奖励提供程序的说法,称作"强化程序表"(schedules of reinforcement)]。例如,在一个程序表下,当食物在固定数量的反应(固定比率程序表,有点像砍木头)之后被送出时,动物会尽可能快地按下一个杠杆,吃掉奖励,在开始另一个最大限度快速的操作行为之前放松一会儿。当奖励的发放难以预期时——在不定次数的按压杠杆后(变动比率程序表),动物们的行动会变得更慢但更匀速。当奖励按照规律间隔时间发放时,无论操作性行为数量的多少(固定—间隔程序表),动物们会在得到奖励后减慢按压杠杆的速度,而当奖励即将再一次到来时,它们按压的频率会越来越快(看上去像一条上升期望的曲线)。如果奖励在各种不可预料的时间发放,无论动物们按压杠杆快或慢(变动间隔程序表),

动物们的行动都会变得非常慢但很稳定。如果难以想象这些语言描述，请参见图 3.2，了解动物按照这些不同的程序表行动时的反应“累计记录”(Panksepp，1998a)。

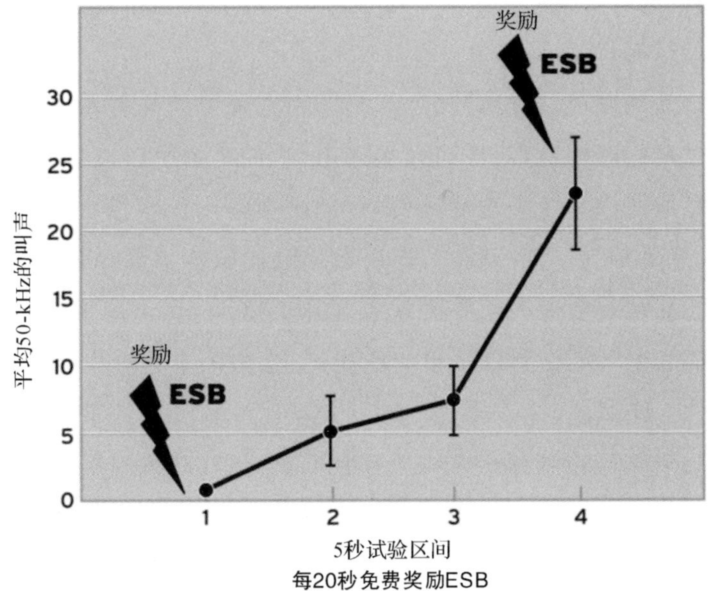

图 3.2　以固定间隔的时间间隔(每 20 秒给予一次刺激)对大鼠进行半秒的自由奖励性下丘脑侧向电刺激(ESB)，大鼠自发生成的表示积极情感的 50 千赫兹的超声叫声。在适度暴露于这种自由大脑奖赏模式之后，动物开始表现出一种预期曲线，这是动物在固定时间间隔“强化程序表”中为食物等常规奖赏工作的特征。通过嗅探行为的测量，也会自发地获得非常相似的模式，这反映了由潜在的探索系统介导的本能探索性响应(数据改编自 Burgdorf et al.，2000)。

强化程序表以及“脑奖励”的奇怪效应

强化或者奖励程序表的使用，远比上述基本类型复杂得多，它使得包括人类在内的所有受测动物都生成了高度特征化且可预测的行为模式。这种一致性给予了行为主义科学家信心，他们认为揭示了人和动物在简单的学习环境中对奖励响应的规律。当然，作为激进的行为主义者，他们对于情绪和动机的深层神经本质不感兴趣。相反,他们只考虑刺激和反射以及奖励和惩罚,还有一种被称作"强化"的将上述内容粘合在一起的过程。奖励刺激通常是按照特定程序表提供的食物或水,而反应则是动物的模式化行为。然而,食物并不是唯一的奖励——雄性会为了获得性服务而行动,母鼠则会为了接近幼鼠而行动,等等。

这种行为的发现,对设计和运营赌场的人来说同样有用。他们设计了提供现金奖励的赌博机(老虎机),实际上,它们是为了以最有效的方式,从客户手中赚取他们辛苦挣来的钱(即变动比率强化程序表)! 当然,从长远来看,赌场总是赢的一方。确实,当用现代脑成像技术监测时,这种敛财的行为和心态非常有效地点亮了脑的"奖励中心"(Knutson & Cooper,2005)。

奥尔兹和米尔纳受到以下事实的震撼:当按照上述分发食物的程序表的方式提供 LH 刺激时(如固定比率和变动比率),动物几乎表现出了和获取食物时完全相同的可预测模式。有所不同的是,动物们不会像饥饿时获取食物奖励一样持续地为获取 LH 刺激奖励而工作。例如,按照固定比率程序表活动的大鼠很容易成百上千次地按压杠杆来获取每一口食物,但对于脑奖励,它们很少愿意付出之前十分之一的努力。如果研究人员停止提供 LH 刺激作为按压杠杆的奖励,按压行为很快会逐渐减少直至停止。通常情况下,动物会开始从事轻松的自我护理活动,如梳理毛发。自我修饰是指动物在进食或交配后,在探索系统相对静止的时候,非常活跃地进行的一种行为。当实验人员停止给予动物脑奖励,它的探索系统会很快变得相对不活跃。然而,如果人们停止向饥饿的动物提供食物,动物们会在很长一段时间内仍旧持续按压杠杆。这是因为动物处于一种内稳态失衡的状态,这种状态自动地使探索系统变得敏感,促使动物们持续积极地按压杠杆。在潘克塞普发表的研究成果中(Panksepp & Trowill,1967a,1967b),他发现,非饥饿状态下为高激励性奖励(比如直接滴到它们口中的巧克力牛奶)行动的动物表现得与自我刺激的动物非常类似,这意味着身体需求的缺乏与自我刺激动物的反常行为之间存在一定关系。

当然,奥尔兹和米尔纳不得不在当时行为主义者所使用的有限概念组中来理解自我刺激现象。这一发现足够振奋人心,也许是 20 世纪最重要的心理学发现，但当时他们没有动力去考虑类似于探索—期望系统这种激进的观点，最终，研究者很少关注自我刺激的动物和那些为常规奖励而工作的动物之间的区别。大多数研究者认为，自我刺激在某种程度上只是反映了源自传统奖励的愉悦，也许还有导致动物寻找奖励的内稳态失衡。由于有许多方式来恢复内稳态（进食、饮水或者许多能够通过刺激 MFB-LH 唤醒的行为），许多研究者还假设 LH 中肯定存在针对每一种完成行为的子系统。其中第一种子系统能够刺激进食的行为，也许是通过引起短暂的饥饿感，随后是进食的满足感来实现；第二种子系统则会刺激饮水；第三种子系统则是性满足；诸如此类。然而，大量实验表明，这些假设是不正确的。

如果 LH 是脑中记录完成愉悦的部分，那么，它应该在动物体验到吃美味食物的快乐时被唤醒。神经元将会在动物进食、饮水、交配以及其他活动时放电。然而，实验数据并不支持这一观点。LH 中的神经元通常会在动物们寻找食物时变得活跃，但这些神经元会在动物们找到食物并开始进食时迅速关闭（Hamburg，1971）。其他实验也得出了类似的结论，这表明与 LH 紧密相连的脑结构（构成探索系统其他部分的脑结构）是对奖励的预期而不是对奖励本身做出的反应（Blackburn et al.，1992；Fibiger & Phillips，1986；Schultz & Romo，1990）。因此，在现实世界中，即在没有人工脑刺激的情况下，在动物获得奖励的那一刻，探索系统也似乎并不是特别活跃。相反，探索系统通常在动物们即将获得它们所期待的奖励之前唤醒程度最高。事实上，正如我们指出，MFB-LH 中的神经元倾向于在动物开始进食时关闭。

然而，在完成阶段有一些多巴胺分泌，有些研究者认为，这意味着 LH 唤醒与吃喝以及其他活动所产生的愉悦之间存在神经关联。但关于这一点，有一种更加合理的解释。多巴胺的分泌可能是由于当我们进食时，在期望与完成之间存在一种相契合的模式。如果你在饥饿时坐下吃汉堡，你的 LH 中的神经元会在你开始吃第一口时停止放电。然而，当你吞咽之后，你又开始期待吃下一口。在短暂的期待阶段中，你的探索系统中的细胞再一次开始放电，并分泌多巴胺。甚至在你吃饱之后，LH 中的细胞可能由于你想到饭后甜点而再次放电。

因此，有理由假设多巴胺分泌和 LH 唤醒以一种周期形式出现，即使是你在享受一顿美食的过程中。然而,一般而言,构成探索系统的 LH 及其相关结构中的许多神经细胞通常在完成行为之前放电更加活跃。这一数据与以下可能性相一致:当你在期待汉堡时,你的探索系统分泌了更多的多巴胺,相较于你带着满足感大嚼汉堡的时候。此外,我们必须记住,多巴胺只是组成探索系统的复杂神经网络的一部分。

“脑奖励”效应变得愈发不可思议

但还有其他令人费解的现象需要解释。为什么这种(在不工作的情况下)免费给予的大脑刺激,会产生各种各样的满足行为,比如吃、喝、啃木头、交配等等?如果脑刺激所产生的满足或者奖励来自这些行为,那么这是相当令人困惑的行为。但是,这种常见的事实可以导向另一种合理的预感:MFB-LH 可能包含特定的神经子回路,它们与每一种完成行为相对应。不过,当进行测试时,这种预感被证明并不正确。如果 LH 包含所有这些子系统,那么在同一只动物的 LH 周围移动电极(如一个流动的刺激探针)时,不同的子系统应当被唤醒,并且动物起初会表现出一种完成行为,例如喝水,随后,当探针向下移动一点时,动物会开始另一种行为,例如吃东西或者交配。然而,事实并非如此(Wise,1971)。当使用这种“流动”电极时,动物们会维持第一种它们正在进行的行为,并且无论你将电极放在“活动区域”的哪个位置,它们都会持续进行这一行为。如果动物在进食,它会在电极在 LH 中移动时继续进行。此外,动物有时候会持续进行非完成类的活动。有时它们会啃咬木头、摇摆尾巴、聚拢它们的幼崽以及痴迷地啃咬它们的排泄物等。动物会以非常相似的方式自我刺激所有这些脑区。因此,研究者逐渐发现,LH 的“奖励回路”并没有为不同的完成行为设置单独的神经回路。相反,这个系统已经准备好应对任何维持生存的活动。

艾略特·瓦伦斯坦(Elliot Valenstein)和他的同事最重要的研究表明,这个系统具有某种一般的行为功能,他们发现了当刺激该系统时动物表现出的各种欲求行为的一些非常显著的特点。这些行为非常灵活并且是可互换的。如果一只动物积极地进食,而不是喝水或者啃咬木块,随后这只动物被整夜持续地刺激，但不给它任何食物（它们最初偏好的“目标物”），第二天早上，动物会积极地喝水或者啃咬木头，如同它们前一天吃东西一样积极（Valenstein，Cox et al.，1970）。更令人吃惊的是，当瓦伦斯坦和他的同事重新给予食物时，动物仍会坚持它们新发现的行为。他们还发现了许多其他令人困惑的行为模式。例如，如果动物们在脑刺激期间首先开始用吸管喝水，而研究者随后将水放在碟子里，动物们则会开始去吃东西或者啃咬木头，而不是喝现成的水。有许多其他同样令人费解的行为改变的例子（参见 Panksepp，1998a）。研究者们仔细思考了这些瞩目的发现，并得出结论，MFB-LH 只是一种非常具有可塑性的学习系统。

在相同的总体时间框架内，潘克塞普也发现了类似的模式，但他通过脑刺激来唤醒捕食行为（Panksepp，1971）。瓦伦斯坦将这些发现视作对自己结论的支持，但潘克塞普提出了一种相当不同的理论观点，也就是说，他将所有这些视作 MFB-LH 中存在统一的情绪系统的证据，一种调节通用的欲望渴求以及觅食行为的系统。这一系统是一种没有固定目标的激励机制，起初适用于所有奖励的探索，并逐渐通过学习获得所有奖励的期望值。从行为学的角度来说，它是一种通用的、激励性的欲求行为系统。如果这种系统被反复唤醒，那么动物们最终会选择任何已有的欲望反应并持续进行下去。这是一种情绪系统，而不仅仅是一种奖励系统。

棘手的决定性实验

几年后，瓦伦斯坦开始怀疑 LH 唤醒是否意味着一种广义的和非特异性的愉悦，它使得许多种类的完成行为变得愉快，该领域的另一位先驱者罗伊·怀斯（Roy Wise，1982）同样提出了这种观点，他最初认为这些证据支持了 MFB-LH 中存在许多完成活动的子系统。为验证这一假设，瓦伦斯坦请求他的研究合作者、密歇根大学青年教师肯特·贝里奇（Kent Berridge）进行了一个关键实验。贝里奇在攻读博士学位期间已经对一个引人入胜的现象进行了研究，即人们可以通过仔细观察大鼠的面部动作，尤其是它们的舌头运动，测量其对糖水的喜好水平，因为糖水是直接灌入它们口中的。随着贝里奇不断提高糖的浓度,动物会更加卖力地舔它们的上颚,同时它们的舌头会伸得更长,如同卡通片中可笑的角色。简而言之,愉悦程度越高(关于"甜味"——一种感官情感),大鼠们越会强烈地舔它们的上颚。

瓦伦斯坦和贝里奇推断,相较于提升糖水的浓度(对人类而言,这是愉悦的甜味),人们可以通过简单地对 LH(通用的愉悦基质)施加一些额外的电刺激而提升愉悦感。换句话说,这种电刺激将会强化完成"喜欢"反应,这是贝里奇所善于监控的。通过这种少量的脑刺激"注射",大鼠会过度地舔它们的口腔,就如同适量的糖水直接灌入它们口中一样。这一实验非常成功(Berridge & Valenstein,1991)。遗憾的是,相较于瓦伦斯坦的理论,贝里奇发现了刚好相反的结果。当进行 LH 刺激时,舔上颚的行为并没有增加;相反,这种行为大幅减少。显然,LH 刺激并没有提升大鼠的完成愉悦反应。因此,这种反应一定是源于某种其他形式的奖励。

潘克塞普和同事们为结果感到高兴,因为他们已经意识到 LH 刺激会唤醒探索冲动,而这种冲动所反映的强烈觅食欲望,通常出现在动物找到美味的食物之前。确实,贝里奇本人得到了基本相同的结论,并且着手建立了自己的探索—期望假设。他认为这一系统调节了"需要"(wanting)而不是"喜欢"(liking)(Berridge,1996)。在相当长的一段时间里,他很难让同事们相信他的观点。时至今日,最普遍的观点仍然是,这种自我刺激的情绪系统可以被恰当地称作"脑奖励系统",并且最近这种误称已经被大部分人脑成像研究者所采纳,其智力根源可以追溯至认知心理学。他们不断发现,这个系统的主要终端区域之一,伏隔核(见图 2.3)像圣诞树一样亮起,以响应人类所有的欲望和快乐——从动人的音乐到好笑的笑话(Knutson & Cooper,2005)。潘克塞普曾经询问布莱恩·柯诺森(Brian Knutson)为什么不将其称作探索系统,柯诺森表示,如果使用这样一个激进的名称,他的成果将会很难发表。换句话说,欲求学习的研究更喜欢将动物视作提升"刺激显著性"的感官信息的被动整合者,而不是一种具有脑系统的活跃有机体,能够与世界欣快地交互以满足自身的需求。关于生物体在演化过程中如何构建自身,这是根本上完全不同的观点。

在这一过程中也有其他的理论,但此处不做详述(最新综述见 Panksepp &

Moskal,2008)。但是,没有任何一种理论如同探索系统假设那样具有包容性、具有行为学和情绪的维度。如果还有人认为这个系统仅仅是调节了由一顿美食或者美妙的性爱所产生的良好感受,那么,他或她一定没有注意到所有的证据。最引人注目的观察,即大部分该领域的研究者仍未关注的是,获得这种脑刺激的动物会疯狂地探索它们所处的环境,注意到它们邂逅到的所有新刺激。事实上,通过特定的方式形塑环境,受刺激的动物倾向于成为囤积者,在刺激生成时拾取所有的东西,而当刺激消退时又把它们全部丢下。因此,如果人们将试验箱的其中一侧堆满我们认为是垃圾的东西(软木塞、瓶盖等),然后在大鼠进入那一侧时进行探索刺激,动物会将所有的东西搬到箱子的另一侧,并且在脑刺激停止时把所有的东西丢在那里。这只是另一种强迫的附加行为!

总而言之,LH 刺激并没有产生明显的内稳态的身体需求感——它没有产生饥饿或口渴。相反,它促进了一种情绪性的"能量",有助于自我塑型以及大量附加行为。食物和水成为这些附属冲动的目标,产生一种疯狂的满足感,或者与手边任何足够有意思的东西进行交互。因此,LH 刺激能够产生对食物和水的渴望这一事实,并不意味着生成了任何特定的身体需求感(例如内稳态的情感)。相反,它是一种能够响应各种需求的基质,包括探索世界以及追逐环境中有趣的目标。这些活动中的大部分都在脑的多巴胺网络参与之前就已经完成。

多巴胺/探索系统——仅控制行为还是包括情感?

20 世纪 70 年代早期,当所有这些实验完成后,乌尔班·翁格施泰特(Urban Ungerstedt,1971)发现了一种源自 VTA 的上行多巴胺系统,通过 MFB-LH 传递信息,上升至伏隔核并且一直到额叶皮层内侧区域[见图 3.1(A)]。换句话说,多巴胺通路显然是整个巨大且复杂的 MFB-LH 回路中的一个重要部分,从中脑延伸至新皮层。这一回路被称作中脑边缘多巴胺和中脑皮层多巴胺通路,以及许多相关的神经回路,我们现在对它们的奖赏性质有了很多了解(Ikemoto,2007,2010)。我们只是不同意它们对生物体的整体作用,或者在如何谈论使得动物和人类成为自发“活跃的”生物的脑的整体情绪功能上有不同的看法。

在20世纪70年代,潘克塞普曾提出以下观点,他认为这些通路组成了探索—期望系统。不同于所有之前将LH视作某种内稳态或广义的愉悦奖励基质的理论,这种理论将其作为一种情绪的脑系统,该系统生成期望行为以及欣快—狂热的情感,促使动物占有自然中的奖励并且回避危险。按照这种观点,附加行为和自我塑型是探索过度刺激的必然结果。这种对以MFB-LH自我刺激奖励为特征的狂热行为的替代解释,认识到传统行为主义的“奖励”概念用一种模棱两可的通用的标签掩盖了这个系统的功能。如果人们接受“奖励”这个概念,则显然不再需要考虑这一领域内的所有悖论。

同样,贝里奇得出结论认为这一系统并没有生成一种完成行为的满足感(“喜欢”),而是生成了一种奖励类型的欲求“需要”(Berridge & Valenstein 1991;Robinson & Berridge,1993)。他与他的同事们进一步认为,这种上行多巴胺系统提升了某种被称作“激励显著性”的东西,这是一个稍微模棱两可的概念,本质上意味着环境中的刺激达到可以吸引注意力的程度。事实上,这是许多情绪系统都具有的属性——它们都有助于让感官和认知信息进入脑(见图2.1)。因此,这种观点类似于探索—期望概念中的一个关键方面,即认为哺乳动物具有一种内在的冲动,抓住具有吸引力的刺激并回避具有威胁性的刺激。然而,“需要”这一术语倾向于关注动物如何感知世界,而探索假设则包括动物如何被设计为世界中的一个行动者——一个主动的能动者,而不是一个被动的信息处理者。

潘克塞普和贝里奇的假设之间还存在另外一个关键区别。贝里奇将“需要”和“喜欢”的概念用引号表示,意味着它们只是一种隐喻。他并不承认任何真正的内在情绪体验是由LH-多巴胺(探索—“需要”)系统活动产生的。相反,他关注奖励感官属性的效力/强度(“显著性”)以及预测着奖励的刺激。因此,贝里奇一度认为“喜欢”本质上是一种内在的、非体验的过程,它可能会影响人类脑高阶新皮层区域的心理体验(即这是另一种“读出”假设)。按照这种观点,很难想象为何动物会自我刺激,除非可能是因为这种系统的某些东西在人类发达脑的高阶部分产生了感觉,当然,这并没有解释为什么那些不具有新皮层的动物也具有脑刺激“奖励”——它们也可以很好地自我刺激(Huston & Borbély,1973)。

贝里奇选择将大鼠们的“喜欢”视作一种人类情感体验的无意识前驱物;这样一来,他似乎绕开了心理过程或体验如何在其他动物身上存在的问题。如果贝里奇的解释是正确的,那么他就是最精致的独出理论者之一(见第 2 章)。他相信 LH“奖励”系统的唤醒,尤其是多巴胺能部分,是人脑新皮层区生成“需要”的有意识体验的前兆。如果我们关注于对未来特定事物和审美体验的预期以及三级精神过程,而不是欲望本身,那么,这是一种很好的理解。

另外,潘克塞普远早于贝里奇提出,热情渴望的原始情感体验——一种增强的纯粹的愉悦期待感——直接来自所有哺乳动物脑的皮层下结构。换句话说,他认为其他动物是完全的情感生物,能够以热情的方式体验自己的探索冲动。动物们自我刺激 LH,不是因为它感觉到一顿美食的愉悦感,而是因为它促进了探索的内部状态,不仅生成了对资源的探索,同时也产生了一种非常特别的、类似于我们人类所感到的积极感受,即当我们充满对世界中美好事物的积极兴奋感时所产生的感受。但这一系统起初并不知道它想要什么,这使得“需要”这一概念过于认知化而不够情感化。无论如何,几乎所有研究者都含蓄地承认这一系统调节着脑中的某种积极的感受,但目前鲜有关于这种感受是什么的共识或讨论。其中一个关键问题是,行为主义神经科学家,作为一个共同体,尚未就动物具有情绪体验达成一致。事实上,大部分人不愿意公开地讨论动物的情绪感受的本质。我们相信,这不必要地削弱了其他动物和我们自己的智力完备性。

探索系统、条件性学习与“奖励预测偏差”

目前,大部分神经科学家并不太关心动物可能具有的情感感受。很少有人承认,对于其他动物的相关脑情感机制的研究,是理解我们自身基本情感感受的唯一清晰的科学途径。大部分研究者更感兴趣的是,这种“奖励”系统——我们倾向于称其为探索系统——如何帮助动物的脑去学习。神经科学家的脑研究并不像行为主义者那样仅仅关注环境外部刺激的奖励和强化作用。相反,他们把注意力集中在脑区、回路以及可能调节奖励和强化的神经化学物质上。如果行为学家对学习机制是什么感兴趣,他们最终将寻求神经科学的答案,以解决困扰行为主义者的问题。但大部分神经科学家并没有意识到情感体验的机制,即由无条件刺激和情绪性无条件反射所唤醒感受的神经机制,都是使脑能够进行学习的"强化"过程的组成部分。

目前,大部分行为神经科学家都同意,这一系统的主要化学物质多巴胺是条件性学习的基础。在神经科学革命之前,行为心理学家提出了一种奖励/强化模型来解释条件反射如何发生。在经典实验中,食物和水等奖励会在动物们执行操作性行为,例如按压杠杆之后提供。行为心理学家提出,食物是强化学习的奖励。虽然他们都知道这种强化步骤(即一个回应,随后是一个外部奖励)确实非常有效,但是他们并不清楚真正的强化过程是什么。过程问题很明显需要脑研究,而自我刺激的"奖励"似乎是 20 世纪 70 年代初最显著的理解途径。

然而,在"脑奖励"发现之前,奖励/强化学习理论一直存在一个固有的严重问题:没有人能够在脑活动方面有意义地解释奖励或者强化究竟是什么,除了激发学习的那些东西。行为主义者将奖励定义为动物会为之行动的食物或水。但为什么动物会为之行动呢?因为它们是"奖励"!强化也以类似的循环方式进行定义。诸如食物的刺激强化了学习。但它是如何做到的呢?仅仅说动物会为了获得奖励而学习各种行为模式,这是远远不够的。这些论述只是告诉了我们一些显而易见的事实。当"脑奖励"被发现后,神经机制的研究终于吸引了许多行为主义者,但他们仍尝试坚持原有的术语。为了处理情绪这一棘手的概念,他们提出情绪是由学习生成的实体,即强化相倚(reinforcement contingency)(Gray,1990),这引起了一些争论:潘克塞普所主张的另一种观点认为,强化是情绪感受和其他情感在脑中促进学习的一种方式(Panksepp,1990a)。

当新一代神经行为主义者开始以新的方式思考学习时——通过脑回路和神经化学的方式——他们继续坚持着传统行为主义关于奖励和强化的理论及其所有固有的歧义。许多人认为,他们在 LH-多巴胺系统中找到了根本的学习基质,因为多巴胺神经元总是在动物处于条件反射时按照有趣的模式保持活跃。

最新的行为主义理论,来源于一系列的多巴胺学习理论,是由目前在剑桥大学工作的瑞士电生理学家沃尔弗拉姆·舒尔茨(Wolfram Schultz)提出的“奖励预测偏差”假设。舒尔茨运用精湛的技术,探测了饥饿猴子脑中多巴胺神经元的放电模式,这些神经元预期着食物发放的信号。因此,举例来说,如果闪光意味着发放一顿美食,舒尔茨可以监测猴子首先见到这种闪光并随后见到食物时多巴胺的活性,以及最终当这种闪光预示着食物时多巴胺的活性,以及有时当闪光出现而猴子却什么也没得到时(毫无疑问相当沮丧)多巴胺的活性。

舒尔茨观察到,猴子脑中的多巴胺神经元起初会对意料之外的食物发放做出反应,但随着猴子习惯于这种线索关联,例如闪光与食物发放,多巴胺细胞逐渐停止在发放食物时放电,而转为在闪光时放电——换句话说,对预示着即将到来的食物的线索放电。然而,如果闪光灯亮起而食物没有到来,那么多巴胺细胞会略微减少放电,这可能是一种表示“奖励预测偏差”的信号,它有助于优化学习。

请记住,行为主义者坚持认为,诸如食物和水等奖励性刺激将会强化学习。舒尔茨认为,从神经科学的角度看,奖励最初的表现形式是多巴胺神经元的快速放电。这种快速放电强化了学习。所以,多巴胺放电的频率将教会猴子,闪光是食物的信号。当食物没有提供时,多巴胺放电的减少是一种反向奖励(一种惩罚),它会进一步优化学习。如果实验人员在闪光时完全不再提供任何食物,多巴胺神经元的放电会更加缓慢,这就是猴子如何学习闪光不再是食物的信号。通过这种方式,舒尔茨得出结论认为,多巴胺细胞,即我们所说的探索系统构成了一种“教学信号”。但有必要指出,这些好学的猴子被限制只能坐在它们的“桌子”前,因此,它们无法表现出和它们自由活动时一样多的有趣的行为。这是一种行为主义的观点,即环境如何控制行为,而不是动物的内部冲动。

舒尔茨认为,多巴胺强化了学习,因为多巴胺活性的变化始终伴随着学习过程。然而,科学最大的教训之一就是“相关并不等同于原因”。将多巴胺神经元放电与特定的学习行为相关联,人们看到的是相关性,而并不一定是原因。当舒尔茨观察发现多巴胺神经元放电随着动物们的条件反射而系统地变化时,他认为这些神经元在学习过程中发挥了关键作用。同样可能的是,它们只是跟随着脑别处发生的学习。我们相信这是对他的精细数据的更为正确的解释。事实上,还有一些其他的证据与舒尔茨的理论假设不一致(有一些在我们讨论自我塑形、附加行为以及艾略特·瓦伦斯坦小组的杰出工作时已经提及)。

学习紧随情绪唤醒的脚步

行为主义者主要关注的问题是“学习是如何在大脑中发生的”,关于这个重要问题,已经取得了很多进展。例如,目前关于恐惧系统以及恐惧条件反射的研究(LeDoux,2000),正如第 5 章和第 6 章所总结的,表明学习在很大程度上依赖谷氨酸递质。谷氨酸提供了让中性(条件)刺激的信息进入恐惧系统的通路——以往没有的通路。假设一只大鼠在被电击爪子之前,反复地听到一阵铃声。这种电击的刺激无条件地唤醒了恐惧系统。然而,在条件反射之前,铃声没有唤醒明显的情绪,既没有焦虑也没有担忧,只是一种注意力的定向反应。在条件反射之后,大鼠会在铃响时明显变得害怕——伴随着排泄可能性的提升以及自主神经指数(心率和血压)的飙升。

这些实验表明,在条件作用之前,携带有关铃声信息的神经通路并没有接触到恐惧行为。在条件作用后,这条通路确实有各种“恐惧”反应。一种通向行为和自主输出的条件通道构建了一种特定的分子学习机制,简而言之,这种输出可以用“恐惧”一词来描述。这就是为什么条件反射后大鼠对铃声表现出恐惧反应的原因。这种分子机制是条件学习的神经症结(LeDoux,2000)。在这些方案中,绝对没有为恐惧感受的神经机制提供任何地方。这是因为,我们可能必须永远怀疑动物们是否具有体验,也就是心智。但是,如果在许多学习过程中,脑情感活动的体验方面至关重要,那该怎么办呢?

伏隔核中存在着类似谷氨酸调节的学习机制,其中多巴胺系统传递着最重要的“奖励”信息——探索冲动(Kelley，1999，2004)。总而言之，舒尔茨收集的大部分证据符合这样一种直接且简单的可能性，当饥饿的动物预测可以获得食物时，条件线索获得对探索回路访问权。这种“奖励预测偏差”是关于另一件事情的一种复杂说法——即动物们可以区分持续预测奖励和无奖励的线索。据我们所知，这一区分发生在脑的高阶区域，而非舒尔茨所记录的多巴胺神经元放电的低阶区域。但大多数高阶区域都会让多巴胺神经元知晓在别处发生了什么[见图 3.1(D)]。

如果多巴胺活动没有“强化”条件/情绪学习，那么它们为何如此紧密相关？正如我们已经指出，答案是因为它们接收到了脑其他区域中产生的学习信息。那些学习使探索系统开始行动或者在没有奖励到来时抑制其兴奋。这并不意味着多巴胺活性的改变密切参与到直接调节学习过程本身，但这是一种合理的假设，需要在多巴胺轴突的终端领域进行直接评估，尤其是在伏隔核中。然而，多巴胺活动同样伴随着高阶心理欲望状态的生成，例如听动听的音乐，或者脑高阶区域其他的日常“成瘾”活动。这些认知调节的预期状态，最初可能是由模式化的多巴胺分泌构建的。

此外，当处于欲求学习环境中的动物第一次被给予食物时，多巴胺激励的探索冲动会首次被唤醒，以确保动物们注意到条件刺激。探索系统总会在欲求条件反射时被唤醒，因为条件反射需要通过动物的情绪唤醒开始(即，如果没有这种无条件反射，学习就不会发生)。在典型的实验条件下，情绪唤醒是由无条件刺激促成的(例如，疼痛唤醒恐惧和奖励唤醒探索)，并且这些无条件反射很有可能会开启通往大脑其他地方学习的途径。如果是这样的话，对于多种类型的学习来说将凸显情绪唤醒在动物模型研究中是如何至关重要(见第 6 章)。

这种通用的探索反应，不仅帮助动物自发地用运气和技能寻找它们所需的资源，而且也是动物逃离危险的手段，这些危险是它们最终要学会避免的。所有这一切都需要它们观察周围并且探索环境。所以，如果你处于一种生气愤怒的状态，探索系统同样会被唤醒。在文明程度较低的社会，你可能会把探索系统以高度消极的方式表现出来。如果你的上司要求你完成更多的任务而无视你沉重的工作量，你可能想要大喊大叫，并且让他了解“你的一点想法”,但无论如何你还是保持了沉默。你希望能够以一种优雅的方式,来口头分享你所遇到的麻烦——但这当然需要自律,而自律通常是在过去的情绪学习中培养的。无论如何,在所有的环境中,被研究动物的简单学习,通常都是从激活愤怒和探索系统的大脑机制的复杂性中自动产生的。这些情绪机制可能与“奖赏预测错误”假说所设想的潜在大脑系统有很大不同。我们认为,每种初级情绪过程的唤醒,对于在实际中创建大型的神经动力将相关的刺激“吸引”到它的网络之中而言,都是至关重要的(见第6章)。换句话说,在情绪学习中,无条件反射在建立学习过程中具有与无条件刺激同样的重要性,这一点受到了许多研究者的选择性青睐。请记住,脑中原始的情感情绪体验来源于无条件情绪反应系统的唤醒,以及该系统与相关环境事件的共同协作。尽管这种欲望学习机制并没有被完全理解,但已经取得了很大进展(Alcaro et al.,2007;Kelley,2004)。

我们怀疑,食物“奖励”背后真实的情绪学习机制与那些已经被破译的厌恶“惩罚”机制类似。例如,近年来,关于恐惧条件反射的神经科学研究(见第6章)发现,使条件刺激(即脚底电击前的铃声)进入恐惧系统的分子机制是关键的学习机制,这就需要谷氨酸的传递发生变化,就像大多数人所说的那样,恐惧预测信号就能接触到恐惧输出,或者像我们所说的“恐惧”回路。在前一种观点中,很少有人对“输出”机制感兴趣。相反,按照情感神经科学的观点,既然恐惧系统本身受到条件反射,那么人们应密切关注对恐惧系统本身的直接研究,以便理解原始的情绪学习(Panksepp,1998a;Panksepp et al.,2011)。换句话说,条件反射机制可能与恐惧系统本身的无条件唤醒密切相关。

如果我们能将这些知识转化成舒尔茨所研究的欲求学习,那么用情感—情绪系统术语而不是认知术语(“奖励预测偏差”)来概念化低阶的允许性“教学”过程将更加明智。我们认为,探索系统提供了一种关于低阶脑区的更加连贯且全面的观点,即大脑低阶区域如何组织欣快的自我刺激奖励。许多研究者仍在寻找着符合强化标签的脑过程,独立于情感—情绪功能之外,但他们尚未在脑强大的自主学习过程中有所发现。也许更好地看待简单经典条件反射的方式是设想脑的无条件刺激和反应倾向,两者都具有很强的情感性，如何将外部信息吸引到它们的轨道上，从而使先前那些中性的刺激可以以更加模式化和良好结构的方式来触发适应性情绪反应。

当我们真正理解原初情感体验的神经机制后，我们就可以期待更加全面地理解当我们观察动物学习时我们在谈论什么。行为主义者仅仅以刺激和反应的形式进行讨论。他们并没有考虑不可见的神经心理学的过程。然而，大量初级的情感过程确实存在于脑中，并且除非我们将它们正确地概念化，否则我们将无法真正理解生物体在学习时究竟发生了什么。按照这种更加常识化的观点，如果我们可以消除在学习情境中动物脑的情感，那么我们如何奖励或者惩罚它们都没有关系，因为它们不会学习。这听起来太过于初级，但是，当然，理解情感真正的神经本质才是困难所在。其中一个关键事实是，所有原始的情绪系统都刺激了学习发生的脑基底神经节区。

要想更准确地理解大多数动物的学习方式，就必须理解大脑的情感机制。行为神经科学家尝试理解一种非情感的“强化”机制，这就像是去狩猎一只“蛇鲨”(snark)——一种不存在的生物。为了理解学习，我们需要更好地理解脑拥有“奖励”和“惩罚”是为了什么，并且我们需要确定这些神经机制如何促进学习。这一策略几乎是传统上如何解决这些问题的镜像。相较于仅仅“使用”奖励和惩罚来促进学习，我们需要理解的是使对象和事件成为奖励和惩罚的脑机制。这将我们直接引向了脑的情感本质，并且我们假设最终这将会包含理解学习机制的关键。

当然，脑中并没有单一的奖励或惩罚过程；它们以许多不同的种类呈现。但总的原则是相同的：从学习到思维，更原始的情感大脑机制最终控制着更高级大脑功能的运作(见图 2.3)。遗憾的是，由于这一科学领域历史，这种令人深感兴趣的替代可能性几乎没有得到讨论。

探索的唤醒与学习在许多方面密切相关。探索的唤醒促使动物去往那些能够容易让它们学习的新地方。探索的唤醒同样促使它们注意到外部的刺激，这一点通常是条件性学习的必要条件之一。但这方面可能是在完全无意识的状态下进行的。探索系统最终还会生成可重复的行为模式，伴随着现在由条件性学习所指导和构建的热情。然而，探索唤醒与学习之间的这种亲密关系并不意味着多巴胺活动是一种情感的神经“教学信号”；正是这种情感丰富的神经状态允许学习发生。因此，我们预测，这将是情感回路的神经生物学中一些尚未被了解的方面，或许是通过波动的谷氨酸传递，在大脑的某些区域中，尤其是年轻大脑中大量的沉默的突触被重组(即成为活跃的突触)，从而产生学习(见第 6 章)。此外，相较于寻找强化信号，更有建设性的观点可能是，初级过程的情感回路将相关的信息事件“拉入”它们的“轨道”，生成了更加结构化和有效的情绪行动系统。但这同样也会导致许多附加行为、狂躁症状以及妄想的自我塑型，这是偏执型精神分裂症的核心症状，并且这一系统长期处于不活跃状态肯定会导致抑郁。

像舒尔茨这样的神经科学家，似乎仍将脑视作一个依照某些基本的强化规则进行学习的器官，这些规则与导致多巴胺活性波动的刺激相关。随后，在所学的基础上，脑指示生物体与环境进行交互或者脱离。这种被动的观点认为，脑首先学习，然后才会生成行为。探索系统是一种自发和无条件的行为生成器，它使动物们主动且好奇地去新地方，并且，相关的学习机制允许它们建立知识结构，指导它们最重要的演化行动工具(内在的情绪系统)，创建更多的结构——更加高阶的心理过程——以促进生存。

因此，作为一种替代性观点，我们不仅仅将多巴胺激励的探索系统视作一种学习系统，同时也视作一种内在地让人和动物走出去，并积极地以促进学习的方式与世界互动的系统。有时这种互动促进了准确的学习，有时则不然。所有人都同意舒尔茨认为学习是脑的主要功能之一，这一功能反映了许多其他交互作用的功能。然而，我们将脑视作一种更具内在活性的器官，在条件反射之前促进生物体更加好奇地与世界产生交互作用。最终，我们都会在所学基础上与世界进行交互，但最初的交互倾向，例如婴儿，是一种无条件的情绪情感反应，它从根本上独立于个体学习之外。它是一种允许学习发生的“祖先记忆”。

探索系统反映了祖先学习的重要性，它根植于我们的脑组织之中。换句话说，我们祖先的原始情感工具是编码在我们基因中的记忆，这些记忆构成了我们大脑中生活的基本工具。因此，情感神经科学的观点认为，所有的哺乳动物天生具有以各种方式与世界交互的冲动。这是探索系统为神经科学做出的最为基础的贡献。离开这一系统，世界上任何有个人价值的东西都不会向前发展。父母和教育系统需要更加有效地利用这种心智的力量。

根据舒尔茨遵循的经典行为主义观点，哺乳动物的脑首先是一种学习器官，其自发的行为、内在的情感和其他心理倾向似乎是次要的。在我们的观点中，哺乳动物的脑以天生的方式促使我们用各种（情绪特征的）方式积极地与世界进行交互。这些祖先记忆（基本情绪）通过体验不断优化，但它们并不是体验所创造的。因此，虽然学习非常重要，但我们并不将其视作幼年人类和动物最初能够与环境进行交互的主要原因。相反，学习是一种自动的、无意识的过程，随着我们的心智不断成熟，它以更精妙的方式提高并优化了我们与世界交互的自然倾向。另外，情感从来不是无意识的。起初，它是无思维的——不包含任何知识；但它会迅速变成纯思维的——充满了构成知识开端的环境可供性（environmental affordances）的印记。

探索唤醒是一种自然的预期礼物，它提供了近似无限的学习机会；随着高阶精神过程在发展中/表观遗传地生成，它逐渐微调合理的预期、工作假设，如在科学行为中。这并不是一个微妙的区分。只需要稍微改变一下视角，就可以将舒尔茨关于多巴胺神经元波动的放电频率的神经心理学数据作为初级过程的探索系统的直接支持。

探索系统与时间感

但是，有一种特殊的方式能够让探索系统自发地学习。这并不是我们一直在讨论的那种传统的条件性学习，并且它似乎也不涉及思考。相反，它反映了这一系统能够测量时间流逝的方式。这一系统可以学习去自发地预测各种事件，尤其是高度可预测的奖励事件。当我们讨论通常用于行为实验的经典“强化程序表”时，我们提到一个与现在的讨论特别相关的程序表。它就是固定间隔实验（fixed interval experiment），动物们通过按压杠杆，将鼻子塞入洞中（洞里有光电管来自动记录那些调查）或者以固定间隔时间执行其他各种任务来获得奖励。动物们按压它们的各种“操作按钮”——按压杠杆，用鼻子戳进洞口等——在刚开始按照固定间隔程序表获得奖励时它们的行动相当缓慢，但它们逐渐加快，直到间隔的后半段，它们会以相当迅速的频率按压杠杆。当这些操作行为的模式以图表呈现时，它们形成了一种扇形——一种明显上升的预期曲线，而且这是自然发生的。

在为自我刺激奖励工作时，动物同样也会表现出这种扇形反应。但这种模式同样会在奖励免费供给时，在动物的脑和身体中自发地生成。假设以规律的固定间隔(比如每 20 秒一次)给予一只大鼠完全免费的 LH 刺激，也就是说它无需为获得奖励做任何事情。在该实验中，大鼠没有被给予杠杆或其他任何执行操作性行为的工具。所有的奖励都是免费的。动物变得“十分冷静”，像哲学家一样坐着并且休息。然而，一种显著的期望模式随之生成。这种固定间隔的脑“奖励”以相同的扇形模式生成了自发的嗅探行为(Clarke & Trowill，1971；Panksepp，1981a)。确实，嗅探行为的唤醒是大鼠探索唤醒基本的无条件标志之一(Ikemoto & Panksepp，1994；Rossi & Panksepp，1992)。因此，似乎某种内在学习在高度周期性的探索唤醒中出现，并逐渐生成了扇形的嗅探反应模式。

作为相同过程的另一种自发生成的指标，我们最近发现大鼠的 50 千赫兹超声波叫声同样会表现出扇形模式(Burgdorf et al.，2000)，幼鼠通常会在它们玩耍时发出这种兴奋的叫声(见第 10 章)。这些声音如同充满活力的探索性嗅探行为一样，被视作多巴胺激励的探索系统的无条件反射(Burgdorf et al.，2001)。换句话说，一只经历过固定时间间隔的免费奖励的动物，很少会在脑刺激后立刻嗅探或者鸣叫；但随着固定间隔不断持续，嗅探和鸣叫会系统性地上升到一个相当高的频率，直到下一次脑刺激到来(见图 3.2)。然后，测量值会再一次下降至相当低的水平。换句话说，这一系统自动形成了一种期望曲线，没有任何东西被明确地“强化”。显然，脑是一个被设计用来自发预测未来的器官，可能是因为这个系统调节了本章末尾所描述的“心理时间”(psychological time)。

由于一种唤醒的探索系统既会提升嗅探，又会提升鸣叫，并且它自然地形成了一种预期形式，所以探索系统似乎以某种方式对奖励情感的时机做出了内在响应。当奖励发放的时刻临近时，它变得越来越兴奋。探索系统如何能够测量时间的流逝呢？没有人明确知晓，但众所周知，许多神经元具有自我生成的放电模式。虽然一些神经元只会在受到某种外部影响的情况下放电,但其他神经元却有某种背景水平的活动,这种活动是由某种类型的“内部起搏器”引起的——换句话说,是一种计时机制。

探索系统中包含多巴胺的神经元具有这种内源性的起搏器,使得它们能够以稳定的单一频率放电,就像钟表的滴答声,尤其是当没有什么特别的事情发生在动物身上时。这些神经元在动物睡觉时持续放电,但这种背景活动通常并不伴随着多巴胺的分泌。探索系统中多巴胺神经元的常规活动通常就像钟表的秒针,以一种有条不紊的方式标记相当准确的心理时间。当系统以这种方式运行时,它处于一种静态的但信息量丰富的状态。然而,当该系统被唤醒时,多巴胺神经元开始“爆发”,并且通过连续快速放电来分泌多巴胺。此时,动物会变得警觉,并开始探索它周围的世界。如果动物在睡觉,那么它就会开始做梦,或者最少会表现出快速眼动睡眠模式,这是一种以多巴胺高活性为特征的状态(Dahan et al.,2007;Solms,2000)。

尽管这些实验仍有待完成,但我们仍可以假设,这种神经元爆发以及多巴胺分泌提升恰好发生在固定时间间隔的实验中,嗅探和啁啾开始自发增加的时候。如果这个系统有一个内部的计时机制,可以帮助动物预测什么时候表现出渴望,成为资源的“第一个排队者”,可以说,这对于理解生物体的基本行为和心理都是非常重要的。据推测,探索系统中活动的这种内部形态有助于解释当动物被要求以固定的时间间隔为食物工作时表现出的扇形行为模式。也许同样的过程也在我们的脑海中记录着心理时间的流逝。

因此,当探索系统被唤醒时,常规的多巴胺神经元放电会转变成一种更加迅速的爆发模式,这可能会导致动物内部的时间感也随之加速。我们都听说过快乐的时间总是短暂的说法,并且这一点现在得到了经验证明(Droit-Volet & Meck,2007)。当我们愉快地从事某项活动时,尤其是当我们获利并且朝向预期目标努力时,时间似乎非常自如地流逝,没有令人感到厌烦。这可能是因为在我们的探索系统被唤醒并且我们的多巴胺神经元进入爆发模式时,我们的主观时间的体验得以加速——时间似乎过得更快,并且带有一种精神放松的愉悦经验。

同样,多巴胺神经元通过抑制基线放电(baseline firing)来响应一些厌恶事件(Schultz,2006),但这种放电同样可以通过各种厌恶事件而提升(Ungless,2004),这与探索冲动会在各种消极情绪生成时被唤醒这一点相符。确实,如果一个动物面对情感上消极的情况,多巴胺终端领域倾向于表现出可塑性,以便能够更好地适应消极情感,正如肯特·贝里奇和他的同事所指出的那样,这一系统既可以调节“欲望”也可以调节“恐惧”(Faure et al.,2008,2010)。糟糕的时期会增强脑中的消极情感回路。

当我们感到疼痛或担忧时——当我们经历了一段糟糕的时光——我们的时间感会倾向于变慢。同样,众所周知,帕金森综合征的病患,他们的多巴胺神经元退化严重,会体验到一种变化的时间感。如果没有促进多巴胺传递的药物,这些病人会陷入一种清醒的“睡眠”——他们感到自己的时间被冻结并且生活在一个看起来充满厌倦、无聊和心理空虚的寂静宇宙中(Sacks,1973)。

除却这些关于多巴胺放电形式的重要观察,我们尚未知晓多巴胺神经元的放电是如何计算时间感的。此外,我们并不知道这种时间感如何调节探索系统的唤醒,使它在固定间隔程序表的前半部分相对静止,而在后半部分变得愈加活跃。尽管这些想法中的很多方面尚待正式检验,但越来越多的大鼠数据表明,它们的时间感与人类一样,受到多巴胺的控制(Meck et al.,2008)。

我们开始理解为什么生物体会在食物供给的固定间隔期间如此不可思议地充满期待感,也澄清了关于时间流逝的感知与我们的探索系统所生成的预期渴望之间关系的深刻奥秘。目前,我们可以确信,我们关于时间流逝的感受是一种基本的心理能力,它使我们能够预测环境中不断变化的事件。时间是否宇宙的一个基本属性,这个问题还有待商榷(Barbour,2000),但很明显,如果离开了这种演化的心理过程,我们将无法连贯地讨论宇宙的本质或者我们在其中的位置。

在理性的悬崖边缘：探索在人类渴望和挫折中的其他方面

我们仅仅触及了这一迷人系统中的一些特征，还有更多需要学习的地方。例如，已经提到的快速眼动睡眠——做梦睡眠——可能生成一系列充满情绪性与兴奋感的幻觉事件，这是源于探索系统的过度唤醒（Panksepp，1998a；Solms，2000）。事实上，最近的研究表明，多巴胺细胞在快速眼动睡眠阶段比平静的清醒阶段表现得更加活跃，并分泌了更多的多巴胺（Dahan et al.，2007；Léna et al.，2005）。似乎我们梦中的情感意境和生活中的欲望刺激一样，是由同样的化学物质激发的。这意味着做梦的功能之一是，帮助预测并解决我们面临的情绪挑战。尽管取得了巨大的进步，但是关于此系统仍有许多疑问有待解决，包括它所参与精神妄想、幻觉、梦境以及对未来预测的确切方式。

尽管存在这些局限性，但我们对这一系统的深入理解使我们能够有效地思考人性的一些神秘方面——例如被称为“感觉探索”的心理特征（Daitzman & Zuckerman，1980；Zuckerman & Kuhlman，2000）。为什么人们乐于参与到危险的工作和运动中？攀岩者报告了这种体验。即使他们处于危险之中，他们仍在全神贯注地寻找下一个落脚点，寻找最佳身体姿势，并在危险的垂直地形上不断向上。似乎是探索系统的愉悦使他们充满活力，并且分散了他们对于运动危险性的注意。

想象一下消防队员。很多人热爱这份工作，即使他们经常会自愿地将自己置身危险之中。恐惧是一种非常消极的情感，并且人们可能会觉得消防队员会害怕去工作。当然，消防工作为这个社会提供了非常有价值的服务，并且这可能是一种自豪感的来源，这种三级过程的情绪能够抵消每天面对恐惧的痛苦，并且消防队员们与同事们分享了一种宝贵的友情。这也能够建立一种社会联结并且抵消长期恐惧的痛苦。我们会长久地纪念那些在“9·11”事件中因为帮助他人而失去生命的英雄，以及那些每天冒着生命危险拯救在火灾和其他灾难中受困人们的救援者。

一些富有创造力的心理治疗师可能认为,消防队员在童年时就掌控了恐惧,而这种掌控的愉悦是他们热爱这一工作的原因之一。这种观点可能有其价值:对情绪的认知掌控可能会帮助消防队员们克服对受伤或死亡的恐惧。但我们也必须尝试通过探索系统的能力来理解消防队员们对工作的热爱,这一系统提供了一种欣快的情感,它能够中和甚至有时消除恐惧带来的痛苦。此外,由于探索系统唤醒了新皮层,促使它去思考策略和解决方案,因此消防队员欣快的情感很容易与他们危险工作的细节相联系,并散布于长时间单调、重复的日常工作中。然而,当他们的探索系统被唤醒时,即当他们不可避免地与危险的火焰英勇搏斗时,消防队员们将会强烈地希望扑灭大火并将人们从燃烧的建筑物中营救出来。这种有力且集中的参与生成了一种刺激的冒险感,提升了消防队员们将自己视作世界上一种有效且重要的力量的自我意识。这些积极的情感都是由探索系统提供的。但是我们一定会想知道,他们的体验在多大程度上也加强了他们头脑中某些消极的情感回路?

从理论上,人们同样可以想象与精神问题的许多其他联系。例如,我们想知道探索唤醒是否加剧了"自恋"问题。自恋是指人们对自己的感觉。通常情况下,自恋带有贬义:它意味着一个人过度地自我专注。然而,自恋在情绪上可以是健康的,只要人们的这种自爱是实际上积极的。病态的自恋通常会在一个人的早期生活体验破坏了他的价值观时出现。这些人试图通过这样或那样的方式过度补偿或高估自己来使自己感受更好。如果孩子们从父母或老师那里得到过多不切实际的表扬,他们也会变得自恋。

探索唤醒的表现之一是增强了将自己作为世界中有意义的一员的感觉。在社会中,这意味着感受到重要、有吸引力、成功以及优越。多巴胺增强了自尊感;这可能是理解自恋问题的神经化学关键,这同样也有助于解释为什么自恋症状如此难以治愈。多巴胺是一种高度成瘾的大脑化学物质,它会引发强迫性的重复行为,如果自恋是由多巴胺引发的,那么自恋症状就会特别令人满意,很难摆脱。自恋同样可能是一种虚假的自信感和支配感,这种自信和支配感可能会像纸牌屋一样崩塌,从而导致一个人走上一条通往抑郁的道路,这可能将会非常难以处理,因为它严重打击了一个人的自尊。

同样有趣的是,有些自恋患者非常容易陷入马拉松式的狂热幻想,认为他们是各种荣耀壮举的主角。这在青春期时非常明显,并且可能是正常的。这些病人经常会说,当陷入这种幻想时,他们不知道时间的流逝。过度唤醒的探索系统可能可以解释时间飞逝的感觉。如果过度的自恋和时间的快速流逝都是探索唤醒的表现,那么这些轶事汇报就具有全新的意义。

如果这些观点是正确的,那么在某些情况下,对自恋患者进行心理治疗可能需要使用小剂量的抗精神疾病药物。这些药物可能会抑制多巴胺的兴奋愉悦感,并且使患者更愿意为自己的问题找到现实生活中的解决方案。当然,药物的剂量需要非常谨慎地测量,因为多巴胺活性过低同样会导致抑郁。

小结

我们可以就探索—期望系统单独写一整本书。在本书最长的这一章中,我们尝试提供一些关于这个非凡的大脑系统大致轮廓的描述。我们认为,它的功能已经被误解多年。许多行为科学家至今仍用被动的"信息过程处理"术语来理解学习,他们仍对此有所误解。他们专注于在类似受控实验的监狱环境中研究动物,而不是在现实世界"信息探索"的活跃框架,在该框架中,所有的哺乳动物、鸟类、爬行动物以及复杂的无脊椎动物都必须在过着自然生活时主动照顾自己的身体需求。在 20 世纪 50 年代这一系统被发现后的数十年间,奖励—探索系统被视作一种完成/内稳态的奖励基质。近年来,它则被视作一种学习强化系统。

我们认为两者都不是。这是一个促使我们积极地——主动地——与世界相互作用的系统,其目的是发现我们成长所需要的资源并回避风险和威胁。它自动地促进了欲求学习,通常是以妄想的方式(如自我塑型)。它激励了我们所有的能力,从最基本的冲动到最高级的抽象思维。因此,探索系统对于所有动物,包括人类的健康和福祉都至关重要。然而,这一系统的故障会出现病理状态,包括当系统长期不够活跃时的极度抑郁,以及当它过分活跃时的偏执型精神分裂症。在特定条件下,它甚至会加剧消极情感。

这个系统在所有其他积极情绪的欲望阶段,以及从离散的惩罚中逃脱和从其他更持久的糟糕时刻中解脱时,都扮演着重要的角色。这是成瘾类药物导致强迫性行为模式的原因之一。例如,戒断成瘾性药物期间可能会出现烦躁不安,这是一种类似于抑郁的状态,可以通过再次服用之前停用的药物而迅速缓解(行为主义者称其为"负强化",即减轻惩罚,而不是使用"缓解"这一直接的情感性概念)。换句话说,药物成瘾之所以如此难以治愈是因为戒断作用非常消极,以至于人们学会了自我治疗。

当我们期待某事时,当我们朝向某事努力时,当我们努力逃避某事时,探索系统会激励我们的行为和态度。它除了是欲求行为的核心,它同样创造了其他许多种学习形式所必要的条件,包括操作性条件反射,因为它促使我们去探索新的身体和智力的领域,并且将平常的活动变成了令人兴奋的追求,即使是在情绪剧变时。该系统还促进了行为模式,这些行为模式最终并入了学习的预期条件反射中。新型的动物训练方式,如"响片训练"(clicker training),利用了动物想要做一些看似在它们掌控之下的事情的自然倾向。尤其令人着迷的是,多巴胺系统可以衡量心理时间的流逝,而心理时间是渴望预期的核心组成部分。

尽管探索系统通常仍被称为"奖励系统",但它已经成为最近新兴的神经经济学领域内未公开承认的宠儿(Knutson & Cooper,2005),这个学科领域分析探索系统以及脑岛(在额叶和颞叶之间隐藏的组织区域)中的厌恶反应,以预测人们是否会购买商品(Grosenick et al.,2008)。如果脑岛中的厌恶系统被激活,那么人们就不会购买;相反,如果伏隔核的探索冲动被激活,那么人们就会掏出钱包。当我们聆听情绪上动人的音乐时,中脑边缘多巴胺系统的相同终端区域也会被唤醒(Blood & Zatorre,2001)。这一系统激发了我们的梦境(Solms,2002)以及心理上许多其他的愉悦,有时甚至是恐惧。我们将在下一章看到,这个系统对于捕食行为同样非常重要,比如性跟踪。当然,我们对互联网的痴迷也反映了探索系统在起作用。未来的研究可能会揭示这个非凡的、其目的在于探索一切事物的通用系统的许多其他具体功能。

第4章　愤怒的祖传来源

任何人都会生气，这很容易；但是，在正确的时间，为正确的目的，以正确的方式，对恰当的人发怒，并不是每个人都能做到的，这并不容易。

——亚里士多德(320 B.C.)

人类似乎对爱有无穷的渴望。如果有人"抢走"了这种情绪珍宝，我们就会发现我们同样具有无限的悲伤、孤独和原始气愤[愤怒(RAGE)]的能力，愤怒会转化为嫉妒和仇恨。在这种激情的控制下，我们体验到一种强烈的欲望，想要伸出手来打击某人——不是任何人，而是我们认为应当为我们的愤怒负责的那个人。我们所体验的愤怒涌进我们的思想中，是帮助保护我们的祖传珍宝，现在仍然如此。但是，我们关于愤怒的初级过程能力并不需要一个愤恨的对象；它是一种纯粹的感受。当然，我们的气愤(一种次级过程情绪)总是有一些对象，这些对象被认为是愤怒的原因。凭借大脑中丰富的思考空间，我们用各种各样的复仇计划在我们心灵的更高层次中酝酿着丰富的仇恨。有时，我们会制定可行的计划来惩罚我们的敌人。但更多时候，我们只是在幻想中这样做，这并不会生成持久的满足，反而通常会伤害我们的心智。

心理学家主要对心智的三级过程感兴趣，他们毫不费力地列举出我们气愤的许多细微差别，甚至可以说它似乎完全融入认知态度之中。由此它通常是这样被定义的。吉姆·埃弗里尔(Jim Averill，2010)的定义指出，"愤怒(anger)指的是一种情绪状态，既包括对某些错误的归因，也包括纠正错误或防止错误再次发生的冲动;攻击(aggression)是强迫他人采取或不采取某些违背他或她意愿的行为,而不是为了他或她自己的利益”。

埃弗里尔随后提出了10个很少有人提出的问题。它们非常值得思考,包括“一条狗会气愤吗?”“当你在发泄气愤时,你在发泄什么?”等。简而言之,对于第一个问题,他认为:“如果我尝试拿走狗的骨头,我的狗可能会朝我咆哮并咬我;但它并不是气愤,因为它不懂得气愤的语言和概念。然而,我的狗确实在体验某些事情;它不是一台机器,并且它的攻击行为让人联想起气愤。如果不是气愤,那么,我们应该怎么称呼它?”(Jim Averill,2010)他继续明智地使用这里建议的分析层次,并且他将狗的愤怒放入“次级过程”的习得性刺激类别,而我们人类很明显具有“三级过程”的气愤(如前所述)。对于另一问题,他认为“我觉得什么也没有。然而,有些事情确实改变了……在宣泄期间,不需要失去什么,并且可以获得许多,即对事物的本质有新的见解,可能不是绝对的,而是潜在的。如果这是对宣泄的准确解释,那么它同样意味着一种新的情绪观,即情绪对创造性变化的可能性是开放的”(Jim Averill,2010)。这本质上表明了心理治疗的主要目标——看清你的情绪,并学会运用它们改善我们的生活。

然而,我们如何知晓狗的“气愤”的认知方面呢?其他动物是否会计划并幻想对手的溃败和死亡?其他动物体验愤恨的方式与人类是否相同?我们并不清楚。但是,对于具有大脑袋(big-brained)的猩猩和大象而言,如果它们的心智中不具有怨恨,那一定令人惊讶。有大量轶事证据表明,它们具有想要获得“平等”的倾向,尽管我们可能永远不知道它们在想什么。科学地理解它们的初级过程感受,要比理解它们的高阶精神活动更加简单。在可靠数据的基础上,我们可以确信,其他动物的脑系统既能够生成非常生气的行为,也可以生成被贴上愤怒标签的消极情绪感受。正如埃弗里尔所说的那样,以“气愤”(anger)这个术语来命名,会导致我们陷入我们根本无法解决的混乱。不过,我们可以假设,动物的愤怒机制确实促进了人类的气愤感受,而且我们现在的主流科学认为:我们的观念可以被篡改。这一点同样得到了支持。例如,脑内阿片类物质会抑制愤怒回路,我们可以预见一个显而易见的事实:阿片类物质可以非常有效地减少人类的气愤感受,从而也应该能够减少愤恨的力量和复仇的欲望。

不过,我们在本章中主要关注的并不是愤恨或者愤怒的想法以及复仇的计划。愤恨与复仇是三级过程,它们反映了我们思考自身所经历的错误以及制定详细报复计划的能力。也许大多数其他哺乳动物不具有进行这种反思的认知能力。然而,它们确实表达了愤怒,这从根本上来说并不是为了惩罚而设计,而是迅速地与它们隐藏的(演化的)欲望保持一致。据我们所知,所有哺乳动物都会在它们与其他动物争夺资源时体验到愤怒。由于气愤与愤恨是愤怒在我们认知中表现出来的方式,因此,我们的日常语言通常难以将这些相关的概念区分开来。这突出了所有主要过程情绪的一个要点——我们有很多情绪术语都是建立在基本情绪的神经能量之上的认知阐述。这种论述的整体前提是,初级过程的情感唤醒总是参与到我们高阶情绪过程的各种体验之中,但我们都同意,至今没有人设计出好的科学方法来理解这些心理的微妙之处,这些微妙之处反映了我们的认知是如何被我们的激情所改变的。

人们的气愤总会在存在许多挫折的困难时期增长——在经济衰退时期或者当从汽油到工作到爱情感受等某些看似重要的资源缺乏的时候。人们缺乏资源时要比资源富足时更容易发脾气。从认知层面上看,引起烦恼的分歧可能是日常生活的问题。复仇的感受很容易爆发,尤其是在互相欺负且不是朋友的年轻人之间。帕勒万(Pahlavan,2010)很好地讨论了所有这些人类问题。但是,我们渴望通过口头或肢体接触并殴打某人的冲动的脑来源是什么?对动物大脑的研究是否可以告诉我们这些问题的答案?我们的回答是肯定的。许多与人类气愤和愤恨相关的高级认知过程在神经科学上仍令人费解,尤其是当人们使用语言时,从沮丧和抚慰的语气到指责和认知的调解,会加剧或平息气愤的激情。但是,通过复杂的动物大脑研究,我们可以很容易从细节上理解愤怒的原始状态(Panksepp,1998a;Siegel,2005)。

因此,对动物大脑的研究不会让我们了解人类价值观的微妙方面——因为人类的存在方式可以对抗我们的动物本能。例如,跨物种情感神经科学无法告诉我们平息唤醒的愤怒的安抚姿势和原谅的性质。原谅的能力与悔改的能力一样,是建立在复杂的认知过程的基础上的,大部分动物并不具有这种能力。然而,动物研究可以阐明愤怒在大脑中爆发意味着什么。当然,这种初级过程的感受可以导致人们之间许多会受到谴责和伤害的行为;这些行为会以自相矛盾的方式被证明是适得其反的。消极情绪在人类心智的高阶认知层面似乎会产生事与愿违的效果。

攻击性同样具有许多方面。就人类而言,存在以自我为中心的、自恋的反社会分子和精神病患者,他们是单纯掠夺性的,并不关心他们所伤害的人。更糟糕的是,还有一些主动想要伤害他人并以此为乐的人。在本章中,我们同样会谈及这种掠夺性冲动,尽管我们的大部分注意力将会关注气愤能力的祖先根源。我们对这些根源的认识来自对哺乳动物脑初级过程的愤怒系统细节的理解。为了理解人类气愤的根源,我们必须在相关动物模型中详细研究这个强有力的情绪系统。

不幸的是,近年来对该系统的大脑研究几乎已经从神经科学领域消失了。为何愤怒研究被搁置一边?在某种程度上,是出于政治动机。20 世纪 90 年代初,(美国)国家心理健康研究所的一位首席行政官提出了一种麻木不仁并且政治上错误的观点,他计划组织一次关于暴力的生物学根源的会议。他认为,也许没有考虑到这些问题,城市贫民区类似于丛林,因此动物研究能够帮助我们理解这些贫民区的文化问题。对此的一种解释是,居住在贫民区的人们被隐含地与高度攻击性的灵长类动物进行比较。这种暗示被认为是一种冒犯和种族主义。会议被取消。这场骚动使对攻击的神经生物学的研究蒙上了一层阴影,一直延续到今日。

对攻击性的研究减少,还因为对动物愤怒的研究通常会导致一只实验室动物攻击另一只,许多人反对这种研究是可以理解的。因此,斗鸡、斗狗等活动同样在许多州和国家被禁止,并且在科学研究中通常需要制定一只动物不会严重伤害另一只动物的防范措施。

然而,肆无忌惮的愤怒并不局限于某些人群或某种哺乳动物。我们现在有足够的自信断言,愤怒系统存在于所有哺乳动物大脑中。我们知道这类回路的位置,并且我们知道一些关于唤醒或者抑制攻击性易怒的化学物质。不过,仍有许多东西需要学习,包括这些感受在人类心智的高阶大脑空间中发挥作用的确切方式。如果实验设计具有一定程度的谨慎和敏感性，我们的神经科学家没有理由忽视哺乳动物(包括我们人类)脑中愤怒的潜能。我们越了解这些回路的神经生物学特征，我们就越能够理解这种会导致家庭生活以至社会陷入混乱的自然工具对于生活而言是多么的重要。而且，也许我们能够产生新的想法，寻找关于控制这种激情的药物——帮助消除已经成为明显精神问题的愤怒感。那么，当人们生气时，常见的建议就可以是“吃颗药吧”！这种药物尚未存在，而有希望促进药物研发的导向却正在被忽视，因为这种研发并未成为公认的精神病学指征。

心智中愤怒的复仇女神

许多环境会无条件地唤醒愤怒：对身体活动的限制或对身体表面的刺激都会轻易唤醒这种感受。从次级层面看，人和动物在探索系统激活受挫时同样会感到气愤，例如突然撤回预期的奖励。我们在前面的章节中提到一种琐碎但常见的例子，即当自动售货机没有提供相应的货物时，期待如何迅速地转变为愤怒。这种失望感是相对温和的，气愤很快会消退。然而，如果你为某处心仪的房子出价，但却发现它被某个出价更高的人抢走，也许是你特别讨厌的人，你的挫败感会非常巨大，而且你将会在一段时间内变得易怒且充满愤恨。尽管这通常被称作气愤，但我们相信证据表明这种充满活力的感受生成于愤怒回路，即我们本章中要讨论的内容。最大的担忧是，童年时期的虐待或忽视可能会导致持续一生的气愤。愤怒在战争和社会动乱时期的爆发尤其剧烈。但同样司空见惯的是，夫妻们在家中为了琐碎小事无休止地争吵，儿童们可能会成为自己家中的攻击行为以及相关不公正的目击者。

内稳态失衡，比如食物匮乏引起的饥饿，也会使愤怒的冲动变得敏感。在第 3 章中，我们注意到，过度的探索唤醒会导致附加行为的产生，它们是无用的仪式活动。在某种程度上，附加行为也是由挫折诱发的愤怒所唤醒。正如我们在上一章中所讨论的那样，附加行为会在实验室动物非常饥饿且无法轻易满足食欲时出现。相反，被小块食物“戏弄”的动物会持续处于探素状态。换句话说,当人和动物极度饥饿、口渴或有性需求时,如果没有现成的途径获得满足,愤怒就很有可能会介入。尽管探索系统仍处于唤醒状态,甚至探索唤醒能够提供积极、热烈的情感,但愤怒系统同样可能因为挫折而被唤醒,并且两种激情会产生协同加强作用。尽管愤怒本身不是认知的(即,它不是信息过程处理所产生的一种精神状态),但是它注定将通过学习与认知影响交织在一起。

举例来说,失恋等某些微妙的情况难以通过神经科学的方法进行研究,但当我们的社会欲望遭受挫折时,愤怒感就很容易出现。手足之争可能是最常见的例子。如果年纪大的孩子害怕新生儿会偷走父母的爱,那么他们就会开始讨厌自己的新弟弟或妹妹。有时,大孩子可能会问,婴儿何时被送回医院或者认为将婴儿从厕所冲走会是一个好主意!这些焦躁的认知反应成为气愤和愤恨的沃土,这并不仅仅出现在儿童身上。对于大多数与性伴侣生活在一起的成年雄性哺乳动物来说,最容易激起愤怒攻击的方法之一就是将另一只雄性引入它们的领地。嫉妒会引发各个年龄段成年人的暴力行为,有时甚至会导致谋杀。考虑到即使是最幸福的生活也不可避免地经历了沧桑,我们就很容易理解为什么愤怒唤醒是每一个生命不可避免的特征。然而,亚里士多德的情绪智慧[实践智慧(phronesis)]最终可以使气愤成为一种平衡的工具——让我们能够选择以何种强度对谁生气以及愤怒持续多久。从长远来看,理解与和解可能才是最佳选择。

愤怒的神经来源

艾伦·西格尔(Alan Siegel,2005)从神经解剖学角度详细介绍了攻击性。愤怒系统从杏仁核内侧区域下行,通过终纹的曲折路径,首先到达内侧下丘脑,随后到达中脑导水管周围灰质(PAG)的特定区域(见图 4.1)。在所有已测试的动物中,愤怒都可以通过电击这些大脑区域诱发。当电流接通时,动物们会频繁地攻击,通常会撕咬它们面前的物体。攻击行为会随着电流强度的提升而变得更加激烈。如果这些脑刺激方式被应用到人类身上,人们会倾向于咬紧下颚,并汇报说感受到强烈的气愤(King,1961;

Mark et al.,1972;Hitchcock & Cairns,1973)。但他们并不知道为什么感到气愤——他们发现很难找到合理的理由气愤,因为并没有真实的攻击对象。人们发现这种体验会令他们不安,因为通常情况下人类的愤怒具有引发的对象或事件,并且自动通过新皮层关于气愤和愤恨的三级过程实现,始终伴随着特定的愤恨以及谁该受责备的想法。但这些外部诱因并非总是存在。如上所述,愤怒反应也会因某些身体变化而加剧,比如饥饿。血压升高也会使愤怒系统敏感(Mancia & Zanchetti,1981)。类似地,脑部疾病,比如影响相关脑回路的肿瘤,会刺激愤怒系统,使人和动物更有可能表现出自发的、看似无目的的攻击行为(Blumer,2000)。

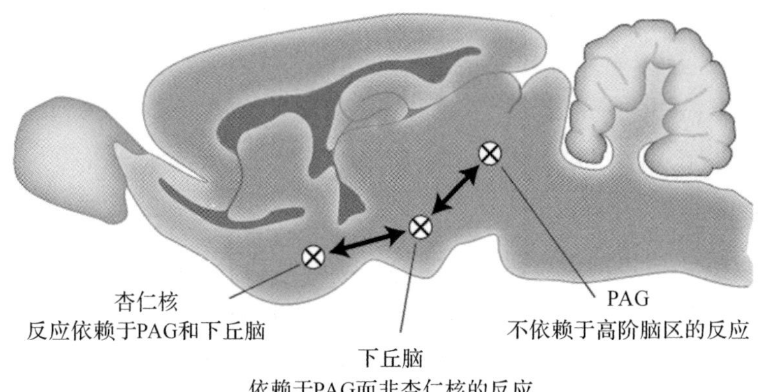

图 4.1　大脑中愤怒的分级控制。圆圈表示接收局部脑刺激后会诱发愤怒的主要大脑区域。X 意味着病变,因此,高阶区域(如杏仁核)的损伤并不会削弱低阶区域诱发的反应[下丘脑和中脑导水管周围灰质(PAG)],但是,低阶区域的损伤则会影响高阶区域的功能。下丘脑的损伤会消除来自杏仁核的反应,而不会影响到中脑导水管周围灰质,但是,中脑导水管周围灰质的损伤会很大程度上削弱大脑高阶区域诱发的愤怒反应(改编自 Panksepp,1998a;经牛津大学出版社许可转载)。

愤怒回路按照层级排列,并且相较于那些位于高阶脑区的结构,更深层的结构对于攻击行为的生成更为重要。中脑导水管周围灰质诱发的愤怒不会因为其他高阶脑区的损伤而减弱,比如内侧下丘脑或杏仁核(DeMolina & Hunsperger,1962)。然而,中脑导水管周围灰质或内侧下丘脑的损伤则会完全消除杏仁核诱发的愤怒。正如人们所预料,对系统中部,即下丘脑的损害，会阻断杏仁核而非中脑导水管周围灰质中的愤怒。因此，公平地说，中脑导水管周围灰质对于这种情绪是至关重要的，内侧下丘脑虽然也很重要，但程度没有这么高，而杏仁核内侧核对这种本能情绪的生成而言则最不重要。但是，杏仁核与引起愤怒的认知连接的建立更为相关。其中大部分连接通过杏仁核内侧核的狭窄区域，该区域位于加工怨恨反思的高阶脑区。但对于完整的情绪反应而言，中脑导水管周围灰质和内侧下丘脑区域仍然很关键。

这种层级结构突出了所有基本情绪系统的一般原则。每个情绪系统更低阶和更古老的部分，相较于高阶脑区，对于生成完整的情绪反应更为重要，包括愤怒的原始感受。这种层级控制在所有的情绪网络中都是显而易见的。不幸的是，并不是所有情绪系统中的控制层级都得到了很好的研究，尽管探索和愤怒系统都获得了确切的研究。例如，我们很早就知道，低阶脑区损伤对自我刺激的影响要比高阶脑区损伤更大（Huston & Borbély，1974；Valenstein，1966）。

据推测，基本的生理“刺激”，比如饥饿以及激素/性挫折，通过大脑的其他部分进入愤怒系统，如监测内稳态的内侧下丘脑。举例来说，饥饿的动物总是比那些吃饱喝足的动物更加准备好战斗。到目前为止，饥饿与愤怒之间的联系还没有引起神经科学界的广泛关注。这是一种遗憾，尤其是花费如此多关于大脑机制的资源，只是为了“寻找一种功能”。

这并不意味着高阶控制对于日常的气愤并不重要。它们当然是重要的，尤其是对习得性愤怒反应而言，从认知生成的气愤到对某人的持续愤恨。高阶脑区的大量认知信息可以输入愤怒系统，从而对中脑PAG粗糙加工的情绪编排进行精加工。例如，由大脑皮质感知的大量环境刺激被传输到这一系统，部分地通过新皮质/认知输入位于愤怒系统的最顶部的杏仁核内侧核区域。人类，可能还有部分动物，可以运用这些高阶控制来掌控愤怒。再一次，如同本章开头引用亚里士多德名言中所强调的那样，获得对气愤的理性控制就是获得一种智慧。有时，心理治疗是通往成熟道路上的重要助力，人们因此会成为他们情绪的主人而非奴隶。

虚假的愤怒？

有些早期研究者认为，对这个系统的电刺激并不会生成任何真正的气愤类型的感受，而只是生成了一种虚假的愤怒（有愤怒的行为表现而没有相应的主观感受）。这似乎是合理的，因为有一小部分动物即使在它嘶嘶叫或者咆哮时也可以抚摸（Masserman，1941）。然而，这部分动物受电刺激的区域，似乎是在脑干低位，即运动神经在脊髓中分叉前最后的共同通路处或者三叉神经（又称作脑神经 V）的运动核附近，它控制着撕咬的能力。这也许能够解释为何完整的情感性愤怒反应并没有被触发。这种情感上真空的大脑区域很少在愤怒回路的高阶区域被发现。

现在似乎更可能的是，分布于愤怒网络的中脑执行部分及其上方的大多数电极（包括 PAG）确实唤醒了一种类似于人类原初气愤的核心情感状态，除了人们通常会因为感知到某种冒犯而对某人生气这种情况。除了这种认知成分，另一个区别是，电刺激诱导的愤怒在电刺激停止后会很快消退，这可能是因为没有维持这种感受的思维存在，或者是因为一种拮抗过程[①]的突然释放，例如当刺激停止时迅速地抚慰以及探索回路中平衡活动的恢复。

值得注意的是，20 世纪 30 年代中期，沃尔特·赫斯（Walter Hess）第一次在猫的脑中发现了愤怒系统（因此获得 1949 年诺贝尔奖），他通过对下丘脑的局部刺激实现了这一点，并最早提出这种行为是一种“虚假的愤怒”。然而，他在退休后出版的著作中坦言［在第 2 章中已经提及《心智生物学》（*The Biology of Mind*，1964）一书］，他一度相信动物们确实体验着真实的气愤。他承认他并不相信存在被共享的情感。而这只是因为他不希望自己的工作被当时占据统治地位的行为主义者边缘化，而他们对于情绪体验的容忍度为零。因此，我们仍然不清楚的是，愤怒系统是如何与大脑的其他认

---

① 拮抗过程（opponent process）是指这样一种过程，这种过程倾向于直接抑制先于它，并触发它的过程的效果。例如，某些成瘾药物的积极影响被大脑内积累的消极感受所抵消，从而导致药物戒断时的痛苦。

知和情感系统相互作用的。

此外,在这种情况下,我们需要强调愤怒系统(集中于下丘脑的腹外侧以及邻近的基底)的下丘脑部分非常接近于探索回路(集中于背外侧区域)和恐惧回路(更多地集中于腹内侧区域)。因此,一些电极在刺激愤怒的同时,很有可能也同时激活了其他系统。如果是这样,那么探索冲动产生的积极情感将会抵消愤怒反应生成的消极情感。这也许能够解释为什么动物们有时通过自我刺激会引起类似愤怒的攻击行为。相反,对愤怒和邻近的恐惧系统(见下一章)的并发刺激可能会生成更多防御性,甚至是更多厌恶,而不是单独的愤怒。确实,这种混合会使事情变得非常混乱,尤其是因为我们现在有很好的理由相信掠夺性攻击是由探索系统唤醒促进的,我们将在下面讨论这个话题。

当人们对大脑进行局部电刺激时,应当将这些问题牢记在心,因为许多系统都是相邻的,并且在行为序列的控制中经常相互作用。很少会出现单独某个系统自我刺激的情况。也许这些关于邻接网络刺激的困难,会随着神经科学技术的发展而得到解决。例如,将视紫红质生成分子病毒植入特定脑区(它可以使神经元对光敏感)后可以进行定位,使得人们可以在彼此重叠的、具有各自波长的大脑神经化学网络中选择性地激活特定的某一个。因此,我们现在能够将光纤植入正确的大脑区域,从而更有选择性地刺激特定的一个大脑系统(Airan et al.,2009)。同样,用特定神经化学物质进行局部脑刺激也能够提供对特定系统的选择性刺激,达到一种电刺激无法实现的精度(Ikemoto,2010)。这些进步实质性地优化了我们关于基本情感系统的功能细节的认识。

愤怒的神经化学

神经科学家已经知晓许多影响愤怒的大脑化学物质(Guerra et al.,2010;Siegel,2005)。通常在有其他辅助刺激物的情况下,能够促进愤怒的化学物质主要包括睾丸素、P物质、去甲肾上腺素(NE)、谷氨酸、乙酰胆碱以及一氧化氮合成酶等。其中有许多可以通过药物抑制。比如,由于大脑去甲肾上腺素可以促进气愤，因此心得安(能够阻断 β-NE 受体)可以减弱易怒性，这同样适用于其他类型的唤醒。另一种能够平息愤怒的化学物质是血清素，尤其是通过依托拉嗪[一种血清素激动剂，有时被称作赛瑞尼克(serenic)，能够提升血清素的效果]，但是，这种效果同样并不是特异性的。血清素倾向于减弱所有类型的情绪唤醒。愤怒抑制剂的名单在不断增加。也许最突出的是 γ-氨基丁酸(GABA)，它是一种通用的大脑抑制性递质。GABA 减缓了愤怒的活动，但同时会减弱大量其他大脑活动的神经放电速率。换句话说，GABA 同样倾向于减弱所有情绪，抑制癫痫发作，并且它特别有助于促进睡眠。因此，与血清素一样，它并不是专用于愤怒系统。

我们列出这些化学物质，只是为了说明每个大脑系统都是由多种化学物质所控制的。但是，正如我们将看到的，似乎有一些化学物质，例如神经肽 P 物质，在特定高阶脑区中对激活愤怒起到更多作用(尽管它们在低阶区域激活了完全不同的脑功能，比如恶心)。其他神经肽，例如内源性阿片肽(脑内吗啡模拟物)以及催产素(另一种脑内化学物质，用于社交安慰以及信心建立)同样能够有效地平息愤怒。但是，同样地，它们在脑中也会做许多其他事情。所有这一切都表明，对特定情绪的神经化学控制在个别大脑回路的水平上可能相当精确，但它们可能也会在其他脑系统中有不同的效果。这就是难以为精神疾病治疗研发更精准的“心智药物”的原因之一。

一定程度上是源于每一种动物显示出特有的神经化学的优势和劣势，情绪性格在不同的个体以及物种间注定差异巨大。基于情绪的人格量表是为识别人类性格而设计的(Davis et al.，2003)，但是为动物进行这些设计将会更加困难。然而，我们通常可以通过选择性育种的方式(即通过应用“行为遗传学”技术)来很容易地培育具有不同情绪特征的动物。

我们同样知道，雄性和雌性几乎所有的情绪系统都具有不同的敏感性。大量动物研究表明，一般来说，雌性在生物学上比雄性更不容易气愤。即使在人类之中，循环性激素的差异至少也是造成这种性别差异的部分原因。睾酮无疑会使雄性比雌性更具自信和侵略性。事实上，当人类女性注射睾酮时，她们很快会变得更具攻击性，对他人的容忍度也会降低(Hermans et al.，2008)。因为睾酮同样会促进雄性的统治倾向，这似乎对若干种形式的攻击行为都有积极影响。

当然,睾酮/攻击联结只适用于身体的攻击。还有其他引起愤怒和造成伤害的方式,其中最过分的可能就是社会排斥(MacDonald & Jensen-Campbell,2011)。当人或动物被剥夺了爱和接受时,当它们被抛弃并且打入社会底层,没有多少权利和快乐时,这通常会造成情绪伤害。尽管社会排斥并不会立刻造成身体伤害,但从长久来看,谁能说心理创伤不是有害的?毕竟,压力可能成为杀手,而社会排斥会造成巨大的压力。似乎物种中的雌性,当然包括人类女性,更容易对他人(或其他动物)造成这种情绪和社会伤害。所以,尽管身体伤害通常出现在男性领域,但女性往往更擅于造成更微妙的精神伤害而非身体伤害,两者对健康都有相当不利的影响(Knack et al.,2011)。如果有人质疑女孩的攻击意图,他们只需要深入研究一下任意班级中女生们之间的社会政治。关键问题是,这种倾向是反映了潜在的初级过程情绪系统的差异,还是反映了对学习和文化更具渗透性的高级认知过程的差异。对于这些问题几乎没有研究,但我们期望它与心智的三级过程而非初级过程更加相关,因为这就意味着在许多过度攻击的案例中,社会和文化干预要比生物原因更加重要。

脑中的多重愤怒控制与众多未解之谜

与其他基本情绪一样,愤怒受到许多心理过程和脑区的调节。我们将要总结一些引人注目的尽管有时令人费解的发现,主要是为了强调每种情绪系统的整体调节是多么复杂,以及我们还有多少东西需要学习。

举例来说,脑中某些不包含愤怒系统的区域的有限病变会极大地加剧攻击性。腹内侧下丘脑(VMH)病变(会使动物暴饮暴食变得极度肥胖,并抑制雌性的性行为)同样会使动物们变得长期易怒——简单说就是变得野蛮——在没有保护装置的情况下几乎无法控制。而且,这种改变是持久的,很难通过后续重复的温柔照料而减弱。我们并不知道这些病变为什么会加剧愤怒,但可能是因为这类脑损伤的瘢痕组织长期刺激邻近的愤怒回路。就人类而言,如果癫痫病灶邻近杏仁核内侧核的愤怒回路,那么就会发现类似的长期易怒(Mirsky & Siegel,1994)。同样,在下丘脑最内侧弓状核附近的神经网络,它将身体能量饱满的信号发送到其他脑区,可以直接调节攻击性回路,并在身体的能量资源充沛时抑制它们。

另外,动物的气愤恼怒可以通过刺激诸如在外侧隔区中某些特定高阶回路来减轻。这让研究者推测外侧隔区能够调节并抑制愤怒系统(Brayley & Albert,1977)。这也许能够解释"隔区愤怒"的戏剧性现象,即大脑中线区域的病变会导致长达数周的攻击性的显著提升。有这种病变的动物们对于触摸和许多其他刺激特别敏感。通过对杏仁核中愤怒回路,也可能是恐惧回路产生额外损伤,这种易怒性可以迅速减弱(Jonason et al.,1973)。同样地,随着时间的推移,加之大量的温柔照料,这些隔区病变的动物逐渐变得非常平静并不具有攻击性,最终会变得比正常动物更具亲社会性。只要随着时间流逝并且没有经历威胁性的生活体验,就可以缓和隔区损伤导致的过度活跃的愤怒反应。VMH 病变的动物则没有表现出类似的康复。隔区位于许多重要的情绪和认知系统的交叉处,这意味着它对于高阶的、认知的系统与低阶的、情绪的系统的互动至关重要。确实,它是大脑中另一个主要的情绪/认知交叉处,正如我们在探索系统中已经了解过的伏隔核,以及我们在恐惧系统中将要看到的杏仁核外侧区。因此,当隔区受损时,大脑皮层的抑制作用就会减弱,导致至少在一段时间内表现出更多的情绪反应。我们尚不清楚隔区受损的动物们为什么最终会变得比以前更加冷静和亲社会。但是显然,它们对社会奖励的响应更加灵敏。

正如我们前文指出,新皮层尤其是额叶执行区域的移除会增加情绪性,第一种被发现的此类现象是"去皮质愤怒"(decorticate rage)——如果通过外科手术切除猫狗的额叶皮质区域,它们会变得非常情绪化。此外,愤怒同样被连接着脑干的"小型大脑"(little brain),即小脑(cerebellum)所控制,该区域曾被认为只是控制我们运动的协调性。小脑最深和最古老的核心即顶核和间位核受到电刺激时,就会生成攻击行为。有些人认为,也许就像新皮层抑制并调节情绪以实现更加慎重的行为和心理反应,小脑皮质(小脑的外缘)可能会调节攻击行为倾向。事实上,情况可能就是这样。例如,神经外科医生罗伯特·希斯(Robert Heath),在精神外科学(psychosurgery)时代

(尤其是在 20 世纪 50 年代)对人类的情绪进行了大量的脑研究,他认为能够通过刺激暴力病人的小脑皮质区域来抑制他们的攻击性。这一做法被证实确实非常有效(Heath et al.,1980)。但是,它从未被作为一种常规治疗手段,也许主要是因为担忧这种直接对人类大脑的技术操作会产生伦理问题。

到目前为止,我们尚未有高效地控制病理性暴力的方法,也许除了那些会导致极度镇定的药物。尽管有很多关于攻击性的研究,精神病学尚未发现一种有效的药物能够充分抑制持续的愤怒/气愤,无论是对人类还是对动物。因此,社会仍容易受到生活在精神和情绪易怒性的腐蚀控制之下的危险个体的伤害。由于 P 物质已经被证实会加剧猫的愤怒(Gregg & Siegel,2003;Siegel,2005),我们长期主张 P 物质受体拮抗剂,例如阿瑞匹坦(医用止吐药)可能是十分有效的抗气愤、抗易怒的药物。然而,这一主张仍有待人类实验评估。但是,越来越多的研究表明,这种药物能够持续地减少动物的气愤型攻击行为(Halasz et al.,2008)。而且,这一系统中的受体变体也与人类的攻击和自杀倾向有关联(Giegling et al.,2007)。在这种情况下,需要注意的是,大脑中大多数神经化学受体系统都具有若干种变体。例如,P 物质,包括 NK1,NK2 和 NK3 受体(NK 代表着神经激肽,是 P 物质所属的神经肽家族)。只有 NK1 受体会促进攻击行为。简而言之,在这方面,任何释放到神经系统中的神经化学物质只有在相应的特定类型的受体可用的情况下才会产生特定的效果。虽然这一点值得记在心里,但我们将会避免在本书中涉及过多细节,以便让非专业读者阅读。

精神病学家需要理解,仅仅通过抑制过度活跃的愤怒系统无法实现心理健康。平息愤怒通常需要了解到行为的社会后果,并通过唤醒积极的社会关系实现。如果有一天对过度愤怒的药理学“治愈”能够实现,那么这种治疗应当伴随着相应的心理干预,以增强患者与亲朋好友建立积极联系的能力。换句话说,当寻找药理学药物时,精神病学家不应当仅仅尝试将愤怒作为一种不受欢迎的情绪类型进行根除。一项基本原则是:精神病学家应当意识到不同情绪类型的情感互动,并应该寻找最大化幸福的方法,其特征是大量促进快乐和社会和谐的积极情感。显然,社会政策同样是实现这些目标的有效工具。

气愤的脑成像

我们对大脑中所有内置情绪系统的了解还远远不够。目前,人类研究者,即便是脑成像研究者,都尚未找到将愤怒系统和其他初级过程情绪系统可视化的方法。部分原因是他们没有常规的实验方法来对这些古老的情感系统进行因果分析。功能性磁共振成像(fMRI)更擅长高阶脑认知功能的可视化,而非低阶情感功能,因为前者神经活动的速率远远大于控制我们情绪的古老脑网络。这些限制意味着,我们无法轻易地视觉化愤怒网络发挥作用时的强度,即使通过现代的脑成像技术。同样,我们还无法轻易地监测人类脑中分泌的促进气愤的化学物质的总量。

此外,在人类脑成像技术的范围内很难激发强烈的愤怒。功能磁共振成像扫描追踪大脑中的血液流动,这是建立在血液会更多地流向神经活动提升区域的假设之上。然而,fMRI 扫描需要对象保持他们的头部不动。因此,如果强烈的感受被激发,人类对象需要抑制表达它们的冲动(即,他们需要抑制本能的行为)以让这种技术能够正常工作。基于这种原因,脑功能的化学 PET 成像注定对于理解人类的低阶愤怒回路更为有效。

尽管如此,某些出色的研究已经实现了对气愤的成像。在早期的一项研究中,气愤的感受确实唤醒了许多皮层下中线区域,但是,唤醒在额叶皮层区特别明显,尤其是左半脑。当人们感到焦虑时,这些大脑区域也“点亮”了许多。神经活动的抑制(血液流量减少)在调节认知的高阶脑区时更为明显,尤其是右半脑。当人们感到焦虑时,人脑的额叶皮层区域受到抑制。当人们感到气愤时,大脑更后部的区域,包括映射体表的顶叶区域,受到抑制(Kimbrell et al.,1999)。其他研究人员观察发现,当人们面部表现出气愤和悲伤的表情时,前、后扣带回区会呈现出相似水平的唤醒,并对杏仁核中的悲伤以及眶额皮质(位于眼窝上方的皮质层,参与到若干种情感感受)中的气愤做出一些独特的反应(Berlin et al.,2004;Blair et al.,1999)。这些唤醒中有多少可以被认为是情绪的初级过程表现,而不是感受的和内稳态的情感?有多少是与次级和三级监管过程相关?从这些研究中是不可能得到答案的;事实上,大部分脑成像研究者并不关心这种重要的区别。我们并不期望这些脑变化列表能够启发普通读者,因为脑成像研究者自己都尚不清楚这些扫描应当如何解读。

成像数据模糊性的一个典型例子是,在针对愤怒情绪期间的成像研究中亮起的眶额皮质可能更倾向于抑制愤怒而不是激发愤怒,因为对这个区域的损伤通常会增加人们的易怒性和冲动性(Berlin et al.,2004)。同样,当损伤接近于更靠后的内侧大脑区域时,例如腹侧纹状体,由于它是探索系统的一部分,人们会难以意识到他人处于气愤状态(Calder et al.,2004)。出现这种情况的原因尚不清楚,但它可能在此表明了探索系统所调节的情绪的数量。当然,如果一个人强烈渴望抨击某人,部分探索系统就一定会被唤醒。如果是这样的话,你可以想象,随着这个系统的损坏,你可能很难觉察到愤怒引起的觉醒。但探索系统为什么没有在其他研究中被唤醒,例如那些试图通过人脑扫描来捕捉气愤的研究?也许是因为 fMRI 技术的局限,神经放电必须特别明显才能够被侦测到。当然,MRI 扫描仪实验条件的限制不利于强烈的情绪体验。我们必须再一次牢记,大部分皮质下区域中调节情绪的神经元的放电要远慢于高阶脑区,例如丘脑和新皮质层,它们在调节知觉和认知时的放电速度之快令人难以置信。因此,微小的变化,尤其是在皮质下的情绪区域,很难被 fMRI 所侦测。不同的技术,例如正电子发射断层扫描(PET)成像,可以用更长的曝光时间来成像,配合着更为精细的实验方法,也许足以实现情绪过程成像。

通过这种替代性的脑成像技术(比如 PET 扫描)的使用,一些研究者的确已经在非常低阶的大脑区域中发现了强烈的血液流动变化(意味着神经唤醒)。达马西奥等(Damasio et al.,2000)发现,在气愤期间,在脑干内侧,大量血液流入情绪性中心、PAG 的所在之处以及邻近的一些脑区,比如控制整体脑唤醒的蓝斑核。这种最高级的 PET 研究表明,当气愤以及大部分其他初级过程情绪(恐惧、愉快以及悲伤)被唤醒时,高阶皮层区域倾向于关闭。这意味着强烈的情绪感受会削弱或缩减认知过程,这种现象早已为心智研究者所认识。事实上,当体验到强烈的情绪时,新皮层的许多区域会关闭,这一事实再次凸显了在我们的大脑中究竟哪一部分最强烈地感受到情绪，即我们与其他动物所共享的古老的皮层下情绪网络。

需要着重强调的是，关于哺乳动物大脑中愤怒网络位置的大部分知识都是从动物研究中挑选出来的，只有零散是从人类获得的相关数据。因此，现在就断定人类大脑在日常的气愤和愤恨中到底发生了什么还为时过早。但是，我们预计，如果人类的脑中没有愤怒系统，那么他们将很难变得愤怒。

愤怒与战争

人们很容易相信气愤是导致战争发动的原因，但这是一种严重的以偏概全。即使是在激战中，有效执行战术的士兵们通常也不是愤怒的，尽管这种激情会出现在白刃战中。很明显，大量社会的、政治的以及历史的因素，在战争发动中扮演着重要角色。而且，探索系统反映在高阶情绪冲动中，例如贪婪和统治，对于战争的影响很有可能要比初级过程的愤怒回路更大。此外，如果我们的气愤能力能够解释所有的战争，那么我们可能会看到其他物种发生更多的群体搏斗；然而，很少有其他动物表现出这类群体攻击行为。像黑猩猩这类动物偶尔会参与到与其他族群的小规模斗争中(Goodall，1986)，但相较于战争冲突，这更像是青少年或更年长一些的流氓团伙斗殴。在任何情况下，目前都很难说是愤怒冲动而不是掠夺冲动导致了各种形式的群体攻击行为。也许某些类型的愤怒只有在动物真正投入充满激情的攻击状态时才会爆发，而此时主要的情绪可能会迅速燃烧并转移。

因此，我们此处所谈论的内容很少能够成为人类战争的原因。当然，人类的好战倾向最终伴随着许多仇恨情绪，包括贪婪、怨恨以及耀武扬威，更不用说诸如强奸和抢劫等行为，但就我们微薄的知识而言，大多数这些复杂的感受，正如我们的嫉妒、愤怒和愤恨，并不是哺乳动物脑中古老的情绪部分本能的初级过程潜能。它们可能通过发育和社会学习在高阶脑区生成。其他动物不具有我们所拥有的复杂新皮层。因此，大部分其他动物不会像我们一样对这些事情具有复杂的思维和感受。但是，这并不意味着它们不具有更加纯朴的原始怨恨、嫉妒和愤恨。不过，恐惧和愤怒这类基本情绪肯定会在每一个战场爆发,并且这些情感源于我们与所有其他哺乳动物共享的情绪系统。

愤怒的高阶神经调节

在前面的章节中,我们强调,一般来说,新皮层抑制了情绪系统的唤醒。我们还注意到,当新皮层被唤醒时,尤其是支持工作记忆(策略性思考的能力)的背外侧区,能够触发并维持情绪(更深入的讨论见第 6 章)。愤怒以特别清晰的方式展现了这些原则。我们很容易看到新皮层如何激活并维持愤怒。在了解神经科学的著名精神分析学家约翰·吉多(John Gedo,1997)"毫无保留"的自传中,他描述了当他的上司告诉他,他在芝加哥精神分析研究所的新课程没有被批准,因为课程委员会裁定他"不是一位足够成熟的导师,无法胜任这项工作"时他的回应。在观察和推理的基础上(这全部是认知/新皮质层的功能),吉多确信,由于过去对他们一起教授的课程的不满,他的上司"亲自策划了这一结果"。这些想法激活了吉多的愤怒系统,并且他让其爆发出来。正如他写道——"不再考虑要对他做出什么让步,我用全研究所都能听到的声音告诉他,他的糟糕课程可以用来擦他自己的屁股!我这辈子很少这么生气"(John Gedo,1997)。即使是研究人类心智的专家偶尔也需要发泄一下他们的动物本能。但宣泄对你有好处吗?毫无疑问,这取决于它是否给你带来了你想要的和所需要的最重要的事情,从长远来看,即正念(mindfulness)和智慧(wisdom)。

显然,相当微小的认知触发因素就能够导致愤怒发作,即使是极其聪明的人,有时也会为了非常微不足道的原因发火。也许吉多过度爆发了他的愤怒;然而,人们可以想象,他可能已经怨恨了一段时间,想着找机会报复,并制定真实的计划来暗害讨厌的上司。通过这种方式,他的新皮层(他的思维)能够维持他的气愤,并持续唤醒他的愤怒系统。然而,如果环境改变,吉多的新皮层可能会促使他控制自己的气愤。有许多办法能够让你远离你不想拥有的感受,其中两种恢复镇静主要的方式分别是深呼吸以及反思你想要成为怎样的人。新皮层总是关注能够增加奖励和生命满足度的观点,并思考惩罚将如何减少幸福。吉多发泄了他的气愤,因为他已经受到惩罚,并且没有什么可失去的。然而,假设他在芝加哥研究所的一些资深同事批准了他的课程,并且推翻了他的上司的反对意见。吉多可能仍然对他的上司感到怨恨,但他可能会认为愤怒的表现将导致他的盟友同事们疏远他。基于这一点,他可能会闭紧嘴巴,而且如果他愿意,他的新皮层会抑制他的愤怒系统。

这些新皮层的计算方式,也影响了原始愤怒在其他动物现实生活互动中的表现。例如,如果人们通过电刺激唤醒了认知上更加复杂的动物,比如猴子的愤怒系统,这些被唤醒的动物倾向于在更加顺从的动物身上发泄它们的愤怒,并且避免与更具支配地位的动物发生冲突。然而,也许新皮层考虑了这样一个事实,即愤怒的动物们从长远看更容易获得社会地位。确实,在猴群中,如果人们持续不断地刺激某一只猴子的愤怒系统,那么这只猴子很可能提升在现有统治阶级中的等级(Delgado,1969;Alexander & Perachio,1973)。也许持续的易怒情绪能够帮助动物克服现有的统治关系。然而,在自然界中,往往是雌性的选择使得强大、爱炫耀的雄性登上权力的顶峰。如果这只雄性失去了大部分雌性的喜爱,那么它很快会被许多附近等待的热切追求者击败。

愤怒的情感成分

我们知道愤怒是一种不愉快的情感,不仅因为人们这么说,而且因为人和动物都会尝试避免对这个系统的电刺激。当刺激不可避免时,动物会表现出逃跑行为,表明它们想要终止这种情感体验。然而,有些人似乎表现出对愤怒的偏好,并享受气愤的感受。也许动物和人有时会享受愤怒,当它在彼此冲突中必然导致成功(胜利)时。人们很容易想象,在台上的拳击手可能会遭受许多伤害性的击打,这会唤醒他的愤怒,并且接下来他可能会更加彻底地享受击倒他的对手。换句话说,气愤的展现可能会有许多次级效益(secondary benefit)。同样,如果人们知道自己在安全的电影院中或者把自己抛到高空的嘉年华装置上,此时唤醒了强烈消极情感,那么他们可能会享受恐惧的体验。

愤怒如果被用于防御,它同样能够提供安慰。所有的防御行为都会提供某种愉悦感,或者至少减轻了疼痛和抑郁。例如,讨厌一个抛弃自己的恋人比无助地忍受爱意被拒绝的痛苦要感觉好一些。但大多数情况下,纯粹的愤怒是一种糟糕的体验,这是心理治疗师和咨询师都需要记住的一件重要事情。我们通常会见到饱受持续愤怒之苦的病人,乍看上去,他们似乎享受这种气愤感。但这可能是因为气愤生成了一种激烈的行为,使人们误以为是热情(探索状态确实会在讲述一件气愤的事情时被唤醒)。人们似乎享受气愤,可能只是因为他们通过主动找麻烦,以非理性和不公正的方式挑起争论,能够获得只有他们才能理解的次级效益(如权力感)。也许他们享受愤怒胜利的时刻,但没有人或动物会享受持续愤怒的体验,因为这种情感性感受确实是不愉快的。在绝大多数情况下,长期气愤的人们难以控制自己的愤怒;有时他们似乎情不自禁地想要打架,也许是因为在他们生命中的某个阶段,某些人或某些事让他们无助地气愤。我们同样需要记住,在某些特殊的医疗情况下,比如当人们患有会刺激愤怒回路的脑肿瘤时,他们会变得长期易怒,尽管他们没有合理的外部理由生气。

治疗师应该清楚,从根本上说,气愤是一种不愉快的情绪。长期气愤的人们会感到困扰且不快乐。他们可能一生都在气愤,并且从来不知道真正解决分歧后的内心平静。他们在气愤的争吵中反复,通常以令人不满意的情绪僵局告终。如果我们知道气愤让人感到痛苦,并且如果我们将这一知识传达给病人,这本身就能够提供一种安慰,因为气愤的人们通常甚至不会去考虑他们因某种原因而生气的可能性。通常,他们只会认为自己天性易怒,并因此很坏。

很多年前,奥古斯特·艾希霍恩(August Aichhorn,1925)写道:行为不良的年轻病人应当明白,治疗师总是在他或她身边。传统的中立立场不适用于这些年轻人(如果它确实是合适的——但那是另外的讨论!),神经科学可以提供建立这种医患关系的关键,因为它告诉我们愤怒唤醒让人感到不适。如果病人长期遭受愤怒苦恼,治疗师可以诚实地告诉他,虽然满足气愤有时可能会感受不错,但总的来说,这是一种痛苦的方式,并且没人会选择感受气愤。所以,如果病人大部分时间都感到气愤,那么一定有原因。某些人或事激发了他的气愤。他选择生气并不是因为他是个坏人。这是神经科学观点可以帮助建立一种可靠的治疗联盟的方式。它可以提供对情感生活的本质的理解。这种理解可以作为对患者的感受和精神状态进行共情而诚实地探索的基础。

同时,必须强调,攻击性并不仅仅是因为愤怒系统在运转。特别重要的是,有一种形式的攻击性,即掠夺性攻击,它主要是来自探索系统,而人们很容易混淆攻击性和气愤。确实,神经科学家很难接受动物"静默撕咬"的掠夺性攻击,就像我们人类对狩猎的渴望一样,更多来自探索系统的精神力量,而非愤怒系统。在某种意义上,探索系统总是在寻求令人满足的终点,无论是捕食者追逐猎物,还是人们渴望赢得一场有争议的辩论。攻击性表现有多种形式,这将在后文谈及。

掠夺性攻击并非出于愤怒

动物有两种主要的攻击行为,它们并不是愤怒系统的纯粹表现。一种是掠夺性攻击,当动物捕食时会出现这种行为。食物来源于捕食者猎杀的其他动物,我们通常将猎杀视作一种攻击行为。然而,现有的神经科学证据表明,掠夺性攻击是探索冲动的一种表现。当捕食动物追踪并杀死它们的猎物时,它们似乎体验到预期的愉悦,而不是愤怒的粗暴苛刻。当然,如果猎物猛烈地还击或者碰巧逃走,那么,捕食动物会感受到相当沮丧和愤怒,但这是因为探索系统遭到挫折,没有获得内稳态的满足,即没有饱餐一顿。

现代社会很少有人类遭受掠夺性攻击的例子,因为食物相当充足,至少在发达国家中如此。所以,我们没有打猎的需求。在超市中觅食通常已经足够。

大多数食肉动物捕猎是为了食物,而神经科学家进行了一系列关于猫和老鼠的研究,展示了愤怒与掠夺性攻击之间的本质区别。一方面,几乎所有的猫都会进行静默撕咬的掠夺性攻击,追踪、猎杀并有条不紊地撕咬它们的猎物,这是一种虽称不上冷静,但相对可控的行为(Bandler,1988;Flynn,1976;Siegel,2005)。追踪和静默撕咬都可以通过电刺激下丘脑外侧区的内侧前脑束实现,它位于探索系统的核心区域。另一方面,猫的愤怒系统的唤醒,生成了截然不同的行为。愤怒的猫会咆哮并发出嘶嘶声。它们的毛会立起来并且会表现出自主唤醒(比如心跳加快、血压升高、更多血液流入肌肉以及体温升高)。这并不是猫追捕猎物时的行为方式。这些关于猫的数据表明,支配掠夺性攻击的是探索冲动而非愤怒。

进一步的证据可以在实验室大鼠身上看到,它们大部分不会表现出像野生老鼠一样的强烈掠夺倾向。也许这些倾向在实验室种群被人工繁殖的过程中消除了。然而,大部分实验室大鼠显然是掠夺性的(它们很容易攻击小型动物),而其余的一些则几乎是掠夺性的(它们对于潜在的猎物表现出浓厚兴趣,例如小鼠,但未能咬到它们)。神经科学家发现,这种近乎完全的掠夺性动物可以通过刺激它们的探索系统而转变成静默撕咬的攻击模式,这再次表明,掠夺性攻击很明显唤醒了探索系统,而非愤怒。事实上,这些动物会自我刺激它们的探索系统,直到它们表现出一种对小鼠的完整的掠夺性攻击。换句话说,这些动物放大了它们自己的探索冲动,使其驱动它们成为掠夺性的小鼠杀手。在没有额外对探索系统自我施加人工唤醒的情况下,这种完整的完成行为模式并没有被观察到(Panksepp,1971)。

大鼠的另一种行为差异也区分了探索和愤怒。当它们表现出由探索唤醒生成的静默撕咬的掠夺攻击时,它们会撕咬活着以及死去的小鼠。然而,当它们的愤怒系统唤醒时,它们只会攻击活着的动物。它们会跨过死掉的小鼠(Panksepp,1971)。显然,当动物生气时,它们需要一个活着的目标来发泄愤怒。愤怒的动物们同样会攻击同种个体(conspecifics,相同物种的其他个体),但不会将其视作猎物(即同种个体通常不是掠夺性攻击的理想目标)。

这可能是有趣的一点,需要家长和治疗师们记在心上。当儿童生气时,他们有时会将怒火发泄在没有生命的对象上,如枕头或者沙袋。然而,这可能是一种无效的手段,因为愤怒通常指向于有生命的对象;对无生命对象的报复甚至可能会增加儿童的挫败感。也许儿童努力幻想枕头是，例如，一个讨厌的同胞兄弟，这可能会提供一种真实的攻击性表达。然而，这并不是一个明智的做法。我们已经说过，所有的情绪系统在过度唤醒时都会变得十分敏感。如果人们使用这种策略人工唤醒愤怒系统，结果可能是无法宣泄。这更有可能使一种本来已经非常不稳定的过度唤醒的系统更加敏感。这些事实对于暴力的电视节目和电脑游戏同样有影响。然而，在治疗环境下真诚地表达气愤，有利于建立相关的治疗对话，并且，在治疗指导下对气愤冲动进行短时模拟宣泄，例如模拟掐死一个枕头，可以有效地将被压抑的情绪冲动导向一种情感的解决方法。

除了行为差异，愤怒与掠夺性攻击之间的区别还表现在解剖学和药理学方面。通过刺激脑的不同区域，人们可以选择性地调节掠夺性攻击或者情感性攻击（Siegel，2005）。少量镇静剂可以减少愤怒并增加静默撕咬攻击的可能性。另外，安非他命（精神兴奋剂）会强化愤怒，而对掠夺性攻击则鲜有作用。正如已经指出的那样，P 物质会促进愤怒，中等剂量的阿片类药物会抑制愤怒，而少量的阿片类药物则会促进探索（像其他几种神经肽一样——例如神经降压素、催产素以及促食素）。还有其他非常普遍的兴奋控制和抑制控制，例如谷氨酸和 GABA，可以促进和抑制这两种系统以及其他所有初级过程的情绪系统。神经化学相互作用对各种攻击的影响是如此复杂，以至于需要大量笔墨来描述已有的诸多发现（Miczek，1987；Siegel，2005）。

最重要的事实是，动物们渴望自我刺激（如按压杠杆），以获得对脑探索区域的电刺激，从而促成静默撕咬攻击。这意味着动物们喜欢促进掠夺的探索唤醒所生成的情感感受。但如果人们刺激了诱发纯粹愤怒的脑区域，动物就会无一例外地表现出逃避行为。因此，愤怒生成了一种不愉快的情感，而探索总是令人感受良好。所以，掠夺性动物享受杀戮的快感。但它们并不享受愤怒系统过度唤醒所产生的感受。当然，对于所有这一切，我们必须记住，人类，虽然具有更加认知的意向性心智，但也可能更受冲动驱使而非按照他们的意愿行动，例如拿起手枪或其他武器，通常都会导致他们事后懊悔的行为。

总而言之,所有这些实验结果表明,愤怒和掠夺性攻击产生了不同的生理反应、行为和情感。需要再次强调的是,大量关于行为、神经解剖学、脑化学、药理学以及情感体验差异的证据表明,掠夺性攻击是探索系统的一种功能,而非愤怒的一种表达(Panksepp,1971)。然而,人类的掠夺冲动通常会以最反社会的方式表达。例如,我们已经提及过一些并非牵强附会的假设,有些应受谴责的行为,比如性跟踪等,就是由认知上错误导向的探索冲动激发的,但我们在此不展开讨论这些有争议的观点(Panksepp & Zellner,2004)。

杀婴与探索系统

在关于攻击性的著作中有大量的观察结果,很难根据参与其中的情绪类型进行分类。其中一个特别引人注目的发现是杀婴的情况,这在自然界中很常见,并且在我们这个物种中也并非罕见。几乎所有被研究的野生物种,尽管不一定是人类,雄性相较于雌性更倾向于杀婴。这种行为通常带来一种生殖优势:哺乳期的雌性通常不会排卵,而杀死它们的孩子则可以迅速恢复它们的性能力。

当新的雄狮接管统治一群母狮时,它们做的第一件事就是"谋杀"前任统治雄狮的幼崽;这使得母狮迅速恢复激情,帮助确保新的雄狮拥有自己的子嗣。我们将在欲望的章节中指出,纯粹的性行为不太可能会让杀婴的雄性大鼠沉溺于杀死幼鼠的行为(Mennella & Moltz,1988)。而且,当它自己的幼鼠即将降生时,这种杀戮冲动会系统地减弱。这是一个值得关注的事实,已经在控制良好的实验室条件下进行了研究,即使雄性不再与雌性交配,也会发生这种情况。尽管目前没有确切的答案,但我们猜想,这种日益和平的趋势可能是由某种长期的、依赖体验的表观遗传效应所调节,也许是它们脑中催产素传递所促进。然而,我们关于这一点的观点是,雄性的杀婴行为似乎同样是探索系统的一种表达。雄性的杀婴行为是为了与雌性进行性生活,这恰巧也是雄性攻击其他雄性的原因之一。

我们不确定这是否与人类行为相关。或许相关。在家庭中,生父虐待和杀害亲生子女的可能性要比继父小得多(Daly & Wilson,2001)。也许这是因为缺乏稳定的社会联结,陌生的男性更容易觉得他们新伴侣原来的孩子令人讨厌,而这种提升的气愤发生率会导致令人遗憾的行为。我们并不知道。无论如何,动物的杀婴行为,如同雄性之间争夺领导权的争斗一样,似乎都是探索系统而非愤怒系统的一种表现,也有可能大脑中存在一种独特的支配系统。但是,这种支配似乎是在其他原始情绪系统(如探索、愤怒、恐惧和嬉戏等)的支持下通过学习生成的。

关于社会支配的模糊案例

让我们来思考一下这种在大多数物种普遍存在的,却理解甚少的心理—行为的过程。除了掠夺性攻击和杀婴,还有另外一种攻击/独断行为并不是纯粹愤怒的表现,即社会支配的冲动。这种冲动的常见表现是在雄性之间,尤其是当它们确立了领土权利并为性霸权而相互斗争时。有些人认为,支配欲是脑中攻击回路的一种特殊类型的表现,而愤怒则是我们知道的其中主要的一个。尽管愤怒通常被用来服务于普遍的社会统治,尤其是为雄性之间的争斗服务,但人们不应当假设,对统治的渴望是愤怒系统的直接表现。尽管愤怒在雄性之间争夺“财产权”——无论是可消耗资源、领土还是与雌性交配的权利——的“竞赛”中肯定会被唤醒,但有证据表明雄性之间的争斗和支配冲动与愤怒截然不同。

调节雄性之间争斗的一些脑区域也是传递愤怒冲动的区域(如内侧杏仁核和中脑的 PAG 区域),但对其他脑区域的损伤(包括下丘脑视前区、侧间隔、伏隔核以及中缝)会减弱雄性间的争斗行为,却会加强愤怒。雄性之间的争斗和愤怒在化学基础上同样存在区别。大多数支持雄性间争斗的脑区域都具有高水平的睾酮受体,而缺少睾酮的雄性则会表现出更少的支配冲动。我们注意到,愤怒是一种不愉快的情感,但最近的证据表明,在人类中,睾酮相较于安慰剂会让男性感受更好,但同时会使人变得更不易信任和多疑(van Honk et al.,2010)。因此,愤怒看起来会让人感觉糟糕,而睾酮所促进的雄性间争斗的冲动则会让人感觉良好。所以,尽管愤怒和雄性间的争斗可能高度交互,但睾酮似乎不太可能是唤醒愤怒系统的关键(尽管它在某种程度上确实起到促进作用)。

其他研究者断言,如此之多的动物存在着支配倾向,表明在哺乳动物大脑中必定演化出了支配系统(Ellis & Toronchuk,2005)。但是我们并不接受这种奢侈的纯概念分析。我们没有足够的证据得出这样的结论:社会支配的冲动来自某一个单独的情绪系统。也许社会支配反映了当多种基本情绪系统被唤醒时所发生的学习。换句话说,它很大程度上是一种次级的情绪过程,带有一些初级过程的生物配置因素。促成因素包括探索和愤怒以及恐惧,当然追逐打闹的嬉戏系统的早期体验也参与其中。

例如,在追逐打闹的嬉戏时,幼年大鼠展现的所有行为模式,都可能是当它看到成年大鼠为社会支配而冲突时学会的(见第 11 章)。但当动物们嬉戏时,这些行为是在积极的情感背景下进行的,至少刚开始是。当人类儿童进行追逐打闹的嬉戏时,人们也会看到类似的支配倾向(想一想“山中之王”)。确实,在竞赛制物种(tournament species)中,例如鹿,成年雄鹿彼此接近的方式就像幼年小鹿具有嬉戏欲望时一样。当然,雄鹿们争斗是为了雄性权威。但鉴于行为上的相似性,人们会好奇,成人之间的竞争是否只是嬉戏的一种成人变体——人们在“职业摔跤”和其他武术等目前流行的娱乐方式中所见到的行为模式。

遗憾的是,我们对这种成人行为模式的神经学原理知之甚少。特别是,我们缺少必要的数据来证明局部脑刺激所诱发的连贯的情绪模式,包括奖励与惩罚特质,而这是我们初级过程情绪存在的黄金标准。

尽管如此,还是让我们继续讨论另一种观点,以便为这种系统分享一些暗示性证据。促进雄性之间斗争提升的化学信号包括从睾酮开始的分子级联反应,它诱发了激活加压素生成基因的遗传表达,这是一种促进雄性攻击行为和性欲的神经肽(Pedersen,2004;Veenema & Neumann,2008)。被阉割的雄性大鼠的加压素总量只有正常雄性大鼠的一半,并且它们所表现出的攻击性和性活跃度也比正常大鼠少得多。将睾酮注射到下丘脑的视叶前区域可以恢复大鼠正常的攻击性和性欲。这种注射同样是奖励性的,因为动物们表现出对睾酮的偏好。

有句老话叫作“强者愈强”，似乎适用于睾酮系统：胜利的体验（无论是赢得一场摔跤或者网球比赛还是从法律院校毕业）增加睾酮分泌，从而提高雄性的自信以及性欲（Gleason et al.，2009；Strüber et al.，2008）。因此，毫无疑问，脑具有基于神经的支配类型的攻击冲动；我们估计这可能来源于数种初级过程的大脑情绪系统的交互作用，而不是我们本书中讨论的某一种“主要的”情绪类型单独作用的结果。当然，睾酮的作用，特别是对年轻雄性的作用，是明确且令人印象深刻的（Lumia & McGinnis，2010；van Honk et al.，2010）。值得注意的是，雌性激素（雌激素和孕酮，以及催产素）通常会抑制攻击性，所以人们很容易相信，整体上看，雌性的气质更加平和，而雄性更加好战。然而，正如我们前文指出，雌性可以在不参与身体攻击的情况下变得愤怒，例如，利用社会排斥打击对手。似乎有理由相信，雌性可以通过更加社会而非身体的手段来实现社会支配。然而，在被注射睾酮后，雌性性格倾向于变得更具雄性特征（增长的攻击性、怀疑以及增强的性欲）。事实上，正如我们将在第 7 章中看到，睾酮成分对雌性的性渴望和性愉悦具有强烈的调节作用（Tuiten et al.，2000），这些“雄性”激素通常是由肾上腺生成的睾酮所提供的。

我们必须暂时得出这样的结论：我们并不知道任何明确的脑机制加强了提升雌性支配行为的初级过程的力量，尽管很明显睾酮可以做到。这在某些物种中很明显。以雌性斑点鬣狗为例，它们的睾酮水平异常高（在第 7 章将做进一步讨论）。雌性鬣犬比雄性更具攻击性，并且它们增大的、类似阴茎的阴蒂主要是为了群体内性交往，尤其是为了显示支配地位。雌性的高睾酮指数似乎是其攻击性和支配行为的原因。也许这种高水平的睾酮量同样提升了通常是孪生的新生鬣犬的类似攻击/支配行为。它们天生具有战斗情绪，并且通常其中一只会在它们进入更加温和的幼年阶段前死去，这一阶段是以友好的嬉戏打闹为特征的。这种攻击行为也有可能是愤怒系统的一种表现，但我们必须保留一种可能性，即它反映了一种支配欲的早期表达。很明显，对于攻击性在神经系统中各种形式的展开方式，我们仍有许多需要研究学习。

人的愤怒、掠夺性攻击与社会支配的互动

不难想象愤怒、掠夺性攻击和社会支配在人类心理的三级过程中如何密切协作。以职业网球运动员为例,他们每年要穿梭于各种不同的赛事中。他们彼此非常熟悉。有些人成为朋友,而有些人则不然——但他们迟早会成为赛场上的对手。当好朋友比赛时(或者甚至是姐妹,例如瑟琳娜·威廉姆斯和维纳斯·威廉姆斯),他们争夺的是社会支配的一种形式。也许对手可以充当猎物的角色,以增强探索在这种对抗中的作用。当然,其他动物热衷于杀死猎物以享用美食,而运动则热衷于击败对手以享受社会性胜利。然而,在两种情形中,毫无疑问探索系统都被唤醒了。

也许在一场艰难的对抗中,人们会有对他们的对手感到愤怒的时刻,即便这个对手是朋友或者姐妹。人们总是听到运动员们谈及"杀手本能"是胜利所必需的。在某些情况下,杀手本能是愤怒的一种表达,尤其是在挫折和胜利即将来临的时刻。然而,杀手本能也可能来源于掠夺性攻击、习得性的社会支配的冲动,以及认知调节的想要成为最佳选手的愿望。所以,很容易理解三种生物学上促进的攻击形式——愤怒、掠夺性攻击和社会支配——如何能够在三级过程的高阶心智中融合在一起。也许这就是为什么我们难以将这些感受理解为独立的、基本的情绪概念。只有当大量可靠的神经科学证据支持这些概念时,初级过程情绪概念的科学有效性才足以信赖。尽管现有的研究表明,愤怒、掠夺性攻击以及社会支配的冲动在神经生物学的某些方面存在区别,但似乎只有愤怒是一种独立的情绪系统,致力于初级过程形式的攻击性。

小结

我们已经从解剖学和化学的角度描述了愤怒系统。我们还描述了愤怒行为在人和动物中是如何表现的。特别重要的是,愤怒系统产生了不愉快的情感,即使在击败对手时可能会获得短暂的愉悦。这是心理健康专业人士应

当牢记的一点。尽管雄性相较于雌性更加具有攻击性，但这只适用于身体攻击。对于雌性大量参与的社会心理攻击的微妙之处，我们仍知之甚少。

我们区分了愤怒与掠夺性攻击和杀婴行为，后两者都似乎是探索系统的表现。我们同样讨论了社会支配的冲动，其神经基础尚不完全清楚。然而，我们不认为社会支配的冲动反映了一种单独的初级过程系统的存在。支配行为可能是学习的结果，它在若干情绪系统被唤醒时出现。当然，支配行为出现在儿童嬉戏以及我们祖先的环境中，当狩猎采集者组成大家庭时，这种行为类型在年轻人中很容易形成自然的支配等级，并延续至成年。同样值得思考的是，雄性之间的支配似乎是由睾酮和加压素所驱动，并与欲望系统有关。

有一件事非常清楚。暴力犯罪是一个巨大的社会问题，这凸显了抑制愤怒的药物的必要性（目前，比如阿瑞匹坦等 P 物质拮抗剂需要进行人体评估）。然而，心理治疗师和精神疾病医生们都应谨记情绪系统的相互作用，并且理解愤怒会在人们，尤其是儿童，遭受虐待和忽视时变得敏感。从病理性愤怒恢复的关键在于建立或重建人们形成并维持温暖的信任关系的能力。始终如一的友好和积极互动能够对气愤的灵魂起到极佳的缓解效果（想象一下那些隔区病变的动物，随着时间推移，它们变得温顺且亲社会）。同样，治疗环境中积极的情绪体验可能有助于缓和多种糟糕的记忆。心理治疗能够帮助患者摆脱那些原本会带来消极和刺激性思考的问题。威廉·布雷克（William Blake，1793）在他充满激情和人文主义的诗歌中指出了这一点，例如，他在《毒树》（*Poison Tree*）中写道：

> 吾怒吾友，
> 诉与之，吾怒消散。
> 吾怒吾敌，
> 不诉与之，吾怒徒增。

这在今天同样适用——似乎是一种普遍的人类体验——反映了我们的高阶心智如何与愤怒的初级过程潜能相互作用。

第 5 章　恐惧的祖传根源

在短暂的穴居生活中，它还从未遇到过任何可怕的事，然而恐惧却存在于它内心深处，那是远古的祖先通过千千万万个生命遗传给它，是它直接从过往一代又一代的狼的身上继承到的遗产。恐惧！这是“野性”的遗产，任何兽类都无处回避……所以，虽然不知道是什么构成了恐惧，但小灰狼却会感到恐惧。

——杰克·伦敦《白牙》(Jack London，1906)

我们将在本章讨论恐惧的本质——富兰克林·D. 罗斯福(Franklin D. Roosevelt)总统在 1933 年 3 月 4 日的著名演讲中强调的一种原始的恐怖，在那次演讲中，他向国民说道：“我们唯一需要恐惧的就是恐惧本身——一种莫名其妙的、丧失理智的和毫无根据的恐惧，它把人转退为进所需的种种努力化为泡影。”这些预言性的话是在美国开始摆脱大萧条的那年说出的……正是这一年，阿道夫·希特勒(Adolf Hitler)在德国掌权(这导致了数百万人深刻的恐惧和痛苦)。

如果我们有过恐惧的体验，我们就会学会害怕恐惧本身。在历史上所有的战争中，年轻的战士们都感受到环绕着他们的死亡的恐惧。这种感受持续的时间越长，恐惧在他们脑突触中的烙印就越深，有时会导致他们漫无目的地、痛苦地且持久地害怕任何事情——在某种意义上来说，又对什么都不害怕。随后，无目的恐惧导致的慢性焦虑，直接从他们过度活跃的初级过程的恐惧系统中产生，而不是从他们身处的现实环境中产生。对于我们大部分人来说，这种“无目的”恐惧难以想象，但这是我们的恐惧系统可以生成的一种不受约束的慢性焦虑。这一系统，如同所有的情绪系统一样，它的运转类似于我们身体的筋骨和肌肉。你用得越多，它们就越强壮；你用得越少，它们就越虚弱。在20世纪的重大战争中，许多士兵都体验过“弹震症”(shell shock)，现在被称作“创伤后应激障碍”(PTSD)——逐渐渗透的恐惧作为一种对灵魂的刺激始终存在，伴随着许多印刻在心智记忆表面的恐怖画面。所有哺乳动物都可能受到创伤后应激障碍的折磨，因为我们都拥有非常相似的古老的恐惧系统，在我们核心情感意识的认知黑暗中，它们会变得敏感并充满惊恐。

当我们感受到的惊吓足够严重或时间足够长时，恐惧系统会变得过度敏感。从出生起，这种不受约束的恐惧能力就根植于我们的脑中；最初，它只会被一些无条件刺激激活，但体验可以创造恐惧的记忆，自此以后，它就可以被世界中以前是中性的事件激活。如同其他情绪系统一样，恐惧从本质上来说是“无目的”的，而且如同脑心的所有其他情绪系统一样，它通过学习与现实世界相连接。显然，对于一只老鼠来说，仅仅感到害怕是不够的。它必须学会对各种特定的对象和环境产生恐惧。我们也是如此。演化在脑中生成了恐惧的能力，但它并没有(也不能)告诉我们所有我们需要害怕和避免的事情。基本上，所有这些都需要通过学习来获得。并且由于我们足够聪明，无论是过去还是未来，我们人类都能够比一只老鼠学会对更多的事情产生恐惧[参见下一章的引文，罗伯特·伯恩斯(Robert Burns)深刻地描绘了人类和老鼠恐惧的区别]。从多种意义上看，人类是这个世界上最恐惧的生物。我们可以为自己创造远超其他物种能够想象的恐惧。由于我们新皮层的功能，我们甚至会恐惧心智中虚幻的幻象。但是我们并不清楚这种内在的学习是如何发生的。不过，正如我们将在下　章中讨论的那样，我们确实十分了解最简单形式的恐惧学习如何在脑中发生。

我们不需要深思就可以在我们的生活中找到被恐惧吞噬的时刻，尤其是当我们小的时候。我们经常忍受这样的状态，即使我们的高阶认知心智可以轻易地让我们认识到自己并没有面对真正的威胁。我们甚至会为尚未到来的焦虑而焦虑。我们不知道是否其他动物也能够感受到这种次级的、自生的预期焦虑。但是，它们的恐惧系统——与我们的系统类似——被设计为能够预测未来的坏事情，并且如果它们一再遭受创伤，它们肯定会在各种恐吓的情况下变得敏感和过度活跃。换句话说,我们知道所有哺乳动物脑的恐惧网络都会过度反应,如同我们脑中所有其他的基本情绪过程一样。

想象一下你独身一人,在漆黑的夜晚迷失在森林中(见图5.1)。你在一次徒步旅行中不小心迷路,并且没有信心能够找到出路。依稀月光透过云层,冷风吹过你的脚踝。头顶的树枝沙沙作响。你的想象力犹如脱缰的野马,幻想出各种恐怖的画面,从食肉的野兽到你梦中的食尸鬼。这些景象就像你童年当灯熄灭时席卷想象中的怪物一样可怕,即使你在安全的被窝中……但常常是独身一人(因为与母亲一起睡,这种所有其他灵长类都会做的事情,对于我们人类而言已经过时了)。突然,一截树枝断落在你身后。如果你在你家安全的后院中听到这个声音,你可能只会带着轻微的惊讶转向它。但由于你已经感到恐惧,你会体验到一种猛烈的惊吓。你一时静止不动,僵在原地,而你的心智中则充满了恐惧。你的所有感官都紧盯着声音的位置,并迅速分析着它可能的来源。是一只将要扑过来的美洲狮,还是飞过头顶的蝙蝠群?在你恐惧的谵妄中,你甚至会想象一只虚构的狼人。如果你感受危险迫在眉睫,你可能会爆发成激烈的飞奔模式,跑得比任何时候都快。如果你有幸发现了一个安全之处(比如丛林中荒废的小木屋),你会藏身其中,瑟瑟发抖,并伴随着剧烈的心跳(这并不仅是因为你身体的剧烈活动;恐惧通常伴随着自主神经系统的唤醒)。一路上,你可能会尿裤子或者更糟。你一身冷汗,并在很长一段时间内保持警惕,仔细地评估每一个可能暗示着危险的新声响和阴影。

图5.1 一个典型的关于恐惧序列的漫画:深夜迷失在森林中,人们会因任何突然的声响而僵住,想象力会生成许多导致逃离的恐怖可能性。即使发现废弃的木屋作为安全的庇护所,人们也会处于焦虑唤醒的状态,这种状态可能会在随后许多夜晚的梦中重现[此漫画最初由桑德拉·保尔森(Sandra Paulsen)为本书绘制,并由朗尼·罗斯伯格(Lonnie Rosenberg)进行了微调]。

幸运的是，在破晓时分，你找到了出路。日后，你会变得更加小心，避免迷路。你可能会在数个夜晚梦到这个场景。如果你真的遭遇到美洲狮或者狼人，你的恐惧行为可能已经与之相适应。如果你像疯子一样疯狂地尖叫并奔跑，尤其是来回挥动双手，你可能会把动物吓走。在你遭受折磨之后，纯粹的恐惧和各种相关的思绪混合在一起，可能会在你的心灵的神经基质中孵化，也许会持续数年。你甚至可能患上一种轻度的创伤后应激障碍(PTSD)。当这种情绪系统变得过度敏感时，你可能会体验到"恐惧本身"的极度痛苦，即使你在认知上知道自己是安全的。

恐惧以各种形式困扰着人们。突如其来的恐惧令人惊恐。持续不断地被焦虑折磨，摧毁你在世界上的安全感同样十分可怕。这些感受是由原始脑系统连贯运行生成的，从中脑导水管周围灰质(PAG)到达杏仁核，然后再返回。当这一系统突然被唤醒时会生成恐惧，而在响应一些更为轻微和持久的唤醒时，它会导致慢性焦虑。当恐惧刺激距离较远时，脑的高阶认知部分，例如内侧额叶皮层和杏仁核，同样会被唤醒；你可能会躲起来，一动不动。但当一个可怕的捕食者紧随在你身后时，恐惧回路的低阶区域，尤其是中脑的 PAG 会接管一切(Mobbs et al.,2007)。这些无条件的恐惧回路绝对会迫使你飞奔逃离。

脑的内在恐惧系统

许多人仍然相信，恐惧的能力是后天习得的，人和动物都是通过预测危险而学会恐惧。如果这是真的，那么我们在出生时就不会害怕任何事物。只有在被以某种方式伤害之后，我们才知道恐惧的含义。但动物们表现出了与生俱来的恐惧能力，即使它们没有体验过疼痛或危险。我们之所以知道这一点，是因为通过对脑特定区域的电刺激，如下一节所述，能够让处于绝对安全环境中的动物生成完整的恐惧反应。电刺激并不携带任何关于环境中危险或身体疼痛的信息。直接刺激只会唤醒恐惧系统内在的情感潜能——它唤醒了恐惧本身。

早在半个世纪之前，即 20 世纪五六十年代，研究人员本应认识到这一点,他们最初发现在脑中存在一些区域,不仅仅动物会主动自我刺激(见第3章),而且对临近其他区域的刺激会使它们像经历了心理折磨一样逃离,甚至会激发学习逃跑行为(Delgado et al.,1954)。在他们研究的过程中,这些研究人员偶然发现了原始的恐惧系统,它接近于动物自我刺激的许多脑区。当这些恐惧结构被无意地刺激时,动物们会表现出各种恐惧行为,低电流水平下恐惧结构会导致动物们僵住不动,而当电流增加时,它们则会惊慌逃窜。因此,早在恐惧系统被正式概念化之前(Panksepp,1982),就可以推测实验室大鼠具有天生的恐惧系统。这是显而易见的,因为在没有学习周围厌恶性事件(如常用的足部电击)的情况下,大鼠就害怕某些类型的脑刺激。当这些区域被刺激时,所有哺乳动物都会表现出恐惧。显然,这一系统是由演化而非动物的生活体验所造就的。

很久以前,在早期脊椎动物脑演化中,我们祖先脑中的DNA就已经对某些威胁性的外部刺激认知进行了编码,这使得我们对能够持续生成疼痛或者预示危险的特定刺激产生先天的恐惧。举例来说,大鼠天生害怕特定捕食者的气味,如猫、雪貂和狐狸等。它们一开始并不害怕这些掠食者的出现,只是害怕它们气味的某些方面。如果将这类生物的毛发放在大鼠或小鼠的笼子里,即使它们在一个绝对安全的受控实验环境中成长——动物们在生活中从未遭遇过任何捕食者——然而它们仍会表现出恐惧反应。许多动物会僵住;其他则会表现出一种普遍的警惕性(研究人员将这些认知担忧类型的情绪称作增长的"风险评估")。即使这些可怕的气味被移除后,大鼠和小鼠仍会长时间保持怯懦,这是由于它们脑中已经分泌的恐惧神经化学物质的作用。大鼠的社交活动将被抑制很长一段时间,它们会更少参与嬉戏、进食、梳理毛发、性生活以及其他积极行为(相关数据的描述,见下一章图6.1)。如果动物们过长时间遭受这种压力,它们会开始表现出抑郁症状。这种对捕食者气味与生俱来的恐惧能力有助于生存,因为遗传继承的恐惧系统促使动物们在附近有捕食者时静止不动并躲藏起来,并当捕食者过于接近时逃跑。从演化的角度来看,无所畏惧地直面捕食者是一种多余的行为。

对捕食者气味的恐惧帮助动物们远离捕食者居住的地方,而不是捕食者接近的一种信号。我们之所以得出这样的结论,是因为捕食者的气味通过犁鼻器(vomeronasal organ)进入啮齿类动物的脑,它可以监测大型的非挥发性分子(nonvolatile molecules),而不是像它们的主嗅球(main olfactory bulb)一样,监测相对遥远的,可以说是“在微风中”的气味(Panksepp & Crepeau,1990)。这对于小鼠也是如此。最近,这种令其讨厌的气味的分子构成在猫的唾液中被鉴定出来;它是一种单分子,属于被称作 Feld4 的主要尿蛋白家族(Papes et al.,2010),并且,同一组研究人员先前还鉴定发现,这种蛋白家族强化了雄性小鼠之间的争斗。据推测,小鼠很容易与陌生者争斗,某种程度上是因为它们所携带的气味使动物们彼此警惕。

除了害怕疼痛和捕食者的气味,大鼠天生还害怕明亮开阔的空间、突然的动作以及大的声响。所有这些刺激都暗示可能存在危险,它们将其作为演化记忆(即作为固有的感官信息输入恐惧系统)代代相传,从而使大鼠天生就惧怕它们。所有种类的哺乳动物都存在一些引起先天恐惧的刺激物。疼痛是一种通用的刺激。大部分动物对大的声响感到害怕。人类婴儿会在他们没有被牢牢抱紧时变得焦躁,随着年龄的增长,许多婴儿会在单独身处黑暗时哭泣。这些负面情绪可能是由社会惊慌/悲痛系统(见第9章)引起的,也可能是由恐惧引起的。事实上,如果离开了脑研究,我们很难区分这些“焦虑”系统中究竟哪一个更加活跃。有可能它们可以同时活跃,但这些问题还有待神经科学家的研究。在本章中,我们将仅关注恐惧系统。与其他所有初级过程情绪系统一样,恐惧系统本身相对“无目的”,但哺乳动物可以迅速学会对许多预示着恐惧—唤起(FEAR-invoking)条件的刺激做出反应。

对于所有幼年动物而言,起初只有很少的内在输入进入它们的恐惧系统,其中我们对于疼痛最为了解。疼痛刺激直接进入 PAG,因此那里也存在有疼痛抑制机制。对 PAG 中适当位置给予刺激后,人们的剧烈疼痛可以得到相当程度的减轻(Mayer et al.,1971;Richardson & Akil,1977),这是由于内源性阿片肽的分泌(Hosobuchi et al.,1979;Herman & Panksepp,1981)。然而,如果人们电击动物 PAG 中的恐惧区域,它们会表现出完整的恐惧反应。这种恐惧状态可能会促进学习,并且这可能是动物对与掠食者相关的视觉和听觉刺激迅速形成后天恐惧反应的方式(参见下一章对恐惧学习和记忆的讨论)。通过这种方式,恐惧系统在大量生活事件的控制下生成,既包括简单学习层面(次级过程),也包括更加复杂的认知层面(三级过程)。

人和动物表现出不受约束的焦虑这一事实,意味着他们具有一种与生俱来的体验恐惧的能力。换句话说,焦虑的能力是脑演化的情绪工具箱的一部分。正如我们已经提及,关于这一点的证据是一种简单的事实,即人们可以很容易唤醒一整套行为和生理的恐惧反应,只需要通过电或者化学物质刺激特定的脑区。这些反应在所有被研究过的哺乳动物中都很明显。事实上,动物不喜欢这种感觉,因为它们几乎采取了各种措施,试图逃避刺激,避开发生这种刺激的地方,等等。当然,学习可以极大地丰富恐惧系统(见下一章),但我们的关键点是,学习本身并不能说明恐惧的能力。这一基本能力是由脑内在的情绪系统所提供。

恐惧的能力只会在恐惧系统本身以某种方式被摧毁,或者这一系统的感官输入通路以某种方式被阻断时才会消除或者减弱。这可能会在受伤或生病时出现。例如,有寄生虫(例如刚地弓形虫,一种常见于猫体内的寄生虫)能够攻击啮齿类动物的恐惧系统,使老鼠对猫的恐惧感降低(Vyas et al.,2007)。这有助于猫类进行捕食。猫可以吃掉更多的老鼠,因为它们的猎物不再像平时一样容易躲藏和逃离。因此,受感染的啮齿类动物进入到猫的胃中。而猫的身体是原生动物完成生殖循环最理想的环境。

恐惧系统的脑轨迹

对脑进行直接电刺激的实验,最直接地证明了内在恐惧系统的存在(近期概述见 Panksepp et al.,2011)。当对哺乳动物脑特定区域进行电刺激时,即所有哺乳动物共享的深层皮层下区域,动物会表现出先天的恐惧反应,即使环境中没有任何威胁性刺激。不同强度的电刺激会产生不同程度的恐惧。温和的电刺激产生了警觉的、抑制的活动,以及偶尔出现的身体僵住不动,类似于当猫的毛发出现在老鼠笼子中时老鼠所表现出的抑制行为——这些行为在捕食者仍然遥远时比较常见。如果电流在同一个脑部位进一步增加,动物们就会逃离,就像猫靠得太近准备攻击老鼠一样(Panksepp,1991)。按照这种递进方式,恐惧的神经唤醒的级联从较为温和的形式(僵住、焦虑)逐渐转变为更强烈的形式(逃离、惊恐)。

对于人类而言,当恐惧系统被内部的物理刺激唤醒时,例如在该情绪网络所在的边缘系统部分中的癫痫活动,恐惧感就会增加。癫痫是脑中的一场闪电风暴。当这一风暴侵袭恐惧系统时,人(或者动物)会表现出强烈的内部恐惧,也许是一种类似于创伤后应激障碍的感受(Adamec,2001;Pincus,1981,2001)。因此,癫痫发作产生的电流发挥作用的方式非常类似于在实验室中直接电刺激恐惧回路。

电刺激实验表明,先天的恐惧系统是一种双向通路,从杏仁核的中央区域到下丘脑前区和内侧,围绕着第三脑室,并从那里到中脑 PAG 中的特定区域(背侧区)(见图 5.2)。恐惧系统包括特定的自主和行为输出,它们控制了恐惧的生理症状(比如手心出汗、心跳加速、僵住或者逃离)。抑制这个系统活动的药物和手术能够使人和动物变得平静。简而言之,许多无条件的——本能的—恐惧表达都直接来自这一神经系统。

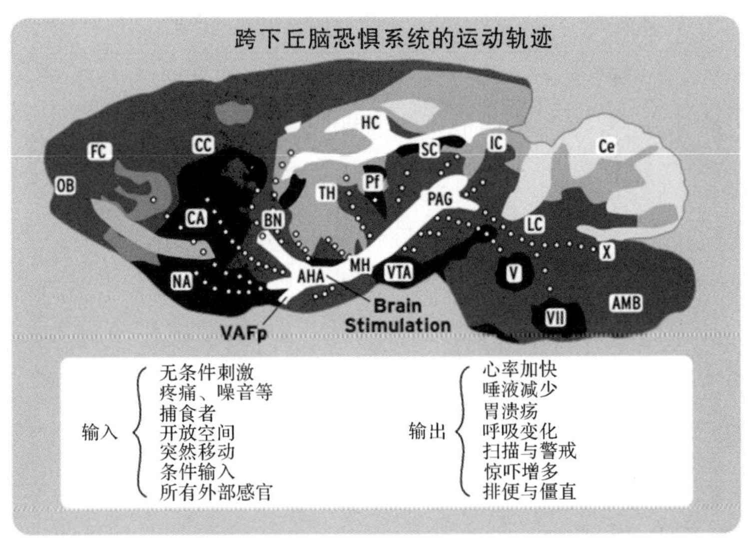

图 5.2　恐惧系统的轨迹以及由这种情绪系统刺激引起的各种症状的概要示意图(改编自 Panksepp,1990b;解剖名称请参阅原始版本)。脑区的色彩深度近似于脑中乙酰胆碱的水平。

许多实验已经表明了动物们有多么不喜欢这种脑唤醒。动物们试图逃离。如果有机会,它们很快就会学会关闭这种刺激,通过按压杠杆或者移动到从未出现过这种刺激的位置(Panksepp,1991)。它们同样会表现出条件性的地点回避:它们避开曾经接受过这种刺激的地方(Roberts & Cox,1987)。如果动物们暴露在发生过这类脑刺激的环境中时,它们会尝试离开这些地点,只要有选择的机会。但是,即使它们在附近的安全区域,它们也仍会表现得紧张不安,通常会僵住或比平时排泄得更多——仍然表现出恐惧的行为和自主症状(Panksepp,1991)。

因此,恐惧情感状态的客观关联,是由这种刺激产生的视觉上明显的僵住和逃离行为。再次强调,这些由脑刺激唤醒的明显行为是一种客观等价物;它是我们难以观察的精神状态的外部指标。然而,与情感神经科学的策略一致,类似的大脑刺激应该唤起人类内部被唤起的情绪状态的自发言语指示。事实上,这一点一直被观察到。

该脑区受到刺激的人总是会汇报一种突然爆发的恐惧和焦虑。例如,当刺激PAG时,一名原始受试者说,"我怕得要死"(Nashold et al.,1969)。在另一项观察电刺激人脑室周围灰质所生成的心理变化的实验中(Amano et al.,1979),患者报告说"一种突然的不确定感,就像进入一条又长又暗的隧道",一种在海上"海浪从四面八方涌来"的感受,以及"有人正在追我,我尝试逃离他"。恐惧系统的唤醒迅速触发了脑皮层中充斥着焦虑的情景,也许是来自过去真实的事件,或者只是来自记忆中的故事。这种交互的速度使人们很容易理解为什么会认为这种感觉是在脑皮层产生的——图像化这种情景的能力是产生这种感觉的必要条件。但是,请记住,最初的恐惧感来自更深层次的情绪系统的刺激,并且这一系统是由所有哺乳动物所共享的,无论它们的认知禀赋如何。

疼痛与恐惧系统

疼痛总是以某种方式唤醒恐惧系统,但反之则不成立。恐惧实际上可以减少疼痛的感受(Miczek,1991)。当脑中的恐惧系统被电刺激时,人们汇报的是恐惧而非疼痛。当动物的这个系统被电刺激时，它们表现出恐惧，但很少像实际受到伤害时那样大声尖叫。然而，强烈的恐惧通常能够抑制疼痛的体验，因为在恐惧期间，脑分泌了镇痛的脑化学物质，比如脑自身的阿片类物质，能够暂时减少疼痛感（Miczek，1991）。这种适应性机制能够让受伤的动物们忽视疼痛，提升它们从捕食者手中逃出的可能性。然而，这同样会导致伴随着创伤后应激障碍的麻木。有一些证据表明，阻断阿片受体能够减少这种麻木和心理上的分裂，以帮助患有边缘型人格障碍的人们更积极地响应心理治疗（Bohus et al.，1999）。这同样适用于创伤后应激障碍（Pitman et al.，1990）。

虽然突发性疼痛是一种通常能够唤醒恐惧系统的刺激，但我们已经看到，这一系统同样可以轻易地被不会导致身体疼痛的刺激唤醒。捕食者的气味不会导致大鼠的身体疼痛。明亮开阔的空间也不会造成身体疼痛。同样，如果一个人类婴儿没有被牢牢抱紧，他可能最终会掉落并摔伤，但是在经历任何身体疼痛之前，似乎缺乏支撑就会引起恐惧。大的声响可能令人不适，但它们很少会令人疼痛。然而，婴儿和大部分动物都害怕雷声或刺耳的声音，因为在大部分哺乳动物的演化历史上，这些“吓人的”刺激通常预示着危险的事件。事实上，如果动物已经变得焦虑，这种惊吓反应会被放大。人们早就知道，焦虑的气质特征很容易在动物身上培育，只要通过使用行为—遗传基因筛选程序。研究者们开始详细研究这种由遗传气质造成的脑变化（Harro，2010；Harro et al.，2011；Kanarik et al.，2010；Singewald，2007）。

身体疼痛通常被用于恐惧条件反射实验，因为它很容易在实验室动物身上进行，最常见的是通过电击。在恐惧条件反射中，动物们学会对条件性（之前是中性的）刺激感到害怕，例如一种声响或光线，当这些与一种无条件刺激相结合时，比如电击，通常会唤醒动物的恐惧系统，就像人类一样。这些动物很快就学会对声响或光线感到恐惧，即便没有伴随着电击。换句话说，预测疼痛事件的线索几乎在所有的实验动物身上都会产生恐惧反应。这种迅速建立的对条件性刺激的恐惧反应是恐惧条件反射成功的标志（见下一章）。

很少有从事这类工作的行为神经学家愿意承认，或者甚至愿意谈论他们的动物是否经历了任何可怕的体验。他们有时会机会主义地宣称，这种内在的感受无法被直接地观察到，因此应当被排除在科学讨论之外。然而，这似乎是一种短见。事实上，如果厌恶情绪是动物脑学习行为恐惧的一个重要原因，那么这些科学家将永远无法理解他们感兴趣的恐惧条件反射是如何真正工作的。科学家们理应与“证据的分量”站在一边，但在这个领域，科学家们的价值标准似乎被忽略了。这就是为什么我们强调一种“双面一元论”的策略(Panksepp，2005b，2007a)的原因，它有能力将动物的情绪感受转换成人类具体的心理预测。

除了害怕条件性刺激，大鼠还很容易害怕各种在条件性体验期间恰巧出现的环境中的(外部的)刺激。举例来说，大鼠很容易学会害怕与电击一同出现的声响，但它们同样会变得害怕条件实验箱中的墙壁以及这些箱子中使用的碎木屑的特殊味道。大鼠们同样可能会害怕看到、听到或者嗅到把它们放进实验箱中的实验人员。这些都是在系统性的恐惧条件反射实验中由条件反射带来的环境刺激。

各种恐惧实验与关于恐惧的化学

研究者们热衷于研究恐惧的化学原理，很大程度上是出于精神病学的原因。例如，许多遭受创伤后应激障碍的病人可以通过药物减轻他们强烈的恐惧感。有四种主要的实验类型被用于研究关于恐惧的化学。每一种实验都包括诱发恐惧的方法以及测量服用特定药物后恐惧的减少量的方法。据推测，任何可以减弱动物们恐惧反应的潜伏期(持续时间)和强度的药物都能够减少人类的恐惧情感。这一实验工作表明，在大多数情况下，苯二氮(BZs)[①]能够平息大多数类型的恐惧。

在这里，我们不会详细介绍动物恐惧研究的各种实验细节。如果读者

---

① 苯二氮同样被称作弱安定剂或抗焦虑剂，最早使用的是甲氨二氮卓(chlordiazepoxide)和地西泮(diazepam)[商标名为利眠宁(Librium)和安定(Valium)]。现在有许多其他种类的弱安定剂，其中有些同样作为安眠药或者肌肉松弛剂销售。

们对此感兴趣,可以参考以前关于这些问题的详细介绍(Panksepp,1998a),这是本书精简版本的基础。理解这些方法对于从事该领域工作的研究者来说比一般读者更为重要。然而,有些读者可能想要了解各种药物在实验中缓解恐惧效果的细节,这些实验包括条件性情绪反应(CER)、强化惊吓反应以及本身可怕的环境,例如高架式迷宫,它们都利用了动物天生的防御行为。例如,人们可能会将一个电击探针放在大鼠的笼子中。在探索过程中,老鼠迟早会碰到探针,通常是用它的鼻子,然后会遭受一种不舒服的电击。通常情况下,大鼠会用笼子中的碎木屑或垫草等来盖住探针(我们尚不清楚这是大鼠本能的防御行为,还是一种建立在先前学习之上的行为)。如果由于药物的作用,大鼠花费更长时间在探针上构筑屏障,那么这种药物就被视作减少了大鼠的恐惧。此外,诸如 BZs 等抗焦虑剂有效地减弱了这些以及许多其他类型的防御行为。然而,正如我们将要看到,这些药物在减弱分离—惊慌反应上并不是特别有效,这只是众多证据之一,表明恐惧是一种独特的消极情绪系统,能够引起一种不同类型的"焦虑"(见第 9 章)。

我们不会详细讨论药物相关的实验研究,但是我们愿意具体讨论如下两个主题。第一个是恐惧系统影响惊吓反应的方式。所有动物都会对大的声响表现出惊吓反应。然而,这个反应的强度可能会有所不同。如果恐惧系统已经被唤醒,惊吓反应将会更加强烈。例如,如果你让一只幼年实验室大鼠听到一声巨响,它可能会轻微地被这种无条件刺激惊吓。然而,假设你之前通过条件反射让大鼠将光线与足部电击关联起来。动物会学会害怕光线。如果你将这只大鼠置于光线之下,从而引起一种背景水平的恐惧系统唤醒,并随后立刻将这只大鼠置丁同样人的声响之中,它的恐惧反应要比未曾被训练害怕光线的大鼠的反应大得多。顺便说一下,这就是为什么当你偷偷接近一个正在看恐怖电影的人时,你经常能够引起一种"强化惊吓"或者极端反应。因为她已经感到害怕,所以她的惊吓反应要比她正在看喜剧片时更加强烈。

这种"强化作用"的神经细节已经得到研究。基本上,惊吓反射本身在神经系统中处于非常低的位置,作为一种非常迅速的反射,远低于恐惧回路。然而,恐惧回路的输出确实下行至这一低位,并且如果恐惧已经被唤醒,它会加强脑干中这种古老的反射的强度。这是理解恐惧系统如何强化一种特定的反射的一种极好的方式。这同样适用于人类,通过将空气吹入眼中,可以唤起恐惧强化的眨眼反应(Davis & Lang,2003)。

我们将简要讨论的第二个主题涉及一些与这些药物实验有关的概念和方法问题。这些问题引起了我们对某些药物功效的困惑。有一种误解认为,任何能够减轻表面的恐惧行为的化学药物都能够减轻恐惧情感。假设动物的笼子中存在一个杠杆,可以导致疼痛的电击。在一两次电击之后,动物们就会避免触碰这个杠杆。如果你给了动物一种能够诱发健忘的药物,它将不再会回避这个杠杆,因为它会忘记这个杠杆是疼痛的来源。所以,这种药物会增加惩罚行为,但它并不会因此减弱动物们在每次电击后的情感上的痛苦。在这个例子中,动物愿意进行惩罚行为并不意味着恐惧因此减少。其他药物可能只是不再抑制动物,所以它们更加活跃,并愿意做更多的事情。这种药物同样可能会增加随机的杠杆按压行为。当人们测试一种能够增加动物进行惩罚行为的意愿的特定药物时,研究人员总是需要考虑这种药物可能会影响脑过程,而不是减少焦虑。这种限定条件适用于所有其他情绪系统的研究。这就是将情感性感受排除于科学话语之外的危害。

在血清素研究领域,人们将通用的去抑制作用误解为恐惧的衰减。在20世纪50至70年代,一些科学家相信脑中血清素活性的提升是焦虑的成因。得出这一结论,是因为血清素受体拮抗剂减少了脑中血清素的活性,使动物们参与到更多的惩罚行为,例如,按压能够提供食物的杠杆,即使出现预示着足部电击即将到来的CER刺激。因此,这些研究人员认为血清素的减少一定能够减轻焦虑,并且他们得出结论,认为高水平的血清素会导致人和动物感到焦虑。

然而,现在清楚的是,脑中血清素的减少通常会让动物更加狂躁和冲动。血清素在脑的绝大多数区域起作用。血清素减少的动物倾向于在大量情况下呈现去抑制状态,它们会在导致焦虑的情况下过度反应,这是源于它们的冲动性,而非焦虑的真正减少。事实上,缺乏血清素的动物比正常的动物更加容易焦虑,而且它们在各种领域中都会变得情绪亢奋;例如,它们往往比正常动物表现出更多的攻击性,并且性欲旺盛。因此,惩罚行为的增加可能只是反映了一种广义上的积极行为倾向的释放或去抑制作用，而不是焦虑感受的减少。

尽管血清素能调节焦虑的强度，但这种调节作用并没有超过它对其他消极情绪的调节。血清素调节所有情绪的强度。脑血清素活性的提升通常会抑制情绪，包括恐惧，而较少的血清素则会唤醒情绪，同样也包括恐惧。因此，当缺少血清素的动物表现出更多的惩罚行为时，这是因为它们所有的情绪都被唤醒并且过度活跃。目前没有充分的实证理由相信，脑中血清素总体活性度的提升在改善恐惧或焦虑的体验上起到主要作用。目前，大部分有效数据与另一个结论更为一致，即在神经元之间突触中的血清素总体活性的提升减轻了焦虑并产生放松的感受——血清素能够抑制脑中各种情绪和动机性冲动。这就是为什么提升突触中血清素可用性的选择性血清素再摄取抑制剂(selective serotonin reuptake inhibitor，SSRI)抗抑郁药，在使人缓解压力过大和使其不易烦躁方面非常有效(Knutson，Wolkowitz et al.，1998)的原因。

然而，在过去的数十年间，大量血清素受体类型得到识别(目前已经有 15 种)，并且似乎其中的一到两种可能以某种程度改善了消极感受。然而，我们并不完全清楚不同的血清素受体如何精确参与到生成放松以及改善消极情感。例如，一种相对较新的抗焦虑药物——丁螺环酮[商标名为布斯帕(BuSpar)]，可以作用于血清素受体，这种受体既能够提升也能够减弱脑血清素活性，这取决于受体在突触中的位置。最初，丁螺环酮被认为是通过减少突触前末梢的血清素分泌来减轻焦虑，但现在来看，它似乎更可能是通过提升另一种突触后受体中的血清素活性来实现焦虑减轻(Panksepp，2004)。因此，尽管血清素活性的总体提升明显减轻了焦虑，但血清素对每一种受体的具体效用仍有许多方面需要研究。

总而言之，有许多方式可以监测动物的恐惧行为——从被称作“旷野实验”的大型测试中的胆怯行为到“社会交互测试”到“高架十字迷宫”再到“情境僵直”。我们尚不确定这些环境和行为如何与恐惧系统联结。不过总的来说，目前，有大量关于恐惧学习(如下一章所述)的工作正在进行，而关于演化上为脑提供的恐惧回路的研究则很少。所以，尽管神经科学家十分了解允许条件性刺激进入恐惧系统的神经化学物质(如谷氨酸突触),但他们对恐惧系统本身的工作方式知之甚少。不过,在过去的数十年间,巴西的一些研究小组深入研究了 PAG 中多种调节防御行为的神经化学物质,并且使用了我们关于恐惧系统的术语(Brandão et al.,2003,2008;Del-Ben & Graeff,2009)。其中一些细节很难简明扼要地概括,但读者们应当确信,对这一系统的神经化学解读将为医学发展提供许多可能性,包括一些简单的操作,例如,减少调节焦虑的回路中的炎症级联反应,这种感受也许类似于吗啡成瘾后戒除(Hao et al.,2010)所产生的社会分离苦楚(见第 9 章)。

心脑中的各种焦虑

并不是每种形式的焦虑都来自恐惧系统。我们在许多不同的语境中使用“焦虑”一词,但我们现在知道,“分离焦虑”与我们之前所说的各种情绪上的忧虑相比,是一种非常不同的脑过程。重要的是,心理治疗师和精神病学专家们要认识到,脑中存在若干不同的消极情绪系统,并且在任何给定时刻都可能不止一种被唤醒。我们尚未知晓这些系统是如何相互作用的。然而,成功的治疗可能依赖理解在每一个病人身上究竟是哪种系统占据主导作用。例如,第 9 章将详述的惊慌/悲痛系统,相较于为响应可怕的非社会事件而出现的预期焦虑,这一系统对于人们在经历“惊恐发作”时经常出现的强烈的社会不安全感和失落感更为重要。

我们将用一整章的篇幅来讨论惊慌/悲痛系统,但为了扩展前面的评论,我们注意到有两个很好的理由来区别惊慌/悲痛系统与恐惧系统。第一,它们由不同的脑结构所支撑,因此在解剖学上是不同的。第二,恐惧与惊慌/悲痛系统在某种程度上是由不同的脑化学物质所控制的,并且对药物有不同的反应。正如我们所见,BZs 通常能够有效地平息恐惧,但它们对于幼年动物因离开它们的父母而产生的痛苦哭泣几乎没有效果。最初的 BZs(利眠宁和安定)对于平息人类的恐慌发作也收效甚微,虽然有些新型的高效 BZs,例如阿普唑仑,相当有效。另外,原先的三环抗抑郁剂丙咪嗪,只需很小的剂量，就能够改善惊恐障碍。事实上，丙咪嗪是第一种被发现对人体有明显抗惊恐作用的药物，并且它也能够减少动物们因分离导致的叫声(Klein & Rabkin，1981；J. Scott，1974)。

人们同样可以从临床角度区分恐惧与惊慌/悲痛，因为它们会引起不同的自主反应。它们是自主神经系统的两个主要的分支。交感神经分支使动物能够进行积极响应。例如，交感神经系统可以提高心率和呼吸，从而为更高水平的血糖燃烧提供氧气，这是逃跑所必需的。它同样可以为了提高警惕而扩张瞳孔。副交感神经系统则会在动物处于更被动的状态时发挥作用。在副交感神经系统的影响下，心率会降低，呼吸会平复，并且瞳孔不再扩张。副交感神经系统同样对于情绪变化十分敏感，它会促进流泪、唾液分泌以及性欲唤醒。

预期性焦虑(恐惧条件反射)的特点是普遍的忧虑性紧张，倾向于由自主神经系统的交感神经引起各种症状。因此，诸如心跳加快、流汗、肠胃不适以及肌肉紧张加剧等症状，都是恐惧的特征。然而，惊慌/悲痛的表现通常伴随着虚弱感和抑郁的疲惫感，伴随着更多副交感神经特征的自主症状，例如强烈的哭泣冲动，通常伴随着胸闷和喉咙堵塞。恐惧促使人们逃离加剧焦虑的情境，而惊慌/悲痛则促使人们想到情感对象的缺失，并推动人们去寻找所爱之人的陪伴。

尽管它们是不同的情绪系统，各自具有特定的情感和行为特征，但是它们经常以复杂的方式互动。有大量心理治疗的文献记录了依恋障碍，这是惊慌/悲痛系统的表现。患有严重依恋障碍的儿童无法信任他人，他们会拒绝自身的依赖感，也无法与他人共情。他们容易穷困潦倒，贪得无厌，并且有非分的要求，在青年和成年时期，他们通常会沉溺于药物，尤其是鸦片和酒精。

依恋障碍患者同样经常会遭受持续的恐惧，这来源于童年被忽视或被虐待的体验。这就是研究在监禁刑罚机构中的年轻人的过去时经常会看到的复杂画面。这类儿童成年后会变得具有高度攻击性，并且通常是反社会的。与此同时，他们常常对自己感到绝望。显然，他们的一些基本情绪系统出了问题。他们的情绪需求的复杂性和局限性使得他们难以康复。对这些行为涉及的脑情绪系统的完整理解是非常有必要的,这有助于发展治疗技术并找到合适的药物,从而治愈这些不幸的年轻人的持续性恐惧以及依恋障碍。

创伤后应激障碍(PTSD)是另一种涉及多个不同的情绪系统的复杂疾病。除了恐惧和惊慌/悲痛系统长期过度活跃的表现,创伤后应激障碍是一种通常伴随着愤怒的惊恐状态,即我们在开头所提及的,这可能是反复创伤的后果(正如战士在战争期间体验的那样)。不同于直接的惊慌/悲痛或恐惧,创伤后应激障碍的一个方面在于它可以通过抗癫痫药物进行缓解,例如卡马西平,这是一种无法持续有效控制惊恐发作或预期焦虑的药物(Berlin,2007)。这表明,存在一种额外的癫痫发作类型的过程,它能够将数种消极情绪过程发展整合成完整的创伤后应激障碍状态(Agrawal et al.,2006)。尽管创伤后应激障碍尚未明确地与任何一种焦虑类型的情绪系统相关联,例如恐惧或惊慌/悲痛,但它似乎是脑受创的另一种可能方式,也许有数种情绪系统参与其中,例如恐惧、惊慌/悲痛以及愤怒。

事实上,生活的沧桑就是这样,我们每个人都经历过各种情绪挑战的冲击,想要证明任何情绪障碍仅仅是由某个单一的情绪系统造成的几乎是不可能的事情,更不用说是因为某一种化学物质的失衡。大部分人会具有多种情绪失衡,这也就解释了为什么"共病现象(即特定疾病的伴随疾病)"这一概念在精神病学中如此普遍。这基本上意味着同时出现多种精神疾病综合征。以抑郁症为例,它通常伴随着过度的心理痛苦、焦虑、易怒,以及探索和追求其他生活乐趣的冲动的消退。确实,"抑郁"这一术语是含混不清的,它意味着广义上的不适和疾病。我们需要一种更加准确的描述,来指明参与其中的情绪系统,以及它们的过度唤醒或唤醒不足对临床症状影响的方式,包括在抑郁症患者中表现出多种疾病特征的炎症级联反应过度活跃的可能性不断增加(Dantzer et al.,2008)。我们认为科学领域的精神病学家,在未来的某个时刻,可能不需要现在所使用的诊断分类,因为我们开始从更好地描述不平衡的大脑情绪系统和理解可能导致情感困扰的许多神经化学变化的角度来理解情感问题。

我们才刚刚开始理解潜在的神经解剖学和神经化学的巨大复杂性。未来的生物精神病学将会与更加具体的情感心理治疗干预良好协作，这可能会基于更容易与病人实际情绪体验相联系的知识。这一切没有迅速发生（也许应当发生）的一个原因是，许多研究者仍旧认为心理学是一门软科学，更好的做法是将精神病学诊断分类直接与脑的实际变化相关联，而无需进行干预性的情绪分析。脑中不同的情绪系统的存在可以促进心理生物学路径变得比现在更加全面（Panksepp，2004，2006a，2009a，2009b）。

脑心中的恐惧化学物质

直到 20 世纪中叶，能够治疗恐惧的药物只有阿片类药物、酒精、巴比妥类药物以及甲丙氨酯［商标名为眠尔通（Miltown），曾经一度非常流行，但现在已经完全退出治疗实践，因为服用它的人们会有自杀倾向］。这些早期药物存在许多缺陷，其中最严重的是安全系数低，很容易导致意外用药过量或自杀。

由于焦虑通常伴随着自主唤醒，包括心跳加速和血压升高，一个有用的策略是用药物治疗，减少唤醒大脑和身体的化学物质的作用，即内源性儿茶酚胺——特别是肾上腺素和去甲肾上腺素。这些脑化学物质合在一起被称作生物胺，它们会激活交感神经系统，该神经系统会在强烈的情绪刺激（即将大脑的愤怒和恐惧机制融合在一起的“战斗或逃跑”反应）期间进入高度活跃状态。在任何情况下，阻断它们的活动都可以产生安定的效果。β 受体阻滞（抑制一种去甲肾上腺素受体）对于焦虑的症状控制很有帮助，例如心悸和出汗。事实上，已核准的药物，例如心得安（propranolol），有时被用来在公开演讲或表演时抑制焦虑。艺术表演家和演说家服用这类药物将“神经”对他们完美发挥的妨碍降低到最小的程度，这是很常见的做法。

药物氯二氮卓（CDP）的意外发现使焦虑症的具体治疗方法发生了革命性的变化。1960 年，就在霍夫曼—拉罗切（Hoffman-LaRoche）实验室准备终止对 BZs 的相对无效的研究计划之前，CDP 的药效在研究的最后阶段得以证实。几乎在最后一刻，研究者发现 BZ 分子之一的 CDP，对于驯服当地动物园的野生动物非常有效。CDP 很快以利眠宁的商品名推向市场，并且它对于控制许多焦虑障碍取得了巨大成功。它可以在远低于百分之一致死剂量的情况下减轻焦虑。很快，许多更具效力的 BZ 药物，例如地西泮[安定(Valium)]投入使用，之后还有更多。它们已经畅销数十年。

在 BZ 治疗开始时通常观察到的轻度镇静作用趋于迅速减轻，而抗焦虑效果则在长期使用期间可以维持。最初，偶尔服用这些药物似乎没有产生明显的身体依赖性。然而，随着时间的推移，焦虑病人通常开始服用越来越高的剂量。对于依赖这些药物的病人而言，戒断会导致类似于震颤性谵妄(DTs)的综合征，一种困惑、焦虑并出现幻觉的状态，通常在戒酒后出现。由于这些原因，某些 BZs 在医学界已不受欢迎，但与此同时，这些药物却成为一种非常有效的戒酒手段。

长期以来，神经科学家和精神病学家并不知道为什么 BZs 能有效治疗焦虑症。直到 1979 年 BZ 受体被发现后，这一研究才得以进行。通常情况下，当像 BZs 这样的外用药物对脑产生影响时，人们会期望发现脑自然地分泌类似的内源性脑化学物质。例如，惊慌/悲痛系统可以通过服用阿片类药物来镇定，并且脑会生成类似的内源性阿片类的化学物质。神经科学家假设，脑生成了类似 BZ 的内源性化学物质，它能够与 BZ 受体结合，产生镇静作用。但情况似乎并不那么简单。当研究者施用 BZ 受体拮抗剂时，他们预测焦虑会增长，但这并没有发生。BZ 拮抗剂既没有增长焦虑，也没有减轻焦虑。它们在心理上基本上是中性的。

研究者随后发现，BZs 不能独立地减轻焦虑。相较于独自平复恐惧系统，BZs 是通过提升 γ-氨基丁酸(GABA)的效果来发挥作用，GABA 是一种抑制神经元活跃度的神经递质，能够降低神经元的放电频率。BZs 在 GABA 的 A 型受体上具有属于自身的结合位点。BZs 与 GABA 结合，可以减缓恐惧系统(以及各种其他情感系统)的活动。BZs 疗法的特点就是通过 GABA 传递的强化作用使人和动物保持平静状态。研究者随后发现，其他更加古老的抗焦虑药物，包括酒精和巴比妥类药物，同样是通过提升脑中由 GABA 调节的抑制作用来平息焦虑。实际上，GABA 受体可以被想象成一个锁，有多个钥匙孔，不同的钥匙可以同时插入。每插入一把钥匙都会增强主钥匙 GABA 的效果。许多人通过酒精与其他药物在 GABA 受体中的复合抑制作用来寻求慰藉,不幸的是,他们最终付出了生命的代价。这种组合可以减弱多种身体机能。

BZ受体集中于恐惧系统的轨迹上,从中央杏仁核下行至PAG,甚至可以到达脑桥尾侧网状核,即恐惧调节惊吓反射的区域(M. Davis,1992)。BZ受体也存在于新皮层的许多区域,这可能就是为什么它们能够有效地减少心烦意乱的原因。因此,BZs对减弱各种水平的恐惧焦虑都十分有效,从惊吓反射到痛苦的想法。

虽然神经科学家已经发现BZs如何与GABA分泌协同工作,但寻找内源性BZ分子并不容易。研究者尚未能够确定执行相同功能的脑化学物质,但已经有了许多候选。此外,大部分研究者同意,如果存在与BZ受体相结合的内源性化学物质,它可能并不发挥与BZ相同的作用——不会增强GABA的抑制作用。大部分研究者认为,这种内源性化学物质在BZ结合位点起着反向激动剂的作用,它作用于GABA受体的方式是减弱而非增强GABA的抑制作用。GABA抑制减弱的结果包括恐惧系统活性的提升,使动物变得更加焦虑。作为BZ受体的内源性反向激动剂,一个关键候选是地西泮结合抑制因子(DBI),一种神经肽,当它连接到GABA受体的BZ结合位点时,似乎能够增强焦虑。尽管经过多年研究,仍然没有确凿的证据表明DBI确实是脑中起到支配作用的焦虑生成递质(Möhler,2011)。其他神经肽,如促肾上腺皮层素释放因子(CRF),则有更多证据表明,它是脑中强有力的焦虑和压力促进系统。

目前,许多神经肽都是药理学上控制特定亚型焦虑的潜在靶点。当在脑中给药时,许多神经肽唤醒了恐惧系统。例如,CRF在唤醒焦虑的同时,还减弱了许多积极的动机行为:喂食、性欲、梳理毛发以及嬉戏等。在接受注射CRF后,动物们同样会倾向于在环境中表现出僵直,表明这些环境中包含有许多让动物学会恐惧的情境刺激。相反,由足部电击诱发的僵直会在CRF受体拮抗剂的作用下消失。然而,使用CRF拮抗剂来治疗病理性的恐惧似乎并不可行,因为CRF通常也是一种有用的激素,通过血液循环,引导大脑和身体有效地应对压力和危险。例如,这类药物会减弱免疫防御并加剧身体不适,例如肠道易激综合征(Stengel & Taché,2010)。无论如何,目前CRF拮抗剂通常被视作抑郁的潜在治疗手段，而抑郁症是一种目前所有的抗抑郁药物都无法完全控制的疾病。尽管CRF拮抗剂在临床上十分有效，但它也存在不良副作用，例如肝毒性。

除了CRF和儿茶酚胺，其他一些神经肽也能够激活恐惧系统。α促黑激素神经肽能够促进许多鱼类和爬行动物的伪装型色素变化。当这些动物受到惊吓时，它们的皮肤倾向于变成黑色。尽管这种神经肽并不能控制高阶脊椎动物的皮肤色素沉着，但当被注射入雏鸡的脑中时，它能够诱发强烈的僵直/躲藏的行为模式。促肾上腺皮层激素(ACTH)，来自生成α促黑激素的相同基因段，具有类似的效应。注射ACTH能够促进大鼠和其他动物的逃离行为，也可以使它们僵直。胆囊收缩素(CCK)是一种得到充分研究的神经肽，它能够诱发广泛的焦虑症状，这些症状来自恐惧和惊慌/悲痛系统。Y神经肽(NPY)似乎同样能够平息恐惧系统，因为NPY拮抗剂能够在动物模型中诱发焦虑(Panksepp & Harro，2004)。如果这些发现得到未来研究的支持，可能会产生一类特别有用的药物。

脑中包含了许多其他可以激活恐惧系统的化学物质。谷氨酸，一种兴奋性神经递质，是传递无条件恐惧信号的关键，例如大鼠天生对猫的气味的厌恶情绪。谷氨酸同样控制着无条件恐惧反应。如果将谷氨酸激动剂注射到内侧脑干区域，动物们会开始表现出自发的逃离行为(通常以一种半蜷缩的姿势)，并伴随着明显的精神痛苦。视觉导向的动物，例如鸟类，会快速扫描四周，持续鸣叫，并且鼓起眼睛暗示着强烈的恐惧。这些发作可以被谷氨酸受体拮抗剂抑制。然而，由于谷氨酸受体广泛分布于脑之中，控制着学习以及我们大部分的高阶认知心智，因此不太可能直接通过某一种有用的抗焦虑药物进行直接的药理学干预。然而，通过谷氨酸受体上的甘氨酸受体这个“侧面旋钮”进行温和的刺激可能是治疗焦虑和抑郁的一种非常安全和有效的方法。这类药物目前正在进行研发和临床测试(Burgdorf et al.，2011)。

关于恐惧和杏仁核的一些尚未成熟的推测思考

自1939年以来，人们开始知道对颞叶的大范围损伤会导致显著的恐惧缺乏,即双侧颞叶切除综合征(Kluver-Bucy syndrome)。随后,许多缺陷被定位到在颞极中心的杏仁核(Rosvold et al.,1954)(见图 1.1)。因此,人们普遍认为杏仁核位于恐惧系统的中心。杏仁核包含了数十种核团或部分,其中被称作杏仁基底外侧(BLA)复合体的几个部分,参与到恐惧条件反射中(LeDoux,2000;M. Davis,1992;Maren & Quirk,2004)。这一点得到如下事实的强化:杏仁核唤醒几乎出现在所有与焦虑或消极情绪(偶尔也会有积极情绪)相关的脑成像研究中。我们将在关注学习和记忆的下一章更详细地讨论这一点,BLA 作为一种管道,将恐惧信号传递至杏仁核的中央核(LeDoux,2000)。中央核位于这一内在的、原始的恐惧系统的最顶端,但杏仁核中的 BLA 核并不是初级过程情绪系统的一部分。所以,即使杏仁核中的 BLA 核在经典条件反射中起到重要作用,它们的重要性似乎只在于将信息传递给恐惧系统的能力,而非自身生成恐惧的能力。因此,虽然杏仁核的中央核是无条件(本能)恐惧系统的一部分,但其他核并不是。

那么,杏仁核的中央核是恐惧系统的关键吗?鉴于恐惧系统同样包括许多在杏仁核之前演化的深层结构,因此中央核似乎不可能是这一系统最重要的部分。事实上,患有类脂蛋白沉积症(urbach-wiethe disease)的人他们脑两侧的部分杏仁核,特别是基底外侧复合体,会逐渐完全退化,但他们仍具有大量的内心忧虑和丰富的情绪生活。尽管杏仁核有缺陷的这些人通常被汇报缺乏探知静态的恐惧面容的能力,这通常被用于脑成像实验,但随着研究人员对恐惧缺失研究的深入,结论并不如早期研究所认为的那样清晰(Talmi et al.,2010;Wiest et al.,2006)。类似地,对于患有创伤后应激障碍(　种习得性的恐惧类型)的个体进行脑成像,通常会发现其相较于常人有更加强烈的杏仁核唤醒,但有时却没有(Lanius et al.,2005)。这也表明恐惧可能来自脑区域而不是杏仁核。还有一个事实是,通过外科手术去除了杏仁核中的所有神经元,只留下通过该区域的完整纤维通路的幼年动物,同样能够表现出恐惧和焦虑的性情,这可能是由恐惧系统的深层结构造成的(Amaral et al.,1992;Kalin et al.,2001)。因此,似乎在发育过程中,许多高阶脑区的恐惧能力是由低阶脑区所规划的。

关于高阶脑区的恐惧规划加工,研究者们需要考虑,在幼年时,甚至杏仁核及其相关的颞叶结构可能都需要由恐惧系统的深层结构进行规划,例如PAG和下丘脑,只有这样,脑高阶系统才能更好地评估恐惧刺激和情境。同样,成年动物的习得性焦虑可能严重依赖低阶结构的影响,例如,杏仁核影响了额叶和扣带皮层。然而,这些可能性目前在很大程度上仍是一种推测。

无论如何,与大量的新闻报道相反,从事恐惧学习研究的科学家认为,杏仁核对于生成焦虑感受而言并非绝对必要。相反,PAG和下丘脑才是必要的。这是因为恐惧系统如同愤怒系统(见图4.1)一样,是一种层级结构,其中高阶的情绪功能,如那些生成于中央杏仁核的功能,完全依赖低阶脑功能(例如,下丘脑的情绪功能依赖完整的PAG)。

如果恐惧是由比杏仁核更深层的结构生成,并且如果杏仁核并非幼年动物本能地生成恐惧所必需的,那么即使杏仁核可能获得了大量的恐惧生成能力,那也只是因为恐惧系统的低阶结构规划(教导)所得。这种由低阶脑结构规划的高阶脑区,例如杏仁核,在其他情绪系统中已经日益完善,特别是探索系统。我们将在下一章重点讨论这一问题,因为它已经被忽视太久。这种自下而上的学习控制可能同样适用于脑皮层中的情绪学习,尽管在这类问题上没有充足的数据。无论如何,本书的论点是,情绪脑的深层部分教会脑皮层结构执行各种与情绪调节相关的认知策略。

诺贝尔奖获得者大卫·休伯尔和托斯坦·威泽尔(Hubel & Wiesel,1979)阐述了在认知—感知领域的这种规划加工的著名例子,他们首次证明了视觉皮层中的神经元被视网膜规划加工以区分特定类型的视觉信息,如线条和边缘的方向,以及它们向特定方向上的运动。这些高度协调的敏感性被认为构成了视觉的基本神经元语法,这必须由新皮层逐渐地规划和习得。事实上,我们现在已经知道,视觉皮层并不由基因内在地规划,而是通过典型的丘脑视觉通路投射到达那些成为视觉皮层的高阶脑区。如果小鼠胎儿皮层的这个区域在其出生前就被破坏,那么它们会在临近的新皮层区发育出一个精细的视觉皮层,而这一区域通常是用于触觉过程(Sur & Rubinstein,2005)。事实上,如果正常的成年人类被禁止看东西一个星期,并被教导阅读盲文,那么他们的视觉系统会重新特化以进行更精细的触觉分辨(Elbert & Rockstroh,2004)。这意味着许多皮层的功能可以终生保持灵活性,它们可以让自己适应其他类型的过程,当它们原本所调节的过程类型不再被需要时。

因此,新皮层的所有区域都倾向于从早期的条件反射中获得它们的功能,这再一次突出了教育的重要性,并使我们认识到高阶脑区域中包含情绪的三级过程通常是通过学习精心获得。或许有人会认为,儿童越早建立良好的情绪习惯,他们的心智就会越好,尽管这无疑仍是一个充满争议的概念,因为关于这个问题的实证研究很少。然而,越来越多的研究表明了脑心在整个生命周期的灵活性,这无疑给了我们更多希望:只有在特定的情况下,早期学习才是最终的。在生活的许多方面,通过学习和适应性过程获得健康的发育成熟在任何年龄段都是可行的,尤其是对于儿童而言,他们在面对逆境时表现出了显著的复原能力。

但是,某些大脑系统确实会迅速丧失其早期功能,无法完全发挥我们通常期望在人类中看到的功能。此外,如果我们将视觉系统作为一种最充分研究的例子,视觉皮层的规划存在一个机会之窗。这种规划必须在生命早期发生。如果视觉皮层在机会之窗关闭之前没有得到规划,那么它将永远无法正常运作,并且动物们将会在整个余生中存在视觉缺陷,甚至失明。生物的机会之窗在高阶神经情绪过程的发展中同样常见。我们已经学会了操纵其中的一些过程。

举例来说,产后雌性牲畜(例如绵羊)有短暂的机会来与它们的孩子建立联结。如果母羊在羔羊出生 2—4 小时之内没有接近它们,那么它就会拒绝再接近。通常,在建立联结的时限内,母羊会学会识别它的羔羊的气味,并且将其从其他羔羊中单独挑选出来进行特别照顾。然而,如果错过了建立联结的机会,仍可以通过操纵脑化学物质而再次短暂开启机会之窗,既可以直接给予母体神经化学物质(如向脑中注入催产素),也可以通过物理和/或社会干预达到相同期望的化学和情绪结果(我们将在第 8 章关怀系统中详述这些话题)。这是情绪学习、适应和成熟领域中的一个重要问题,这也是我们在后续关于基本的社会性过程(欲望、关怀、惊慌/悲痛和嬉戏)的章节将会详细讨论的问题,即我们究竟可以在多大程度上发展社会结构,以促进人类高阶脑区中亲社会网络的构建。可以想象,这些积极的社会力量将能够大大抵消恐惧的影响。

儿童临床情况中的恐惧示例

在现实生活中,我们通常可以看到初级情感过程和三级的认知过程如何明显地在影响和对抗层面无缝融合。在恐惧的情况下,这种表现既可以是微妙的也可以是巨大的。很难解释究竟发生了什么,尤其是在儿童心智中,当他们试图整合许多指导他们发展的情感力量时。

值得注意的是,在临床情况下,人们会遇到关于恐惧表达的难题,特别是当父母汇报说,他们的孩子似乎不害怕任何事情,并且会不假思索地将自己置于危险之中。有时父母认为他们的孩子真的没有体验到恐惧;然而,这些孩子的脑可能是不完整的,缺少完整的PAG、丘脑以及杏仁核回路。现有的脑证据,正如前文所述,表明只有对脑恐惧系统的低阶核心的损伤才会使一个人真正"无所畏惧"。因此,看似无畏的儿童,在他们的低阶脑区中实际上可能非常恐惧,但他们正在成熟中的高阶脑区并没有整合这些信息,并且新皮层能够对低阶脑功能进行抑制控制。而且在童年时,心智的顶部和低端——脑心的三级和初级过程——并不是注定会良好地协同工作。

事实上,表面上无畏的儿童通常被内心的焦虑和回避这些消极感受的方法所困扰。有一个无畏的六岁孩子最近看了电影《大白鲨》,他谈到了可以长出牙齿的鲨鱼和可以长出手臂的海星。他大声地笑着说人也同样可以,然后他拿起画笔像剑一样挥舞,似乎在面对一个不可见的敌人。在这场想象中的决斗中,他说了一两次"我不怕你"!似乎他脑中的某个层级确实十分害怕,但他故意展示出的攻击性使他感觉好一些。

当然,儿童有时候会把自己置于危险之中,例如爬上很高的梯子或者在繁忙的街道上乱跑。这通常是因为他们尚未真正了解特定的危险。不过,有些儿童故意让自己身处险境,以惊吓并惩罚他们的父母。在这些情况下,并不是恐惧系统没有运作。而是另一种情绪系统,也许是愤怒,占据了支配地位。相比之下,当儿童遭遇忽视时,可能是惊慌/悲痛系统在运作,他们将自己置于险境是为了赢得用其他方式无法获得的爱和关注。更糟糕的是,当儿童遭到虐待时,他们有时会参与到危险的活动中,因为他们认为自己很淘气,并应受到惩罚。在某种意义上,他们会用父母可能惩罚他们的方式惩罚自己。他们表面上无畏的行为实际上是一种努力,通过整合或者说接受施虐的父母们的要求,从而赢得他们的爱。这也可能是惊慌/悲痛系统的一种扭曲表达。

在人类心理学中,愤怒和恐惧之间也存在着密切的关系。两种系统密切交错,这就解释了战斗和逃跑反应的密切吻合。两种系统在解剖学和化学上相互交错,但也有区别,所以它们通常前后相继地运作。哪一个系统占据主导地位取决于环境中危险的类型。例如,如果有可能回避危险,恐惧可能就会起支配作用,动物会僵直并期望被忽视。反之,如果危险过于接近,过于迫在眉睫,动物则可能会为求生而逃跑。然而,如果捕食者没有那么强大(如果能够被成功击败)或者如果没有逃脱的可能,愤怒系统就会出现。随后,被捕食的猎物将会攻击捕食者,希望能够造成伤害或者分散其注意力从而让自己能够逃跑。

在临床环境中,这两种系统难以被区分,尤其是对于儿童而言,他们看待世界和与世界互动的方式与成人大相径庭。当儿童发脾气时,她可能会大发雷霆,或者,她会非常害怕。如果你回想起遇到巨大且危险的食肉动物的例子,你的惊恐叫声和狂奔反而可能会把它吓走。恐惧行为通常与愤怒行为没有多少区别。当你愤怒时,你大喊大叫,挥舞你的拳头,也许还会踱来踱去。如果你感到恐惧,你一定会表现出稍微不同,但同样精力充沛的宣泄行为。成年人很少受到恐吓。但儿童的生活则不会在情绪上如此平静。通常难以辨别儿童究竟是非常气愤还是非常恐惧。只有当他们平静下来叙述自己的感受时,我们才能够发现真相,但这需要耐心和理解沟通。

以一名四岁女孩为例,她一反常态地不愿意进入诊疗室。一进入诊疗室,她就开始扔玩具,无缘无故地叫喊抗议并辱骂治疗师。她似乎在表达着巨大的愤怒,但原因不是很清楚。最终,她的治疗师通过哄诱从她口中得到了解释。恰巧前一晚,她十几岁的哥哥照顾她,并让她玩了一个吓人的电子游戏,游戏里有一个戴着深色的环绕式太阳镜的恶棍。然后,在治疗之前,治疗师在停车场见到了女孩和她的母亲。那是一个阳光明媚的日子,治疗师恰巧戴着类似于前晚游戏中恶棍所戴的太阳镜。小女孩再次受到惊吓,并且她的恐惧失去了控制,因此她大发雷霆。也许她发脾气既表达了愤怒也表达了恐惧。她对她的治疗师很生气,因为他在答应帮助她的时候吓坏了她。然而,支配她的情感是恐惧,只是表面上似乎是愤怒。

他们说,攻击是最好的防御形式。当愤怒的表达受到调节时,有时能够产生积极作用,使儿童可以克服他们的恐惧。一个两岁的女孩曾经被吵闹的小狗吓到过,从此以后她就害怕所有的狗,尤其是当她晚上准备睡觉时听到狗吠。她的父亲通过嬉戏来消除消极情绪,帮助她克服恐惧。一天晚上,当狗吠时,他与她坐在一起,他轻蔑地摆摆手,说"这些蠢狗",并提高音量大声吼道,"安静点,你们这些蠢狗! 我们不喜欢你们"! 然后狡黠地笑笑,告诉她这些狗是多么愚蠢,因为它们听不懂,并一直在叫。"我们在意这些狗吗?"他问,并摇了摇头。她也摇了摇头。他说:"你知道我怎么看这些狗吗?"他的女儿摇了摇头。他用嘴发出了咂舌声,这让他的女儿咯咯大笑。过了一会,小女孩加入了游戏,说那些狗是愚蠢的,它们应当"闭嘴",并自己咂了咂舌。当她与父亲玩了几天游戏后,她开始独自在床上玩这个游戏。当她听到狗吠时,她大声说:"安静点,蠢狗们!"紧接着她激烈地发出咂舌声。当她与父亲一起玩着游戏时,这似乎是一个轻松的活动,是欢乐的原因。但当她独自在晚上大喊时,她似乎真的很生气。起初,这是每晚都进行的仪式,但几个星期后,它就变得断断续续,并最终消失了。通过这种方式,她用轻描淡写的愤怒表达克服了恐惧。没过多久,她对狗的恐惧消失了,她能够爱抚邻居的狗而没有任何痛苦的迹象。

当然,以这种方式使用神经科学数据完全依赖临床直觉。我们没有办法真正知道究竟哪些系统在儿童的脑中激活,除非能够对儿童本能表现进行准确解读。这说明我们只能估计儿童的初级过程情绪系统的运作。理解成年人的基本情绪系统则变得更加困难。

小结

大量证据表明，脑原始部分的回路会生成恐惧状态——这种状态的演化远早于我们更加复杂的认知能力。尽管我们已经知晓大量关于恐惧条件反射（恐惧与世界事件的习得性联结）是如何生成的知识（见下一章），但在英美研究传统中，对恐惧系统本身的研究相对被忽视，而在世界上其他的实验室中，尤其是在巴西圣保罗（Brandão et al.，2008），这一研究却未被忽视。因此，在我们了解这一系统以及所有其他原始情绪系统的全貌之前，有大量具体的情感神经科学工作需要完成。

尽管如此，从古至今，许多有思想的研究者已经承认这种原始的恐惧状态的存在。这就是为什么我们选择杰克·伦敦的《白牙》作为本章的引语的原因。幼狼从未"遇到过任何可怕的事，然而恐惧却存在于它内心深处，那是远古的祖先通过千千万万个生命遗传给它，是它直接从过往一代又一代的狼的身上继承到的遗产"。这一虚构的描述同样包含了大量适用于人类的真理。

一旦我们更加透彻地以科学的方式理解"恐惧本身"，我们就能够逆转人类精神中许多内在的和习得的烦恼，从慢性焦虑障碍到创伤后应激障碍。因为我们有着共同的祖先情绪，因此动物脑研究最终能够帮助我们阐明自身焦虑的深层本质，以及我们如何在与世界的互动中体验恐惧。在下一章，我们将从神经科学的角度深入探讨脑生成的各种情绪记忆，从简单的皮层下学习开始，逐步到高阶皮层参与的学习。有许多方式可以将恐惧系统塑造成动态变化的恐惧。正如我们所见，同样有许多方式能够平复它，从对该系统的初级过程的情感能量施用药物，到进行三级过程的认知调节，这种调节可以通过明智的亲社会和心理治疗干预来实现效果最大化。正如罗斯福总统的箴言"我们唯一需要恐惧的就是恐惧本身"，所以，当我们最终科学地理解恐惧系统时，我们将更加准确地知道他究竟在说什么。

第 6 章　超越本能:学习与记忆的情感基础

我很遗憾人类的独断专行
破坏了自然界原有的平衡
由于我们恶名在身
难怪你对我那么惊异
可怜的我其实是你的乡邻
同为地上生灵
比起我,你仍不失为有福者
因为你的不幸只在一时一地
而我呢,哎呀,当我回顾过往
那里一片苍凉
向前看,虽说不清,但凭猜想
也一定令我心寒①

苏格兰诗人罗伯特·彭斯(Robert Burns)在他的诗文(前文引用了第二小节和最后一小节)中强调了老鼠与人类之间恐惧的连续性。老鼠通常只体验当下的恐惧,以应对不同的环境挑战,而我们心智之眼展望未来和回顾过去的能力则可以创造想象的幻觉(见图 5.1)。通过我们的自传式记忆,我们人类,或许还有一些其他动物能够具有主观时间旅行的能力,在充满个人意义的、情感上复杂的往事回忆中穿梭。正如诺贝尔奖得主、研究海螺的恐

① 这里采用了我国资深翻译家、古英语和中古英语学者陈才宇先生的译文,详见:http://blog.sina.com.cn/s/blog_511077bf0102vmoc.html。——译者注

惧类型学习(经典的疼痛条件反射)的神经学家埃里克·坎德尔(Eric Kandel,2007)指出,"对我们所有人而言,外显记忆能够让我们跨越时空,并且想起已经消逝在过去,却以某种方式继续存在于我们心智中的事件和情绪状态"。但记忆并非总是外显的。有些是内隐记忆,它们在认知上是无意识的,但仍能够在情感上影响行为。

人类的许多情绪记忆确实会在没有觉知到它们的原因的情况下被唤醒,但这并不意味着它们所伴随的情感没有被体验到。事实上,尽管感受变化的认知原因通常是无意识的(也许可以通过精神分析获取),但感受本身并非如此。由于情感是现象意识的一种形式,因此被体验的感受不应当被视作无意识的,尽管它们的原因可能在认知上难以理解。这只是情感记忆在精神病学的研究上如此重要的原因之一。我们想要知道为什么我们的感受方式是现在这样,以及为什么心智健康专家能够最好地帮我们确定来源。因为情绪情感是我们生命中重要的心理"力量",精神病学家和我们都可以对此确信,我们大部分的高阶心智结构是由我们的情感体验与世界中的诸多挑战和悲欢离合相结合而塑造的(Davidson et al.,2003)。

在本章中,我们将关注对于我们的情绪记忆——次级过程情绪——如何形成的日益加深的理解。令我们感到惊讶的是,这一领域的研究大多源自恐惧条件反射领域,却很少考虑脑的初级过程的恐惧回路——脑生成原生情感的无条件情绪反应系统——对于生成恐惧记忆的至关重要性。大部分研究者只是将这种初级过程的情绪整合系统视作学习过程的"输出"。这是行为主义科学家回避动物的情绪体验,以能够让我们更加全面地理解哺乳动物尤其是人类的脑心功能的一种方式。

在解决情绪记忆的本质问题时,我们将主要集中探讨对动物恐惧—学习(FEAR-learning)的研究,这方面的研究深入细致且成果丰硕。我们犹豫是否要将术语大写,因为情感变化问题在很大程度上还没有被研究恐惧学习和记忆细节的当代科学家所解决。然而,由于史蒂夫·马伦(Steve Maren)所强调的沟通鸿沟(见后文),我们仍将会尝试填补那些对学习而非情绪更感兴趣的科学家忽视所导致的各种严重的知识缺口。因此,当我们介绍初级过程的情绪——该系统的无条件反射——问题时,我们将使用"恐惧”,而当我们描述恐惧—调节器(fear-conditioner)的工作时,我们将使用小写形式。

最常见的模型是大鼠和小鼠的经典恐惧条件反射,类似于埃里克·坎德尔(Eric Kandel)在海螺中使用的巴甫洛夫规程。在啮齿类动物模型中,声响和光亮(条件线索)出现之后,动物的足部会立即遭受电击。在重复数组之后,动物们会对声响和光亮表现出强烈的恐惧。正如前文所指出,很少有以这种方式研究动物的专业人员明确承认动物感受到疼痛和恐惧。有些人认为动物心智的主观方面无法进行实证研究(LeDoux,1996)。但我们认为这是错误的,因为我们知道,通过脑刺激所实现的恐惧以及其他原始情绪系统的直接唤醒,可以在多种学习任务中作为惩罚使用(Panksepp,1991)。这是确认特定类型的脑活动被动物体验到的黄金准则。由于现有的证据表明,情绪感受源自脑中无条件的(本能的)厌恶—生成的恐惧网络,那么考虑这种情感状态的神经学对于学习的贡献似乎是明智的做法。有充足的理由相信,唤起动物和人类都厌恶的焦虑的记忆,有向下进入恐惧回路的途径。这并不意味着动物们能够认知思考导致这些感受的事件——当然,相较于人类,实验室大鼠和小鼠对恐惧的三级过程相当有限。相反,正如本章开头引用的诗句所写,人类长期的创伤性恐惧思维可能源自脑心的内部动力,它不仅仅回想记忆中有关过去的焦虑,还担心预期的未来,这通常由他们自敏感的恐惧回路以及初级过程的情感心智引起。

在恐惧的情况下,创伤事件的记忆会让我们遭受慢性焦虑和神经质的困扰,通常伴随着强迫性的穷思竭虑,其中大部分可能发生在我们的额叶内侧区域(Northoff et al.,2010)。相反,关于愉快情绪的记忆会促进持续的快乐,这通常会导致源源不断的积极观念、希望和愿望。父母的奉献与乐观会给你的一生留下积极的印记,这是一种宝贵的心理资源,可以帮助你在未来的逆境中从容应对逆境。这种安全的早期情绪纽带对于人的一生而言都是一种持久的情感礼物(见第 9 章)。

当然,记忆对于预测和处理未来事件而言是一种有用的工具,用过去的成功作为未来行动的指南。因为原生情感是动物同样体验到的祖先记忆,所以我们可以以类似的方式理解它们的功能。通过预测生存问题,内在的情感状态为行为提供直接的指导。这些感受通过学习与世界事件相关联。如果是这样，我们必须得出结论，动物们在记忆实验中体验了它们的重新激活的情绪的许多方面。因此，通过将我们本能的情绪能力与相关的外部生活事件记忆进行混合，我们开始富有情感地体验世界中许多中性的方面。考虑到学习和记忆的极大复杂性，有许多方式可以做到这一点，其中有些仍待实证评估。在这里，我们不仅将关注这一领域内最坚实的学习研究成果，而且还将关注情感指导下的潜在学习路径，这一点被研究者们所忽视，他们很少考虑到由无条件情绪反应回路引起的动物情绪情感的本质。

在关于本能的恐惧这一章之后，我们稍作停歇，以反思学习/记忆研究所取得的卓越成就。研究诸如海螺（坎德尔以及其他研究者的成果）这类简单的生物获得的重大神经科学突破，如今正在被大鼠研究所模仿（Davis et al.，2010；LeDoux，2000；Fanselow & Poulos，2005；Maren & Quirk，2004）。尽管在细节上会有很大变化，但当前已经揭示了许多一般原则很可能会推广到其他形式的情绪学习。遗憾的是，目前大多数研究恐惧学习的研究者并没有明确承认他们所研究的动物正在体验恐惧。为什么大多数研究者会如此犹豫这些实验动物是否具有任何恐惧体验，甚至是否具有一种连贯的初级过程的恐惧系统？

在发表了一篇出色的有关条件性焦虑的评论文章后（Maren & Quirk，2004），潘克塞普用电子邮件询问了他所称赞的年轻同事、密歇根大学史蒂夫·马伦这样的问题："为什么恐惧—学习的研究者从未提及或承认中央杏仁核和中脑导水管周围灰质之间存在一种恐惧系统？"史蒂夫·马伦爽快地给予一个非常明确的答复：

> 我认为这个领域的研究者普遍认同，厌恶刺激能够在 PAG 和杏仁核层级上产生无条件恐惧反应（尽管在各个层级上，产生反应的无条件刺激的特殊属性不尽相同）——所以，从这个意义上说，该系统并未被忽略。然而，针对恐惧条件反射的研究是由这样一群人所支配的（包括我自己），他们最感兴趣的是记忆运作如何将恐惧条件反射作为一种模型系统使用，这与主要关心情绪如何运

> 作的人们不同(我想这是你会加入的阵营)。所以,对于你的问题,我认为存在两种文化,一种围绕着记忆和条件反射构建,而另一种则围绕着动机和情绪系统构建,并且这两种文化处理相同问题的方式有些不同。当然,这些路径不应当彼此孤立,而应当更加协同合作,这种趋势似乎正在形成,特别是现在的人类神经成像实验已经将两者混合在一起。

这显然有助于解释这个领域的分裂,动物的情绪被放在次等地位。这同样解释了一些古怪的表述,例如"不久之前,它(即杏仁核)仍是脑中一个模糊的区域,很少有科学家对其感兴趣"(LeDoux,2007)。事实上,现代情绪脑研究的根源可以追溯到这一脑区,在被称作"克鲁瓦—布希(Klüver-Bucy)综合征"(Klüver & Bucy,1939)的发现中,野生动物在包含杏仁核、部分海马体及周围颞叶皮层的颞极病变之后变得温顺起来(见图 1.1)。半个世纪之前,研究者就已经发现,"限制于杏仁核区域的病变会使野生动物变得温顺。这一现象在猴子、家猫甚至野生猞猁身上都有发现。例如,野猫太过凶猛,以至于不用网和保护性手套就无法控制,但当切除两侧杏仁核的适当部位后,它们就变得可以被安全地抚摸" (McCleary & Moore,1965)。此外,著名的研究已经表明"当猴子以这种方式变得温顺后,将其放回笼中和它正常的同伴一起,群体中的社会关系会发生改变。实验动物将会跌落到更低的社会等级"[同上,描述了罗斯沃尔德等(Rosvold et al.,1954)的工作]。对杏仁核作用的收集整理工作主要出现在 40 年前(Eleftheriou,1972),并且很快人们就清楚了杏仁核的中央核对于恐惧反应本身的重要作用。随着神经科学方法的改进,相较于 20 年前,现在的分析集中于更加精细的回路水平。对学习感兴趣的研究者们的最新工作确实对恐惧条件反射的细节进行了更加准确的理解,但代价是舍弃了真正的情绪,这是一种非常普遍的脑现象,却不在他们的研究范围之内。这让我们对大脑在情绪被唤醒时的活动产生了一个相当狭隘的认识。本章不仅将会识别在恐惧条件反射的神经机制中所收获的精确数据,并且还将指出狭隘的、行为主义的以及非情感的恐惧条件反射观点的潜在错误。

恐惧条件反射研究者所取得的成就令人印象深刻,但有一个关键问题仍被忽视——脑初级过程的神经—情感过程可能是恐惧—学习如何出现的关键介质。尽管这并非我们研究的主要领域,但我们愿意假设脑的情感的、无条件的恐惧基质在实现杏仁核中的恐惧条件反射过程上发挥了重要作用。确实,这可以推广到所有的"基底核"脑区(比如杏仁核、伏隔核、终纹床核等),这是大部分次级过程的情绪学习发生的区域。这些如何发生的细节将会在后文详细讨论。但首先,让我们考虑一下这个故事的美好一面。可怕的记忆可以被"治疗性"策略擦除或覆盖,巧妙地利用固结过程对抗自身。"固结"(consolidation)是一种复杂的脑过程,它将短暂的经历转化为短期记忆,经过几次重复后,转化为长期记忆。然后,当痛苦的记忆被恢复时,它们可以被"再加工"然后以不那么麻烦的方式"再固结"。

记忆不再稳如山峦

不久之前,记忆研究者将长期情绪记忆视作脑中的永久存在物。它们一旦形成,似乎就是不变的。其中有一种比喻是,它们像山峦一样稳固。这种观点已经站不住脚了。通过一种称为再固结的现象(Nader & Hardt, 2009),情绪记忆永远是可塑的,会受到未来事件的影响。这种知识对于有效的心理治疗格外重要。如果我们可以通过在不同的情感情境中以恢复记忆的方式来缓解情绪上痛苦的记忆——打个比方说,在心智之眼中以不同的方式转换它们——随后它就具有治疗的可能性,这利用了一种简单的事实,即积极情感能够抵消消极情感。通过理解陈旧的、痛苦的记忆的性质并不像山峦一样稳定不变,使得离开药物的治疗改变得以有可能(尽管有些药物能够加快这些改变)。正如我们将会看到的那样,这已经成为新兴的现代心理治疗科学的一大主题(见第 12 章)。

通过更好的技术,治疗师能够更有效地引导病人远离痛苦的生活体验的记忆,并转向积极的心境。痛苦的记忆中有许多令人感到伤痛的部分,这可以通过不是那么折磨的、新的积极观点的半影进行再固结。事实上,也许有一天,令人不悦的情感记忆可以通过比现在任何药物都更加具体和有效的药物得以缓和。例如,这种未来的治疗可以通过抑制促进焦虑的去甲肾上腺素(NE)在脑中的影响实现,使用诸如心得安(一种 NE 受体拮抗剂)这类被称作 β 阻断剂的药物,它能够减弱痛苦体验的固结作用(McGaugh & Roozendaal,2009)。这种特殊的药物,正如前面章节所说,通常被用于减少身体唤醒中常见的"表现焦虑",这会阻碍人们以最佳状态展现他们的技能或知识的能力。它也许同样能够有效地用于再固结。目前,还有另外一种药物——d-环丝氨酸(d-cycloserin),能够略微促进谷氨酸的传递,它可以直接促进心理治疗过程中的再固结加工,从而实现以更积极的方式来再固结那些难以忘怀的、令人厌恶的记忆。这个想法已经获得专利(Amaral & Roesler,2008)。

简而言之,现在普遍接受的是,记忆可以通过治疗重新塑造。未来,它们甚至可以被抹去(Schiller et al.,2010)。然而,我们现在需要补充大量关于我们的脑如何记忆和回忆过去事件的知识,这可以通过更好地理解我们的情绪唤醒(比如无条件刺激引发的无条件反射)如何在脑中构建学习过程而实现。所以,让我们整理一下关于恐惧学习/记忆研究的概念问题。

注意事项:学习和记忆的初级过程情绪控制

所有的基础情绪系统都促进了脑中大量的学习和记忆,而本章我们将会介绍一些这种过程发生的方式——学习和记忆(次级过程)如何扩展并精心制作我们先天的初级过程情绪能力。虽然我们将主要侧重于恐惧学习,但我们认为,这种知识中的许多内容也将适用于其他情绪系统。然而,其他情绪网络的细节,除了探索系统,并没有像对恐惧的研究这样充分。因为我们对这项工作的临床意义特别感兴趣,所以,我们同样将会详述许多有待澄清的歧义之处。再次重申,我们相信,让我们体验到"恐惧本身"的无条件的脑机制极大地影响了恐惧的习得方式(Panksepp et al.,2011)。很少有恐惧条件反射的研究者明确考虑了这种可能性[例如,更好地理解恐惧的无条件反射(UCRs)对于真正理解脑中恐惧学习的发生至关重要]。对于感觉情感而言,也许脑的无条件刺激(UCS)过程更为重要,但考虑到在情绪学习时,我们需要记住情绪感受被整体地锚定于脑的情绪行动系统中(恐惧 UCRs)。因此,足部电击的疼痛直接到达 PAG,而这有助于生成僵直和逃离等无条件恐惧反应。

换句话说,虽然这一领域的开创性研究通常侧重于传统的学习概念(例如,在经典条件反射和工具性条件反射下使用预测性线索来允许动物预测事件),但我们相信这些数据确保了能够在这种方案中更加明确地考虑初级过程的情绪系统——UCRs 的本质。过去没有这样做的原因是神经科学家仅仅将 UCR 视作脑的“输出”,而不是整合的情绪系统。因此,他们几乎没有努力理解脑内在的情感冲动,而这恰恰是获取条件反射所必需的。相反,他们似乎满足于认为学习被简单地视作“观念”(一种经典的学习观)的集合就已经足够——你只需要理解条件性反应如何与相应的外部条件刺激配对生成(CSs,诸如预测性的光亮和声响以及厌恶 UCSs,例如足部电击)。

然而,只要人们将恐惧条件反射中的 UCRs 视作一种整合的无条件情绪反应系统,从而生成本能的恐惧行为及其惩罚—消极的感受,那么整体情况就会彻底改变。从我们演化的角度看,这种基本的脑情感机制在情绪学习的出现中一定是“工具性”的。换句话说,对环境中事件的无条件情绪反应是脑中感受到的“奖励”和“惩罚”。如果是这样,恐惧本身在恐惧条件反射中可能是最重要的。相反,传统行为主义者的学习观点很大程度上将讨论限制于情感上中立的“强化”过程。由于注重这种虚构的机制,研究者蒙蔽了自己的双眼,无视奖励和惩罚是被体验的这一明显的事实,以及“情感”的神经表征有助于增加“强化的”行为变化的强度(我们将其称为“情感神经科学模型”)。这是 种激进的观点,与大众所接受的行为主义观点相背离。依据第一原则(即因为主观的体验不算数),行为主义路径将一切有关脑心的积极与消极的情感过程如何有助于学习的思考排除在外。

在我们研究传统的恐惧条件反射的神经科学细节如何被有效地用于研究学习和记忆的神经机制之前,让我们尝试理清在学习与记忆研究这个巨大领域中的一些概念问题。这将会花费一些时间,但我们最终会回归到上述提及的新奇观点上,包括恐惧条件反射的本质以及传统的恐惧条件反射,在前者中,情感具有在后者中不具有的重要意义。为了做好准备,让我们先集中于三个关于学习和记忆的常见误解,随后,在回到情感神经科学模型之前,我们将会对复杂记忆的诸多类型和过程进行扩展的总结。

第一,非科学家们通常会把学习和记忆视作意向过程。确实,有意学习会在人们想要精通某些事情时出现,无论是在班级中还是在更广阔的生活场景中。在学术情境中,学习和记忆很明显涉及计算工作。作为一个儿童,必须有意识地通过不断的努力,来学习和记住乘法口诀表和其他事实记忆(一般统称为语义记忆)。事实上,这也许是强迫脑皮层学习那些通常被认为是枯燥的材料的唯一方式。据我们所知,其他动物的大部分学习发生在有强烈感受的情况下。事实上,离开我们所拥有的工具,我们和动物没有什么区别。我们学习的最佳时刻是当我们的兴趣——我们的探索——被唤醒时。所有其他的情绪唤醒同样能够促进它们自身形式的学习!

人和动物通常会自动学习和记忆最重要的事情。例如,我们的那些惊恐的大鼠别无选择,只能学习对戴在猫脖子上的铃铛的响声产生恐惧。相类似的是,大多数人记住了肯尼迪总统被枪击的时刻或者改变了世界的"9·11"事件。他们没有努力去学习或记忆这些事实。他们情不自禁地做了这些。情绪性的"闪光灯"记忆自动地在我们脑网络中固结,我们认为,这是由于伴随着情感唤醒的神经化学物质的力量。事实上,对于人类而言,我们同样需要考虑,在强烈情绪导致的心理动荡期间,我们可能会学习那些在很大程度上于我们想象中构建的事情。

第二,我们倾向于认为,学习和记忆总是包含着在意识"觉知"中所体验到的认知功能。我们认为当我们学习时我们总会有意识地了解某事,并且这成为让我们能够记忆的原因。然而,这种情况很少会出现。例如,人和动物通过程序性学习获得并保有身体技能,例如骑自行车——这种记忆形式仅仅需要实践练习而不是认知见解。虽然程序性学习通常包含一定程度的教学,这确实涉及了体验认知,但当我们"记住"如何执行一项技能之后,我们就不会反复回想这些教导。积极的想象能够促进和改善表现,但是对程序性步骤的不断练习才是使它成为我们越来越好的运动机能的一部分的原因。我们通常在没有思考的情况下改善新技能的表现。事实上,思考才是通常干扰表现的原因之一。人们甚至会以这种方式发展情绪习惯,类似于按顺序习得的运动序列,表现在他们的语调、手势、姿势以及整体的情感形象上。

同样地,高阶认知体验在产生情绪学习和记忆的脑—条件反射机制的成功中也没有发挥重要作用。我们将要讨论的大部分学习没有得到任何来自新皮层的帮助。情绪学习涉及对先前中性体验的情绪反应的获取。情绪记忆是这种反应的长期保留。唤起习得性情绪变化的线索通常会被忽略——它们可能是完全无意识的。然而,我们并不认为这适用于唤起最引人注目的形式的情绪学习的无条件刺激——例如,声响或光亮与足部电击的组合。足部电击的疼痛和随之而来的恐惧肯定会被体验到,即使是没有新皮层的动物也会这样。这些动物实际上以强化的形式表现出所有的疼痛指标。这并不等同于说学习总是需要情感体验。它确实不需要,尤其是在通常需要机械重复(例如,7×7=49)的严格认知形式的“陈述性学习”(declarative learning)中。但是,它通常涉及现实生活中的记忆[“情节”记忆(“episodic” memories)]。在任何情况下,对于我们此处需要考虑的情绪学习的类型(有许多类型)而言,新反应的获取都是自动的且无意识的——并且所有的核心回路都位于新皮层之下。在这种情况下,我们有必要重新回忆起,各种初级过程情绪的原生体验同样也生成于新皮层之下的区域——它们是脑无条件反射的方面。

第三,很多人认为只有一种类型的学习和记忆。这并不正确。在这个复杂的领域,科学家们已经提出了许多次级概念(尽管这些概念通常并不是彼此独立的)。例如,我们上述提到的程序性记忆以及语义/陈述性的事实记忆(构建了更加个人的、情感丰富的、情节的以及自传式的记忆)。在此,我们不会讨论这些复杂性。我们只会强调,最好的神经科学工作成果是用最简单的情绪记忆所取得的,即通过巴甫洛夫式经典的条件反射原理,可以研究(至少从外部)事实记忆。图 6.1 展示了这种学习的稍微复杂一些的形式——情境式的恐惧条件反射,动物们学会对它们曾遭遇捕食者气味的区域产生恐惧。在这类研究中,我们得到的重要启示并不一定适用于许多其他形式的具有重大个人和临床意义的学习。

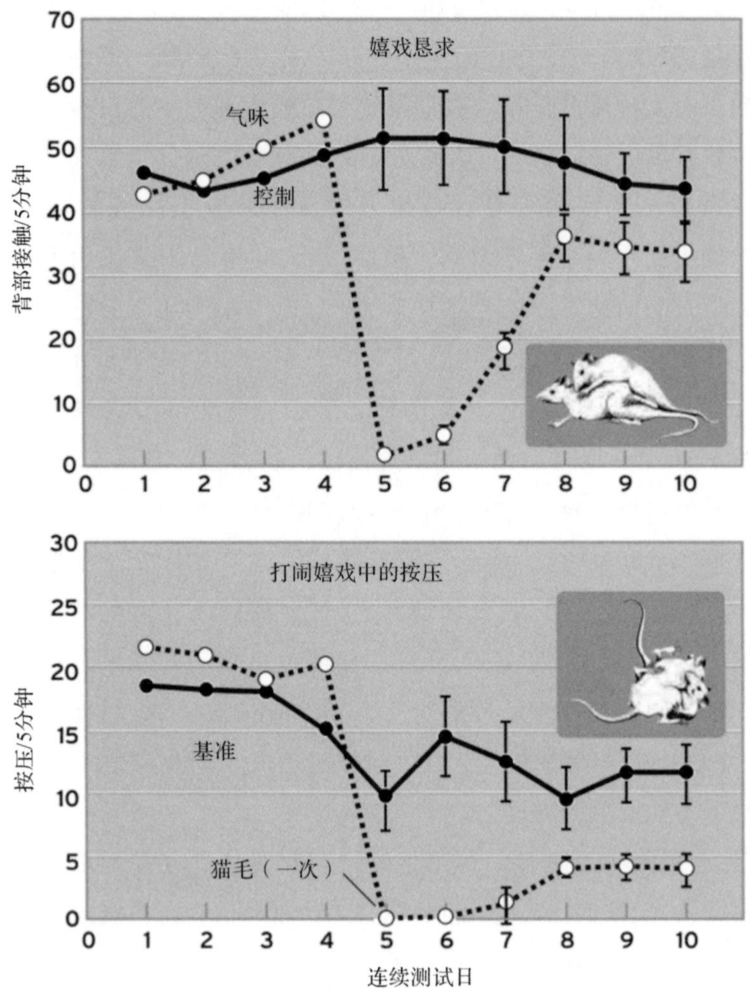

图 6.1　在四天的基准嬉戏后,将猫的气味引入嬉戏室进行一天测试(例如观测时段为标准的 5 分钟)。尽管在随后的日子,嬉戏室被打扫干净,嬉戏恳求(如背部接触)在 3 天内明显地减少,而按压行为则在随后全部的 5 个测试日中都有所减少。实验对照组(实线)并没有暴露于任何猫的皮毛之下。数据为平均数±标准差(数据来自 Panksepp et al.,1994;改编自 Panksepp,1998a,得到牛津大学出版社授权转载)。

总而言之,虽然我们通常倾向于以有意识的目的和高阶认知来定义学习和记忆,但是学习和记忆的许多方面并不是有意识的或认知的。这些记忆早在我们的情节—自传式记忆能力成熟之前就已经出现——在我们能够回忆生命中的各种具有强烈情感意义的事件之前。这就是早期童年创伤如此难以治愈的原因。尽管人们对成年生活中发生的许多事情具有强烈的感受,但他们通常无法知道这些感受的原因就已经固结,远早于他们拥有长期的、外显的自传式记忆。这些是"谈话疗法"最难以对付的情绪记忆。在本书的倒数第二章中,潘克塞普将会讨论关于应对这种早期情绪记忆的替代疗法。

在我们能够科学地处理这些微妙的问题之前,仍有大量的神经科学工作需要完成。到目前为止,大部分实验工作都通过非常简单的、最近获得的情绪性行为记忆完成,它们可以通过经典—条件反射进行研究,而不是通过过去生活体验中看似独立的情感残留物进行研究。然而,我们必须强调,过去数年间的一项伟大发现是,记忆的情绪固结在每次有事情被记住时都会出现(Hardt et al.,2010)。而且,新的精巧的临床干预手段可能会被设计出来,以减轻甚至是遗忘记忆带来的令人不安的情绪影响。这个领域充满了关于这些记忆是如何被重新加工的新观念(见 Fosha et al.,2009a,以及本书第 12 章的实例),但是这些文献过于宽泛且重要,以至于无法涵盖在这一章节中。

不同类型的学习和记忆

学习和记忆有远比我们所知的更多需要研究之处,并且研究者们已经将这一领域分割成为许多不同的概念。在最粗糙的层面上,研究者们区分了显性(明显认知上可体验的)和隐性(非认知的但通常是情感上可体验的)记忆。我们偶尔将会使用这种分类。显性记忆具有陈述的、情节的和自传式的形式。最常见的隐性记忆的形式是程序性记忆(比如学习一种新的运动技能)。在这种复杂性之上,有时是在其之下,我们还具有短期记忆、长期记忆和工作记忆等概念。因此,现代认知科学家和神经科学家已经以多种方式解析了记忆的复杂性。关于这些分割是否恰巧优雅地在各种"天然节点"上、能够恰当地构成学习的多维复杂性,我们尚未达成任何共识。因此,宣称不同类型的学习和记忆彼此是完全独立的,为时尚早。事实上,这些类别的学习和记忆在脑内共享了许多重叠的神经化学过程。例如，所有这些都依赖神经递质谷氨酸、GABA、乙酰胆碱以及去甲肾上腺素，以实现它们在脑不同区域中的既定功能。

对我们所有人而言，最有意义的记忆，是那些在我们生命中高度渲染的并以自我为中心的回忆，即关于重要事件以及我们在其中的地位的情节记忆，它产生了丰富的、高度个人的自传式记忆。情节记忆本质上是一种完全塑造的、具有个人意义的回忆，它整合了事件的许多方面，包括事情发生的具体内容、地点、时间以及参与的主要人物。恩德尔·托尔文(Endel Tulving,2001)首先强调了这些区别。他强调情节记忆，尤其是自传式的记忆，使我们能够在时间维度上通过我们所体验的过去进行前瞻和回溯——使我们能够想象，特别是预期和思考，关于未来的可能性(Suddendorf & Corballis,1997)。为了深入思考这种可能性的重要性，人们还必须运用一种容量有限的通用的“工作记忆”，它对于显性的思维过程尤为重要。在这里，过去的记忆被认为可以恢复到使新观点能够出现的心智工作空间。

托尔文认为，其他动物不具有这种深刻思想性的情节记忆，因为它们没有显性的自我感。然而，对多种生物的现代研究，包括灌丛鸦，表明这些动物可以在当下运用过去的信息来考虑未来的目标(Clayton & Russell,2009)。例如，鸟类会在特定的地方储藏食物，当被其他鸟类发现后，它们会在再次独处时将食物藏到别的地方。那么，它们具有自我感吗？我们将在第12章中讨论所有哺乳动物都具有一个核心的自我，也许是深度隐性的，或者只有最低程度的关于自我的意识，但它们构成的脑基质使动物具有初级过程的情绪感受以及关于过去事件的外显情感记忆(Northoff & Panksepp,2008;Panksepp & Northoff,2009)。我们不会大篇幅地讨论其他动物身上的这些重要的高阶问题，因为它们非常难以研究。我们需要大量实验技能才能获得关于其他生物的情节能力的线索。它们没有语言来表达它们过去的体验和未来的期望。所有的信息都必须通过它们的行为进行推测。从它们的情绪行为中得出它们具有情感感受的结论，要比从认知上推测还有什么其他东西存在于它们的心智中更加简单。

插曲:记忆流动的一个例子

让我们稍微停下脚步,对陈述性记忆进行讨论,这样称呼它是因为我们通常会用这样的词来描述这类记忆——我们可以“陈述”它们。它是我们可以有意识地回忆事实记忆的一种类型。当我们在日常对话时谈到“我的记忆”时,我们通常指的就是这种记忆。我们大部分的这种记忆都不具有强烈的情绪底蕴。例如,如果你的弗雷德(Fred)叔叔打电话邀请你下周四和他一起吃午餐,你会将这一信息储存为一种陈述性记忆。但你关于它的感受不会特别强烈。你也许还记得你家后院中的树木在秋色中充满活力的样子,记得 9 乘以 7 等于 63,记得你的汽车制动需要修理,还记得星期四你有许多文书工作需要完成。所有这些记忆都是陈述性记忆。然而,这类记忆中有一些可以很容易地引起强烈的感受,即那些坚定地贮藏在情绪唤醒之中的记忆。

现在广为接受的观点是许多动物具有陈述性记忆,尽管在实验室研究中,它们被简化为基本事实,即最不复杂的感知事件。在本章中,我们最终也将会关注于经典条件反射,即最简单形式的陈述性记忆(即一件事跟随着另一件事的学习——通常是一个中性的事件,随后是一个情感唤醒事件)。然而,对人类而言,陈述性记忆可以变得更加复杂和精致,所以让我们先从它们开始吧。想象一个虚构的场景:当你的弗雷德叔叔打来电话时,你可能正在沉思,而电话铃声吓到了你。随后,你可能会记起电话的“叮铃铃”声响是多么刺耳。当弗雷德邀请你吃午餐时,你并不是简单地记住他在电话中发出的声音。你必须理解并且思考他所说的事情的意义和含义。你必须查阅你的日程。你同样可能会疑惑为什么他如此渴望见你,导致你思考各种可能的原因。你担心他可能生病了。这类记忆使我们思考复杂的情况。

深入思考是一种认知行为,它有赖于将许多过去的学习保存在被神经科学家称作“工作记忆”的心智部分中,这一部分的神经机制高度集中于我们巨大的背外侧额叶皮层区(Goldman Rakic,1998)。当你在可能错综复杂的人际关系中工作,随后你的部分思维过程也许作为新的陈述性记忆被保存,尤其是当它们在你的心脑中引起了强烈的情绪感受时。你可能记得弗雷德紧张的语气,一种明显的、想要见面的紧迫感,即使你的日程已经满了。你一定会记得你已经清楚地表明,你只能在周四见面。在通话后,你计划在你的记忆中修订这个事实,你最终决定在中午12点30分,一个特定的餐厅中安排这次见面……但你考虑到你有太多事情要记住,以及你检索已储存信息能力的局限性,你将它记在你的日程表上,来帮助你记忆。所有记忆都具有短期和长期的组成部分。工作记忆的运作需要这两种组件一起,此外,还需要情节的、自传式的和语义的内容。由于它使用了一系列复杂的记忆系统,能够以各种方式排列组合,所以工作记忆的概念非常接近于"思考"的核心含义。

当你思考完这一切,在一个容量有限的工作空间中,你的工作记忆制定了一个行动计划:周四早上,你将在6点钟起床,7点钟到公司。你会先完成你的文书工作。也许你可以在9点完成,随后你的同事将会上班,并且可以接到你的电话。你预约的汽车修理站在你去弗雷德所推荐的餐厅的路上。当你在等待时,你会点一杯咖啡并阅读《纽约时报》来放松自己。然后你会见到你的叔叔。

工作记忆中的项目可以被长期保存,以便它们被编码成陈述性记忆。当陈述性记忆被创建后,它就可以被工作记忆所检索(以备将来使用)。这意味着当你想要思考某些事情时,你可以进入你过去的想法中。当你思考关于弗雷德叔叔的午餐邀请时,你想起他是一个退休的神经科学家,有非常活跃的想象力。而且,由于他对意识领域的兴趣,你怀疑他可能想要分享一些奇特的新理论,也许是为了详细阐述他狂野的新想法,是关于脑多巴胺系统的发展如何引导人类心智和文化的演化。无论如何,他的紧急电话都会在你过于活跃的想象力(不仅仅是记忆在起作用)的深处激起许多情绪的和认知的可能性。但直到你在星期四见到他之前,你并不知道究竟是什么。

我们此处想要说明的唯一一点是,你对于各种神奇的可能性的思考源自你流畅的推理能力,这需要大量新皮层的力量,也就是神经科学家所说的工作记忆。工作记忆通过我们大大扩增的额叶实现了这种复杂性,尤其是通过那些更新近的侧向延伸(比如背外侧额叶皮层),其演化晚于更内侧的、在情绪上以自我为中心的高阶脑区。顺带提及,如果这种能力用于处理更小的记忆单元,那么可以导致新奇想法的产生,其中许多可能只是妄想。思考一下这种记忆能力,尤其是脑的内侧自我参照区域,是由古老的多巴胺—探索脑网络所激发的,我们可以看到,为了满足个人需求,记忆形成能够被扭曲。例如探索唤醒与自发形成的关于事件之间因果关系的记忆协同,能够导致各种以自我为中心的妄想行为,无论是人类还是小鼠。相关事件转变成因果信念,正如低阶脑区的探索系统(见第 3 章)与相关的认知事件结合,使我们能够想象我们创造了多少伟大的突破性想法以及许多个体的特异精神错觉。

此外,情感感受通常指导我们选择自传性记忆进行检索和讨论。紧接着我们之前的例子,你知道你的叔叔有几种严重的病情。假设当你在餐厅见到弗雷德时,他很紧张且严肃。你询问是否发生了什么。他说有一个严肃的问题需要讨论。他刚刚 65 岁,第一次签订了治疗保险,考虑到他死亡的风险和遗产。他开场就说长期以来有一个秘密瞒着你。他继续讲述他的故事,带着点害羞和羞愧的色彩,还混合着一丝愧疚。突然,你注意到他的面部和身体的每一个情绪细节。许多年前,当你的父亲,他的兄长,远赴海外时,弗雷德和你的母亲发生了一段不幸的爱情,其间你母亲怀了你。弗雷德在他的兄长,也就是本应是你父亲的人回来时也结了婚,他们都认为对你来说最好的办法就是将你作为你母亲的婚生孩子养大。但现在他的兄长已经去世许久,弗雷德不希望在他死时你还不知道真相。他是你的亲生父亲,而你天天喊“爸爸”的人实际上是你的伯父。突然间,你的世界,无论在认知上还是情绪上,都被彻底颠覆了。

在那个时刻,由于你的情绪过于混乱,你固结了一个“闪光灯”式的记忆。在最初的震惊后,你深深地被这次谈话所打动(被一个远在你想象之外的惊人消息)。而且即使弗雷德只有这一次提到这件事,你也不会忘记他是你的亲生父亲。这类情节记忆需要大规模地重新调整你对生活以及自己是谁的理解。只有当你心智衰退时,这类强烈的记忆才会逐渐消失,而这正是阿尔茨海默综合征或额颞痴呆[皮克氏病(Pick’s disease)]所具有的特征。很明显,强烈的情绪唤醒是这些持久的陈述性—情节记忆中的重要一员，当它们被整合进我们巨大的、自传式的个人记忆仓库时，它们将会具有重塑自身的潜力。伴随着这些记忆的高阶心智功能广泛分布于脑之中并且对于精神疾病十分重要，它们现在可以通过脑成像技术部分可视化，比如功能性磁共振成像（Naghavi & Nyberg，2005；Ragland et al.，2007）。

记忆的实际机制

大部分学习—记忆研究对情绪问题没有太多的关注。20 世纪中叶该领域的核心假设由加拿大心理学家唐纳德·赫伯（Donald O. Hebb，1904—1985）在 1949 年所提出的。他的核心观点体现在这句名言"同步放电的神经元会串连在一起"中。换句话说，当网络中的两个神经元在同一级联放电，它们之间将创建一种持久的突触联系（Hebb，1949）。

所有的神经通路，无论是稳定的还是变动的，都是作为神经元的连接产生的，这些神经通路分泌神经化学递质，从而跨越微小的突触，以到达相邻的神经元。突触前神经元分泌与受体紧密相连的神经递质，到达突触后神经元的表面（突出后）膜上。数十年的研究表明，对于大多数记忆而言，主要的递质（但并非唯一相关的）是谷氨酸，主要来自 NMDA 型受体（还有其他两种主要类型）。大多数神经科学家设想，在记忆生成的过程中，神经元分泌谷氨酸，通过突触间隙到达作为受体的各种突触后神经元，并且通过一系列复杂的强化放电，出现了长时程增强（long-term potentiation，LTP）的现象（Bliss & Lomo，1973）。LTP 受到细胞内分子事件的级联介导（此处讨论过于复杂），它增强了构建这类记忆的神经通路的唤醒能力。每当相同的通路被相关的事件唤醒时，它们都会变得更加敏感，并因此变得更加可被唤醒。

通过体外提取海马组织的方法，许多关于长期记忆形成的神经生理学都得以揭示（Tronson & Tayor，2007）。然而，尽管这些细节已经得到解释，但是在 LTP 的精细分子机制和真实生活中记忆的本质之间仍存在着不可知的鸿沟。为了理解我们持久的个人记忆，我们需要更加清晰地理解基本的情绪和动机系统,有机体为生存而继承的主要演化工具,如何参与到学习之中。换句话说,精细的分子细节需要通过大型的神经网络方法进行补充——也即混沌理论所说的,非线性的动态网络(nonlinear dynamic network)观点——从而理解脑心中真正的学习心理状态。正如第3章所述,我们同样可以设想研究探索系统中预期神经变化的简化体外模型。在记忆形成的机械分析中,这将会是一个超越LTP的重要步骤。

我们的记忆是在表达有机体需求和情绪的复杂网络的必要帮助下形成的,而不是简单的刺激—反应神经链。在这种现代的观点中,学习可能反映了各种形式的刺激—反应网络,它们嵌入更大型的、表达有机体的基本生理和心理关切的网络中。我们相信,这种关于心脑功能的全景是理解对我们最有意义的学习和记忆的类型核心要素,比如我们在与自我感受密切关联的自传式记忆的环境中预测重要事件的能力。

记忆的衰退和记忆的形成同样重要。为何某些记忆能够保持而其他记忆却被遗忘,我们对此知之甚少。目前大部分神经科学家认为,遗忘是一种用于消除无用信息的主动脑过程,也许是反向学习的一种方式。除了发现能够增强记忆的化学物质,科学家们还发现了其他化学物质能够消除记忆。例如,通过一种叫作ζ-抑制肽(zeta inhibitory peptide,ZIP)的分子可以实现快速化学消除新皮层中长期记忆,这种分子有助于分散突触中用于固结记忆的谷氨酸受体(Shema et al.,2007)。

在这种情况下,有必要再次回忆一下,最近的研究表明,记忆存储是一种持续的动态过程。记忆不仅受到固结作用的动态过程的持续影响,而且还受到“再固结”的影响(Tronson & Tayor,2007;Schiller et al.,2010)。这意味着当人和其他动物在使用他们的记忆时,记忆因此重新恢复为一种主动处理模式,它们可以被改造,随后以不同于原初记忆的形式再固结。这种重构的记忆通常包含了有关新情绪环境中的信息,而这些信息在原初记忆固结时并未出现。因此,旧的记忆在新的情境中恢复时会暂时变得不稳定,并且相应地,它们会被再加工。尽管弗洛伊德并不了解这种脑机制,但他似乎已经清楚地意识到记忆过程是以这种方式运作的,并且他发明了“由果致因”(Nachträglichkeit)这个词来描述这种心智过程,其特征在于心灵的暂存性和建构性(Eickhoff,2006;Faimberg,2007)。这基本上意味着记忆的重构不仅可以从过去到未来,同样可以从想象中的未来回到过去。

我们认为最麻烦的情绪性记忆可以通过这种方式得到有效的改变,尤其是在技巧娴熟的心理治疗过程中。这可能是某些形式的心理疗法比其他形式更为有效的原因之一。从最新的证据来看,通过对比研究不同的心理治疗方法,似乎集中围绕着记忆过程的心理动力—心理分析方法通常能够产生最持久的效益(Shedler,2010)。这可能是由于这种方法能够更加充分地利用过去的情感再加工,而不是像其他疗法,仅仅关注于当下的认知解释——这是显然不应被忽视的问题。

“工作记忆”是思考能力的核心

工作记忆的最初形成是一种纯粹的心理建构,与大多数心理建构一样,工作记忆的概念并没有很好地告诉我们其背后的脑功能。心理学家起初关注于这样一种事实,即在限定的时间内,我们只能记住有限数量的内容(7±2 项)。但是,有许多证据表明,工作记忆从更广义的方面来说是一种高阶认知功能。例如,工作记忆能力与智商成正比(Conway et al.,2003)。工作记忆的基质广泛分布于脑的认知区域内,但正如前文所述,它们似乎高度集中于新皮层的背外侧额叶区。这些神经机制有助于生成各种类型的认知功能,从语言认知到视觉/空间信息过程,以及注意、整体认知协调和更高阶的推理过程(Baddeley & Hitch,1974)。记忆的世界充满复杂性,这使想要以简单的方式概念化我们心智认知网络的科学家们感到困扰。

举例来说,工作记忆包含了丰富的认知活动,更准确来说它可以被称作工作学习。它包括脑功能,这些功能将来自外部感官的信息与来自记忆存储的知识结合起来处理,更不用说所有这些发生的情感环境,在这个过程中,这些情感环境可以改变记忆存储本身。事实上,这种类型的学习可以完全是内在的,通常在相关的情绪唤醒规则下进行,它对于心理治疗以及人们在解释相同事件时产生的日常误解都非常重要。

目前,工作记忆用任何已知的神经科学术语都难以解释。新皮层是脑主要的认知基质。其内部互连广泛且复杂,并且同时使用许多脑区;经过一生的学习后,它更像是一支管弦乐队的指挥。然而,有必要强调的是,皮层过程受到大量皮层下状态控制过程的管控,例如,那些控制前脑水平的乙酰胆碱、多巴胺、去甲肾上腺素、食欲素和血清素,与无处不在的谷氨酸和参与到每次认知行为中的 GABA 神经元一起工作。离开了这些皮层下的、整体的调节系统,认知皮层将存在巨大缺陷。事实上,有证据表明,作为充满热情的想法的有力推动者(无论是理性的还是妄想的),多巴胺在人脑中的范围要比大多数其他哺乳动物更为广泛。从解剖学上看,人类多巴胺网络延伸到人脑的感知皮层,这比大鼠和许多其他动物要远得多,它们的多巴胺网络通常局限于额叶区域。事实上,在人类的演化中(无论是文化的还是生物的),多巴胺过程的扩增,包括掠夺性的探索冲动在内,也许可以解释人类心智的智能复杂性和妄想悲剧,就像我们皮层的思维帽盖中信息过程组织的大规模扩张一样(Previc,2009)。因此,通过研究过于简单的动物模型,不可能完全了解不同的初级过程情绪系统与高阶新皮层—认知区域的交互作用,因为这些交互一定会生成高阶的心理结果(大多数是通过文化塑造的)。相反,如果没有清晰地了解我们仍与其他哺乳动物共享心智古老层面,我们也无法理解那些高阶的复杂性——缺少了这个基础,高阶心智将成为海市蜃楼。我们始终需要动物模型来研究所有基本的神经心理机制的细节,而不是人类擅长的第三阶段心理能力。

确实,也许是因为使用动物模型不足以理解人类的认知,所以我们可能永远无法在精细的神经层面上理解人类的心智。举例来说,我们甚至还不了解将简单的感知整合并归结为复杂概念的神经科学。心理学家发现,工作记忆中有用项目的数量并不因为项目的复杂性变化而改变。我们并不了解初级过程的情绪唤醒如何与这种三级的认知—思维过程相关联,并且从伦理上看,这种研究所需的人类神经工作细节是不可能获得的。但是,正如我们将看到的,我们确实有一个坚实的科学基础,即情绪唤醒如何与次级过程相联系,这是更简单的学习形式,比如经典性条件反射,特别是恐惧条件反射。

感官—情绪条件反射的高阶和低阶通路

现在让我们回到行为神经科学家所喜欢的最简单的恐惧—学习模型。传统恐惧条件反射的运作类似于发条装置。声响与电击,几分钟之后,动物就会对声响表现出恐惧。学习的速度和精度解释了为什么这种毫无吸引力的压力方法对于那些想要理解学习和记忆的脑基础的人如此有吸引力。在检查这项研究之前,让我们简要回顾一下感官信息是如何处理的。几乎所有的感觉在到达新皮层之前都要经过丘脑,唯一的例外是嗅觉。在恐惧条件反射中,最常见的两种条件刺激是视觉与听觉,它们分别由不同的丘脑核负责。然而,足部电击的疼痛在到达 PAG 中的丘脑之前就已经被感受到。

事实上,所有的感官信息先在皮层下进行加工,并且在某一时刻,大部分皮层下过程的信息最终会达到丘脑,这里不仅是外部感官信息到达皮层前途经的主要站点,信息在这里被转化为精练的认知,同时它也是排序、混合和再加工的站点。然而,输入的感官信息的情感要素通常分散到下丘脑区域以及丘脑网状区域,而不投射到皮层中。这对于恐惧条件反射可能非常重要。足部电击并不是一种常规的体感认知型刺激,例如,感受你头上戴着帽子;它所诱发的疼痛和恐惧是高度情感的(先是疼痛,随后是恐惧)。假设足部电击的无条件厌恶刺激方面需要进入皮层(通过丘脑核的投射作用)才能转变成疼痛和惊恐,这可能是一个巨大的错误。但这似乎正是一些恐惧条件反射的研究人员所假定的(LeDoux,2007,见图 4.1)。

丘脑从皮层接收(总是间接地通过基底核)的"回馈"信息与它最初直接从感觉中接收到的一样多。丘脑中不同区域的神经细胞群(核)加工不同类型的感官信息。例如,外侧膝状体核(LGN)加工视觉(光线)刺激,而内侧膝状体核(MGN)则加工听觉(声波)信息,等等。值得注意的是,这两种核可能是最近才演化加入丘脑层面的感官过程,因为二者都位于丘脑的远外侧边缘。其他感觉,诸如味觉、触觉、痛觉和动觉等则更集中于丘脑更古老的区域。最古老的外部感觉,嗅觉——一种原始形式的味觉(品尝空气的味道!)——甚至并不需要通过丘脑到达皮层中特定的古老区域(梨状皮层),

尽管大量嗅觉信息最终确实到达了丘脑最古老的部分之一,即背内侧核。背内侧核对于情绪过程同样也非常重要,尤其是与依恋相关的社会情绪,包括分离苦楚(见第 9 章)。无论如何,目前关于恐惧的经典条件反射的研究工作大都局限于由 LGN 和 MGN 这些后来者所加工的听觉和视觉刺激。

当 LGN 从世界中接收到视觉信息时,它会向两个方向发送这一信息:LGN 将信息向上发送至感官(听觉)皮层,在该区域,动物具有高阶的、有意识的关于看的精细体验。然而,LGN 同样将信息向下发送至杏仁核,这是初级过程的恐惧和愤怒系统所能到达的最高阶区域。这即是条件反射的高阶和低阶通路。

对大鼠的实验研究表明,对暗示恐惧的线索的皮层下视觉过程能够直接唤醒外侧杏仁核(如 Doron & LeDoux,1999;Shi & Davis,2001)。类似的皮层下通路同样在人类受试者身上被观察到(Campeau & Davis,1995;Linke et al.,1999)。可能其他形式的低阶通路的感官过程,包括听觉、触觉、味觉以及嗅觉,同样能够唤醒各种情绪反应,尽管这很可能因物种而异。然而,总的来说,动物不一定必须具有视觉、听觉、嗅觉、味觉或触觉等清晰的皮层体验,才能够获得无条件(本能)的情绪反应或者对特定刺激的简单习得(经典条件)反应。低阶通路加工通过向丘脑发送皮层下过程的感官信息来唤醒条件性情绪反应,反过来,丘脑会向下将信息发送到杏仁核的恐惧系统的上源处,即中央核。当这些发生时,动物几乎必然会获得原生的情绪情感体验。此外,从经验上看,单纯对恐惧系统的电刺激可以作为学习中的惩罚,这一事实证明了情感的存在。

恐惧条件反射的皮层路线——高阶通路(从 LGN 到听觉皮层,然后返回杏仁核)——被称赞为“干净的”,因为它提供了一种高阶的刺激解决方案。例如,听觉皮层能够区分枪声和震耳的摇滚乐。然而,高阶通路的信息过程相对缓慢。低阶通路信息过程速度则要快得多。低阶通路的“捷径”——直接从 LGN 到外侧杏仁核——被认为是“快速”但“脏的”,因为它所需的加工时间很短(大约只需要千分之十二秒),并且没有给动物们提供任何精细加工的感知区分(LeDoux,1996)。高阶通路的速度是低阶通路的一半。它由太多不必要的成分构成;这可能只是反映了这样一种事实:高阶通路是一条由更多突触组成的更长通路。在任何情况下，人们都假定低阶通路加工可能无法区分两种吓人的声响——枪声和摇滚乐——但这种刺激区分问题尚未得到充分研究。然而，我们可以肯定的是，低阶通路（脑干到 LGN 再直接到杏仁核）的条件反射更加迅速，至少在大鼠中是这样的（见图 6.2）。

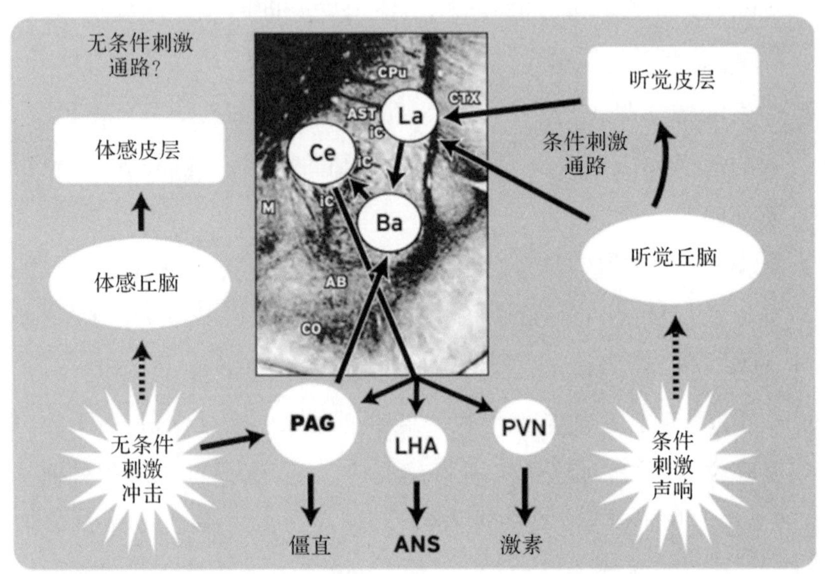

图 6.2　恐惧反应的经典条件反射的图示总结。通常，声响的条件刺激（CS）之后紧随着足部电击（UCS）。听觉刺激通过颅神经Ⅷ（Cranial Nerve Ⅷ）上行至脑干的耳蜗核，然后投射至下丘的中脑听觉加工区域（图中没有绘出），随后再投射至听觉丘脑的内侧膝状核（MGN），最后投射到新皮层（右侧）。MGN 具有向下到达杏仁核的通路，先经过外侧核（La），然后进一步向下到达基底核（Ba）。这些通常都不会进入从中央核（Ce）开始的恐惧系统。然而，电击（UCS）在脑中确实具有类似的上行通路，但它同样会分散至中脑导水管周围灰质（PAG）的恐惧系统中，该系统直接激活了 UCR——无条件的本能恐惧反应。随着结合 CS 进入杏仁核后，我们认为 PAG 的上行恐惧影响有助于导致“杏仁核大门的开启”，借此，CS 在学习后获得了进入恐惧系统的权限，这已经在一些实验中出现。这是一种可供选择的情感神经学解释。传统观点认为，UCS 与 CS 同样到达丘脑，而 La 中声响和触觉的结合是条件反射的关键环节。这两种观点有待直接的实证对比（改编自 LeDoux，2007，有大量修改）。

需要指出的是,并不是所有低阶通路的情绪过程都是通过杏仁核进行的。例如,突然的声响所导致的惊吓反射完全是在脑干层面形成(这是"低阶通路"到达杏仁核速度的两倍)。人们已经确定,焦虑——持续的恐惧——使这一惊吓通路变得敏感。例如,预示着电击的视觉线索会让惊吓反射更加强烈。因此,恐惧增加了原始保护性反射的敏感性。同样,我们也认为恐惧回路的唤醒大幅提高了条件反射机制的敏感性,通过来自 PAG 的上行影响。在某种意义上,恐惧系统是恐惧—学习的指挥者。这并不是一种受欢迎甚至广泛讨论的观点,因为我们所说的恐惧网络通常被视为一种心理上无意义的、纯粹行为的和自主的关于条件反射的"输出"系统(Davis,1992;LeDoux,1996)。

目前,数十个实验室正在使用足部电击,来深入研究这种非常可信的恐惧条件反射模型。人们只希望有一些实验室,最终能够将足部电击替换成更为温和的恐惧"惩罚",例如对后颈吹送可以生成 22 千赫兹超声波抱怨声的气流(Brudzynski & Holland,2005),这种压力源产生了更加温和形式的焦虑,而不是对于即将到来的足部电击的彻底恐惧,因为恐惧会抑制这些叫声(Soltysik & Jelen,2005)。对于大鼠而言,另一种更加不明显的厌恶"惩罚"是将它们暴露于猫的气味中;大鼠非常害怕这种我们几乎闻不到的刺激,并且会将这些体验与它们所在的环境背景联系起来(见图 6.1)。这种较为温和的模型可能与理解人类的焦虑更为相关。事实上,考虑到积极情绪的条件反射能够和唤醒焦虑的恐惧系统一样迅速,例如生成 50 千赫兹快乐叫声的条件挠痒反应(Panksepp & Burgdorf,1999),我们只能希望,那些仅对条件学习机制感兴趣的研究者会转向反映积极的情绪"奖励"学习的模型系统,而不是极其消极的情感"惩罚"条件反射的模型系统。吉姆·奥德兹在其晚年(见第 3 章)所提出的那种食欲条件反射就是一种卓越的快速条件反射的模型,不涉及任何厌恶刺激。

无论如何,恐惧—学习的高阶和低阶通路通常同时出现且彼此互补;一般来说,脑的高阶区域调节低阶区域,而低阶区域唤醒高阶区域并使其更加敏感。所以,这些学习形式以目前未知的方式相互协调。在这种情况下,重要的是记住,新皮层通过多种下行的抑制作用,可以平息情绪唤醒。当然,这是一种适应性反应。设想一下，一辆高速行驶的车辆在经过你身旁时发生了意外。起初，这种声响在你脑中最低级的听觉“通路”中进行加工，让你受到惊吓，随后这可能会导致一种恐惧唤醒。你可能在行进的路上僵住，眼睛瞪大，呼吸变浅。片刻之后，各种新皮层的认知将会告诉你，这只是一辆缺乏保养的车所产生的噪音。随后，你的新皮层将会调节（抑制）你的恐惧系统的唤醒，你会迅速冷静下来。

正如我们已经指出的那样，目前许多研究者将情感体验视作认知活动的一个子集，从某种角度上说，这是合理的，因为它们在完整的脑中确实具有强烈的相互作用（Pessoa，2008）。然而，从演化的角度看，将这些活动视作不同层级的控制更为明智：在初级过程层面（甚至加上简单学习），我们没有理由相信具有很少皮层的动物会对它们体验到的情绪唤醒有想法。然而，我们不能排除这种可能性，特别是因为能够迅速学会“如何感到恐惧”的啮齿类动物确实需要高阶内侧额叶皮层的参与来让它们忘却恐惧。现在被普遍接受的观点是，这种被称作“消退”（当奖励或惩罚终止时停止响应）的过程并不是简单的遗忘，而是一种主动的学习过程。这种忘却学习需要更多的脑力——更多的新皮层区参与——相较于初始学习本身而言（Myers & Davis，2007；Sierra-Mercado et al.，2011）。

与所有情绪系统一样，我们对于恐惧系统的所知远不及未知。其中一个巨大的谜团就是，为何由恐惧系统的直接刺激所产生的惩罚，并不能像足部电击一样能够轻易地与学习某个特定的活动（例如按压杠杆响应预期的CS从而回避厌恶事件）联系起来（完整的讨论见 Panksepp，Sacks et al.，1991）。相比之下，动物很容易学会条件性的地点回避，以应对恐惧的脑刺激（Panksepp，1998a）。我们怀疑这仅仅是因为，如果没有疼痛的情感伴随，动物难以习得如何对恐惧本身感到恐惧。

然而，即使是由电击介导的恐惧—学习，我们也尚未完全清楚是否所有的预期刺激（听觉、嗅觉、触觉等）都能够使研究人员通常研究的以光亮或声响为信号的恐惧条件反射，或者有多少感官系统具有到达恐惧系统的高速和低阶通路。视觉可能不在其中。例如，对于大鼠来说，沿着低阶通路加工的声波将会到达丘脑的 MGN，并且能够比进入毗连的 LGN 中的视觉刺激更加容易对恐惧产生条件反射。然而，如果人们通过手术诱使视觉系统在生命早期终止于 MGN，那么视觉刺激将对这些动物的条件反射更为有效(Newton et al.，2004)。显然，对于大鼠而言，究竟是哪一种感官系统进入丘脑并没有什么关系，重要的是丘脑投射核向恐惧系统发送信息的效率如何。这意味着不同物种的不同感官系统可能以不同的“准备方式”来调节快速的恐惧条件反射。

然而，条件反射的神经机制似乎不可能因物种而异，凭借该机制，从 MGN 到达外侧杏仁核的感官输入信息建立了新的通路(习得联系)，进而到达杏仁核的中央核(恐惧系统的上源)。同样地，从杏仁核的中央核到 PAG(见第 5 章)的潜在的恐惧系统的运作原理在不同的物种中也不太可能有很大的不同。一旦你具有关于演化记忆(例如，无条件恐惧反应系统)的良好解决方案和情绪记忆(恐惧条件反射)的坚实机制，为什么要丢弃它们？另外，人们当然会期望一只兔子比一只狮子具有相对更大且更灵敏的恐惧系统，并且不同物种的高阶脑机制会以不同的方式应对情绪状态。

约瑟夫·勒杜的实验

大多数信息量丰富的恐惧条件反射的研究工作，是在约瑟夫·勒杜(Joseph LeDoux)的实验室中完成的。这个实验室效仿了埃里克·坎德尔(Eric Kandel)在海螺研究上进行的类似的早期工作，它还在杏仁核中的条件反射的真实分子细节研究方面处于最前沿。勒杜想要理解在杏仁核的分区中介导成功的条件反射的神经变化。他和其他团队的研究工作都一丝不苟，并且促进了许多额外的进步(Davis et al.，2010；Ehrlich et al.，2009)。但是，遗憾的是，这也导致了字面上笼统地将杏仁核理解为情绪生成的“总部”——中央车站——的错误观点(LeDoux，1996)。事实并非如此。有许多同样重要甚至更重要的脑区负责各种情绪的初级过程。如果有任何脑区可以配得上“情绪的中央车站”这个称呼，那么显然是 PAG 而非杏仁核。PAG 参与到所有初级过程的情绪，并且作用至关重要。相反，杏仁核主要参与到恐惧、愤怒和欲望，并且它在刺激—刺激学习(CS-UCS)方面的贡献远远超过了无条件(本能)恐惧反应本身的实际编排,而从整体上看,后者对于那种类型的学习更为必要。在此,我们将单纯介绍勒杜对恐惧条件反射做出的开创性研究中所揭示的一些一般原则,随后这些原则被其他杰出的研究者进一步补充完善,例如迈克尔·戴维斯(Michael Davis)(Davis et al.,2010),迈克·范斯洛(Mike Fanselow)(Fanselow & Poulos,2005)以及史蒂夫·马伦(Steve Maren,2005)。

我们很久以前就知道,在条件反射之前,适度的声响和光亮本身并不具有进入恐惧系统(它们并不是恐惧性的 UCS,比如猫的味道)的通路。这就是为什么大鼠最初并不会害怕经典条件反射实验中通常被用作条件刺激的声响和光亮。然而,关于最常用的无条件刺激的信息——用于模拟捕食者撕咬造成疼痛的电刺激——总是能够进入恐惧系统。疼痛直接影响恐惧系统的确切通路尚未被清晰地描绘。这可能是因为疼痛可以在许多层级进入恐惧系统——在 PAG 中一路下行(因此在非常低阶的脑层面激活了整个恐惧系统)以及通过丘脑网状核的各种高阶输入,它们介导了疼痛的传递。还有许多其他的输入和促进者,例如,促进认知联结的非特异性脑调节通路,如乙酰胆碱和去甲肾上腺素。当关于电击的信息到达恐惧系统,它可以与相关的神经信息进行协调,这些神经信息的来源从丘脑内侧膝状核低阶通路一直延伸到杏仁核外侧区。当任何刺激被证明具有恐惧特征时——持续唤醒负面情感,例如电击通常实现的——基底和外侧杏仁核中的神经细胞可以通过与杏仁核的中央核建立更强大的功能连接来进行响应。现在神经刺激能够激活到达恐惧感受的"捷径"。

杏仁核的中央核与下丘脑和中脑的许多低阶脑结构共同构成了恐惧系统(见第 5 章)。当位于初级过程的恐惧系统顶端的中央核被条件恐惧刺激唤醒时,通常整个恐惧系统都已经被唤醒,并且大鼠会表现出各种类型的恐惧反应——僵住、血压升高、排便以及一系列其他自主反应。这些不同的恐惧反应在脑干中进一步下行的通路略有差异,但它们在正常动物中通常是一起工作的。同样,这些动物会表现出明显的消极情感——它们似乎以一种非常战栗、惊恐的方式感到紧张。我们应当记住,足部电击的疼痛建立了神经系统中的条件反射,与之密切相关的刺激——预测性线索——借此得以控制那些期望—条件性的情绪行为,它们在本质上等同于无条件的(本能的)恐惧反应。换句话说,中央杏仁核中恐惧系统的唤醒(以及随之而来的恐惧情感,这是一种神经状态)对于学习的发生可能至关重要。

无论如何,它是外侧和中央杏仁核之间新的功能性连接,彼此关联的线索在此调节了恐惧条件反射,因此,这里成为对恐惧学习感兴趣的行为主义神经学家最为关注的区域,而他们并没有明确认识到恐惧唤醒的情感 UCR 对于条件反射的发生至关重要!我们尚不清楚低阶脑区(例如,PAG)中是否存在类似的条件反射,但如果确实存在,那么我们可以预期,这将会是一种非常广泛的网络变化,正如“敏化”(sensitization)这个词所蕴含的意义——由重复情绪唤醒引起的情绪网络响应率的持续变化。

由于上文提及的关于条件反射发生的新 UCR-恐惧维度总是被忽略,现在让我们重申一下条件反射的传统观点。当幼鼠最初被暴露于一种无条件的预期线索(如声响)中时,它的恐惧并没有被唤醒。那么,源自快速连续的中性刺激与电击的条件反射过程是如何使先前的中性线索进入恐惧系统的全新通路的呢?勒杜通过外科手术分别破坏了听觉皮层(高阶通路)或更加直接地破坏了从丘脑到外侧杏仁核的通路(低阶通路),他发现高阶通路受损的大鼠的条件反射变得非常迅速,这意味着预期信息可以通过低阶通路有效地进行,并唤醒大鼠的恐惧系统。另外,低阶通路受损的大鼠(例如,MGN 损伤)虽然仍具有条件反射,但过程变得非常缓慢。

MGN 受损的大鼠逐渐会对与电击相关的声响产生恐惧。这种通过大脑皮层进行的缓慢情绪调节在很久以前就已经被观察到,其声响的方式可以预测食物,而皮层下区域中神经元的条件反射则要迅速得多(Olds et al., 1972)。快速条件反射的优点是显而易见的,但为什么皮层下系统的条件反射要比皮层系统更快,却完全不明显。

从我们的观点看,很明显,越古老的脑系统应当越早习得简单的适应性反应。换句话说,低阶脑区的条件反射更迅速是因为它们完成演化的时间更早,因此在整个学习过程中具有一定的优先性。如果一个人认识到,新皮层区无法自己启动任何情绪反应,除非它们接受过这样的训练,这也许很有意义。只有经过持续的训练,某些高阶脑区才会激发情绪。换句话说,新皮层只会缓慢地提升将明确的认知信息传递给杏仁核的能力，从而激发习得的情绪。这可能是严格的认知心理治疗方法不如同时使用熟练的初级过程的情感治疗方法更有效的原因之一(见第12章)。

很明显，皮层下指向情绪系统的低阶感觉通路是有效、快速条件反射的关键。但是，我们认为这实际上是本能的恐惧系统——电击诱发了UCR——这是恐惧条件反射发生的关键。然而，这并不是大多数传统的学习理论家所看到的。如果我们的观点被普遍接受，那么这种理解上的转变不仅对各种实验的进行都有深远影响，并且对于情绪障碍的临床治疗也具有重大意义(见第12章)。无论如何，这种低阶通路的条件反射似乎是在没有意识“觉知”的情况下进行的——没有任何认知理解——但它肯定充满了强烈的情感体验，即情感现象意识。

这一点具有重要的临床意义。有些人认为，感受只有以某种“读出”(见第2章)的方式经过新皮层中的认知概念“图书馆”传递后才能被体验——成为意识，这种观点只是一种信念，而非事实。相反地，恐惧系统生成可怕体验的能力是一种事实，而不是一种信念。无论如何，勒杜的团队观察到，当一只大鼠因条件反射变得害怕时，BLA中的细胞放电会变得更加频繁，因为它们建立起了与恐惧系统中央核的联系。有关这种学习回路的总结见图6.2，我们修改了勒杜的工作，以强调恐惧系统可以自下而上使杏仁核的学习机制变得敏感(出于现在的目的，我们将BLA区域中单独的神经过程合并成了一个单独的BLA组件)。

BLA细胞利用谷氨酸，并作用于突触后的谷氨酸敏感NMDA受体(有几种类型的谷氨酸受体)——可以将“静默突触”转化为活性突触(Kerchner & Nicoll, 2008)。这种联结——增加了初始闭合的突触门的渗透性，这些突触门，部分是由局部抑制性神经回路所介导(Ehrlich et al., 2009)——随后将源自BLA区域的条件反射信息传递到恐惧系统的中央核。这种恐惧条件反射机制类似于其他情绪系统所使用的学习机制，它们以非常相似的方式进行研究，但我们对于它们通常所知甚少(例如伏隔核中的习得性食欲—探索行为，通常将上行多巴胺系统中的“奖励”力量并入它的条件反射视野中)。目前，这似乎是一种普遍准则，即认知和初级过程的情绪系统之间的各种交互作用都使用了增加的谷氨酸能传递作为机制,从而生成习得反应。

然而,似乎不言而喻的是,为了情绪学习的发生,人和动物必须被无条件刺激唤醒情绪。这意味着无条件反射需要被视作条件反射过程的一个能动部分——这有助于解释与预测性条件刺激之间的联系是如何建立的。如果是这样,这可能是神经系统的无条件情绪反应——在这里,是指恐惧系统的唤醒——这可能对于学习至关重要。我们估计,恐惧系统介导恐惧学习的方式仍有许多未被充分讨论的方面。在学习中,对 UCR 的忽视可能反映出,通常将运动系统视作单纯的“输出”回路,而没有意识到这种复杂的初级过程的情绪行动系统实际上是脑内的综合性行动回路,具有心理—情感维度。

让我们做一个具体的假设,这可能超过了一般读者想要了解的范围:先要指出的是,谷氨酸受体分为两大类——AMPA 和 NMDA。迄今大多数研究者关注的重点在于 NMDA 受体在介导条件反射时的作用。我们认为,恐惧反应本身可能会建立许多必要的成分(也许是 AMPA—敏感谷氨酸受体的萌芽,它们位于杏仁核的中央核的恐惧系统的神经元中),这对于条件刺激中的许多“静默”NMDA 谷氨酸突触输入(Kerchner & Nicoll,2008)而言十分必要,随着学习的进行,这些条件刺激通过 BLA 复合体渗入中央核中的恐惧系统的上源。这是一种非常可验证的假设(Pumpel et al.,2005)。如果这一系列的内容最终得到证实,那么它将再次强调古老脑区中原始的初级过程的情绪网络是如何在高阶脑功能运作时起主导作用的。这是演化最“明智”的操作方式。

目前,最简单的恐惧条件反射模型的研究十分流行,我们期待上述假设能够很快得到某位研究者的测试。我们期望这项工作能够被对中央核的子功能感兴趣的研究者完成,例如,最近对中央杏仁核中不同功能的神经元群体的研究,外侧区是条件反射所必需的,而实际的条件反射是由内侧细分区域的神经元所驱动的(Ciocchi et al.,2010),通过大量独特的神经化学控制实现(Haubensak et al.,2010)。从直接干预的角度看,也许最有趣的是发现神经元的子集是由催产素和加压素所控制,其中催产素通常会减轻恐惧,而加压素则会加剧恐惧。由于女性脑要比男性具有更多的催产素神经元,而男性脑则具有更多的加压素神经元,这似乎表明在恐惧系统的上源,恐惧感存在两性差异(Huber et al.,2005;Viviani & Stoop,2008)。确实,催产素提升了传统苯二氮䓬类抗焦虑药物的功效,例如地西泮(Viviani et al.,2010)。这意味着,鼻腔内催产素最终可能在焦虑以及其他情感障碍,如产后抑郁等相关的心理治疗干预中发挥一定的作用。

总之,让我们把注意力放在一些关键的概念的问题上(如 Maren & Quirk,2004 所概述的)。BLA 中的可塑性确实是关联性的,因为简单的敏化—重复电击——并不会提升 BLA 中神经元的放电。只有当相关联的预测性刺激(如声响)与脑的无条件反射配对时才进行学习。BLA 中可塑性的习得并不依赖皮层对声音的加工。条件反射可以在没有听觉新皮层参与的情况下继续进行。它同样可以在 MGN 中没有任何事先的习得变化时进行,虽然这种习得变化可以将条件反射的声音信息向下发送到恐惧系统中。据我们所知,条件反射首先发生在杏仁核本身。然而,在丘脑中发生的最终可塑性(MGN 最终也表现出了条件反射)似乎确实取决于已经发生在杏仁核中的条件反射。BLA 似乎"指导"了丘脑的 MGN 区域,并从该区域接收了恐惧信息。我们怀疑这同样适用于恐惧系统本身:以某种目前未知的方式,恐惧系统的演化记忆指导 BLA-中央杏仁核与条件反射建立联系。

最后,让我们简单思考一下,当 BLA 中的神经元的条件反射发生时,条件性的恐惧行为是不是绝对必要的结果?令人惊讶的是,事实并非如此。对于训练有素的动物而言,BLA 中的神经条件反射可以与恐惧行为相分离。换句话说,人们可以测量 BLA 中的条件性神经反应,而无需动物表现出任何恐惧。这可以通过将 NMDA 受体阻断剂置入突触实现,它可以阻止 BLA 信息进入中央核(本能的恐惧系统的最上层结构)。因此,条件性神经反应在 BLA 中仍然明显,但动物们仍可以在先前可怕的刺激呈现期间保持行为上的放松(因此我们也可以假设它们情感上是放松的)(Maren & Quirk,2004)。我们对此的解释是,为了让动物体验到习得恐惧,条件反射的信息必须先进入恐惧系统本身。许多高阶过程拥有进入这些初级过程的通路(例如,到达情绪—初级过程的情感系统的"捷径")。例如,除了对预示着电击的声响等不连续的条件刺激做出反应,恐惧条件反射的动物还会对许多复杂的环境刺激做出反应,包括它们受到伤害的环境或者是仅仅受到惊吓的环境(见图6.1)。

恐惧的环境条件反射

我们不仅害怕世界中引起恐惧的事物,并且我们也害怕危险的地方。因此,在现实生活中,以及大多数实验室条件下,恐惧相关的刺激有若干种并行的方式进入恐惧系统。另一条到达恐惧条件反射的通路是海马体,它加工处理环境刺激,例如,除了不连续的声响,其他所有的关于某个可怕场所的线索。例如,勒杜所研究的大鼠会对它们接受实验的房间感到恐惧,包括用于足部电击的铁棒,以及地板上木屑的味道。如果笼子旁边是一扇挂着亮色窗帘的窗户,大鼠可能会在看到窗帘的第一眼时就僵住。当它们听到实验室助手的脚步声也会感到恐惧,因为她会将动物们从笼子中拿出进行实验。从我们自己的工作来看,我们知道,当研究人员接近动物,并将它们带到不喜欢的实验环境中时,大鼠通常会发出22千赫兹的警戒叫声。

尽管海马体对于许多情绪性记忆的生成来说并非至关重要,但现在很明显的是,在环境刺激被发送到始于杏仁中央核的恐惧"捷径"之前,海马体的参与都是必要的。这是因为海马体除了在陈述性记忆的生成中起到关键作用,它还同样参与空间定位,并且提供有关条件反射发生之处的环境信息。这种环境信息也直接从海马体传递至外侧杏仁核,以唤醒恐惧系统(Ehrlich et al.,2009)。再次重申,当动物受到前文所讨论的某种非常离散的线索的条件反射时——一种特定的条件刺激——学习会通过不同的MGN至杏仁核通路进行。

广义上的条件反射,作为对环境刺激的反应,很明显提升了学习的适应值。然而,这是通过杏仁核中略微不同的通路发生的,即更多地通过基底核而非接收MGN输入的背侧核。然而,学习的神经生物学原理——生成线索和环境条件反射的神经机制中的分子变化——仍非常相似(与其他初级过程系统中所有其他类型的基本情绪学习一样)。换句话说,谷氨酸传递效率的提升(作用于 NMDA 受体),对于环境中的恐惧条件反射和线索条件反射同样都是至关重要的。

恐惧回路的情感压力:大鼠是否感受到恐惧?

勒杜的条件反射研究,集中于习得性情绪行为沿着低阶通路快速获得的方式——这是内隐情绪学习发生的方式。然而,和其他大多数恐惧条件反射的研究者一样,勒杜并不承认还存在着一条演化的“捷径”到达原生的恐惧体验,这是一种非常令人厌恶的脑心状态。甚至罗斯福总统也认为,我们唯一需要恐惧的就是恐惧本身。尽管我们欣赏这些条件反射实验的科学精度,但是当我们需要理解真正的情绪感受究竟是什么时,我们与勒杜以及其他从事此类工作的研究者存在分歧。这是因为他们刻意忽视了动物的感受,并且他们经常宣称动物的感受存在与否并不是一个科学问题(虽然对于这些重大问题的看法有一些变化的迹象)。无论如何,正如我们在第 2 章中所指出的那样,勒杜明确支持读出理论——认为情感是由新皮层的工作记忆功能所生成,是人脑独一无二的功能。换句话说,他将情感视作一种高阶的认知结构(也许只有人类才具有),并因此设想动物所表现出的明显的恐惧反应仅是纯粹的生理效应,没有任何体验的后果(LeDoux,1996)。

在人类恐惧方面的现代脑成像产生了许多关于杏仁核的有趣事实,但其中有一个引人注目:当研究者对尚未产生危险的恐惧进行脑成像时,杏仁核往往会亮起。但当一只实验的“捕食者”,打个比方说,就在你的脚边准备咬你(即电击脚趾)时,恐惧系统的最低阶部分中,脑的 PAG 区域将会亮起(Mobbs et al.,2009)。该脑区是恐惧感受和行为的中心(Brandão et al.,2008;Panksepp,1998a)。当我们对此处动物的电刺激的惩罚属性进行分析时,对最低阶区域的脑刺激获得了可以想象到的最强烈的厌恶反应成像,并且人们体验了可以想象到的最恐惧的心智状态(Graeff,2004)。

这些情感体验问题,比它们看上去要更加困扰恐惧条件反射的研究者。我们相信,在这个时代,将原生情感体验问题概念化,并与动物是否能够“自我觉知”发生了什么以及对未来产生巨大担忧的问题区分开是一种明智的做法,后者确实需要工作记忆。现有证据强烈表明,在所有哺乳动物以及其他许多脊椎和无脊椎动物的脑中,确实存在初级过程的情绪网络,可以帮助它们生成现象情感体验。这些情绪网络是心脑的一些最重要的"无条件反射"的神经系统,那些对于"理解学习"感兴趣的神经科学家必须经常使用它们,从而让动物能够像他们一样轻松学习。我们相信,生成这类体验的神经系统——脑心的各种奖励和惩罚——对于生成习得性情感记忆至关重要,而这种记忆是精神病学家和心理治疗师在日常工作中必须处理的。这种关于初级过程情绪的知识也让我们第一次了解到情绪是如何影响高级心智的过程的。

在结束关于恐惧条件反射的总结之前,让我们明确一点:只有神经科学研究才能真正阐明脑中发生了什么以及如何创造心智体验。心智通过复杂的脑过程具体化,这一过程通常运行在复杂世界的活体中。然而,虽然行为主义分析尚未遭遇太多科学争议,目前心智分析似乎只不过是重大争议的一个来源而已。但是,我们认为,这只是因为行为主义技术运转得很好,并且大部分动物研究者认为他们不需要考虑心智构造,因为它们可能只是我们虚构的妄想。情感神经科学的目的是通过识别有助于生成原始情绪感受的关键脑系统,通过各种脑情绪系统的奖励和惩罚属性,从而提供一种演化策略来理解我们情绪心智的基础。脑遗传的根深蒂固的情绪系统反映了祖先的记忆——这种适应性的情感功能对人类的生存具有普遍重要性,它们根植于脑中,不需要每一代人重新学习。这些遗传上根深蒂固的记忆(本能)是进一步发展学习和高阶反思意识的坚实平台。

历史实例:内隐情绪学习与记忆

让我们分享一个关于恐惧的无意识本质的故事;这个故事是众所周知的,并且经常被神经科学家所引用,这些神经科学家假定上文所描述的恐惧学习的发生不需要恐惧感受。"内隐情绪记忆"现象的著名论证发生在 1911 年,当时一位名为艾德华·克拉帕雷德(Edouard Claparede)的法国医生,接诊了一位脑双侧海马体(将短期记忆转变成长期记忆的区域)受损的女性患者。正如现在所预期的那样,这位患者的脑无法生成任何持续的陈述性—情节记忆。因此,一旦离开了工作记忆,她就忘记了一切。每次她见到克拉帕雷德时,他都不得不向她自我介绍,好像他们从未见过。

见面时握手是一种习惯,并且因为病人可以保留程序性的习惯,因此她能够参与这种社交仪式。有一天,克拉帕雷德在手掌中藏了一枚大头针,在他们握手时刺破了她的手指。针刺的疼痛令她受惊,但伤口很浅,很快就愈合了。当然,她忘记了这件事。然而,当克拉帕雷德再次见到这位患者时,她拒绝与他握手。她无法解释为何自己如此不情愿,并且找了一些健忘症病人常用的借口来掩饰她无法回忆事件(她说:"难道一位女士没有权利拒绝与一位先生握手吗?")。克拉帕雷德的病人,无法有意识地想起克拉帕雷德在上次见面时让自己受到伤害。她的双侧海马体都受到损伤,因此她无法生成关于任何事件的陈述性记忆。

然而,她从针刺中学到了一些东西。先前她并不害怕与克拉帕雷德握手。握手是一种中性的甚至可能是一种积极的体验。然而,在被针刺后,患者获得了——习得了——对原先中性的刺激生成的消极情绪反应,即对医生伸出的手或对医生本人(产生的),尽管她可能无法说明为什么。对中性刺激生成的新的情感反应形成了情绪学习。而保留这一习得反应则是一种情绪记忆。这个例子也很好地强调了脑中的情感体验与陈述性认知体验有很大不同。双侧海马体受损可以消除后者,但没有消除前者。同样,这个例子也强调了情感是如何能够完全独立于认知的。我们期望克拉帕雷德以及其他任何从事这项工作的现代科学家仔细询问他们的病人在遭遇这样的恶作剧后会有怎样的感受,他们会说,对研究者有一些害怕,但不知道为什么(有些事情,只能由那些理解情感可以独立于相关的学习和认知而存在的临床医生通过心理分析访谈的方式进行)。

指导记忆形成的情感力量

情绪的力量决定了我们的行为举止以及我们的感知、思考和记忆,它是一种非凡的特质。情绪让我们积极地接触世界,无论是我们的身体还是我们的心智。基于此,我们倾向于将情绪系统视作"吸引子地貌"(attractor landscapes,非线性动力系统理论中的术语),它帮助我们在思想和行为方面与环境建立特殊联系。因此,我们设想,初级过程的情绪系统处于"有利地位"——占据上风——当涉及学习如何控制我们脑中记忆的形成时。这绝不是脑心科学中的传统观点,很大程度上是因为神经科学家通常忽视了实验动物的感受。许多神经科学家尚未理解脑的许多"无条件"过程的情感本质(UCS 的例子,例如,疼痛的电击,UCR 的例子,例如,非常可怕的恐惧唤醒),他们只是将其用于唤醒"恐惧条件反射反应"(如僵住和逃离),而它们可以被有效地用于动物记忆研究。但是,与 UCS 的各种实例配对的中性条件性刺激之所以能够良好工作,可能只是因为相关联的 UCRs(神经系统的本能情绪反应)同样"充满"情感的神经化学物质。

实际上,存在一种内在的"记忆"过程,它完全是伴随着初级过程 UCRs 重复情绪唤醒而发生的结果——可以从内部破坏我们思维方式的内在情感体验。正如前文所述,并且就像我们将继续看到的那样,每一种情绪系统都可以通过反复使用或者长期废用而变得更加强壮(敏感)或虚弱(麻木)。我们内部情感心境的这种慢性变化,使我们能够理解早期情绪体验(精神创伤)如何对成年人心智的长期情感特质的形成产生影响,这些特质我们通常称之为性格或人格特征。

大多数现代神经科学研究者持有这样一种值得注意的观点,认为我们的认知比情感对心智生活的影响更大。这在一定程度上是因为,我们的新皮层发展知识结构的能力非常强大,我们一生中大部分的心智时刻似乎都生活在知识结构中。然而,当我们对其进行深究时会看到,许多观点只不过是介于理性与妄想之间的暧昧信仰。完全"理性动物"(Fogelin,2003)的幻觉,在很大程度上可能源自这样一种事实:我们是唯一具有语言的物种,能够构建和表达复杂的观念和妄想。许多人认为,如果没有语言,我们将不可能拥有完全的意识,但这很大程度上取决于我们对"完全"的定义。但是,有一些哲学家和神经科学家,从大卫·休谟到安东尼奥·达马西奥,他们都认为我们的情绪激励并引导了我们的认知过程。我们赞同他们的观点。语言是人脑持续发展的最新成果,它是由生物和文化因素共同构建和指导的。

专门加工语言的神经机制,使我们能够与他人进行认知交流(也就是说,它们是一种习得工具,擅长于信息的线性过程)。这种机制通常集中于脑的左半球,它相较于右半球而言更加不易情绪化。相比之下,更全面和情绪上更加机敏的右半球维持和加工生活的情感方面,而几乎没有明确的认知意识,这也许是因为它看待生活的方式更加情感化和整体化。例如,它将语气——情绪的韵律或情感的噪声——加入我们的声音中。

当然,否认认知活动在心智生活中的重要性毫无疑问是愚蠢的,但是某个人以某种特定方式去体察世界的基本原理,则来源于自己的感受。想想我们拥有的信念——那些奇怪的、强烈持有的信念。如果没有集中于新皮层之下的情绪网络所生成的情感和注意的"能量",许多认知观点的显著一致性很快就会消退。

基于这种原因,认识到高阶脑区可以通过训练来调节情绪唤醒也是十分重要的,这是健康心智成熟的巨大成就之一(Goleman,2006)。让我们重新思考一下在第 4 章引用名言中所述的亚里士多德的智慧。尽管认知和情绪的概念在高阶脑区仍然混合在一起,但当这种相互渗透实质上——温柔且平和——同时受到自下而上和自上而下的调节时,健康的心智就会出现。这就是为什么认知—行为和心智觉知疗法仍是心理治疗领域的中流砥柱。心理治疗的目标之一,是通过它重构情绪障碍区域的能力,来帮助改善这些技能。另一个目标则是理解我们心智生活的情绪本质。心理治疗在很大程度上是一个人帮助另一个人理解我们内心的愤怒,并在自然的天性和后天的养育(mother nature and father nurture)(或缺乏养育)对我们个人生活造成的影响中更加平和。

遗传记忆:从超越传统记忆到脑网络敏化与心脑的表观遗传塑造

就在几十年前,科学家们仍相信每个人出生时大约有 100000 个基因。现在我们知道,实际上人出生时只有大约 22000 个基因。这足以创造我们所有人都拥有的七种基本情绪系统。这种祖先的心脑记忆,还包括由大量脑化学物质所控制的各种注意和动机机制,我们在此不做重点关注。然而,我们有必要认识到,就我们心脑功能的多样性和精妙之处而言,基因的数量几乎是不够的,然而它们却足以让幼年的动物和人类很好地获得成年心智的无尽特质,其中大部分是通过学习创造的。成年人的大量个人特征只能通过上述的学习和记忆的强大能力而形成,更不用说个人的思维方式和专业领域的知识。这些特征与我们在本书中讨论的稳定的情绪技能和气质相关。

然而,这些情绪特征和人格维度,通过我们在世界中的体验被固化。我们从父母那里直接继承了许多优势和劣势,但仍有大部分来自出生后我们如何被养育而产生的基因变化——脑网络的表观遗传塑造,这导致了脑初级过程的情绪和动机网络中的各种形式的敏化和脱敏。这些由环境塑造的长期遗传记忆,直到最近才进入发展性思维的前沿(关于这些在出生前的影响的最新综述见 Paul,2010)。

表观遗传论(epigenesis)描述的是体验如何改变基因表达模式,从而生成许多个人特质的方式。表观遗传并不是一种突变,而是我们与生俱来的基因发生了物理变化。表观遗传是一种依赖体验发生的基因改变,通常发生在我们出生之后。表观遗传方式之一是通过基因表达程度的变化来改变基因。身体的所有细胞都具有相同的基因,但每个细胞中只有部分基因是活跃的或者“表达的”。当先前休眠的基因变得活跃时,我们就会说基因表达发生。基因表达导致新蛋白质的产生。当基因表达的强度随环境增减时,我们称之为表观遗传。

在化学上,表观遗传来自染色质(chromatin)的变化,一种围绕着基因的支持物质。乙酰化和甲基化的化学过程可以改变染色质的三维结构,这使转录因子进入基因(见 Szyf et al.,2008,他的研究有关母性关怀对婴儿脑的表观遗传效应,我们将在第 8 章进行讨论)。当转录因子进入休眠的基因时,基因表达的速率会上下变化,以在新的水平上产生蛋白质。大自然培育不同生命轨迹的另一种方式是通过生成被称作“微型 RNA”的小型调控基因控制片段,这也有助于控制基因在不同生命阶段分别发挥作用。随着我们的体验和基因表达的展开而产生的蛋白质数量的变化,通常在生成新的神经通路上起着关键作用。其中一些通路有助于编码新的技能、知识和个人特质。

当七类皮层下情绪系统中的任意一个被唤醒时,它们都会反过来唤醒部分新皮层。这有时会涉及那些最具可塑性的脑区中新神经通路的表观遗传和创造。新皮层的表观遗传发展和特化,可能从根本上取决于皮层下的注意、感受、情绪以及动机功能如何帮助形成新的联结方式。在皮层下层面,其他的表观遗传过程可能有助于塑造成熟的情绪系统,从而产生终身的情绪优势和劣势,这些优势和劣势决定了动物和人类一生的情感个性。

正如我们已经指出的那样,在新皮层之下,大多数人类——大多数哺乳动物——的情绪类型都十分相似,尽管每种情绪网络的活性以及它们能影响的新皮层的总量存在物种之间的差异。我们性格的许多表观遗传优化都发生在新皮层。然而,表观遗传论者同样帮助我们解释了核心(皮层下)情绪气质是如何在发展中优化的——我们如何成为不同的个体,这是因为我们在不同的社会和物理环境中发现自我。表观遗传论以及学习/记忆能够帮助我们理解为什么我们能够具有如此复杂和多样的个性、技能以及知识储备,即使我们每个人出生时只有大约 22000 个基因。除了传统的学习与记忆机制,心脑中不同区域中基因表达强度和模式的差异,也让每个个体有限的基因库因体验变得多样化。

小结

在本章中,我们试图传达一种观点,即学习和记忆意味着什么。在大多数情况下,学习和记忆是一种自动的、非自愿的反应(通过脑的无意识机制介导),但几乎在所有的情况下,学习和记忆,在它们最持久的形式中,通常都与情绪唤醒密不可分。我们日常的工作记忆通常倾向于关注在情绪上有意义的事情。通常情况下,情节记忆和自传式记忆都涉及我们生活中情绪有意义的方面。最终,研究人员可能能够揭示一种分子和化学的序列,开始于情绪唤醒,并以持续的、高度个性化的情感情节记忆的创造作为结束,这影响到我们作为独特个体的气质。说到这一点,我们并不是说不存在一些不包含情感唤醒的学习和记忆,但是我们确实找不到任何良好的例子,除了机械记忆(就是我们学生时代所厌恶的,毫无疑问,枯燥乏味使得这种方式进步极慢)和LTP型程序性记忆。

很明显,情绪唤醒是生成恐惧学习记忆的必要条件——例如,对先前的中性刺激产生冻结反应——因为只有训练程序导致了情感唤醒,动物们才会受到条件反射。情绪,特别是探索的热情,同样也会激励动物学习程序性技能。一般来说,这些技能需要重复练习,但是我们需要动力去进行练习。然而,在情感唤醒对于记忆检索这个非常重要的原则上,程序性记忆是唯一的例外,因为即使任何动物在情绪上是平静的,它们也会持续存在。母亲可以有效地进行抚育,而不需要在特别感动的状态下。尽管程序性记忆的检索可能不需要情绪唤醒,但它仍在情感调节以及对他人的情感调节中起着明显的作用。当儿童有礼貌时,其他人就会喜欢他们。这对于所有儿童而言都是一种积极体验。而当一位母亲能够有效地抚育孩子时,即使她没有心情,也可以调节孩子的情感。

我们不了解认知心智的细胞和分子细节,但经典条件反射(如上文所述)的神经科学已经揭示了关于脑的情绪和认知基质之间的相互联结的一系列重要事实。大量实验已经证实,情绪对我们学习和思维方式的影响,部分是通过我们工作记忆的运作方式实现的(Davidson et al., 2003; Lewis et al.,2008)。这项研究表明,情绪唤醒在很大程度上决定了工作记忆中通常要处理的事情类型——当我们试图理解生活的意义时我们所思考的事情类型。我们尚未清楚这是如何发生的,但有几种简单的可能性。例如,恐惧系统可能唤醒了工作记忆,因为许多相关的神经通路(如控制注意强度的神经递质,如被乙酰胆碱、谷氨酸和去甲肾上腺素等所刺激的通路)都是被恐惧系统所唤醒,并被投射到介导工作记忆的相关新皮层区(LeDoux,2002)。

恐惧之外的情绪系统同样能够以类似的方式指导人们的思维和注意,但却涉及截然不同的关注点。一位新生儿母亲的关怀系统会使她十分了解她孩子的任何不适的迹象。当放松并且享受抚育的甜蜜时,母亲可能会想着去买可爱的服装或思考拍摄讨人喜欢的照片。任何一个被唤醒的欲望系统控制的人,都会发现他或她的思维和感知都集中于性情境以及惊人的可能性排列上。当愤怒被唤醒时,我们容易沉湎于复仇的想法并且很容易找到认知借口(合理化)来发泄我们的愤怒。当我们的惊慌/悲痛系统被唤醒时,我们会寻找友善的面孔并且对团聚的感受充满渴望。我们的嬉戏系统帮助我们成为认知的小丑,用俏皮话来取悦那些享受高阶心智的嬉戏的人。而探索系统,从某种程度上来说,它在日常生活中的每一个清醒时刻都被唤醒,在其他更为离散的情绪系统静止时,它为我们提供了学习这个世界的巨大能力。

考虑到情感体验和学习之间的这些关系,心理治疗师在更深层次的神经科学背景下考虑使人苦恼的记忆将非常重要,尤其是因为再加工和再固结可以提供全新的更好的机会,来解决某些长期记忆中令人不安的情感问题(Panksepp,2009a)。此外,考虑到有情感的记忆比无情绪的记忆更容易被自发地记住,因此人们一直纠缠于棘手问题可能只会让情况变得更糟。这强调了他人的重要性,他们能够积极敏感地倾听和回应,并从更有益的情感角度重塑记忆。事实上,现在人们可以想象出一种全新的方式来缓解创伤记忆对人类心智生活中的破坏性影响(见第12章)。

上述所有知识的治疗意义都是巨大的。这些事实似乎突出了情绪学习的一般原则,以及它们如何联系到相关的精神病理学(如泛化型焦虑症)。情绪学习的额外层面在高阶脑区表现得更为广泛,可能是以高度特异的方式,这可能是它们难以治疗的原因。但是,所有这些关于恐惧条件反射的精细工作的实用价值在于,它为我们提供了一个坚实的理解,即病理性的情绪烦恼如何通过特定的生命体验在心脑中出现。对这些机制的理解开辟了全新的途径,使我们知晓如何能够将恐惧记忆消灭、修复并再情景化。大量关于这些问题的研究工作正在进行,并且大多数研究人员现在已经意识到“灭绝”——由于缺乏“强化”而失去习得反应——同样也是一种积极的学习过程。这种过去的厌恶性记忆的影响的消除和再固结(通过新的学习)可以通过药物促进,例如d-环丝氨酸这种学习促进剂(Davis et al.,2006;Myers & Davis,2007)。这类药物究竟是通过促进再固结而起作用——通过新的情感环境和再学习来修改情绪记忆——还是通过消除旧的学习而起作用,尚未形成定论。

这种信息对于心理治疗师而言可能是有用且有启发意义的,因为它解释了情绪学习如何在人类的生命中发生。所有动物,包括人类,在生命过程中都受到大量条件反射,产生了各种次级和三级过程的情绪现象。当条件反射回路成为记忆回路时,尤其是成为自传式回路,情节性的三级过程的情绪记忆和思想的复杂性就会出现,并会与文化的持续流动和无尽复杂性相融合。反过来,当大脑皮层开始触发强烈的、通常是特殊的情绪反应时,人们就能更好地理解个人生活的动态。这就是治疗对话如此有意义的原因。当人们谈论自己的忧虑时,他们的情绪会被唤醒并参与到人际交往中,而这反过来又会唤醒陈述性和情节性记忆的更多方面,为新的工作记忆提供"燃料"。思想和情绪的雪球在大量以观点和感受为特征的治疗谈话中越滚越大。如果使用得当,这种对话可以成为持久的情感变化的基础——一种深刻的脑心可塑性(Doidge,2007)——我们尚未在神经科学层面很好地理解这种可塑性。不过,我们已经取得了显著进展。

第7章　心智的欲望激情：从生殖冲动到浪漫爱情

假若有足够的空间和光阴
姑娘哟，你的羞怯就不算无情
我们可以坐下来认真思索
该在哪条路上度过爱的时分
我可以用上整整一百个年头
来凝视你的面庞，赞美你的眼睛
用两百年来爱慕你的酥胸
用三万年来崇仰你的全身
你的每根头发都得爱一个世纪
待世界末日才窥视你的芳心①

——安德鲁·马维尔《致羞怯的情人》(Andrew Marvell，写于1651—1652年，出版于1681年)

从原始的欲望到温柔的爱，情爱的感觉是如何在人类脑中产生的，这仍然是心理科学中最重要但最不为人所知的问题之一。虽然已有许多关于这个问题的理论，但是远未达成共识。相反，我们十分了解啮齿类动物脑中的性欲回路。通过这种动物模型，关于原始欲望的一些最有趣的问题的细节可以得到解答，我们有希望去阐明构成人类欲望之爱的基本原则。动物研

① 这里采用了我国资深翻译家、翻译学与比较文化学者曹明伦先生的译文。参见：张玉书. 外国抒情诗赏析辞典. 北京：北京师范学院出版社，1991. ——译者注

究的成果对于人类性欲的理解的影响是巨大的(见图 7.1)。

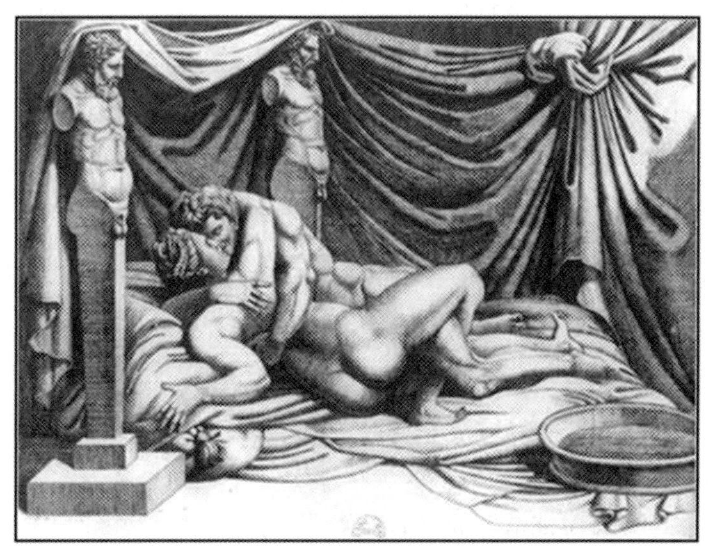

图 7.1　马坎托尼奥·莱蒙迪(Marcantonio Raimondi,1524)的情色雕刻,源自拉斐尔(Raphael)25 岁的天才学生朱利亚诺·罗马诺(Giuliano Romano)的画作。这可能是最早的情色艺术合集——"IMODI"系列中唯一保存至今的作品。1524 年被认为是历史上关于情色艺术最著名的一年:阿雷蒂诺(Aretino)的"欲望的十四行诗"(Lusty Sonnets)。这一作品通过莱蒙迪杰出的技艺创作出了雕刻版本。除了极少数的副本,这些作品都迅速地被教会焚烧。目前尚未知晓有任何完整的副本留存(来自 http://www.artarchiv.net/doku/museum/Aretino.htm)。

欲望系统是我们尝试理解哺乳动物基本身体驱动(性欲情感)和社会情绪这两个连体双胞胎的重要支点。欲望的原始冲动使社会生活变得格外有趣,因为性欲是所有哺乳动物生命中的一种基本动力,事实上也是所有能阐明人类处境的生物的基本动力。但性欲并非出于我们对自身生存的担忧,而是关注于我们家族基因向后代传递的生存问题。性满足对于拥有这类经验的个体而言并非生存所必需的;它们只服务于物种的生存……故事就是这样的。然而,满意的性生活或许可以加强免疫系统并延年益寿,就像体育锻炼一样。尽管性满足并不能够立即对生存提供帮助,但如果结合状况良好,性满足的人们通常比那些没有这种愉悦关系的人更加长寿,无论是男性与女性、男性与男性还是女性与女性之间的搭配。幸福的爱情关系的祝福就像是身体和灵魂的补药,它以性满足作为其中一个坚实部件,使人的寿命远远长于生殖期年龄,超过其他物种的正常状态。但这也付出了一定的代价:通常具有不同心智的女性和男性,一旦同居就会产生关于什么是重要的和令人满意的问题。关于这类问题的著作不断涌现,从20世纪70年代的《男女精神战》(Lewis,1976)到20世纪末的《男人来自火星,女人来自金星》(Gray,1992)再到几年前的《他在想什么?男人心智到底是如何运作的》(Gurian,2004),这些作品都强调了,与许多情感天赋出众的女性相比,许多男性的情感生活相对较弱。确实,男性和女性的心智具有一些有趣但令人头疼的不同特征。好在我们在此关注的重点是大鼠,当然我们也会时刻关注人的状况。

所以,这对于一个有性需求的男性或女性来说意味着什么?什么是自然的(或标准的)男性性欲和女性性欲?当然,我们今天用于性认同的语言和标签的种类已经随着我们文化上对"自然的"多样性的认知而不断增多。但当我们实际上对人类性欲的所知远少于对大鼠性欲的所知时,这些语言和标签就很少达成一致意见。有时,这种不确定性可能成为不认同和意见分歧的来源,例如仍在持续进行的关于性别和性认同的实质的文化战争。例如,在所谓标准的男性和女性心理身份和行为倾向与身体外表混合在一起、有时甚至难以共存的情况下,拥有雌雄两性身份意味着什么?而跨性别者、易性者、同性恋者以及双性恋者又都是什么含义?一个人的"性别角色"或"身份"是如何通过生物的、文化的和个人的选择混合而生成的?

这些概念仅仅是我们关于性文化混乱的令人困扰的语义争议的一些例子。这些争论,部分源于生物学,部分源于政治文化——这导致了一种嘈杂的环境,我们更加信任那些理解不透彻的语言,而不是作为我们性欲基石的生物事实。在本章中,我们努力以相对直接的心理生物学和行为方式使用性和性别认同的术语。当然,我们的用法将不会完全符合现今文化语境的各个方面(即使这样似乎是可能的)。但是,由于我们试图尽可能密切地关注初级过程证据的讨论,就像在动物模型中得出的那样,我们对性和性别术语的使用可能无法满足每个人的期望。我们请求读者原谅关于这方面的任何明显缺陷,并加入我们在这一章中对通过探索跨物种情感神经科学打开的关于性的非凡前景的探讨。

在生物学的层面上,围绕着性和性别身份的实质得到了一些澄清,因为性的身体外观和大脑的性组织可能与一个人假定的社会文化身份不太匹配。多样性在生物学层面上有多种表现,包括基因上具有 XX 性染色体的女性表现出明显的心理—行为的男性化,以及基因上是 XY 性染色体的正常男性却表现出相当“典型”的女性身体特征,但心智又完全是男性化的情况。事实上,人们可以产生各式各样的身体和心智的“不匹配”。当我们将更高层次的心理自我认同加入其中时,可以肯定的是,事情会变得无限复杂,伴随着各个层次上的概念性激流和文化的交叉潮流,范围将会包括从所谓的初级到三级的心脑组织。我们甚至不会触及文化和社会因素所影响的“性别角色”认同问题,因为它将太多三级过程层面的复杂性加入我们所关注的初级过程神经生物学和激素的复杂性中。人类的文化问题很难通过其他动物模型进行研究。然而,许多性冲动和性别认同的生物学特征,则可以通过研究与我们相似的哺乳动物获得。我们认为,这些让我们人类和其他动物感受到性欲的生物遗传性的共享的应用,在初级过程层面上具有深远意义。

本章将讨论雄性和雌性脑在解剖学和化学上的区别。我们同样会探索一些现代的神经科学研究,它们肯定了为什么欲望回路应当被视作一种初级过程情绪系统,一种对于雄性和雌性有所不同的系统。与其他所有情绪系统一样,欲望网络连接了许多内平衡的和感受的情感机制。例如,饥饿会极大地减弱性冲动,恐惧和大多数负面情绪感受也是如此,虽然微小的疼痛能够增加性唤醒,而且这不仅仅发生在有施虐受虐癖的人身上(Caggiula & Eibergen,1969)。不过,我们将主要深入探讨一些富有吸引力的研究,即关于性欲在脑和身体上分别表现出的相对独立的胚胎发育的方式。这种独立的发育在很大程度上解释了极端的同性恋/跨性别现象,可能包括对基因上(XY)为男性而心理上为女性以及基因上(XX)为女性而精神上为男性的更加温和的分级。我们同样将关注促进两性人欲望的脑心智机制,这似乎违反了男性和女性性别认同的简单概念。在这个过程中,我们将把注意力转移到一些相关的临床思考上。尽管我们关于人类各种跨性别现象背后的脑解剖学和化学细节的知识非常有限,但通过动物模型我们很好地了解了这些问题。至少在科学界,人们开始迅速接受,通过其他动物研究获得生物事实可以适用于相关的人类状况。作为讨论的一部分,我们还将会研究一些新兴的将催产素称作"爱的激素"的神话——这通常具有一些真实度,但往往是过度夸张的。"自信"这一概念比"爱"能够更好地解释催产素的效应。最后,我们将思考性心理发展的神经科学与经典精神分析理论之间的分歧。

脑的性回路:性欲情感心智的本质是什么?

有些人仍然相信,男性和女性的脑是相似的,而性取向是完全习得的。现代神经科学已经提供了充足的证据来消除这些误解。虽然每个性别都具有男性和女性的脑网络,这一点是确信无疑的,但是,这些回路通常并不是等强度的。所以,就像男性和女性的身体在某些重要的方面存在差异,两者的脑同样存在许多不同之处,包括各种各样心理上微妙的差异(Hoyenga & Hoyenga,1993)。大鼠皮层下性回路的图示总结,与大部分哺乳动物可能都是类似的,如图 7.2 所示。

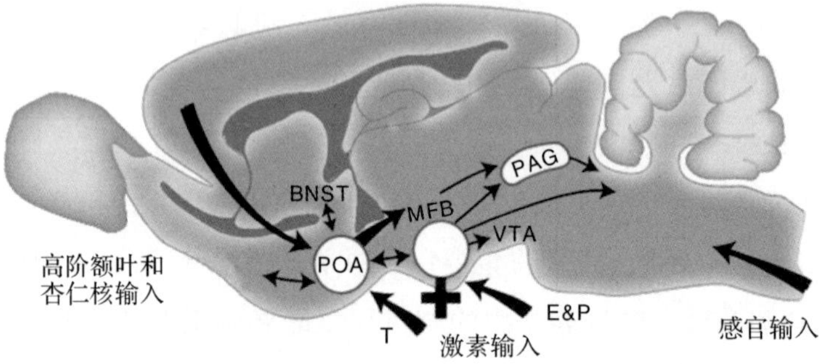

图 7.2 大鼠脑侧视图,包含主要的皮层下网络,它们对雄性和雌性的性行为产生不同的控制。雄性包含一个更大 POA,而且这个区域对雄性的性能力至关重要。VMH(腹内侧下丘脑)很明显对雌性的性反应有更明显的影响。在某种程度上,这些系统通过敏化促进交配反射的各种感受输入通道进行运转。这些回路控制性行为情感成分的程度则尚未确定(改编自 Panksepp,1998a;获得牛津大学出版社授权转载)。

对雄性哺乳动物而言,初级性冲动的中心位于下丘脑的内侧区,尽管精确的大脑位置和术语可能因物种的不同有所区别——对于大鼠而言,这里是性二态视前区(POA),对于人类而言,这里是下丘脑的间质核(INAH),它们在演化上肯定是相关的。菲尼克斯等(Phoenix et al.,1959)最初在豚鼠上证明了这一点,随后扩展到猕猴,脑的性回路组织在胎儿期就开始生成,最终导致年轻的男孩和女孩产生许多不同的三级过程的兴趣。这大部分是由睾酮所控制的,它在婴儿出生前或出生后不久就开始分泌。随后在年轻的女性中,卵巢雌激素和孕激素类固醇生成的成熟预示着青春期的到来。对于年轻男性而言,强烈的性觉醒出现在睾丸开始生成大量的睾酮时。这些定义雄性和雌性的激素与各种位于大脑皮层下性区域中的类固醇受体相连接,特别是下丘脑的前部。这种连接可以生成愉快的情感,至少对于睾酮而言是如此。因此,雄性大鼠很明显地喜欢将睾酮注入脑的 POA 区域。它们会为之努力并且重回到它们的性回路中注入睾酮的地点(King et al., 1999)。

这种循环的类固醇很容易进入脑内。在这里有一个重要的神经化学原则需要牢记——激素和其他流体的化学物质只占在神经系统中成功传递信息的化学物质的一半。大部分在溶液中的神经化学物质,在细胞内部和细胞间隙移动,只能对细胞膜中相应的受体以及神经系统相关区域的神经元中的受体分子产生效应。睾酮对于雄性脑的影响更大,因为雄性的下丘脑前区的关键区域内拥有更大的神经元领域,富含睾酮受体——尤其是 POA。这就像是如果男孩的脑中具有更大的性腺,那么对应着就有更明显的外部性腺。正如我们将要看到的那样,雌性的性欲具有更为复杂的基础,而这些基础目前尚未得到很好理解。

雄性脑中神经符号(neuro-symbolic)性腺的想法概念距离现实并不遥远。尤其是在动物模型研究中,对睾丸或者关键的下丘脑前区的损伤会产生类似的效应。例如,POA 的损伤会极大地减弱雄性的性冲动和性能力,尤其是当这种损伤出现在青春期前性尚未成熟的幼年动物身上。如果年幼的动物在它们到达性成熟前失去了睾丸,它们将不会产生强烈的性冲动,除非将睾酮注入它们脑中的合适区域。然而,这些动物更普遍的社会冲动并没有受损，这意味着社会需求并非完全绑定于性需求。同样，一旦成年大鼠已经具有成熟的性习性，对POA区域的相同损伤对雄性性欲的破坏不会像对幼年动物那样严重。性动机下降较慢的原因可能是动物已经构建了更高阶的性习性，它们具有属于自己的活性（例如，存在于次级和三级过程等级的动机）。通过生活经验，性动机被转移到脑的其他区域，但只是一部分。在POA损伤之后，有性经验的大鼠仍会努力去接近接纳它们的雌性，但它们的性后续行动会相当缓慢。这些研究可能也适用于人类，但相关的科学数据（尤其是相关的脑数据）仍然很少。相较于阉割的动物而言，性欲旺盛的男性失去了睾丸后仍倾向于维持性爱生活，但性动机的逐渐下降是不可避免的。在其他动物中，这种下降更加迅速（Meston & Frohlich，2000），这可能是因为它们只有很少的更高阶的脑机制来维持动机。

为何睾酮对于雄性性欲有如此强大的作用？多种被睾酮激活的神经肽肯定发挥了作用。加压素的研究最为充分，它在动物模型中促进了性热情、求偶、领地标记、雄性间攻击，甚至性嫉妒（Goodson & Bass，2001；Hart & Legerstee，2010）。脑中睾酮的奖励效应是否由加压素回路促进的尚未明晰。在任何情况下，雄性的加压素通常是雌性的两倍。睾酮同样激活了脑中的一种气态递质一氧化氮（NO），它促进了性渴望以及雄性攻击的提升——一种已经确认的睾酮依赖形式的“攻击性”（Nelson et al.，2006）。现在生产的男性性兴奋剂，例如万艾可，能够比过去任何一种催欲药更加持续地提升勃起功能，这是因为它既提升了脑中NO的生成，也提升了阴茎中NO的生成，也许还包括阴蒂。我们再一次看到了身体和心智如何在类似化学物质的影响下相互协作。

睾酮与雄性攻击

除了促进雄性的性反应，睾酮同样在生成雄性以社会支配为目的的攻击冲动上发挥重要作用。现在已经证明，雄性性欲和支配的独断冲动在大脑的皮层下区域中高度交互，并且这种交互在很大程度上源自较高的睾酮水平。换句话说,睾酮为促进雄性性欲的回路以及促进社会支配冲动的许多脑机制增加燃料。正如我们在第 5 章中所指出的那样,睾酮同样能够激活脑的愤怒回路。雌性,无论是人类还是大鼠,当被注入睾酮时,也会有类似的反应——它们变得更加独断且自信,伴随着对别人疑心的增强(van Honk et al.,2004)。可能是由于催产素水平的提升,雌性通常更加相信他人(或者社会自信),而睾酮对雄性的影响,使它们更加容易沉溺于攻击行为或者更加微妙的支配展示,同时增强了对他人动机的极大怀疑。在小鼠的性欲模型中,进入雌性脑的特定嗅觉输入倾向于抑制它们脑中能够提升典型雄性行为的回路(Kimchi et al.,2007)。

然而,尽管睾酮对于雄性性欲和通常由雄性表现出的强化的攻击性而言至关重要,但社会支配的冲动似乎不能简单地等同于雄性的性冲动。有许多理由让我们相信,性欲和攻击性是脑中分离的系统,虽然它们彼此交互,尤其是在皮层下区域,例如杏仁核内侧核。杏仁核中有些神经元仅仅响应性欲,其他的则仅仅响应攻击性。然而,同样有许多神经元对性欲和攻击性都响应。同样,人类研究表明,雄性的颞叶区域(攻击性回路集中的区域)更加活跃,而雌性的前扣带皮层区(抚育和社会疼痛回路集中的区域)更加活跃(Gur et al.,1995)。

当雄性的性欲没有得到满意的发泄时,它会产生令人紧张不安的感受,会让某些生物产生竞争和各种进攻性的遭遇战。据统计,相较于其他形式,雄性更倾向于从身体上虐待雌性。这部分是因为睾酮在心智中刺激了社会支配的攻击冲动。确实,随着青少年神经末梢区域的性激素逐渐增强,如果原始的欲望冲动没有得到满足,会导致巨人的性挫折。

通过研究其他动物,我们对自身的性欲激情有了大量了解。例如,一些与性别相关的气质差异,是由于激素影响脑化学物质的方式不同:雌激素向雌性脑的催产素系统"施肥",而睾酮提升了雄性脑中加压素的作用。正如我们将在下文讨论,催产素会对脑产生镇静作用,并且这似乎有助于构建积极的社会关系,无论是雌性还是雄性。另外,加压素倾向于导致雄性的竞争,但它同样可以提升性亲密关系与防御性(嫉妒?),当其作用于雌性时,它通常会减少性渴望。我们将在随后的章节中看到,这些两性之间存在差异的神经肽控制了哺乳动物的许多非性的社会行为(Goodson & Bass,2001)。催产加压素这种禽类肽，结合了催产素和加压素的功能，与内源性阿片肽一起，强烈地控制了鸟类的社会动机(Panksepp,1982)，尤其是鸟鸣，这是一种长期存在的性—领地反应(Riters,2011)。

大部分关于雄性攻击性和这些神经肽的证据来自鸟类的研究，尤其是来自对禽类催产加压素作用的研究，它与催产素和加压素的化学结构都不相同，只有单一的氨基酸。催产加压素明显地平复了情绪上的痛苦并促进平静。确实，我们已经发现催产加压素能够减弱雄性的支配行为而无需改变它们明显的支配感。正如我们在第1章指出，我们在观察成对的雄性鹌鹑时相当奇特的发现证明了这一点(Riters & Panksepp,1997)。当雄性鹌鹑第一次见面时，会大力地互啄对方的头部，明显地试图确定支配关系。但当向其中一只注射催产加压素，直接作用于脑的侧脑室后，它会表现出很少的互啄攻击，并坦然自若地接受每次啄击。值得注意的是，当这些以前比较平和、"接受了攻击的雄性"被给予一个控制方案时，它们迅速开始啄它们假定的"主人"，从而扭转了局面。

这个结果真的相当奇怪！在正常情况下，接受啄击的这个动物通常是服从的那个。所以，我们假设催产加压素导致了服从倾向——并且预期这些倾向会持续。然而，催产加压素和先前的啄击并没有让鹌鹑真正地服从。为什么被注射了催产加压素导致服从的鹌鹑随后会如此凶狠地啄击？也许是因为催产加压素生成了一种自信感和平静感，这作为一种情感的"保护"，阻止了先前的社会攻击固结为一种持续的服从态度。只要我们处于一种明智的立场，通过这种基本的跨物种情绪神经科学研究，思考神经化学物质可以生成的情感变化，许多新奇的看待行为控制的方式就会开始出现。

对于许多动物而言，雄性性欲的活力和雄性自信的必要性(如社会支配行为)在争夺配偶权的复杂仪式中汇聚在一起。例如，在许多群体动物中，支配地位的雄性是唯一一个具有与雌性交配特权的。同样，在许多动物中，雄性具有的生殖适宜性的迹象是雌性选择伴侣时关注的重点。有名的例子包括孔雀华丽的尾羽、山魈的面部颜色以及狮尾狒的胸斑颜色(几乎象征着它的心对雌性的关注开放)。雌性的接受性表现在许多方面，例如一种特别有吸引力的气味或者通过引人注目的颜色，例如黑猩猩臀部变红并肿大。确实，人的某些男性—女性区别，尤其是在那些具有精神分裂症倾向的个体中，突出了精神病学的重要性（Goldstein，2006），这可能会给理解人格分裂带来新的意义。这些精神方面注定是只存在于人类之中的。

我们人类认为自己在性取向方面是成熟的。男性很容易被年轻漂亮的女性吸引。女性美当然与各种面部和身体特征相关，从进化心理学角度，最著名的一种标准是数学上的“沙漏”图，即腰围和臀围比值是0.73，这正中许多男性“下怀”（Singh & Randall，2007）。这个“下怀”在哪里呢？可能不在POA，而是位于视觉系统的高阶情绪感知中。同样有证据表明，在男性和女性中都存在信息素气味的信号（Savic et al.，2009），但我们在此不讨论这些仍存在争议的话题。人类女性，如同许多其他雌性动物，通常会被处于支配地位的雄性（男性）所吸引，这些男性通常富有、强壮（不仅仅是肌肉，虽然这会有所帮助）或者多才多艺。浪漫小说中充斥着这类男性，并且男主角通常不是最温和的那个人[人们只需要想一下艾米莉·勃朗特（Emily Brontë）《呼啸山庄》中迷人的但情绪上野蛮的希斯克里夫（Heathcliff）]。当然，浪漫小说是一种逃避现实的文学，旨在娱乐而非启迪。不过，这些书大都描绘了占支配地位的男主角常年吸引了许多女性，这意味着他们打动了女性的性—浪漫想象的原始心弦。女性容易被占支配地位的男性吸引，是因为他们可见的选择优势——不但是遗传给每个后代的基因遗产，而且还是供养后代家庭的能力。

社会支配的相互影响在雌性中的强度和清晰度不如雄性，这是因为在雌性脑中并没有强烈受到循环的睾酮对脑回路的作用的控制。但是，我们将会看到人类女性的性冲动同样大体上受到这种“雄性激素”的影响，并且女性如果具有同样多的睾酮，可能变得和男性一样具有攻击性。确实，有一个显著的例子支持睾酮控制了社会支配。第二性特征的独特发展以及雌性土狼的成年社会行为，展示了睾酮与社会支配攻击行为的关联。与其他大多数哺乳动物不同，雌性土狼具有非常高水平的循环睾酮，并且它们的外生殖器与雄性非常相似。人们很难区分它们的性别，因为雌性增大的阴蒂和雄性的阴茎大小一样，并且阴蒂也能够勃起。雌性似乎将展现它们的外生殖器作为一种性吸引的手段,同样也是一种社会支配的展示。

的确,雌性在土狼社会中扮演着强势的角色并一直支配着雄性。雌性土狼的这种异常发展,表明了睾酮和支配性攻击行为之间的因果通路。高水平的睾酮是雌性土狼支配的关键。也许令人惊讶的是,在人类女性中也是如此,人们通过大量观察支持这种类固醇作用的脑成像发现(van Honk & Pruessner,2010),单次剂量的睾酮提升了攻击性和其他典型男性的心理特征(Bos et al.,2010;van Honk et al.,2004)。

雌性的脑欲望回路

雌性的欲望回路的某些细节,已经通过对实验室动物的研究而获得。这些回路与雄性大为不同。雌性对性接受的渴望源自腹内侧下丘脑(VMH),而雄性冲动则通常依赖 POA——下丘脑视前区,这是下丘脑的另一个部分。对脑 VMH 区域的损伤会严重破坏雌性的性接受,而对雄性大鼠而言,这种损伤对它们性欲的影响则相对小得多,只要它们没有变得过于具有攻击性。

正如前上文所述,大部分雌性哺乳动物并不生成太多睾酮(尽管她们的肾上腺会生成一些)。大部分雌性哺乳动物的性意愿主要是由雌激素和孕酮控制的。但是,正如我们将要看到的那样,肾上腺激素对于雌性的接受性有很大助益。大部分物种的雌性的性唤醒由有规律的发情周期所控制,这反过来是由雌激素和孕酮严格的释放时间和相互作用所控制的。发情周期开始时,下丘脑通过脑垂体腺分泌激素,以使卵巢就绪,脑垂体腺是一个悬置于下丘脑底部的小部件。脑下垂体通过分泌促性腺激素释放激素参与到发情周期中(GNRH,也被称为促黄体生成激素释放激素或者 LH-RH)。这反过来导致卵巢分泌雌激素,因为卵巢的“卵子”正在成熟,当成熟的卵子进入输卵管准备受精时,孕酮紧随其后开始分泌。

雌激素和孕酮通过促进一种调节女性性准备的关键化学物质,即催产素的产生,使雌性在情感上更容易接受和信任追求者的求爱。雌激素激活了在下丘脑神经元中的休眠的催产素基因,导致脑催产素分泌增加。雌激素和孕酮同样极大地促进了VMH中催产素受体领域的扩大，就像是春天草地上绽放的花朵。催产素生成和受体领域增长的结合所唤醒的信号，通过脊髓启动并支持脊柱前凸反射。这种反射导致了一种性接受的身体姿势，一种向上拱起后背的姿势，使外生殖器暴露出来(Pfaff,1999)。尽管脊柱前凸反射发生在低阶脊髓中，这里同样具有大量催产素受体，但它也受到起源于VMH的下行神经通路的强烈影响。所以，当大部分雌性哺乳动物被性唤醒时，它们会呈现出一种有利于交配的姿势。就我们所知，在人类的脑中，这种意愿性在更大程度上反映在精神生活的特质上，但这可能只是因为我们对于身体姿势的研究尚且不够充分。

对于大多数哺乳动物而言，性的可接受变得明显通常仅仅是因为雌性身体散发的有吸引力的味道。雄性大鼠能够迅速地从一百只不接受的雌性中"嗅出"接受的那一只。然而，正如已经指出的那样，雌性吸引力的细节因物种不同而有很大差异。例如，有些物种并不具有发情周期。这些物种是反射性排卵动物，这意味着性行为本身会触发卵子从卵巢释放。人类女性确实具有心理的发情周期，但是，从表面上看，女性在很大程度上是隐藏的排卵动物，缺乏其他许多物种所表现出的明显的性接受信号。对于女性而言，接受性更多是一种心智状态，部分地反映在性欲唤醒能力的"月度"波动上。不过，接受性总存在着特定的潜力，迎合各种社会变化，即便不如男性一样强烈。

女性心智的性欲状态的变化，受脑化学物质的周期变化影响。在生育的高峰期，雌激素和孕酮都处于高位，相较于这些激素处于低位时，女性更容易产生性欲幻想。这部分是由于对脑回路的直接作用，尽管也存在许多对脑催产素系统波动活动的间接影响。正如社会学家想要强调的，将其他动物的生物故事应用到人类身上存在局限性，尤其是女性，她们在性问题上表现出更多的选择性、洞察力和微妙性(Udry,2000)。然而，有许多基本的神经化学原则可以适用于各种哺乳动物(Meston & Frohlich,2000)，但每个物种都有其一些独特的方面，包括人类女性性欲对睾酮的高度敏感性。

对于人类而言，肾上腺素为女性性欲添加了一种欲望成分，而这对于其他大多数物种中的雌性的性热情来说并不那样重要。它看起来像将一段男性的性冲动片段加入人类女性的性方程式中。这种成分给女性性欲带来的结果是,补充睾酮被证明是一种恢复更年期女性的性渴望的有效方式(Al-Azzawi et al.,2010)。许多年长的女性不需要太多的补充,可能是因为她们在一生中建立起了欲望—关怀的态度,并且主要在习得的次级阶段和精神上持续的三级过程阶段运作。当然,为满足性欲,无论是男性还是女性,最重要的成分是心智的情感特质。正如我们在第1章中所指出的那样,催产素能够提升关怀感,但是,肯定存在其他许多化学物质促进性热情的内部经验和外部表达。无论如何,催产素在哺乳动物中已经得到了特别好的研究(Al-Azzawi et al.,2010),对鸟类祖传的催产加压素的研究也是如此(Panzica et al.,2001)。

有趣的是,作为雌性性欲的关键化学物质,催产素同样能够唤醒雄性性欲。催产素对雄性啮齿动物脑的管控,以及人类男性脑中催产素的分泌,将会导致阴茎勃起。此外,催产素在射精时会大量分泌。另外,强烈促进雄性性渴望(也许甚至是粗鲁)的加压素,却对雌性有相反的作用。如果将加压素注入雌性大鼠的脑中,它的性接受性会极大地被抑制。然而,雄性和雌性大鼠都很享受性行为。雄性会迅速对发生过性行为的地点产生偏好。尽管雌性大鼠也会表现出类似的地点偏好,但它们通常只会对能够进行自我调节的性行为的地点产生这种偏好(Pfaus et al.,2003)。即使是雌性大鼠也不喜欢强加于自己的性行为。然而,如果人类研究者人工刺激一只雌性大鼠的阴蒂(用绑在振动器顶端的棉签),它会变得对雄性大鼠更加有性渴望,更有可能受孕,并且会表现出对接受这种刺激的地点的偏好(Cibrian-Llanderal et al.,2010)。这种刺激阴蒂的奖励特性似乎来自大鼠POA的激活(Parada et al.,2010)。

除却它们的许多有趣的差异,性同样有许多共通点,甚至是在初级过程层面。我们上文提到,每个性别的脑都包含着典型异性的性回路残余。因此,少量的加压素回路在雌性脑中被发现,少量的催产素回路存在于雄性脑中。这些回路将会有怎样的功能?我们推测,雌性脑的加压素系统可能有助于激发母性行为中更加具有攻击性的方面(比如保护幼崽免受伤害);相反,催产素系统可能维持雄性行为中一些温和的方面(比如父亲对它们后代的不攻击和支持倾向)。在任何情况下,除了物种间管理性欲方式的许多差异,似乎在初级过程层面,所有的哺乳动物共享了相当类似的欲望回路(Pfaus et al.,2003)。

欲望与探索系统

重要的是要认识到,与对任何其他类型奖励的追求一样,探索系统在寻找性伴侣的任务中同样被唤起。这意味着,除了上述提及的性化学物质,性的欲求和渴望同样由多巴胺驱动的探索系统所促动。在人类社会中,多巴胺驱动的伴侣探索从多种方面促进了伴侣关系的建立:朋友介绍、单身酒吧、约会机构以及互联网等。确实,无论一个人通过互联网是追求精神伴侣还是肉体关系,都是探索系统驱动了这种行为。正如我们在第 3 章所强调的那样,这种多巴胺促进的情感充沛(欣快的)行为在寻找所有环境中的愉悦之事上都起到重要作用,包括性。有一些证据表明,在某种程度上,雄性的这一系统比雌性更加强烈,但这一发现很大程度上可能只适用于特定情形——更多地取决于特定的奖励、生存义务以及动物本身的生态约束。例如,当雌性大鼠聚集从窝中跑散的后代时,是催产素促进了启动这项工作的探索系统。雄性不是特别愿意进行这项任务,就抚育而言,探索系统似乎在雌性身上响应得更好。我们知道探索系统会被各种生活中的挑战包括压力、饥饿以及药物滥用等敏化——变得过度响应,包括压力、饥饿以及药物滥用等。当它被敏化时,动物会更渴望地追求各种奖励——食物、性接触以及药物引起的兴奋等(Nocjar & Panksepp,2002)。因此,尽管雄性的探索系统,在某些情况下似乎更加活跃,但在其他情况下,事实则恰好相反。

脑心中的性别:初级过程的性别心理

虽然男性和女性存在许多神经化学上的区别,但是,催产素和加压素是特别重要的情感区分的基础。很明显,这些激素作为社会的性别肽具有广泛的作用,因为它们与高阶心理过程相互影响。这意味着,这些神经肽促进了在两种性别中具有不同权重的心理特质。催产素激发了典型雌性的抚育态度,可以概括为“照料并成为朋友”(Taylor et al.,2000)。加压素将动物转变成典型男性的态度,可以概括为“固执的且有竞争的”。凭经验估计,成年雌性大鼠相较于雄性大约有两倍的催产素影响它们的脑、心智和行为,而雄性的加压素则是雌性的两倍(这是否适用于人类尚未得知)。性别之间存在许多其他的脑心区别。然而,最根本的区别存在于情感层面,而认知层面的明显差异则相对较少。大部分认知差异——以及许多被记录的差异——源自抚育的可能和来自自然的一样多。

性别之间还存在其他的情绪差异。正如前文所指出的那样,雄性通常具有更强烈的探索和愤怒冲动,也许在一些物种中还有更强烈的嬉戏倾向。雌性哺乳动物通常具有更强烈的关怀和分离—苦楚(惊慌/悲痛)反应(这解释了它们更高的投入婴儿抚育的倾向)。尽管雌性同样可能更容易表现出恐惧,然而母亲的激素变化会明显地增加自信。这种精神自信的爆发部分是因为脑中催产素水平提升产生的心理效应(Panksepp,2009c)。

真实的催产素故事

正如本书前言部分结尾处所指出的那样,催产素被大众想象成“爱的激素”,这过度简化了脑运作的方式。确实,催产素在性欲和其他积极情绪中起到至关重要的作用。它增强了性高潮的活力,并且它在儿童时期加强了母亲的能力,让她能够完成将孩子推向世界的冒险性任务。它同样帮助减轻了伴随着情绪和身体苦楚的疼痛。综上所述,它促进了雌性的自信,让它们能够直面养育孩子时遇到的困难。但是,催产素并不是作为一种“爱的化学物质”而独自行动。它在许多其他脑化学物质作用和环境影响下运作。

动物研究表明,催产素无法单独生成强烈的积极情感状态。有一项实验确实生成了适度成功的条件性地点偏好(CPP)(Liberzon et al.,1997)。然而,在潘克塞普的实验中,只有当催产素控制的动物能够友好地与它们所处的社会环境互动时,CPP 才能产生(来自 20 世纪 90 年代未公开发表的数据）。换句话说，催产素导致的地点偏好是与积极的社会体验可获得性相关联的。因此，单独的催产素很有可能无法直接生成强烈的积极情感经验，只有通过同时发生的社会互动才能实现；例如内源性阿片肽（脑生成的类阿片化学物质），它同样会在人和动物处于一种友好的社会交互状态时释放（见第9章）。内源性阿片肽是主要的"舒适和快乐"的化学物质，当它们处于控制时，人们会很容易获得CPP，而不需要融入额外的社会互动（Tzschentke，2007）。

正如我们上文指出，催产素可以增强脑对阿片剂的敏感性（Kovács et al.，1998）。当动物处于友好的互动状态时，内源性阿片肽被释放到它们的脑中（Keverne et al.，1989；Panksepp & Bishop，1981），并且催产素可能会加强这些阿片剂唤醒的愉悦。我们将会更好地理解这种现象，因为我们正在进行更多的工作，以确定阿片受体阻断剂（例如纳曲酮）是如何有效地减少各种社会促进的CPP的。

在这种情况下，我们应当强调，无论何时，当我们谈论这些社会神经肽时，我们谈论的实际是中央（脑）效应。尽管催产素和加压素同样也是对压力响应强烈的外周（血液）激素，但很少有证据表明，脑垂体后叶中这些激素的释放让它们重回到脑的社会一性回路。确实，从社会神经科学角度来看，外周激素水平可以导致矛盾的效果。例如，如果人们监控一对苦恼的夫妻的紧张等级，女性血液中催产素的含量，而不是加压素，与压力的等级非常相关；相反，在男性中，加压素的等级与社会压力高度相关（Taylor et al.，2010）。我们是否应假设催产素和加压素都能够导致脑中的紧张？不。对这些荷尔蒙的外周测量，并不会提供关于它们核心效应的明确信息。确实，也许催产素是通过压力事件释放到循环回路中的，以对抗那些作用于身体的负面效应。

催产素与其他相关的动物研究

无论脑催产素是否直接导致积极情感，许多实验都证实了催产素在积极的社会互动中起到了关键作用。例如，催产素抑制了年幼动物悲痛的哭泣，当它们离开母亲时，这意味着催产素在为孤独的动物提供情绪抚慰上扮演了重要角色(见第 9 章)。这种效应不需要阿片剂的参与。同样，中央和外周注入的催产素减少了雄性大鼠杀婴的倾向。在性交之后，催产素得以分泌。在鹌鹑的例子中，我们可以看到这种分子唤醒了和平的倾向。在大鼠中，这种效应似乎在三周时间之后到达顶峰——这是大鼠妊娠的时间。众所周知，当它们自己的后代出生时，雄性亲本大鼠会失去杀死幼鼠的冲动。因此，它们的性行为似乎已经在它们的大脑中以这样一种方式记录下来，即雄性亲本大鼠极不可能杀死自己的后代。

大量研究发现表明，注入动物脑中的额外催产素能够促进雌性大鼠的母性情结，即使是尚未有过性行为的大鼠(见下一章对关怀的讨论)。同样的结果，可以通过将哺乳期母鼠的血液注射入没有性行为的雌性大鼠实现；这是否归因于催产素尚未得知。在任何情况下，催产素都促进了母亲与孩子之间的强烈的社会连结("纯粹的爱"?)。基思・肯德里克(Keith Kendrick)和他的同事在雌性亲本绵羊身上对这种效应进行了最彻底的研究(Kendrick et al.,1992)。

催产素的活性以及催产素受体在脑中的特殊分布，同样促进了某些种类的成年田鼠的对偶结合，尤其是得到充分研究的草原田鼠，它们倾向于成立家庭团队，在成年雄性和雌性之间具有稳定的基于性调节的对偶结合(Carter et al.,1995)。在这里，"稳定性"并不意味着"排他性"；只要它们可以，几乎所有的对偶结合动物都表现出某些"偶外交配"，这是用一种科学的方式来描述它们的鬼混行为，然而它们不会与临时伴侣建立长久的关系(承诺)。研究表明，草原田鼠是对偶结合的，并且特别倾向于群居，这是因为它们脑中催产素受体的特殊分布。另外，其他的田鼠种类——山区田鼠通常孤独地生活，像一个隐士，并且它的催产素受体分布于邻近但却相当不同的脑区域之中(Insel & Shapiro,1992)。

然而，我们尚未确切知道催产素生成了怎样的感受——是不是感受到更多的爱、更多的自信，也许甚至是勇敢的但比较轻微的攻击性？或者它仅仅让人变得更加放松和懒散？也许这些都是正确的。我们将在下一章重新讨论这些复杂的问题。

不过,鸟类可能同样提供了证据。对鸟类的研究表明,催产加压素(以及催产素)能够促进意味着自信的自发拍翅行为,尤其是因为这种效应在其他鸟类出现时会得到明显的提升(Panksepp,1992)。确实,在一项未发表的20 年前的研究中,潘克塞普直接评价了这种观点。8 组小鸡的脑室中被注入催产素或安慰剂,通过观察它们在一个宽敞明亮的新屋子中,被困在桶中1 分钟后,能够自由地探索多远,来测量它们的信心。当桶被移开时,注入催产素的小鸡探索的范围,要比注入安慰剂的小鸡探索的范围大得多,这意味着注入催产素的小鸡更加感受到安全——相当于增强了信心。

大部分动物研究并没有充分思考这些不同的发现如何能通过初级情感变化的方式进行解释。相反,太多的动物研究仍然仅仅关注行为变化,并绕过了情感方面的考虑。我们应当在这些实验中确定初级情感过程的原因之一,是催产素系统只存在于哺乳动物脑的皮层下区域——脑中生成情绪性情感的部分。如果我们对初级过程的解释是正确的,那么,我们将能够更好地理解高阶情绪概念,它们通常用于人类催产素研究,我们用它们来理解人类的情绪。

人类的依恋,无论是性的还是其他类型的,都是微妙且复杂的,包含了相当多层面的认知复杂性。然而,如果我们接受积极依恋的基础大都是由初级过程的皮层下催产素回路所调节的,那么,我们就可以获得更好的关于更高阶的人类依恋的次级和三级过程的心理方面的理解。例如,一项最近的人类研究发现,鼻腔内催产素促进了一种幸灾乐祸(schadenfreude)的态度——一个德国术语,英文大致可以翻译成“gloating”(Shamay-Tsoory et al.,2009)。“爱”的分子是多么令人困惑。然而,也许这仅仅是一种三级过程反应,反映了催产素生成的某种初级过程的自信?

一旦我们将初级过程的催产素效应的研究成果应用于心智大脑,我们将能够更好地在精神病学中使用催产素。确定催产素和(安全的)阿片剂对抗抑郁的有效性,将是一项非常有趣的工作,尤其是对于在出生后不久出现的抑郁类型而言。顺带说一句,目前已知的“安全的”阿片剂,例如丁丙诺啡,能够迅速地缓和许多没有接受过其他药物治疗患者的抑郁症状(Bodkin et al.,1995)。

催产素对人类心理的影响及其与哺乳动物初级情绪过程的关联

动物研究表明,催产素减少了分离焦虑并促进了自信和积极的社会互动。这是否同样适用于人类?许多证据都证明了这一点。对催产素的人类研究工作不断增多,这主要是因为它可以通过鼻腔注入(滴鼻方式),并且不会产生任何不良副作用。在过去的数年里,研究人员报告了许多关于鼻腔内催产素效应的吸引人的发现。催产素促进了积极社会记忆和信任感的恢复,同时减少了社会互动过程中的焦虑和压力(Ishak et al.,2010)。最近,迪岑及其同事(Ditzen,2009)通过滴鼻的方式给同居的夫妻注入催产素,观察当他们讨论许多会引起争议的话题时催产素将如何调节他们情感上的积极和消极社会互动。在注入催产素之后(40 IU),相较于消极互动(批评、蔑视、防御、控制、好战、妨碍、非语言的消极行为以及干扰等),积极互动的比率提升(通过目光接触、兴趣、情绪的自我表露、认同、关怀以及非语言的积极行为等进行测量)。这一对比在男性中更加明显,可能是因为他们在争论中比女性表现得更加争强好胜和固执己见。此外,通过测量血浆皮质醇,发现双方的压力等级都有所下降,但女性的下降要比男性更明显。简而言之,催产素缓和了可能导致冲突的紧张感。

虽然我们尚未明确知晓催产素为什么具有这种安抚效应,但是,我们可以在现有的知识上进行假设,即催产素减少了年幼动物的分离苦楚并提升了自信。也许当分离产生的不安全感减轻时,人们可能将会有更加友好的社会互动;他们将不会充满防御性或变得易怒。当人们变得"自信"时,更容易信任他人,这也是合理的。确实,我们甚至可以认为"自信"是描述亲近—信任行为的最佳词汇。这让人们更容易与他人相处。最近对于父亲的研究工作表明,当他们被注入一定量的催产素后,他们能够更热情地与孩子们一起嬉戏(Naber et al.,2010)。在我们的研究工作中,我们通过观察他们的眼神以及他们的脑在进行这类任务时所表现出的唤醒增强发现,催产素能够提升抑郁症患者理解他人情绪的能力(Pincus et al.,2010)。

总的来说,我们认为催产素在动物的心智中生成了初级过程的心理变化,这大体上适用于人类。很明显,对于人类和动物的研究者而言,明智的做法是找到共通的概念,让我们能够在所有的物种中讨论初级过程的心理变化。这尚未实现。目前来看,催产素似乎深化了人和动物的积极社会交往,特别是当环境支持积极社会互动时。这能够提升社会生活的质量以及性欲感受的流淌。

为此,观测专家对他们自己的心智进行更加细致的现象学研究是必要的。在我们真正得到关于催产素如何影响人类情绪的满意答案之前,应当通过标准尺度和个人自述两种方式,研究不同个体的不同情况。简而言之,我们需要更多的神经精神分析研究,在这种研究中现象学被放在第一位(Benedek & Rubenstein, 1942; Panksepp, 1999; Kaplan-Solms & Solms, 2000),而这是诸如弗朗西斯科·瓦雷拉(1999)这样的有远见者长期倡导的。

概念问题:情绪欲望与身体情感

欲望是否真的是一种情绪性情感?在前几章中,我们讨论了(1)身体—内平衡的情感,例如饥饿与口渴,(2)感官的情感,例如味觉的欢愉或舒服的按摩,以及(3)内在的以脑为基础的情绪性感受三方面的区别。我们已经指出,内平衡的、感官的和情绪的感受来自不同的大脑网络,并且情绪化情感与内平衡和感官的情感不同,通常受到情绪行为的影响——在其他动物身上的行动冲动和明确倾向,而这些动物并不像我们那样调节它们的情绪。例如,很容易看出,恐惧是一种情绪性情感,因为它不可否认地产生了强大的情绪感受,并且同样生成了诸如冻结和逃离等行为(通过恐惧系统活跃度的高低)。但是,欲望并不是这样一种明确的情形,因为内平衡和感官的考量都在性唤醒中起到重要的作用。人们可能会疑惑,欲望究竟是一种内平衡或感官的情感,还是一种情绪化的情感,或者是三者的组合。内平衡的解释似乎是可信的,因为身体/内平衡的激素释放在决定动物的性意愿上起到关键作用。欲望直接且强有力的驱动来自睾丸、卵巢分泌的性激素,也有一小部分来自肾上腺分泌的性激素,所有这些都是在“主腺”的控制之下,即位于脑底部的脑垂体。难道我们不能说,与恐惧和愤怒等大脑网络所产生的“真实情绪”相比,欲望产生的自我平衡效应更类似于饥饿和口渴吗?

类似的是,感官的体验尤其是触觉和嗅觉,在性取向和性唤醒中扮演重要角色,这可能会促使我们认为,欲望是一种感官情感。在某些物种中,性渴望是由嗅觉信息素所触发的,离开了这些信息素,它们的欲望系统将无法正常工作。在所有的哺乳动物中,性欲是通过挑逗的皮肤接触,而非直接的性刺激所促进的。在通常情况下,满足性欲的前奏包括大量的嬉戏求爱行为以及以生殖器刺激达到高潮的体感刺激。在许多物种中,尤其是人类,存在大量的语言刺激、拥抱、亲吻、温柔的触摸以及视觉愉悦。因此,欲望系统,恰似其他所有社会情绪系统——关怀、惊慌/悲痛以及嬉戏——也主要是由身体感受所唤醒的感受所调节的。相较于愤怒和恐惧而言,欲望可能是感官和内平衡结合得最好的情绪系统之一。

鉴于如此紧密的内平衡和感官的联系,为何我们仍希望认为欲望是一种基本的情绪?这只是展现了自然是如何尊重我们的人造分类。然而,分类让我们看到了大量值得我们关注的复杂数据之间的形式和关系。而且,欲望更适合于“情绪”这一分类。我们坚持认为,欲望是一种情绪—情感过程,是因为性活跃动物的全身求偶和交配活动的行动准备是如此的明显——并且情绪性的行动准备是欲望的整体情感状态的一个核心特征。此外,外周(内分泌)激素分泌导致性就绪的原因之一,是它调节了各类脑化学物质,这些化学物质反过来调节了脑的欲望行动。因此,性激素并不是简单地具有限制性受体,就像口渴和饥饿一样,而是它们的整体效果使它们影响了位于人和动物大脑皮层下区域中广泛的欲望回路。

类似的整体主张也可以用于感官方面。长期以来,嗅觉一直被认为是性准备和渴望的主要信号,但其他感官也对整个图景做出了贡献。例如,对于雌性大鼠以及许多其他物种的雌性,当雄性大鼠迅速地触摸到它们的臀部时,雌性大鼠会迅速地进入接受性的前凸姿势。这种触摸激活的“前凸反射”是一种明显的雌性性意愿的信号——这种持续的雌性身体姿势,后背弯曲、臀部翘起、尾巴偏向一边,促使雄性开始交配。尽管关于这些感官经验唤醒欲望的方式的诸多细节有待阐明(比如从阴蒂到脑更高阶部分的输入），这些问题已经吸引了越来越多的注意（Pfaff，1999；Pfaus et al.，2003）。同样，对于许多鸟类、灵长类以及特定的人类而言，感官唤醒的视觉方面同样得到了很好的认可。尽管如此，色情图片如此容易进入性唤起系统的方式，对男性尤其如此，则仍然是一个谜。这是不是一个典型的例子，反映了皮层视觉专门化获得了直接访问原始的皮层下情绪系统的权限？或者这仅仅是学习过程的结果，或者它内在于灵长类动物的脑中？我们并不知道。但我们所知道的是，离开了皮层下唤醒，性感受将会变得匮乏。有大量皮层下脑区，既生成了性唤醒，也生成了脑刺激奖励（Caggiula，1970；MacLean & Ploog，1962），这表明性愉悦分布的区域十分广泛。

然而，即使我们已经理解了由皮层下网络生成的性意愿，还有其他的难题需要解答。这些脑区域位于扩展的探索系统的轨道上，这生成了多样的欲求行为（见第 3 章）。外侧下丘脑的探索系统轨迹上的损伤，会破坏性欲以及实际上所有的欲求行为。所以，为何我们不将求偶和交配等欲望行为简单地视作探索系统的一部分？性求偶行为和其他传统的探索行为，例如，探险、觅食与跟踪相比，是否存在什么独特之处？

显然，致力于性就绪的内在的欲望网络与探索冲动紧密地交织在一起。但是，雄性的交配行为不同于简单的探索行为，它具有专门的促进准备、插入和射精的回路。我们同样知道，除了许多不同的化学物质，雌性和雄性还共享了许多促进欲望的化学物质，其中研究得最充分的是催产素和加压素。由于性高潮是人类性生活愉悦最强烈的部分，因此，特别值得指出的是，无论人类男性还是女性，都是从中脑腹侧到爬虫类的基底神经核这些古老的经过下丘脑的情绪系统在人类性高潮的脑成像中被点亮（Georgiadis et al.，2006；Holstege et al.，2003）。尽管在人类性行为的欲求触摸和爱抚阶段，许多高阶大脑区域中的性别区分十分明显（Georgiadis et al.，2010），性高潮在男性和女性中生成了十分类似的脑成像——通常是高阶大脑活动的减少以及大量来自相同的皮层下大脑区域的调节性行为的唤醒——或许除了男性高潮在中脑导水管周围灰质（PAG）中具有更多的性唤起这一稍显“原始”的事实（Georgiadis et al.，2009）。

然而，还存在另外一个难题，就是将欲望的唤醒不视作性高潮，而是作为一种简单的导致奖励的过程。施虐和受虐行为——通过施加疼痛来促进性唤醒——长期以来都是人类性欲的一个特征。研究发现,即使大鼠也可以通过轻微的压力源来唤醒性欲,例如适度的疼痛(Caggiula & Eibergen,1969),这在很大程度上是因为压力唤醒了下丘脑外侧区的奖励—探索系统(Everitt,1990)。然而,我们在此所看到的是,动物对待特定压力源的另一种方式促进了广义上的探索冲动。轻微的足部电击能够激活脑释放多巴胺。而轻微的压力源,例如,按压大鼠的尾部,足以增强许多种类的动机冲动(Antelman et al.,1975)。因此,这种效应可能建立在相同的大脑探索机制之上,即华伦斯坦和他的同事们(Valenstein,1970)第一次描述"大脑奖励系统"中明显的动机可塑性时所暗示的——所有这些都可以很容易地通过一个事实进行解释,即探索唤醒能参与到各种积极和消极的情绪与动机唤醒之中。

在尝试建立关于情感性感受的清晰分类时,很难消除所有的歧义,尤其是那些根植于哺乳动物性欲的类别,这是因为我们经常要处理的是人类创造的文化概念(心智的三级过程,思想相关的方面),而非演化创造的脑功能。原始的情绪系统是古老的宝藏,让我们成为充满活力的生物的初级过程的"工具"是我们本书关注的重点。然而,原初欲望反映了一种脑—身体状态,它位于我们选择将感官的情感、内平衡的情感以及独特的脑情绪性情感称作什么的交汇处。同样,正如本章开始处所强调的,我们在初级过程层面发现了一些生物规则导致了性别认同难题或者说问题——易性者、同性恋以及双性体。现在我们已经选择性地讨论了皮层下欲望回路的部分内容,我们将回到那些不确定的认同问题,也许让一些人吃惊的是,关于这些问题最稳固的知识来自动物脑研究。

脑心中的性别差异

雄性和雌性的脑系统,在它们的性冲动、满足和许多其他心理特征上存在某些不同。正如我们所指出的那样,生成这些特征的各种脑系统在雄性和雌性中大相径庭。欲望冲动,与许多其他性别区分一样,并不是仅仅反映了外周身体需求，同时也明确地反映了大脑心智的组织。哺乳动物性欲最有趣的方面之一是，性别的生理和心理表达存在有所区别但重叠的控制，这意味着身体的性别和心智的性别的发展在某种程度上是独立的。此外，心智和身体的相对独立的发展开始于子宫——在哺乳动物胚胎的发育过程中——远早于有机体具有任何关于性的思维之前。

在生物学上，我们将出生时具有 XX 性染色体的定义为雌性，将具有 XY 性染色体的定义为雄性。雌性类型的脑回路在大多数雌性生物中变得更加强壮，同样雄性类型的脑回路在雄性生物中更加强壮。然而，在本节中，我们将考虑这件事是如何发生的，即性的两个方面并不总是以我们可能预期的方式匹配——当心智/身体的社会性别/自然性别融合在一起时，会导致雌性的脑出现在雄性的身体内或者雄性的脑出现在雌性的身体内。

当我们将这些复杂的生物现象与同样复杂的个人、社会和文化现象融合在一起时，即个人认同——包括自然性别取向和社会性别认同——我们肯定事情会变得更加复杂，在许多层面上会存在不一致的观点，从生物学到文化以及从心智大脑组织的初级层面到三级层面。正如我们前文所指出，我们不会尝试讨论社会期望和性别角色的问题，因为这些是真正的三级过程创造，它们无法通过动物模型进行理解。相反，初级过程的生物复杂性可以很好地通过其他动物进行研究。我们认为这种生物研究对于理解我们的情爱感受有重要的影响。

在我们开始之前，有必要对我们使用的标签进行清晰的定义。在此，同性恋意味着，想要和与自己具有明显相同的外部生理性别的成员建立各种形式的性爱关系。这并不一定需要一个具有典型男性身体的人感受自己是一个女性或者一个拥有典型女性身体的人认为她在心智中是一个男性。同性恋在初级过程的心智大脑层面可能具有也可能不具有(在一些或所有的例子中)一种生物学基础。我们根本无法知晓。我们无法像对动物模型一样简单地窥视人类脑的性别区分，从而获得关于潜在的生物学问题的详细细节。

相反，跨性别者(transgender)的概念是一种涵盖性术语，通常用于描述男性或女性特征的心理感受明显与一个人的外貌和/或生物学染色体不符。

当这种“性别认同”的不一致过于强大时,人们就会通过手术改变他(她)们的身体来匹配精神的、情绪的和心理的关于他(她)们是谁的感受,易性(transsexual)这个概念通常使用得更为普遍。逐渐积累的数据通常表明,实际上跨性别者与大部分心身性别一致的人的大脑组织在欲望方面存在差异(Gooren,2006)。这是一种正在发生的文化悲剧,这些个体通常需要与社会偏见斗争以获得满意的生活。

动物研究表明,在出生时,大脑心智中的性别认同的潜在印记是模糊的,而身体的性别则通常是清晰的。然而,脑的性别在决定一个人的性别认同方面起着决定性作用。在雄性身体里的雌性脑会导致一个人感受自己像是在男性身体里的女人,反之亦然。这是关于跨性别状态的一个基本的科学定义。很明显,脑的生态对于一个人的性别认同和命运有巨大的影响。我们可以自信地认为,坚持宣称体内有个女孩想要出来的男孩,与认为自己的心智更像男孩的女孩,通常反映了一种生物的智慧,父母应当具有勇气和敏感性去倾听,而不是否认。

生物学如何在心智的初级过程情感功能中成为主宰

一些对非人类的哺乳动物的胎儿成熟的深入研究表明,脑和身体的性别发展是沿着不同的路径进行的。这些研究强调了所有哺乳动物性别发展的一般原则,而非特定物种的简单差异。这些知识与我们自己这个物种中的同源过程高度相关,至少在少数几个地方,基于动物脑中的变性因素的知识进行的艰难的概念转换已经被尝试用之于人类(Zhou et al.,1995)。简而言之,在胎儿发育阶段,决定性别差异组织的性激素,与那些帮助确定雄性和雌性性器官外观的激素是不同的。

如果那些胎儿的脑化学物质异乎寻常地展开,有机体发展中的脑性别认同会在初级过程层面改变。这种情况的出现有大量的原因,包括母亲在怀孕期间体验的极端心理压力,以及激素治疗,甚至是暴露于环境的相同性质的化学物质中(例如,在我们被污染的环境中,有许多化学物质就像性激素一样,这有助于解释为什么一些两栖动物的繁殖能力受到了损害)。当这些压力源在怀孕的关键阶段占据主导,婴儿很有可能在出生时具有典型雄性的脑和雌性的身体或者典型雌性的脑和雄性的身体,以及大量在"极端"之间的丰富层次。这种多样性可以用于支持一种非常宽容的关于双性恋的辩论:如果脑和身体的性别分层是相同的,那么极端条件包括绝对的异性恋、绝对的同性恋,或者极端的可能是规则之外的性别认同。我们认为,数据支持了大部分人可以归类于脑和身体性别匹配的分类,但目前尚未有明确的实证方法来进行测定。

在任何情况下,胎儿脑具有的性别认同,可能与他们身体的性器官不匹配,这一事实可能意味着性别认同不仅仅是在成熟过程中习得的。与此同时,显然所有自我认同问题在一定程度上都是通过学习和文化塑造的。但是,在原始形式上,雄性和雌性类型的脑存在重要的构成差异。而且,它们不需要与视觉上明显的雄性和雌性身体特征相匹配。

当一个儿童身体具有一种性别而脑具有另一种性别,社会压力只会让事情变得更糟,因为儿童的先天性别认同无法通过说服改变。很遗憾,虽然有些国家自认为是文明的,但仍未给予跨性别者们同等的权利和追求幸福的机会。好在教育最终将会改变那些歧视自然(即斯宾诺莎所认为的上帝)的心。这些神经生物学的事实与许多美国印第安部落传统的社会实践相一致:有时,自然决定了生物的男性具有女性性别认同的脑,而生物的女性却具有男性化的气质(Zhou et al.,1995)。我们的一些明智的祖先欣然接受了大自然赋予脊椎动物的性心理的多样性——一个雄性和雌性特征的连续体——而在我们的文化中已经有很多人学会了蔑视这些多样性。不过,这种多样性同样出现在其他动物中,并且其根本原则是非常类似的(Bagemihl,1999;Gavrilets & Rice,2006)。

雄性与雌性的心智:胎儿脑中的性别发育

妊娠中期的发育过程似乎是建立人脑性别认同的关键(Murray et al.,2000)。这并非在所有物种中都一样。对于大鼠而言,妊娠晚期(事实上是怀孕的第 19 天)是脑建立性别的关键期。这些产前的性别印记,对于各种模式的脑回路以及控制性冲动、精神冲动以及其他社会倾向，例如攻击性的神经化学物质，都具有重要的影响，更不用说各种更具争议的高阶认知优势与劣势，例如共情和嫉妒。这就是当我们讨论性腺激素在脑早期发展中遗留的印记时，区分生物学的“性别”(sex)和心理生物学的“性别认同”(gender)的重要性的原因。

对于男孩而言，大部分区别但并非全部，来自Y染色体为成长中的男性所做的一件主要的事情。它促进(通过分泌睾丸决定因素)了睾丸的成长，使之具有在妊娠期分泌睾酮的能力。在带有Y染色体的胎儿中，睾酮在出生前就已经分泌(在人类的妊娠中期达到一个惊人的峰值；而对于大鼠，这个峰值出现在妊娠晚期)。这些睾酮会促进脑和身体的男性化(Berta et al., 1990)。如果身体和大脑心智组织都受到相同的生物化学过程控制，事情就不会变得如此复杂，然而，事实上，它们具有不同的路径。脑的男性化出现在睾酮通过芳香酶转换成雌激素时(酶是一种促进化学反应的化学物质，但它本身并不出现在最终的化学成果中)。相反，身体的男性化出现在睾酮通过5-α-还原酶转换成二氢睾酮(DHT)时(Breedlove, 1992)。

早期雌激素的激增(传统观点认为这是伴随着雌性性功能而出现的)，对于胎儿脑的男性化至关重要。如果怀有女孩的母亲在妊娠期的关键时期被注射了大量雌激素(在许多实验中已经对母鼠进行过此类注射)，身体上是女性的后代很可能具有典型男性的态度。同样，如果男性胎儿自己的睾酮无法转换为雌激素，他将具有一个女性化的脑。因此，胚胎体内的睾酮—雌激素的级联决定了其脑的男性或女性特征。这一点在实验室动物身上得到了很好的验证，包括特定的环境压力源是如何调节这些过程的。但是，目前只有间接的证据表明这同样适用于人类，尽管这类证据在迅速增多。

雄性胎儿的身体会沿着一个不同的化学路径发展。在胎儿发育过程中，所有哺乳动物的胚胎起初都具有雌性的外表。胚胎通过睾酮转换成DHT从而男性化。如果在男性胎儿中睾酮没有激增，那么所有人都将具有女性的身体。

因此，我们的遗传和妊娠经历包含了塑造我们心智和身体的性别认同的潜力。然而，我们心智的个人性别特征在出生时并不明显。所有这些心理生物学的调整都必须通过在世界中的生活实现。虽然家庭和文化终究会起到引导作用，但是，最早是性染色体构建了实现男性和女性特征的精神上和身体上的路径。

来自大鼠的性别“认同”经验

正如前文所指出，当雄性大鼠胎儿正常发育时，在妊娠的第 19 天会分泌大量的睾酮。芳香酶将大部分睾酮转化为雌激素，这促进了男性脑的发育。同时，5-α-还原酶将睾酮转换为 DHT，而它塑造了雄性的身体。然而，孕妇产前压力与基因上雄性胎儿的雌性脑发育有密切联系。如果母鼠在关键阶段经历了压力，睾酮的分泌可能出现得过早，以至于芳香酶尚未准备好将其转换为雌激素。因此，脑的雄性欲望回路没有正常发育。然而，大部分这些早期分泌的睾酮确实转换成了 DHT，因此生成了典型男性的身体。对于人类而言，我们并不清楚这种转换的相关参数，因此我们只能想象正常人发育可能在更长的时间范围内进行了更多转换。

在任何情况下，高度紧张的母鼠生出的雄性大鼠都具有正常的雄性身体，但它们在青春期性成熟后，会同时表现出更少的雄性行为和更多的雌性行为。这意味着，它们的脑并没有完全雄性化。在一个正常的鼠窝中(范围可以是从几只到十几只幼鼠)，80％的雄性大鼠会是“种鼠”，意味着它们在成年后仅仅会表现出雄性的性冲动，而其余 20％会是“哑弹”，意味着它们是相对无性别的。当母鼠处于紧张状态，导致雌激素在妊娠期间中断时，只有 20％的雄性将会是种鼠，20％的是哑弹，而余下 60％将会表现出双性恋和同性恋的行为倾向(Ward，1992)。同样，我们不确定这是否适用于人类：不难想象，人类的变化性相较于相当简单的大鼠模型而言要复杂得多，更长的妊娠期、更大的脑，以及在化学梯度的背景下，发育过程具有更大的可变性。虽然存在这些问题，但是，物种间的细节区分注定是巨大的。显然，上述的一般原则适用于所有哺乳动物。

胚胎化学过程可能不能解释所有的同性恋或跨性别倾向，但它肯定解释了一些，并且也许是大部分的易性倾向。但从人口水平来看，证据并不多。例如，记录显示，在二战最艰难的年月中出生的德国男孩同性恋程度更高，因为他们的母亲经历着巨大的压力。但这是因为上述的那些变量吗？我们并不清楚。但我们有理由假设这些在妊娠中期的关键阶段经历过度压力的母亲，比正常母亲更有可能生下具有男性身体但有女性脑的婴儿。不过，这仅仅是推理。

现在让我们考虑相反的情况，在妊娠中期胎儿具有充足的雌激素而缺乏 DHT。这种情况下所产生的基因异常，生动地展现在多米尼加共和国的一小群人身上。这些男性在基因上缺乏 5-α-还原酶，这种酶帮助发展男性身体的外部特征(阴囊和阴茎)。由于他们并不缺乏芳香酶，这些男性的脑会按正常的男性方式发育。然而，由于缺乏 DHT，这些男性的身体在出生时就具有女性特征，没有睾丸(在腹腔内成为隐睾)和正常的阴茎，通常被误认为增大的阴蒂。由于这些生物学上的男孩看上去像女孩，加上没有观察他们心脑组织的方法，因此他们被当作女孩抚养。

然而，他们的 Y 染色体在青年期开始变得活跃并生成睾酮，导致体毛增多，嗓音变粗，阴茎增大，并最终睾丸下降。由于青春期这种戏剧性的变化，这些小伙子被称作“guevedoces”——字面意思为“12 岁的阴茎”(Marks, 2004)。男性的性冲动同样开始产生。因此，即使他们在儿童时期被当作女孩，这些青春期男孩的性欲仍是直接指向女性的。这可能意味着男性脑本能地准备好响应特定的人类女性的特征，例如面部和身体特征、语音语调等。

值得注意的是，被当作女孩抚养的“guevedoces”男孩能够很容易地承担男性角色。这部分是因为这一现象已经众所周知，并且社会支持已经就位。这并不适用于我们社会中其他的一些类似的情况。这种问题在一个著名的案例中被凸显出来，“系统”尝试强迫男性的脑接受女性身份认同：一个生物学上的男孩在出生后不久，由于拙劣的包皮环割手术变成了女性(Diamond, 2004; Money, 1995)。小约翰尼(Johnny)变成了琼(Joan)，并且家庭和文化的期待都认为“他”是“她”；但约翰尼/琼的情况并不像典型的“guevedoces”一样顺利。约翰尼的医生相信性别认同是由文化决定的，并且他们坚信通过齐心协力把他作为女孩抚养,最终会让约翰尼相信他是一个女孩。然而,约翰尼始终相信自己是男孩,并且当他成年时,他坚称,由于生理上趋向男性的心态,他的身体得以恢复。还有许多类似的案例,并没有拙劣的手术参与其中;人们只是坚称他们身体的性别特征和他们心智的性别特征不匹配。在造成这种“混乱”的许多其他可能原因中,包括一种被称作雄激素不敏感综合征的症状;在最极端的情况下,这种男性会具有女性的外生殖器以及隐睾症。

在基因上是女性的胎儿同样容易受到性不一致的影响。如果基因上为女性的胎儿在发育的敏感阶段暴露于过多的雌激素之中,脑就将具有男性的特征,而其身体仍是女性的。这些女性在成年之后会优先表现出典型的男性行为(Gorski,1988)。确实,在 1940—1950 年,很多女孩由于误注射已烯雌酚(DES)而导致假小子化(tomboyishness),这是一种用于安胎的生成雌性激素的激素,尤其是当母体在妊娠中期被注射这种激素时(Ehrhardt et al.,1985)。这些性异常通常不会由于母体自身的雌激素水平较高而出现,因为 XX 染色体的基因天赋会告知女性胎儿去制造蛋白质(比如甲胎蛋白)来阻止发育早期的跨性别的化学影响。然而,当这些过量的雌激素被注入时,它们会让这一保护系统陷入混乱,从而无法“擦干净”所有的“男性脑汁”。同样,除了环境因素,压力也会导致女性身体中男性脑的生成。

然而,我们应该再次指出,这些情况很有可能展现了正常人发育的广阔变化梯度,没有方法来完全确定任何单独的个体是否偏离了正常值。

性政治与概念混乱:我们永远无法看清成年人的初级过程水平

从某种意义上说,在本章中,我们一直如履薄冰。人对性欲有强烈的感受。同性恋者和跨性别者在许多文化中经历了一段艰难的时光。他们常常被剥夺了平等的法律权利。在许多国家,人们不允许外表上相同性别的人结婚。他们受到歧视——所有这些都处于人类生活的第三级过程,这些层面超出了我们本书探讨的范围。然而，这些三级过程的文化现象对于尊重人类各层次差异的人们来说至关重要。而且，作为科学家，我们必须坚持让那些不理解或者不尊重这些人类差异的人向前一步，走出无知、恐惧和仇恨的黑暗文化阴影，来到科学现实的阳光之下。我们的文化生活充斥着无知导致的苦难。因此，也许我们这些有幸接受过科学教育的人，应该设法向现代文化中许多角落里继续围绕着这一话题的主流阴影发出一些光芒。

想想比利·蒂普顿吧，《适合我》(*Suits Me*) 描绘了她的生活故事：比利·蒂普顿的双重生活(Middlebrook,1998)。她原名为多萝西·露西尔·蒂普顿，1914 年出生，她在青少年时成为一名优秀的爵士乐手。当她决定开启音乐生涯时，她开始穿着男装，显然是为了更好地被专业圈子所接受。在不表演时，她仍维持着女性的身份。她维持了一段数年的女同性恋关系并且从某一时间开始，她一直打扮成男性。随后她又经历了数段与其他女性的恋爱关系。她设法通过束缚胸部来成为一名男性。在性生活中，她不愿被触碰并会佩戴假阴茎。尽管她并未与任何恋人结婚，但据比利的一位伴侣吐露："他"是"我一生中最浪漫的爱恋"。比利和另一位伴侣领养了三个男孩，他们都把"他"当作父亲，并且在"他"去世后都为知晓"他"的真实性别而感到震惊。

我们并不知道比利的母亲在妊娠中期的心理状态。作为一个胎儿，比利是否暴露于过量的雌激素之下，致使她在女性的身体里具有男性的脑？我们关于脑性别分化的知识促使我们接受这样的间接证据，比利的脑确实男性化了，虽然她(他)具有女性的身体。然而，也许是因为比利无法忍受生活在这样一个时代，女性无法获得和具有类似心智的男性同样的机会来展现她良好的艺术激情和技巧。我们无从知晓。这些是无法通过回溯来回答的问题。而且，这是本书基本上回避的一个问题。这种基本知识，我们需要通过哺乳动物心智中各种要素的进化来理解，而不能仅仅通过研究人类行为的无限复杂性来理解。

早期发育的迷人细节告诉了我们关于自然的一个深刻的事实：在胎儿发育过程中，有四种极端的性别可能性(当然，中间有更多的排列)。胎儿可以是典型的女性，具有女性的身体和心智，或者典型的男性，具有男性的身体和心智。具有女性身体和男性心智,或者具有男性身体和女性心智的婴儿确实更加稀少,但足够将其视为正常的性别发育类型。在青春期时,由于睾丸和卵巢分泌的大量性激素的影响,男性和女性的早期印记开始苏醒(come to life)。这一性成熟的活跃阶段带有先前胎儿发育时的脑印记。尽管童年生活的文化影响也在性别发育中起到重要作用,但青春期激活了胎儿时期的遗产。正如一支古老的"顽皮乐队",它在脑深层的欲望中心奏响持续的生物乐章。为了理解这一点,并将其作为一种命运以接受,必须具有全面的智慧和宽容。如果不认为这种变化是"正常的",其实就是坚持文化标准比永恒的生物多样性更为重要。

注意事项——多样性是生命的调味品

虽然所有的哺乳动物共享十分相似的雄性和雌性性欲的初级过程脑机制,但是,它们在生态环境和社会群体中所表现的关于这些冲动的细节则存在巨大差异。生殖策略即便在最紧密相关的物种之间也存在差异(Carter et al.,1995)。例如,长臂猿一生通常只有一个伴侣,而大猩猩则喜欢一夫多妻式的家庭结构,如同许多其他的灵长类动物,比如白鼻长尾猴,它们的社会群体通常包括一只雄性和最多九只雌性及后代。猩猩倾向于独居,两性聚在一起的主要目的就是交配,而黑猩猩则是非常社会化且滥交的,它们会任意地交换伴侣。因此,即使在演化上与我们最为亲密的亲属类人猿,也无法给我们提供关于我们内在性本质的清晰观点。也许是因为我们丰富的想象力和创造文化多样性的能力,我们似乎可以在人类身上看到这些生殖策略的所有变体。

在很大程度上,我们仍然忽视了人脑中关于这些哺乳动物性欲变体所隐含的神经科学原因和关联,而且我们对于支持大部分正常人类性行为变体的脑活动也知之甚少。例如,人的性行为和性唤醒存在许多个体差异,这可能反映了也可能没有反映性化学物质的区别。持续交配导致的男性单次性高潮可能会导致一种长期的满足,致使一段时期内的性活跃度低下(不应期),这可能是由于脑化学物质的消耗。其他哺乳动物的雄性,当然包括实验室啮齿类动物,通常需要数次高潮才能完全满足,这可能是因为它们的性愉悦的化学物质在脑中是逐渐耗尽的。然而,人类女性相较于男性更有能力实现数次连续高潮,同样可能是因为她们的情感化学物质的消耗没有这么迅速。这意味着什么?也许我们人类是从滥交的物种演化而来,在这种物种中,雌性的生殖是通过多个性伴侣所促进的,这在黑猩猩中似乎非常常见。换句话说,女性多重高潮的能力可能反映了一种远古的能力——可以被多个性伴侣唤醒性欲。当然,这是一种“假设的”故事,在进化心理学中有许多关于性的观点,大多数此类假设无法通过严谨的研究策略进行验证。

我们无法确定在妊娠期间我们自己的脑究竟有多大程度的男性化(去女性化)或女性化。有相当多的数据表明,我们大拇指和无名指长度的不对称性(正式名称为 2D∶4D 比例,其中 D 代表一指宽)有助于估算这类问题,但这种假设远未得到证明。在任何情况下,食指(2D)比无名指(4D)短的程度可能反映了一个人男性化的程度,即使是在胎儿阶段。从 19 世纪开始,通过这种手指长度测量,获得了大量的关于自然性别与社会性别差异的数据。要探索这些有趣的发现,只需在谷歌搜索“无名指和食指的长度”或“2D∶4D 的比例”来思考这个有趣的生物标志物的多维度。这种比例上的差异在男性中比在女性中更为普遍,作为性别认同功能的男性化程度也是如此。这一测量通常出现在男同性恋女性化以及女同性恋男性化的报告中,但我们尚未有自信将其作为一种脑或身体男性化的选择性测量方法。验证测量的意义是很困难的。除了性别,这种测量结果同样与地理—国别、性格以及许多其他变量的函数相关(Manning,2002)。此外,除了它具有的简单直观性,这种测量同样存在大量的问题,不同专家之间的观点差异悬殊(Voracek et al.,2007)。然而,如果它可以被视作一种有效的生物标记,表明子宫腹部发生了什么激素变化,那么这将是非常有意义的。

总体来说,我们应当对早熟闭合问题持谨慎态度,因为从理论角度来看,这一问题很难通过神经生物学的方式进行验证。这对于性心理发展的经典理论来说尤其尖锐,例如最初由西格蒙德·弗洛伊德(Sigmund Freud)建立的理论。作为一种说教性的尝试,我们将解构曾经一度流行的弗洛伊德的关于我们的性本质的观点，对本章进行总结，这些观点现在应当被视作创造性的理论假设，而非建立在科学基础上的专家意见。

反思：关于性发展的精神分析思考

我们在前面的章节中指出，神经科学提供了一种情绪的分类法，它要比精神分析和许多其他精神病学理论所提供的基础情感分类更加完善和科学。当人们考虑到弗洛伊德提出的只有两种驱动力即性驱力和攻击驱力时，这一事实就会更加鲜明。在这种有限的视野下，弗洛伊德尝试通过他所说的“部分本能”——成人生殖器性欲的性欲前驱——这一概念来理解婴儿和儿童那些看似与性无关的方面。弗洛伊德(Freud，1905b/1968)将部分本能划分为四类，即：口腔期、肛门期、性器期和生殖期(他将性器期与生殖期区分开是因为他相信阴茎是两种性别在儿童时期的共同关注点——在 3—5 岁时)。但是，“阴茎妒羡”对于女性心理发展的影响真的比“乳房崇拜”对年轻小伙子的影响更大吗？我们对此表示怀疑。

部分本能理论是基于三方面的思考而建立的。第一个方面是对婴儿和儿童的观察。弗洛伊德观察到，口腔、肛门和性器活动(后者包括手淫)为儿童提供了愉悦。由于他相信只有两种驱动力存在，这些愉悦在本质上被认为是原欲的。因此，当婴儿在吮吸或非营养性吸吮中获得明显的愉悦时，弗洛伊德相信这是婴儿的原欲愉悦。他指出，蹒跚学步的儿童通过排泄获得愉悦；因此，他将肛门驱动作为一种原欲愉悦。性器期在 3—4 岁时到来，当小男孩探索他的阴茎和小女孩探索她的阴蒂时，这显然是 种性行为。俄狄浦斯情结与性欲期重叠，后者在儿童对异性的父母建立起性/浪漫的依恋时出现。他对儿童和成人的精神分析研究使他确信俄狄浦斯情结是性发展的一个正常阶段。

弗洛伊德相信部分本能存在的第二个原因，是他认为这些本能融合进了成人的性欲中。例如，亲吻是一种成人在性生活中会进行的口腔活动。生殖器爱抚也类似于童年时期的性器自慰。第三个原因，是他认为这些本能在反常情况下处于支配地位。弗洛伊德生活在维多利亚时代的维也纳，那时的反常包括了许多我们今天认为是正常的性行为。例如，所有形式的同性恋口交都被认为是不正常的。弗洛伊德认为，当原欲的发展被阻止时，不成熟形式的部分本能会以不正常的方式控制成年人的性生活。因此，他得出结论，性欲反常者是在性欲发展早期产生了不正常的“性偏好”(Freud, 1905b/1968)。

弗洛伊德部分本能的观点，只有在人们认同只存在两种驱动力的情况下才是可信的。然而，现代神经科学已经证明，愉悦同样可以通过非性的情绪系统获得，例如惊慌/悲痛系统(社会连结)的积极方面或者嬉戏、关怀和探索。因此，认为所有的婴儿愉悦从根本上都是原欲的是不合理的。例如，当我们试图口头表达我们的原欲本质时，我们其实站在一个非常不稳固的基础上。吮吸和非营养性吸吮可能并不是原欲愉悦的表现——至少不完全是。相反，它们可能表达了婴儿在与母亲接触时所感受到的非性愉悦(惊慌/悲痛系统的积极部分)。此外，这些活动可能反映了喂养时产生的愉悦的内平衡情感。人们同样可以想象在喂食之前，婴儿的探索系统被愉悦地唤醒，而吸吮是这种愉悦期待的一部分。随后，吸吮有时可能成为游戏的一种形式——尽管婴儿的运动能力受到限制，但仍能参与其中的一种形式。

我们同样有理由质疑弗洛伊德关于性器期出现于 3—4 岁的时间表。后来的研究已经表明，剧烈的摇晃都有可能会引发婴儿的高潮(Kinsey et al., 1948; Martinson, 1994; Yates, 1978)，其他的研究则发现，早在男孩 6 个月或女孩 10 个月时，他们就会持续触摸他们的生殖器(Galenson & Roiphe, 1974)。当然，婴儿无法告知研究者他们是否体验到高潮，并且人们不能确定不那么集中的生殖器触摸就是性刺激。毕竟，婴儿会以类似的方式触摸自己的耳朵(Levine, 1951)。同样有观点认为，在前 18 个月，适度的生殖器触摸是一种积极信号，它与良好的抚育以及一般意义上的满足相关。被忽视的婴儿不会触摸自己(Spitz & Wolf, 1946)。因此，如果是获得满足的话，婴儿会触摸自己以体验暂时性的愉悦的性高潮；这可能会增加满足感，而不会被认为是一种专注的性行为，毕竟那是一种更加典型的成熟欲望的集中性活动。

现代神经科学告诉了我们许多关于控制成年人性欲的原则的细节，也告诉了我们胚胎脑的性的发展,但它很少告诉我们关于青春期前的性欲知识——儿童的性欲发展。所以,我们无法通过观察婴儿和儿童表面的原欲行为得到坚实的结论。我们甚至不知道弗洛伊德认为婴儿的发展包括口腔期、肛门期以及性器期等数个阶段的观点是否正确的。然而,即使口腔期、肛门期和性器期确实是儿童发展的核心问题,我们也没有理由相信他们在本质上是完全纯粹原欲的。鉴于我们知道,哺乳动物的情绪分类包括至少七种基本的情绪,并且其中四种(惊慌/悲痛的积极方面以及嬉戏、关怀和探索)所生成的积极情感是非性的,因此不可能所有的婴儿(或者成年人)愉悦都像弗洛伊德所说的那样从根本上是原欲的。

因此,当涉及重新思考性心理发展的经典理论时,现代神经科学为我们提供了思想资源。然而,它并没有告诉我们儿童性心理发展的真实本质,也没有告诉我们文化驱动的三级过程层面的大脑心智生成的任何方面。这使得心理治疗师处于一种不满意的位置,因为有太多没有解答的问题——尤其是关于性发展。例如,同性恋是否需要激活脑的特定区域以及典型的为相反性别而设的化学物质?同性恋的女孩是否在下丘脑前区具有密集的细胞数量,以及她们的脑中是否更加充满了睾酮和加压素?同性恋的男孩是否也处于一个相应的位置,下丘脑腹内侧更为敏感并且催产素的活跃度更高?我们在人类层面无法回答这些问题。我们在许多其他种类的动物身上找到了答案,尤其是实验室大鼠和小鼠。但是,当然,人类不是大鼠也不是海象或猴子。所以,我们应当在多大程度上相信这些来自所谓的"低阶物种"(一种不恰当的说法)的基本原则?

同样地,我们对儿童的性病理缺乏认知。童年时期的过度性刺激,是否会导致脑性区域和化学物质的过早激活?为什么被双亲忽视的儿童会厌恶触摸他们的生殖器?是因为他们脑的性化学物质处于低位吗?如果是这样,那么是什么使它们这样?这是人类性发展和其他情感的众多问题中的一小部分,它们出现在第三级过程和文化意识中,还有待我们回答。在性心理发展的神经科学和精神分析理论之间存在巨大鸿沟,更不用说人类的文化生活。现代神经科学给予我们充分的理由,来质疑传统的关于原欲的精神分析理论,但它并没有提供证据,或者说它无法提供证据来填补我们关于远古生存工具的知识和具有无尽的人类存在的多样性的个人生活之间的鸿沟。这突出表明,神经科学与更加复杂的心理和社会学分析应当共同协作,以获得对人类复杂性的更全面的理解。

小结

我们在本章中讨论了现代神经科学对哺乳动物性欲的某些深刻见解。我们认识到,雄性与雌性脑中的性回路和性化学物质是不同的。对于雄性而言,下丘脑前部是性欲的关键,而加压素是雄性性行为的主要原因。对于雌性而言,下丘脑腹内侧是初级过程的性欲控制点的一部分,而主要的化学物质是雌激素和孕酮。这些激素反过来调节了催产素的活跃度,催产素是一种神经调节物质,它控制了雌性的性反应。尽管催产素被大众当作"爱的激素",我们认为这是对它的作用的一种简化,因为它可能并没有直接生成许多积极情感。相反,催产素可能会提升内源性阿片肽的活跃度,它生成了许多由催产素管理触发的积极情感。不过,催产素确实提升了积极社会情感的生成,尤其是自信和信任,这对于称职的母亲而言尤为重要。我们认为阿片剂能起到同样的作用,高剂量的阿片剂甚至能使人们不再需要他人,导致成瘾者的社会孤立。

在初级过程层面,哺乳动物的性欲是欲望回路的产物。但是,欲望是被视作一种真实的情绪性情感,还是被定义为一种内平衡的或感官的情感更为合适?我们认为,它更适合被看作是一种情绪性情感,因为它直接生成了复杂的本能性行为,伴随着一些原生情感,从纯粹的性兴奋到性高潮。而且,这种心理行为活动的倾向性具有初级过程情绪的特点。对于许多物种的雌性而言,性唤醒促进了性接受的前凸反射,而对于雄性,它则促进了相对应的性行为,包括诱惑、邀配、插入(成功进入)以及射精。

性欲更加复杂(尤其是对于人类的三级过程层面而言),因为性的身体和脑在子宫中沿着不同的轨迹发育。雄性脑在睾酮转变为雌激素时生成,而雄性身体则在睾酮转变为二氢睾酮时生成。所有的胎儿身体起初都是雌性的,并且如果没有干扰,雌性的身体将会持续发育。然而,如果胎儿在妊娠中期的关键时刻暴露于过量的雌性激素之中,雌性的脑和心智可能会男性化。

性欲这一话题,如同所有其他情绪议题一样,充满了尚未解决的问题。是什么决定了密切相关的灵长类物种之间生殖策略的多样性?是什么决定了一个既定物种的不同策略?环境影响如何决定人类的性表达?这些区别的化学和神经关联是什么?以及对于所有心理治疗师而言的一个关键问题——性驱力即欲望,如何在儿童时期得以发展?人们可以提出许多类似的问题,它们都有待未来的研究进行解答。这就是科学中最精彩的一个部分。工作永远不会终结。这同样适用于神经科学。我们可以获得更加精确的认识,并且永无止境。

第8章　养育之爱:关怀系统

小小的眼睛在我心中
小小的耳朵在我的声音里感到高兴
完美的双颊、下巴和手指
还有嘴唇咿咿学语
如此亲爱和滋润……

孩子的时光流转不停
你笑了,哭了,全都为了你自己
跑到远处去
但始终环绕在我身边
因为我是你在地球上的第一个家……
——艾妮莎·米勒《宝宝之爱》(Anesa Miller,1995)

如果哺乳动物的脑和身体没有做好准备投入大量的时间和精力照顾它们的后代,那么它们将无法在地球上生存繁衍,故而这种奉献精神是它们生存的根本保障。母亲投入的关注度并不仅仅是凭运气,而是有一组确定的脑的本能冲动使得母亲养育新生儿并与它们建立纽带。人类母性的神奇,包括在大家庭中扮演的养育角色,长期为人类学家所赞扬(Hrdy,2009;Konner,2010)。当然,对于现代人类而言,近亲以及大家庭并不总是人们直接所属的群体,并且母亲的原始动机往往出现在缺乏实践支持和情绪支持的环境中——导致这种最基本和最有力的本能行为不得不混合着各种担忧和不安全感,从而破坏母亲的天职。在这种情况下,母亲抚养的欢愉可能会被负面情绪所笼罩。

然而,当人们周围充满他人的支持时,母性的情感交响曲注定将成为自然最伟大的礼物之一。我们都可能会感受到这一礼物在我们身上留下的印记,即使是那些永远不会生育的人。许多物种的父亲的脑中具有潜在的母性回路,等待着合适的环境来增强它们的潜能(de Jong et al.,2009)。因此,人们可以认为人类的共情作用根植于那些在所有哺乳动物中生成关怀感的古老回路中,我们通过这些回路识别自我和他人的幸福(Decety & Ickes,2009;Hein & Singer,2008;Iacoboni,2009a,2009b)。他人的惊慌/悲痛的感觉(见下一章)可能是最强大的情感共鸣之一,它能够促进共情奉献。在某些物种中,关怀冲动十分强烈以至于它们会很容易扩展到对待其他物种的幼崽之上。目前,人们可以在互联网上找到许多有照片记录的哺乳动物跨物种母性奉献的显著例子。

在某些物种中,比如实验室的大鼠,母鼠不会与自己的幼鼠建立特别的关系,母鼠可以在不同的幼鼠之间交叉培育依赖它们的幼鼠而不受惩罚。然而,在另外一些物种中,尤其是有蹄类动物,即那些"出生即可行走"的动物,它们的母亲会在后代出生后数小时内建立起一种专属的社会纽带,而错过了这一时间范围,它们通常就不会再接受其他幼崽。不过,我们将会看到,对联结纽带的神经和情绪机制的理解会使我们"重新打开"这类物种联结纽带的窗口,并利用物理性、药理性以及社会性的干预促进母性纽带的建立。

在本章以及随后的惊慌/悲痛和嬉戏章节中,我们将研究这三种生成非性社会连结纽带的脑系统。本章将重点关注"关怀系统",它可以被概括为母性奉献。我们将讨论关于哺乳动物脑生成养育冲动的新兴知识;随后我们将会简略讨论这些化学物质如何控制社会学习和高阶社会认知。在下一章中,我们将会研究另一方面,即从婴儿的角度研究幼年动物如何与父母建立情绪联结纽带,然后我们将会转向更年长的动物,以及青年和成年形成积极的非性联结纽带的方式,或者说友谊。我们通常将促进婴儿与母亲建立联结的原始情绪称作惊慌系统。这种不同寻常的标签是用以强调这样的事实,当幼年哺乳动物和一些鸟类离开它们的照料者时,其所生成的感觉类似于"惊恐发作"——一种与恐惧和焦虑截然不同的精神疾病症状(见第5章)。我们仍然认为这是一个合适的标签,对于由"分离—苦楚"系统生成的原始情感而言。然而,由于这一标签导致了惊愕与困惑,我们在此会使用惊慌/悲痛——或者仅仅是悲痛。这样做的结果是,一些争论可能更容易理解。例如,对于已经具有固定的情感纽带的更年长的动物和人类而言,社会损失会激活更广范围的痛苦情感,这些情感可以更加容易地通过悲伤和悲痛进行描述。在我们讨论完悲痛系统之后,我们将会进入嬉戏系统的章节,这一系统促使人和动物,尤其是年幼的人和动物,参与到欢愉的、有竞争性的互动之中,典型代表是追逐打闹的嬉戏活动。这种美妙的情绪能量使得儿童很快成为朋友,同样它也可以让更年长的人们逐渐地成为朋友。

关于"关怀系统",仍有许多研究有待完成,悲痛和嬉戏系统也是如此。这三种初级过程的情绪系统,对于理解社会依恋方面以及联结失败加剧抑郁方面都十分重要,但这尚未得到神经科学和生物神经病学的广泛认可。然而,我们现在已经足够了解这些非性的社会系统,能够在脑中识别它们,理解它们发挥作用的一些重要方式,并且设想它们在人类心理健康和情绪障碍中所起到的作用。

我们也了解到,这些系统之间存在亲密的相互关系。例如,关怀抑制悲痛,而悲痛会减少嬉戏。这些基本的社交系统连同欲望都是哺乳动物和鸟类建立社会依恋的基础。对于人类而言,至少,这些系统同样是各种类型的爱的基础(Panksepp,1998a)。我们说"至少"是因为我们不希望排除其他物种同样具有这类高阶情绪。但是,以目前的研究方法,科学研究还无法触及动物心智的缥缈空间。所有这些系统共享了许多调节情感的神经化学物质,例如内源性阿片肽和催产素。除了现有的大量研究工作(Numan & Insel,2003),这些神经机制的大部分细节,以及生成关怀系统的演化路径,仍有待详细研究。然而,由于共享的神经化学物质以及类似的解剖构造,我们不应该忽视这种有争议的可能性,即母性关怀是在哺乳动物大脑进化的漫长过程中出现的,部分来自先前存在的大脑机制和雌性欲望的影响。

母性冲动

有谁能够抗拒母亲和她的婴儿之间迷人的情绪之舞呢？他们彼此之间存在着微妙的沟通交流(Hrdy,2009;Konner,2010;Reddy,2008)。婴儿皱眉或是身体不舒服时的扭动会唤起母亲的抚慰帮助,而母亲的微笑则会得到婴儿一阵愉快的回应。这种微妙的情绪相互作用,作为人类之爱的初始来源之一,为大多数母亲提供了深刻的满足感,并且对发育中的婴儿的情绪和身体健康发育至关重要。

然而,母性抚育在动物王国中绝不是普遍的。许多动物,包括几乎所有爬行动物,母性冲动微乎其微。这些动物让自己的后代在危险的环境中照顾自己,其中很多会死于捕食者之手。与此相反,几乎所有哺乳动物(以及鸟类)会照料它们的后代,常常以牺牲自己的舒适为代价,有时甚至会将自己置于危险之中。对于哺乳动物而言,初级过程的抚育冲动在雌性中最为强烈。然而,对于鸟类而言,通常父亲比母亲更加关注自己的后代;这一现象同样出现在小部分哺乳动物之中(de Jong et al.,2009)。对于鱼类而言,照顾鱼卵的任务通常专属于父亲。我们将这种来自内在脑回路的抚育冲动统称为"关怀系统"。

从历史上看,哺乳动物中初级过程关怀系统的存在引起了研究者们的注意,因为他们发现产后母鼠的输血会引起未生育的母鼠的母性行为;这些行为包括筑巢,在幼崽上方盘旋,以及聚集离开巢穴的幼崽(Rosenblatt,1990)。我们尚未知晓血液中哪种母性化学物质与没有交配过的大鼠的脑系统进行互动促进了抚育,但我们知道脑内的催产素是一种可以促进这种转化的化学物质。脑的特定区域通过电刺激也可以促进母性行为;这种刺激在情感上是积极的,因此也是有益的。同样,这种产生"关怀"的冲动可能来自"探索"的唤醒;为了让后代茁壮成长,母亲必须做的事情有很多,包括筑巢以及寻回幼崽,而"探索系统"是其中不可或缺的。因此,"关怀系统"的许多积极情感可能是由于脑多巴胺的唤醒(见第 3 章),还有与阿片剂、催产素、催乳素以及许多尚未被识别的脑化学物质的共同作用。

神经科学对社会脑系统的接受

目前,关于社会脑初级过程方面的研究进展迅速。神经科学领域已经意识到"关怀"以及脑中其他的初级社会系统的重要性。大部分神经科学家已经接受欲望和关怀脑系统的存在,因为这两种情绪都在动物的行为中得到明显展现,并且这些情绪对于生存而言十分有必要。这一领域研究的良好开端,是在脑阿片肽系统的社会功能被发现后不久(MacLean, 1990;Panksepp & Bishop, 1981),还包括稍后的脑催产素系统(Carter, 1998;Insel & Young, 2001;Panksepp, 1998a)。尽管初级过程的社会系统的神经科学研究工作相较于其他初级情感系统(例如愤怒和恐惧)而言相对滞后,但它正在迎头赶上。然而,令人遗憾的是,许多研究人类和其他灵长类动物的研究者甚至尚未意识到初级过程社会系统的存在,更不用说它们的影响,也没有预见到母性和嬉戏冲动是社会构建的。

当然,科学是非常保守的,也必须如此。在各种研究和各类物种中累积的一致的证据必须汇聚在一起,从而将通用的理论原则融入标准的神经科学思维和实践。新观念在被接受之前必须证明自身,例如,正如我们已经看到,这一领域只是逐渐地将生成欲望动机的、由多巴胺唤醒的探索系统概念化,同时仍保有长期以来受欢迎的概念,例如"脑奖励系统",尽管后者存在难以解释的悖论。幸运的是,关怀系统近年来成为大量神经科学研究的主题,包括由多伦多大学艾利森·弗莱明(Allison Fleming)和波士顿大学迈克尔·纽曼(Michael Numan)以及他们的学生所进行的研究(当然,大部分的实际研究工作通常是由博士后研究人员、研究生、技术员以及始终存在的优秀本科生所进行的)。此外,社会科学家对于高阶的,最新演化的社会脑更感兴趣——包括合作、共情以及社会镜像等许多方面——这主要得益于现代脑成像技术的出现。因此,现在有大量关于灵长类动物和人类社会脑的高阶社会方面的著作(Cacioppo & Patrick, 2008; de Waal, 2009; Tomasello, 2009),尽管这些研究者很少提及所有哺乳动物共享的更加古老的初级过程的社会冲动。社会科学家将会及时弥补这一缺失,因此他们必须更加全面地理解我们的古老的根基。例如,就像前面提到的,如果没有母性关怀和悲痛这种精神痛苦的基础,同理心可能就不存在(Panksepp,1998a;Watt,2007)。

下一章将会讨论年幼动物的分离苦楚(悲痛)系统,它通过独特的带有情绪的哭泣来表达对母性关怀的需求。从动物研究中我们得知,母亲会尽职尽责地调查她们的婴儿发出痛苦哭声的地点,即使哭声是由录音机所播放的。这种反应背后的自适应逻辑应当是明显的。痛苦的哭声通过唤醒父母的保护性注意提升了婴儿生存的能力。最近我们对这种反应又有了进一步的理解。研究表明,当父母听到他们婴儿的哭声时,父母脑的分离苦楚(悲痛)区域将会被点亮(Swain et al.,2007),其中母亲的反应要比父亲更强烈。母亲通常也能够区分她们自己的孩子和其他陌生婴儿的哭声。最近的脑成像发现表明,父母,尤其是母亲,能够直接体验她们的婴儿的痛苦,当婴儿的哭声唤醒她们脑相应的情绪系统时。这一证据意义非凡,这主要基于两点原因。第一,这似乎是联结纽带的个体间原始共情作用的一个例子。第二,这强烈表明悲痛(分离苦楚)唤醒了关怀(母性类型的抚育)。因此,我们开始研究神经通路的轮廓,人类共情的原始根基在脑的关怀和悲痛网络中找到了起源。

关怀系统的演化

众所周知,爬行动物对下一代不具备关怀情感,那么,哺乳动物强大的抚育冲动是如何从古老的爬行动物的脑中演化而来的呢?为何哺乳动物的母亲为了确保它们后代的幸福而强烈渴望保护、爱护后代甚至做出牺牲?关怀系统是如何发展的?我们不能确定,但我们可以做出假设,关怀的演化与哺乳动物祖先脑中的欲望回路紧密相关。正如之前已经指出的那样,即使关怀被视作一种非性的情绪系统,控制性欲的神经化学物质仍处于抚育行为的核心。换句话说,加压催产素以及相关的古老的神经肽例如催产素,即为爬行动物和鸟类的欲望及生育系统增加燃料的神经肽,可能演化成催产素,它不仅仅促进了雌性的欲望,同时也是促进母性关怀的一个关键脑系统(Uvnäs-Moberg,1998)。

加压催产素是一种古老的激素,它生成爬行动物和鸟类的性冲动以及有规则的生育条件反射。爬行动物通常不会抚育它们的后代。然而鸟类却会,这种抚育态度是由加压催产素所导致的。为了说明加压催产素如何调节生育行为,我们可以联想典型的海生爬行动物的筑巢轨迹,例如海龟。在数千英里的迁徙之后,海龟才能够到达祖先生育的地方,母海龟到达海滩并开始筑巢;当她这样做时,她的脑后垂体所分泌的加压催产素开始增多。当她一个接一个地产卵时,加压催产素的水平还会进一步上升。随后,当产卵结束并将其埋好后,加压催产素会骤降到不会产生影响的水平。因此,她的母性冲动和职责都随之结束。她会回到海中。数个星期之后,当她的后代孵化,它们奔跑着冲向海浪,容易受到攻击并且没有父母的保护。只有一小部分后代能够躲避捕食者并推动它们物种的生存。

在探讨欲望的那一章里,我们提到加压催产素在哺乳动物身上具有和催产素类似的镇静作用,并且促进了许多鸟类的抚育情绪(Adkins-Regan,2009;Balthazart et al.,1996;De Vries & Panzica,2006)。确实加压催产素可能在哺乳动物中演化为催产素和加压素,它们各自在控制哺乳动物雄性和雌性的性欲上发挥重要作用。我们在此对催产素的演化链尤为感兴趣,这是因为除了作为生成雌性欲望的一个关键化学物质(Caldwell,2002),催产素同样是一种重要的母性化学物质。它在分娩过程中通过产生子宫收缩来发挥关键作用,并且在生产后,当乳头被吮吸时它会触发乳汁分泌。此外,当催产素和其他的母性化学物质一起被注入没有交配过的雌性脑中时,母性情结和行为得到促进(Pederson et al., 1982; Keverne & Kendrick,1994)。

从远古的神经肽到催产素,这种演化的化学连续性表明,哺乳动物脑中的关怀系统可能是从爬行动物的欲望系统演化而来的,至少部分上如此。一种功能从另一种表面上看似非常不同的功能演化而来,这种情况并不少见。诺贝尔奖获得者、分子生物学家弗朗索瓦·雅各布(François Jacob)这样写道,“自然选择……就像一个修补匠……他……会使用他手边所有的一切……来制造某种能运转的对象……演化用腿创造了翅膀,用一块下颌创

造了耳朵的一部分……自然选择……并不会从零开始创造新奇的对象。它只作用于已经存在的事物。"(Jacob,1977)

雅各布谈到了扩展适应原则,即演化变化看似彻底改变了现有结构并产生了新结构,实际上这些新结构对于新的自适应的目的而言是有用的。例如,支持鱼类鱼鳃的鳃弓,在哺乳动物中演化成为听力服务的中耳骨。扩展适应指的是进化使物理结构适应新用途的令人惊讶的途径,而不是显而易见的途径,包括将古老的脑过程转化为执行新功能的系统。因此,鳃弓为鱼类呼吸提供帮助,其演化的中耳骨则有助于哺乳动物的听觉。尽管我们会感到恶心或者其他的审美异议,但看似与性无关的关怀系统从远古物种的性的欲望系统演化而来这一点并没有违反任何自然法则。

与所有的演化步骤一样,扩展适应所带来的变化是保留还是舍弃取决于它们的自适应价值——变化的保留程度取决于它能够多大程度上让动物们在环境中生存。可以推测,对后代的抚育关怀是适应性的,因为父母的关怀和保护能够提供一种决定性竞争优势,让所有的哺乳动物物种得以生存。如果一只年幼的动物最初只能从其他动物处获取食物才能够得以生存,那么确保这种分享发生的最好方式就是社会连结纽带和母性奉献。正如我们将要看到的那样,所有哺乳动物的情绪健康很大程度上与这种早期关怀和奉献相关。

关怀系统与精神分析理论

关怀系统的发现意味着弗洛伊德的著名假设并非完全错误,即性欲是所有积极的人类社会关系生成的根本推动力或驱动力。也许他的观点包含了他自己并没有意识到的欲望与关怀之间的隐藏关系。然而,其他的基本社会情绪系统在他的人性观点中没有容身之处。例如,"惊慌""悲痛""嬉戏"系统,它们对于社会联结纽带而言非常重要,但与欲望系统并没有明显的关系。弗洛伊德假设所有的与性无关的爱,即使是母性之爱,只不过是潜在的性冲动的一种升华。他认为当性冲动转变为能够服务于非性目的的社会价值时就会产生这种升华——将一种基本的情绪能量转化为有利于社会的能量(Moore & Fine,1990)。例如,弗洛伊德认为,对乱伦的道德禁止可能源于母亲获得性满足的基本愿望,并将其塑造为照顾孩子的非性满足。因此,经典的精神分析理论家相信,无疑至今仍有一些人相信,母性冲动(以及其他的柏拉图式的依恋)是一种潜在的欲望冲动的升华变形。我们现在可以用新的演化方式来看待这些旧的假设。

尽管关怀可能确实是从欲望演化而来,现在脑中的这两个系统已截然迥异,并且它们分别执行不同的功能。欲望系统生成性冲动,而关怀系统生成与性无关的温柔,尽管在一些相关的感觉中可能存在一些相似性,源于它们共享了调节性的脑化学物质。无论如何,我们现在知道许多社会性依恋具有其他来源,而不是性冲动的升华,这包括了后续两个章节将会提及的悲痛和嬉戏系统。当然,性欲同样导致社会性依恋。人们可能会质疑婚姻制度究竟是性冲动的表达还是一种性能量的升华。我们有理由认为婚姻可能对两者都需要一些:它可以成为相互竞争的冲动和需求之间的一种实际的妥协,包括性伙伴关系的乐趣以及生殖和关怀的经济学。这可能是紧迫的进化要求之间的一种实际的文化妥协。

关怀回路与化学

催产素是主要的母性化学物质之一,它在雌性脑中生成的数量要比雄性脑中更多(Jirkowski et al.,1988)。雌激素在下丘脑前区的细胞领域内调节催产素的生成,包括室旁核(PVN)以及背侧视前区(dPOA)。这两个生成催产素的脑区对关怀行为的相对重要性,在大鼠病变研究中已经得到展示。PVN 的病变会极大地减弱初次成为母亲的大鼠的母性行为,但不会减弱已有经验的母亲的母性行为。然而,dPOA 的病变则会完全消灭母性行为(Numan & Insel,2003)。

与所有神经系统的化学信息素一样,催产素如果不与特定的化学受体相结合就无法发挥作用。雌激素和孕酮的水平控制了许多释放催产素区域内催产素受体的数量,包括终纹床核(BNST)以及下丘脑腹内侧(VMH)。BNST 似乎在调节分离苦楚上发挥了更为显著的作用。在这一脑区内,催产素似乎加剧了母亲所感受到的焦虑,当她们的孩子丢失或哭泣时,母亲会体验到一种颤栗的、惊恐的感觉,直到她们确认了自己孩子的位置,这种母性体验有助于婴儿的生存。

尽管上述提及的脑结构是关怀系统的关键,但这一系统的回路广泛分布于脑的皮层下内侧区域,连接了许多有效母性行为所必需的子系统。例如,有一种独特的控制乳汁分泌的回路。这一系统从侧中脑区下行至刺激乳头的脊髓(Hansen & Kohler,1984),从生理上为母亲喂奶做准备。尽管只有母亲才能够给她们的孩子喂奶,但抚育回路并非雌性独有。雄性和雌性都能够抚育它们的后代。并且,正如上文指出,许多关怀回路同样存在于雄性的脑中(de Jong et al.,2009)。

关怀回路有一方面值得特别强调。该系统的一个分支在下丘脑延展开来,从生成多巴胺的腹侧被盖区(VTA)(Numan,1990)到探索系统的核心处。关怀系统的这一部分很有可能唤醒了探索冲动,这无疑促进了目标驱动的母性觅食倾向,而这对于筑巢和寻回幼崽来说尤为重要。确实,将催产素注入 VTA 提升了此类母性行为,这意味着探索系统对于母亲生活中的实践和欲望需求十分敏感。我们再一次看到了大部分其他情绪系统是如何利用原始的探索来满足它们情感上丰富的、行动导向的功能。

母性冲动同样得到许多周围情绪系统的支持,例如分离苦楚的“惊慌”或“悲痛”系统。正如已经指出的那样,这一系统包括了 BNST,它在催产素网络中同样丰富。我们将在下一章中看到,催产素对于减少分离苦楚有十分显著的作用。我们假设,当悲痛系统被唤醒时,它导致的消极情感状态会强化成年人的关怀冲动。也许这就是为什么当母亲发现自己的孩子悲伤时,有动力去安抚他们。这一假设值得更多的实验关注。对于大多数已经被研究的物种来说,与母亲分离时婴儿的哭喊将唤醒母亲强烈的关注以及趋向行为,而父亲的关注则较少。如前所述,我们并不知道这如何在脑中发生,但是 BNST 连接提供了一个很好的开始。

尽管雌性可能更具母性和关怀,但雄性在本质上同样能够进行抚育。例如,年轻的雄性大鼠和没有交配过的雌性大鼠(它们通常会回避幼崽)一样可以具有抚育行为,只要将它们每天暴露于幼鼠面前(Rosenblatt,1967)。

这种过程被称作敏化。人们不知道为什么暴露于幼鼠面前会敏化年轻大鼠的关怀系统,但我们认为它在某种程度上促进和强化了唤醒这一系统的化学变化,例如增长的催产素活跃度。越为年轻的雄性,其身上的敏化作用就越为成功,这可能是因为冲刷雄性脑的睾酮在青春期开始时促成了一种明显的攻击性情感色彩,这通常与抚育的感觉相冲突(请记住,雄性的睾酮促进了加压素的合成,它并不是一种抚育的化学物质,尽管它对于父母保护孩子起到重要作用)。相反,没有交配过的雌性的敏化作用更容易出现在青春期之后,因为青春期雌性的身体会生成雌激素,这有助于催产素的生成。

有理由相信,抚育关怀者的关怀系统产生了积极情感,无论是雄性还是雌性。除了受催产素的影响,内源性阿片肽也同样起到重要作用。确实,内源性阿片肽在所有的积极社会交互中都起到一定的作用。催产素和内源性阿片肽都是抚慰性的“令人感觉舒适”的化学物质,它们能够抑制攻击性和易怒性的情绪(McCarthy,1990;Siegel,2005)。处于关怀状态的母亲体内的这些化学物质都处于较高水平,因而表现出乐观自信、积极进取的态度(Kinsley & Lambert,2006,2008),具有冲动进行“照料和帮助”(Taylor et al.,2000),并且有时甚至能够逐渐上升至一种母性的狂喜。

然而,成年雄性脑中睾酮的攻击性可以抵消关怀冲动甚至激发杀婴倾向。在动物王国中,雄性通常会杀死种群中的年轻动物,但通常不会杀死自己的后代。这可能是为什么年轻动物通常会更加害怕成年雄性而非雌性的原因之一——也是一种会进一步减弱年轻动物和成年雄性之间纽带的倾向。然而,催产素似乎会抑制雄性的杀婴倾向(McCarthy et al.,1992)。如前一章节所述,雄性大鼠在交配之后实行杀婴行为的可能性更小。这种和平的倾向会逐渐增加并在它自己的后代出生时达到顶峰(Mennella & Moltz,1988)。我们知道性行为会在雄性脑中生成催产素。只要它们的后代出生,雄性脑中催产素系统的活跃度就会持续提升。这会是雄性大鼠授精后的数个星期内对年轻大鼠攻击性减少的原因吗?我们并不知道,但这是一个合理的假设,并且对于热情的情感神经科学研究者而言,探索的时机已经成熟。

妊娠期的神经化学变化

我们已经强调了催产素在关怀唤醒中的重要作用,这可以概括为想要抚育新生儿的母性冲动,但它同样具有大量积极的抗压作用,无论是对母亲还是孩子而言都是如此(UvnäsMoberg,1998)。催产素的生成受到雌激素的控制,它在整个孕期都维持在适度的水平并且在分娩期会增长。因此,在孕期结束时,雌激素调节的催产素活跃度会激增。有意思的是,多年来研究者不相信催产素是一种重要的母性化学物质。许多人相信催产素的唯一来源是脑垂体后叶。当将这一腺体从哺乳期母亲身上移除时,母性行为并没有被抑制(Slotnick,1975),科学家们猜想母性行为并不依赖催产素。直到脑深处的催产素使用系统被发现之后,神经科学家们才开始考虑催产素可能会在脑中分泌并对生成母性行为起到关键作用(在脑和/或脊髓中起作用),例如筑巢、喂养后代、为它们提供温暖等。

然而,母性行为中催产素的确切作用仍需进一步阐明,因为这些效应并非十分明确。尽管直接注入大鼠和绵羊脑室系统中的催产素通常能够促进母性倾向(Pedersen et al.,1982,1992),但有时这类实验并没有生成母性行为(Bolwerk & Swanson,1984)。直到研究者们发现没有交配过的雌性大鼠通常会厌恶新生幼鼠的气味时这个问题才得以解决,这种厌恶本身又会抵消因注入的催产素而产生的母性倾向,这种明显的矛盾才得以解决(Fleming & Rosenblatt,1974)。然而,当母鼠生下第一窝幼崽时,它对新生幼鼠气味的厌恶会被吸引所取代。当没有交配过的雌性大鼠被注射产后母鼠的血液,或者当它们长期暴露于幼崽面前时,我们可以观察到同样的现象。导致这种对新生儿厌恶快速反转的全部因素尚不清楚,但很明显这种变化不仅仅是单单因为催产素。因此,催产素之外的化学物质一定在母性冲动的生成中起到关键作用。

我们可以通过研究在出生期间和出生后发生的化学变化来理解其中的一些化学因素,这些化学变化是导致关爱行为的典型体验。分娩会在脑中生成一种戏剧性的转变。孕酮水平以及雌激素和催产素水平,在怀孕期间都处于高位。然而,孕酮水平在分娩期间会急速下降。高剂量的孕酮可以作为一种镇静剂,几乎相当于脑内的麻醉剂。也许孕酮这种激素的减少表明了母亲需要提高警惕和注意细节这一事实。另外,催乳素在分娩期间急剧上升,导致母乳生成并且在母性感觉和行为的生成中起到重要作用。尽管这些研究通常是以大鼠和绵羊为实验对象,但哺乳动物的相似性表明这些发现很有可能适用于其他哺乳动物,包括人类在内(见图 8.1)。

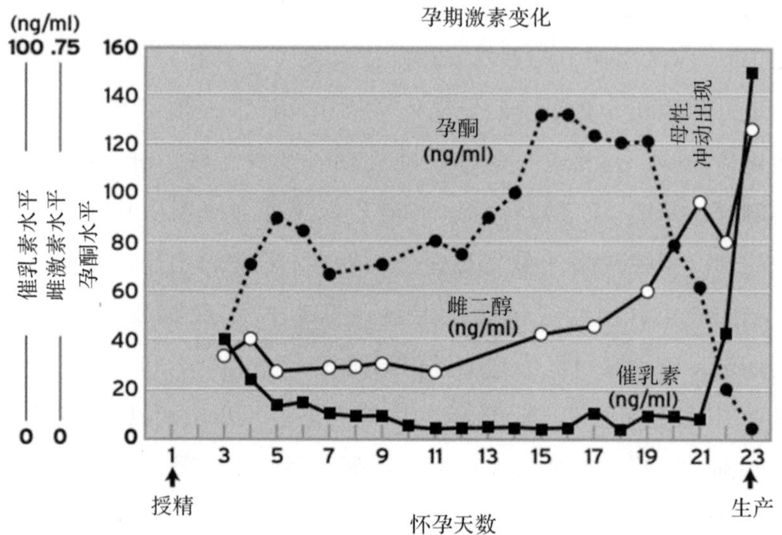

图 8.1 怀孕大鼠体内孕酮、雌激素以及催乳素的循环水平。这些激素在怀孕期间的变化以及在分娩数日前孕酮的迅速下降以及雌激素和催乳素的大幅提升,提供了促进母性行为的生理条件。我们相信母亲脑内催产素的激活是实现这种关怀动机变化的最重要的原因之一(原始数据来自 Rosenblatt,1990,由 Panksepp,1998a 描述;获得牛津大学出版社授权转载)。

目前我们尚不清楚这些化学变化是不是改变雌性大鼠对幼鼠气味态度的原因。然而,我们确实知道,这些化学转变在许多母性行为和影响的产生中发挥了关键作用。此外,这些变化可以通过人为诱导的方式实现。人们只需要以适当的方式注入荷尔蒙就可以模拟这种分娩前的荷尔蒙变化;雌激素、催产素和催乳素的水平会迅速提升,而孕酮水平会迅速下降。这种化学物质丰富和消耗的方式确实导致了脑变化,这种变化会产生母性渴望。

因此,催产素只是母性化学物质其中的一种,并且可能它并不是那么重要。事实上,催产素对于生成大鼠的母性冲动而言并不是必需的。消除制造催产素的相关基因而导致催产素系统被“破坏”的大鼠仍能够充分表现出母性行为。然而,没有催产素,母乳无法生成,它们的幼崽也将无法存活;因此为了生存,这些幼鼠必须有一个“奶妈”(Pedersen et al.,2006)。当然,这些动物的母性行为可能不像大脑中充满催产素的母亲那样满意、投入和充满活力(Nishimori et al.,2008)。

其他的研究有助于确定催产素在生成关怀态度时的局限性。例如,尽管催产素很明显对母性冲动的生成有所帮助,但母性行为一经生成,催产素就不再那么重要。如果,当母鼠的第一窝幼崽出生时,人们通过阻断催产素受体的药物抑制了母鼠脑中催产素的作用,母鼠就不会迅速表现出母性渴望。她似乎会对幼鼠产生心理上和生理上的抵制。如果同样的操作在分娩数天后才完成,母性行为则不会遭到严重破坏,因为它已经成为一种习惯。如前所述,当下丘脑室旁核,也就是脑中具有大量催产素分泌神经细胞的关键区域,在分娩前遭受损伤时,母性感觉的缺失同样会出现。这一操作并不会破坏分娩过程本身(van Leengoed et al.,1987),但它确实会干扰初始的母性能力。然而,如果初为人母的动物在遭受这种脑损伤之前已经和她的幼崽一起共处了几天,她的母性能力完全不会遭到破坏(Insel,1990;Insel & Harbaugh,1989)。显然,母性关怀系统有助于脑迅速学习母性能力。然而,这种抚育倾向很快会作为习惯变得根深蒂固,不再需要依赖催产素的“魔法”。

然而,人们怀疑阻断非初次生育的母亲的催产素作用是否将付出长期的代价。当母鼠具有母性体验之后,催产素对于短期内的母性行为而言不再是必需的。但从长期来看,催产素是否仍是母性能力所必需的?在正常情况下,即使已经习得母性行为,催产素仍会在母亲的脑中释放。据推测,这使母亲产生抚育冲动以及相应的情绪感觉,并且对母亲十分有益。长期的催产素阻断可能会干扰母亲履行母性职责时的愉悦情绪。这种主观快乐的衰减可能会导致母性能力随着时间推移而恶化。此类情况尚未在动物模型中得到很好的研究。我们还缺乏证明这些原则同样适用于人类的证据。

诚然,催产素在维持母性感觉和行为中起到的特定长期作用尚不清楚,但脑化学物质经常通过合作发挥作用。例如,有证据表明催产素提升了阿片剂的作用。因此,我们找到了一个合理的假设:从长远来看,催产素之所以有利于母性行为的产生,是因为低剂量的阿片类药物增强了母性能力,如同所有积极的社会关系一样(Panksepp,1998a)。我们将在"惊慌"或"悲痛"一章看到,当动物们参与积极的社会互动时,例如相互梳理毛发时,它们的脑会分泌内源性阿片肽。

我们尚未知晓母性的满足是否由脑自身的阿片剂进行调节。然而,我们知道很低剂量的阿片剂药物能够增强许多积极的社会互动,包括母性行为和嬉戏。另外,稍高剂量的阿片剂会产生幸福感,但会导致社会响应迟缓:在这种情况下,青少年会表现出更少的嬉戏行为,动物们也通常会变得离群索居,而母亲会表现出更少的母性行为。可能当母亲处于完全满足的阿片剂状态时,她们无法体验到源自良好母性行为的情感波动的变化,而这种变化恰恰又是良好的母性行为所需要的。然而,小剂量的阿片剂会以友好的方式促进交互的冲动。因此,低剂量的阿片类药物也能增强母性行为,这并不奇怪。如果最终发现催产素通过内源性阿片类脑化学促进这种增强,也不会令人惊讶。

正如我们在讨论欲望那一章谈及的关于催产素的作用,催产素的力量有时可能是间接的,即通过增强的内源性阿片肽效应实现。当反复暴露于高剂量的阿片剂时,脑通常会变得具有耐受性,或者对这些药物不再敏感。这种耐受性是成瘾患者需要更大剂量的药物来生成他们想要的积极感觉的主要原因。催产素降低了阿片剂的耐受性,这意味着在催产素水平保持充足的情况下,小剂量的阿片剂能够继续产生安慰、愉悦的效果(Kovács & Van Ree,1985)。哺乳期母亲的脑既分泌催产素,可能也分泌内源性阿片肽,它们的组合能够在很长一段时间内维持令人满足的、舒适的效果。这可能是哺乳给许多母亲留下愉悦体验的原因。如果催产素被阻断,那么内源性阿片肽产生的持续的愉悦效果将会逐渐消失,导致过早断奶。这甚至可能会从整体上减弱母性表现,导致幼儿产生各种发展问题。

当然,当人们发现有些母亲以一种敷衍而非共情的方式照料她们的孩子时,这些母亲的脑与那些更明显地表现出奉献精神的母亲的脑相比,可能具有更少的母性化学物质。这种初级过程的母性化学物质的缺乏可能导致其情绪敏感性的降低。由此可以推测,只要子代没有体验过极度悲痛,这类母性化学物质水平低下的母亲就能够提供充足的抚育,然而这些母亲可能无法在更加极端的情况下提供共情的支持。与此相反,当悲痛在更加极端的情绪条件下发挥作用时,中性的(冷漠的)抚育可能将被抛弃,从而强有力地弥合这种原始的共情鸿沟。同时,解决这些问题需要更多的研究。

显然,我们对于催产素和其他社会化学物质的作用的理解尚不全面。我们可以相信,催产素对于母性行为的最初生成十分重要,因为催产素阻断会对动物模型中抚育行为的减少产生决定性的影响。然而,单凭催产素无法消除没有交配体验的大鼠对幼鼠气味的厌恶,这一事实表明,在母性行为的重要初始阶段还有其他化学物质参与其中。内源性阿片肽的释放当然是维持母性冲动的反馈的一部分:如果人们向动物们注入极低剂量的阿片剂,母性行为将会变得格外活跃,但稍高的剂量就会减弱母性行为,这可能是因为母性动机是由脑阿片肽释放时的自然波动所调节的。高于正常水平的阿片剂通常会减弱社会欲望。此外,虽然催产素对于有生育体验的母亲而言,并不是生成母性行为所必需的,但如果催产素系统总是无响应,那么母性行为将会弱化(Nishimori et al.,2008)。

研究者目前正在研究催产素回路中许多潜在的未知作用,以明确催产素分泌在生成母性行为变化中的准确方式。前文指出,催产素流入 VTA 的多巴胺神经元,这些神经元对于促进探索冲动十分重要。同样,在生产后,关键的催产素回路通过间隙连接的发展而同步化,间隙连接是相邻的神经元之间的原生质桥。间隙连接使得神经元之间发挥迅速的、非突触的协调作用(Modney & Hatton,1990)。这有助于生成催产素的神经元协同工作。例如,通过这种同步化,婴儿的触摸会迅速带来乳汁分泌反射。然而,大部分的催产素回路仍处于未知状态,尤其是其对人类社会感觉和行为的调节。

我们对其他与妊娠相关的化学物质的了解仍然很少,例如催乳素以及各种随着分娩到来而变化的类固醇。然而,我们已知孕酮和雌激素能够促进特定脑催产素系统的重构。我们同样已知,催乳素促进了母乳合成并且同时促进了许多被详细研究过的物种的母性行为,尤其是鸟类。催乳素是一种大型分子,它主动地从血液中被吸收到脑中,并且直接在动物的脑中控制促进了母性倾向(Walsh et al.,1987)。而且,正如上文所述,孕酮水平的下降同样对于母性行为的产生十分重要(Sheehan & Numan,2002)。

大部分这类神经化学研究都是通过大鼠、绵羊和鸟类而进行的,但是,越来越多关于这些系统在人脑中运作的信息变得可用。大量研究工作现在通过鼻腔注射催产素的方式进行(唯一已知的能够让神经肽进入人脑的方法)。这项研究的基本发现是,人们倾向于变得更加亲社会,即攻击性减少,更加信任别人,并且通常对社交活动更加自信(MacDonald & MacDonald,2010)。这些结果,大体上与我们通过动物脑研究得到关于这些问题的令人印象深刻的理解相一致。因此,考虑到哺乳动物情绪系统的同源性,以及所有的哺乳动物,包括我们自己在内,普遍表现出母性行为(物种间的细节存在大量差异),很有可能相似的原则适用于所有哺乳动物的脑。换句话说,相同的母性化学物质协作,促进了哺乳动物关怀系统的激活。

当然,对于人类而言,一种抚育行为在多大程度上得到关怀冲动的推动,或者在多大程度上得到有意识的认知决定的指导,目前尚不可能说清楚。作为最有智慧的生物,人类能够意识到父母对子女关爱的重要性。这一事实导致早期研究者心存这样一种想法,人类并不具有母性本能,他们对自己孩子的奉献完全来自学习。通常情况下,人类男性不会照顾婴儿。在现代,对于抚育后代重要性的理解,使得许多父亲参与到照顾孩子中。另外,母亲具有更强大的生物冲动来照顾婴儿并提供关怀。因此,在认知和文化问题的巨大复杂性之下,是生物的情绪动机促使人们照顾孩子。由于生物上的区别,大部分人类父亲可能会以更常规的方式抚育后代,并且不会像母亲一样,以深度情绪化和共情的方式进行抚育。母亲通常表现出更多本能的温暖并且愿意与婴儿在一起,并且母亲通常会更持续地与婴儿进行敏感的情感交流,不仅是和那些快乐的婴儿交流,同样也会和那些苦闷的婴儿交流。

有充分的理由令人相信,许多母性化学物质在人类母亲的母性冲动中起到重要作用。这些神经化学物质极大地鼓励了怀孕女性在分娩之前"装饰她们的巢穴”。当婴儿出生后,一系列初级过程的脑化学物质,通常会帮助确保母性关怀所能提供的快乐超过负担。当然,由于人类是有智慧的、有思想的生物,我们同样知道人类在婴儿出生前几个月就开始制定计划,如购买衣服、婴儿床、摇篮、尿布等等。然而,即使是人类母亲,为迎接孩子的到来,在分娩前也会经历一段不得不匆匆进行一系列准备的时光。这可能是由许多预示着分娩即将来临的化学变化所导致的。演化好像并非完全依赖学习来确保母亲为生命中的至关重要的事件做好准备,比如婴儿的到来。例如,脑的母性化学反应的结果甚至会让女性变得更加不容易焦虑(Kinsley & Lambert,2006)。这使得母亲变得更好,让优秀的母亲更能够将额外的注意力集中于她们的孩子身上,让她们的后代在心理上和神经上终身受益。然而,学习是每个情感系统的一部分,就每个人特有的复杂认知结构而言,它缓冲或加剧了我们的基本冲动并影响了我们对这些本能指令做出的反应行为。

最后,从临床的观点看,这些化学物质的水平通常在妊娠和分娩结束时发生变化,通常会促进母性能力,不过有时也会出错。由此所产生的心理和生理状况有时是有害的。有些母亲会陷入抑郁,我们尚未完全理解其原因之所在。我们已经知道,有些情况下的产后抑郁和精神疾病与循环的β-酪啡肽的高水平有关,这是一种来自母乳的阿片肽。然而,我们并不知道这会导致抑郁。这种情况,对于母亲和孩子都会有类似的灾难性影响,通常需要传统的抗抑郁药物和/或心理疗法进行治疗。如果我们能够更好地理解关怀和生育系统的药理学基础,我们可能能够以更具体和有效的方式来治疗有害的母性反应。有一项研究需要完成,即评估鼻腔注射催产素是否能够减轻那些经历产后抑郁的母亲的绝望情绪。在精神分析疗法的背景下,特里雅斯特(Trieste,位于意大利东北部,美丽的亚得里亚海边)的安德里亚·克拉里奇(Andrea Clarici)团队发起了一项关于这个问题的研究。我们热切期盼着结果。同样,精神分裂症通常也具有社会联结失败的特点,并且最近的研究发现,鼻腔催产素会缓解陷入精神疾病的患者的正向性(如幻觉)和负向性(不合群)症状。

母性行为的多样性与母—婴联结纽带

尽管所研究过的哺乳动物的母性脑回路大都十分类似,但是,每个物种的所有情绪系统都明显具有独有特质,这使得母性行为具有不同的强度和形式。例如,兔子父母只会偶尔短时间地照顾它们的后代,每天只给自己的幼崽喂食一次,而剩下的时间都花在吃有营养的食物上。母兔似乎也缺少动机或者神经行为的元件来找回从窝中走散的幼崽。我们并不了解兔子是否真的与后代建立了纽带。确定的是,我们只研究了特定物种的社会纽带,但令人惊讶的是,我们甚至不了解普通的实验室动物是否真的与它们的后代建立了纽带,例如大鼠和小鼠。在它们后代出生的前几周,它们并不一定需要建立联结纽带,因为它们仍是"早产儿"(缺乏运动能力并因此不会自己走丢)。相反,纽带对于食草动物而言非常有必要,例如有蹄类动物,它们的后代出生后几个小时就能够自行奔跑,并会因此走丢。这种早熟物种的母亲通常会迅速地和自己的后代建立起专一的关系,而那些出生时尚未成熟(晚熟)的后代则乐于收养。

由于生态的因素,不同的物种会表现出不同的联结纽带窗口——母亲和婴儿彼此建立依恋关系的最佳时间。当动物们的幼崽处于视觉和听觉仍闭锁的出生后照顾期(食肉动物比较常见),它们无法离开自己的窝。对于这些动物而言,联结纽带窗口很大并可以持续数个星期。但对于绵羊等食草动物和具有早熟性后代的鸟类(例如,鸡、鸭可以在出生后不久就跟随它们的母亲去觅食)而言,联结纽带窗口会在出生后数小时(绵羊)或者至多一天内(鸡和鸭)关闭。这种短暂的联结纽带窗口反映了这样一个事实,母亲—婴儿纽带和关怀回路与婴儿出生时的移动性相匹配。如前所述,这些被捕食类物种通常出生时就具有高机动性,因此尽管母亲为了寻找食物或躲避捕食者而不断移动,它们也能够跟上其速度。此类物种通常被许多同种类的其他动物围绕,例如牛群和羊群,这可以减少被捕食的危险,但也会产生其他问题。在这种情况下,幼崽很容易在出生后不久就与自己的父母分离,并因此迷失于大群的其他动物中。由于早熟性动物的联结纽带必须得到迅速建立,所以这些幼崽很容易失去建立纽带的机会。对于人类和其他属于非早熟性后代的物种而言,这种短暂的纽带窗口并不是特别重要。

对于绵羊而言,母亲会在分娩后迅速与自己的孩子建立联系,并且能够通过气味识别它们。这种习性的不利之处在于,如果母亲在分娩后的数小时内与自己的孩子失去联系(可以通过实验手段实现),它们通常会忽视随后重聚的幼崽,并拒绝给它们喂奶。换句话说,如果这些不幸的幼崽恰巧在它们的母亲有机会识别它们的时候走丢,那么再重聚时它们会被视作陌生者。显然,我们人类和许多其他杂食性动物,表现得更像是食肉类动物,即婴儿出生时通常非常不成熟。因此,我们更加容易接受陌生人进入我们的关怀圈。后文我们将会重新讨论有蹄类动物的短暂联结纽带窗口是如何帮助研究者解读联结纽带的神经化学本质的,但现在我们将关注人类抚养孩子的一些关键方面,这可能对于我们相对开放的社会联结系统产生一定影响。

人类联结纽带与社会发展的独特方面

人类婴儿具有相当巨大和长时间的社会联结窗口。他们同样可以很容易地与非亲生的照顾者建立联结纽带,虽然对生存非常重要的最初社会连结通常是在母亲与亲生孩子之间建立的。我们有理由相信在远古的环境中,相较于我们现代的许多文化而言,抚养孩子是一种更加自发的团体活动。例如,在传统文化中,婴儿被一个人家庭照顾并不罕见。在保证安全性的大家庭中,独立性同样得到鼓励。婴儿通常在一岁前进行如厕训练,随后他们被鼓励在紧密联系的大家庭中成为相对独立的一员(Hrdy,2009;Konner,2010)。在西方的核心家庭文化中,即在过去千年间演化而来的文化中,一岁孩子的父母尚未开始考虑进行如厕训练。儿童被允许在两到三岁前保持孩童行为。而且,在性格形成期,父母会非常紧密地监督他们。此外,对这种父母—子女关系的专属性的重视程度几乎难以给予孩子在更大的社区内独自活动的机会。显然,许多人共同抚育孩子这种社会环境注定促进了社会的成熟，正如一句非洲谚语所说：生孩子只需要一个女人，而养育他则需要整个村庄。我们的文化似乎不再认同这句谚语，而这可能只会放大育儿的黑暗面，现在我们需要将此纳入思考。

母性冲动很强大，但并非绝对。有一些怀孕并非出于她们自愿。有些人类母亲抛弃婴儿，而让大家庭中的成员、教堂或者社会服务机构抚养他们。这通常是由于母亲没有足够的资源养育她们的孩子。这种做法在年长一些的孩子身上更加普遍，尤其是当儿童随着青春期的到来而变得独立的时候。当共情的文化价值被削弱，虐待儿童就成为历史上长期存在的文化现象之一(Rifkin，2009)。很难说这种做法在我们史前的祖先身上是否常见，但当一群人组成大家庭时，这种情况似乎会经常出现。

资源可用性始终是母亲的关注问题。在资源短缺时，母鼠吃掉它们的幼崽这一情况并非少见，尤其是极端的资源紧缺会严重损伤母亲养育后代的能力时。另一种常见的行为是，母亲会忽视后代中弱小个体的需要，并且不会表现出明显的内疚。这很少发生在每次只生一个的物种身上，但这确实偶尔发生在人类身上。在特定的传统社会中，婴儿的命运通常依赖经济或实际考虑，而非生物考虑。例如，在不远的过去，有些社会认可杀婴行为，尤其是杀死女婴，以避免未来的社会问题，例如加拿大北部奈茨利克爱斯基摩人(Netsilik Eskimo)就是如此。因为部落中同时期没有男婴出生的话，那些很少有机会找到合适伴侣的女性婴儿会被扔到雪中冻死，而其父母很少会表现出痛苦或悔恨(Riches，1974)。人们心中的长期的社会担忧超过了短期的情绪担忧。直到今天，在那些认为儿子比女儿好的社会中，女性婴儿被杀的概率要远高于男性婴儿。这种行为的前身可以追溯到一些动物物种身上，正如我们上文指出，有些母亲会杀死较为弱小的后代。当环境资源稀缺时，这种行为能够增加后代存活的可能性。因此，在对后代的投资总量中，只有部分是出自情绪的考虑。

然而，在人类母亲—婴儿依恋关系的形成过程中所产生的情绪问题是巨大的，包括延长的婴儿期和童年期——尤其是现在我们的孩子并不在大家庭中被抚养。人类联结纽带的脑机制，与许多肉食动物和杂食动物一样，构成了长期的一系列事件。一般来说，母亲在情绪层面似乎能够很快与她们的孩子建立纽带。另外,婴儿具有相当广阔且更加灵活的联结纽带窗口。人类婴儿的依恋通常直到一岁时才会完全形成,这段时间足以使他们被具有养育能力的家庭抚养且不会有太多担忧。然而一旦形成,依恋的安全感就会变得非常重要(下一章将会详述)。我们尚未发现人脑内有关神经过程的直接证据。因此,有必要通过动物模型试验进行概括总结。只有当我们意识到我们正站在这一研究领域的起点,距离理论尖端仍有很大距离,我们才能够对已有的相关数据做出理性且适度的评价。我们才刚刚开始理解这些至关重要的心脑功能并只在少数物种中进行了一些详细的研究。而且,最有成果的研究工作是在那些表现出狭窄的纽带窗口的物种身上取得的;而这些物种可能并不是研究人类联结纽带的最佳模型。

社会记忆、联结纽带与母性化学

让我们跟随这些思维脉络进入其背后的神经机制。

我们现在已知,催产素(Popik et al.,1992)和加压素(Dantzer et al.,1987,1988)都能够增强社会记忆,因为当这些神经肽的活动被阻断时,所有被研究过的物种的社会记忆都会减弱并且形成速度变慢。因为催产素和加压素都促进了动物积极的社会行为和性行为(见第7章),也许在意料之中的是,这些相同的化学物质有助于促进友善的社会纽带的形成,并且也参与到这些纽带的记忆形成过程。当然,这是自然的节约方式的又一例证,这给了我们一些信心,让我们相信从其他动物的研究中获得的知识同样适用于人类。

从哺乳动物生下它们的幼崽开始,大部分母亲的雌激素水平都会提升,这反过来促进了催产素以及受体的生成,用以对出现的母性冲动进行编码。因为催产素促进了社会记忆的生成,因此我们有理由假设它同样使母亲记住了自己的后代。对产后母羊的研究表明确实如此。除了生成身体的和情绪的母性反应,催产素同样与社会过程中使用的去甲肾上腺素(NE)相关联(Kendrick et al.,1992;Levy et al.,1993)。NE是另一种脑化学物质,它对母羊生成嗅觉记忆发挥了重要作用。当那些促进与后代积极社会交互的神经通路在母羊的嗅球中建立时,积极的嗅觉社会记忆就会形成。当 NE 活动被阻断时(通过拮抗剂以及心得安),这些通路数量就会减少。嗅觉记忆也随之会被破坏。因此,被注入 NE 阻断剂的母羊会明显变得难以区分自己和其他母羊的幼崽(Levy et al.,1995)。在通常情况下,这些脑机制在有蹄类动物中的运转都非常迅速,从而帮助确保母亲能够给自己的后代提供专属的哺育权利,例如绵羊。

NE 似乎以如下方式促进了嗅觉记忆的形成:当被释放到嗅球中时,NE 减少了 GABA 的活跃度,它是哺乳动物神经系统中主要的抑制性神经递质。当嗅球中 GABA 的抑制作用减少时,相关的嗅觉编码神经元开始变得活跃,更加积极地放电。这种快速放电使编码羔羊气味的神经通路变得稳定。当这一通路稳定后,它可以长时间存在,即它成为一种记忆通路。显然通过这种方式,母羊对它们幼崽的独特气味信号产生依恋。类似的过程发生在婴儿身上,即使是人类也是如此,虽然我们相较于其他哺乳动物只具有相对一般的嗅觉。有许多研究表明,人类母亲乳房的气味会对婴儿产生选择性的吸引力,并且很有可能是催产素在脑中释放而产生的积极情感以及相关的“感觉良好的”神经肽(如内源性阿片肽)的唤醒强化了这种吸引力。在许多物种中,这种社会吸引力还会被温柔的抚摸进一步强化,这种刺激会促进脑阿片肽和催产素的释放(Panksepp, Bean et al., 1980; Matthiesen et al.,2001)。

确实,社会联结纽带可能是一种成瘾现象,这种猜测最早是由潘克塞普和他的学生提出的。社会依恋与人们使用阿片剂所产生的联结之间的关系具有非常相似的特征(见图 8.2)。这种观点促使我们第一次开始用神经科学的方法研究社会依恋的本质(见第 9 章)。但是,事实上还有许多其他化学物质参与其中。每一种脑功能都是由复数的脑化学物质调节的。尽管阿片剂假设有待时间的检验,但正如我们所见,催产素确实极有影响力,它使母亲能够过渡到与孩子维持一种持续关怀状态,并进行持续的抚育。

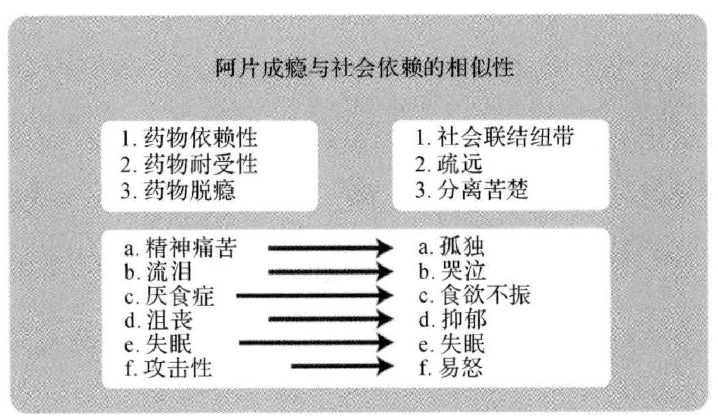

图 8.2　基于阿片剂依赖的动力学和社会依恋的关键要素之间的主要相似性，对社会联结纽带是一种成瘾现象的第一代理论的概念总结。它们都展现出了相似的心理动力学，并且表明阿片剂和其他成瘾药物在情感上起主导作用，因为它们利用了相同的脑情绪系统。这一系统最初在 20 世纪 70 年代晚期被首次提出(源自 Panksepp，1998a；获得牛津大学出版社授权转载)。

我们在前文中提到，母羊具有非常短暂的联结纽带窗口，持续时间不超过几个小时。如果母羊在窗口时间内没有接近她的羔羊，促进母性吸引力的社会记忆通路就不会在她的嗅球中形成，因此她将不会被孩子的气味印记所吸引。然而，研究人员发现如果通过一种被称作阴道宫颈刺激(VCS)的程序直接刺激母羊的阴道和子宫颈，这种联结纽带窗口可以用人工的方式重新打开数小时(Keverne et al.，1983；Kendrick et al.，1992)。VCS 在母羊的中央神经系统中产生了一系列反应，其中一种就是促进催产素分泌(Levy et al.，1995)。由于正常的哺乳动物分娩过程刺激了母羊的阴道和子宫颈，因此 VCS 实现的催产素分泌似乎有助于产生一个新的大约两小时的社会联结纽带窗口，从而使幼崽的气味重新变得具有吸引力。幼崽的类似依恋反应在另一项发现中得到证明，被注入催产素的幼鼠会认为与母鼠相关的气味更具吸引力(Nelson & Panksepp，1996)。

虽然有蹄类动物似乎主要是通过嗅觉机制建立纽带，许多啮齿类动物也是如此，但人类是通过视觉、听觉和触觉而建立纽带的。我们尚不清楚通过这些感觉建立的纽带是否也通过催产素机制运作。然而，我们知道触摸能够促进阿片剂的产生,它和催产素在社会纽带中的作用同样重要(见第 9 章)。声音作为纽带的一种来源,具有特别有趣的影响,因为母亲声音的语调可能是打开语言习得以及对音乐之爱的大门(Panksepp, 2008b;Panksepp & Trevarthen,2009)。听觉系统具有异常丰富的阿片剂,尤其是在下丘脑的低阶中脑层面(Panksepp & Bishop,1981)。胎儿在出生前就开始整合子宫外的声音,甚至能够识别它们母亲的声音(Busnel et al.,1992;Kisilevsky & Davies 2007),并且有可能对那些旋律语调——“妈妈语”(motherese)留下深刻印记——这最终会打开语言学习的全部潜能。

催产素与音乐的情感力量

我们已经指出,有许多感官入口可以促进社会依恋。其部分原因是脑中催产素活跃度的提升。我们同样讨论了关怀的敏化,青年大鼠和没有交配过的成年雌性大鼠暴露于年幼动物面前时,其实施抚育行为的意识会被逐渐唤醒。在上一节中,我们指出 VCS 可以重新打开母羊的联结纽带窗口,尽管我们尚不确定 VCS 是否一种可以促使生成催产素驱动的联结纽带的通用机制。也许有许多外部刺激唤醒了关怀系统,但音乐是值得进一步研究的一种。

有许多理由令人相信,舒缓的音乐可以促进脑中催产素的分泌。农民们长期声称,他们的奶牛在听到特定类型的音乐时可以生产更多的牛奶(并不是一种证据充分的声称),并且在对分离苦楚的研究中,我们发现音乐可以减少幼年小鸡与母鸡分离导致的哭叫(一种强烈的抗变换性效应)。当进行这些奇怪的实验时,我们同样发现当我们给新出生的小鸡播放音乐时,可以唤醒一种外显性行为分布,这与向它们的脑中直接注入催产素唤醒的外显的行为分布相同。在出生一周后,无论是在音乐背景下,还是注射催产素或者催产加压素,幼年小鸡都会表现出极度明显的三种不同的行为:(1)非常频繁地侧向摇头,(2)非常高频率地打哈欠(这表示放松的心智状态),以及(3)略微增加的拍翅行为(意味着社会性抑制的减少)(Panksepp &

Bernatzky,2002)。这些持续的行为,可能反映了某些类似于自信的情绪,如果动物是在以小社会团体而非个体为单位进行测试,这种情绪将会大幅增长(Panksepp,1992)。自信是联结性化学物质的关键功能之一——它们使动物们感觉到处于群体中的舒适感以及充满自信,因为它们在脑中生成了一种情感上安全的神经化学基础。我们将在下一章节讨论:脑内注射催产素对于减少幼年动物的分离苦楚有显著效果。

唤醒脑内催产素的音乐的力量可能是一种隐性"力量",这是 2004 年《国家地理》(*National Geographic*)所拍摄的半纪录片式电影《哭泣的骆驼》(*The Story of the Weeping Camel*)的主题思想。这个电影讲述了蒙古国戈壁沙漠上的一个游牧家庭,诱导母骆驼在非常困难的长达两天的分娩之后,与她新生的白色幼崽建立联结纽带。可能是由于长时间分娩的压力(远远地超过了有蹄类动物通常短暂的联结纽带窗口的时限),母骆驼拒绝接受与哺育她的幼崽。被拒绝的幼崽悲伤地恸哭了许多天,经常待在离母亲很远的地方,所以牧民被迫亲手喂奶。为了解决这个问题,牧民进行了一次传统的"重聚仪式",他们找来一位著名的蒙古国音乐家演奏动人的背景旋律,伴随着旋律,女主人给母骆驼唱了一段摇篮曲,并温柔地抚摸她的脖子和身体。在这种动人的跨物种互动的过程中,幼崽被诱哄着去寻找母亲的乳头。母骆驼和幼崽被鼓励与对方建立联结纽带。这些牧民在动人的音乐和抚摸的帮助下,试图再次打开联结纽带窗口。这种逐渐建立的情绪和谐感,不仅深深打动了人类观众(电影被提名奥斯卡金像奖),同时也打动了母骆驼。虽然十分缓慢,但母骆驼的心重新为幼崽打开,并且与它建立了一种长久的母亲—幼崽联结纽带。这对人类而言是一种启示。

促进母性感受以及对婴儿的益处

动物研究已经清楚地表明,一旦母亲在初次分娩后表现出能干和奉献的母性行为,她的母性能力将会不断保持上升。这是终身情绪学习的一个突出例子。这些不断累加的母性体验的优点如何在神经系统中进行编码尚不清楚。但是,可以推测部分原因是,在基本的关怀回路与编码各种母性技能的相关记忆网络的共同作用下产生的持续变化,以及以更加自信和有效的方式面对世界的能力。母性使动物们在关于恐惧的正式测试中变得更加勇敢,例如十字高架迷宫(见第5章)。同样,八臂放射迷宫能够很容易地量化其寻找食物的速度和形式,根据评估,它们会比没有交配过的雌性更好地记住食物的位置(Kinsley & Lambert,2006)。

尽管我们尚未完全认识这种母性冲动强化背后的神经生物学本质,但研究者已经进行了大量的重要研究,以评估母性抚育对于后代体质的长期积极影响。长期接受母亲大量温柔的爱的关怀的婴儿被赋予了巨大的天赋,它们在情绪上和身体上都受益终身。毫无疑问,良好的母亲关怀对婴儿大有裨益,但支持这一事实的神经科学细节却是相当令人惊叹的。

麦吉尔大学的迈克尔·米尼(Michael Meaney)实验室完成了关键的研究工作。米尼和他的同事们评估了大鼠母性接触的数量,尤其是肛门—生殖器舔舐——母鼠常规母性行为中一个突出的部分——是如何影响幼鼠之后生命中的情绪和认知能力的(Meaney,2001,2010)。简而言之,米尼和他的同事们发现,在被母亲舔舐和照顾得最多的幼鼠的脑中,出现了许多终身受益的反应。被母亲舔舐多次的幼鼠长大后焦虑程度更低,抗压能力更强,并且在它们的生活中展现出更好的学习和适应能力。这些作用伴随着脑中许多明显的变化,主要包括:(1)应激激素减少[例如促肾上腺皮层激素释放因子(CRF)以及促肾上腺皮层激素(ACTH)],(2)更多的GABA受体区域,有助于焦虑的减少,以及(3)更多的谷氨酸和去甲肾上腺素受体,有助于学习。从情感上,这些动物的焦虑程度较低,在各种诱发恐惧的情况下表现得更为活跃和勇敢,并且能够更好地学习和做出表现(Champagne et al.,2003;Zhang & Meaney,2010)。

简而言之,充分的母性关怀在基因表达形式中产生了一系列的表观遗传变化,这使得“备受喜爱的”动物们在面对各种压力源时更加具有韧性和抵抗力。没有受到充分母性关怀的动物在情绪上更加脆弱,并因此更加容易被生活中的压力打倒。在下一章,我们将会更加细致地讨论,缺乏安全的联结纽带会如何影响人类婴儿的心智和脑发育。

调节这些效应的一些神经遗传机制,也在研究过程中被揭示出来。动物的社会性格可以通过增加或减少催产素或加压素的基因表达进行调节(Donaldson & Young,2008)。这些变化的神经化学趋势,不仅调节了初级过程的社会反应,它们同样渗透到神经系统中,调节了许多高阶脑过程,例如社会记忆和认知(Ross & Young,2009)。

虽然我们的大部分重点在于哺乳动物情绪性的初级过程方面,但是,学习始终是这些系统在动物的生命中表现自己的一种方式。因此,真实世界中的关怀会被一些体验扩大,同时也会被另一些体验缩小。在朗斯坦和德弗里斯(Lonstein & De Vries,2000)的开创性研究中,他们利用草原田鼠的实验来证明这一点是如何发生的,草原大鼠中,父母通常会彼此分担各自的职责,并且它们抚育幼崽的方式随着生活体验的不同而变化。他们的主要发现如下:(1)对于没有交配过的雌性草原田鼠而言,年龄越小越关爱幼崽;(2)只要将没有交配过的雌鼠暴露于断奶后的幼鼠面前两天,就会提升它们后来的母性响应度;(3)与父母及兄弟姐妹一起长大的没有交配过的年轻雌鼠会表现出格外出色的父母行为;(4)只要成长过程有双亲参与,就足以提升此类雌鼠的关怀动机;(5)但是只有当双亲在幼鼠早期发育过程中一直陪伴时,这种提升才会显现。这些发现强调了固有的"家庭价值观"的重要性——最明显的作用是——提升了年轻动物的抚育动机。最近的研究中已经记录了双亲早期陪伴经验对草原田鼠各种关怀行为的促进作用,以及对催产素和促肾上腺皮层激素压力系统等脑化学物质的长期有益影响(Ahern & Young,2009)。

临床意义

正如达尔文自然选择的深刻见解阐明了地球上生命的故事一样,神经科学丰富了我们对大自然在哺乳动物大脑中通过多年的进化经验构建的适应机制的理解。年轻动物到达生殖成熟并且为后代提供抚育的能力与父母奉献的质量密切相关。了解父母的关怀如何培养脑,对于理解利他主义、同情和共情如何成为可能非常重要。母性所引发的对脑和行为的终身益处是显著的(Fleming et al.,1999;Kinsley et al.,2008)。

无疑未来几年我们将会更加了解关怀系统。新的治疗方法可能会改变脑的关怀化学物质以及相关的社会情绪系统。这种干预有助于父母更加持续地体验抚育的情感,并更有效地展现出支持性行为。催产素活跃度的提升可以促进接受性的、积极的以及亲社会的感觉类型,这可以提升人们的信心,从而具有更大的情绪开放性。确实,在最近的一系列研究中,人们发现母亲的血浆催产素随着与婴儿的大量亲情接触而增加(Feldman et al., 2010)。同样地,鼻腔催产素提升了父亲与孩子的嬉戏质量(Naber et al., 2010)。许多研究这种神经肽的科研人员开始假设催产素可能在未来的心理治疗干预中发挥重要作用,这种干预旨在提升深陷个人怀疑和不安全感中的人们的积极社会—情绪感觉(Feifel et al., 2010; Panksepp, 2009c; Young & Wang,2004)。随着脑科学的进步,许多其他可行的工具将投入使用,从而帮助陷入困难的人们在情感和认知层面进行重新整合并重构健康的情境。

我们早已明白,当临床医生知道如何通过无条件接纳、共情的敏感性以及全面考虑病人的情绪生活来接近病人才是最有效的心理治疗方法。简而言之,高效的心理治疗师分享了他们关怀的能力,以及复原积极情绪的治疗力量的能力。而且,这一分享不仅适用于那些专门关注治愈心智的医生,还有那些忙碌的、更关注身体健康而非精神健康的临床医生,以及那些通常没有时间关注病人情绪问题的医生(Goleman,2006)。当然,爱的触摸并不需要花费太多时间,但是它需要保持连贯性。

第9章　与生俱来的哭泣:惊慌/悲痛系统与维持生命的社会纽带起源

如果守护的天使还在那里
为何我独自一人
伴随着困惑的心和茫然的眼神
——曾经照耀过流逝岁月的
光
现在我的生活被诅咒了吗?

如果爱是一切,那什么是黯然失色
忧虑不安和失落一切?
情绪怏怏溜走
让雨倾泻而下
它带走了我的一切?……
——艾妮莎·米勒《悲伤的时候》(Anesa Miller,1995)

抑郁的主要来源之一是,消耗心智的心理痛苦变成了一种无法释怀的悲痛。上面这首诗中的前两个小节表达了巨大损失时的痛苦——在这首诗中是指一个儿童的离世。这首诗的结语写道:"如果时间能够治愈一切,那么让它乘着我无法触碰的翅膀离开……友谊和仁慈让慰藉的时刻如同天使一般,缓慢且宁静,穿过悲痛的时刻。"

这首诗是我的[治安法官(JP)]伴侣艾妮莎在1991年时创作的,那时我的女儿蒂娜(Tiina)和另外三位美丽的少女刚刚去世几个月。她们死于一个绰号"萨兹"(Suds)的醉酒者之手,他血液中的酒精含量远超法定上限,大部分人在这种情况下会失去意识。他刚刚离婚,并且整晚带着怒气喝酒,部分原因是他的前妻不让他在耶稣受难日那天去探望孩子。他非常气愤,并在醉酒的边缘开车上路。大约午夜时分,我接到医院的电话,"有一场车祸,你的女儿可能也卷入其中"。我赶紧冲到了医院。蒂娜和她的两个朋友已经去世,另一个女孩则濒临死亡。还有一个女孩得以幸免,并奇迹般地在这次侧面撞击中几乎没有受伤。

那晚余下的时间,我都独身一人;艾妮莎在华盛顿特区出席一个会议。她匆忙赶回家。我的悲痛和愤怒似乎永无止境……持续了很长一段时间。其余三个家庭同样遭到重创。一切都是因为一个不计后果的酒鬼在"牛仔"警察的紧追下"飞一般"地超速行驶,他毫无顾忌地开到一条偏僻的乡间小道上,在深夜没有打开车灯或者按响喇叭。至少,这是在车祸现场的十字路口的一家人做出的证词,当时这个温馨的家庭正在享用耶稣受难日晚餐。由于执法机构试图压制警方不当行为的证据,而医生出于医患保密的考虑,拒绝公布正在康复的醉汉的血液酒精浓度结果,社区出现了两极分化。有一段时间,由于"来自上方"的故意误导,我们这个小小的大学城因为偏袒某一方而四分五裂。当局的行动难以弥合社会结构中的这一裂痕。

那一晚,我自从长大以来第一次哭泣。很长一段时间内,我都处于深深的悲痛和抑郁的悲伤中,对于问题解决感到希望渺茫。这并没有任何帮助,事实上这让我的心智变得迷茫,这发生在我的身上,而我是一个神经科学家,尝试以实证方式阐明分离苦楚的古老的脑机制,它是我们最早的社会联结纽带的主要情绪来源之一。离开了爱的陪伴和关怀的朋友,慢性抑郁毫无疑问将会渗入。我通过抗抑郁药物部分缓解了陷入黑暗的苦痛(使用得当,即根据症状使用,而不是一味地高剂量持续使用,这样只会改变脑神经化学物质的平衡,导致成瘾问题)。

我们在本章将讨论的内容,可以从詹姆斯·桑德斯(James Saunders)的剧本《下一次我将为你歌唱》(*Next Time I'll Sing for You*,1962)中一段著名对白开始:

无论你相信与否,这背后的一切正如你所期望的,是某种我们可以称作悲痛的特质。它一直在那里,就在表面之下,就在正面之后,有时非常接近于显露自身,所以你可以隐约看到它的形状,就像你有时在无风的日子里观赏池水的表面时,深色的、明显的、怪异的鲤鱼的轮廓缓慢地在水中划过;当你突然意识到鲤鱼一直在水面之下时,尽管水在阳光下闪闪发亮,而当你关注有趣的鸭子和高傲的天鹅时,鲤鱼仍在那里,只是你没有看到。它,这种特质,等待着时机。如果你不小心瞥了它一眼,你可能会假装没有看到,或者你可能会突然离开而去,与你的孩子们在草地上玩耍,没有理由地开怀大笑,这种特质的名字就叫作悲痛。

社会联结纽带的痛苦来源

本章将讨论我们的爱和嬉戏能力的阴暗面。有一种简单的生活事实,它具有深刻的神经以及精神健康影响,即我们会变得依恋于——我们爱——那些抚育我们和对我们友善的人。越来越清楚的是,母亲和其他那些爱我们的人能够给我们提供一种快乐的生活(见第 8 章;Hrdy,2009)。关怀感受和社会联结纽带的演化,可能也放大了我们哺乳动物悲痛的能力。我们相信,哺乳动物脑的分离苦楚机制,开启了研究人类悲痛(Freed & Mann,2007)及随后带来持续抑郁绝望的大门,特别是对于研究年少时失去父母所造成的早期分离痛苦(Bowlby,1960,1980;Heim et al.,2004;Watt & Panksepp,2009)更是如此。

当我们最早的社会联结纽带稳固且牢靠时,它能够终身维持我们的心理健康(Bowlby,1980)。稳固且温暖的母性关系,是快乐生活的关键所在。这些拯救生命的联结纽带在出生后的形成非常缓慢,因为我们出生时身体和心理都是不成熟的——在某种意义上,我们杂食动物和肉食动物出生时都是早产儿。大部分食草动物在出生后不久就可以和它们的母亲一起奔跑,纽带迅速形成并通过哺育固化——初次哺乳变得格外重要。相反,直到半岁之后，我们人类才会真正地因为纯粹的社会分离而哭泣——当母亲或任何其他原始抚育者将我们独自留在陌生地点时，因分离而唤醒的痛苦发声(DV)；在那之前，我们只会因为身体上的疼痛而哭泣。玛丽·安斯沃思(Mary Ainsworth)和同事(Ainsworth，1982；Ainsworth & Boston，1952)最早研究了人类儿童的这种哭泣和抱怨。

一些行为学家已经注意到，当年幼动物与它们的母亲分离时，它们会产生DV，所有饲养鸡鸭的人都知道这一事实。确实，康拉德·劳伦兹(Konrad Lorenz，1935)展示了幼鹅如何变得依恋于("隶属"于)它们的母亲，紧紧地跟在母亲的身后，并且只要与她分离几秒就会持续哭叫并寻找她。关于这些惊慌失措的分离叫声的脑机制的研究，可能是理解心理痛苦和悲伤的脑机制最严谨的神经科学途径，而心理痛苦和悲伤似乎会使许多生物陷入抑郁(MacDonald & Jensen-Campbell，2011；Panksepp，1981b，1998a，2010b，2011a；Watt & Panksepp，2009)。

离开了稳定的社会关怀和与所爱之人的可靠纽带，人类婴儿将会衰弱并死去(Bowlby，1953；Spitz & Wolf，1946)。来自爱的依恋的情感上温暖的安全感——"安全基地"的主要机制——在2—3岁时逐渐转变为意识更高阶的形式。在儿童时期的前6年，早期社会损失——过多的分离苦楚/悲痛——会导致儿童陷入慢性焦虑和不安全感，通常预示着其晚年生活中的抑郁。另外，爱的社会依恋加强了脑的积极情感力量，促进了嬉戏的健康行为(见下一章)，这是一种基本的心理力量，它帮助人类，实际上是所有哺乳动物，成为复杂的社会动物。我们对直接指向我们的表示不关心的情绪姿势反应强烈；任何暗示着回避或者温和形式的社会排斥的行为都会让我们经历心理上的痛苦(Eisenberger，2010)。随着高阶心智功能的发展，即新皮层加工能力的发展，我们成为极度主体间性的生物，深入关注我们社会网络的质量(关于此点的出色总结见Goleman，2006)。

在此，我们只是要研究源自社会损失的极度悲伤的脑机制。在悲痛和悲伤期间获得的脑高阶机制成像(Freed et al.，2009)通常没有能够很好地反映分离苦楚的远古皮层下机制(Panksepp，Herman et al.，1980)，这种神经解剖学的轨迹最终通过人类脑成像得以确认，总结参见图9.1(Damasio et al.,2000;Panksepp,2003a)。在类似的测试条件下，志愿者被要求从他们的记忆中生成四种不同的情绪——悲痛、快乐、愤怒和恐惧(见图12.1)——带有强烈悲伤感的悲痛系统表现出了最清晰和最广泛的唤醒。人类悲痛的整体解剖结构与动物身上调节分离哭叫的系统是同样的。这种感受社会孤立痛楚的关键系统，似乎是从调节身体疼痛的情感强度的脑系统演化而来的。同样值得注意的是，古老的皮层下的、关于疼痛情感方面的脑系统，与循环至脑高阶区域调节疼痛的认知—区分方面的系统是不同的。

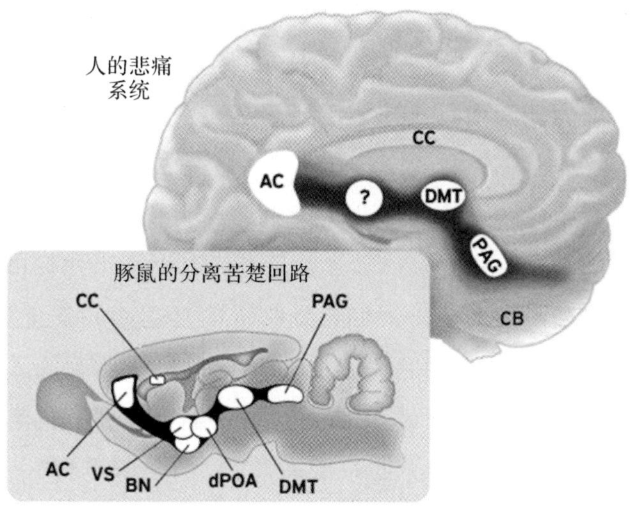

图9.1　关于豚鼠脑区的示意总结，人们可以在幼年豚鼠的这些脑区中很容易地唤醒社会分离导致的叫声[芭芭拉·赫尔曼(Barbara Herman)的博士论文，博林格林州立大学，1980]。非常类似的解剖结构在家养的小鸡身上被发现[保罗·毕肖普(Paul Bishop)的博士论文，博林格林州立大学，1984]。安东尼奥·达马西奥和同事(Damasio et al.,2000)所发表的关于人类悲伤时的PET扫描成像，也明显地显示出非常相似的解剖结构，这表明所有的恒温脊椎动物都共享了相同的调节悲痛系统的社会凝聚力。点亮的区域位于前扣带(AC)、丘脑背内侧(DMT)、中脑导水管周围灰质(PAG)，以及小脑(CB)最古老的部分。动物们表现出高度相似的解剖结构，包括腹中隔区(VS)、背侧视前区(dPOA)，以及终纹床核(BN)，这些区域在人类PET成像中过于微小，以至于难以准确识别。因此，在描述人脑的图示中标有问号[本图首次发表于Panksepp,2003；获得美国科学促进会(American Association for the Advancement of Science)授权转载]。

正如前文所指出的那样,我们原先将这个系统称作惊慌系统,因为当幼年动物被抛弃时,它们会经历一种特殊形式的担心焦虑——一种焦躁不安的恐慌状态。我们喜欢这个术语,因为有很好的理由来假定惊恐发作部分是源于这一初级情绪系统过度的唤醒能力(关于此点的近期综述,参见Preter & Klein,2008)。然而,许多读者认为这个标签令人迷惑,可能是因为当年长的人们被剥夺陪伴关系时,他们倾向于感到孤独和悲伤,而不是像小孩子一样的惊慌失措。当然,这仅仅反映了成人的三级过程的思考,他们有更多的时间来从认知上适应社会损失,而儿童尚未学会这些(关于人类孤独研究的当代讨论,参见 Cacioppo & Patrick,2008)。然而,由于我们使用惊慌这一术语所造成的迷惑,我们决定在本章将这种惊慌/悲痛系统简单地称作悲痛。

这一系统具有两个突出且对立的方面。一方面,悲痛系统的唤醒令我们感到被剥夺感和痛苦;另一方面,当苦楚减轻时——当我们再一次在情绪上被安全的依恋所环绕时——我们感到深深的舒适感和安全感,可能是通过关怀化学物质,例如内源性阿片肽和催产素的释放实现的。在我们的整个生命中,当我们得到自己所爱和信任之人的陪伴时,我们仍然会感到完整和自在的感受。与我们情绪上的亲戚一起,我们会感受到"一切都很好"。正如前两章所讨论的那样,正是这种主要由上述社会神经化学物质所调节的感受增强了社会联结纽带。

悲痛系统以及控制它的神经化学物质的识别,是由我们的研究小组在20 世纪 70 年代中期完成的,这首次提供了关于我们古老的社会心智的情感机制的神经科学洞见。很明显,社会联结纽带部分来说是一种成瘾型过程,其情感强度的增加来自与促进药物成瘾相同的脑系统。最近,研究人员发现,探索的积极情感通常有助于建立成人的社会—性欲依恋(Insel,2003)。

尽管大部分已经研究过的幼年哺乳动物都会明显表现出分离苦楚,并且可以在这些动物身上观察到,但最深刻的还是当我们听到自己的孩子哭泣时。任何一位经常去超市的母亲,都能够识别出在混乱的人群中走丢的孩子心理上痛苦的哭叫。这些哭声令我们揪心。与被拒绝的年轻人的强烈抗议,或者从高处摔下的剧烈痛苦不同,走丢的孩子的哭声具有明显的恐慌紧迫性。这种被唤醒的感受似乎与我们的恐惧系统生成的忧虑没有太多关系。儿童并不会像遇到危险一样躲藏或者逃离,也不会僵住以避免捕食者的注意。相反,儿童很容易疯狂地乱跑(可能是一种探索反应),大哭大叫并且引起注意。对于许多物种而言,一旦母亲进入视线,或者与母亲重新团聚的瞬间,哭泣就会变得更加强烈——这种现象叫作"母亲增强作用",这可能是该系统一种次级的、习得的,而非初级的反应(例如,人们在社会联结纽带之前所需要的)。那些没有表现出这种特殊的母性促进作用的物种,例如大部分实验室大鼠和小鼠,被认为是不具有真正的社会联结纽带,一种母亲和婴儿之间的纽带。它们只是表现出更加广义的社会奖励过程。

这可能会让许多研究人员失望,因为这些极其方便的实验室大鼠和小鼠并不是研究青少年社会联结纽带机制的理想物种。它们有时会表现出一些被称作母亲增强作用的行为(Shair,2007),但似乎它们的叫声会因为任何雌性而增强,而不仅仅是因为它们自己的母亲。这可能是更加广义的多巴胺调节的探索反应,而不是一种放大的痛苦。换句话说,我们尚不清楚这种偶尔被观察到的在与母亲短暂重聚时增强的叫声,是否只针对它们自己的母亲。因此,至关重要的是,确定其他动物通常用于塑形此类社会过程的社会依恋的专一性,确定它们确实类似于人类的情况。这是我们必须花费大量时间评估另一种大鼠尺寸的物种——八齿鼠的实用性的原因之一,它展现出丰富的社会性,包括真正的联结纽带、分离苦楚以及在生活重叠阶段的社会嬉戏(Colonnello et al.,2011)。

当年幼动物与它们的母亲分离时会发出哭叫声的原因非常明显。在这类童年痛苦中,有一种自适应价值,因为当非常年幼的动物感到害怕和孤独时,它们的哭叫会呼唤父母来拯救它们。想象一下这样的画面,年幼的海獭在宽广的大海上完全依赖它的母亲给予食物和关怀。当母亲潜入水中寻找食物时,它不得不把自己的孩子单独留下一段时间。在母亲离开的时间里,幼崽会变得焦虑并且持续发出叫声。这些DV,有些科学家同样称之为"孤立无援的叫声",用以提醒母亲她的孩子所在的位置。如果失去这种情绪交流,因潜水而失去方位的母海獭与她的孩子的暂时分离,就可能变成永远的离别。因此,幼崽的安全,甚至是生存,明确地与显示依恋的发声－听音相关联,这使得它能够与它的母亲相联结。

所有哺乳动物都是如此。在生命之初,我们完全依赖他人,我们的生存依赖与那些关心我们的人建立的社会纽带。这种非常重要的母亲/婴儿情绪纽带,可以很容易通过婴儿痛苦的哭声所监测,它通常出现在母亲离开时。确实,这些 DV 是悲痛唤醒的一个重要信号。通过研究唤醒这种痛苦哭声的脑网络结构,我们得以开始理解导致抑郁的精神性疼痛解剖学和化学机制。同样,当儿童们获得很少的照顾时——被抛弃、忽视或虐待时——他们持续忍受的不安全感和渴望感来源于相同的脑网络,并会导致终身的性格问题。持续的悲痛唤醒会导致慢性的情绪障碍(Watt & Panksepp, 2009),也许最终会耗尽探索系统关于快乐的生活资源(Coenen et al.,2011; Panksepp & Watt,2011)。

悲痛的能力并不仅限于哺乳动物。鸟类的脑深处同样刻有社会需求的情感印记,这归功于鸟类和哺乳动物遥远的未知的相同祖先。尽管我们对这类远亲知之甚少,但我们已经知道,鸟类和哺乳动物的 DV 来源于非常相似的脑区,并且被相同的神经化学物质所调节(Panksepp, Herman et al.,1980;Panksepp,Normansell et al.,1988)。当悲痛系统被唤醒时,动物们具有强烈的动机寻求团聚。这些事实强烈暗示了悲痛是许多脊椎动物脑心智的一种古老的情感系统,它调节了一种强烈的情感,也可以称作"心理痛苦"。尽管这种情绪具有非常古老的根基,但它的影响显然是以我们构建现代文明的方式出现的(Rifkin,2009)。这种古老的情绪系统的功能,对于人们生活的幸福感和痛苦感具有广泛的影响(关于该领域近期心理研究工作深度和广度的总结参见 MacDonald & Jensen-Campbell, 2011)。

悲痛的感受是痛苦的,但这种感受对于年幼动物的生存则是必需的。同样,悲痛剧烈痛苦的减轻——社会分离痛苦的缓解——可以告诉我们关于爱的本质。正如前文已经指出,一些由社会重聚唤醒的促进积极情感的脑化学物质与阿片剂类似,它们很容易让人们成瘾,因为它们提供了一种情绪上非常舒适的感受。当人和动物相互接触并形成积极的社会联系时，脑中的阿片类物质，除了催产素，可能还有脑中的催乳素，都会分泌到需要的悲痛网络的化学受体上。

这些关怀化学物质的作用是我们从家人和朋友温暖的社会关系中获得情感慰藉的主要原因之一。哺乳动物与鸟类近亲会对彼此的陪伴“上瘾”，因此建立社会纽带让它们能够生活在一个和谐的社会中(Panksepp，1981a；Panksepp，Herman et al.，1980)。显然，在社会中生活提升了所有社会物种的生存率，所以我们完全有理由相信，我们想要彼此一起生活的渴望，一种最初通过母子关系确立的密切关系，是我们情绪脑的一种本能过程。这种感受并不是某种我们必须学习的事情，但是我们必须与那些能够以这种开放的、“亲密的”方式和我们建立关系的人一起学习(Reddy，2008)。我们同样必须学习建立社会结构，并且培养我们本性中更好的这一面(Rifkin，2009)。

脑的社会—情绪依恋功能的历史透视

20 世纪中叶，行为主义科学家甚至包括精神分析学家，例如弗洛伊德，至少在他最初的观点里，相信社会纽带的出现仅仅是良好喂养的结果，这值得我们深刻的反思。这种观点认为，儿童爱他们的父母，仅仅是因为父母提供了抚养、庇护和温暖。他们假设这些“强化”经验在人类中是通用的，因为人类婴儿的身体是不成熟的并且依靠父母来满足食物、水和温暖的需求。换句话说，行为主义者假定儿童爱他们的父母是通过常规奖励而习得的——仅仅是因为父母提供了维持生命的必需品。同样，行为主义者相信如果监护者没有满足儿童的生理需求，那么儿童就没有理由与监护者建立纽带。他们并不认为儿童或者幼年动物具有与生俱来的超越生理需求满足的社会依恋需求。行为主义之父约翰・华生(John Watson)提出了一些最为臭名昭著的建议，他养育自己孩子时几乎没有投入任何情感。他最广为人知的关于合理养育儿童的建议是，“从不拥抱或亲吻他们，从不让他们坐在你的膝盖上。如果要做的话，那么仅在他们说晚安时亲一下他们的额头。早晨起床的时候与他们握手。当他们出色地完成一项困难的任务时，轻轻地拍一下他们的头”［来自他的《对婴幼儿的心理照料》(*Psychological Care of Infant and Child*，1928)，该书在出版后几个月内售出几十万册］。他所有的孩子都有严重的情绪问题，例如一个多次尝试自杀的女儿和一个最终成功自杀的儿子，也许是由于父母的冷漠。

主流的行为主义观点逐渐失去了根基，雷内·施皮茨(Rene Spitz)的经典研究发现，孤儿院的婴儿获得了良好的生理关怀而很少获得情感关怀，这样的人类婴儿都没有获得正常的发展(Spitz & Wolf，1946)。离开了他人的关怀接触，许多婴儿过早地死去，而其他的婴儿在长大后也表现出严重的情绪异常。最近，我们又在独裁者齐奥塞斯库被赶下台之前的罗马尼亚的孤儿院看到了这种情况。与施皮茨 40 年前在德国的发现一样，离开了持续的来自他人的爱，这些婴儿变得憔悴，并且未能茁壮成长。为了健康成长，婴儿很明显除了生理需求，还需要情绪支撑。

其他动物也具有类似人类无法茁壮成长以及情绪发育不良的症状。20 世纪中叶，研究者意识到，社会分离会导致幼年动物的大量行为变化：发出持续叫声的躁动，伴随着大量肾上腺压力激素的释放。这些效应强烈表明了用以构建安全的社会纽带的基本神经基质的存在。从 20 世纪 60 年代到 80 年代，富有洞察力的精神分析学家、心理学家和生物学家开始断言，社会纽带是通过我们天生的彼此之间的相互需要构建的。精神分析学家约翰·鲍比(John Bowlby，1960，1980)，在他关于人类发展精神病理学领域的知名著作中强调，婴儿和父母之间较差的情绪依恋，会在儿童长大之后导致各种严重的心理困难，这可能会持续影响一个人情感上的幸福。

动物研究的结果与雷内·施皮茨对孤儿院考察的结果一样强有力且明确。心理学家哈里·哈洛(Harry Harlow，1958)关于分离猕猴幼崽的著名研究，以及生物学家约翰·保罗·斯科特(John Paul Scott)关于羔羊和狗的研究都表明，当幼年动物离开它们的母亲时，它们会持续发出叫声数小时，甚至数天(Scott & Fuller，1998)。它们不再进食，而且分离的猕猴会陷入一种类似于严重抑郁的绝望状态。被剥夺母亲关怀的年幼猕猴，会寻求任何它们能够找到的慰藉，包括柔软的、无生命的“毛绒制品的母亲”，这种选择优先于只能提供食物而不能提供安慰的由坚硬的铁丝制成的母亲。当这种社会分离持续几个月后，这些猕猴会表现出终身的社会适应问题。即使幼年猕猴与年龄相仿的其他猕猴一同成长，但只要没有母亲的陪伴，这种严重的问题就只能部分得到逆转（Suomi，2006）。而且，这些效应是跨代的。最糟糕的一个持续终身的问题是，情绪被剥夺的雌性长大成为母亲后由于它们自己的童年被剥夺，这些母亲无法充分地对它们的后代做出响应。例如，在分离状态下长大的雌性猕猴，在与它们的幼崽相处时倾向于变得胆小或过度兴奋，并且这些母亲通常会忽视或虐待它们的幼崽（Harlow，1958；Suomi，2006）。

我们将尝试展现自从鲍比首次发表对于依恋和发展的洞见之后，我们在理解悲痛的神经本质的道路上走了多远。我们不再将婴儿对抚育关怀的需求简单地当作生理关怀的附属产物。雷内·施皮茨和同事们（Rene Spitz，1946）的早期观察表明，如果只有简单的对身体需求的满足，并不能阻止由缺乏爱的联系所导致的“发育不良”的症状。我们终于明白，脑中由特定的网络生成了我们对他人的需求。这些网络由特定的神经化学物质所控制。这些化学物质的失调会导致精神痛苦，而且如果长期持续，会导致生病。我们还将讨论首要社会关系的关键性，即婴儿与母亲或主要照顾者的关系。我们将会发现，无论如何，这种关系对婴儿脑发育的方式起到决定性作用。

痛苦发声与婴儿依恋的多样性

整个自然界的生命都具有统一的一般原则并在细节上具有多样性。我们在关怀那一章指出，不同物种的母亲建立纽带的方式各不相同。食草动物的母亲在分娩后不久就与自己的幼崽建立纽带，因为它们出生时就已经很成熟，以至于在生命开始之时就很容易走丢。这类母亲迅速与自己的后代建立依恋关系，不仅仅为了能够一起逃离捕食者，并且为了能够在自己的孩子走丢时迅速找回它们；母亲们同样会选择性地建立纽带，从而为自己的

“孩子”提供资源。食肉动物的母亲的后代出生时非常不成熟，甚至视觉和听觉都没有打开——其他晚熟类物种，例如猫、狗和人类也是如此——它们具有更大(更长时间)的联结纽带窗口。这些婴儿在出生时很难走丢，因此有足够的时间让母亲与婴儿建立纽带，并且婴儿通常在到达能走丢的年龄之前，不会开始与它们的母亲建立特殊的纽带。因此，人类婴儿通常在半岁之后才会表现出与母亲强烈的联结纽带。在那之前，婴儿似乎会对任何持续照顾他们的人都感到满意。

因此，正如已经指出的那样，科学家们有必要担心，他们最喜欢的一些“人工”物种，例如实验室大鼠和小鼠，经常为了试验目的而被培育了数百代之久，可能只具有残缺的悲痛系统(Panksepp et al., 1992; Panksepp, 2003b)。这是它们如此适合行为研究的原因之一，因为这种研究需要“未受污染的”动物(尤其是在行为主义时期)，它们单独地在无菌的笼子中存活着。与幼年豚鼠、鸡和灵长类动物不同，幼年实验室大鼠在独自居住时并不会因陷入抑郁绝望而消瘦。当然，它们也并不像许多爬行动物一样孤僻。它们确实十分享受社会陪伴，并且如果独自居住太久，它们也会表现出某种形式的抑郁。正如我们在下一章中将会看到，它们特别渴望嬉戏等社会互动，并且社会隔离会极大增强嬉戏的趣味性(在强联结纽带的物种中，它只会促进彼此聚在一起)。因此，如果有选择的机会，年轻大鼠总是会选择与其他友好的同伴待在一起。确实，社会陪伴是条件性位置偏好研究中一种强大的奖励，这种效果对于雌性比雄性更强(Panksepp et al.,1997)。

我们有必要意识到，幼年大鼠和小鼠并不会表现出真正的分离叫声，尽管它们在独自离开自己的窝时，确实会发出一些超声波的“咔哒”声。对于这些过于不成熟以至于不会走丢的幼崽而言，这些叫声并不是真正的分离叫声。它们可能仅仅反映了一种生理的痛苦。在出生后两个星期内，幼年大鼠甚至不能自我调节体温，它们需要通过叫声告诉母亲它们被拖出了鼠窝并且感到寒冷。这些动物并不具有功能性的分离苦楚和社会联结纽带系统。确实，当它们长到能够走丢的年龄，大约出生后 15 天，它们表达生理痛苦的叫声会消失，但这并没有被社会分离的哭叫所取代。尽管在非常小的时候就开始承受反复持续的早期隔离(例如,尤其是在它们眼睛睁开前的那一周至出生后 14 天)的幼年实验室大鼠会表现出长期的抑郁类型的行为和脑变化,但这些效应很大程度上可能是因为一般的压力(感到寒冷并且没有被母亲舔舐),而不是特别地由社会隔离的苦楚导致(Heim & Nemeroff,1999)。如果人们试图使用实验室啮齿类动物来模拟人类的依恋和抑郁过程,这会是一个大问题。

很明显,在幼年实验室大鼠的社会动机中有某种非常特殊的事情:它们似乎不需要一个特定的同伴——甚至不需要它们的母亲。对于它们而言,任何其他母鼠都可以提供足够的慰藉以消除痛苦。这与我们大为不同。一旦特定的社会联结纽带形成,人类儿童即使在许多人的环绕下也会哭泣,就像是超市那个例子中所展现的。只有儿童的母亲或者熟悉的照顾者才能够提供充分的慰藉。许多其他物种同样也会形成这些特殊的社会联结纽带,但幼年大鼠和小鼠并不会。它们所需要的只是任何其他友善的动物出现以达到情绪上的满足,至少在喂食时间。很明显,实验室大鼠和小鼠具有相对较弱的分离苦楚反应,并且现在没有证据表明它们具有特殊的母性社会依恋系统,许多其他啮齿类动物也是如此(Colonnello et al.,2011)。可能它们的社会欲望主要是通过通用的探索系统运转,这同样有助于调节成年大鼠的社会联结纽带(见第 7 章)。我们逐渐清楚的是,成年大鼠的社会—性联结纽带是由脑多巴胺调节的探索行为所促进的(Insel,2003)。对于婴儿—母亲联结纽带而言则并非如此,在这类纽带中,内源性阿片肽和催产素起到格外重要的作用(Nelson & Panksepp,1998)。

悲痛的剖析

我们通常以外部事件的形式思考痛苦和快乐:我们感到痛苦,是因为某人背叛了我们;我们感到快乐,是因为朋友们给予了我们关怀,甚至是充满情感的支持。但是,悲痛系统与所有初级过程的情绪系统一样,起初是“无目的的”——在生命早期的时候,它可以轻易地与任何支持的和关怀的个体相联系。即使是一个施虐的个体也比什么也没有要好。当这个个体不存在时——当幼年动物完全孑然独身时——它们的痛苦会变得强烈并且它们将会长时间地发出叫声,直到被一个照顾者解救为止。为什么会有这些模式,它们又是如何展开的?

最有价值的神经科学证据,来自对一种基本的行为测量的详细分析:分离叫声源自幼年动物的社会隔离。我们对这一脑系统了解颇多,因为我们可以通过电刺激或药物刺激唤醒特定的脑区,从而唤醒分离苦楚。对数种动物的研究,揭示了调节 DV 的情绪系统的神经解剖学位置,以及源自社会排斥和损失的独特的社会感受。在 20 世纪 70 年代末,我们识别了通过电刺激可以唤醒 DV 的特定脑区,尤其是中脑导水管周围灰质(PAG)和周围的中脑区域、丘脑背内侧、腹中隔区、背侧视前区以及终纹床核(Panksepp, Normansell et al., 1988)。对于高阶物种而言,DV 同样可以通过刺激扣带回前部,以及散布在杏仁核和下丘脑中的几个区域而被唤醒。换句话说,与其他情绪系统一样,悲痛系统包含了一个广泛分布的情绪网络,主要集中在皮层思维帽下方的古老的脑内侧区域。对成年人悲伤的脑成像展示出非常类似的脑区,并伴随着脑阿片肽活跃度的降低(Zubieta et al., 2003)。

我们有充足的理由相信悲痛系统是从原始的脑干疼痛网络演化而来的。其中的一个理由是,生理疼痛和 DV 都可以轻易地被阿片剂所缓解。而分离苦楚回路集中于更加古老的中脑区域,例如 PAG,它传递了深层的情感上的疼痛感受,而不是由脑高阶区域调节的疼痛的认知方面。例如,强烈的悲痛反应(分离叫声)以及恐惧和愤怒反应都是由 PAG 的背侧部分所生成,这一区域同样生成了许多情感上强烈的生理疼痛。因此,悲痛的精神痛苦与生理疼痛古老的情感信息之间存在强大的演化联系。这就是演化运作的方式,运用现有的解决方案为生存制造新工具。

很明显,以悲痛为基础的社会需求系统广泛存在于各种脊椎物种之中,包括我们人类自身。相关的脑刺激研究,以及对内源性阿片肽等神经化学物质的分析,先是在豚鼠身上进行的(Herman & Panksepp, 1981),随后复制到在演化上相去甚远的物种——家养小鸡的身上(Panksepp et al., 1988)。对其他物种充分的研究工作已经完成,尤其是灵长类动物(Jürgens,

2002),这让我们有足够的信心认为这一回路是所有具有强烈动机形成持久的社会纽带的脊椎动物所共有的特性。然而,动物对这一系统的依赖因寿命的不同而相去甚远。幼小的动物非常依赖它,但随着成熟,系统的反应性减弱,部分原因是性类固醇的抑制作用,这使动物转向成年形式的社会—性满足。

悲痛系统的成熟

人们一定会疑惑当年幼的动物成熟时,这些系统会发生什么。许多成年动物,尤其是雄性,会很少哭泣。有些男性几乎在长大之后就不再哭泣。这些痛苦回路发生了什么?它们是否衰退或者消失了?它们是否还在那里,只是因为不再使用或者其他内在的神经生物学原因而变得非常不敏感?对成年豚鼠的研究清晰地表明这些回路仍然在那里:对脑中正确的位置进行针对性的电刺激仍然可以使成年男性像婴儿一样哭泣(Panksepp & Miller,1996)。

然而,随着年龄的增长,这些回路与婴儿时期相比,响应率大大降低。我们如何认识到这一点?当人们通过局部脑刺激来人工激活豚鼠的这些系统时,需要更大的电流才能够唤醒成年动物的哭叫(Panksepp & Miller,1996)。随着动物们经历青春期后,悲痛系统的敏感性逐渐降低,并且雄性的敏感性要比雌性更低。这意味着在青春期增长的性激素起到了关键的作用。确实,当年幼的雄性和雌性豚鼠被阉割后(性腺和卵巢被切除),它们的分离苦楚系统的敏感性不会像完整的豚鼠一样降低(见 Sahley & Panksepp,1986 未发表的数据)。在受到脑刺激时,具有完整性腺的雄性青春期豚鼠要比完整的雌性更少发出悲痛的叫声。结论显而易见:“大男孩不哭泣”,并且这并不仅仅是因为他们被教导这样做。他们很少哭泣,是因为他们成熟的性腺在青春期分泌了大量睾酮。这是男孩通常更加有冲劲,并且相较于女孩具有更少社会敏感性和共情作用的关键原因吗?可能是的。最近的研究工作同样表明给女性注入睾酮可能会迅速提升更加男性化的心理态度(Bos et al.,2011)。

同样,虽然成年男性相较于儿童很少哭泣,但他们仍然会因为失去所爱之人而受到悲伤痛苦的侵袭。在人类研究中,对包含悲痛回路的脑区的强劲电刺激会立即让人们陷入一种抑郁绝望的状态,而当刺激停止后,状态会迅速恢复(Bejjani et al.,1999)。对前扣带回等脑区域进行刺激,现在成为对于那些无法通过抗抑郁药物减轻症状的抑郁病患的一种治疗手段(Mayberg,2009)。这种治疗的成功,可能是通过破坏(抑制)悲痛的某些高阶脑机制实现的,但这仍需要通过未来的研究工作来确认。确实,许多种类的脑损伤被引入临床治疗,用以帮助难治性抑郁症的病患感受好一点,这些效果可能是通过破坏悲痛的脑网络实现的,也可能是通过提升脑探索系统的活跃度实现的,这一系统通常促进了我们精神生活的热情感受以及积极活力(Coenen et al.,2011;Schoene-Bake et al.,2010)。

悲痛与社会联结纽带的化学

悲伤系统的唤醒会让人感觉糟糕,而降低其唤醒能力的药物则会让人感觉良好。我们对该系统的了解足以让我们得出结论,通过人工操纵该系统的神经化学物质能够提升或降低痛苦以及社会动机。一方面,当特定的脑化学物质处于低水平时,婴儿产生 DV 而成人会感到孤独;另一方面,当这些化学物质处于高水平时,婴儿会变得快乐而成人会有快乐的独立感。在日常生活中,当婴儿感受到温柔的关怀时,当成人得到家庭和朋友的支持时,这些满足反应会出现。因此,积极的社会联结纽带,或者产生我们有一个“安全基地”的感受,这些都是伴随着高水平的社会依恋化学物质出现的。

有三种特别的神经肽脑化学物质已经被证明,能够极大地减少悲痛(当然还有大量次要角色存在)。第一种内源性阿片肽是这些神经肽中最强有力的,它们的药理形态(如吗啡和海洛因)非常容易成瘾。其他两种能够强烈减少分离苦楚的神经肽,分别是催产素和催乳素,它们同样在调节关怀系统中起到重要作用。简而言之,如果脑阿片肽、催产素或者催乳素的水平在悲痛的婴儿身上提升,那么,DV 将会减弱并且婴儿将会感到放松并表现出舒适的信号，这种信号通常在婴儿享受母亲抚慰的关注时出现(Panksepp, 1998a)。

从 20 世纪 70 年代中期开始，有一项实验监视频繁表现出 DV 的幼年动物(狗、豚鼠和鸡)的社会痛苦，它们短暂地从正常的社会环境中被分离出来，通常是离开自己的母亲(Herman & Panksepp, 1978; Panksepp, Herman et al., 1978; Panksepp, Vilberg et al., 1978)。通过将分离苦楚的哭叫声作为一种客观指标，来衡量藏在深处的对社会纽带至关重要的情绪(Panksepp, Herman et al., 1980)，研究人员发现所有激活 μ 受体——三大阿片肽受体之一的脑化学物质和药物，都能够非常有效地减少三类测试物种的 DV。而且，这些效果是通过改变脑悲痛网络的敏感性实现的(Herman & Panksepp, 1981)。这些效应随后被复制并扩展到啮齿类动物和灵长类动物研究中(Kalin et al., 1988; Kehoe & Blass, 1986; Keverne et al., 1997; Newman, 1988)。

这些发现表明，阿片剂成瘾与社会依恋机制之间存在联系。这可能也有助于解释为什么如此多的人尤其是孤独的人——那些具有太多心理痛苦的人——会对毒品上瘾(Maté, 2008; Panksepp, 1981a)。对 δ 受体——另一种阿片肽受体的刺激，具有类似但稍弱的效应。第三种阿片肽，通过 κ 受体运作的强啡肽，则产生了截然不同的感受。它所产生的感受通常是非常令人厌恶的，似乎会让人迷失方向并产生失去理智般游离的感觉。现在看来，强啡肽似乎在抑郁的人和动物身上过度活跃(Land et al., 2008; Watt & Panksepp, 2009)。

当依赖内涵性阿片肽系统的毒瘾是社会的祸患时，内源性阿片肽系统是为了什么演化目的而存在的？最初的线索是，阿片剂成瘾的动力学与积极的社会关系之间存在惊人的相似性。通常，药物成瘾开始于药物产生的一种强有力的欣快愉悦或者情绪上的安慰，当药物排出体外后，这种感受会消失，而吸毒者非常珍视并渴望这种感受。当药物离开这一系统后，会产生一种不满的甚至是痛苦的情感残余("对抗过程")。这会导致药物反复使用，并在某些情况下最终导致药物滥用。长时间的药物使用后会产生药物耐受性，在这种情况下，如果想要生成那种熟悉的和渴望得到的积极感受，就必须提高药量。现在，个体必须依靠药物才能维持任何正常的感受。然而，如果成瘾者被剥夺了药物，他或她会承受因失去药物而带来的烦躁不安的感受和痛苦，这种感受与失去朋友时所感受到的痛苦并不相同（详细总结见图8.2）。

社会关系具有相似的轨迹。社会联结纽带初期的强烈吸引力，会随着人们对他人的适应而逐渐减少，也许这类似于阿片剂耐受性。然而，如果这种关系后来受到威胁或者被终止，人们也会承受分离的苦楚。这种苦楚的性质，类似于婴儿因与母亲分离导致的惊慌以及成人的伤心或悲痛。因此，社会联结纽带最初被假设认为是由内源性阿片肽唤醒的愉悦感所调节的（Panksepp，Herman et al.，1978）。人们认为，充足的脑阿片肽产生了温暖联结的社会关系的满足感。当我们孤立或者失去亲人时，阿片剂的突然缺失可能会让我们感受到恐慌和悲伤。

这一假设找到了历史事实的支撑，就是鸦片曾经一度被当作抗抑郁药物用于治疗。的确，在20世纪50年代治疗情绪障碍的现代心理药理学出现之前，这是医生唯一能获得的有效的精神药物。而且，尽管它们的使用会导致成瘾，但毫无疑问它们使不开心的患者的感受有所好转（Tenore，2008）。此外，阿片剂成瘾的心理学文献表明，阿片剂的情绪作用十分类似于人们从支持性的社会联结纽带中所获得的安全感。

许多药理学研究现在都确认了社会情感和联结纽带的阿片剂假设——第一个得到实证支持的关于社会依恋的神经生物学理论（Panksepp，Herman et al.，1980），而且它已经被扩展到鸟类的叫声和社会联结纽带上（Riters，2011）。这一观点同样被扩展到我们从其他感官情感中所获得的愉悦上，例如进餐的愉悦（Avena et al.，2008），还有通常可能伴随着长跑出现的快感（Strassman et al.，1989）。对此有怀疑的人提出，这些不同的效应来自许多不同脑区的阿片剂活动。然而，刺激 μ 受体的化学物质能够极大减轻分离苦楚，这一发现极具精神病学影响。例如，临床的抑郁，可能实质上反映了脑愉悦的缺乏。

令人高兴的是，最近的脑成像研究揭示，人类的悲伤以及相关的社会过程是由相同的脑区域进行调节的（Damasio et al.，2000；Lorberbaum et al.，

2002;Swain et al.,2007),并且在脑阿片肽低水平的情况下,人们会出现悲伤和抑郁(Kennedy et al.,2006;Zubieta et al.,2003)。特别需要指出的是,脑阿片肽的缺乏可能会导致许多精神障碍。除了抑郁的感受,越来越多的证据表明,惊恐发作的神经病理学,是由减少脑阿片肽活性的受体阻断剂所导致的(Preter et al.,2011)。据推测,抑郁的人们以及那些缺乏足够社会支持的人,他们的脑中起安抚作用的社会情感分子的水平较低,导致他们更容易滥用成瘾药物。积极的社会活动,包括母性行为(Ferris et al.,2005),倾向于减少可卡因和阿片剂成瘾的可能性,至少在动物模型中是如此。这可以归结于自然的但在情感上相当的来自积极社会互动的满足。我们现在知道,许多积极的社会互动,例如嬉戏,可以导致脑中内源性阿片肽的释放,这对于以自然的方式减少成瘾行为以及其他精神问题具有长远的影响(见第 10 章)。

与成瘾性的鸦片类药物非常相似的内源性阿片肽调节社会关系这一事实表明,哺乳动物特别是完全依赖其他动物的幼年哺乳动物,会沉溺于社会关系之中。哺乳动物和其他脊椎动物(如鸟类)通过阿片类药物介导的社会依赖维持家庭生活,当人们在药理学上满足这些系统时,社会依赖就会成瘾。因此,人们更容易对阿片类药物上瘾的一个原因,可能是他们没有在社会生活中获得足够的积极满足。许多人可以自我治疗,是因为他们所具有的慢性“精神性疼痛”的感受来自,至少部分来自悲痛系统的长期活跃。他们已经知道可以通过即刻服用药物,而不是通过建立积极的社会关系来更加迅速地获得安慰(Insel,2003;Panksepp,1981a)。

阿片肽活性、学习与其他积极体验

我们现在知道,许多令人舒适的环境刺激能够无条件地促进内源性阿片肽——β 脑啡肽以及其他令人舒适的脑化学物质的分泌。身体的温暖、熟悉的母性气味、舒缓的声音、哺乳甚至是甜的糖水,都能使包括人类在内的许多年轻哺乳动物的哭叫声减少。例如,当幼年大鼠被舔舐后,它们会表现出一种典型的伸展反应并且对疼痛变得不那么敏感(Smotherman &

Robinson,1992)。类似的镇痛效果,同样在人类婴儿身上被观察到(Gray et al.,2002)。这意味着,哺乳可以导致放松和舒适,这是阿片剂的典型反应。如果人们在哺乳前注入了阿片肽受体阻断剂,那么,这些满足反应就会受到抑制。

与其他情绪一样,这种初级过程的情绪系统的影响,随着人和动物的成熟而不断扩大。阿片肽释放同样也受到条件反射和许多学习经验的控制。例如,人们更容易学会爱一个与原先所爱之人相似的人,甚至幼年大鼠都表现出对类似它们母亲的气味的偏好(Nelson & Panksepp,1998)。原始情绪系统是我们最根本的价值编码工具之一,每一种在我们脑演化的过程中都具有独特的效价。这些系统所产生的演化体验,指导了其余所有的精神结构的构建——次级和三级认知策略,通过它们和我们的脑层级能够更好地进行表观遗传适应。

我们可以很容易地想象,条件性的次级学习如何出现在我们生命最早的时期,将阿片肽释放与各种条件性刺激联系在一起。例如,如果母亲在哺育婴儿时有规律地播放音乐,那么,单独的音乐声可能也会及时地导致婴儿脑中的阿片肽的释放,从而产生抚慰的情感。因此,音乐作为一种条件性刺激,在婴儿的神经发育过程中可以具有持久的情感驱动的作用。当然,特定类型的舒缓的音乐,可以成为特殊形式的“触摸”(听觉是一种皮肤振动的感受),可能具有释放阿片肽的内在能力,并且在比如下丘这样的低阶听觉中继站中充满了阿片肽受体(Panksepp & Bishop,1981)。

片刻的思考表明,条件刺激,对它们产生的认知策略,以及这些态度在一生中发展起来的关系,在数量、范围和复杂性上都是惊人的。这些力量对于人格发展以及认知成熟具有重要作用。由于它们的长期影响,我们通常别无选择,只能遵从我们脑古老区域的情感命令。在生活的许多方面,情绪都指引了道路。

具有良好社会纽带的儿童长大成人后,他们学会的社交技巧,让他们能够与朋友和亲人保持亲密。这种学习过程,毫无疑问包括高阶社会感受的发展——从羞愧和羞怯到共情——它们在这些关系中起到重要作用。例如,如果一个孩子在别人眼中看起来很愚笨,那么她可能会感受到羞愧。如果她不确定她喜欢的人的反应，她可能会感到害羞，当然，还有一种儿童的欲望，就是对她喜欢的人感到亲近，这促进了共情的发展。儿童同样发展了使他们能够应对不可避免的孤独期的技能——可能通过分散他们的注意力或者进行令人满足的幻想和游戏。这些策略都与我们的社交等级和需求相关。而且，从神经科学的观点看，所有这些策略都反映出对维持情感平衡的基本需求的反应，其中一些还反映了对我们脑中阿片肽释放的调节（Panksepp，Siviy et al.，1985）。

没有良好社会纽带的儿童，通常无法很好地培育这些能力，而且当他们长大后，当他们必须自救时，他们很容易变得抑郁甚至恐慌。即使有了社交网络，人际关系也会因其破碎化和攻击性的特点而受到损害。当这种负面倾向出现在人的性格形成时，有许多心理和药物治疗方式可以有效地促进体内情感平衡（见第 12 章）。

我们的爱的依恋能力也可能以许多不那么明显的社会形式表现出来，如我们所见，从对音乐的热爱到糟糕的吸毒成瘾。甚至许多情绪吸引和宗教的力量，有可能是建立在社会依恋系统的基础之上的，当然，是在脑其他的社会感受的辅助下（Thandeka，2005，2009）。考虑社会孤立的幼年猴子的驼背、双手紧握的姿势与祈祷的姿势，具有根本上的相似性——一种绝望和祈求的身体姿势，头朝下和双手紧握表达了最原始的安慰需求。对于人类而言，这往往会转变为对来自更高阶力量的关怀的认知渴望。另一种常见的礼拜仪式，常见于牧师布道时，优雅地向天空举起手臂，非常类似于婴儿将手臂伸向母亲等照顾者的渴望的探索姿势。

阿片肽与触觉

阿片肽的释放对于触摸的舒适感格外敏感。我们都知道，我们可以通过爱抚家养动物来使它们感到舒适。客观地研究这种效应的一种简单方式，是监控当幼年动物被抱起或者没有被抱起时的哭叫行为。这种效应是激动人心的。当动物被温柔地抚摸时，它们会迅速停止哭叫。有令人信服的证据表明，这种接触安慰至少部分是通过脑阿片肽系统的激活进行调节的。例如,当被人类抱起时,由于鸡群分离而焦虑的年幼小鸡会迅速地平静下来,甚至闭上眼睛(见图 9.2)。阿片肽受体阻断剂会减少这种接触的效果,增加让小鸡平静下来的时间。然而,即使通过纳曲酮或纳洛酮(它们有阻断阿片肽的效果)等化学物质完全阻断阿片肽系统,被温柔地抱起的社会孤立的鸟类最终会平静下来,并且与没有被抱起的鸟类相比,它们的哭叫大为减少。很明显,有阿片肽之外的神经化学物质促进了这种接触安慰的感受。

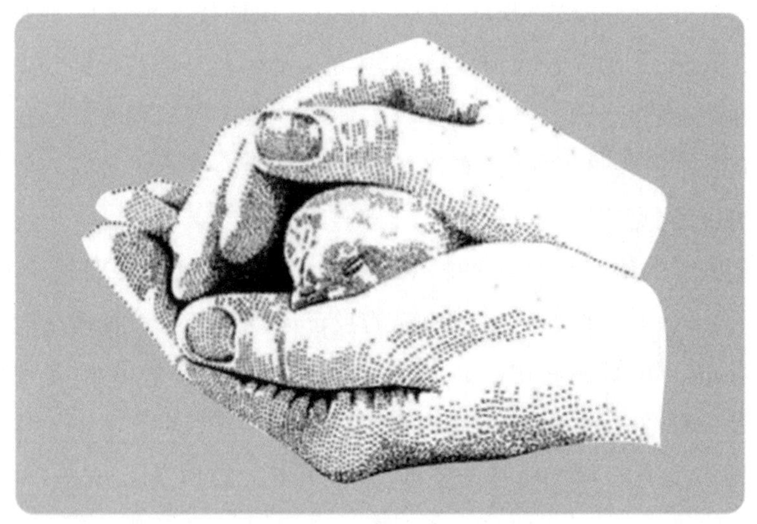

图 9.2 当被人温柔地抱起时,新出生的小鸡表现出舒适的反应,包括哭叫的停止以及闭上眼睛。这些效果会被带有纳曲酮的阿片肽受体阻断剂减弱,并被小剂量的阿片肽增强(由 Lonnie Rosenberg 绘制;转载自 Panksepp,1998a;获得牛津大学出版社授权转载)。

触摸可使脑分泌阿片肽这一事实,同样在灵长类动物身上得到了确认(Keverne et al.,1989)。确实,使用阿片肽阻断剂纳洛酮往往会增加灵长类动物的理毛行为,这似乎是一种尝试来对抗因脑中阿片肽减少而产生的负面情感。灵长类动物互相梳理毛发,是为了获得社会抚慰的感受。从神经科学的角度看,这意味着理毛行为是奖励性的,至少部分是如此,因为它促进了脑中阿片肽的分泌。同样,使用阿片剂类药物会减少被触摸的渴望,可能是阿片类药物减少了动物脑中阿片肽自我满足的感受。确实,在上述研究中,大部分处于支配地位的猴子不愿意被别的猴子梳理毛发,并且它具有最高水平的脑阿片肽基线。它不需要被梳理毛发,但它非常愿意为别的猴子梳理毛发。

另外两种缓解悲痛的安慰性化学物质

在发现了内源性阿片肽对悲痛调节的作用后不久,人们发现催产素和催乳素是该系统相对强有力的抑制剂,并且它们能够增强婴儿和母亲之间的社会联结纽带。我们在上文已经指出,除了阿片肽,催产素和催乳素也可以平息幼年动物的 DV。然而,仍有许多研究有待完成。尤其是,我们需要更多地了解这些化学物质影响人类悲痛系统的机制。尽管现在普遍接受的是,这种社会—情绪的过程是由阿片肽、催产素和催乳素调节的,但我们并没有完全了解这些系统是如何相互作用的。

我们对催乳素在情感调节中的作用知之甚少。然而,催产素已经成为许多研究的主题(Insel,2010),并展示出它在平息 DV 以及生成社会依恋中的作用。此外,催产素作用的证据,可以通过监测动物脑在生命周期的不同时期的表现来发现,它们会表现出不同的社交倾向。在幼年大鼠的脑中,当社会纽带对于生存至关重要时,人们发现悲痛系统的脑结构中具有高水平的催产素受体。而成年大鼠的这些系统中的催产素受体的密度较低,当社会纽带对于生存不再是如此必要时。当动物年幼时,催产素在它们主要的初级过程的社会和情绪生活中发挥了更加决定性的作用,而当它们身体成熟并且具有丰富的认知后备机制和策略来维持情绪稳定时,催产素的作用就会下降。然而,催产素似乎终身都会因为安慰性的社会触摸而分泌。例如,我们已经知道抚摸动物们的胃部可以促使它们分泌更多的催产素到它们的循环回路中,进行按摩的人类同样会如此(Uvnäs-Moberg,1998)。

人们同样发现,具有不同的催产素受体密度的物种,会具有不同的社会气质。例如,具有强社会联结纽带的草原田鼠的脑中的催产素受体分布的密度,更加类似于幼年动物的脑。另外,山区田鼠,由于它们更加倾向于独居，除了有性需求的时候，他们不仅具有整体上更少的催产素受体，而且这些受体在脑中的分布也存在区别。类似的催产素分布的特异模式，同样在独居的和对偶结合的猴子还有野生小鼠身上发现（Donaldson & Young，2008；Ross & Young，2009）。

尽管催产素研究在近年来成为一个热点主题（Carter，1998；Insel，2010；Nelson & Panksepp，1998；Ross & Young，2009），但这种化学物质如何导致情感变化尚不清楚。正如在前一章所指出的那样，催产素可以提升内源性阿片肽的效果。动物通常会习惯于阿片肽（产生耐受性），这意味着，在一段时间之后，药物会失去一些效力。这就是为什么成瘾者需要不断提升药量，以及为什么一段起初令人欣快的新朋友关系，会随着时间逐渐变为一种更加平静的友谊。催产素可以减少这种阿片肽适应性，使阿片肽的效力持续更长时间。催产素可能提升了 β-脑内啡等阿片肽的活跃度（Kovács et al.，1998）。

催产素与阿片肽敏感性的关系，对于新生儿的母亲可能格外重要，因为她们的脑中充满了催产素。除了提供母性情绪，催产素可能还会延长阿片肽的效果，这可能是母性情绪如此强烈和持久的原因之一。同样的原则，可能适用于社会联结纽带。催产素可能提升了内源性阿片肽的效力，使它们能够提供一种更加强烈的舒适感——尤其是对于仍然完全依赖关怀的幼儿而言。

自闭症中的阿片肽与其他社会神经化学物质

社会纽带和内源性阿片肽的实质联系使潘克塞普认为，自闭症患者表现出的不合群症状，可能是由高水平的内源性阿片肽导致/加剧的。确实，大约半数的社会冷漠的自闭症儿童在注入低剂量的纳曲酮后会表现出亲社会的临床获益（Panksepp，Lensing et al.，1991）。然而，过量的内源性阿片肽似乎并不是自闭症的主要原因，非典型性阿片肽在某些情况下可能是影响因素之一（Bouvard et al.，1995）。这项对自闭症的研究是对动物大脑情绪系统的基础研究产生有效精神干预的罕见案例之一。然而，这并没有成为一种标准治疗手段,因为没有足够数量的双盲安慰剂对照研究,尽管有许多研究已经确认了最初的结果(Green & Hollander,2010;Kolmen et al.,1997)。

最近,催产素开始大量出现在自闭症和儿童发展研究的文献中(Bartz & Hollander,2008;Carter,2007;Insel,2010;Yamasue et al.,2009)。研究发现,自闭症儿童具有低于正常水平的血浆催产素含量,并且通过鼻腔注入这种神经肽,可以适度地增进社会性(Green & Hollander,2010;Heinrichs et al.,2009;Rossignol,2009)。然而,与这一领域的其他研究相类似,存在实验结果难以重复和扩展的问题(Tansey et al.,2010)。自闭症是一种复杂的由数种脑—身体问题混合的产物,基因在其中也起到许多作用,并且现在没有可靠的办法来区分这一症状的诸多亚型。目前流行的自闭症,大约每 120 个儿童就会有 1 个被诊断为自闭症谱系障碍,这表明在我们的后现代社会或物理环境中发生了某些事情,导致儿童无法在社交上正常发育成长。正如我们将在下一章中所强调的那样,其中一个大问题可能是我们不再让儿童成为儿童——健康的嬉戏应当成为他们日常社会活动的一部分。

唤醒悲痛系统的压力化学物质

我们已经看到,缺乏内源性阿片肽和催产素可能导致幼儿感到孤独甚至惊慌。当悲痛被唤醒时,其他的脑化学物质变得更加活跃,尤其是压力神经肽、促肾上腺皮层激素释放因子(CRF)以及谷氨酸,谷氨酸是一种参与到各种情绪反应的兴奋性神经递质。确实,当这些物质被注入动物的脑时,它们强有力地促进了分离哭叫(Panksepp,1998a;Panksepp & Bekkedal,1997)。CRF 导致了正常的叫声(见图 9.3),而谷氨酸激活后的发声通常听上去是异常的(Normansell & Panksepp,2011)。CRF 是一种参与到经典应激反应的激素,它激活了脑垂体—肾上腺系统。压力激活了下丘脑室旁核(PVN)中的神经元,其中包含了大量的 CRF 神经元。

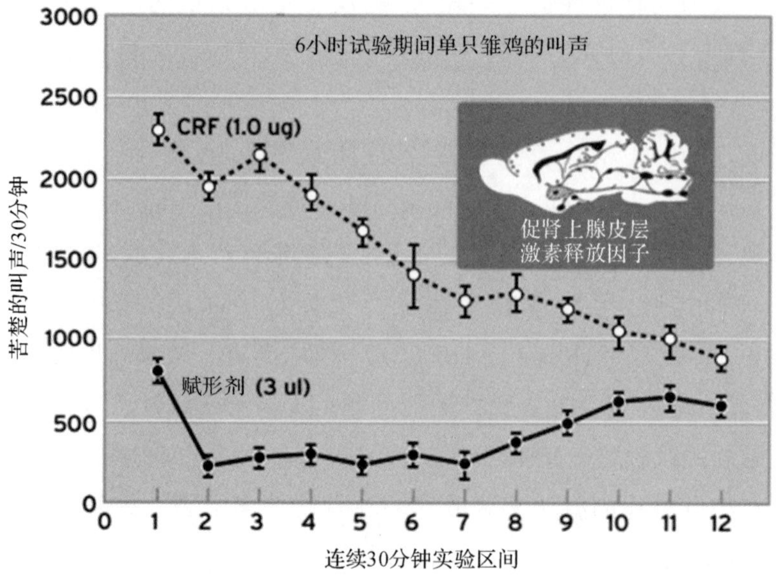

图 9.3 促肾上腺皮层激素释放因子(CRF)是脑垂体肾上腺应激反应的一种主要脑激活因子,但它同样也具有广泛的皮层下回路。将少量的CRF注入三周龄的小鸡的脑脊髓液,并将其从鸡群中分离6个小时以上后,小鸡不会再表现出大量分离苦楚的叫声(吱吱声)[来源于Panksepp(1984)未发表的数据]。

这些PVN轴突投射下行至脑垂体前叶,使促肾上腺皮层激素(ACTH)分泌到血液中。ACTH是刺激肾上腺皮层分泌皮质醇的触发器,刚好位于肾脏上方。这种类固醇帮助身体以多种方式使用能量,以应对多种压力情况,包括分离苦楚。目前还不清楚皮质醇是如何帮助动物应对分离痛苦的,但一个可能的选择是,海马体有许多皮质醇受体。海马体负责情节记忆的生成,尤其是关于空间关系和个人自传式经验的记忆。可能为了应对分离苦楚时期,提升的皮质醇分泌使幼年动物建立起更加强壮的关于熟悉和舒适地方的记忆,例如它们的家,以及它们与父母重聚时的对父母的爱。少量的分离焦虑可能有助于固化社会记忆和社会联结纽带。另一个相关的假设是皮质醇加强了认知,帮助动物们更好地找到自己的家,以及社会性重聚的好处。

当压力系统运行良好时,皮质醇被反馈至PVN大量的受体中,并且这种反馈行为会导致 PVN 停止向脑垂体前叶释放 CRF，从而停止生成 ACTH。如果没有 ACTH 促进皮质醇分泌，应激反应会逐渐慢下来。然而，如果这种自我调节的反馈作用受损，皮质醇的生成持续不减弱，最终会对身体和脑产生有害影响，产生慢性的压力感（有时会是狂躁性兴奋）。在易感人群中，最终可能导致抑郁，甚至海马体受损；这种负面效应有时可以通过抗抑郁药进行逆转。

在极端情况下，长期高水平的皮质醇释放到血液循环中，会导致海马体变得压力过大而永久受损。过度的皮质醇最终会损害甚至杀死海马体中的神经元进而导致失忆。由于伦理道德的考虑，人类研究无法用此种方式进行，因此缺乏详细的神经科学细节，但那些遭受战争创伤或其他暴行（例如大屠杀幸存者）的人的脑成像，通常表现出一些海马体萎缩，尽管关于实际损伤的证据很难被证实。然而，受控研究表明，在没有抚育关系下成长的猴子会导致长期高水平的皮质醇，这确实对海马体造成损伤（Nelson & Bloom，1997）。确实，被虐待的儿童，以及长期遭受性虐待的成人，或者经历过度战争压力的战士，同样倾向于具有更小的海马体区域，相较于正常个体而言如此（Conrad，2008；Irle et al.，2009）。由于海马体对于多种记忆的生成至关重要，包括我们的情节（自传式）记忆，这些研究表明幼年时长期的社会剥夺会影响心智的发展成熟。通过这种方式，我们可以想象，生命早期的压力源与后期的压力源一样，会损害由海马体调节的认知功能。

压力与抑郁

脑垂体肾上腺中的 CRF-ACTH-皮质醇系统的失调同样会由一系列化学物质的损耗造成，这些化学物质统称为生物胺，尤其是去甲肾上腺素（NE）、血清素（例如 5-羟色胺）和多巴胺（DA）。起初，CRF 的释放有力地唤醒了这些神经系统。但当 CRF 持续释放时，这些系统的突触化学物质资源会耗尽。这会导致脑生物化学系统的许多二次变化，包括神经生长因子水平的降低以及脑炎症过程的增长（Cirulli et al.，2009；Harro & Oreland，2001；Miller et al.，2009）。当脑的生物胺被耗尽时，人和动物同样会倾向于抑郁,紧随其后的是持续的过度 CRF 释放。通过实验实现这种类型的生理变化,可以诱发人和动物的抑郁症状。确实,持续注入 CRF 以及生物胺的消耗会极大地促进动物们的抑郁反应,而注射 CRF 受体阻断剂可以中和人类的抑郁(Holsboer & Ising,2008)。

我们现在将会提供一个关于上述观点之间关系的大致概要,以理解并治疗抑郁。大部分时间我们不会引用其他文献,因为对由压力导致的抑郁以及对抑郁的传统药物治疗的介绍,在前文引用的文献中和各种精神病学教材中已经广泛涉及(Panksepp,2004)。这一概述仅仅是架起了一座桥梁,用以讨论抑郁症中悲痛系统的作用以及一些潜在的新干预手段,例如当消极的情感化学物质的影响减弱时,尝试直接补充积极的情感化学物质。

我们尚未准确知道,这些聚合的与压力相关的脑变化,最终如何导致表现为长期临床抑郁的心理变化。但是,我们知道抵消生物胺(例如血清素、去甲肾上腺素以及多巴胺再摄取抑制剂)低可用度的药物,倾向于具有抗抑郁效应。大部分目前使用的抗抑郁症药物,都是通过阻断生物胺的再摄取机制来促进其可用性。因此,抗抑郁药物能够使生物胺在突触中停留更长的时间,即在释放和接受这些化学物质信息的神经元的间隙中停留更长的时间。目前最广泛使用的抗抑郁药物,是选择性血清素再摄取抑制剂(SSRI),例如百忧解(prozac)。正如它们名字所表示的,SSRI 具有选择性的效应,能够单独提升血清素在突触中的可用性。然而,如果这些药物长期使用,同样会抑制血清素受体对刺激的反应,以至于当停用这些长期服用的药物时,可能最终会产生不良后果。

影响这三种主要生物胺可用性的其他类型的再摄取抑制剂是更为有效的,至少短期来看是如此,虽然它们的效果不如针对单独某个生物胺的促进剂。这些药物需要数个星期才能发挥作用这一事实表明,与长期的脑变化相比,例如神经增长因子活跃度提升的逐渐累积,其疗效是次要的,这有助于帮助修复因压力损伤的脑区,例如海马体。然而,值得注意的是,短期使用 SSRI 会极大减轻动物们的分离苦楚,这导致使用氟西汀(商标名百忧解)来治疗宠物的分离苦楚问题。

然而,其他的抗抑郁药物,例如单胺氧化酶(MAO)抑制剂,通过抑制使突触中的这些神经递质退化的酶的效果,来提升生物胺的可用性。MAO 抑制剂以及其他更老的,前 SSRI 抗抑郁药物现在并没有在精神病治疗中广泛使用,因为考虑到它们相较于新式药物具有更多的副作用,然而,除却它们特殊的机制,新式和老式药物的作用都是延长生物胺在突触中的时间,从而向接受化学物质信息的神经元提供更多的刺激。同样,这类导致脑调整的药物的持续的长期后果仍有待充分研究。

这些药物发挥抗抑郁效果的详细过程是按次序进行的。正如前文所指出的,生物胺(去甲肾上腺素、血清素以及多巴胺等神经化学物质)通常作为一种神经递质,或者化学物质导致神经元放电或者抑制其放电。神经递质被释放到突触后不久,它就会以两种方式之一从突触中消失。第一,一种酶可以降解神经递质,将分子分解成不活跃的成分。第二,神经递质可以被带回到被释放的神经元中(再吸收),从而将分子从活动中带走。当生物胺作为神经递质活动时,它在突触中的可用性,可以被如下两种机制促进——抑制它们被化学灭活或者抑制它们重回到神经元中。然而,正如已经指出的那样,这些药物的强烈抗抑郁效果需要几周才会出现,这种延迟意味着许多"下游"变化在脑中被激活。这些更加偏远的变化可能是最有益的,包括许多修复过程,例如减少脑组织中的炎症,以及新神经元的增殖和海马体中神经元数目的增长,该区域对于许多正常的、健康的脑功能极为重要。此外,不敏感受体的发展从长远看似乎不甚理想。

尽管从脑功能的层面看,我们对于抑郁的原因尚没有准确的答案,有许多神经化学物质作为候选。不幸的是,这些潜在的致病因子通常是在没有任何支持性情感数据的情况下提出的。目前备受推崇的一个化学物质是一种脑"肥料",被称作脑源性神经营养因子(BDNF),但还有许多其他成长因子候选者。它们都是"转录因子",这意味着它们在基因调节的节点产生影响,即许多下游的基因通路打开时。一项值得注意的发现是,许多生长因子也被具有抗抑郁作用的健康活动激活,比如锻炼。甚至年幼动物的嬉戏行为也可以提升脑中 BDNF 的可用性(Gordon et al.,2003),并且可以提升其他成长因子的水平,例如类胰岛素的成长因子(Burgdorf et al.,2010)。我们将会在下一章详述这些功能。然而,很明显,感知到社会支持是个体能够从严重的抑郁疾病中重新振作的最好的指标之一(Leskelä et al.,2006)。

脑阿片肽与抑郁

现有的抗抑郁药物,确实有助于修复一些由压力造成的破坏。然而,我们知道,当悲痛被唤醒时,这是因压力导致的抑郁的关键因素之一,内源性阿片肽等安慰性化学物质会被严重损耗(Kennedy et al., 2006; Zubieta et al.,2003)。我们也从大量的研究中得知,阿片剂和内源性阿片肽能够迅速产生抗抑郁效果。这些事实表明,可能存在另一种途径来对抗抑郁,即通过增加脑阿片肽的活跃度。正如前文指出,在新式抗抑郁药物出现前,阿片肽系统活跃度的提升通常是通过注射阿片类药物实现的。然而,由于它们臭名昭著的成瘾特性,阿片剂注射遭到抛弃,这有利于药效相对较弱的新式抗抑郁药物被研发出来,用于干预不够活跃的生物胺(正如前文所说,尽管这并不意味着抑郁主要是由于缺乏这些递质导致的)。

今天,神经科学家应当重新考虑,抑郁主要是由于脑中缺乏令人愉悦的化学物质的可能性,尤其是那些支持社会联结纽带安全性的化学物质。例如,如果一段强烈且持续的悲痛导致了抑郁,从某种程度上说,通过脑 μ 阿片肽活跃度的急速下降,我们最终可以找到解决这些失调的办法。现代神经科学已经发现了既能够提升 μ 阿片肽活跃度,又没有严重成瘾危险的药物。例如,混合的阿片剂受体兴奋剂/拮抗剂——丁丙诺啡(现在广泛用于治疗毒瘾)。这一药物仅仅在极低的剂量下可以提升阿片剂的活跃度,而在高剂量的情况下会阻断受体的活跃度。人们发现低剂量的丁丙诺啡是一种强有力的抗抑郁药物,用于那些服用多种其他药物都没有效果的病患(Bodkin et al.,1995)。这种混合的兴奋剂/拮抗剂作用意味着,人们不会强烈地对这种药物成瘾,因此它安全地被用作治疗阿片剂成瘾的药物。这种药物提供了充足的阿片剂活跃度,以及相应的心理慰藉,从而阻止戒除阿片剂所导致的痛苦的戒断作用。因此,丁丙诺啡可能同样可以更广泛地用作一种有效的,快速生效的抗抑郁药物,尤其是对于那些在传统治疗中没有得到缓解的病患。然而,在得到适当的双盲研究以及政府监管部门的批准之前,将它作为一种标准的精神病治疗手段广泛应用是不可能的。显然,在这种医疗手段得到普遍接受之前,仍需要完成一些严格的研究工作。

在这种背景下,值得指出的是,安慰剂效应在抗抑郁实验中非常普遍,安慰剂所产生的效果通常和获得 SSRI 所产生的效果同样强烈。这在一定程度上反映了这样一个事实:每天的轻度抑郁反应往往是自我限制的条件。此外,从现今的社会—脑分析来看,安慰剂所产生的抗抑郁益处是可以预期的,它部分是通过内源性阿片肽的释放进行操作的(关于此点的总结参见 Panksepp,2006c,2011a)。积极的社会交互能释放脑阿片肽,产生积极的社会感受,而安慰剂效应可能部分反映了精神健康专家以及其他关心人们抑郁感的重要人士的看法。这种对关怀的看法可能提升了脑阿片肽的释放,这会使抑郁患者感受好些。换句话说,抑郁的安慰剂效应至少部分反映了社会支持激活脑阿片肽系统的能力。当然,这同样是为什么关系中的情感特质对于心理治疗干预的结果如此重要的原因之一。

然而,μ 阿片剂的损耗,并不是神经科学家们发现的唯一的与抑郁相关的阿片剂失调。从强烈的悲痛到绝望和抑郁的转变,同样伴随着探索系统唤醒的减少。由于强啡肽强化效应导致的 κ 阿片剂活跃度的上升,这种化学物质变化已经被确认为导致探索系统唤醒减少的原因。正如前文指出,强啡肽与 κ 阿片剂受体相连。目前有相当多令人兴奋的发现表明,医学上能够安全地阻断 κ 阿片剂受体的拮抗剂能够抑制强啡肽的效果并被证明可以用作抗抑郁药物(Knoll & Carlezon,2010)。事实上,这也是丁丙诺啡的药理特性之一,相同剂量的丁丙诺啡同样能够阻断焦虑的 κ 受体,同时通过 μ 受体促进积极的欣快感。

探索唤醒减弱的作用,可能凸显出我们对于抑郁的"自适应"效应知之甚少。演化心理学家已经考虑了严重的抑郁对心理经济产生各种负面效应的可能性,当失去社会支持时,某种程度的抑郁可以促进生存[这一观点最先由约翰·鲍比(John Bowlby)提出,并由华特和潘克塞普(Watt & Panksepp,2009)进行了神经科学发展]。例如,经过一段时间对强烈的分离苦楚的口头抗议后,这是最初的惊慌反应的象征,它有助于父母找到他们丢失的后代,个体会自适应地回归到从行为上抑制绝望或沮丧的状态,从而保护身体资源。这种抑郁状态可能有助于阻止无助的生物漫无目的地闲逛甚至远离安全之地。沉默也会最小化被捕食者发现的可能性。另一种能够有效减少苦痛哭叫的消极情绪过程是恐惧。总而言之,如果最初的抗议没有实现重聚,沉默的绝望反应将会是一种有用的次级策略,它能够最大程度增加父母们最终找到他们活着的后代的可能性。

悲痛和恐惧的区别

现代神经科学使我们能够区分由悲痛和恐惧唤醒的焦虑——孤立的恐慌以及人们在预期受伤、死亡或者其他即将到来的厌恶事件时感受到的恐惧之间的区别。当然,这两个系统是相互作用的。例如,经常被单独留下的儿童会经历分离焦虑,但他们同样也会害怕想到被单独留下的景象并再次感受到痛苦。换句话说,他们会在更高阶的认知层面害怕悲痛。

这两个系统同样共享了一些重叠的神经解剖学和化学内容。事实上,解剖学和化学的重叠存在于许多情感系统中(例如所有的情绪系统都涉及演化上古老的中脑的 PAG,而 GABA、去甲肾上腺素以及血清素等神经递质调节了所有的情绪系统,也许还包括多巴胺)。然而,恐惧和悲痛系统在解剖学和化学层面都可以被区分开来。CRF 可以激活两个系统,但这两个系统在许多其他方面存在化学上的区别。例如,非常低剂量的阿片剂可以明显减少分离叫声。但如果要适度地减少表示焦虑或预期性的恐惧,所需要的剂量则高得多。另外,传统的苯二氮类抗焦虑药物,例如甲氨二氮(利眠宁)和地西泮(安定),在低剂量时能够显著减少恐惧反应,但它们无法有效地减少表示悲痛的分离哭泣。从行为的角度看,我们仅仅注意到分离苦楚可能导致习得焦虑:人们很容易会变得害怕恐慌的感受。从恐惧到绝望的并行因果路径并不是显而易见的,因为当动物极度害怕时,悲痛的叫声通常会减少。当然,这具有良好的演化意义,因为当动物处于危险时,它们会感到害怕,而如果在这个时候发出哭叫声,它们将更有可能吸引到捕食者的注意。然而,从更高阶的认知(三级过程)层面看,如果长期的焦虑也使人和动物更容易抑郁,这并不令人感到奇怪。

在任何情况下，我们都有许多理由相信由不安全感导致的神秘的疼痛，即精神病学家所说的"惊恐发作"，同样可能是从根本上来自社会分离苦楚的悲痛网络的突然唤醒，而非现在许多理论家认为的恐惧网络的唤醒。控制惊恐发作以及控制一般性焦虑的神经化学物质之间的药理学区别，由精神病学家唐纳德·克莱因（Donald Klein）在20世纪60年代早期首次揭示（Panksepp，1998a）。克莱因发现新的苯二氮类抗焦虑（抗恐惧）药物，例如利眠宁和安定，对惊恐发作的概率几乎没有任何有益的影响。然而，三环抗抑郁剂丙咪嗪，则对于平复这类惊恐发作非常有效。尽管焦虑症患者起初宣称三环类抗抑郁药物对他们没有益处，但护士们汇报说这些病人对惊恐发作的抱怨越来越少。很明显，患者并没有关注这些改善，因为这类药物并没有减少预期的焦虑和障碍——对惊恐发作本身的恐惧。这些病人仍然对惊恐发作感到害怕；也许他们也需要治疗恐惧的药物。

在这种情况下，有必要指出，丙咪嗪对于减少许多物种的分离苦楚非常有效，包括狗和灵长类动物（Panksepp，1998a）。这意味着，比如分离叫声这种惊恐发作是被唤醒的悲痛的功能，而非恐惧。支持这一假设的证据是，惊恐发作的生理特征可以通过减少阿片剂的活跃度来改善（Preter & Klein，2008）。有进一步的临床证据表明，惊恐发作与社会损失相关联：那些经历惊恐发作的人通常具有一段童年时曾经分离焦虑的历史。此外，惊恐发作和分离苦楚，都会让人感受到像是舒适和稳定的中心被突然移除。而且，它们都伴随着虚弱和气短的感受以及喉咙似乎被堵住的窒息感。

精神病理学与悲痛系统

悲痛系统的失调在一系列的情绪障碍中起到关键作用，因为有许多精神疾病都是由于无法享受温暖的人际依恋安全感而产生的。我们已经指出了惊恐发作、抑郁症和自闭症的不同。也许一系列的社会恐惧症和人格障碍，也可以被归类到悲痛的病理学之下。我们无法检查所有这些情况。相反，我们将会关注于第一个也是最重要的那个社会联结纽带——婴儿/母亲关系。对儿童情绪上的忽视，甚至是虐待，会导致非常严重的精神病学后果

(Heim et al.,2010)。

在过去的数十年间，关于儿童对其母亲或主要照顾者的社会依恋(social attachment)的本质，发展心理学家已经构建了一套连贯的理论观点。他们观察发现，儿童表现出许多种依恋"形式"或气质，它们都具有强烈的环境前因。具有安全依恋的儿童，对于接受来自父母或照顾者的社会支持充满信心。他们通常是外向的并且倾向于积极且热情地面对生活。这些儿童长大后，会成为完全适应环境的成人，因为他们是从"安全基地"出发的。总的来说，他们具有良好的人际关系并且他们在人生追求上是成功的。

然而，当母亲无法哺育她的孩子时，儿童长大后的依恋性就会很差。没有安全感的儿童表现出两种主要的情绪和行为模式。有些儿童会过于依赖他人并且似乎需要超过正常水平的来自照顾者的关注。另外的那些儿童则会选择疏远他人，避免社会情境，据推测这是因为他们没有自信接受他们所渴望的积极支持和反馈(Ainsworth,1982)。在过去的30年到40年间，大量关于人类婴儿的临床研究表明，母亲需要向她的孩子的情绪提供共情式的关注(Beebe & Lachmann,1988)。当母亲能够很好地理解她的孩子时，就能够很好地促进情绪健康。

当然，这些理论是基于行为观察和对儿童心理活动的描述性心理推断。直到最近，神经科学家才能够将依恋理论转换为脑中发生的确切变化。神经科学家从表观遗传作用(epigenesis)的角度理解这些脑变化——源于经验作用发生的基因表达。我们在前文指出，基因表达是一个使休眠基因变得活跃的过程。表观遗传涉及依赖经验的基因表达；这是在出生后，根据孩子在世界上的经历而产生的基因表达。

表观遗传作用似乎是一个古怪的概念，因为我们通常认为，我们天生具有的基因遗传将会准确地、持久地决定我们在生命过程中所展现出的属性。有一些基因确实如此。例如，表现DV的能力确实是由在出生后迅速变得活跃的脑网络所决定的，并且这是为什么几乎所有幼年哺乳动物和鸟类会在被单独留下时发出叫声的原因。因此，构建这类脑系统的信息确实是基因所决定的。然而，通过彻底改变我们对先天与后天的理解的表观遗传机制，人或动物在生命过程中的特定经验可以让基因表达更加活跃或者不活跃(Szyf et al.,2008)。因此，当先前休眠的基因在特定的脑回路中表达时，它可以生成脑细胞之前没有生成过的蛋白质和神经肽。许多这些唤醒的神经化学通路确实改变了脑心智的情感功能。因此，我们看到了表观遗传过程如何能够影响情绪行为和感受。

当年幼动物接受它们母亲的关怀后，这些经验会产生表观遗传变化(epigenetic changes)，激活影响脑功能的相关基因。这些可变的脑功能可以生成针对不同个体的特征和行为——例如上述提及的依恋类型。表观遗传作用可以让被母亲良好抚养的婴儿生成健康的脑，但它同样可能导致各种类型的精神问题。研究表明，如果母亲是抑郁的并因此不对她的婴儿做出响应，那么，人们会发现儿童的行为和脑组织出现异常(Meaney,2001；Tronick,2007)。也许这些儿童会发育出无响应的脑催产素或阿片肽系统。正如前面所提到的，也许催产素在使处于压力之中的母亲得以缓解，并为她的孩子提供安慰比较失败，可能是因为她的催产素系统不再能够补充和增强内源性阿片类药物的作用。有很多可能性可以考虑。

一个众所周知的社会问题是，成年女性在年轻时缺乏社会关怀和具有不安全的依恋，其母性冲动会发育不良。在某种程度上，不佳的抚育经验可能会导致年轻女性脑中的表观遗传变化，导致她们在拥有自己的孩子时不太可能成为最好的母亲。早期不佳的抚育所导致的其中一个结果是大量的行为变化，它们部分来自脑对压力响应方式的表观遗传变化(Meaney,2001；Szyf et al.,2008)。关于这一主题的大部分研究工作已经在大鼠身上完成，但最近的报道指出，儿童时期被虐待并在成年后自杀的人们的脑所表现出的表观遗传变化，非常类似于那些得到更少母性关怀的大鼠(McGowan et al.,2009)。我们之前讨论过的皮质醇对海马体的有害影响，可能是表观遗传论的另一个例子。这一研究帮助我们更好地理解为什么被虐待的儿童通常会成为表现不佳的父母，他们会表现出跨代循环的儿童忽视甚至虐待。不安全的依恋，可能是由于低阿片剂响应率会代代相传。自杀人群的脑阿片肽活跃度指数通常较低(Gross-Isseroff et al.,1998)，并且有可能通过药物促进脑阿片肽的满足，例如通过低剂量的“安全”阿片剂——丁丙诺啡，从而减少自杀的想法。当然，这同样可以通过更多持续的来自他人的情绪关怀实现。

大部分关于依恋的生物学研究,强调了最新演化的高阶脑区域的变化:新皮层尤其是两个脑半球的功能。这些研究由临床医生艾伦·肖尔(Alan Schore)进行了广泛的总结(McGilchrist,2009),他指出,脑的许多部分在出生时并没有完全形成,并且这些区域的发育是通过依赖经验的表观遗传变化所调节的。与越来越多的神经科学家一起,肖尔研究了母亲—儿童交互的质量如何控制脑朝更好或更坏方向发育(Schore,2001)。

对脑高级区域的研究表明,在出生时,只有初级的躯体感受皮层的新陈代谢高度活跃(Chugani,1996)。新皮层的其他部分仍在发育过程中。肖尔关注于右侧脑半球,在出生后的前 18 个月,这一区域表现出比左半球更强有力的生长突增。右半球在三岁前占据着主导地位(Chiron et al.,1997)。很明显,这是儿童开始和他们的父母建立关系的时间。右半球对生活表现出了更加情绪化、整体的态度,而相对较晚发育的左半球,则最终提供了更多的分析认知技能,远离了社会敏感性。肖尔关注于右侧脑半球是因为研究表明这一区域对外部刺激的情绪响应格外强烈,例如在儿童早期时的抚育的触觉经验(Kalogeras et al.,1996)。这些经验强烈地由母性抚育的质量所决定,并且至少在大鼠中具有永久的脑影响(Meaney,2001)。儿童脑的发育是依赖经验的,而且它直接受到母子关系输入的影响。

肖尔进一步认为,古老的皮层结构眼窝前额皮层(OFC),在出生后第一年的最后一个季度和第二年的中期会进入发展成熟的关键期。此外,这也是母子关系开始萌芽的时期。这一时期与母亲在一起的经验会产生表观遗传变化,这会导致眼窝前额皮层发育良好或者发育不良,它在处理人际关系信号以及它们的情绪意义上发挥了关键作用。当脑的这一区域受损时,人们会表现出不佳的社会调节,朝一种情绪上更加冲动甚至反社会的极端气质类型发展(Adolphs et al.,2003)。发育良好的眼窝前额皮层,同样调节了自主神经系统的许多方面,该系统产生了情绪经验的生理成分(Porges,2009b)。因此,眼窝前额皮层在情感调节中发挥了重要作用(Schore,1994)。如果不良的母子关系干扰到这个脑区域的发育成熟,孩子可能一生都会经历调节情感上的困难。由于情感调节是精神健康的一个基本特征,因此眼窝前额皮层的良好运行至关重要。尽管我们现在并不清楚参与到这些脑关键部分成熟的表观遗传变化的细节，但是，我们可以假设这些变化为脑的健康或不健康发育提供了关键的机制。

尽管新皮层、眼窝前额皮层以及海马体功能受损的幽灵是可怕的，但动物研究展现出了一个更为可怕的场景。实验证据表明，遭遇过极端经历的人或动物会导致初级过程的边缘情绪网络产生长期提升或下降的敏感性。皮层下情绪系统的这些变化，同样是表观遗传调节的。例如，如果动物具有很多惊恐的经验，它的恐惧系统可能会被永久地敏化；这类动物可能会相当容易地陷入恐惧之中(LeDoux,2002)。这些表观遗传变化可能会导致其他许多情绪系统的病理性的过度敏感以及过度响应，尤其是那些调节分离苦楚/悲痛反应的系统。

如果我们考虑皮层下情绪系统对发育中的新皮层具有决定性影响的可能性，那么，脑更深层的情绪区域的长期的发育性变化就承担着更大的重要性。我们已经指出，早期的依恋困难会导致边缘情绪区域和新皮层之间神经连接的减弱(Schore,1994)。这可能意味着，脑的皮层下区域会对皮层的发展做出更小的贡献。相反，由于新皮层通常抑制边缘系统的表达，这可能同样有助于解释为什么遭受依恋困难的人们通常在情绪上处于脱抑制状态。

悲痛可能是人脑中最有力的情感网络，即使通过许多现代文化体系的安全网，我们也无法完全屏蔽它的影响。确实，许多富有艺术气息且高度职业化的文化形式，例如布鲁斯音乐，证明了这种对人类至关重要的经验特质的力量。而且，通过最先进的脑成像研究工作，我们发现悲伤相较于其他任何情绪，更加突出地“点亮”了我们的脑(Damasio et al.,2000)。我们在这些脑成像中所看到的内容，与我们通过动物研究了解到的关于分离苦楚/悲痛系统的神经解剖学知识相符合(见图 9.1)。当我们对我们所爱之人产生安全依恋时，我们就获得了一个终身的礼物。当依恋过程受损时，高阶精神区域中的精神疼痛的多种表现会导致终身的慢性痛苦感。这种痛苦往往会阻碍我们与他人的交往。然而，尽管有这样的变化，人类仍是一种相当有弹性的物种，所以上述所有对情绪健康的影响都会因个体的不同而高度可变。

悲痛系统与心理治疗技术

心理咨询师将移情(transference)视作他们工作的关键。移情,是指在治疗情境下,患者愿意重建他们已有的、与重要他人相处的方式的倾向。患者对治疗师的看法和感受,通常反映了他们对家人尤其是对他们父母的看法和感受(Pulver,1995)。情形有所不同的是,所有患者,实际上是所有人,都会建立习惯性地响应他人的情绪方式,并且这些情绪习惯通常是由早期关系塑造的。如果你在健康的环境下长大,你将会以一种开放和接受的方式接触世界。这就是一种移情反应,因为你甚至会真诚对待某些不道德的人。事实上,当你第一次遇到有支配欲望的人时,你可能会难以理解他们。相反,如果儿童在危险的环境中成长,他们通常会带着猜疑和敌意看待每一个人,并且他们可能不会理解或相信任何人具有良性的动机。移情是一种普遍现象;我们通常会积极地认同我们所仰慕的人,这对于心理治疗而言是有益的,甚至也许是必要的,因为它给予了病人和治疗师机会来解决过去糟糕经验中的情绪和行为残留。

在早期精神分析中,治疗师被要求隐藏自己的个性。这种观点认为,治疗使得个性应当是一块"白板",患者可以进行他或她的情感转移投射,而不用担心受到治疗师的性格所影响。这种模型仍有一些优点,即治疗师不应当承担患者自身的问题。毕竟,人们需要记住,两者之中的一个是客户,通常是付费客户。

然而,认为治疗师应当在情绪上中立的观点,不但是不可能的,而且对治疗努力也是有害的。因此,一个不苟言笑并且/或者没有情绪的治疗师,将会被病人给予负面评价。这种治疗立场将会受到大多数患者的排斥,只会吸引那些已经建立了受虐倾向的病人或者那些急切希望从心理治疗训练中"毕业"而不想制造麻烦的患者。对于治疗师而言,积极对待患者的态度以及相应的行为是正常且必需的。当然,积极的性情可能存在一种风险,导致治疗师对患者个性中的消极特质视而不见。然而,当治疗获得成功后,这些消极特质应当在没有破坏整体积极的治疗关系的前提下进行处理。这种积极的同盟关系可以给患者提供一个安全的港湾，使他或她意识到转移给他人的思想包袱实际上是习惯、信仰和感受的集合，它们从属于不同的关系，甚至不同的时代。

我们在本书中始终强调，希望心理疗法和精神药理学在未来能够携手合作。确实，一些新式药物能够使标准心理治疗方法更容易——例如，当在暴露疗法过程中注射 D-环丝氨酸时，有助于促进神经层面的疗效变化(Norberg et al.,2008)。人们可以想象，通过适度剂量的、促进积极情感和自信的安全的阿片剂药物所诱发的情感内平衡，能够促进治疗进程，尤其是将这种方式通过更加积极的情感情境来固结一些麻烦的记忆时(见第 6 章)。同样，有更多的研究需要被完成，以确认丁丙诺啡等快速生效的药物是否能用于长期改善悲伤障碍患者的内平衡。当然，对心理疗法的药物援助只能在这种治疗本身有效的前提下才能够产生有益的结果。然而，这些药物可能在短期内能够提供一种动力，让一些病人克服仅靠心理疗法难以实现的情绪上“最困难的时期”。

目前最为迫切的是设计合适的研究，当病人开始深刻了解他或她的问题时，尝试促进这种益处固结。低剂量的悲痛抑制剂例如鼻腔催产素(目前来说，是一种严格意义上的试验性的药物)或者非常低剂量的丙咪嗪，以及许多其他常见的温和的但快速生效的抗抑郁或者抗焦虑药物，有可能谨慎地将它们以暂时有利的方式结合起来，可能能够促进长期的治疗改善。同样有可能的是，将记忆再固结成为一种积极的自我形象，可以通过创造性地使用密切结合的精神药理学和心理疗法手段实现。而且，这也有可能引导我们远离当下长期存在的“把药丢给病人”的标准惯例，并且不需要应对他们的精神生活。这对于未来的调查研究极为重要，并且已经有了一些充满希望的先例，例如，正如我们一再所说，抗抑郁药物和心理疗法的结合使用比单独使用其中任何一个都要更加有效(例如，Holtzheimer & Nemeroff，2006)。

小结

悲痛系统对于精神健康至关重要,并且它可能是生成抑郁性的痛苦和特定类型的慢性焦虑的最重要的系统之一。另外一个是探索系统(Panksepp & Watt,2011)。所有的哺乳动物都需要与其他动物建立联结纽带,并且典型的哺乳动物的爱的纽带是母子之间的纽带。在这一关系中,母亲的关怀系统哺育并对婴儿的悲痛系统提供敏感的响应——对婴儿所需要的亲密感和依恋性提供响应。这不仅仅是一种抚养和庇护的内平衡的需求。这是一种情绪的需求,使婴儿安全地并温暖地依恋于母亲或照顾者。

悲痛教会了我们许多关于爱的知识。当我们只不过是想到与我们最亲近的人离开我们时,我们可能就会感到悲伤或惊恐。这种感受告诉我们,我们通过情绪纽带与那些爱我们的人联结在一起,共同抵抗失望、失落以及生活中许多变化的侵蚀。当我们意识到,最好的抗抑郁化学物质是那些复原了积极的社会—情感系统的力量的物质时,例如催产素等减少分离苦楚的精神痛苦的内源性神经化学物质,我们将会在开发新式抗抑郁药物上取得更大的进步,例如谷氨酸受体拮抗剂(Machado-Vieira et al.,2009;Skolnick,2009)和更多的间接调节剂(Burgdorf et al.,2011),以及一直以来我们学习如何高效使用的药物,例如"安全的"阿片剂(Bodkin et al.,1995)。当然,最好的药物是我们从所爱之人那里获得的温暖和安慰,它们满足了人类灵魂的需要。

让我们再次强调一下,尽管悲痛系统可以生成一种形式的"焦虑",但是,这种焦虑与恐惧系统生成的可怕的预期并不相同。恐惧与悲痛是由不同的脑结构以及重叠但又不同的脑化学物质所支持的,它们在脑的不同部分运行。我们尚未完全理解悲痛系统在临床抑郁和慢性焦虑中所起到的作用。在利用现有药物和研发新型的治疗这些症状的有效药物上,我们同样有很长的路要走。确实,我们并不知道现有的抗抑郁药物是如何生效的;很明显不是因为它们短期的药理作用。有些人相信这些药物启动了生长因子,从而帮助修复损坏的脑功能,表现为许多抗抑郁药物促进了海马体中的神经细胞增殖(Boldrini et al.,2009)。

另外,我们都清楚地知道,适量的阿片剂是药效迅速的抗抑郁药物,而当前的药物通常需要数周时间才能完全发挥药效。这种迅速生效的抗抑郁药物是我们所急需的。不幸的是,大量服用阿片剂会导致药物成瘾的这一事实,使研究者忽视了它们巨大的药用潜力。除了安全的阿片剂比如丁丙诺啡有满足这种需求的潜力,谷氨酸阻断剂作为快速抗抑郁药物(可能是通过阻断悲痛的心理痛苦)的出现,引领了安全的、不会引起幻觉的治疗策略的发现,这同样让动物脑中积极的情感过程得以实现(Burgdorf et al.,2011)。我们希望,对于悲痛系统的更好理解,能够鼓励精神病学研究者将他们的目光转移到这些药物的有益效应的可能性上来。

同样,痛苦的记忆越是能够在积极的情感态度的情境中再情境化,从长期看病人的状况可能就会越好(见第12章)。我们将在下一章中看到,嬉戏作为我们脑中所能生成的最积极的社会—情感的感受之一的来源,尚未在心理治疗的情境中得到系统或良好的运用。毫无疑问,有许多方式让这种充满活力的积极情感参与到心理治疗相互作用的更多方面中。我们应当牢记诺曼·卡森斯(Norman Cousins,1983)的著名观点:开怀大笑可能是最好的药物之一。

第10章　嬉戏的美妙脑回路:社交快乐和欢笑的古老来源

需要多大勇气
为永恒而嬉戏
像山涧奔流而下
像河流般流淌

——鲍里斯·帕斯捷尔纳克(Boris Pasternak),"酒神节",安萨·米勒(Anesa Miller,1993)为米哈伊尔·爱泼斯坦(Mikhail Epstein)翻译

在他追求自由的过程中,伟大的俄罗斯小说家和诗人(1890—1960;1958年诺贝尔文学奖获得者)鲍里斯·帕斯捷尔纳克(Boris Pasternak)在"酒神节"(Bacchanalia)中写下了上面那些纵情嬉戏的诗句。哲学家米哈伊尔·爱泼斯坦(Mikhail Epstein,1993)认为,"帕斯捷尔纳克的诗句……传达了嬉戏的本质,这是文化所能做的最理想的事情——不是作为一名棋手,而是像一条河流一样嬉戏"。用爱泼斯坦的话说,所有哺乳动物幼崽都会在它们的心智中发现"一个狂野的、顽皮的和喧闹的生物",并自发地产生这样的共鸣"万物——都像淘气的儿童"[①]。

如果询问儿童他们最喜欢什么,他们几乎不变的回答是"去玩耍",各种各样的嬉戏活动给所有哺乳动物幼崽带来了巨大的愉悦。而且,在生命的最早期,喧闹打斗——追逐打闹的嬉戏——是最有趣的,因为大量的欢笑伴随着这类活

① http://www.emory.edu/INTELNET/fi.hasid.html。

动，这类活动在男孩和女孩中几乎一样多(见图 10.1)。心理学家对嬉戏有大量的研究，但他们并不知道有多少初级过程的嬉戏系统存在。有可能只有一个，即本章所描述的为身体的嬉戏服务的系统。然而，成人心智中的嬉戏，可以扩展到位于我们高阶精神结构的最上层的想象力的最远端，我们可以用最聪明的和最令人吃惊的笑话互相逗笑。我们不会关注于人类精神结构的那些高阶的积极心理问题，因为积极心理学已经对此进行了大量研究工作(Sheldon et al.,2011)。

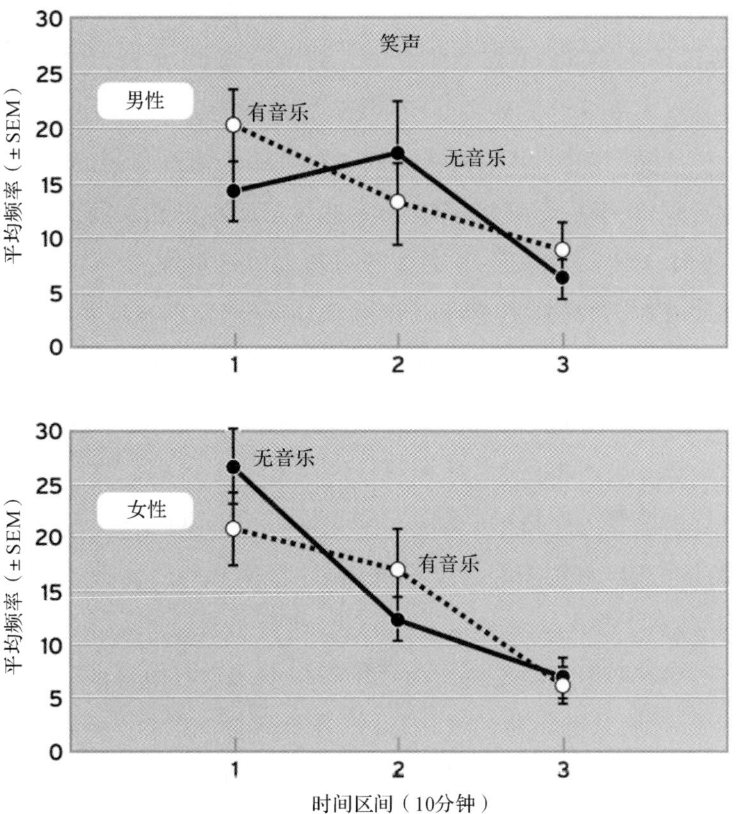

图 10.1　成对的男孩和女孩(4—7 岁)在 30 分钟的自由嬉戏(没有玩具)期间的时间程序；每隔 5 分钟会播放音乐(爱尔兰快步舞)，并且在没有音乐播放的 5 分钟的间隔时段中会进行观察并录像行为的编码。我们可以看到笑声的数量会在嬉戏期间系统地下降，对于男孩和女孩没有太多区别。同样，总计 19 种嬉戏姿势被记录，并且几乎没有表现出性别差异，除了“从面前推开”这一动作女孩做得比男孩要少。结论是，女孩和男孩所表现出的身体嬉戏的冲动并没有本质的区别，并且过去所看到的性别差异可能是由学习造成的(数据改编自 Scott & Panksepp,2003)。

身体上的嬉戏是每个年幼哺乳动物与生俱来的能力,也许其他许多动物也是如此。两本最近出版的书和两本稍早一些的书对不同物种之间的嬉闹行为进行了很好的总结,远远超出了本章所能概括的范围(Aldis,1975;Burghardt,2005;Fagen,1981;Pellis & Pellis,2009)。同样,还有一本关于大鼠嬉戏行为的经典专著(Groos,1898)以及随后的关于人类嬉戏研究的著述(Groos,1901),仍旧值得一读。现在我们已经确定,一种基因决定的嬉戏网络调节了哺乳动物脑中存在的积极情感(Burgdorf et al.,2007;Panksepp,1998a),尽管许多细节仍有待科学分析。到目前为止,大部分神经科学研究都是在实验室大鼠身上完成的,所以我们无法确定这些经验在多大程度上能够适用于人类。确实,我们对人类的初级过程的追逐打闹的嬉戏(以下统称为嬉戏系统)几乎一无所知,尽管有一些关于笑声的相关研究。但是因为嬉戏系统集中于皮层下脑区,与其他所有基本情绪系统一样,我们可以推测有许多基本原则,尤其是关于神经解剖学、神经化学以及原初情感(社会快乐),适用于所有哺乳动物。嬉戏如何在我们心智的三级过程网络中转变为幽默,我们在此不予讨论。

定义嬉戏非常困难,但当你见到它时你就会意识到。也许最好的一般定义是最近由戈登·布格哈特(Gordon Burghardt,2005)所提出的,该定义包含五个标准:(1)嬉戏的自适应功能,在嬉戏出现的时候并不会完全明显地显示出来;(2)嬉戏是一种自发性行为,纯粹为此而已,因为它是有趣的(令人愉悦的);(3)嬉戏是成人活动夸张的和不完全的形式;(4)嬉戏表现出许多重复性活动,具有丰富的变化形式,并不像正式的行为一样不够灵活;(5)动物必须处于吃饱、舒适且健康的状态时,嬉戏才会出现,并且所有的压力源都会减少嬉戏。布格哈特(Burghardt,2005)尝试将所有这些特质汇总为单独的一个句子:"嬉戏是重复的、不完全的功能性行为,它与在结构上、情境上或者发育上更为正式的行为有所不同,而且它是在动物处于放松或者低压力状态下时才会自主地出现的。"

正如人们可以看到的那样,动态的社会互动并不包括一种标准,让布格哈特将探索性的乐趣列在嬉戏的概念之下,这种乐趣在很大程度上是由于动物使用它们的探索系统来获得个人的乐趣。然而,对于我们而言,这是嬉戏的社会形式,经常采用"嬉戏打斗"这种最引人注目的和快乐的嬉戏形式,这种社会形式通过专门的脑系统将试探性探索的冲动合并到其领域中。同样,对于我们而言,除了探索系统,社会神经回路也部分地定义了初级过程的嬉戏,这形成了年幼动物彼此嬉戏的动态特质。我们关于社会性嬉戏的最初描述是,当两只幼年大鼠"共处于一个非威胁性环境中,它们迅速开始表现出充满活力的打斗:动物彼此追逐打闹,有时是单方面地,有时是相互地,并伴随着迅速的角色转换。它们反复地戳捏对方,通常是在颈部,但有时也会在腹部,当其中一只动物被紧抓固定时"(Panksepp et al.,1984)。这是我们在此将要关注的嬉戏类型,它产生了最大的快乐,表现为大量高频的笑声类型的声音——50 千赫兹的啾啾声——当大鼠自发地沉溺于这种活动或被人逗弄得发痒时发出的声音(Knutson et al.,1998;Panksepp & Burgdorf,2000)。

这些叫声与探索系统的多巴胺奖励关系密切(Burgdorf et al.,2007),这一点有助于解释通常表现为捕食练习形式(例如小猫摆弄纱线球)的探索性嬉戏。我们现在知道捕食行为,以及幼年动物所表现出的追逐打闹的形式,是探索系统发展的结果(见第 3、第 4 章)。然而,正如我们后文将讨论的那样,这种美妙笑声类型的啾啾声,现在可以作为一种直接的测量手段来测定大鼠的积极情感(Panksepp & Burgdorf,2003),这甚至打开了理解成瘾药物欣快感的大门(Browning et al.,2011;Burgdorf et al.,2001;Panksepp et al.,2002)。

尽管以探索为目标的嬉戏有巨大的乐趣,但是,没有什么能够比得上完全参与社会性嬉戏所产生的彻底的欣快感,这种状态即使在天真的动物身上也表现得相当明显。当人们看到院子里的松鼠在草地上跳跃和追逐时,就可以观察到这种状态。

嬉戏冲动为什么存在?它可能使年幼动物能够学习非社会性技能,例如狩猎、觅食等。它对于获得许多社会能力也同样重要,尤其是初期的攻击、求偶和交配能力,甚至包括某些物种中的抚育技能。它可能是构建我们社会性脑许多高阶功能的核心力量。嬉戏活动有助于年幼动物学会识别不同的个体,哪些是能够建立合作关系的个体,哪些是它们应当回避的个体。

当然,它们可以通过嬉戏学会何时它们能够支配社会交互,何时它们应当优雅地撤退,服从或者接受失败。嬉戏同样具有更黑暗的一面。当动物嬉戏时,它们可以学会能够欺负谁以及谁能够欺负它们。简而言之,脑的嬉戏网络有助于将个体摆在分层的社会结构的合适位置,这将会是它们未来生活的所在地,而且这些网络同样有助于让它们准备好面对生活中各种必定会发生的意料之外的事件(Spinka et al.,2001)。

嬉戏冲动既是充满活力的,同样也是脆弱的。它是脆弱的,因为有大量的环境因素会减少嬉戏——包括所有能够唤醒负面情绪状态,比如愤怒、恐惧、疼痛和分离苦楚的事件;它对物种特有的恐惧刺激格外敏感,比如大鼠对捕食者气味的反应(见 Panksepp,1998a,图 1.1;Siviy et al.,2006)。举例来说,假设一位研究人员家中有一只宠物猫,而他在上班前忘记了换衣服,他将有一段时间难以研究大鼠的嬉戏,因为猫的气味令大鼠本能地恐慌,而恐惧的大鼠通常不会嬉戏。同样,大鼠也会害怕明亮空旷的地方;它们在安全的地洞中嬉戏,远离捕食者的注意。此外,饥饿是嬉戏的一种强有力的抑制剂(Siviy & Panksepp,1985),还有许多其他种类的身体失调,当然,包括生病。这是一种一般原则:嬉戏只在人或动物感到安全和感受良好时出现,这使得嬉戏成为所有不好的事情的一种格外敏感的测量手段。然而,嬉戏同样是一种充满活力的系统:如果年幼动物是健康且感受良好的,当有机会时,它们几乎总是在一起嬉戏。

目前,人类儿童的一些更加喧闹的追逐打闹的嬉戏会被父母所劝阻。他们很少会考虑到这样一种发展事实,即身体嬉戏机会的减少可能会在发育成熟后导致不良的后果,例如被认定为疾病的难以自控的过度活跃冲动,也就是通常所说的注意缺陷多动障碍(ADHD)(Panksepp,2007b)。过度活跃的儿童,当服用了安非他命等药物后会变得更容易管控,这种药物同样极大地减少了大鼠的嬉戏行为(Panksepp et al.,2002)。相反,在大鼠 ADHD 模型中,充足的日常嬉戏能够减少多动的症状(Panksepp et al.,2003)。对幼年动物嬉戏的进一步研究,也许能够让我们通过给予他们更多嬉戏机会的方式来帮助患有 ADHD 的儿童,而不是使用药物抑制他们的嬉戏冲动。但是,在我们继续讨论复杂的社会文化问题之前,首先让我们考察一个表明嬉戏是哺乳动物脑心智的一份古老礼物的证据。

幼年动物社会嬉戏的发展

研究表明，幼年大鼠被剥夺"跳舞"的机会越久，它们系统地玩耍的欲望就越强烈。实验室大鼠具有相对较弱的悲痛系统（可能是由于选择性繁殖让它们生活得很好）；这一弱点似乎让它们在嬉戏研究中格外有用。为了增加动物嬉戏的冲动，研究人员必须让它们在一段时间内处于社会隔离状态，这会导致许多动物尤其是灵长类动物得到孤单和痛苦的感受。灵长类动物具有高度发达的悲痛系统，而且它们具有强烈的联结纽带。在一段时间的隔离之后，幼年猴子会变得沮丧，并且在重聚之后，它们挤作一团，起初不愿意嬉戏（Evans，1967）。很明显，在它们重新开始嬉戏之前，它们对于社会温暖、支持以及归属的基本需求必须被满足。在与同种个体（同一物种的其他个体）共处了一段时间之后，它们的社会自信得以恢复，并且沉浸于无忧无虑嬉戏的冲动将会重新出现（Chalmove，1978；Novak，1979）。据推测，人类儿童将会表现得一样。

然而，青春期大鼠在情绪上并不是如此依赖。因为它们并没有遭受太多的分离苦楚，嬉戏的冲动非常明显。在一段时间的分离之后（平均是3—8小时，最多可以是完整的一天），它们的嬉戏系统将处于过载状态，一旦有伙伴进入竞技场，它们就会迅速参与到追逐打闹的嬉戏中。甚至如果在它们两周龄时从视觉和听觉开启，直到出生后25天（社会生活的大鼠开始表现出嬉戏冲动的时间），幼年大鼠一直处于隔离状态，它们并没有明显表现出抑郁。相反，它们嬉戏的冲动已经得以构建，它们会正常地嬉戏，带着极大的热情在几秒内与另一只大鼠配对（Ikemoto & Panksepp，1992）。因此，我们可以总结认为，嬉戏的冲动并不是习得的。它是天生的。有证据表明，嬉戏是一种初级过程的由基因决定的社会冲动。

正如嬉戏的冲动会在社会隔离或者其他剥夺嬉戏期间系统地建立起来，嬉戏的欲望也会在成对的青春期实验室大鼠被允许自由嬉戏半小时后减弱（Burgdorf et al.，2006；Panksepp & Beatty，1980）。这表明，增长的嬉戏冲动就像是一种饥饿——一种针对嬉戏的饥饿,而并不仅是一种通用的社会需求。这一点通过如下事实得以证实,当幼年大鼠被允许通过屏幕彼此接触时,这种嬉戏的饥饿感仍会存在。类似的是,当大鼠处于一种繁忙的"攀登架"形式的生活环境时,它们可以具有非常亲密的身体接触,但狭窄的居所抑制了打闹。当被放入一个开阔的空间时,它们会急切地嬉戏。同样,持续与不爱嬉戏的成年大鼠住在一起的幼年大鼠也会建立嬉戏的欲望。尽管它们具有完整的身体接触与许多其他身体和社会互动的机会,但一旦得到机会,它们就会尽情地嬉戏(Hole & Einon,1984;Panksepp et al.,1984)。

尽管各种哺乳动物物种可能存在多种不同的特定嬉戏形式,但物种间追逐打闹的嬉戏具有一种动态的相似性(Burghardt,2005;Pellis & Pellis,2009)。这是一种快乐的社会交换活动,具有强大的竞争优势。

因此,这类活动的演化根基,也许可以追溯到所有哺乳动物共享的古老同源嬉戏回路。尽管嬉戏的准确细节会因物种的不同而大相径庭,但有迹象表明,它们都是为了未来需求所做的练习。举例来说,捕食类动物,例如猫喜欢实物游戏,比如众所周知的击打纱线球,这是为了它们成年后所需要的行为模式进行的重要练习(Byers & Walker,1995)。相反,被捕食类动物,例如羚羊会表现出大量带有迅速转向的奔跑行为,这是当它们遭遇捕食者时需要的技能(Byers,1997)。很有可能除了哺乳动物的其他动物,尤其是鸟类,也会表现出社会嬉戏,但鸟类的嬉戏更不可预测;它需要更加自由、开阔的空间,因此更加难以进行科学的研究(Aldis,1975)。

大鼠展现出了模拟攻击和渴望逃离的平衡混合,即逃逸/避难行为。在大鼠的嬉戏中,人们通常会观察到迅速的冲刺行为,朝向或者远离嬉戏的同伴。有时一只动物会"掀翻"另一只,导致一阵嬉戏追逐。动物们会轮流追逐对方,伴随着迅速地旋转、扭打以及角色互换。它们通常会猛扑向对方的背部,似乎在恳求一种积极的互动。这些背部接触很容易被量化,并通常被用作嬉戏恳求的一种显性测量方式,来表明嬉戏的冲动。通常嬉戏恳求的回应方式是向一旁跑开或是翻滚;紧接着就是一场扭打,一只动物会蜷起它的背部,而另一只会爬到上面(逐个画面的详细分析以及其他许多有趣的事实,见 Pellis & Pellis,2009)。这种固定的姿势也很容易被量化,并且它是最明显的测量特定嬉戏活动完成的方式(见图10.2)。同样,大鼠在嬉戏时会发出大量愉快的50千赫兹的超声波叫声;当它们刚刚认识彼此时,它们会发出相对“低平的声音”,而在激烈的游戏中,它们则会发出更加愉悦的“调频的”叫声。正如后文将会讨论,有许多坚实的实证理由让我们相信,这是古老的笑声的一种形式,它与探索冲动相关(Panksepp,2007c;Panksepp & Burgdorf,2003)。

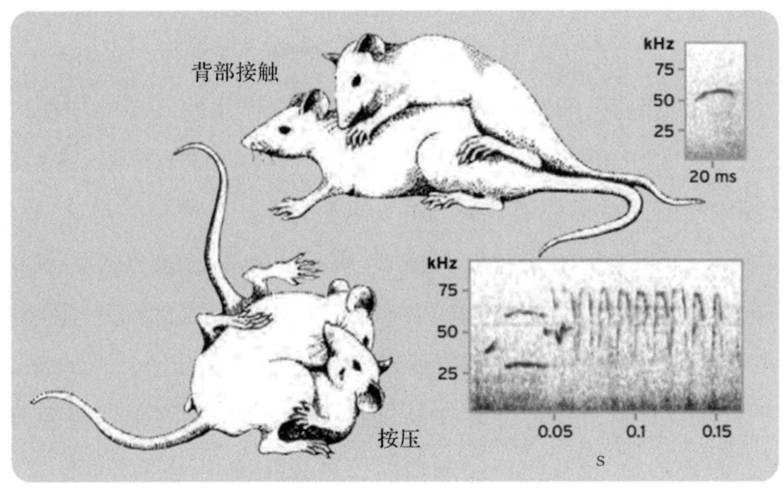

图10.2 嬉戏的两种主要姿势,在我们的研究工作中,用于对追逐打闹的嬉戏进行量化。当动物开始嬉戏时,它们会扑向对方,尤其是颈部(背部接触),而当它们刚刚发现一个新地方时,它们通常会适度发出“低平的”55千赫兹的超声波叫声(同样称作50千赫兹的USV,或者啾啾声),正如右上角“声波图”(声音频率的时间图)所描述的。然而,当大鼠们真正进入追逐打闹的社会嬉戏时,它们会东奔西跑,彼此追逐和扭打,最简单的测量嬉戏的方式就是“按压”的数量。在这种愉快的嬉戏过程中,有大量调频的(FM)USV,这是这些动物积极情感的直接显示。右下方的声波图描述了一种典型的例子,尽管在确切的声波形式上有相当大的变化[由朗尼·罗森伯格(Lonnie Rosenberg)绘制,发表于Panksepp,1998a;获得牛津大学出版社授权转载]。

在大鼠的一生中,嬉戏会表现出一种特有的发展过程,嬉戏的数量在生命早期大幅增长,青年时期维持稳定,经历青春期之后开始下降(Barrett & Bateson,1978;Panksepp,1981c;Thor & Holloway,1984a,1984b)。目前,我们对于控制这种倒 U 形的成熟功能的神经生物因素尚知之甚少。据推测,这与目前有待确定的在脑发展成熟过程中神经化学物质变化相关(Panksepp et al.,1997)——在某种程度上,成熟是由嬉戏时释放的神经营养因子促进的(Burgdorf et al.,2010;Gordon et al.,2003),这些因子甚至能够促进海马体等区域内的神经元萌芽(Wöhr et al.,2009)。而且,与其他情绪一样,新皮层的发展以及许多脑高阶功能的出现,倾向于抑制引起嬉戏的皮层下过程。这个发展轨迹是有意义的。随着动物变得开始依靠习得的行为策略,脑高阶功能可以更好地调节初级过程的冲动。例如,成年大鼠额叶的大面积损伤以及隔区,即脑许多高阶和低阶交互作用的区域的损伤,会大幅度地增加嬉戏的冲动(Panksepp et al.,1984,1994)。这意味着,这些脑区参与了动物成熟后通常导致嬉戏减少的发展过程。

如果两只大鼠总是被允许一起嬉戏,那么嬉戏支配就会出现(Panksepp, Jalowiec et al.,1985;Pellis & Pellis,1987)。在数次嬉戏之后,一只大鼠倾向于成为"胜利者",这意味着在按压活动中它会更多在上方。平均来看,"胜利者"在上方结束的次数大约是 70%,而"失败者"获胜的次数较少,只有大约 30%。有趣的是,嬉戏的持续似乎需要更强壮的那一方愿意使自己处于不利地位。如果更强壮的那只动物没有表现出这种互惠性——如果它变成一个"欺凌者"并总是希望在结束时处于上方——那么嬉戏活动会逐渐减少,因为较少获胜的动物会开始忽视胜利者的嬉戏请求。没有谁想要和一个欺凌者一起嬉戏。

对嬉戏的误解

发展心理学家和社会心理学家将人类的嬉戏分为以下几个种类:探索的、亲属的、建设性的、戏剧的/象征性的游戏,而追逐打闹的嬉戏是年幼动物身上最常见的嬉戏类型(Slade & Wolf,1994)。这些心理分类存在两个常见的问题:第一,心理学家通常混淆了嬉戏与单纯的好奇——探索系统所促进的调查活动的唤醒(Welker,1971;Weisler & McCall,1976)。第二,许多人将嬉戏误解为攻击的一种形式,这体现在通常用"嬉戏-打斗"这一标签来描述追逐打闹的嬉戏(Aldis,1975)。尽管很少人会将嬉戏视作愤怒系统的一种表现,但如下这种观点可能存在相当大的真实性,即在许多物种中被发现的对主导地位的争夺,尤其是当性准备就绪时,某种程度上与动物们在青年期嬉戏中所实现的行为优化相关。然而,我们将会简短地讨论,追逐打闹的嬉戏与任何愤怒类型的攻击行为都没有关系,虽然长时间的嬉戏通常会以一只动物更多的抱怨结束。

让我们先来看第一个问题,嬉戏与好奇的混淆——后者仅仅是探索系统的唤醒(我们应当指出,好奇明显促进了嬉戏,并且在嬉戏过程中是活跃的)。有大量证据表明,嬉戏和探索是彼此独立的,虽然也是相互作用的系统。当处于全新的环境时,动物通常会表现出强烈的探索性活动,而很少会嬉戏,直到它们熟悉了环境。神经化学物质的证据,同样支持了嬉戏和探索存在区别。我们已经知道多巴胺为探索系统注入燃料,而且诸如安非他命等精神兴奋剂会强烈地提升脑多巴胺的活跃度。多巴胺活跃度的提升,生成了充满活力的探索性行为,并极大地减弱了嬉戏(Beatty et al.,1982)。但是,阻断多巴胺受体同样会减少嬉戏(Siviy,2010)。

尽管精神兴奋剂减少了嬉戏,但是在正常的嬉戏过程中,多巴胺系统会被唤醒(Panksepp,1993)。最近的研究工作表明,脑多巴胺唤醒会极大地促进大鼠在嬉戏过程中发出的高频(50 千赫兹)超声波叫声(Brudzynski et al.,2010;Burgdorf et al.,2001,2007)。多巴胺在嬉戏中作用(可能是通过探索唤醒)的进一步证据,是各种类型的多巴胺受体阻断剂能够非常有效地减少嬉戏(Siviy,2010)。然而,这是可以预料的,因为追逐打闹的嬉戏包含了大量走来走去的活动以及频繁的对愉悦时刻的预期,这是一种由多巴胺促进的情绪状态。换句话说,多巴胺参与到嬉戏唤醒这一事实,并不意味着多巴胺导致了嬉戏。多巴胺在响应许多正面激励时都会分泌,包括嬉戏的时候。因此,嬉戏时多巴胺的分泌,只是表明动物所参与的活动引起了大量积极的预期和欣快。

然而,尽管多巴胺确实积极地唤醒了嬉戏冲动,但研究人员尚不确定,在社会嬉戏和非社会探索过程中,活跃的多巴胺神经元数量是否相同。有可能是某些种类的多巴胺活动唤醒了嬉戏系统,而另外的多巴胺唤醒了探索系统。这些问题只有通过进一步的研究才能得到解答。

多巴胺所呈现给我们的作用有一些令人困惑:有些多巴胺活动与嬉戏相关联,但是,在动物被给予能够极大提升多巴胺活跃度的精神兴奋剂时,嬉戏的冲动却减少了。在我们了解多巴胺有助于促进嬉戏这一事实后,高水平的多巴胺唤醒是如何减少了嬉戏?其中一种可能性是,精神兴奋剂唤醒了一种动态地促进嬉戏冲动上升(没有波动)至相当高且持续的水平的情感,因此减少了表达嬉戏所需的神经化学物质的灵活性。这可能是通过"冻结"使其正常运行的能力来抑制嬉戏的作用。在这种高水平的唤醒的情况下,嬉戏系统可能无法动态地响应多巴胺的阶段性波动。这可以类比于通过扩音器播放时产生广谱嗡鸣。在正常情况下,扩音器会传输音乐的不同音调。然而,嗡鸣声是一种压倒一切的稳定信号,使扩音器无法清晰地传递组成乐曲变化的音调。扩音器可以类比于嬉戏系统,广谱嗡鸣可以类比于精神兴奋剂导致的高水平和持续的唤醒。在这些条件下,导致动态的嬉戏活动的顽皮的乐曲,可能会挫败。但这仅仅是一个想法,目前缺乏清晰的证据支持。因此,所有的可能性都要考虑。另一种可能性是,精神兴奋剂只是将动物们转换到了更加强烈的与嬉戏动机竞争的探索模式。

确实,这或许是许多药物研究中的一个普遍问题。很明显,仅仅使用特定的刺激神经组织的药物,无法模拟相关的脑神经化学物质系统在正常的行为中是如何实际运作的。例如,精神兴奋剂,比如安非他命通常通过外周的方式注入——通过注射或者口服——这两种方式对于许多脑多巴胺系统具有相同的效果。这略微增加了 50 千赫兹的快乐的啾啾声。然而,如果安非他命直接置入脑的动机区域,尤其是多巴胺系统中探索部分的一些主要投射路径(置入子区域——伏隔核的"外壳"中,这是中脑边缘多巴胺系统的目标区域,见图 3.2),啾啾声会大幅增加(Burgdorf et al.,2007;Brudzynski et al.,2010)。相反,这对于临近的伏隔核的"核心"的影响则非常有限,并且对周围富含多巴胺的区域几乎没有影响,例如嗅结节和背侧纹状体,它们通常调节习惯的技能行为。

正如前文已经指出的那样,除了这些歧义,追逐打闹的嬉戏似乎非常容易与攻击混淆,尤其是对于未受训练的观察者。成人可能会将儿童的恶作剧当作攻击行为,尽管儿童将其视作纯粹的玩笑。尽管嬉戏和攻击在表面上可能非常相似，但仔细审查这两种行为模式会发现许多区别。例如，在真正的打斗中，大鼠通常会表现出拳击，持续用它们的后肢站立并用前爪彼此互相拍击。进攻中的大鼠同样会表现出横向的被称作“侧腾跃”的攻击姿势以及竖毛，并伴随着许多 22 千赫兹的“抱怨声”。

动物在嬉戏初期并不会发出这样的声音。然而，有些嬉戏最终会以真实的打斗结束，导致发出一些 22 千赫兹的超声波叫声(USV)。当这种情况出现时，嬉戏信号——疯狂的跳跃、飞奔和猛扑行为——会立即停止。确实，在长时间的观察中，嬉戏总是会系统性地减少，这部分是由以 22 千赫兹的 USV 为信号的抱怨声导致的，当这种声音开始增长时，积极的啾啾声随之减少(见图 10.3)。确实，如果人们让幼年大鼠们在试验箱的一侧嬉戏 15 分钟，再在另一侧嬉戏 15 分钟，每只大鼠都会对它们开始嬉戏时的那一侧表现出相当的偏好。这无疑是因为后半段的嬉戏时间对它们而言并不那么愉快。

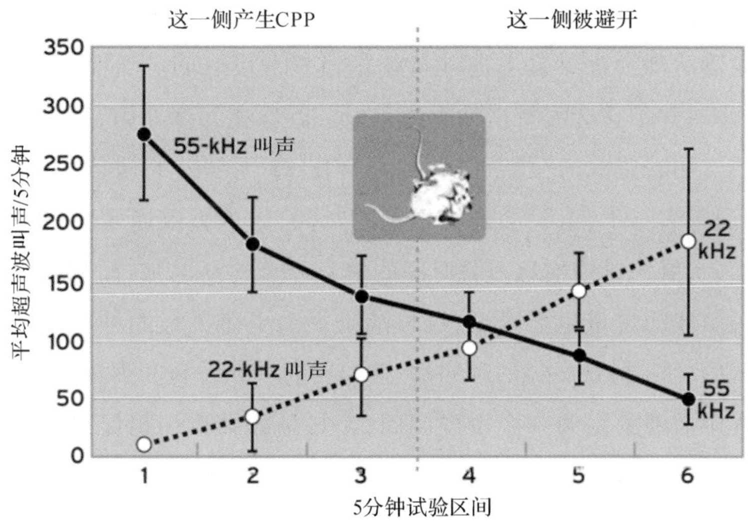

图 10.3　该图描述了大鼠在半个小时的自由嬉戏时间内的积极和消极的情绪叫声，类似于描述男孩和女孩的那张图(见图 10.1)。在这段时间，55 千赫兹的积极叫声会系统性地减少。而被认为反映了消极的情感(比如抱怨)的 22 千赫兹的 USV 系统性地增加。如果前 15 分钟的嬉戏被安排在实验箱的一侧，而后 15 分钟在实验箱的另一侧，动物会持续表现出对嬉戏开始时的地点的偏好，并且大量快乐的 USV 会被观察到(数据改编自 Burgdorf et al.,2007)。

嬉戏和攻击存在区别,同样得到如下事实的支持,睾酮促进了成年雄性之间的攻击行为,但对于它们的嬉戏冲动几乎没有影响,除了对于某些动物而言,睾酮水平的提升减少了嬉戏,并导致动物们更加容易进入真正的打斗(来自潘克塞普 1985 年的个人观察记录)。换句话说,在连续几天注入高剂量的睾酮后,幼年大鼠的嬉戏会减少,很明显这是因为嬉戏行为很快会演变成彻底的攻击行为,于是这种社会交互迅速失去了其无忧无虑的特质。

我们同样观察到,嬉戏和攻击适用于不同的社会规则。例如,当成年雄性在其中一只的主场争夺支配地位时,那么身处主场的那只总会获胜。而这在嬉戏打斗中则不会发生——身处主场的动物并不会比在中立场地的动物"获胜"更多次数(Panksepp et al.,1984)。在嬉戏过程中,并不会有持续的防御或者攻击姿势,例如一只动物拱起背部而另一只在很长时间内保持威胁的姿势。而在成年动物的打斗中,这些姿势都十分常见。在嬉戏中,快乐形式的运动活动会优雅且迅速地持续相当长一段时间。然而,正如前文已经指出,嬉戏并不总会维持情绪上的积极。就像在儿童之中,争端的产生会打断嬉戏。随着嬉戏的戛然而止,大鼠会用 22 千赫兹的痛苦叫声"抱怨"。但是,在通常情况下,这只会维持很短的时间,因为大鼠通常会迅速恢复精神。然而,大鼠的这些抱怨在长时间的嬉戏中会逐渐增加,而积极的叫声会减少并且嬉戏的总量也会降低,这可能是因为更多消极的神经化学物质被释放到脑中(Burgdorf et al.,2006)。正如我们将会看到的那样,这是在儿童嬉戏过程中需要关注的一个重要问题,尤其是如果我们想促进敏感的具有社会智慧的脑心智的发展。

尽管儿童的嬉戏会以哭泣结束,大鼠的嬉戏会以抱怨的叫声结束,但我们有必要强调,追逐打闹的嬉戏对所有参与者而言,都是有高度奖励性的:在真正的打斗中,只有胜利者才会得到暂时的满足。我们如何知道嬉戏"打斗"在情感上是积极的?嬉戏"打斗"的"胜利者"和"失败者"都会迅速地学习有用的任务,例如在 T 型迷宫中做出快速、合适的选择,从而获得嬉戏的机会(Normansell & Panksepp,1990;Pellis & McKenna,1995)。唯一的区别是,胜利者会迅速进入"游乐场"不带有任何停顿,而失败者在进入嬉戏场地之前会稍微犹豫。同样,嬉戏场地中充满了快乐的啾啾声,这被证实反映了脑中积极情感的唤醒(Burgdorf et al.,2007)。

嬉戏的神经解剖学

神经科学家发现,对身体特定区域的挠痒刺激特别容易唤醒嬉戏——例如,大鼠的后颈和肩膀区域。当以刚好恰当的方式触摸这些部分的皮肤时,大鼠就会开始嬉戏。如果这些区域的皮肤被麻醉,那么动物们的嬉戏情绪似乎会变得不协调,并且随着麻醉水平的提升,我们会看到越来越少的嬉戏(Siviy & Panksepp,1987a)。然而,麻醉并没有减少大鼠扑向对方背部的次数——背部接触的次数并没有减少,这是一种良好的测量嬉戏冲动的手段。

然而,通过破坏加工触觉信息的特定丘脑核可以减少嬉戏的冲动。有必要指出,大部分感官系统包括触觉在内,在通往脑高阶区域的过程中会在丘脑层面产生分离,部分"信息"通往新皮层,而其余的则会影响脑的低阶网状区域。后面这些区域似乎传递了感官输入的情感影响。促进嬉戏的触觉信息大部分没有去往新皮层,而是更加古老的丘脑中线区域,例如束旁核以及丘脑核后背内侧。这两者都包含于非特异性丘脑网状核之下。这些脑区的双侧损伤,尤其是束旁核,会减少背部接触以及按压行为,表明这些脑损伤确实减少了嬉戏的欲望。只有非常少量脑损伤的动物仍能正常参与其他类型的复杂动机的行为,例如觅食行为(Siviy & Panksepp,1985,1987b)。目前,这些非特异性网状核接近我们所具有的特定的嬉戏的基质。最重要的是,我们可以移除大鼠的整个新皮层,大约是幼年大鼠脑的四分之一,而大鼠仍然能够正常地嬉戏。

显然,嬉戏动机可能包含了脑控制追逐打闹嬉戏的运动的那些部分。小脑、基底核以及前庭系统等脑区生成并调节了运动。这些区域的损伤会破坏嬉戏活动的进行。但是,这些损伤同样几乎减少了所有的复杂运动活动,所以我们很难评估它们的功能是专门针对嬉戏的。其他的脑损伤会唤醒抑制嬉戏的情绪状态。例如,下丘脑腹内侧(VMH)的损伤会导致动物们变得具有病理上的攻击性，这会减少嬉戏活动。然而，这并不意味着正常的VMH会促进嬉戏。这只表明，具有攻击性的动物通常不会嬉戏。

关于杏仁核是否参与到嬉戏中，存在一些争议。我们估计，杏仁核在嬉戏动机中的作用是次要的，并非关键的。杏仁核位于颞叶之中，而当猴子和猫被移除它们的颞叶时，会出现克鲁瓦—布伊综合征(Klüver-Bucy Syndrome)。具有这种症状的动物通常变得性欲过剩，口部过度活动(它们通常会吃任何东西)，并且它们会表现得毫无畏惧(Klüver & Bucy, 1939)。不过这些动物却非常渴望嬉戏，尽管许多其他的社会能力以及微妙的社会响应已经失去。然而，派利斯(Pellis & Pellis, 2009)的报告指出，具有更大型脑的哺乳动物相较于脑较小的动物通常会进行更多嬉戏，而最喜欢嬉戏的物种倾向于具有相对较大的杏仁核区域。然而，适度的杏仁核损伤并不会导致嬉戏明显减少(Panksepp et al., 1984)。

同样，我们(以及 Pellis & Pellis, 2009)已经指出，新皮层的参与对其他六种情绪系统的功能都不是必要的，对嬉戏也不是必需的。去皮层的动物也会大量地嬉戏，尽管相较于对照组动物表现出更少的按压行为。这并不意味着它们更少嬉戏。它们表现出和对照组同样多的追逐打闹，但它们变得不太愿意被翻过来和按压。这可能是肌肉运动的一种副作用，因为去皮层的动物似乎通常会保持更接近地面的姿势。但是，这同样可能是源于这些动物相对的社会不敏感性。完整的动物对其他动物不愿意嬉戏的事实非常敏感，除非它们有机会获胜。正如上文所指出的那样，更强壮的动物会隐藏自己的实力从而使嬉戏能够继续。可能这种敏感性需要较高水平的脑皮层参与其中，而去皮层的动物们明显不具有相应的能力。然而，如果人们观察这些动物彼此互相按压的嬉戏支配，会发现神经上完整的大鼠并不总是能战胜那些去皮层的大鼠。确实，结果基本上是相等的，即每种动物大概各赢一半(Panksepp et al., 1994)。

尽管我们对于嬉戏回路的神经解剖学理解还处于初级阶段，但我们可以肯定这种初级过程的情绪是在哺乳动物脑的皮层下层面组织的。这并不意味脑高阶区域在嬉戏中不发挥作用。毫无疑问，它们发挥了作用，尤其是在象征游戏中，这导致我们许多人喜欢演奏乐器，喜欢在舞台剧和电影中表演,最重要的是让我们发明了各种能给生活增加无尽的快乐与兴奋的游戏。所有这一切都极度依赖脑皮层专心聆听来自皮层下区域的古老的信息。因此,越来越多的证据表明,嬉戏的原始冲动对于帮助构建脑高阶区域具有重要影响——成为充满创造力和对生活热情的快乐的成年脑。

追逐打闹的嬉戏、触摸与欢笑

因为大部分幼年哺乳动物都会表现出参与追逐打闹嬉戏的冲动,因此,我们将其视为最基本的嬉戏形式。更复杂的人类的嬉戏形式,可能是我们与其他动物共享的初级的追逐打闹冲动的次级或三级过程的变体。成年人的嬉戏冲动可以体现在许多方面。随着个体的成熟,大量的人类嬉戏开始集中于语言交流。持续的语言回应,通常具有友好地调侃的特征,这与追逐打闹嬉戏中的背部接触和按压具有明显的相似性。人们尝试通过挑衅的语言,有时甚至是尖锐且辛辣的评论来唤醒对方的嬉戏;如果对方响应,通常会有一种想要通过特别聪明的方式来"打击他们"的欲望。如果成功,这会让年轻人和年长者都发出笑声。这种类型的回应可能会反复许多遍,每个人都试图做到最好——成为最聪明的那个——直到很明显有一个人胜出或者每个人都得到满足,认为与对方相匹敌为止。当后面这种情况发生时,这些个体之间有很大可能建立起一种特殊的尊重及友谊。

再重新回到我们的嬉戏冲动的一些高阶功能之前——这些功能使许多社会交互令人感受到格外积极——让我们暂停一下,重新思考各种各样的感受如何控制了基本的嬉戏冲动。例如,失明的大鼠也会充满活力地嬉戏。尽管大鼠并不需要视觉,但失明确实会限制视觉导向的生物,例如我们的嬉戏活动。然而,失明的儿童可以像正常的儿童一样享受嬉戏,并且他们很容易在嬉戏时开怀大笑。嗅觉能力受损的老鼠几乎可以正常嬉戏。毫无疑问,鼻塞的孩子也玩得很好,尽管没有人对此进行正式的研究。简而言之,视觉和嗅觉在玩耍的冲动中都没有发挥重要作用。

失聪大鼠的嬉戏会稍微少于正常大鼠,可能是因为它们对大鼠超声波的"笑声"不敏感。然而,正如前文已经指出,触发并维持嬉戏的主要感官系统是触觉。再次重申,主要有两种触觉路径。特定的上行至新皮层的路径,携带了关于触觉刺激的认知信息(例如,哪里被触碰了),这对于嬉戏并不是十分重要。然而,贯穿丘脑的非特异性网状核的路径携带了由触觉唤醒的情感性感受,这对于追逐打闹的嬉戏非常重要(Siviy & Panksepp,1987a,1987b)。在动物的嬉戏触发区域被麻醉后,它们就无法再协调自己的嬉戏冲动。触觉与嬉戏冲动一致这一事实表明,特定类型的触摸所生成的情感体验,对于唤醒嬉戏冲动非常重要。我们在挠痒游戏中可以最清楚地看到这一点。

这些发现意味着,大鼠具有专门的皮肤区域,当它们被触摸时,就会发送信号到嬉戏系统。同样,相较于尾巴而言,人们可以更容易地挠大鼠的颈部和肩部。换句话说,大鼠似乎具有"嬉戏皮肤"或者"挠痒皮肤"以及专门的受体,将信息发送到脑的特定区域,这些区域接收动物之间嬉戏意图的沟通。很明显,人类同样具有挠痒皮肤,它位于后颈处以及胸腔周围。当然,这是逗弄儿童最简单的方式,可以产生一种好玩的心情。

显然,嬉戏系统通常与出乎意料的刺激的知觉相协调。例如,人们无法挠自己使自己发痒。此外,潜在的神经系统被设计成让孩子们不能轻易地成为他们自己的玩耍伙伴(尽管也有单独形式的探索和幻想游戏)。挠痒需要他人参与到嬉戏的唤醒之中。这不仅仅是一种感官现象,在很大程度上也是一种内在的脑功能。

许多人认为笑是一种人类现象,总是和幽默联系在一起,比如笑话中的妙语。然而,笑并不需要太多的认知复杂性。例如,孩子们喜欢舞台上的短剧和表演,但当他们试图认真地表演时,他们往往会笑得很开心。儿童时期最强烈的笑声发生在孩子们身体玩耍的时候。很明显,甚至人类的笑也根植于古老的嬉戏系统,这种系统能让其他哺乳动物产生愉悦的社会参与。

现在有充足的证据表明,除了人类,其他许多哺乳动物也会发出笑声类型的声音。最有力的证据来自当人类给其他动物挠痒时。正如身体挠痒是引起儿童发笑的最简单的方式,这同样适用于其他许多动物,从类人猿到实验室大鼠都是如此。人们很早就知道,黑猩猩和大猩猩通过挠它们痒痒,就能产生一种类似人类笑声的周期性喘气和哼哼声。确实,最近的一项研究(Ross et al.,2009)直接对比了所有类人猿因挠痒发出的声音,玛丽娜·达维

拉·罗斯(Marina Davila Ross)等认为:

> 至少人们可以认为"笑声"是一种跨物种的现象,因此,当把这个词语用于类人猿因挠痒发出的声音时,没有必要以拟人化的方式使用这个词。这个词已经在先前的研究工作中被用于许多非人类物种因挠痒和嬉戏发出的声音上……目前的结果为这种用法提供了明确的支持。

对许多人而言,将笑声这个概念扩展到像大鼠一样的低级哺乳动物物种上是令人惊讶的。许多严肃的神经科学家尚未准备好接受这一发现(有关概述参见 Panksepp,2007c,2010d;Panksepp & Burgdorf,2003,2010)。评估大鼠是否发笑,我们只需要使用简单的挠痒的方法——基本上,只需要用手——可以导致持续的高频率的啾啾声(大约 50 千赫兹,远超人类的听觉范围,因此需要特殊超声测量装置)。确实,最有效地唤醒这种啾啾声的方式,就是挠大鼠在请求嬉戏时所触碰的区域——尤其是后颈处。当然,全身挠痒是更为有效的。如同儿童一样,大鼠也喜欢这样!因为同样的啾啾声在大鼠自然嬉戏的过程中非常普遍,我们可能会无情地假设这与我们人类的笑声没有关系。确实,正如同对已经被挠过痒的婴儿而言,只是"威胁"要挠痒就可以令其发笑。在大鼠身上可以看到十分类似的反应:只要人们的手指开始接近,它们就会发出笑声(Panksepp & Burgdorf,1999)。

不过,我们不需要仅仅依赖行为研究来确定这种声音与人类笑声的连接,因为我们已经对大鼠的笑声进行了严谨的脑研究。当使用局部脑刺激来唤醒大鼠笑声类型的啾啾声时,笑声回路得以确认。该回路经过中脑边缘的探索系统并强烈受到多巴胺控制;无论我们在哪里找到一个发笑点,幼年大鼠都会很容易自我刺激那些脑区——自愿地"使其活跃"(见图 10.4,总结了布格多夫等 2007 年的测绘工作)。尽管对于生成初级过程的人类笑声的皮层下区域,我们仍有许多需要了解的地方,但大量的研究发现已经表明,与大鼠笑声相关的脑区域对于人类生成笑声同样具有重要作用(Black, 1982; Chen & Forster, 1973; Poeck, 1969; Sterns, 1972; Wild et al.,2003)。因此，现有的证据与人类和大鼠笑声都是由演化上相关的皮层下回路生成的可能性相符合。

ESB诱发的50kHz叫声

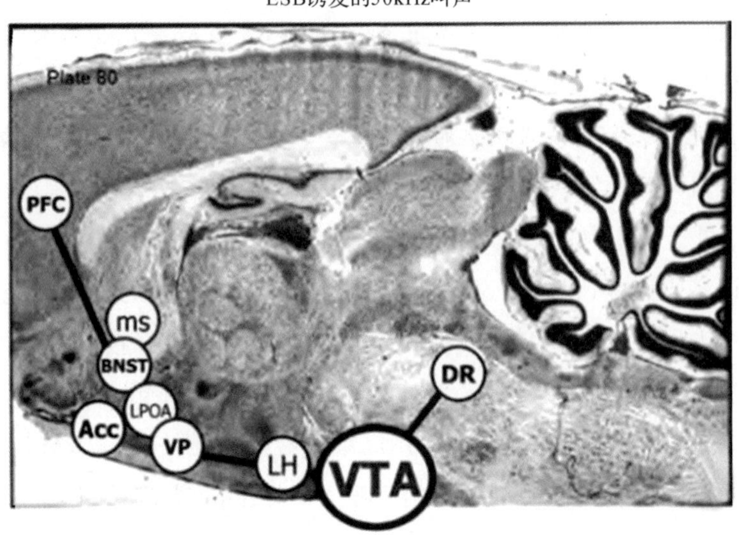

图 10.4　关于脑区域的总结。对大鼠的这些脑区进行局部电刺激，人们能够唤醒充足的调频(FM)类型的 50 千赫兹的 USV。这些区域倾向于沿着探索系统的轨迹分布。在每一个能够唤醒这类叫声的位置，动物们都会自我刺激该位置的电极，并且多巴胺阻断类药物会选择性地减少这些叫声。图中所描绘的解剖学区域自下至上分别是中缝背核(DR)，腹侧被盖区(VTA)，与其在一起的下丘脑外侧区(LH)可能是最有效的位置，腹侧苍白球(VP)，伏隔核(Acc)，外侧视前区(LPOA)，终纹床核(BNST)，内侧隔区(ms)，内侧前额叶皮层(PFC)[数据总结来自 Burgdorf et al.,2007；我们感谢杰夫・布格多夫(Jeff Burgdorf)的分享]。

在上一章，我们提及痛苦的叫声是唤醒的悲痛的重要指示器。同样，笑声类型的啾啾声也是大鼠唤醒的嬉戏的一种主要指示器。笑声，如同嬉戏本身，是一种无条件的本能反应，在适当的社会环境条件下由哺乳动物脑古老的区域生成。它不是通过模仿习得的，因为失明和失聪的儿童都可以很容易发出笑声(Eibl-Eibesfeldt,1989)。我们可以很容易让大鼠产生由挠痒导致的啾啾声反应(Burgdorf et al.,2005)。并且表现出大量啾啾声的动物通常更加开心，而那些不叫的动物则更多地表现出一种消极的情感并且容易抑郁(Brudzynski et al.,2010;Burgdorf et al.,2008;Harmon et al.,2008)。如果哺乳动物的这些叫声形式真的是同源的,那么我们可以通过研究生成大鼠欣快的啾啾声的回路,来最终理解人类快乐的原始本质(Panksepp & Burgdorf,2003;Panksepp,2007c)。

当然,这类分析的底线是我们是否能够识别主要的基因,这些基因有助于特定的神经化学回路的构建和活动,使动物们能够嬉戏。我们在啮齿动物模型上取得了关于这一方面的进展,并且我们将会在本章的后面部分叙述这一进展的相关细节。这类研究能够提供严谨的神经演化的证据,支持或反对不同物种间存在笑声和社会快乐本质的演化连续性(Panksepp,2007c)。简而言之,大鼠研究可以告诉我们更多关于人类嬉戏和笑声的原始本质,相较于任何其他可用的科学策略而言。

关于大鼠笑声的更多信息

我们现在对大鼠笑声有了很多了解,毫无疑问要远多于我们对于初级过程的人类笑声的了解。与人类儿童一样,挠痒对于幼年大鼠而言也是一种积极的刺激。它们想要获得这种类型的刺激,当接收到与挠痒相关的线索时,它们会迅速开始发出叫声。人们同样可以通过直接刺激许多脑区域来唤醒叫声反应。有必要强调如下事实,每一个能够唤醒大鼠欢快叫声的脑位置都支持自我刺激——动物们很容易打开脑刺激,表明与这些声音相关联的经验是积极的(Burgdorf et al.,2007)。准备就绪以这种方式进行自我刺激,表明这些区域提供了情感愉悦,并且啾啾声是大鼠具有一段愉快的经验的信号。简而言之,与我们自己的孩子一样,幼年大鼠很容易学会享受挠痒。笑声系统大体上跟随探索系统这一事实,同样有助于解释为什么这种快乐的声音会在动物和儿童预期非社会性的快乐的事情时出现(Knutson et al.,2002)。

因此,当动物对情感上令其满足的药物成瘾时,会出现大量50千赫兹的叫声(Burgdorf et al.,2001;Knutson et al.,1999),对此我们不应感到惊讶。事实上,这种测量可以用于药物欲望的自我报告(Browning et al.,2011;Panksepp et al.,2002)。同样,在雄性和雌性大鼠性唤醒期间会出现

50千赫兹的叫声,尤其是在交配之前的求偶期(McGinnis & Vakulenko,2003)。正如我们前文指出的那样,让人感到奇怪的是,当交配结束后,雄性大鼠会开始发出22千赫兹的警报类型的叫声,与在真正危险情况下的叫声略有不同;这就是说,交配完成后的叫声并不是平稳的,而是具有频率的波动(Burgdorf,Kroes et al.,2008)。我们在前文指出,雄性大鼠可能只是在提醒雌性大鼠离远一点,它现在非常满足并且准备开始梳理自己的毛发。更有趣的是,这种叫声通常用作一种警报叫声,可能有助于阻止其他雄性。对于大鼠这种滥交类物种,精子竞争是谁能够繁殖后代的一个重要因素。发出伪警报叫声是一种了不起的演化适应,有助于确保其他雄性大鼠保持距离,促进自己的精子实现受精目标的可能性。将这种行为极度拟人化来看,这也许是一种欺骗,蒙蔽了附近其他雄性的眼睛,因为它们已经准备好成为下一个与接受性的雌性交配的对象。

人类笑声的阴暗面

对于人类而言,笑声的阴暗面通常在看到别人受伤、受辱或窘迫(比如低俗的幽默)时出现。阴暗笑声的发出者认识到受害者困境的可笑,并伴随着心理上认为自己比那些遭受不幸的人更加幸运甚至可能更加聪明的感受。这种情况经常被应用到夸张的喜剧中。需要指出的是,在人类儿童竞争性的嬉戏中,笑声不可避免地更多由明显的胜利者发出,而非失败者,尽管这一效应尚未被科学地记录。同样,恶作剧的始作俑者要比受害者更有可能发出笑声。

这些模式表明,笑通常是由竞争的,甚至是攻击性的冲动所激发的。它可以用来给对手造成情绪痛苦。或许这种高级形式的叫声只能出现在复杂的认知生物身上,比如可以将自己的心智功能用于许多目的的灵长类动物。这与经典的弗洛伊德关于幽默的解释非常接近,他认为幽默是一种可接受的面纱,掩盖了那些不可接受的性与攻击的冲动(Freud,1905a/1968)。但是,没有证据表明其他动物存在这种过程。神经科学研究表明,服务攻击的笑声并不是初级过程的情绪系统的一种内在的方面。这是一种更高阶的精神功能。

嬉戏的神经化学

药物干预能够非常简单地抑制嬉戏。然而,很难确定药物的抑制作用是包括嬉戏系统的特定变化,还是仅仅是由焦虑增加、认知干扰或镇静等引起的普遍行为干扰。脑成像研究表明,在嬉戏过程中有大量的阿片剂释放到神经系统中,尤其是视前区(POA,该区域也控制了性与母性行为;见第 7、第 8 章)。这些发现表明,阿片剂的释放可能对于嬉戏系统的唤醒起到积极的作用(Panksepp & Bishop,1981;Vanderschuren et al.,1995)。同样,通过发现脑内的内源性大麻素系统,以及长久以来关于大麻能够带来笑声的文化认知,我们并不奇怪脑中"像大麻一样"的活动的增加确实能够促进大鼠的嬉戏(Trezza & Vanderschuren,2008,2009)。

关于阿片剂活动在嬉戏中作用的研究,现在已经在动物研究中得到广泛的开展。非常低剂量的吗啡,就可以促进嬉戏和社会支配(Panksepp, Jalowiec et al.,1985;Vanderschuren,2010)以及控制嬉戏支配。众所周知,当预测两只动物在嬉戏中的"胜利者"时,动物体重的增长会带来明显的优势,这和男孩们摔跤时一样。但是,脑神经化学物质的活动同样会产生巨大的影响。我们发现,如果两只动物具有相同的体重,如果给其中一只注入少量的阿片剂受体兴奋剂,例如吗啡,而另一只注入等量的阿片剂受体拮抗剂,例如纳洛酮,注入吗啡的那只动物总会是胜利者(Panksepp,Jalowiec et al.,1985)。这些结果表明,高水平的脑阿片肽,足以产生社会自信感(比如减少第 9 章所讨论的分离苦楚),促进动物在嬉戏竞争中获胜。另外,低水平的脑阿片肽活跃度,会生成巨大的社会需求感以及不安全感。这会使动物处于情绪上的劣势,使它们更有可能失败。当然,促进嬉戏和自信的阿片剂剂量必须非常低。高剂量的阿片剂会对动物们产生镇静作用,并减少所有的社会行为,包括嬉戏;而非常高剂量的阿片剂则会导致一种精神紧张的僵硬状态。

与行为和心理科学的所有发现一样,这些结果也有不同的解释。举例来说,一种可能性是阿片剂受体拮抗剂比如纳洛酮可能会减少嬉戏,但它们同样也会减少各种友善的社会互动所产生的积极感受。另一种可能性是，阿片类药物可以减轻疼痛，因此，与服用吗啡的动物相比，服用纳洛酮的动物在玩耍时可能会经历一些更不愉快的活动。抛开两种不同的解释来看，阿片剂对于嬉戏支配的作用在共同的嬉戏经验开始时就被注入这些药物的动物身上非常显著。然而，如果在这类药物干预之前，支配形式就已经在嬉戏伙伴的社会关系中得以建立，那支配形式并不会轻易随着这些神经化学物质的变化而改变。这种变化结果表明过去的社会学习在嬉戏行为中具有强大的作用。

社会剥夺是另一种导致嬉戏欲望上升的因素，这表明人为地增加嬉戏的欲望是有可能性的。脑中可能具有高度特定的促进嬉戏的神经化学物质，也许是神经肽。然而，目前尚未有此类物质得以确认，尽管在遗传研究中已经产生了一些候选（后文中会讨论）。寻找相关证据的部分问题是，几乎所有的神经肽都必须直接注射入脑，并且我们尚不完全清楚嬉戏回路如何将这些物质运送至合适的区域。然而，我们已经评估了一些神经肽的效果，包括催产素和 CRF，这两者都会减少嬉戏；我们同样发现加压素对嬉戏没有特别明显的影响（Panksepp et al.，1987）。我们仍在寻找“打开”没有心理准备的动物的嬉戏开关的神经化学物质系统。这一努力到目前为止还没有非常成功。也许我们需要的是，一系列的神经化学物质变化同时以正确的形式发生。只有我们彻底了解神经化学物质在动物参与的嬉戏活动中所起的作用，我们才会对哺乳动物脑的嬉戏产生深刻的神经理解。其他对于嬉戏具有更加特定作用的神经化学物质系统在未来一定会被发现。

对于这一前沿，已经取得了一些进展。在研究嬉戏导致的脑基因表达形式时，人们发现了类胰岛素生长因子-1（IGF-1）以及一种谷氨酸受体亚型的增长，这一发现导致了行为研究，表明促进这类增长的分子同样促进了嬉戏（Burgdorf et al.，2010）。确实，初始数据表明嬉戏可以反转抑郁症状，包括强化通常被压力损伤的脑区（Wöhr et al.，2009）。而且，我们使用上述策略顺利地识别了新的抗抑郁药物分子，通过置入甘氨酸，谷氨酸受体调制器既可以产生刺激作用（低剂量时）也可以产生阻断作用（高剂量时），从而逐渐增加积极情感并消除消极情感，这已经在进行临床试验（Burgdorf et al.，2011）。

总之，非常清楚的是，嬉戏是脑的一种非常奖励性的过程。由于研究人员已经研究了调节嬉戏的神经化学物质，因此，他们同样知道哪一种脑化学物质对于生成社会奖励至关重要。首先，看上去十分重要的化学物质是内源性阿片肽，它会在嬉戏的过程中分泌(Panksepp & Bishop，1981；Vanderschuren et al.，1995)。其次，考虑到探索冲动在嬉戏的过程中可能会非常活跃，并且多巴胺似乎调节了脑中的欣快感，因此很有可能多巴胺同样参与了嬉戏的令人愉快的那些方面。再次，我们越来越清楚地发现内源性大麻素，它似乎也促进了脑中其他形式的积极情感，是嬉戏奖励包裹中的一个重要部分(Trezza & Vanderschuren，2008，2009)。最后，新的基因研究路径开始发现脑中其他调节嬉戏奖励的分子路径(Burgdorf et al.，2010)。

嬉戏的功能

许多研究者和理论家都思考过嬉戏具有怎样的功能，主要分为以下两种观点：社会的与非社会的。可能的社会功能，包括学习各种竞争性的和非竞争性的社会技巧。这一范围涵盖促进社会联结纽带和社会合作的行为，到那些提升社会地位和领导力的技巧，以及有效沟通的能力。而嬉戏潜在的非社会功能，则包括学习或提升身体适宜性、认知功能、使用工具的熟练度以及在面对意料之外事件时的创新能力等资源和能力(Spinka et al.，2001)。非社会功能的范围，包括复杂的认知技能，例如在各种不同的情境下创造性思考的能力，以及非常特殊的能力，例如年轻捕食者习得的捕猎技能、年轻的被捕食者习得的躲避捕食者的技能。遗憾的是，这些观点都没有广泛且充实的科学数据库。

当然，嬉戏以多种方式提升生殖适应性，但与性相关的行为很少出现在大鼠的追逐打闹的嬉戏过程中，即使许多其他动物会在嬉戏过程中表现出更多的求偶行为。人们可能会认为，动物如果在幼年发育时期没有嬉戏行为，那么，它们成年之后的性欲会处于劣势。事实上，在整个幼年期(21—45天)遭遇社会剥夺的雄性大鼠，当它面对一只激素就绪的雌性大鼠时，仍会表现出相当正常的初级过程的性行为。然而，我们在一些尚未公布的研究中发现，在有两只雄性大鼠，但只有一只处于发情期的雌性大鼠的竞争情况下,有嬉戏经验的那只动物能够更加有效地击败年幼时很少嬉戏的那只大鼠。因此,年幼期的嬉戏经验似乎在获得生殖机会的竞争中具有优势。

相较于有很少嬉戏经验的动物,那些具有大量嬉戏经验的动物会花费更多的时间与其他动物待在一起,这表明了嬉戏的一种社会联结纽带(友谊)功能。事实上,年幼动物喜欢花费更多的时间,与年老但仍会发出大量啾啾声的动物(例如,我们上述提及的那些动物)待在一起,而不是那些不太发出叫声的动物(见图 10.5)。这种功能对于未来的社会联盟和合作,甚至是共情都非常有用。从认知的角度看,一些研究者报告说具有嬉戏经验的大鼠所解决的非社会问题在增多。但是,我们在复制这些结果时出现了困难。另外,社会效应更容易被记录。被剥夺嬉戏的大鼠在许多社会情况下会更加恐惧以及更具攻击性(Potegal & Einon,1989)。尽管关于这一问题仍需要更多的数据支持,但似乎很少嬉戏的动物倾向于变得更加易怒并且具有更少的社会创造力。

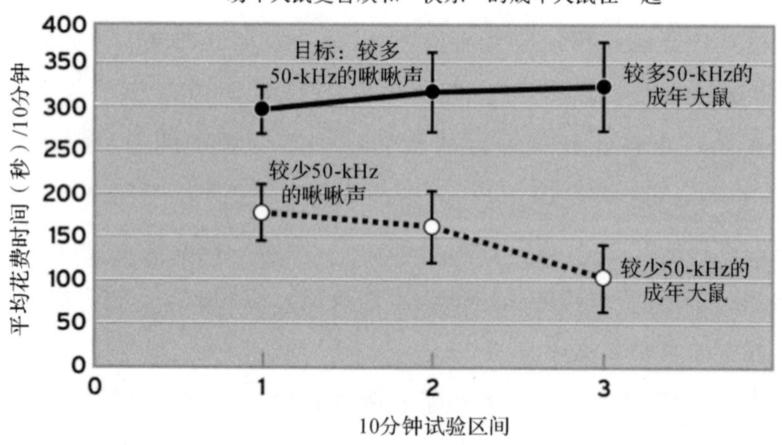

图 10.5　幼年大鼠被给予机会去 T 型迷宫的两边,每边各有一只成年雄性大鼠,它们具有不同的社会气质。其中一只发出大量的 50 千赫兹的啾啾声,而另一种则发出较少的啾啾声。在半个小时的测试区间中,幼年动物很明显倾向于与“更开心”的成年动物待在一起,并且这一情况随着测试的进行变得更加明显[来源于潘克塞普和布格多夫(Panksepp & Burgdorf)未发表的数据]。

插曲:嬉戏与做梦

嬉戏似乎对培养广泛的社交和非社交技能有帮助——它是一种经验—预期的过程,使动物准备好面对未来的挑战。关于这是如何发生的数据非常稀少。不过,让我们变得有创造力一些。嬉戏是否会与做梦的功能相关?嬉戏和做梦似乎都具有脑的经验—预期功能,它们被设计为评估过去的事件,作为未来行为的创意来源和有用的资源。也许嬉戏功能的发挥是对做梦的一种补充。二者都有助于组织脑中的信息,来促进对未来生活事件的高阶情感响应。换句话说,也许嬉戏和做梦都会使动物们寻找解决真实生活中所面对的复杂问题的方案。如果是这样,我们认为嬉戏在心理治疗中的作用要比它现在所有的作用更大。但首先让我们来看一下睡眠现象本身。

神经科学家现在知道,哺乳动物脑包含了内源性的日常节奏生成器——生成一天之内清醒与睡眠时段的生物钟。关于睡眠的主要的生物钟位于视交叉上核(SCN)的神经元中,SCN 位于脑的底部略高于视交叉(optic chiasm),即视神经交叉的地方,给我们的两个脑半球提供了来自双眼的视觉信息。这些 SCN 神经元对于褪黑激素非常敏感,此外同样也是光敏的。褪黑激素由松果体分泌并且强有力地影响了视交叉上核:当光线减弱时,这会促进人们和大部分动物的睡眠(大鼠是夜行性的,但在夜幕降临之后同样会具有高水平的褪黑激素,这表明黑暗导致了褪黑激素的生成)。

哺乳动物的两种主要的睡眠状态是:(1)慢波睡眠(SWS,同样也被称作非 REM 睡眠,或者 NREM),这种睡眠通常是无梦的;(2)快速眼动睡眠(REM),在这种状态下,人和动物通常会做梦。虽然 REM 睡眠和做梦具有非常独特的脑机制,但两种睡眠通常是协调一致的。腹外侧视前区中的一个非常特定的区域被认为是一个重要的 SWS 生成器,尽管很明显新皮层同样具有其内在的 SWS 生成器——睡眠在高阶脑中是部分区域化的(Krueger et al.,2008)。REM 睡眠是在脑相对较低的区域,即中脑下方的脑干中生成的。在 REM 睡眠阶段,肌肉得到持续的放松,这通常阻止了动物们在做梦时到处走动。因此,大块的抗引力肌在 REM 阶段保持放松,使整个身体处于弛缓状态。但在做梦期间也会伴随有身体上的运动,体现为各种小块的肌肉抽搐,其中研究得最深入的是快速眼动,这是充满“矛盾的”睡眠阶段。当人和动物处于 REM 睡眠状态时,它们同样会移动手指、嘴唇、鼻子、脚趾、中耳的各种肌肉等。关键在于这种外周抽搐并不会导致任何协调的全身行为。REM 睡眠阶段的肌肉抽搐,反映在经典的 EEG 读数上就是巨大的放电峰值,尤其是在视觉系统中。

生成 SWS 和 REM 睡眠以及生成清醒状态的关键脑结构,位于脑干深处。SWS 机制位于脑干的较高区域,基本的唤醒机制位于脑干较低区域的网状结构中,而 REM 生成器则在更低的位置。因此,哺乳动物具有一种与众不同的脑结构,尤其是当人们想到脑的高阶区域通常比低阶区域演化得更晚。相较于让我们清醒的基本神经系统,生成 SWS 的最有影响的机制位于脑的高阶区域。REM 的执行机制位于最低位置,可能是三种中最古老的一个。如果我们认同中枢神经系统中位置更低的结构要比位置更高的结构更加古老,那么我们就应当认同哺乳动物的基本的 REM—梦境机制要比主要的唤醒机制演化得更早。然而,我们必须谨慎地看待这种明显的倒置,因为越来越多的证据表明做梦的经验更多地来自脑高阶区域而不是 REM 睡眠(Solms,2000)。特别是,现在的证据表明,多巴胺调节的探索唤醒可能对于梦境生成非常重要(Léger et al.,2010;Léna et al.,2005)。

除了这些模棱两可,我们还要面对我们脑中一种看似倒置的状态:REM 唤醒网络明显要比我们脑干的清醒系统更加古老。为了理解这种矛盾,我们认为原始形式的情绪觉醒可能在演化上早于我们与新皮层功能(及其所有的感官意识与思想)相关联的觉醒类型。换句话说,在古老的演化历史中,原始的初级过程的意识,可能最初仅作为梦境类型的觉醒而存在——充满了情绪唤醒。这种类型的简单情感觉醒,可能被心智更多的认知框架所取代。但是,情绪唤醒在 REM 睡眠过程中仍然处于主导地位。因此,人和动物心智中的梦境内容可能会随着主导的情绪唤醒的变化而变化。为了让脑高阶认知区域最适宜学习和思考，有必要在安全的睡梦中练习与情绪相关的认知可能性，从而可能更好地帮助整合认知和情感问题。在睡眠过程中，这种情绪唤醒仍隐藏在被称作REM弛缓的运动麻痹之后，但它们并没有完全被消除，证据就是四肢的许多抽搐。也许我们情绪丰富的梦境生活是这种渐进演化的双重精神的残留；开始时，这种唤醒可能大部分是情感的，但随着脑的扩张，它们在古老的情感与更现代的认知过程之间取得了平衡。这有助于促进复杂问题的解决（Levin et al.，2008）。

意识的古老情绪形式在脑早期演化中占据主导地位的观点得到了如下事实的支持，当弛缓的脑机制被有选择地损伤时，动物仍会表现出规律的做梦类型的睡眠。这些动物会在做梦时活动，因为它们大部分的抗引力肌不再弛缓到使它们无法移动。这些奇怪的"睡梦"阶段提供了一个窗口进入它们的，也许也是我们的，古老的情绪性心智中。例如，猫的内眼睑（瞬膜）在它们活动的梦境中仍保持闭合（意味着它们在本质上是看不见的），它们会表现出四种主要类型的活动形式：捕食性的跟踪、恐惧、明显愤怒状态下的猛击以及周期性地梳理毛发。

我们对此的解释是，当一种高度情感化的、非反射的、梦境类型的意识首次演化时，大量的情绪活动参与其中，它的自由表达逐渐被抑制并在演化的过程中被调节。这是因为，这类简单心智的生活解决方案，不再像它们曾经那样具有适应性。哺乳动物更高阶、更认知的脑系统的迅速扩张，需要脑中新唤醒机制的演化来帮助维持新皮层区域的清醒，从而使更高阶、更加认知形式的意识得以生成。因此，控制简单心智的情绪唤醒的古老的脑唤醒机制，可能是所有爬行类动物一度需要的，会逐渐被压制和重塑为控制REM睡眠唤醒的机制。通过这种方式，梦境仍旧主要由古老的情绪唤醒状态所控制，但对于那些更加现代的动物而言，它们可以更好地让认知信息与情绪压力唤醒综合在一起。这是一种让古老的心智框架继续调节新近演化的动物的高阶信息过程的方法。

除了它在脑干深处这一位置因素，还有一个原因让我们认为REM可能是一种受到抑制的原始类型的清醒状态，因为它不再足以促进最优生存：

REM 在哺乳动物身上被发现,而没有在爬行动物或鱼类身上被发现。鸟类表现出非常短的 REM 阶段,通常每次只有几秒钟。生成 REM 睡眠的脑机制仅仅在哺乳动物身上演化出现,而不是来自先前存在的古老的脑功能,这似乎不太可能。很明显,在脑演化的早期阶段,动物具有更简单形式的意识,并且随着高阶脑的演化,那些古老的解决方案必须与新近演化的脑功能整合在一起。很有可能,在清醒时,嬉戏就是促进这类整合的脑系统,它的功能类似于睡眠时做梦的功能。

总而言之,演化的哺乳动物脑心朝向认知复杂度的投射,需要一个主要的演化步骤:它需要新唤醒系统的构建来调节丘脑核新皮层,以及一个新系统来抑制简单心智的情绪(现在表现为 REM 活动)。我们知道,这两种系统都存在于哺乳动物的脑中。唤醒脑皮层的系统包括生物胺(多巴胺、血清素以及去甲肾上腺素)以及位于上行网状激活系统(ARAS)中的生成乙酰胆碱的细胞组,这些系统都位于脑桥的上方区域。此外,许多的神经肽神经元,例如集中于外侧下丘脑等脑高阶区域的食欲肽(也被称作下视丘分泌素),对于从慢波睡眠平稳过渡到 REM 而言是非常有必要的;离开它们,人和动物就会表现出嗜睡症,即突然从清醒状态陷入 REM 状态(McCarley,2011;Zaharna et al.,2010)。在 REM 睡眠期间,导致弛缓的脑区域与那些在 REM 期间产生充满情绪的活动的脑区域是不同的。它位于蓝斑核的正下方——脑中最大的去甲肾上腺素细胞组,促进了整个皮层的唤醒并且在情绪状态过程中提供了特殊的力量(见图 1.1)。

为什么我们要在嬉戏章节考虑这些晦涩难懂的问题?因为我们看到了在嬉戏与 REM 睡眠之间存在一种可能的联系:如果我们的想法是正确的,即 REM 在哺乳动物脑中的一个关键功能是促进复杂情感信息的综合,那么嬉戏系统可能会在清醒的时候发挥出类似的功能。我们认为存在这种可能性,是因为在嬉戏中,许多类型的情绪行为都表现在较轻微交互的情况下。如下的事实支持了这一观点,REM 和嬉戏都受到神经递质的严格控制,例如乙酰胆碱、多巴胺、去甲肾上腺素和血清素。类似的化学介质可能意味着具有类似的功能。在社交快乐感受的影响下,嬉戏可以固结不同情绪的各种行为组件,使儿童逐渐养成创造性地、积极地响应他们所在的物理和社会环境的习惯。嬉戏冲动对于复杂的社会脑的文化构建和表观遗传构建至关重要，社会脑能够理解他人的情绪状态和动机，打开复杂的社会合作的大门以及后续的友情、同情、共情和团结他人的感受。嬉戏促进了社会智力(Goleman,2006)。

REM 梦境可能在不同的初级过程情绪成分上发挥非常相似的功能，这些情绪成分侵入并赋予每个生命意义。换句话说，做梦和嬉戏可能对精神生活的表观遗传创建产生协同效应。正如我们前文指出，在我们脑心的高阶认知区域中，只有少数高阶精神功能是我们演化的遗产所赋予的。大部分都是在强烈的社会影响下习得的。我们在本书中所关注的基本情绪系统都参与构建了我们的认知优势和劣势，并固化为我们每个人独特的性格。我们的情感潜力与认知能力的综合是由每个人独特的发展格局所创造的。

嬉戏对高阶新皮层功能的表观遗传作用

表观遗传论(见第 6 章和第 9 章对此概念的讨论)的原则特别适用于嬉戏系统。尽管新皮层并不是生成嬉戏的核心参与者，但嬉戏对新皮层产生了特别强烈的影响，导致基因表达的许多变化。当儿童嬉戏时，他们的活动促进了这一器官的表观遗传变化。脑成像揭示了当动物嬉戏时，新皮层以及许多皮层下区域中的神经元代谢处于相当高的活跃度(Panksepp,1998a; Gordon et al.,2002)。研究表明，社会系统同样激活了脑特定区域的神经生长因子[例如脑源性神经营养因子(BDNF)]，最明显的是额叶皮层和杏仁核，见图 10.6(Gordon et al.,2003)。但 BDNF 遍布整个脑，因此这种脑影响非常广泛，显著地促进了特定回路中的积极感受并可能促进了其他回路中的消极感受。

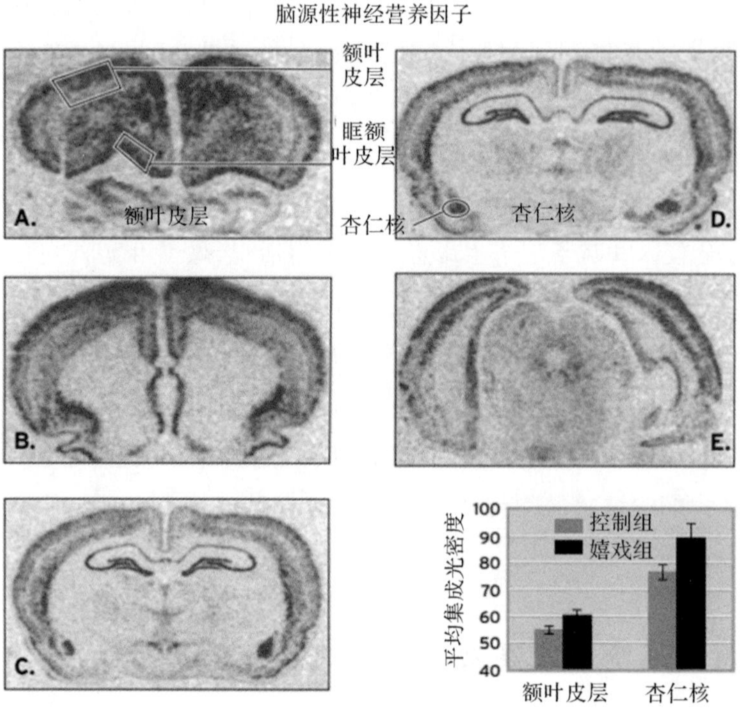

脑源性神经营养因子

图 10.6　大鼠脑冠状切片（从前到后；A 至 E）中的 BDNF 基因表达的图示（通过原位杂交技术），分别为进行和没有进行半小时社会嬉戏的动物。如柱状图所示，这种广泛分布的神经生长因子在嬉戏过的大鼠的额叶皮层和杏仁核中增多（数据来自 Gordon et al.，2004）。

最近，一项更全面的脑基因表达分析表明，在我们评估的 1200 个位于额叶皮质区域的大脑基因中，大约有三分之一的基因活动会被嬉戏迅速修改（Burgdorf et al.，2010）。我们有理由暂时假设，嬉戏引起的大脑动态变化促进了大脑的生长和成熟，也许是通过表观遗传创造了大脑的亲社会回路，也许部分是通过改善额叶执行功能（见图 10.7）。我们最近识别了促进嬉戏与积极情感的分子通路，以及在嬉戏过程中会被高度唤醒的脑“肥料”IGF-1（类胰岛素生长因子）。IGF-1 被证明是脑中的一种积极的快乐分子（Burgdorf et al.，2010）。因此，嬉戏的其中一个作用，更有可能是通过表观遗传在新皮层建立新的亲社会神经通路——通过长期的改造将基因表达形式作为经验的一种功能。

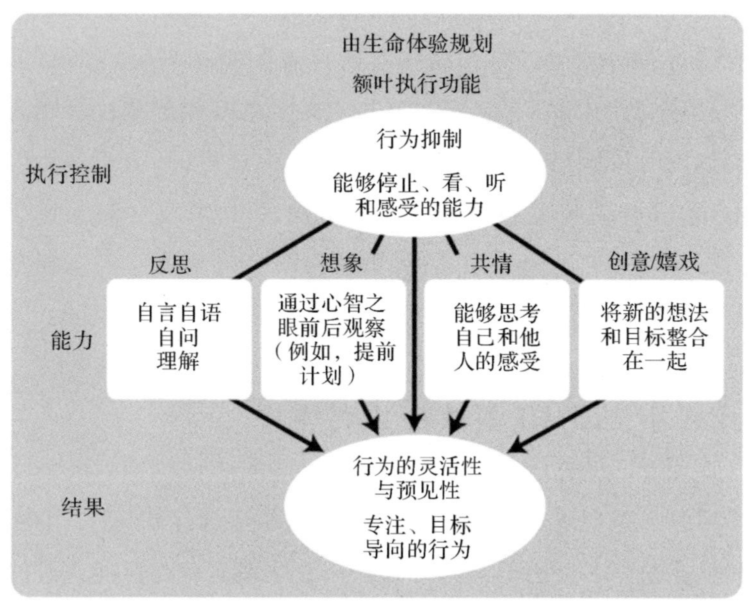

图 10.7　关于额叶功能的简要描述,患有注意缺陷多动障碍的儿童的这种功能会成熟得很慢(改编自 Panksepp,2007)。

嬉戏如何帮助设计新皮层?嬉戏的其中一个困境是它将儿童带到他们情绪性知识的边缘。当这种情况发生时,不可避免地会产生冲突的情绪感受,这需要立即得到成年人的关怀帮助。在没有监督的自由嬉戏过程中会发生糟糕的事情,嬉戏很容易导致一个儿童欺凌另一个儿童来实现社会支配。然而,在成年人的监督下,每一次的冲突都会成为一个绝好的机会来进行积极的亲社会学习。因此,在这个孩子们的活动受到限制的时代,我们需要一些有爱心的人来监督孩子们的活动场所,让他们在关键时刻得到温和的教育。

在我们首次对人类的社会嬉戏进行受控的行为学分析之后(Scott & Panksepp,2003),我们致力于通过学龄前儿童半小时的嬉戏过程来非正式地评估这个命题。当亲社会的期望温柔但坚定地被传达,并且在嬉戏后立刻给予奖励,儿童会为了继续玩耍而理解并迅速内化“己所不欲,勿施于人”这种社会规则(Scott,2001)。这些考虑强调了嬉戏在儿童的社会性的发展中的重要性。

嬉戏唤醒、心智发展以及神经回路特别是某些社会神经回路的表观遗传变化之间的联系，对于用精神药物治疗儿童的实践来说是有意义的。例如，正如我们在前文所说的，神经科学研究表明精神兴奋剂抑制了嬉戏系统：动物服用这类药物后，嬉戏明显减少。如果嬉戏唤醒是社会因素导致的表观遗传作用以及亲社会脑逐步建立的重要促进者，那么长期注射哌醋甲酯[methylphenidate，利他林(ritalin)]等精神兴奋剂，将会对儿童性格发育带来有害影响。并且我们已经知道，嬉戏唤醒会对新皮层产生强有力的影响。因此，精神兴奋剂的注射同样会改变嬉戏设计新皮层的方式。

嬉戏剥夺：ADHD 型冲动控制障碍？

注射精神兴奋剂明显减少了儿童的嬉戏和多动症状，这一事实表明嬉戏系统和注意缺陷多动障碍之间可能存在着联系。运动机能亢进的儿童的父母，通常抱怨精神兴奋剂的一个不良副作用是减少了他们孩子的嬉戏欲望。儿童的 ADHD 有时也许是一种缺乏嬉戏或者特别活跃的嬉戏系统的指示器，而不是精神病理学的一种信号。尽管我们现在知道，ADHD 儿童从解剖学上(以及功能上)看，他们的额叶执行功能存在一定的缺陷(约 5%)(Castellanos & Tannock，2002)，这通常只会在这些孩子上学时才会成为一种社会问题。他们不像其他具有更好的脑心调节功能的儿童一样成熟并且合作。

目前治疗 ADHD 儿童的选择是哌醋甲酯和相关的精神兴奋剂，它们能够对脑产生类似于可卡因的效果，除了降低行动的力量和速度这一点。长久以来，精神兴奋剂都存在一种矛盾——能够促进运动唤醒的药物——通常能够让烦躁的儿童平静下来。现在，使用精神兴奋剂的一个新的根据是假设 ADHD 儿童在前额皮质结构和活动上有缺陷；因此，大脑的这一部分需要被刺激，这样它才能促进注意力，从而更好地抑制过度的情绪。这可以提升儿童集中注意力和学习的能力，但有利于学习的证据非常少。我们的具有争议性的结论是，尽管小部分的 ADHD 儿童明显具有脑问题，但大部分被诊断为 ADHD 的儿童并没有临床相关的脑功能障碍(Panksepp，2007b)。这些孩子中的许多人只是在他们的嬉戏欲望受到抑制时，在社会顺从方面出现了问题。

如果 ADHD 至少有一部分反映了对冲动的、好玩的活动的过度渴望（或渴求），那么因为这些特征而让孩子服用药物是否合乎道德就成了一个深刻的社会问题。很明显，在课堂中对学术问题保持注意力十分有必要，但为了减少儿童的嬉戏而给他们服用精神药物以使其变得顺从，这样做是否合适？至少首先应尝试进行良性的干预，例如在早晨上课前先让儿童在爱嬉戏的年轻人的监督下进行充足的追逐打闹的活动，这些年轻人能够在糟糕的事情发生时及时温柔地干预并促进社会学习。

我们过去关于 ADHD 动物模型的研究工作已经表明长期充足的日常嬉戏有助于减少不断成熟的幼年大鼠的冲动行为（Panksepp et al.，2003），并且早期嬉戏同样能够使成年动物具有更少的攻击性和防御性（Potegal & Einon；1989；Einon & Potegal，1991）。除了来自动物界的证据，有研究已经指出，人类的病理性攻击行为通常出现在童年缺乏嬉戏的人们身上，尽管其他的促成因素也是必需的（Brown，1998）。尽管有些在嬉戏中习得的技能可能最终会助长成年动物的支配行为，但目前没有清晰的证据表明充足的打闹嬉戏与成人形式的攻击行为具有联系。很明显，嬉戏回路很大程度上独立于攻击回路之外，并且嬉戏通常教会人和动物如何彼此更好地相处。

因此，我们相信，如果在我们的教育系统中重新启用嬉戏的力量，尤其是在学前阶段，我们将能够减少过于频繁的 ADHD 诊断。鉴于利他林等精神兴奋剂的长期毒副作用，我们认为如果每天早晨进行半小时的嬉戏活动，儿童能够更好地在教室中学会控制自己并投身于学习中。

有一点是确定的：在嬉戏中，动物们非常容易以灵活和创造性的方式采取行动。我们并不奇怪嬉戏干预已经成功地应用于教育和治疗中（例如，游戏疗法），从而促进新信息的高效吸收以及行为矫正（Power，2000）。然而，由于嬉戏是有趣的，所以它同样可以用作期望的行为变化的奖励。如果进行额外的嬉戏活动取决于良好的学术表现，那么儿童在多大程度上会愿意完成学术任务？如果嬉戏被用于系统性地奖励学术成就，那么无论是课堂纪律还是教育进步都会得到提升。这些思考意味着我们必须将这种古老的演化的脑功能视作一种潜在的理想活动,而不是在认真的教育结束之后在操场上的一种需要被抑制或消除的破坏性力量。

精神兴奋剂与药物滥用

还有一个担忧是,儿童使用精神兴奋剂可能会导致对滥用药物的敏感性和渴望增加,例如可卡因(cocaine)或者脱氧麻黄碱(methamphetamines)。这种潜在的影响并没有在儿童身上进行测量,但已经在其他动物身上进行了评估。临床前研究提供了关于长期使用精神兴奋剂后果的良好受控数据。成年动物会对周期性注射所有精神兴奋剂变得敏感。简而言之,它们的神经系统逐渐对各种类型的滥用药物变得过度敏感,并且这种提升的敏感性反映在增长的药物欲望(Berridge & Robinson,1998)以及对各种类型的享乐奖励的渴望上。用通俗的话来说,这种增长的动机强度反映了一种正常欲望的变化:从“我想要它”变为“我想要它以及我立刻就要”!精神兴奋剂的敏化作用使动物们成为更加迫切的“消费主义者”并更加渴望各种类型的外部奖励,从食物到性都是如此(Nocjar & Panksepp,2002)。相反,如果在ADHD儿童的脑中有什么是我们希望敏化的,那么它一定是亲社会活动的渴望。

尽管尚未有研究尝试评估过服用药物的儿童与没有服用药物的儿童对药物欲望的强度,但我们早就应该评估精神兴奋剂导致的“敏化作用”是否发生在服用药物的儿童身上。这可以通过对比首次服用药物的儿童与过去长期服用药物的儿童对精神兴奋剂的急性生理反应进行评估。事实上,如果结果证明这些药物产生了长期的变化,我们应当担忧这些变化是否会对儿童产生不利影响。尽管我们知道幼年的动物并不像年纪大的动物一样容易敏感(Solanto,2000),但我们确实发现它们表现出一些敏化作用(Laviola et al.,1999;Panksepp,Burgdorf et al.,2002)。众所周知,这种脑变化会提升动物寻求药物的倾向。

同样值得考虑的是,妥瑞综合征(tourette's syndrome)及其古怪的神经冲动——会导致抽搐和突然的口头咒骂,通常包括诅咒和侮辱等“被禁止的"表达(Chase & Friedhoff,1982;Comings et al.,1991)——这可能象征着异常的嬉戏冲动,或者嬉戏冲动的组成部分在神经系统中循环而没有受到限制。药物证据为这一假设提供了支持。目前最有效的控制妥瑞综合征的药物是多巴胺阻断药物,同样对于减少动物的嬉戏非常有效(Beatty et al.,1982,1984;Panksepp et al.,1987)。尽管这些联系是高度假设的,如果我们对这些可能性保持思想上的开放,我们可能能够更好地理解嬉戏的本质以及儿童的一些复杂的疾病。

其他临床思考

当儿童一起嬉戏时,他们会建立友谊,这使他们一定程度上在情绪上独立于父母。嬉戏有助于发展快乐和自我决定的能力。这让孩子们觉得自己长大、自立、有能力了。他们的自尊以及对别人友好的感受是一种无价之宝。甚至是宠物,尤其是忠实且爱嬉戏的狗,在人类缺少陪伴的情况下也能够帮助构建这种潜力。因为嬉戏对于巩固友谊非常重要,所以它是让儿童成熟的一个核心要素。良好的嬉戏本能,能够敏感地察觉别人的情绪需求和欲望,使儿童能够在家庭领域之外有效地活动。这似乎对于一些人而言是矛盾的。毕竟,嬉戏在与工作比较时,有时被视作一种不重要的追求。然而,这种活动有助于让成人变得满足且自我实现,因为它促进了情绪的发展以及社会敏感性。嬉戏有助于防止抑郁,并且它促进了海马体等脑区中的神经生长,而抑郁症患者的这些区域通常表现出应激损伤的迹象(Wöhr et al.,2009)。

当儿童体验到自己的嬉戏能力存在缺陷时,他们通常会表现出抑郁并嫉妒其他儿童(Power,2000;Powers et al.,2009;Ross et al.,2010)。这不足为奇。如果他们无法正常参与嬉戏,当看到他人开心地在一起时,他们会产生不满。不管怎样,儿童,甚至是没有朋友的儿童,通常都会找到一种方式嬉戏。有些儿童创造了想象中的朋友。毫无疑问,这些幻想的(有时是妄想的)伙伴被创造出来是为了减少悲痛的感受,但知道了嬉戏系统的存在以及所有的儿童都具有嬉戏的冲动,使我们能够理解为什么孤独的儿童会尽全力寻找或创造一个快乐的伙伴。

与其他儿童嬉戏的冲动,如果好好培养,通常能够提升儿童社交能力以及情绪上独立于核心家庭之外,并且铺平青春期通往成熟的道路。它也能够巩固心智积极的情感基础,甚至下行至神经化学的层面(Burgdorf et al., 2010),促进儿童平稳过渡到成年,实现满意的亲社会目标。如果儿童没有常规的玩伴,父母们明智的做法是确保在儿童日常的社会活动中加入一些追逐打闹的活动。很明显,宠物通常能够作为儿童有益的嬉戏伙伴,这再一次表明嬉戏是一种可以由不同哺乳动物共享的心脑过程。

小结

直到最近,神经科学家和心理治疗师都倾向于忽略所有的哺乳动物,包括我们的儿童在内,具有一种基本的嬉戏冲动的可能性——参与到快乐的竞争性交互中。可能嬉戏被认为是“孩子气的”因此并不重要。相反,严格的科学方法表明存在一种所有哺乳动物共有的基本脑系统,解释了这种通用的倾向。目前的研究表明嬉戏系统对于表观遗传发展和新皮层的成熟格外重要。对于该系统的进一步理解可能是解决特定的儿童情绪问题的关键。早期儿童教育的目标应当是儿童的“五个发展”(这是华盛顿州目前的儿童发展的口号)。为实现这一目标,嬉戏是其中的关键一环。对儿童嬉戏需求的普遍承认有助于形成未来明智的社会和学习政策。

总的来说,被剥夺嬉戏的儿童不仅仅具有更高的被诊断为 ADHD 的可能性,而且在成年之后更可能变得封闭,并成为潜在的社会威胁。当然,人类性格的发展是一种多因素的过程,并且成人的生活很少能够追溯到单一的原因。糟糕的抚育通常伴随着许多其他因素的参与,从糟糕的喂养到家庭环境中的攻击性。然而,缺乏安全的联结纽带以及早期嬉戏肯定是促进成人易怒性和攻击性的成因(Brown,1998)。

也许明智的做法是社会帮助创造条件,让我们所有的儿童在他们的童年时光里都能真正地嬉戏。越来越多的儿童在现代社会中面临的困难是能够被完整测量的物理嬉戏可能以无法测量的方式影响着文化素质。在我们的判断中,许多现代社会已经变得远离我们人类过去的社会生态需求,并且为了防止社会的人际关系质量的下降,也许我们需要建立更多的"嬉戏避难所"——能够让儿童在他们自己发起的嬉戏活动中亲社会地满足自己的安全场所。

这并不是一个全新或古怪的想法。早在科学家们意识到脑的功能和它的基因组成之前,柏拉图(Plato)已经在他的著作《法律篇》[*The Laws*(Ⅶ,794)]中颂扬了儿童自由嬉戏的有益之处:

> 到了三岁,以及三岁以后,四岁、五岁、六岁,这些年龄的儿童嬉戏是必要的。至于儿童们玩的游戏,自然本身在儿童的这个年龄就会告诉儿童有哪些游戏可以玩,他们只要待在一起,就会自己发明游戏。所有三岁到六岁的儿童,首先要在所在区域的圣地里集合——就这样把原先分布在各村的儿童集中在一起。还有,保姆们要注意他们的行为是否得体。[①]

柏拉图的基本观点是,我们的儿童离开了嬉戏,就无法成长为完整的人。现在并没有什么不同。但有关嬉戏对儿童的幸福和精神健康的促进作用问题,我们现在确实有一个非常活跃的讨论(Schaefer & Kaduson,2006)。

丰富的早期玩耍机会可能从文化和表观遗传上有利于儿童一生的快乐和共情大脑的发展。它还可能有助于减轻利己主义的贪婪,这种贪婪已经成为我们一切照旧的经济环境的一大特征。社交游戏可能有助于打开更好地理解他人的大门,从而产生亲社会倾向,从高度的社会性到完全的共情。但这些只是我们的观点,和其他许多观点一样,有待神经科学家和临床医生以严格的方式进行实证评估。在第 12 章,潘克塞普将会思考在新式情感平衡心理治疗的相互作用中,嬉戏的能量如何能够促进治疗的快速变化。

---

① 此处译文参考:柏拉图.柏拉图全集(增订版).王晓朝,译.北京:人民出版社,2017.

第11章 走向灵魂神经生物学:核心自我与初级过程感受的起源

再次穿越远古知识之源
直至人类诞生之前的四十亿年
到达生成尘世的创世纪烈火
在混沌和远古人类的起点
静静追踪让我们成其所是的未曾断裂的生命之线
追思所有那些已经逝去的生物
我们呈现着那些飞舞、蠕动、游泳和奔跑者的面容
我们迈着它们所开启的邃古步伐

——桑迪·哈特曼,“再次穿越(精神生物学)”(Sandy Hartman,2011)

本章提供关于如何解决所有神经科学中最棘手问题的一个设想。正如罗伯特·霍尔特(Robert Holt)在1989年所说:“这是一个令人费解的谜题,主观体验存在于生理化学的世界中。”对于我们而言,这个问题可以归结为神经系统如何能够产生主观情感体验的问题。我们已经提供证据:生成初级过程感受的皮层下回路与生成连贯情绪行动的回路事实上是相同的。换句话说,只要通过局部皮层下脑刺激唤醒连贯的情绪行动,那些脑心状态就可以作为学习控制中的“奖励”和“惩罚”。对于情感体验(现象意识的一种根本形式)的深层神经本质的进一步理解,可能需要对被称作“核心意识”的关键脑过程进行经验实证的澄清。如果离开了对“核心自我”(用略带诗意

的说法就是我们的动物“灵魂”）——的实在论的“具身”理解，我们可能就无法阐明体验的原初本质。同样，我们会将这种描述脑功能的术语大写，因为它被认为是心智的一种初级过程——一种“简单的自我类型（ego-type）生命形式（SELF）”——它是内部有机体的内脏—情感表征和外部感官—运动表征的一个一致的重心。

人类“灵魂”的问题——反映了我们一种不可言喻的感受，即每一个人都是一个独特的“我”——具有一段曲折的历史。它导致了形而上学的二元论——心智与身体的分离，以及近现代关于“自我”本质的无休止的思考（Gallagher & Shear，1999；Panksepp & Northoff，2009）。正如促使二元论变得流行的勒奈·笛卡尔（Rene Descartes，1596—1650）所言：“我知道我的存在；但问题是，这个‘我’所知道的这个‘我’究竟是什么？”他的沉思最终导致了他个人的“解决方案”：“我思故我在。”笛卡尔以及其他许多哲学家都认识到我们个人记忆的重要性，这些记忆是我们思想的基础，是我们人类独一无二的自我概念的基础。这一格言有各种各样的变式。我们更喜欢“我感受故我在”（I feel therefore I am）这个说法（Panksepp，1998a）。这突出了我们的根本情感体验的一致性。

这些关于理解核心自我的不同观点旨在识别体验的原生情感形式（初级过程或者“核心”意识）——以基本的感受为特征（非反思的、非理性的、情感的存在于世界中的方式）——它们肯定比诸如认知觉知的高级意识形式更早出现在地球上。这并不是一种主流的哲学观点，但是它与一些人的观点是一致的，例如大卫·休谟（David Hume，1711—1776），他的哲学建立在我们具有情感体验能力的基础上，正如他在《人类理智研究》（*An Enquiry Concerning Human Understanding*）中所写的一样。但休谟同样也认为，我们的记忆就像一串珍珠，将个人生活汇聚成一个连贯的“我”（I'ness），即自我。

伊曼努尔·康德（Immanuel Kant，1724—1804）欣赏休谟的观点，但在他的《纯粹理性批判》（*Critique of Pure Reason*）中，康德继续深化了他的“理性主义”观点，认为心智具有一种先天的认知力量，提供了先于体验的内在知识。许多其他理性主义—认知主义哲学家发现，他们很难在高级概念心智与由情感的核心自我所构建的存在根基(ground of being)之间架起桥梁。虽然这可能并不是一个"非此即彼"的问题,但我们仍会在本章探索这个可能性,即具体的核心自我过程——身体,尤其是内脏身体在脑中的原始表征——可能是情感"存在"和高级心智装置出现的基础。在这里,核心自我被当作是生成有机体一致性的那些深层皮层下过程的一个标签——一个将活跃有机体与多样性的情绪感受统一在一起的存在(关于这种观点如何为无教派的宗教体验提供通用基础的深刻历史哲学分析,见 Thandeka, 2005,2009)。

本章的目标就是探索以神经科学的方式来理解"具身自我"——一种建立在身体及其神经表征之上的自我——的可能性,这有可能澄清体验是如何首次出现在心脑演化中的困境。这一困境尚未有普遍认可的解决方案,也没有明确的答案。但从自下而上的、神经演化的观点来看,用于理解初级过程情绪的情感神经科学的策略提供了一些实验上可检验的观念。

为什么我们需要考虑"自我"的神经本质——动物"灵魂"

原生情感体验是如何在脑中被创建的?我们尚未有最终的实证答案,但这本书已经提出了我们现在确实知道向哪个方向看的充分理由——我们应当研究哺乳动物脑的古老内侧皮层下网络中祖传的、生成情感的本能机制。如果是这样,上述问题的具体答案只能通过研究脑的因果性获得,从伦理上看,很明显这种研究方式无法在人类身上进行。许多人会说这同样适用于其他动物。无论如何,除了研究其他动物的相应过程,我们没有其他有效策略。要做到这个研究,动物们必须明显地具有初级过程的情感体验。否则,按照定义上看,关于这一主题的动物脑研究将是徒劳无功的;基于大量有效力的证据,我们可以很自信地认为这并不是徒劳的。

本书概述了在其他动物中存在古老情绪感受的证据。为什么这些有分量的证据仍有待被大多数神经科学家所接受,这是一个文化历史问题,而非一个科学问题。其中一个主要的历史原因是,这一领域的领导者长期告诫学生要认识到"主观现象无法在动物身上进行客观的观察,宣称或者否认它们的存在都是无意义的”(Tinbergen,1951)。确实,不可知论和唯我论的世界观在动物神经科学领域并不少见,它们导致了这样一种结论,认为其他动物的行为,甚至人类的行为,都不能提供它们体验到任何事情的决定性证据。

然而,解决这个问题的科学方法是一种可观察到的预测,以及由此产生的证据的汇集,而不仅仅是论证。现在最具有压倒性的证据是,当它们情绪脑中的古老网络被直接操控时,所有的哺乳动物都具有强烈的体验。因此,产生一致情绪反应的脑网络也会产生感受。但这仍留下了一个重大的科学问题,只能由神经科学家来慢慢讨论了。脑活动到心智体验这种“神奇的”转变(transformation)究竟是如何发生的? 它如何让脑的物质过程产生了一个心智,一个“我”? 没有人知道答案。目前,只能提出……那些有希望可检验的假设。我们本章的目标是构建一种可能性,即核心自我概念对于实证研究的进步是非常重要的,尽管在未来很长一段时间内,疑虑肯定会超过确定性。然而,大量的证据表明情感感受在脑演化过程中是非常古老的,但我们现在必须接纳关于它们究竟是如何从神经活动中构建出来的一些新观念。我们有理由相信,它们来自内侧脑干区(Tinbergen,1951),但是我们尚不清楚准确的神经机制,也没有获得决定性理解的策略。然而,核心自我似乎明显与脑心初级过程的情绪过程和其他情感过程相关联。我们的希望主要是,通过公开一些可经验的观念,我们将会激励年轻学者从事这方面的研究,从而用实证阐明这些潜在的可能性。

意识的认知(高级)形式与情感(低级)形式之间的整合

基于与七类基本情绪系统相同的理由,我们将“核心自我”(core SELF)这个术语大写。这些脑系统对于哺乳动物而言是同源的,甚至对于其他脊椎动物也是如此。通过为多种多样情感体验提供了一种共享神经平台,核心自我可以被认为是一种“常规的”(nomothetic)(通用的)脑功能。核心自我,以及围绕它组织的许多原生感受,与高级认知的三级过程相互作用,在脑发育成熟的过程中,促进了各种“独具特色的”(idiographic)(个体上独特的、体验上精细的)“延展的”(extended)自我的出现(Northoff & Panksepp,

2008;Panksepp & Northoff,2009)。

当然,不同哺乳动物核心自我的结构在细节上存在差异。不同物种身体的巨大差异肯定会反映在这些脊椎动物的心智存在的基本网络的自然变异上。然而,由于脑是一种在演化上分层的器官,最古老的生存功能位于其最深处,我们认为其演化相似性(同源性)明显超过差异性。所有哺乳动物情感演化的"生存工具"都非常相似。与这种通用的(常规的)核心自我不同,依赖体验的独具特色的自我并不是同源的。这是新皮层的生长和作为结果的认知能力在不同物种之间存在显著区别,导致在反思觉知上存在巨大差异(我们使用小写的术语来讨论这类高阶过程)。通过每个人和动物独一无二的体验景观,独具特色的自我会出现在生命的每个阶段(Panksepp & Northoff,2009)。

在本章中,基于跨物种的神经科学证据,我们将会对自我初级过程的本质提出一种假设。大量关于皮层下脑区中初级过程情感生成的证据鼓励我们讨论非反思的(非思维的)自我和纯情感意识形式。在这种观点中,核心自我和许多由初级过程情绪系统提供的各种天生的生存工具都是产生有机体情绪—行为一致性和相关情感状态的必要组成成分。这种观点同样提出,核心自我和七类情绪系统与高级脑功能相互作用,例如工作记忆,这使得高层次的反思性"知道"(纯思维意识)以及多层存在的自我觉知得以出现,这种自我觉知是人类心智的一种发展的,也许是独一无二的品质。体验到自身作为世界感知事件中的一种独特的、个体的积极能动者的这种无法言喻的感受,这确实反映了心脑最近才出现的一种能力,它构建了一种认知的,甚至是理性的意识形式。

正如前文指出,假定意识的原始形式是由皮层下结构生成,对于这一点没有什么不同寻常或者不切实际的。事实上,在 20 世纪中叶,神经科学家发现的网状结构(核心脑干中细胞体和神经纤维的一个松散混合物)可以使脑皮层产生清醒状态(Watt & Pincus,2004)。新皮层自行无法维持意识。因此,可以被纳入积极的计划模式或者"工作记忆"功能的我们过往记忆的储存仓库,集中于脑的背外侧额叶区。而我们对所有这些如何与我们的个人关注相联系的评价,则集中于内侧额叶区 (Northoff et al.,2006),并且这种深思受到皮层下初级过程情绪功能的巨大影响(Panksepp & Northoff, 2009)。也许还存在中间的脑区，诸如眶额皮层，它的作用是情感工作记忆。

在心理上，核心自我由情感感受所主导，这些感受伴随着一些关于世界和身体的内在体内平衡状态的初步感知。高级的自我意识形式是由这些初级情感能力与次级/三级的心智能力混合形成，其中这些次级/三级的心智能力编码了动物的生态、社会和文化环境。下一章节我们将会讨论这些皮层下情感系统的功能以及它们对精神健康或疾病(以及相关的心理治疗问题)的作用之间存在的可能联系。

关于自我的神经演化观点：从体验到觉知

我们在此所要讨论的议题非常复杂且难以理解，它可能需要我们从一种稍微不同的概念路径上来重新思考一下前文所涉及的议题。确实从哲学的角度看，如果不将自我假设成为一个安置体验的情境的实体，我们就很难去思考意识。从神经生理学的角度，我们必须设想有机体的根本一致性——它们内在地感受到自己是世界中的统一存在——是如何由脑古老的皮层下中线系统所创造。在这些古老的神经复杂性中，我们有什么演化理由证明自我的存在？这是我们现在需要探讨的问题。

如果只考虑有生命与无生命有机体之间的根本差别，那么考虑核心自我的概念就具有演化意义。有生命的事物具有新陈代谢功能，这使它们成为活着的独立的实体。例如，它们利用能源供给并排出废物。无生命的事物不具有代谢功能。无生命的事物由于它们的化学构成而被视作一致的单位。它们不具有清晰且明确的生物化学过程来维持自身作为独立的实体。因此，在身体层面上，新陈代谢将有生命的事物与无生命的事物区分开。在脑的层面上，内源性生成的运动性(自发的身体活动)，以及高级动物所具有的预测未来事件的能力将有生命的事物与无生命的事物区分开。根本的新陈代谢和运动能力，尽管起初是无意识的，却为意识的出现和演化提供了必不可少的基础。

我们和其他神经科学同事(Damasio, 2010)认为，在大脑进化的早期，为了促进许多不同功能的整体一致性,从动作倾向到伴随动作的自主变化,出现了一幅原始的身体神经映射(Northoff & Panksepp,2008;Panksepp,1998b)。我们与达马西奥(Damasio,1999)共同将这种身体映射称作原始的"原自我"(proto-self),它随着初级过程的情绪和动机系统的出现而演化,并变成一种更复杂的心智器官,即核心自我。我们假设这种类型的脑组织整合了各种原初体验,诸如原生感官的、体内平衡的以及情绪的情感。然而,这还不是通常意义上的"觉知"术语所意指的意义。

为了理解核心意识的意义,我们还需要设想各种高级心智如何从更根本的形式中演化出来。因此,我们必须区分原始现象的意识形式,它提供了纯粹体验的能力,但还不具备对体验进行反思的能力(即具有自我意识的觉知,一种能够将自己设想为世界舞台上进行体验的能动者的能力)。它是相当复杂的,远比在世界中体验自我的单纯能力更加复杂。

我们认为原生现象意识有两种风格。第一,它具有体验各种积极和消极情感的能力——各种形式的"好"与"坏"——尤其是本书所关注的这些原生情绪情感。第二,在体验的方式中存在一种以感知认识世界的能力(即作为"头脑中的电影"),这是认知觉知的基础。可以很容易地声称,我们并不知道在脑的演化过程中这两种能力哪一个更古老,或者这些类型的现象体验是如何耦合的。但是,如果我们必须做出选择,我们认为心脑演化中主观体验的情感形式比认知形式更古老,因为它们是在更加内侧和尾部的脑区,也就是更古老的脑区中加工的。其中一个突出的例子是中脑导水管周围灰质的位置(PAG,也被称作"中央灰质"),它位于中脑的核心。相反,离散的感官—感知功能位于更加外侧的区域,即更新的区域。

初级的情感和感官—现象体验是否在早期脑心演化中就紧密地联结在一起,还是脑从一开始就有两种根本不同的原始意识形式?我们并不知道。但我们可基于有意识的视觉和听觉体验最初主要是情感的假设提出新的理论观点(Panksepp,1998b)。突然的视觉或听觉刺激会惊吓到我们,尤其是当这些刺激距离我们的身体非常接近时,这意味着这些感官系统与我们的一些最核心的情感生存机制之间存在深度的原始整合。再考虑一下我们是如何把特定的颜色与感受相联系的——红色与激情的唤醒,黄色与快乐,蓝色与冷静或放松的状态，绿色和棕色与对生存之地的热爱，黑色与死亡。同样，考虑一下声音如何能够轻易地唤醒我们的情绪感受，从某人讲话的音调，到大自然中鸟儿的鸣叫，再到人类创造的美妙乐章(Malloch & Trevarthen,2009;Panksepp & Trevarthen,2009)。音乐的动力似乎能够直接通达我们核心意识的情感结构(Blood & Zatorre,2001)。

在这个语境中，应当强调的是，如果集中于脑中线结构的古老情感过程不与感官过程相联系，那么它们是没有用处的，当然它们一定会与感官过程相联系。然而，这些感官输入并不是那些上行至丘脑，随后进入新皮层的输入。它们是古老的支流，直接进入与自我相关的信息过程的中线网状区域，并与情绪—情感过程有直接联系。此外，这并不意味着到达高级脑区的更新的信息流无法影响情绪。它们当然可以，但是大部分需要通过学习。对情绪的高级认知调节并不是脑固有的一种精细功能；它们大部分来自情绪教育以及由此产生的社会智力(Goleman,2006;Keltner,2009)。这使得情绪上敏感的心理疗法成为“成长”的有益帮助(见第 12 章)。但同样存在对情感强度自上而下的、高级脑调节的演化倾向。新皮层可以内在地抑制初级过程的情绪性，倾向于将其限定在“潜意识”领域，直到需要应对挑战生命的重大情形时。然而，在精神病理学中，这种调节控制通常会失败，个体会被他们无法控制的情感所淹没。大多数心理疗法都包含改善人的情绪感受的认知调节。

无论如何，很明显，情绪情感的初级过程机制位于脑较深的中线区域，这意味着情绪行动及伴随的情感在脑心的演化中具有一定的优先性——它们的演化优先于复杂的感官—认知的新皮层能力，例如我们清晰、准确的视觉和听觉能力。然而，皮层下结构能够以复杂的方式加工感官信息，因此在新皮层之下也存在一些感知—现象体验(见第 6 章)。例如，在心理分辨率的一定水平上，上丘能够感知视觉信息，而下丘能够感知听觉信息(Merker,2007)。大脑皮层下也有类似的感知触觉的能力。这些皮层下结构并不会产生关于视觉、听觉以及体表刺激的清晰的意识体验，但它们确实以明确的方式来感觉事物。例如，这些皮层下系统能够确定视觉和听觉刺激在空间中的位置，但童年早期的这种能力比成人更加有效。

显然,我们体验为五种主要感官的皮层能力,通常具有相当的感知清晰度,它们的演化要远远晚于皮层下的感知敏感性。因此,随着个体的成熟,脑的高级功能显著地“接管了一切”,因此,大多数研究者相信皮层下系统总是无意识的(这解释了经典的神经现象,诸如“盲视”,即看到却没有觉知,它几乎是无意识的,但并非完全如此,因为人们能够准确地在空间中定位移动的物体,却对他们所看到的东西没有任何清晰的视觉感知;他们只是模糊地感受到有些东西,像纯粹的运动,发生在空间中的特定位置上)。皮层下的感知功能很可能是逐渐发展成为潜意识的,因为高级体验的机制逐渐在行为控制上以及它们对意识注意力资源的需求上占据主导(完整的讨论见Merker,2007)。

认识到皮层下的感知过程仍与核心自我的情感网络存在交互是十分恰当的。这有助于解释我们在第5、第6章所关注的情绪唤醒的“低级通路”。同样值得思考的是,在心脑演化中,在它们具有能够表征生死攸关的生存需求的神经系统之前,即具有初级过程的情感之前,有机体可能不需要精细的感知。以这种方式来看,我们可以理解,在生物跨越无数代为生存而挣扎和竞争时,对具有原始情感系统的生物而言,当它们的原始情感系统得到复杂精微的感知和认知学习机制的引导时,这会带来巨大优势。在心脑演化的早期阶段,情感核心自我的网络与外部世界只是具有相当简单的感官联系就已经足够(例如,恐惧条件反射的“低级通路”)。然而,对更复杂精微的距离感受器(诸如那些作用于皮层的听觉和视觉的感受器)的利用以及通过这些信息制定策略的能力,都在脑心后来的演化中获得巨大的回报。所有这些使我们理解了为什么原始身体的某些种类的神经符号矩阵(这些矩阵反映了一种自发活跃的、做出情感响应的有机体)比复杂精微的距离感受器和它们的新皮层的分析器在脑演化过程中出现得更早。这让我们理解了为什么初级情感的机制与高级认知的机制需要被区分开来。

直到今天,大部分古老的感受系统,例如嗅觉、味觉以及触觉,对于人类而言仍比视觉或听觉更具有情感上的即时性(immediacy)。也许原始的感知敏锐性最初就与这些信息通道紧密相连,为身体和脑的情感需求提供了最优服务。体内平衡的情感仍尤其紧密地与表现身体状态的情感过程相联系。因此,饥饿感仍会刺激食欲,并且它们同样会放大味道与气味所带来的快乐。我们仍会将情感因素加入我们对颜色的感知中——从激情的、激动人心的红色到愉快的黄色,再到冷静的、放松的蓝色,以及舒适的棕色和绿色。因此,从演化的角度看,明智的态度是保留这种可能性,即情感引导着许多感官—感知能力的构建(Panksepp,1998b)。如果这个设想是正确的,那么只有首先解释意识更原始的情感形式,我们才能完整地理解意识的高级形式。

这同样可能有助于强调我们为什么要将这种知之甚少、研究甚少的情感的自我表征的神经基础称作核心自我。它照顾了即时的身体需求——引起了(1)探索,首先照顾体内平衡的需求,正如水、能量和热平衡(Denton,2006),以及之后更细致的情绪需求,(2)愤怒与恐惧,避免身体伤害并有效地竞争多种资源,这些资源对于(3)原始的性欲非常重要,它们促进了物种的生存。这些爬行类动物的情绪逐渐补充加入了更为细致的社会原则。心智演化的下一个阶段,被认为出现在鸟类与哺乳动物分岔之前的物种身上,加入了独特的社会情绪系统,即关怀、悲痛和嬉戏,这些都是建立在先前已经存在的爬行类动物的情绪之上,尤其是探索。

让我们用另外一种(稍有不同)方式来看这些:我们对于核心自我知之甚少,并且神经科学领域也很少讨论它。然而,我们将其视作所有情感体验生成的神经基础。它具有恰当的成分,尤其是大量对于身体器官(从心脏到内脏)的神经符号表征,这些都是情绪性体验的组成部分。如果不是由一个主观的我来体验,那什么是情感呢?它先将各种体内平衡的状态表征为心脑的情感状态,这些情感状态被脑中身体的神经表征所引发的变化所体验(当然,神经网络仍与外周身体中实际发生的事情互相连接)。例如,身体较低的水含量和较高的血溶质水平被体验为口渴,血糖的迅速降低唤醒了饥饿,等等。最重要的感官体验,例如食物的气味,以及各种类型的触摸,都被体验为情感上愉悦的或不愉悦的。这些相关的情感可能常常是习得的,突出了我们如何发展习得的偏好和厌恶。

随着复杂情绪网络的出现,核心自我同样会预期各种各样的环境变化。例如,捕食者的气味会唤醒恐惧系统,而核心自我会转变成一种明确的神经动力，同样被体验为恐惧。同样，母亲乳房的气味，尤其是当饥饿信号高涨时，会唤醒婴儿的探索冲动，并且他们会靠近并用鼻子紧贴母亲的身体来吃奶，并同时通过母性关怀接受情感滋养。从演化的角度看，值得注意的是，体内平衡的、身体的需求系统集中于下丘脑的中线区域，相较于处于更外侧一点位置的探索系统而言，这是在演化上更为古老的区域，正如我们已经多次强调，探索系统是最大且最普遍的情绪系统。性欲和关怀系统相对于身体需求系统的位置则更加靠前，这再一次清晰地表明它们演化得较晚。

这是非常重要的一点。所有的情绪系统在脑心的演化过程中并不具有相同的地位。人们可以想象在原始的“爬行动物的”情绪中，通用的探索系统出现得特别早，从而获取了大量的资源，包括远离危险的安全(例如，逃离)。因此，探索系统可以被视作其他在演化上出现的社会情绪系统的平台(预适应)(preadaptation)——欲望、关怀、嬉戏——当然，它也同样促进了古老的恐惧和愤怒系统。[①]

这是在此将探索作为第一个情绪系统进行讨论的原因。同样，有最多的证据表明它调节了一种非常特别类型的积极情感——不是感受上的快乐，而是在与世界有效的互动中产生的积极的身心愉快和欣快的兴奋感。儿童看似无尽的热情毫无疑问部分来自该系统，它鼓励了嬉戏。正如第3章所强调的，探索冲动不仅仅是“脑的奖励系统”，它同样也渴望有机体的舒适感。探索系统的唤醒肯定是奖励性的，但这种奖励并不是典型的感觉的愉悦，而是追求各种类型奖励的渴望，这种观点同样以更加感官中心的方式被强调过(“激励性”——一种条件性的次级过程，见 Berridge et al.，2009)。

核心自我建立了一种明确的框架来解释情感意识的存在，并避免了“读

---

① 例如，长期以来我们都一直不理解为什么对下丘脑中的恐惧系统进行非常低水平的电刺激会产生僵住状态，而电流的提升却会导致逃离(Panksepp et al.，1991)。这些完全不同的恐惧反应是如何共享同一种神经基质的？解决这一难题的一种理论方法是假设较高电流量的局部脑刺激会传递到探索系统中，这将动物从无法移动的僵住状态中释放出来，进入大步逃离的状态，因为它们在“探索安全”——很明显这是让动物们感受到更舒适的状态。它充满了希望！这表明了一种吸引人的理论可能性，关于在恐惧的恐怖中如何爆发出乐观的逃离渴望，有时几乎是嬉闹的。不幸的是，这一观点仍需要进行严格的神经科学评估，所以它不应当被视作一种结论，而只应当作为未来研究的一种工作假设。

出”机制的无限后退(见第 2 章)。原生的、基本的情感，为了被体验到，并不需要被高级心脑机制“读出”，正如如此多的当代情绪理论所维护的那样。当然，高级皮层功能可能增加了其他类型的感受，尤其是通过让原生感受穿透并与认知相混合——高级脑功能，可以“倾听”低级功能并将额外的经过认知剖析的情感色彩增加到体验之上。通过这种方式，大量更加精细的、高级的感受可以被次级和三级的心理—情感过程所创造——例如鼓励、妒忌、内疚、嫉妒、骄傲、羞愧以及社会性的厌恶/鄙视，仅仅举这样几个例子(关于嫉妒的完整讨论，见 Hart & Legerstee，2010)。核心自我的连贯性使得人和动物具有一种拥有自己情感体验的根本感：情感是它们心理上不可分割的一部分。

从历史的角度来看，很重要的一点是要注意到，这些是脑心的基质，行为主义者通过他们对大脑活动的心理维度的教条主义回避，决定将其称为强化行为改变的“奖励”和“惩罚”。由于这些概念的选择，奖励和惩罚可以被定义为动物体表之外的世界中可观察的事件。由于科学家使用聚焦于世界中的对象而非内部的过程的操作性定义，因此对动物情感体验的讨论被认为是无意义的。所有必要的概念(除了“强化”，它构成了这个体系中的某种“粘合剂”)都以视觉上明显的环境和学习术语进行方便的定义，而无需沉溺于模糊的神经心理学概念。“奖励”和“惩罚”是世界中平常的事件，并且事实就是如此。然而，神经科学很快开辟了一种可能性，即它们实际上是神经功能，或大脑的经历过程。但这种想法遭到了劝阻，甚至遭到了积极的压制。当科学对话停止时，教条而不是知识开始统治世界。我们对心脑过程的真正本质的理解也相应地减少了。

目前的证据表明，在最原始的水平上，原始的情感体验来自皮层下中线系统(SCMS)，该系统位于脑干上部(中脑、下丘脑和丘脑)，并与更多的扣带回内侧喙部、岛叶和额叶以及眶额皮质区紧密相连。我们在独特的特定自我中将普遍的、初级过程的感觉置于环境中的能力需要更高的皮质中线结构(CMS)，以及许多其他更高的大脑组织(Northoff et al.，2006；Northoff & Panksepp，2008；Panksepp & Northoff，2009)。然而，这种独具特色的体验的情境化如果离开了来自下游的神经连续系统(在内脏的身体表征中格外丰富的皮层下中线系统,在此被认为是核心自我的中心),那么有机体的连贯性就不会出现。

核心自我的解剖学

尽管我们尚未确定核心自我的准确解剖成分,但任何可行的脑候选都应满足以下要求:(1)基础结构应当是古老的,位于脑古老的内侧区;(2)关键系统应当是多模态的,并且能够在多种神经轴水平上被表征;(3)回路应当具有一种典型的、天生的静息状态,表明体内平衡设定值的偏差;(4)自我所共享的基础结构应当以独特的方式在初级过程的情感状态的过程中被唤醒。总之,这个自我结构应当与脑其他部分紧密联系。

SCMS/CMS 连续体的初级过程情绪网络充分满足了这些要求。这些古老的深层中线系统对身体的状态和世界做出"评价",并且它们会对挑战生命的典型事件产生情绪反应。SCMS 的原生感受随后在 CMS 中被再次表征,并最终表征在作为自我独具特色的演奏的相关情感记忆领域。许多研究者现在已经观察到这些中线区域中典型的静息神经活动,这些静息神经活动在人们进行脑扫描期间(自我反思与/或沉思)什么也不做时要比他们忙于各种认知任务时更加强烈(Damoiseaux et al.,2006;Fox & Raichle,2007;Fransson,2006;Raichle et al.,2001;Rilling et al.,2007)。这些系统同样在抑郁和较多沉思自己生活的人身上异常活跃(Alcaro et al.,2010;Grimm et al.,2008,2009;Northoff et al.,2010)。至少有六种此类皮层下中线结构非常紧密地与脑其他部分相连。这包括了,从下至上看:(1)小脑深核以及周围的第四脑室的基底(迷走神经的臂旁区及背核);(2)PAG 以及毗邻的中脑区域;(3)上丘与下丘,尤其是更深层的运动组件;(4)腹侧被盖区(VTA);(5)下丘脑;(6)一系列的基底核,最突出的是杏仁核和伏隔核。其中哪一部分对于核心意识是最重要的呢?

完全移除小脑并没有严重地破坏意识。基于这一原因,我们显然可以排除它是核心自我的一种基质,即使它肯定调节并控制了情绪行为。大面积的小脑损伤会明显破坏对所有行动尤其是复杂情绪反应是必需的各种类型的肌肉协调。确实，这可能就是为什么深层的小脑系统通常会在情绪唤醒时的脑成像中被"点亮"：所有的情绪行动都需要许多身体部分的复杂协调性。对第四脑室基底的损伤很有可能会杀死动物，因为许多自主神经功能会因此受损。所有的基底核都可以被破坏，从而导致许多行为损伤，但不会损伤核心意识；它们只是损伤了基本的学习机制，比如经典条件反射。这意味着上丘和PAG深处的运动层以及相关的VTA和下丘脑回路可能是支持核心自我最重要的结构。我们已经指出，PAG是脑中最古老的，以及最高度集中的情绪会聚区；这就是我们在此处关注它的原因（对这一点的出色总结，见Watt，2000）。PAG对于原生情绪感受生成的重要性要远大于杏仁核，因为它通常会在各种情绪唤醒（通常是认知—情感任务）中被"点亮"，但杏仁核仍被大众媒体过度宣传为大脑最重要的情绪中心。事实上，它是一种认知—情绪的交界面，而不是一种初级过程情感体验的生成器。在心智的认知方面还存在许多其他的此类交界面的核，它们专门从事外部信息过程，并且告知我们关于脑和身体状态的情感心智功能。

PAG与其他脑区的关系同样表明了它在整体情绪生活中的一些核心作用。上丘的深层构建了身体的一个基本运动映射系统，当它从中脑向外扩展时，会与一系列的感官系统（触觉、听觉和视觉）相互作用，而当它向中脑核心内部移动时，会与PAG的大量情绪系统相互作用。临近PAG的是中脑的运动区（MLR），它能够促进那些对于建立各种连贯的情绪行动倾向至关重要的神经模式，例如接近或者逃离某种世界事件。由于情绪表达是由这类情感行动倾向所组成，因此MLR可能也是核心自我的一部分。VTA同样是一种可行的核心自我的候选，因为VTA的多巴胺能区和其他附近的区域，与它们到内侧前脑的皮层下和皮层区域的丰富投射，生成了探索冲动的本能的和习得的成分，这些成分促进了贯穿在脑高级中线区域的与自我相关的信息过程。

最后，尽管我们尚未强调维持皮层的清醒活动的上行网状激活系统（ARAS）恰好位于PAG和MLR旁边。这一系统主要由上行的乙酰胆碱、组织胺、去甲肾上腺素以及血清素系统组成——它们都对注意和清醒唤醒进行调节（Pfaff，2006）。它与丘脑网状核相互作用促进了脑高级感知区域的感官刺激的加工——该区域控制了视觉、听觉、触觉以及这些感受的相互作用,从而使我们能够用语言和思想来重新将世界符号化。从历史上看,ARAS是第一个涉及清醒调节的脑系统,因此它是意识的一个主要控制者,尤其是对认知意识而言。我们尚不清楚这些系统如何参与到特定形式的情绪唤醒,但它们肯定在许多脑区的唤醒中起到了一定作用,尤其是在情绪状态期间的新皮层区。例如,脑去甲肾上腺素促进了输入的感官信号处理,因此这些信号可以被更强烈地感知到(即它们在脑心中更突显)。这一系统可能同样增加了情感突显的强度,这通常作为一般情绪唤醒被体验到。相反,越多的PAG内侧区域参与加工,似乎会产生越具体的情绪行为和相关的明确感受。

这些古老的中线回路的复杂性现在正获得积极的研究(Holstege & Saper,2005)。通过监视脑干特定的运动核获得可观察的情绪行为,以及通过监视自主神经核得到情绪的内脏成分,我们能够更容易地理解PAG中的综合系统的下行"输出"的功能组织,包括到ARAS中的输入。重要的一点是,这些情绪输出是在PAG连贯的"管弦乐"控制之下,它是情绪唤醒的中心,同时也对例示核心自我至关重要。

核心自我与情感意识机制

核心自我所体验到的意识类型从根本上看是情感的,没有任何命题内容。在我们看来,每种情绪系统都能够在皮层下中线结构中——在核心自我中——生成不同的全局神经动态,导致人类和其他哺乳动物所体验的明确的初级过程情绪。尝试以文字形式描述这些脑机制是困难的,并且人们只能想象每种情绪的动力学特征。我们猜想,持续思考这些问题,数天或者数周,可以促进理解。同样,重新以不同的形式阅读相同的观点应该能够促进综合(Austin,1998;Panksepp,1998b,2009b)。

我们设想了以下的过程。对于七种基本情绪系统而言,每种情绪系统的唤醒都可能会导致特有的大规模神经放电形式;这些放电形式所特有的振动构成了初级过程情感的神经—心智特征,这与同时释放的情绪行动具有动态的相似性(一个让人难以理解的难题是，人类可以通过高级皮层的精神力量抑制这些低阶脑功能的表达，这或许对最聪明的人来说尤为如此)。在任何情况下，各种初级过程的情感动力都反映了核心自我结构中神经元放电的频率和模式，这导致了在脑古老的内脏—躯体的身体映射中全局振动的明确模式。有证据表明，正是在这些神经振动中，出现了不同的情感唤醒，产生了神经系统的各种积极("奖励的")和消极("惩罚的")的状态。换句话说，情绪情感的神经动力学(大规模的神经活动)类似于各种初级过程的本能情绪行为，包括愤怒的冲击力、恐惧的紧张性僵住、关怀的爱抚等。因此，核心自我中情感网络放电的动力学与本能情绪行动之间的生物物理学相似性使我们能够通过研究动物客观的、本能的情绪行动来研究它们主观的情绪感受。

脑情绪唤醒的这种明确的全局动力学仍有待在脑中进行客观的测量。确实，脑科学家现在没有有效手段来研究全局神经网络的动力学。这使得对人类情绪动力学的体验的精神分析研究变得格外重要。然而，在传统的神经科学文献中有对特定类型的相关同步振动——诸如海马体中 4—7Hz 的 θ 节律，该节律有助于动物探查世界(例如，大鼠的嗅探)，并因此在海马体中生成记忆——存在建设性的暗示。当它积极地处理信息时，θ 节律是海马体高度特征化的神经信号。当动物嗅探并调查它们周围的环境时，在人工唤醒大鼠的探索系统——一个首要的收集信息的情绪系统——其间这种节律表现得特别明显(Vertes & Kocsis，1997)。换句话说，嗅探节律通常对应海马体中 θ 节律的频率。有必要回忆一下(见第 3 章)，当以固定的间隔时间用电流激活探索系统(例如，每 20 秒进行一次脑奖励性刺激的脉冲)时，嗅探节律会以预期的方式自发地进行条件反射。这可能强调了情感过程的模式化唤醒如何生成了认知知识，这也许能够帮助我们理解康德为什么推断脑具有内在知识。这些材料支持了情绪系统有助于在脑高级区域创造知识的观点。同样，正如我们在第 5、第 6 章所讨论的，恐惧的无条件情绪反应对在脑高级区域中产生简单的恐惧条件反射非常重要。

因此，每种情绪系统的振动特征都促进了核心自我的全局神经空间(而所有初级过程的情绪网络处于其中)中的动态变化，这可能是每种情感品质生成的方式。例如,恐惧系统的唤醒,可能生成了快速振动,推动核心自我进入一种"紧张的"压力状态。愤怒可能会推动全局神经动力进入一种精力充沛的周期,并朝向世界发泄愤怒,等等。核心自我与脑的许多其他部分——与各种感官触发器和调节反馈,与运动功能、自主综合反应,以及与许多高级的认知过程,尤其是皮层的中线系统——紧密连接。

在此,非线性动力学的概念,例如混沌理论中的"吸引子地貌"(attractor landscapes),正变得越来越重要(Lewis,2005)。例如,人类对初级过程的情绪反应所表现出的强烈的全身运动模式,例如笑和哭,能够有效地促进快乐和悲伤的情感变化(Panksepp & Gordon,2003)。同样,不同物种情绪基质的细节注定存在大量演化上的多样性,因此,我们也可以开始设想不同物种感受的多样性依赖在脑的心景(mindscapes)中加工制作的大规模本能的吸引子地貌的多样性和复杂性。

再次重申,我们假设当核心自我中的情绪系统以特定的方式被唤醒时,该情绪网络与核心自我都包含了一种共享的功能,即产生原始情感和适应行为。我们提出,当核心自我假设了被唤醒的情绪系统的神经特征时[仍有待被测量,但潘克塞普(Panksepp,2000)已经进行了尝试],核心自我就会在不同的初级过程情绪中成为情绪本能行为和情感意识共享的神经基质。此外,由于皮层下的、内侧的核心自我网络与皮层中线结构具有密切联系,因此,当每种情绪系统的神经特征被唤醒时,都可能向上响应脑的许多认知区域,使各种高阶的常规的(nomothetic)(而在人类身上,同样也是非常独具特色的)三级情绪过程产生,这对于人类非常重要(产生了羞愧、内疚、嫉妒、同情、共情等感受)。这些高阶的因社会派生的感受可能反映了高度发展的全局脑动力学,而它仍强烈地与基本情绪紧密相连;它们似乎并不仅仅是新皮层工作记忆领域内"信息过程"的变种,而这种观点却是许多当代研究者所相信的(见第 2 章)。

同样,我们需要强调这只是一种假设性的描述,让我们能够设想全局脑系统的活动,这有待进一步详细的研究,从而让我们理解其背后的神经机制是如何运作的。确实,正如前文指出,神经科学目前没有合适的工具来研究大规模的网络功能。目前,除了直接的脑操纵(例如,局部脑刺激)能够在动物身上产生可评估的“奖励”和“惩罚”效应,本能情绪模式的触发仍是唤醒并监控动物脑中情绪—情感过程的最好的方式。这一断言得到了大量数据的支持,但它尚未得到情绪研究(或一般心理学)的广泛认可。并且动物通常被假定不具有任何情绪感受,而只有情绪行为,因为高级脑区域可能以某种形式构建了强烈的感受,从而使情绪如此强有力和吸引人。

无论如何,根据现有证据的力量来看,原初情感都是一种本能的/自动的而非认知的/自愿的过程。例如,健康的大鼠不可避免地会害怕猫的气味,尽管这种情绪反应在不同的动物中具有大量变式。此外,大鼠很快就会自动地学会对猫的气味建立联系,并且通过条件反射,当这些相关的感知出现时,它们同样也会变得害怕。正如我们前文指出,大鼠会害怕猫铃铛的响声、猫的视线、猫的叫声、始终存在猫的气味的环境等。这些都是基于脑的自主学习机制的非自愿的次级过程反应。此外,像我们自己这样的智能物种可以使用惊人的高级脑区来抑制或增强这种情感反应。例如,一个惊恐的人可以通过想象开心的场景来鼓舞自己。然而,这可能并不会消除恐惧感。并且,如果初级过程的情绪反应,比如恐惧,足够强大,它仍会赢得战斗。例如,获悉孩子死亡之后的几小时内,无论人们如何试着想象快乐时光,几乎都不能感到平静。

关于情感和自我的神经生态学观点

我们认为随着动物的演化以及对不同生态状况的适应,它们需要比感官情感和那些来自身体内平衡失调的情感更复杂精微的自动测量表,来指导它们的生存预测。尽管低级动物只需要过滤水源环境就能够获得营养,但演化迅速地使动物需要探索系统来驱动它们积极地寻找食物和其他资源。随着演化——生存竞争中有效的过滤器——为日益复杂的动物提供了额外的生存策略,其他情绪开始出现。例如,雌性爬行动物很少表现出母体关怀。它们产下数百枚卵(成为许多其他动物的食物,甚至是同物种动物的食物),而即使大部分后代没有存活,但孵化出的幼崽的绝对数量已经足以确保物种的生存。鲑鱼在产卵后不久就会死去的原因是它们贪婪的食欲对后代的生存有害,甚至影响物种的生存;确实,离开了关怀本能,它们有可能过多地吞噬它们自己的无足轻重的后代。然而,随着哺乳动物的演化,它们的身体只能分娩相当少的后代,并且这些后代为了生存需要抚育关怀。如果哺乳动物的脑没有演化出让它们抚育后代的关怀系统,所有哺乳动物物种都会灭绝。

然而,正如我们已经指出,这种关怀系统有时会对我们所说的"残酷"保持冷漠。斑点鬣狗和黑鹰通常会生出超过它们抚养能力的后代。兄弟姐妹们天生彼此无法忍受对方,它们通常会打斗直到一方死去或者掉落巢外。父母们很少会干预。这不仅仅是适者生存,这很大程度上是一种偶然和运气。对于黑鹰而言,第一只孵化的幼鸟几乎总会"赢得"争斗。它可能不一定在生理上比第二只更"适应"——这只是一种成熟优势——体型上更壮并且肌肉运动更加成熟。为什么这些生物会制造一个"备胎"——一个可牺牲的幼崽?这可能是因为幼崽因各种原因死亡的概率很高。如果第一只幼崽死去,备胎是一种简单的"廉价保障"。当然这仅仅是一种理论,因为科学很难以令人信服和严格的方式回答"为什么"的问题。科学在解决"如何"的问题上更加令人信服。

然而,情感出现的原因可能是它们在预测和保护有机体不受未来事件的伤害上非常有效。正如我们在第 2 章指出,饥饿并不意味着动物身体的能量处于极低状态;它只是强调在能量储备大幅下降之前将其"加满"是一种演化上的明智之举。通过这种方式,体内平衡的情感(例如饥饿)预测了未来,并且它们提供了超越即时的新陈代谢考虑的动机。情绪情感提供了类似的预测功能。例如,我们会对可能的危险感到害怕并采取预防手段防止我们受伤或者死亡。情绪情感采用现象上可体验的心智状态——效价的主观状态的形式——的原因很可能是这是一种有效的方式,能够在不可预测的环境中相对准确地刺激并指导动物们。情感被证明是指导("强化"和"惩罚"?)行为最理想的方式,从而促进了学习。我们倾向于重复那些让我们情感愉悦的行为,并避免那些让我们情感上不舒服的行为。

我们提出,随着七种基本情绪系统的演化,无意识的原自我同样演化成一种基本的核心自我,具有原始的意识体验的形式。"原始的"并不意味着它在体验上是最小的。事实上，我们认为这些感受在它们的心理显著性上是“巨大的”，而后来随着允许精确行为调节的皮层—认知能力的发展可能会减小，这部分是通过抑制低级脑功能实现的。认知决策的制定，虽然通常受情感的指导（Damasio，1999），但如果情感过于强烈也会对其产生破坏。换句话说，我们认为核心自我，与各种基本情绪和动机系统交织在一起，产生了强健的被体验到的情感，这些情感随着使高级认知功能出现的额外的脑复杂性（尤其是新皮层）的演化，继续为生存提供至关重要的信息。正如前文指出，也许在这方面最有说服力的证据是，对人类这些古老神经基质的刺激仍会产生强烈的情感体验（Panksepp，1985）。对所有情绪系统汇聚的脑区的大面积损伤，例如中脑的 PAG，会破坏所有形式的人类意识（Schiff，2007）。

我们倾向于这种观点是因为最近的脑神经成像实验表明，当人们参与到关注自身的活动和进行与自我相关的各种类型的信息过程时，脑中线系统会被唤醒（Northoff et al.，2006）。确实，脑中线系统参与到与自我相关的信息过程中，形成了一个位于脑皮层更古老区域中的从内侧脑干到内侧额叶和扣带回的连续体。这种中线连续体的皮层下部分，即 SCMS，在所有哺乳动物中都具有相当的同源性，并且在其他脊椎动物的脑中也发现了它们，包括爬行类和鸟类（Northoff & Panksepp，2008）。中线系统的皮层部分，即 CMS，包括新皮层的一些与情感更相关的区域，例如岛叶、内侧额叶和眶额皮层。中线系统的皮层部分并不像皮层下部分一样在不同物种间都是同源的，因为不同物种新皮层的大小和复杂性具有非常大的差别。这同样表明，这个自我相关过程连续体的皮层下部分构建了一种常规的（nomothetic）情感核心自我，而高级部分则构建了日渐增长的独具特色的认知自我。

核心自我的功能证据

尽管以同源的方式区分 SCMS 与 CMS 是有用的，但它们在功能上仍是相互联系的，并且 CMS 依赖 SCMS 来实现它们的完整性和存在。这些脑区的损伤会严重破坏意识，并且如果这种进行自我相关过程的神经连续体的低级部分受到损伤,破坏会更加严重(Merker,2007;Panksepp & Trevarthen,2008;Watt & Pincus,2004)。例如,位于SCMS的核心位置的PAG的完全受损会导致所有与自我相关的环境事件过程的破坏。如果PAG完全受损,那么所有指向世界的活动都会受损。动物在最低程度上保持清醒,但它们似乎不会以任何有意义的方式对任何事情具有意识(Bailey & Davis,1942,1943)。相比之下,中线系统的高级皮层部分的受损并不会对意识造成相同等级的破坏(Watt & Pincus,2004)。

当损伤从脑的内侧区域扩展到外侧区域时,同样存在着一种破坏性的梯度变化。如果有人遭受脑外侧损伤,导致失明、失聪或者失去语言能力,这个人仍能够像普通人一样体验自身。他根本的自我感知和情感体验并没有被破坏,尽管他失去了一些宝贵的认知能力。相反,脑内侧尤其是额叶区域的损伤,会更严重地损害自我体验(Northoff,2004;Northoff & Bermpohl,2004)。

还有一些相关发现来自经历"裂脑"手术的患者。这种手术通常用于治疗严重的癫痫,通过将胼胝体切断实现。胼胝体是为脑两侧新皮层提供大部分交流联系的大量神经纤维轴突。它本质上是一些包含了连接两侧脑高级区的绝大多数通路的导管。两侧的新皮层分别加工不同类型的信息。左半侧通常更加语言化、社会化和快乐,而右半侧则更少语言化,而更加情绪化和不快乐(Davidson et al.,2003;Tucker & Williamson,1984)。这对人类随年龄变化构建社会的方式具有广泛影响。两个半球功能不同,但它们通常以某种协调的方式运作。人们会认为在裂脑手术后,缺乏沟通交流的两侧可能会导致不连贯的功能。然而,根本没有这样的事情发生。例如,当一个裂脑人跳进泳池中,他并未表现出任何不连贯的行为迹象,诸如身体的一侧胡乱拍打,这表明有一半的大脑受到了惊吓。

不过,在各种各样的实验情境以及在现实生活里偶尔出现的情况中,这些分离的脑半球的行为彼此冲突。由左脑半球控制的右手可以拿起一张纸,而由右脑半球控制的左手却会将纸折起来扔掉。目前普遍接受的观点是右脑半球通常更情绪化(感受复杂的问题),而负责语言的左脑半球则更擅长认知性的命题(任性地处理复杂问题)。在认知层次,这两侧脑半球可能具有不同的目标和意图。然而,裂脑患者的概况表明他们仍然表现出连贯的情绪行为、运动和全局行为、全身行为和意向行为,这表明自我和意识存在一种连贯性,它们因此必定根源于仍以正常方式彼此相连的皮层下系统(Panksepp,1998b)。

其他对生命早期被切除脑皮层的动物的行为的观察也同样明显;正如我们反复强调,它们维持着一种相当强水平的行为连贯性和自发性。它们甚至保留着能够与正常的动物在追逐打闹的嬉戏中有效竞争的能力。因此,明显先演化的皮层下结构似乎提供了基底神经结构,在其基础上更多关于自我的认知表达变式,由逐渐发展出现的脑高级功能所生成。由于皮层下的中线功能在脑演化的过程中出现得非常之早,我们可以自信地认为这些结构在维持心智的连贯性上具有优先性。这种内在的连贯性需要某种神经解释,并且核心自我概念仅仅是为我们寻找答案提供了方向和方法。

高级脑区与情感状态

我们承认我们的假设存在争议性。许多认知和行为神经科学家可能并不接受,皮层下中线区域在生成情感的作用上大于调节了人类思维和其他认知的高级皮层区[例如,达马西奥的《笛卡尔的错误》(*Descartes' Error*),但他近期的著作似乎并非如此,如 Damasio et al.,2000;Damasio,2010]。勒杜(正如他在 1996 年首次阐明的)似乎仍反对这个观点,即“低级”动物将它们的情绪体验为情感。确实,许多关于人类意识的讨论倾向于认为脑心最新演化出的能力对于意识的发生最为重要。然而,让我们再次重申为什么我们必须断定(同样有许多其他研究者也如此强调),脑的低级区域事实上对情感状态(Denton,2006)以及对原始感知状态(Merker,2007)更重要。

大体上,有三个强有力的证据指出深层皮层下区域对于情感生成的重要作用。第一,当人们电刺激特定的脑内侧区域并且唤醒伴随着大多数初级过程的情绪情感状态时,人们通常只需要用非常小的电流量刺激该网络的最低处就可以实现。例如,所有的情绪系统集中于 PAG,人们可以使用最小的电流量从该结构中获得最强烈的情绪反应。换句话说,该回路在脑低级区域比脑高级区域中更敏感或者更集中。第二,举例来说,当人们电刺激下丘脑的局部区域并获得伴随愤怒和探索的情感状态时,通常情况下,这些回路的低级区域的损伤会比高级投射区域的损伤能更显著地减少行为和情感状态(Valenstein,1966),尽管高级基底核,例如扩展的杏仁核结构,在与高级脑区交流奖励的价值时非常重要(Waraczynski,2006)。第三,最近的脑成像证据表明,皮层下的神经元兴奋信号与被体验到的情感的等级程度成正相关,而高级脑区则通常与认知情绪体验呈负相关(Liotti & Panksepp,2004a;Northoff et al.,2009)。这强有力地说明低级区域积极地生成了原始情感状态,而高级区域则可能会调节、再加工或者抑制它们。同样,这种交互作用有助于解释低级脑唤醒如何会破坏认知过程。

大部分关于初级过程情感的皮层下控制点的相关因果关系的证据来自动物研究。这在多大程度上适用于人类呢?当然,人脑刺激研究与我们的论点非常一致(Heath,1996)。一个特别巧妙的相关证据,来自在充满捕食者的可怕模拟环境中的人脑成像(Mobbs et al.,2007):当捕食者在远处时,较高的恐惧区域(如杏仁核)会被唤醒,而较低的区域(PAG)在捕食者即将咬人时会被唤醒(手指上的电击起到了模拟捕食者的作用)。换句话说,当你仍然相对安全的时候——只有轻微的焦虑,因为捕食者正在远处跟踪你——只有更高的恐惧回路明显被激活。毕竟,你只是想到了捕食者,并且你仍有充足的逃离机会。然而,当电刺激模拟的"捕食者"接近时,PAG 表现出更显著的唤醒。从脑刺激的因果关系研究中我们知道,背侧 PAG 能够生成心智—肉体能承受的最强烈的恐惧感。同时,很明显,这个脑区对于生成心智的积极情感状态而言并不重要。

因此,如果我们询问知识渊博的脑科学家一个深刻的神经存在的问题,那将会是这样:在你回避强烈负面情绪的本能渴望中,哪一个脑区是你永远不会用局部脑刺激人工激活的?如果我们神经科学界的同事获得了该领域跨物种的证据以及足量的人类数据,那么他或她将不会选择新皮层或者甚至杏仁核。相反,科学家们会选择 PAG 的背侧区域,即恐惧、愤怒以及悲痛的精神痛苦回路集中的区域。脑中没有比这个区域更能够生成情绪上的厌恶。例如,这个区域被刺激的患者可能会突然大叫:"吓死我了!"(Nashold et al.,1969)相反,腹侧区通常是积极的,通常包括性欲和探索冲动。然而,PAG 并不是唯一参与情感生成的皮层下中线结构。但它是最重要,也可能是最有效的那个(见图 11.1)。

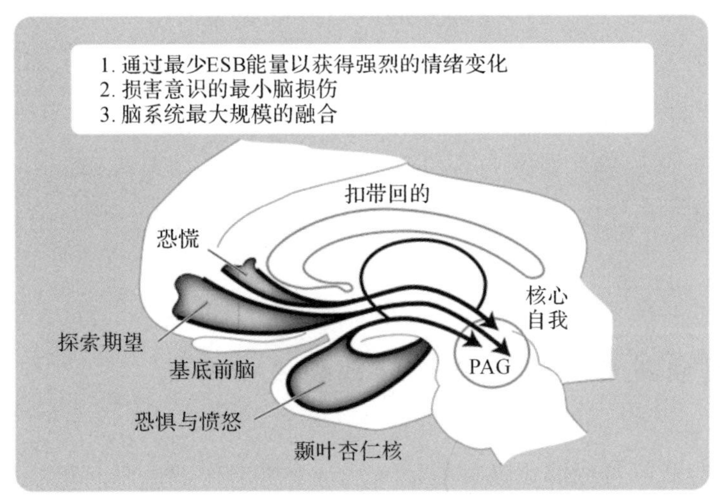

图 11.1　前脑区的概述,前脑区致力于基本情绪过程的高级表现。每一种情绪系统都具有其所影响的高级范围,恐惧和愤怒集中于外侧和内侧颞叶,探索集中于腹内侧额叶,而各种社会性情绪过程,例如分离苦楚或者惊慌/悲痛则集中于前扣带回。所有这些系统汇聚到中脑的情绪和自我表达区域。相较于高级脑区而言,这凸显出 PAG 的三种属性,表明它在脑核心的情绪过程中至关重要的作用(来自 Panksepp,1998a;获得牛津大学出版社授权转载)。

尽管高级脑区对情绪调节至关重要——这是一个我们在本书中不会过多考虑的巨大且复杂的主题(如果读者想要了解相关内容,见 Harmon-Jones & Winkielman,2007)——但似乎很清楚,原始情绪感受与相同的皮层下情绪系统的唤醒密切相关,这个系统生成了当用复杂技术监控时我们能够直接看到的本能情绪行为以及相关的身体生理变化,诸如自主唤醒和激素唤醒。如果我们想要科学地理解生成强烈情绪感受的因果机制,那么我们别无选择,必须实证地研究脑特定的低级中线区域。

总之,有两个最主要的原因让我们相信现象意识的核心自我体验是由情感意识所主导的。第一,如果人们关注皮层下中线结构的解剖学,就会发现 PAG 基本位于其中心位置。PAG 在某种程度上是所有情绪系统汇聚的结构,尤其是消极情感(Panksepp,1998a,1998b;Watt,2000)。基于此,我们可以将其视作这样一种结构,它为生成情绪性的神经系统提供了一个巨大的汇合点。如果我们关于皮层下中线结构是核心自我的基质的假设是正确的,那么PAG是该系统的一部分这一事实就表明情绪可能在核心自我的功能中发挥了重要作用。第二,皮层下情绪系统的唤醒生成了各种在效价上好的与坏的情感体验。这些体验受到了一系列评估任务的监控,范围从探索或回避脑刺激到条件性地点偏好/回避。如果情感是由SCMS生成,并且SCMS是核心自我的基质,那么这就表明核心自我是情感体验的所在之处。

自我相关的过程根植于脑低级运动功能

核心自我的神经演化基础是什么?有一种演化理由假定核心自我可能是由运动装置所支持的,并且如果离开了这种支持核心自我的与行动相关的支架,那么原始核心情感意识就无法存在。第一,动物复杂精微的运动能力的出现远早于让我们能够很好地看和听的复杂的感官—感知器官。第二,归根结底,是身体的行为决定了生存;感官信息和内部情感变化的目的是指导运动系统。如果没有内部产生行为的能力,那么感官信息就没有目的,例如,视觉让寄居蟹能更早、更有效地缩进壳里,而不是一旦被咬了就试图缩进壳里。如果核心自我基质是由这种本能的运动—行动系统以及这些系统中所包含的情感属性所支持,那么人们就可以设想特定类型的感官信息如何能够轻易地生成情感反应。

我们认为,自我相关的信息处理与脑的本能行为倾向紧密相关。当然,这并不是说感觉功能不参与其中,而是说自我的核心被置于行动坐标中。这为自我表示提供了一个稳定的神经矩阵。随着一个人在脑中上行至更独具特色的自我,感官—感知装置将会变得更具影响力。我们在前文指出,大部分人都认为原始意识植根于行动系统中是违背常识的。几乎所有人都认为意识是一种感官功能,因为意识的内容往往是某一类的感官印象(我们的视觉、嗅觉、触觉、味觉以及听觉能力是感官功能,它们生成了我们思考的大部分内容）。然而，意识的内容大部分是感官的并不意味着意识的古老基础必须紧密地与感官—感知装置保持一致。毕竟，最重要的“感觉”(sense)是内感受性的(interoceptive)，因此是与自我相关的。

也许大部分感官—感知能力应当被视作对意识高级的“觉知”功能而不是意识本身的影响。很明显，如果我们失明，在任何意义上我们的意识都不会减少。意识的整体品质的改变更多是因为额叶(即运动功能集中之处)损伤。新皮层的额叶运动—行动的大部分区域主要投注于执行功能，诸如注意力集中、运动计划、想象力以及高级的社会情绪，诸如内疚、羞愧和共情。很明显，脑的这些执行区域需要获得感知输入才能够知道如何计划。通过这种方式，人们会发现虽然意识的表面内容可能是感官的，但意识的基本能力可能完全依赖脑生成行动的装置。

大部分研究者甚至并不认为初级过程意识与情绪—本能的行动是整体上协调关联的，因为他们认为行动反应只是脑的“输出”，并且运动装置仅仅控制了非意识的运动反射，例如膝跳反射(正如第 6 章所指出，这种思考方式在一些领域内特别流行，例如恐惧学习)。这种“纯粹的”脑输出是如何构建核心的整合原则？如果我们考虑到经过充分研究的视觉功能，也许这种作为意识基础的本能行为的关系会更容易描绘出来。

人们早就知道，如果视觉感知没有被固定在探索性的眼运动中，它往往会退化(Yarbus，1967)。换句话说，如果人们不移动眼球肌肉，那么视觉能力就会恶化。同样，正如我们将要展示的，上丘(SC)中低级视觉感知的稳定性依赖稳定的眼运动的协调性。因此，眼动图确定 SC 处理传入视觉感官信息的位置和方式(Sparks，1988)。SC，除了它们在视觉中的作用(比如 SC 的最表层)，同样与下方连续的神经层中的听觉和触觉综合在一起——这是一种最有趣的演化发展。触觉优先于听觉，而听觉优先于视觉。这一区域是自我的核心结构的候选之一(Strehler，1991)。在任何情况下，行动系统所需要的视觉定位都位于 SC 最“底”层，就在 PAG 的旁边。换句话说，上丘中最低级的神经层构成了一种基本的运动定位系统，该系统稳定并允许自我指涉参照系中视觉感知，它也与刚好位于 PAG 下方的初级过程的情绪系统相互作用。

因此,有充足的神经生理学理由认为与自我相关的视觉过程紧密地依靠人们内置的视觉运动功能,而非仅仅依靠视觉的感官—感知装置。同样,接近于中脑的PAG的上丘的最底部的神经层控制着运动能力,这种能力支配着探索性的眼运动。这些运动区响应世界的方式要比响应上方感官区的方式更稳定。例如,顶盖(上丘的外层)表面的神经网络具有相当灵活性,它们收集关于视觉刺激位置的信息。然而,一个人对刺激的视觉定位决定了上丘的哪个区域处理传入的信息。换句话说,视觉场景可以在视—感觉SC上滑动,这取决于眼睛的方向。相反,潜在的运动系统产生适当的视觉定向和搜索动作,使用一组非常稳定的动作坐标,无论处理什么类型的视觉场景,都保持在相同的位置(Sparks,1988)。

再强调一遍。当动物定位眼睛和头部运动而朝向视觉刺激时,研究者记录SC的视觉表面,这时刺激在SC的神经记录会改变位置;也就是说,它们"四处飘动",这取决于动物刚刚如何定位自己。换句话说,视觉空间中相同刺激在SC表面会改变位置,这取决于动物的眼睛移动到哪里,从而决定了它们的注意力。相比之下,在动物进行特定的定位移动时,底层的运动地图总是稳定且可预测的,表现得完全相同。我们有充分的理由认为情绪行动网络的功能是由演化以相对稳定的方式形成的。这些发现鼓励我们认为,核心自我的情绪情感功能从根本上说是建立在本能情绪行动系统基础之上,这是我们可以通过视觉在动物的行为中观察到的。

另外,从外观来看,所有哺乳动物在它们的古老情绪行动系统中都内在地具有这类原生情绪感受的稳定"基础",而所有这些古老情绪系统无疑都得到身体反馈的支持。我们可以确信的一件事情是,进一步向下,在中脑最古老的区域中,恰巧在脑干上部的最中心处,我们发现了PAG,所有情绪行动系统,特别是负面情感系统,连同它们强大的情感放电一起,都汇聚于此。这无疑表明了情绪行动系统在心智演化中的首要地位。

如果我们将上述所有的数据放在一起,那么似乎连贯的情绪行动系统对意识的发生是首要。很明显,脑需要生成心理—行为连贯性的稳定机制。如果我们关于核心自我的概念是正确的,那么我们有理由假定所有各种各样的"独具特色的"自我都依赖具有深度情感的核心自我的整体性。因此,情感的核心自我可以为所有高级自我功能提供一种坚实的神经演化的支架。

独具特色的高级自我的出现

与后皮层的感觉区相比，上丘的深层运动区域以及与其交互的PAG的底层区域与额叶皮层之间的联系更加丰富。确实，新皮层中的额叶运动区域形成计划和意图的区域，这表明了脑的那些心理特征与运动功能的联系。然而，在其他研究脑活动变化的实验中，"拥有"活动的感受是与种种脑额叶皮层区域中增强的激活联系在一起(Ehrsson et al.，2004)。此外，激活强度与主观拥有程度是相应的。

新皮层的额叶运动区域是独具特色的自我作为鲜活生命的一种功能开始"孵化"的地方，因为在感官信息的基础上，这些高级网络有助于及时建立行为的优先级。我们早就知道，相比于损伤发生在新皮层的后部感官区域时，当额叶/运动区域受损时，人格会发生更为剧烈的变化(Elsinger et al.，1992；Passingham，1993；Perecman，1987)。因此，独具特色自我的构建是通过额叶皮层的高级的运动行动导向的执行装置实现的。高级情绪行动能力对于形成略带情感色彩的并独具特色的自我功能(即我们所称的人格)尤其重要。

一个有趣的问题是：高级皮层区域在多大程度上积极地参与情感状态的生成？很明显，大量的自上而下的认知功能可以生成并调节情绪(Gross，2008)。每一个明智的人都知道，当情绪唤醒比较低时，人们更容易对负载情感的事情做出合理的认知决策。相反，皮层下的情绪唤醒往往导致人们激励和维持这种过度自私的思考状态。因此，毫无疑问，脑额叶的内侧情绪区域与外侧更加认知的区域维持着一种跷跷板式的平衡(Liotti & Panksepp，2004b)。当人们从情感上看待世界中的事件时，内侧额叶区域相较于外侧(认知)区域唤醒得更多。如果人们更多地从认知的角度而更少地从情绪的角度看待这个相同的刺激，这种平衡就会反转，外侧区域将会比更加情绪的内侧区域激活得更多(Northoff et al.，2009)。很明显，强烈的情绪与理性是不能共存的。与此同时,同样明显的是,当需要做出选择时,感受对于构建一个人的心智非常重要(Damasio,1994)。

我们必须注意,一些演化上更新的复杂的情绪行动反应,诸如恐惧的痛苦表情,是由顶叶躯体感受皮层对特定区域的微刺激引起的(Stepniewska et al.,2005)。我们尚未知晓这些刺激是否能够调节学习任务中的情感奖励或者惩罚。在这类问题解决之前,我们可以合理地相信,它们是习得的情绪行动的基质,这些基质出现在那些由生活经验塑造而不是来自演化遗传的脑区中。

两面一元论与祖传心智

合起来,由本能回路的复杂网状结构构成的核心自我系统,不仅仅生成了情绪行为和与之相关的身体变化,而且生成了原生情感。基于此,我们支持两面一元论。与二元论截然相反,一元论提出,发生在心智中的一切事情最终都是植根于一个单独的实体——在这里,即物理的脑,很明显,最根本的是皮层下和皮层中线系统中的那部分脑。两面是指这些中线系统同时生成了两个看似明确的情绪方面,即连贯的情绪行动倾向与相关的初级过程的心理状态(情感)。事实上这两者不过是脑中同一个整体过程的反映,正因为如此,我们可以使用能客观测量的事件(本能情绪行为)作为我们只能间接推测的主观体验过程(即本能的情绪感受)的代理。因此,动物的本能愤怒行为反映的是其内在的愤怒情感。这使得我们可以基于动物的外在行为直接了解它们的情感问题。我们知道生成愤怒的回路不会产生什么舒服的感受;只要一有机会,动物将会尝试逃离这类刺激(Panksepp,1991)。

我们并非认为这些系统对于身体的许多状态、脑其余部分的活动以及世界中的事件不敏感。它们很明显是敏感的,但大部分情感体验的秘密是在概述的内侧脑系统动力学中被发现的。如果我们想更细致地理解原生情绪感受,至少目前我们知道该朝哪个方面努力。我们很遗憾很少有人从情绪—感受的角度对这些神经系统进行细致的研究工作,而这对于理解许多心理健康问题以及精神障碍的本质具有重要影响(参见后两章的讨论)。

我们还可以看到，核心自我是大脑中产生基本学习认知的部分，可能大部分是无意识的，因为它将情感影响和行动倾向与初级感官印象结合在一起。正如我们已经说过，这些感官印象（视觉、听觉等）无需源自新皮层。它们完全可以通过皮层下感官系统（见第 6、第 7 章）控制情绪性学习。核心自我还接收来自身体内部的信息。例如，内感受的神经元可以侦测水、能量、热量以及其他的失调，并在核心自我中将它们表征为情感上的口渴、饥饿或者寒冷。情绪系统同样直接由自主信息调节，诸如血压和各种身体的激素状态。一些外部刺激，诸如捕食者的气味和疼痛，能够直接唤醒恐惧系统——从而生成情感和行动倾向，连同简单感知。但大部分与世界事件的连接最终是通过学习调节的。

与核心情绪自我相关的外部刺激过程以及各种独具特色自我的渐次出现肯定不是孤立的认知过程。就独具特色自我的出现而言，复杂认知过程——我们的想象、计划和理解因果关系的能力——肯定参与其中。但它们始终伴随着对世界的情感评估，这使脑的高级系统，在心理成熟期间，与各种感知的效用（评估）相联系，从而促进对未来行动路线的评估，而这些评估可以增强个体的生存，并且从长远看来可以增强整个物种的生存能力。

神经自我与心理舒适

在这一节，我们会提出可能影响心理健康领域的两点。第一点，作为人类，我们都有高度发达的独具特色的自我，所以要以最基本形式理解体验自身相关的过程是怎样的感受是非常困难的。然而，我们可以想象这可能会使人和动物感受到它们某种程度上拥有（Blakemore et al.，2000；Blakemore，2003；Ehrsson et al.，2004；Jeannerod，2003）它们所居住的世界，即感受到它们是导致事情发生的积极的行动者（Gallagher，2000；Gallagher & Frith，2003）。它们可能获得了一种关于它们的体验的属我感（a sense of mineness）（van Gulick，2004），并且可能将它们的情绪价值投射到世界中的物体身上。反过来，它们同样将有价值的物体融合到它们的内部生活中。这种拥有感（sense of ownership）可能会使人和动物感受到，它们在某种程度上属于它们自己的世界，即它们在情感上融入了自己的生活（Izdebski，2008；Northoff，2004；Schore，1994；Zinken et al.，2008）。

正如我们前文指出的，生命早期严重的依恋障碍与脑的新皮层与情绪网络之间神经沟通的衰减相关。这种衰减可能会限制新皮层适当地抑制和调节情绪表达的能力。我们知道新皮层的一个主要功能就是抑制情绪性，因为这种强烈的情感唤醒可能会中断一些精微的高级认知过程形式。早期的依恋障碍通常会导致后来生活中的人格障碍，而具有人格障碍的患者通常无法正常调节他们的情绪。由于这些原因，许多人假定（使脑的一个区域有效地调节其他区域的活动）神经连接的匮乏可能是造成人格障碍的原因。简言之，高级中线区域调节低阶中线区域；内侧和外侧额叶皮层的区域同样以跷跷板的方式运作。也许皮层的额叶执行区域和后部感知区域具有特定的互相依赖性，而这是健康和快乐的上层心智发展所需要的。

尽管这个论证让我们信服，但我们仍提供了一种辅助的方式来理解人格障碍和相关的心智状况。我们已经指出，皮层下中线系统的显著受损，诸如 PAG 完全受损，会导致与自我相关的信息过程大幅降低。遭受这种损害的人和动物缺少有意义的意识。然而，皮层下中线系统（即核心自我）的微小的、不易察觉的受损，可能会对人和动物的情绪取向感（sense of emotional orientation）产生有害影响。这种内嵌于人们世界中的存在感会被破坏，它削弱人们作为积极行动者的能力，即一种有关重要个人体验的自我感/拥有感的能力。这些是一些具有人格障碍的患者会抱怨的心理特征。因此，除了皮层抑制的失败，皮层下中线系统的神经失调可能也导致了人格障碍以及许多其他的精神病学的问题（Koenigsberg，2010；Stein，2009）。

与心理健康相关的第二点聚焦于这个事实，即皮层系统，也许还包括皮层下中线系统，具有高度活跃的静息状态，或者通常所说的高度活跃的默认模式网络（Damoiseaux et al.，2006；Fox & Raichle，2007；Fransson，2006；Raichle et al.，2001）。这些（可能反映了内部沉思的）高度静息活动减少了人们对外部需求的关注。因为这些脑中线系统调节与自我相关的过程，所以我们假设默认模式网络的高度唤醒不会被外部认知刺激进一步增强，只会受到内生情绪材料的影响。确实，这一点在倾向于反思自身问题的抑郁症患者身上被发现(Northoff,2007)。这些发现有助于解释为什么脑很难在高度情绪唤醒的状态下整合即将到来的信息,以及为什么认知过程在这些情况下会受到特别大的影响。在心理上,这并不奇怪。从个人的体验中我们可以得知,当我们处于情感唤醒状态时,我们通常无法有效地思考。然而,上述发现为这些问题提供了一种脑机制,使我们能够更加细致地分析其背后的脑过程。

我们进一步关心的是高度的静息状态意味着与自我相关的过程可能是一种持续的过程/活动。这种持续的自我相关的过程可能使我们能够维持一种连续的和时间上延长的关联感。这样,正常水平的静息状态的活动可以被视作个体心理健康的"生理基线"(Northoff & Bermpohl,2004;Northoff et al.,2006)。因此,更加仔细地研究以下内容将是非常有趣的,即静息状态如何受到各种强烈的内部情绪唤醒调节,以及第一个人以明确的方式在情绪上被唤醒时不同的神经动力学模式是否出现在这些 CMS 结构中。正如前文所指出,很明显这些脑功能在抑郁症患者身上过度唤醒,这意味着抑郁症患者具有一种极度的、消极情感的自我专注,这可能通常由放大心理痛苦的悲痛系统的持续过度唤醒导致。我们预测这种增强的神经活跃度在情绪唤醒时会同样明显地出现在皮层下中线区域中。

用更直接的神经测量方式来测量这些心脑变化非常重要。因为 fMRI 无法直接监测神经活动,最理想的状态是对脑唤醒进行直接的电测量而不是对次级效应,例如血流进行测量。唯一适用的技术仍然是迄今发现的第一种脑成像法:脑电图描记法(electroencephalography),以及最近使用的它的近亲脑磁图(magncto encephalogiaplıy)。当这些研究完成后,通过合适位置的电极来记录 CMS 和 SCMS,我们预期它们可以成为从人类脑中获取神经元特定的情感特征的最佳区域(Bekkedal et al.,2011;Northoff et al.,2009)。

小结

对意识感兴趣的哲学家都不可避免地要考虑自我的本质。例如,尽管笛卡尔在探索意识现象时没有明确提及自我,然而,他假定它是存在的。他的宣言“我思故我在”只是让他确定了思维的存在,这是高级意识的一种非具身形式,它生成一个人对体验的觉知,并因此沉思世界事件以及自身在生命之流中的位置。但他假设是某种事物(即他的自我)在进行思考(Copleston,1962b)。因此,连同暗示了自我存在的一系列连贯且稳定的自传式记忆,笛卡尔含蓄地接受了意识的存在。当然,他并没有将其视作一种严格的神经生物学过程,而是认为它与宗教概念上的灵魂的非物质部分关系更加密切。因此,他决定严格区分物理的与心智的领域,并将心智(精神的)领域专门留给人类。这种选择从一开始就妨碍了脑心科学的进步。

在这一章中,我们提供了一个关于自我本质的替代假设,这可能有助于解释情感是如何在哺乳动物脑中产生的。我们假设的核心断言是:赋予所有哺乳动物一种通用的(常规的)核心自我的脑中线系统,能够支持与高级信息过程相关的其他脑区中的各种自我(独具特色的形式)的表达。中线系统调节了各种类型的与自我相关的信息过程,这一点正变得越来越明显(Northoff et al.,2006)。我们设想,自我起初演化成为一种同源的常规的核心自我,帮助脑的其余部分形成更加独具特色形式的自我,这种广泛的多样性在像人类这种思维高度发达的物种身上尤为明显,但在低级哺乳动物身上也没有缺席(尽管如果是基因克隆的动物,其多样性会大幅下降)。额外的解剖学和实验证据使我们假设初级过程的情绪系统在核心自我的功能以及对世界的习得性评估中发挥了至关重要的作用,并最终与高级皮层一起,产生了各种独具特色的自我。在此基础上,我们提出,当中线系统在各种情绪网络唤醒时呈现出不同类型的神经放电模式时,情感就得以产生。

情感提供了一种对外部和内部世界的持续评估。此外,由于它们演化设计的特点,初级过程情感总是以个体和物种的生存来评估内部和外部世界。因此,生成并调节情绪的中线系统持续地介入与自我相关(“那里面对我来说有什么?”类型)的外部信息过程。通过这种方式,我们能够再次设想所有哺乳动物何以是“主动的”信息寻求的生物,而非“被动的”信息整合的生物。基于这一理由,更明智的想法是,将中脑边缘多巴胺网络视作一种探索行动冲动生成的参与者,而非仅仅是生成了“需求”和“突显激励”的高级过程或者是一种“脑奖励或强化系统”。探索概念可以解释这样一个事实，即感官刺激能够在各种情绪环境中更好地吸引趋向行为和集中注意。这同样有助于解释为什么人工激活的探索系统是“奖励的”，却没有在通常意义上促进了愉悦感觉。它促进对世界的热情参与和欲望渴求，特别集中于世界中那些预测着欣快兴奋或者满足和愉悦的刺激。

我们已经回顾的大量数据表明，这些支持与自我相关的情绪过程的中线系统根本上是基于内在的行动—运动过程而非仅仅是某种认知分析器的感官输入(正如所有读出理论所假设的)。这意味着情绪唤醒同时导致了情感生成和行动倾向：肌肉张力的改变、自主反应和相关的典型情绪行动冲动，诸如接近或逃离，在社会上以各种方式参与或回避。基于此，我们支持两面一元论，它认为，通过一种连贯的自我表征的整合系统，皮层下中线情绪系统同时生成了各种行为的、生理的以及情感情绪的表现(Panksepp, 2005b, 2009b)。

最后，我们指出当一只清醒的动物没有做任何事情时，中线系统会进入高度静息状态。这使得我们能够考虑这样的可能性，即情绪上健康的人和动物通常会进行与自我相关的持续的信息处理，可能会在像抑郁这样的失调中走向极端，例如，在反思中充斥着消极感受和自我憎恨。由于脑中情绪系统的存在，特别是参与各种其他情绪反应(例如，恐惧系统导致的“对安全的探索”)的古老探索系统(所有积极的社会情绪系统的鼻祖)的存在，动物成为它们世界中的积极行动者，而非被动的僵尸。并且由于高级心脑的演化，这意味着用情感心智的双眼来看世界，用耳朵倾听细微的情绪差别，以及拥有数量巨人的感受，而当动物以各种形式的社会—情绪方式与自己种族的一员以及与在演化上具有相似情绪系统的动物沟通时，这些感受最为强烈。人类—动物纽带很容易与伴侣动物形成，这很大程度上基于我们在演化上共享了相关的社会—情绪系统这一事实。

脑中主观性的存在同样意味着我们无法简单地用传统的第三人称的科学工具来进行脑功能研究。心智并不像田间的石块一样是一种中立的事物。它拥有观点，即一个我，并且每一个真正重要的观点都带有强烈的情感色彩。想要真正了解脑心是什么，我们必须以神经科学的方式更有效地研究主观性。当我们对心智进行准确的考古研究时,我们就发现了心智基础上的情感体验。而令人惊讶的是,情感仍是被理解、研究和讨论得最少的脑功能之一。情感是脑过程外部的"奖励"和"惩罚"时的核心。情感变化可能是在神经系统中产生学习和记忆的"强化"方式。正如我们的第一作者在下一章节会讨论的那样,我们以这种方式看待脑心的失败造成了严重的负面后果,它影响了现代生物精神病学的成熟,并且妨碍我们更好、更连贯地理解心理疗法如何有助于恢复情绪平衡。

第12章 脑的情绪系统与心智生活的情感特征：从动物情感到人类心理疗法[①]

我们越是走出去面向世界，我们就越会接近我们的起源，回归到时间之初。我们越是深入无意识的黑暗面，我们就越多地理解我们的起源和现在。……我们就越能够预测未来的问题，无论是焦虑、毒瘾或是性无能。

——亚瑟·亚诺夫(Arthur Janov，2007)

本章的目的在于整合到目前为止的各条线索，从我们对基本情绪系统的理解中得到一些关于心理治疗的启示。在这一层面，人们需要处理一种尚未与临床观点相整合的，关于脑心智的新理解。我们在此的目的并不是给出建议或者做出明确的断言，我们是为了探索关于心智的情绪基础的多重维度的全新理解，从而给治疗努力提供帮助——无论是在诊疗室中的人际动力学(Siegel & Solomon，2012)还是生命本身的创伤领域(Belenky et al.，1996)。

我认为，针对情感失调的实质性的治疗效果，可以运用心理的、躯体的以及生理的手段，通过直接操纵初级过程情绪回路实现。更加传统的观点认为持久的变化只能通过语言途径作用于情绪动力而实现——通过三级过程调节处理个人生活中的事件。当然，这种观点被所有的心理治疗师所接受，但有些人认为，许多情绪疾病，尤其是那些源自早期发展

① 本章与下一章由雅克·潘克塞普独立撰写，目的是分享一种有关哺乳动物情绪的知识如何有助于生物精神病学的进步以及可能存在巨大争议的心理疗法的发展的观点(与一些个人的回忆录)。

问题的疾病,人们需要更加直接地处理其背后的情绪动力,有时甚至需要致力于非语言的初级过程层面(Janov,2007)。尽管人们都同意传统概念的心理疗法必须通过人类心智的语言途径进行操纵,但我们有理由相信心理疗法的下一次演化将会来自全新的神经精神分析角度,以及使用多模式的方式更加直接地操纵心脑的情感功能。为总结这些论述,最后的"尾声"章节将会从历史上相关的哲学角度构建本书观点的框架。

本书的一个前提是,我们越是足够深入我们的情感基础——我们内部的宇宙——我们越能够接近我们的心智起源。有些时候,当我们下行至大脑更加古老的深处时,那里可能什么也没有,只有生成纯粹行为的无意识神经网络——没有情绪的到处走动的有机体——也许就像随波逐流的水母一样随着模糊形式的前意识漂动。也许我们脊髓中的神经网络就是这样:深度无意识。我们并不知晓也没有好的方法来得知。但我们最终可以完全了解原始情绪感受的本质——它们和无条件的情绪行为以及反应来自相同的脑区。了解这些过程,将会为我们取得更大的进步提供一种坚实的基础。对情感动力如何在哺乳动物的脑中构建的理解可能是最重要的科学问题,对于精神病学和意识研究,以及尝试修复情绪平衡的心理治疗师而言。说得委婉些,这个领域的历史充满了混乱,以及明显的绝境,例如詹姆斯—兰格(James-Lange)关于情绪的新皮层读出理论,这仍在许多心理学家的理解中处于重要地位,尽管并没有持续的关键研究线索能够支持它。但好在,它只是本书所讨论的主要的脑内因素背后的一个微不足道的主题。其他许多研究者相信情绪,实际上是情感感受,可以是动态无意识的。也许,这只会在下面的情况下发生:如果情绪被过度的认知活动否认或者抑制(这是人类心智的一种常见状态),那么毫无疑问,这在一定程度上可以抑制皮层下的情绪波动。但是,那些心智的压力会以意想不到的方式溢出并在人们的生活中制造混乱。

对于一些心理治疗师而言可能非常奇怪,按照现在对心智起源的分析,无意识的传统构建(由西格蒙德·弗洛伊德提出)并不是完全"无意识的"——它并非完全缺少经验。深度无意识的是脑的自主学习和记忆过程。弗洛伊德所说的动态无意识,或者前意识(他含糊不清地使用了这些术语)被认为部分地构建了本书中所描述的情绪状态。但当这些状态足够强烈时,不仅是人类,而且肯定是许多其他动物都有情感体验,尽管并不是反思地(认知地)。我们现在可以自信地说其他动物确实经历过它们的情绪唤醒——尽管大部分,像新生的人类婴儿一样,并非反思性地意识到它们具有这类经验。这就是现在的证据所表明的,但值得记住的是,弗洛伊德同样经常宣称情感并非无意识的。感觉像是某种原始的情绪状态中的事情。它们是原始的情感经验——心智的特殊现象状态,一种独特的感受性类别,来自有意识的心智的最底层。

情感状态的发展以及脑和心智的演化层级

尽管在哺乳动物身上出现的强烈的初级过程的情绪唤醒可能并非无经验的——并非无意识的——但是学习的次级过程机制,即下一级的控制,是深度无意识的。这值得再强调一遍。就我们所知,学习和记忆反映了神经机制以确定的方式连接着我们的原始情感与世界事件。作为结果,复杂形式的意识出现于脑高阶的三级过程区域——新皮层具有非常不同的心智特点(关于自我和世界的更加纯粹的认知表达)——而不是那些古老、原始的注意力、情绪以及动机的新皮层下区域,也即情感状态占据主导的区域。它们是一种内在地预测未来的进化解决方案,无需预想,来自它们对新皮层规划的深远影响。

我们的高阶精神活动是完全认知的,脑的新皮层区域(总是与脑心智的低阶功能联合在一起)从各种让我们保持与外部事件相联系的感官通道中构建了世界的图像。从神经科学和遗传学上看,合理的立场是新大脑皮层在出生时本质上是一块白板——一种随机存取记忆的白板——大部分高度可预测的功能专业化作为皮层下专业化的成熟结果而出现,通过表观遗传神奇的发展力量,以及大量文化指导下的学习,形成了可预测类型的皮层的“模块化”。因此,我们关于知识和记忆的自传式的贮藏库涌现,其大部分都是在探索系统有益的和激励性的影响之下。

如果没有关于低阶情感的心智与高阶认知的心智如何互动的清晰观点(主要是在内侧皮层区以及皮层下的基底核区域:见图 1.1、图 1.2、图 3.1),我们就无法明确地讨论精神器官具有严重的精神状态问题意味着什么以及全新的心脑治疗手段如何得以发展。大部分行为和认知治疗手段能够生效,主要是因为它们调节了情感并更好地协调了认知观点与积极情感的关系。直到最近才开始出现了一场关于更为直接的动态情感疗法的潜在效力的丰富对话,在这种疗法中,个人的情绪生活处在首要且中心的位置。

在未来,我们必须承认关于情感过程的皮层下定位的非常明确的证据,这在局部脑刺激的研究工作以及达马西奥和他的同事们进行的令人瞩目的脑成像研究工作(Damasio et al.,2000;见图 12.1)中已经得到了很好的展示。许多在人类情绪唤醒过程中的脑变化,是来自人们自己的自传式记忆贮藏库,其中绝大部分的唤醒是皮层下的,因为人类经历了我们通常所说的愤怒、恐惧、悲痛以及快乐(嬉戏?)(见图 12.2)。如果有什么区别的话,那就是皮层区域在情绪唤起时往往会关闭。显然,要理解情感脑,我们必须简单地理解神经发展的进化层次和整合,当然,还必须理解控制水平之间巨大的交错结合(我们在第 2 章所讨论的嵌套式层次结构,见图 2.1)。

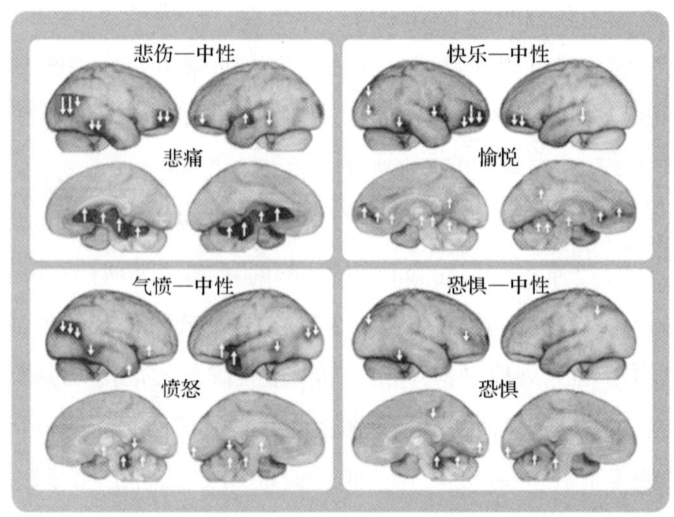

图 12.1 当人们经历四种基本的情绪:悲伤、快乐、愤怒和恐惧时,关于脑唤醒和抑制的 PET 扫描综述(基于 Damasio et al.,2000)。不同的低阶皮层下脑区在每种情绪中表现出十分明显的唤醒,而皮层性抑制(血流量的减少)则呈现在许多皮层区域中(定量的数据见图 12.2)。由于以颜色标注的变化在这些黑白的图示上难以看清,上升的箭头表示增长的皮层下唤醒,而下降的箭头表示减少的新皮层唤醒(数据由 Antonio Damasio 共享;彩色版本见 Panksepp,2011b)。

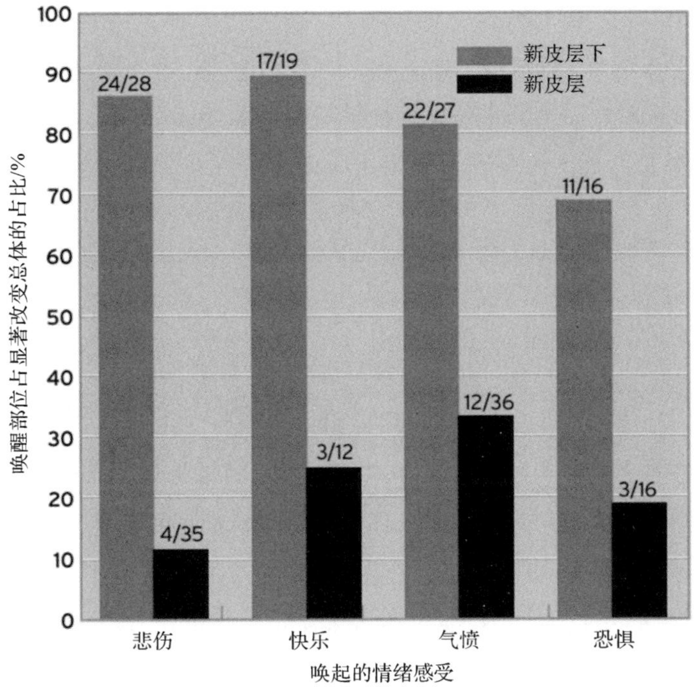

图 12.2　关于图 12.1 中数据的全面总结。很明显,当人们经历基本的情绪时,皮层下唤醒的区域相较于表现出抑制的区域占了上风。气愤所唤醒的新皮层区域的比例最高,但总体上看每种情绪仍呈现出不对称模式(数据摘自 Damasio et al.,2000)。

脑心的这种演化的、多层次的观点对于精神障碍及其治疗具有影响,这种影响既是神经化学的,也是神经心理学的。在此,我将会简单探讨一些关于这种知识的影响,以理解人类的情绪问题并发展新的临床干预措施,从而帮助人们在面对生活中的悲欢离合以及心脑的情感失调变得过度麻烦时,重建情绪的内平衡。

在这样做时,我们需要记住,动物研究几乎没有告诉我们任何关于伴随着我们情绪唤醒生成的记忆和思维短暂流动。但与此同时,情感神经科学对哺乳动物心智的研究从因果关系层面告诉了我们大部分关于脑如何真正生成情绪感受以及哺乳动物脑深度无意识的学习和记忆过程是如何真正运转的内容。然而,进入其他动物的高阶心智经验中仍是一个科学上难以操作的问题。多层的脑心智交互在我们尝试理解心智障碍从而构建清晰的世界图像、心智障碍的概念性符号描述,以及用于改善未经调节的情绪在人们生活中造成的破坏性的治疗方法的影响时,生成了多层次的复杂性。

本章的有限目标是探索情感神经科学的知识与选定的心理治疗问题之间的相关性,并适度插入一些到目前为止所阐述的关于情绪心智的情感观点的概要片段。我同样希望强调一些发展性观点,可以保护并促进未来的情绪问题的解决——积极的情感如何成功地抵消消极的情感。越来越清晰的是,情绪的韧性可以通过抚养儿童的实践、持续的积极人际交往得以提升,以及通过久经时间检验的(比如精神分析)和新出现的临床干预措施在整个生命周期中进行提升。当然,早期经验在长期的心理健康问题中一直被认为具有决定性的重要性,而现在神经机制也被纳入其中,主要是通过前临床(动物)研究方式。

因此,情感神经科学可能对于所有心理治疗师和家长都有用处,尤其是那些关注儿童健康成长的人。人们需要理解儿童天生具有特定的情感能力,这是他们生命特征的核心(Sunderland,2006)。这些知识有助于更好的育儿实践,(1)儿童的情感生活是一个核心问题,它有助于父母了解他们孩子的成长发展需要什么(Narvaez et al.,2012;Worthman et al.,2010);(2)家庭中积极的依恋动力是儿童成长发展的关键(Code,2009;Hughes,2007);(3)关于我们情绪生活的现实主义观点,与心智觉知的潜力一起,促进了积极的个人转变(Siegel,2007,2010)。

在前面11章中,我们罗列了情感神经科学中的一些关键科学问题,以及一些临床反馈。我现在将会讨论(1)如何将对初级过程情绪的理解纳入演化上出现的具有心智障碍的动物模型中,(2)对初级情感过程的理解如何为精神病学和心理学提供了一个全新的基础,(3)这些新的理解如何为生物和心理治疗的干预措施提供了全新的发展路径,使其能够更加直接作用于情感。

在这里我将提及的关键问题包括:脑中生成的原始情感经验如何与情绪障碍相关?这一知识对获得情绪的内平衡、更大的幸福感以及对生活更积极的看法有什么影响?当然还有,动物的情感神经科学研究如何能够给我们提供更好的关于人类情绪生活的知识?

有许多新颖的策略等待评估,既有临床的也有前临床的(比如在动物模型中)。我们如何能够用我们不断增长的关于积极的情感系统的知识,来对抗以消极情感(如抑郁)为特点的障碍?例如,我们可以以许多新的方式来设想用探索和嬉戏的积极情感抵消抑郁和焦虑障碍所产生的消极情感。我们可以通过动物们的情感性声音以及它们本能的情绪倾向,更加直接地监控它们,通过这种方式,动物研究与精神病治疗实践之间的知识型“贸易”得以丰富,有助于新药物和新心理治疗干预措施的研发。然而,我们不能低估跨学科融合中存在的挑战。在继续讨论临床问题之前,让我们思考一下有哪些困难阻碍了关于我们原始的情绪心智本质的临床科学和基础科学之间的相互渗透。简而言之,相关的神经科学(从行为上到分子上)目前需要,但尚不具有关于脑心智初级过程的情感的基本结构的清晰观点。确实,由于某些不合理的历史原因,动物的情绪感受与精神病学应用话题很少被讨论。在心理学中,大部分的讨论是在三级过程层面,其中认知和情绪紧密地合并在一起,导致了非常困难、有时是混乱的讨论对话,以至于很少的概念在神经科学上能得以固定。如果我们尊重控制脑心的分级循环的因果关系,先自下而上,再自上而下,那么我们就会更加明晰(见图 2.3)。

在过去的著作中,我提出心智的原始情感基础主要是生物的和皮层下的。指导原则是原始情感来自大规模神经网络的动力学,生成了本能的情绪行为,而不是来自高级的、与自我相关的、调节认知意识的脑感知区域。原始的情绪感受与情绪行动的动力学密切相关,构成了不同种类的心智经验。由此产生的情感动力同样对它们具有典型的全身感受:它们是初级过程的现象—经验状态,主要依赖脑(核心自我)中本能的身体表征,生成了原始的“情感意识”以及随后的自主唤醒,这可以被高阶心智器官间接体验到。由于这些皮层下的动力——大规模的模拟网络功能——是原始情绪生活的源泉,因此,心理治疗师需要更清楚地预见这些心智能量的本质,从而更加直接并更加有效地解决心理治疗中出现的复杂的人类情绪问题。

这些系统存在于所有人类的大脑中,分享和讨论我们对这些系统的新认识,可能本身就是对那些处于情感痛苦中、对自己到底发生了什么一无所知的人有价值的治疗见解。如果仅仅告诉痛苦的人,他们看似自由浮动的情绪痛苦是真实的,即使是在有共情的情况下,也可能只是给人模糊和虚幻的安慰。原因是每个人都具有一组独立的情绪感受系统,它们是由所有人共享的独特的脑过程,并且这些系统在哺乳动物脑中存在的良好和重要的原因是牢固的知识。而且,作为一种通用规则,许多人更希望建设性地被告知,而不是仅仅被共情地安慰。在高阶心脑中,情感和认知可以同时有效地工作。它们也可以发动全面的战争。它们是我们的意识非常独特的两个方面。所有的心智障碍最终都体现在这两个层次。如果人们改变了情感,认知通常会随之变化,尤其是通过忠告的形式。变化的认知同样会起作用,但如果情感不随之变化的话则不行。认知与情感的双向互动性使这一切变得困难(见图 12.3)。

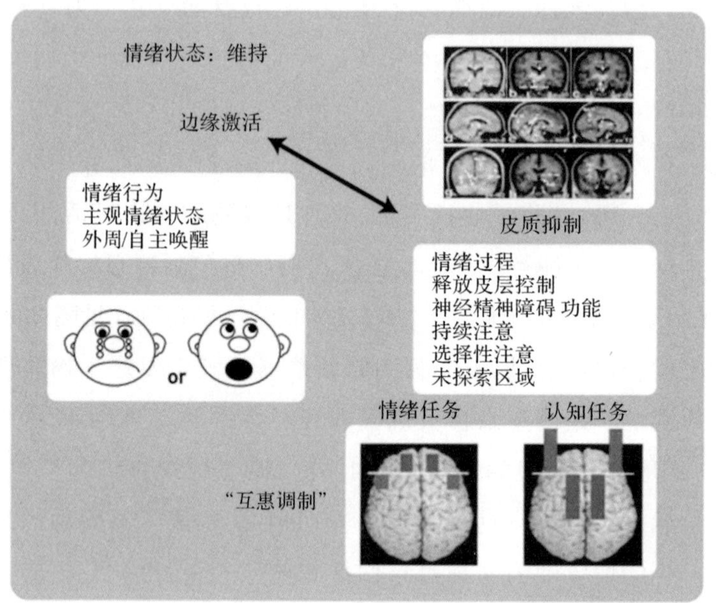

图 12.3　关于人类脑皮层和皮层下唤醒的通用形式变化的总结,作为情绪状态激活的一种功能。总的来说,每当情绪唤醒时,皮层下边缘系统的唤醒与下降的皮层唤醒存在一致性(图示总结来自 Liotti & Panksepp,2004)。右上部分展示了男性脑在高潮时表现出的唤醒的例子。几乎所有已知的皮层下区域的唤醒都能够调节男性的性行为,正如图 7.2 所总结的一样[PET 扫描由詹尼库・乔治艾迪斯(Janniko Georgiadis)及其同事提供]。右下部分是人们看到相同的情绪图片时的功能核磁共振成像数据总结,左侧是情绪感受式的心智,而右侧是认知分析式的心智;当以情感的方式看图时,中线额叶区域会唤醒,并且外侧工作记忆会被抑制;而如果以认知分析的方式看同样的图片时,则会发生戏剧性的反转[功能核磁共振成像 I 脑扫描总结由格奥尔格・诺赫夫(Georg Northoff)提供]。

情感神经科学与情绪心智动力学

我要重复这一点,本书描述的七个基本情绪系统产生的初级过程状态的知识,对于情感障碍的临床思考的神经科学和进化基础至关重要。尽管关于这些系统的大部分细节仍有待研究,然而情感神经科学的基础设施已经得以建立,促进了基本的情绪以及它们强大的情感对临床思考的指导。在此,我将关注这些知识对特定情感相关的治疗问题上的影响,尤其是站在发展的角度。

新的情感平衡疗法(ABTs)现在可以被设计为重新平衡“心脏”,而不仅仅是“头脑”,打个比方——新的 ABTs 的一个持久目标应是更加直接和准确地对个人的原始情感生活进行有益的干预。这显然包括认知重建,但通常就其本身而言,它并不足以将情感内平衡恢复到最优状态。简而言之,心理治疗师希望缓解,甚至“治愈”心理生活中导致痛苦的不愉快的问题。如果当前出现的特定的生活问题中具有明显的认知因素,那么认知—行为咨询将会是一种理想的治疗方式。另外,最严重的情绪问题并非仅仅来源于当前的事件。它们的病因可以追溯到过去持续的压力源以及创伤性的世事变幻,通常可以回溯至生命早期,由于时间距离久远,很少有清晰的记忆痕迹得以留存——留下的只有失衡的情绪状态及相关的认知偏差。

这些早期印记可以非常持久,因为很有压力的生活经验会使情绪系统永久地敏化或者钝化,表观遗传诱导的高压力的反应以及过度的初级过程的消极感受。我们同样必须认识到,相较于儿童心智而言压倒性的压力和惊愕,在成人看来可能没这么具有压倒性。相似的压力源在不同的年龄有不同的影响,这取决于关键的成熟问题,以及每个个体的遗传易感性背景,也就是原始气质。尽管我们新的情感神经科学人格量表(affective neuroscience personality scale)对这些情绪的优势和弱点提供了更客观的估计,但典型的性格特征——易怒、多血、忧郁和冷漠并没有那么离谱(Davis, et al.,2003;Davis & Panksepp,2011)。需要为青少年和儿童开发类似的测试,这对于教师和咨询顾问而言可能非常有帮助。例如,年轻人想要进行大量真实嬉戏的强烈欲望通常被低估了。我们需要知晓引人注目的愤怒和不切实际的恐惧。它们需要被表现出来,需要被认真地谈论。

接下来,我将会关注如何通过对跨哺乳动物物种的初级过程的情绪系统的理解,来指导人们理解情感经验对精神障碍产生的作用,并指导开发新的治疗方法来缓解人们的痛苦。但这些问题同样是优化治疗关系最关注的问题。在许多的研究中,我们发现临床治疗关系的情绪特质,而非所采用的特定的治疗手段,也许是影响心理治疗结果的最重要的变量(Lambert & Barley,2001)。这主要是由于情绪协调的治疗师具有非常重要的需求,即真诚地与精神上痛苦的病人分享积极的社会感受。对我们固有的亲社会情绪更好的理解可能同样有助于从情感维度阐明心理治疗过程是如何运作的。心理疗法可能是一种放大的关怀。有效的"联合治疗"的关键可能属于高阶的共情共鸣,它的基础可能是我们脑的关怀回路,这很好地适应了悲痛和嬉戏的细微差别。

这导致了一些有趣的问题,例如许多积极情绪的精神和身体健康结果。治疗师是否需要发现那些当疼痛变成快乐时的稀有但宝贵的时刻? 人们是否能够通过简单地放大积极情绪的机会,来抵抗脑心中的消极情感? 到目前为止,这些策略确实在动物身上起作用(Burgdorf et al.,2011),并且目前我们的一些观点已经在进行临床测试,通过那些已经在动物身上严格测试过的药物(Moskal et al.,2011)。随着我们更好地理解这些脑系统,我们或许能够更好地设计出更有效的临床干预措施,从而让各种积极的社会情绪强化心理资源并帮助重组令人苦恼的记忆——在积极情感的安慰中固结精神痛苦。

各种新的治疗见解可能来自我们对演化给予的促进生存的情绪工具的理解。情绪障碍不可避免地与一种或者多种基本情绪系统相关。很明显,消极的情绪(愤怒、恐惧、悲痛以及耗尽的探索资源)通常会导致精神问题。过度的积极情绪在制定新的治疗方法时同样重要,它也可能导致问题。尽管目前有关情绪与精神问题关系的证据只是推测,但这里有一些可能的关于本书中所描述的每一种情绪系统的临床应用的草图,坦率地说,这些草图没有得到大量的分析。这些描述不具有任何精准性,因为其中的关键问题尚未有广泛接受的科学术语,并且所有系统都彼此交互,并与脑高阶心智功能交互。因此,很多关于底层的功能细节仍有待科学研究。的确,本章仅提供一些值得深思的想法。

探索冲动,它参与了所有的情绪唤醒,鼓励并指导我们寻找资源。与脑高阶功能一起,该系统激发了投身于寻找自我认同和生命意义的终身发展维度。该系统过度的以及失调的唤醒会引发各种成瘾行为,并导致妄想以及偏执症倾向——一种通常具有狂躁特征的“过量”。当该系统唤醒时,虽然我们尚不清楚其方式,但它能够促进创造力,而当其过度时,则会导致精神分裂症和狂妄自大。当该系统缺乏资源时,快感缺乏和抑郁就会出现。补充并积极利用这种精神能量有助于暂时性地减轻抑郁。因此,该系统大量出现在许多积极的和消极的心理结果中。从积极方面看,它促进了人们与世界交互的增多,而从消极方面看,当它过度活跃时,会导致成瘾、强迫症、精神分裂症以及狂躁症,当该系统异常或者不够活跃时,会导致徒劳的、疲惫的抑郁。例如,抑郁症的心理弛缓部分是由于过多强啡肽导致的烦躁不安,这源自对探索驱力的抑制。相反,阿片剂或内源性阿片肽的适度刺激能够温和地刺激该系统,产生愉悦和满足的感受,并抑制大量消极情感。因此,新药物可以对强啡肽产生对抗作用,并促进 μ 阿片剂的活跃度,这些可以通过丁丙诺啡实现,它是一种高效的抗抑郁药物,尤其是当精神痛苦非常明显时(Watt & Panksepp,2009;Panksepp & Watt,2011;见第 9 章)。

愤怒主要出现在社会问题中,例如当团体或个人尝试阻止他人的愿望和想法时。该系统的持续唤醒会导致长期易怒以及爆发性的攻击性障碍。气愤同样是日常人际交往挫折的一部分,当个人以及更大的团体存在冲突的信念和目标时,甚至会达到产生精神分裂症错觉的地步。和所有其他情绪一样,愤怒需要探索系统的参与。精神病式的愤怒是最难以治疗的情绪问题。与各种形式的破坏性的气愤一样,所有哺乳动物物种的破坏行为大部分都是雄性造成的,除了鬣狗(因为雌性通常具有更多的睾酮)。对于人类而言,几乎所有的大屠杀都是男性造成的。由于 P 物质在动物模型中是防御性愤怒的一种明显的助推器,该系统的药物作用阻断对于人类而言可能被证明是一种强大的抗愤怒手段,尤其是如果它伴随着在病人的社会环境中同样能够减少因愤怒导致的挫折时。

恐惧(以及由它产生的各种焦虑)是许多人的长期伴侣。当作为潜在的脑基质长期被敏化时,这个系统促进了特定类型的恐惧症成为学习的一种功能以及广泛性焦虑障碍。该系统被设计用来对抗掠夺——一种对抗伤害和过早死亡的防御手段(可能类似于愤怒,因此历史上将其合称为“战斗还是逃离”反应)。文明进步的一个方面就是构建安全保障来对抗这类事件(从警察力量和武装到医疗保健制度)。然而,现在,随着一些国家对个性和自由意志主义式(libertarian independence)独立的推动,我们正面临着越来越多的新的、非致命的认知掠夺行为,这些行为撕裂了社会结构,侵蚀了支撑人们生活的安全基础。因此,恐惧再次抬头,那些试图从中获利的人也在抬头。临床焦虑不仅仅出现在那些在日益严峻的日常生活中面临着不安全感的人身上,同样会出现在那些记忆中具有最严重创伤经验的人身上。可悲的是,在我们的退伍军人医疗中心,治疗创后应激障碍(PTSD)已经是一个多年增长的业务。我们对于学习和记忆的神经机制的理解为我们打开了全新的通路,能够直接通过药物干预这些过程,这可能可以加速心理治疗的进程。目前,心理治疗的效果可以通过D-环丝氨酸等认知促进剂提升,它在暴露疗法中确实加速了治疗再学习的进程。在过去的十年间,使用D-环丝氨酸促进诸如PTSD等焦虑障碍的心理治疗的成功人体试验一直在进行(Ganasen et al.,2010;Heresco-Levy et al.,2002;Hofmann et al.,2006)。动物模型的研究同样表明可以通过药物对抗恐惧的或创伤性的记忆,从而减少它们心理上的苦恼(Adamec & Young,2000;Adamec et al.,2005)。

欲望是青少年的一种常见的情感“伴侣”,它既可以成为人类关系中的积极力量,也可以成为消极力量。该系统未经调解的唤醒可能会参与到从有害的性挑逗到掠夺性追求以及跟踪他人的欲望的各种反社会行为中。伴随着欲望持续的探索行动冲动同样应当被视作支配关系的重要因素,并决定谁会在社会交互中占据主导。挑战在于如何管理这些能量,使其优化健康和幸福的结果,而不是让它们成为生活挫折的主要来源。当撰写这一章节时,新闻报道说一名中年的电脑程序员,极端地孤独,并由于社会—性关系的失败导致他充斥着欲望的怒火,于是他枪杀了三名女性并打伤了其余九人,随后在匹兹堡郊区的健身俱乐部中自杀。在精心策划并故意实施对女性的暴力行为中,他把 20 多年以来无法吸引到女性性伴侣的挫折表现出来。也许他在儿童时期很少参与社会嬉戏,并且没有学习如何以有趣的、友好的、非威胁性的方式与他人接触。这种非人道的行为很难让人相信,欲望和积极探索的演变为关怀和嬉戏的演变提供了一个主要的过程平台,然而,每种初级的情绪都有助于生成独特的高阶人格结构,这并不是情绪本身所固有的,这表明了学习以及文化对每种情绪表达方式的重要性。

关怀是自然之母的伟大礼物,它有助于提升终身的韧性,并且它增加了一生幸福的可能性。离开了关怀,人们无法发展人际关系。当这种动机缺乏时,反社会和心理变态的倾向就可能会出现。而且,如果离开了它,心理治疗几乎注定会失败。内源性阿片肽和催产素在所有社会情绪中的作用都非常突出,并且最佳的治疗环境的实现有可能需要这些神经化学物质的参与。提升脑中阿片剂的活跃度能够迅速减轻许多最严重形式的抑郁(Bodkin et al.,1995)。大量的抑郁可能是由脑中愉悦的化学物质的减少造成的(Watt & Panksepp,2009)。随着高阶脑心智区域被亲社会的关切和观点所塑造,关怀毫无疑问会大量出现在共情的生成中。

悲痛表示了社会需求。那些没有获得足够关怀的个体会在当下及以后遭受过度的悲痛以及精神痛苦——他们的生活似乎充满了分离苦楚,这导致长期的不安全感、悲伤以及失去体验快乐的能力。边缘型人格障碍的长期不安全感和社交焦虑障碍可能来自这种常见的消极情感。悲痛系统的过度活跃会导致大量其他的精神问题,从抑郁症到社交恐惧症以及惊恐发作;该系统的长期不活跃可能会导致适应不良的依恋类型以及自闭的和精神变态的冷漠。但最重要的是,该系统导致了悲伤感和悲痛感,这会变成长期的精神痛苦(Panksepp,2011a)。许多普通的抑郁类型都包含这种感受导致的神经化学物质级联以及随之而来的脑心智中的绝望(Watt & Panksepp,2009)。正如我们反复强调的那样,丁丙诺啡等安全的阿片类药物在抑郁治疗中并没有得到充分使用,因为它们不像传统的抗抑郁药物一样效果显著。但我们有理由相信这些药物具有最佳的长期治疗效果,只要伴随着提升社会依恋,包括临时性的对心理治疗师的依恋(其任务包括促进新的现实生活的观点，即关于积极的社会可能性的观点）。

嬉戏网络可能给予了我们在演化上最新的初级过程的情绪冲动：积极并快乐地参与到他人的精神世界的冲动，建立友谊并通过热情友好的竞争进行学习（从某种意义上说，反复的、充分平衡的互相让步——赢与输）。这一过程在完全接受的情况下完成时，通常伴随着欣快的积极情感，使人感受到一种归属于社会秩序的安全感。令人遗憾的是，父母或其他成年人往往把儿童的这种自然喧闹行为视作一个问题，这可能导致了儿童的冲动性是最令人不安的情况，并将其诊断为在生命的一个阶段患有多动症（ADHD），在另一个阶段患有躁狂症。但嬉戏同时也是社交技能发展的保障。与所有基本情绪一样，嬉戏是一种特别丰富的经验—期望过程，它激发了大量最终成为驱动力的学习，以及悲痛、关怀和欲望等社会情绪和世界上大部分艺术的产生。嬉戏的最佳状态就是充满了生命中最大的快乐之一：笑的能力，大自然最好的情绪礼物之一。并且这种礼物不仅仅专属于人类。甚至当大鼠彼此嬉戏或者被人类挠痒时，也会表现出快乐的欢笑类型的声音，这产生了可测量的脑益处（Burgdorf et al.，2010；Wöhr et al.，2009；Yamamuro et al.，2010）。初级过程的社会快乐是可以被塑造成独特的治疗干预手段，具有敏锐的快乐和幽默感，这可能能够抵消长期的消极情感，例如压抑的愤怒，并且通过卓越的临床技巧，甚至可以平息深刻的恐惧和悲痛所带来的挫败感。也许嬉戏的快乐在心理疗法中并未得到充分利用，尤其是在年轻人中。事实上，我们有充足的理由相信它可以用作日常的精神补药，来帮助减少我们的文化中儿童日益增长的多动症诊断/发生率。我们对于该系统不断增多的理解将能够更好地应用于包括抑郁在内的各种情绪问题的讨论，因为促进嬉戏的冲动将会是未来治疗干预措施的一个关键目标。

总而言之，这些系统需要在不同的心理健康问题中得到考虑，我们在此仅仅提及，并且它们的详细神经科学理解可能对于新的精神病系统学以及更加具体的脑心智机制的发展而言是最重要的。通过一个古老的、由所有哺乳动物共享的同源核心自我结构，它们聚集在一起形成了一个关于身体行动和情感可能性的连贯的交响乐。在脑高阶区域，这种统一性可能会消失，因为各种独特的三级过程的自我出现，为分离性身份识别（多重人格）障碍提供了神经土壤。

我们必须记住，在心智的基底，所有这些系统都是生成的行动网络。情绪上有障碍的人们应当被允许在适当时刻展示他们的能量，而治疗师应当被训练能够识别情绪何时是真实的，以及如何通过理解人类的情感深度，来帮助人们将消极情感转变为积极情感。

而心理疗法很明显仍必须现实地解决对于个人生活整体的、多层次的理解，我们终于进入了这样一个时代，对于心脑普遍的（通用的）部分的理解——哺乳动物脑以证据为基础的初级过程的情感观点——能够为我们提供关于心脑通用的情感—情绪基础的理解，这是所有人类共享的。反过来，这种知识应当为新的情感导向疗法提供一个科学基础，这种疗法同时考虑身体、心智和脑的交互动力。未来的心理治疗师将会享受到所有这些层面的技术和理解发展的成果。

本章的余下部分将会深入讨论这些知识的应用，不仅仅是为了理解积极的情绪生活的基础，同样也是为了促进心理疗法以及积极的社会能动性。对积极情绪的理解是“美好生活”的核心所在（Sheldon et al.，2011）。随着我们对于脑情感过程的神经化学编码的理解的加深，新的想法一定会出现，它们有助于治疗过度的气愤、焦虑、抑郁、恐惧以及创伤，甚至是精神病式的妄想（Panksepp & Harro，2004；Watt & Panksepp，2009）。我并不认为自己是心理治疗方面的专家，但我认为自己有义务考虑神经科学能够为治疗领域带来的各种可能性。我鼓励临床医生们进一步发展这些观点。

最近数十年来，最令人瞩目和高度可复制的重新发现是，早期儿童经验对未来的精神健康的强有力影响（Heim et al.，2010）。这些发现太多而无法在这里进行总结，但它们的范围从生理风险因素（如早产和药物暴露）（例如，Johnson et al.，2010；Stone et al.，2010）到母婴关系的质量（Fearon et al.，2010；Lahey et al.，2008）。遭受虐待的儿童可能会产生长期的愤怒以及各种身心症状。但和大鼠一样，充满爱意的母性关注会提升儿童的韧性并且当儿童长大后能够更好地调节应激反应（Lester et al.，2007；Propper et al.，2008）。

长久以来，人们一直争论是否能够通过干预病人目前的生活环境来“治愈”他们。有些人认为更加直接地处理过去的情绪创伤更加重要。例如,亚诺夫认为,有许多方式指导具有早期情绪创伤的人们回溯到他们内隐的创伤记忆的源头(Janov,2007)。他认为特定的再体验技术,辅助以适当治疗环境的支持和理解,能够永久改善那些长期脑变化的影响。这是新型的ABT 的一个例子,但仍有待完整的标准化治疗试验记录验证。

其他新型策略的发展也同样具有巨大的潜力,无论是心理—行为的还是结合躯体和神经药理学的干预措施。这些手段的发展部分可以通过我们对古老的初级过程情绪系统的学习进行指导。现在我将考虑这些知识如何能够应用于新治疗手段的发展以及精神病学的分类,例如对精神病症状的编纂整理,直接基于其背后的内表型情绪问题(Panksepp,2006a)。

精神病学中的情绪内表型与综合思考

对动物脑的研究使我们能够关注于神经科学细节中的初级过程或核心情感因素——这些在人类研究中是无法实现的,即使通过现代的脑成像(这更适用于大部分心理学家感兴趣的高阶认知区域)。动物研究使我们能够进入情感核心。跨物种的前临床研究,使我们对情绪疾病的本质与精神健康必要的情感因素有了更加连贯的理解。目前我们主要依赖在一般症状的基础上对精神疾病的分类描述(比如 DSM 类型的“综合征”)。让我们简单思考一下这些在最主要的精神病学手册中存在的诊断分类——在过去的半个世纪中由美国精神病学协会(American Psychiatric Association)编撰的若干版本的《诊断和统计手册》(*Diagnostic and Statistical Manual*)。目前的精神病诊断学的概念,主要来自尤金·布鲁勒(Eugen Bleuler)、西格蒙德·弗洛伊德以及埃米尔·克雷佩林(Emil Kraepelin)等先驱者。

这些精神病症状的概念并没有建立在对脑或其情绪系统的理解的基础上。这就是为什么这些过时的概念会导致从DSM-Ⅰ到DSM-Ⅳ中问题不断增加。许多人担心目前编撰的 DSM-V 将不会免于这些缺陷(Hyman,2007)。如果我们用真正与精神病学相关的心智实体(比如情绪脑的各种内表型)的观点来替代(或者至少补充)这些旧概念,那么这些问题就可以得到减轻。

内表型是指可以在神经科学层面进行研究的脑功能的物质方面；例如，研究人员可以测量最简单的反应，如眨眼、瞳孔放大或收缩以及惊吓反射等(Gottesman & Gould,2003)。我们知道较大的噪声总会吓到人和动物。然而，当第二次被暴露于相同的噪声中时，惊吓反应则不会那么明显。这种现象被称作"前脉冲抑制"(pre-pulse inhibition)，即先用较温和的听觉刺激，从而使动物们准备好接受更大的声音，这种抑制作用在精神分裂症病人身上通常会减弱甚至消失。我们很有自信认为这些预备的、调节的反应是由脑中连贯的、可分析的回路(尤其是基底核)控制的，虽然我们对精神病症状尚未有如此的自信，因为那些概念都是通过人们的洞察力和创造力生成的。

通过情感神经科学，内表型思维(几乎普遍认可的一种重要的精神病学的新研究路径)可以涵盖初级过程情绪领域。脑情绪网络的本质能够提供最相关的内表型，因为它们进入了精神问题的情感核心。沿着这条路径的进一步发展能够帮助我们斩断戈尔迪之结，它来自上个时代关于精神疾病症状的思考(Panksepp,2006a)。

一些最普遍的精神问题很好地展示了当前的问题，包括各种类型的抑郁和其他情绪障碍。正如在对《生物精神病学教材》(Panksepp,2004)的介绍中指出："DSM-Ⅱ只有 8 种分类"(关于情绪障碍)，"而 DSM-Ⅲ(修订版)则上升到 97 种，而按照保罗・麦克休(Paul McHugh,2001)的说法，如果你考虑 DSM-Ⅳ中所有的子分类和特例，那么一共有 2665 个子类型"。这些复杂性来源于心脑高阶组织在个体之间的巨大差异。放大治疗细节并没有为脑研究或治疗实践提供任何清晰的联系，并且许多人都已经开始渴望用一种不同的方法来分类和解决精神问题。在情绪内表型的基础上建立诊断分类只是其中的一种可能性，但它是目前对精神病学的未来最有力的、基于科学的展望。目前其他流行的方法是基于遗传基础的，但这些联系还没有得到明确的解释，只有易感因素和许多意义未知的"联系"。无论如何，研究者都应清楚地预想到哺乳动物大脑的原始情绪系统，并且他们应当至少部分地用这些概念来概念化人类的情绪问题。

这会导致新型的精神病学系统以及实验心理疗法的新观点出现(其中

一些已经提及,更多的将在后文提及)。但为了实现这些进步,我们同样需要发展新的前临床(动物)研究路径,它们在精神疾病研究中具有明显的相关性,关注让它们进行实证评估的原始情感的多样性。跨物种的演化观点在这些探索中具有重要作用。例如,贯穿本书的一个综合观点是悲痛和探索系统的失调可能是抑郁产生的主要原因(Watt & Panksepp, 2009; Panksepp & Watt, 2011)。悲痛系统促进了具有抑郁特征的精神痛苦。当探索的活力减少时,正如它们在所有持续的消极情绪状态中的表现,慢性的烦躁不安和深层的心理疲劳和空虚会出现,这会导致对探索冲动的极大抑制,或者仅仅耗尽那些充满活力的一欣快的资源。

这些思维的提出是因为它们为前临床的精神障碍模型提供了全新的路径。例如,在抑郁的模型中,我们不再需要对动物施加大量的消极压力源,例如持续的社会失败的压力、连续变化的压力或者反复的不可预测的压力源。相反,我们现在掌握了足够的知识来实现特定的情绪网络的失调(Wright & Panksepp, 2011)。同样,相较于使用非常普通且非特异的测量抑郁情感的手段,例如在强迫性的游泳任务中测量绝望(放弃),或者测量被悬吊的小鼠挣扎的减少等,我们可以更加明智地直接测量内部的情感状态,例如通过监控因系统性刺激(例如挠痒)产生的情感性声音反应,表明相关积极情感系统的状态(比如大鼠表示快乐的 50 千赫兹的超声波叫声),或者同样可以监控相关消极情感反应(比如痛苦的 22 千赫兹的“抱怨声”),这可以通过向大鼠后颈处吹气实现。真正值得指出的是,目前我们有大量关于精神障碍的动物模型,却没有对它们脑中的情感过程进行严格的评估。这就是理解许多与人类精神问题直接相关的基本问题进展缓慢的原因。如果我们更加认真地对待初级过程的情感回路,我们可以做得更好。

动物模型、精神病学与诊断学的未来

基本的情感神经科学、精神病诊断学以及临床实践的连贯整合才刚刚开始。尽管我们对新的综合充满热情,但各种可能性之间的坚固桥梁仍有待构建。由于历史原因,传统的前临床研究仍固执于行为模型,认为可测量的是行动和身体的化学物质,而不是情绪感受。

精神疾病研究的行为主义路径将视觉可见的症状(例如强迫游泳实验中持续的不动状态)作为终点,作为精神疾病的主要指标。美国国家心理卫生研究所前任所长史蒂芬·海曼(Steven Hyman),强烈批评了用动物模型模拟人类精神疾病症状的不足(Hyman,2007)。但他并没有指出这种“不满意”主要是因为这些基本的神经科学模型的研究者很少使用情感的概念来指导他们的思考。由于令人苦恼和失调的情感经验是许多精神疾病的触发器,因此对生成情感的哺乳动物脑系统更加明确的认识将会是有帮助的。如果我们投入更多的精力研究情感变化,那么我们的动物模型可能会提供更好的观点,以了解作为精神疾病的主要调节器和源头的大脑系统可能发生了什么。

为了构建更好的模型;我们的主要目标应该是通过神经行为学的路径——关于自然的情绪行为的神经学——来描述其他动物无条件的初级过程的情绪性的脑解剖学、生理学以及神经化学,随后应用这些知识来理解人和动物心智的情绪失调。通过直接操纵特定的情绪回路,人们将会有机会仔细分析其对长期的心理健康结果的重要影响。这些理解没有被更好开发的一个原因是,动物的情绪感受的研究,被那些能够在这些至关重要的主题上取得实质性进步的科学家边缘化了。也许再一次思考相关的真实图示(见图 1.5)会有助于阐明我们现在应当思考的其他哺乳动物的原始情感感受。有充分的证据表明,所有其他哺乳动物都能够强烈地感受到初级过程的情感状态,但目前,很少有研究工作在前临床模型中描述这些情感系统。

走向控制水平的整合:情感治疗的观点

在人类中,伴随着情绪唤醒的充满情感的想法在情绪唤醒消退后很快变成无意识,这是很常见的。换句话说,当一个人处于强烈的情绪状态时,在大脑的高级区域被搅动起来的反思思想,一旦情感风暴过去,就会迅速变成认知无意识,通常处于休眠状态,直到初级情感再次被唤醒。一旦激情消退,就很难将与情绪唤醒相关的观点和图像带回到现象经验中。这就是为什么在治疗环境中重建原始情感是一种快速的改变方式。由于情感影响着激活和引导认知装置,因此临床医生可以直接应对相关的观点和反思,这些观点和反思很容易脱口而出,这使得临床医生能够直接理解行为中的不适应情绪模式,这为他们用自己的力量重塑每个病人的精神器官提供了理想的时刻。

在这样可行的时刻,可以应用新的治疗干预措施,通过我们对记忆"再固结"理解的增加,让临床医生能够"减轻"过去经验的痛苦(见第6章)。当记忆恢复时,它们可以被修改、再加工,甚至有望以不那么令人困扰的方式再次储存起来。确实,我们有许多理由相信,如果在情绪危机时刻能唤醒对抗性的积极情感,那么令人困扰的记忆的长期影响就可以被减弱。

然而,在继续讨论之前,让我们首先理清一下该领域内的一些具有类似路径的历史链条。亚瑟·亚诺夫提出的原始疗法(primal therapy)[并不是大众熟知的"原始尖叫疗法"(primal scream therapy)],莱斯利·格林伯格(Leslie Greenberg)及其同事提出的更加保守但更加有效和情绪导向的过程—经验方法(Elliott et al.,2004),以及哈比卜·达凡璐(Habib Davanloo,2005)和戴维·马伦(David Malan,1979,1999)提出的短期经验动力疗法,这些疗法的主要目标都是让人们足够强烈地体验到他们的"真实感受",从而实现持久的改变。

越来越清楚的是,动态情绪聚焦方法通常在促进长期的治疗变化(Abbass et al.,2006)方面非常有效,通常比认知—行为的重新解读和高阶精神功能的重建产生更加持久的效果。情感经验方法通常基于这样一种观点,即令人困扰的情绪能快速激发相关的想法,而认知能激发相关的感觉,这可以有益地得到使用,至少在支持性的治疗环境中是如此。这种对情绪事件的强烈再体验打开了全新的治疗可能性,因为它为治疗师们提供了一种情绪上的"亲密",尤其是在一种安全的治疗同盟中,这对于治疗改变而言是最佳的。情感上令人困扰的记忆的影响可以通过重构情感上积极的观点来减少。

情绪导向的疗法似乎非常有效,因为它们直接指向了相关的原始情感,从而带来了来自心智高阶区域最相关的认知材料。临床医生们经常听到:

“我妈妈总是对我要求太多，并且总是认为我不足够好”“我比其他孩子矮小，并且直到今天我仍感到身份低微和不安全”“我一生都致力于为此奋斗，但我仍不能原谅我自己”。这种临床故事情节中可能出现的人物角色通常很容易识别：充满愤恨的尽责和孝顺的孩子；自我折磨的高成就者；伤心、失意、自暴自弃的无用之人。当然，这些典型的故事情节，几乎和人们自己的人生故事一样。它们所反映的情感通常会对长期的幸福情绪产生反作用，因为它们导致了人们精神生活的情感基础的失衡。但这正是治疗工作需要应用的地方，它有希望改变持续的并且在情感上强有力的学习模式，这种模式使消极状态成为一种习惯。

情感平衡疗法

幸运的是，情感问题现在成为科学治疗思维的前沿。目前，心理疗法的一些最有趣的讨论都来自新的跨学科前沿：(1)发展社会神经科学(Schore，2003a，2003b；Siegel，2010；Stern，2004)；(2)新兴的神经心理分析(Solms & Turnbull，2002)；(3)人类和跨物种情感神经科学(Davidson，2004；Panksepp，1998a)；(4)关于自主神经系统的调节过程的有远见的观点(Porges，2009a)。这些方法最终解决的是人类心智的情绪本质问题，间或涉及哺乳动物脑的深层情感本质问题。

丹·西格尔(Dan Siegel)在为路易斯·科佐利诺(Louis Cozolino)《关于研究人类心智的临床和神经科学方法的综合》所作序言中写道(Cozolino，2002)：据说临床医生沉浸在“前来寻求帮助的个体是希望感受好一些的故事中……无论是哪一种方法，治疗中的长期变化最终都变现为人类心智的变化……这包括了脑功能的变化。心智在治疗过程中的确切变化是基础性难题，这正是神经科学和心理疗法的综合研究希望解决的”。也许这个难题中神经科学最重要的问题在于脑如何生成情绪感受以及长期的情绪感受如何变化。本书的目的就是提供关于这方面知识的介绍。心理治疗师们对于情感的神经本质、情感在行动中的具现以及情感如何与认知过程相互作用的研究越来越感兴趣。

如何能够更好地利用情绪性情感状态来重塑处在痛苦之中的人们的情感幸福感，这个话题引起了人们强烈的关注(Fosha et al.,2009a)。尽管心理疗法在传统上寻求解决个人生活中错综复杂的情绪问题的认知方面，但一些革命者已经开始将讨论主题转移到关键的情感要素上(Fosha,2000;Greenberg,2002;Greenberg & Watson,2005;Hughes,2006,2007;Ogden et al.,2006;Schore,1994,2003a,2003b;Siegel,2007,2010;Stern,2004)。

不安全的早期社会依恋是导致情感生活出现问题的一个特别重要的因素(Heim et al.,2010)。因此，一些革命性的治疗师期望找回这些早期的内隐情感"记忆"，这些记忆已经烙印在发育中的神经基质中，这些神经基质控制着婴儿的原始心智状态，并且通过非语言的"原始治疗"形式直接与之合作，修复余下的心理"创口"，这些创口会一直延续直至成年(Janov,2007)。这种尝试直接处理早期的童年创伤——体现为情绪系统的敏化和脱敏——试图将强烈的经验情绪的内隐残留物从脑的记忆库中删除。许多病人报告说当他们被鼓励再现这些早期创伤时，具有明显的好处。我们需要思考这些治疗模型如何能够与我们不断增长的关于哺乳动物大脑古老而普遍的情绪原则的理解结合在一起。这一问题并没有清晰的答案，但在治疗式的关怀，甚至嬉戏的环境下，将过去创伤的经验"再固结"的想法再一次出现在我的脑中。

因为我们现在可以掌握初级过程情绪的神经动力学，因此可以预见全新多种 ABT 变体就在眼前。我们甚至应当思考一些长期被忽视的观点，例如尝试通过使用积极情感的治愈力量来对抗消极情感。可行的例子包括情感导向的疗法，这不仅旨在直接、迅速地了解个体的情绪生活，同时也运用各种肌体治疗方法，它们利用身体—脑—身体连续性的特质来迅速将情绪转变为积极的情感。每一种情绪都具有这种连接。当一个病人的情绪行动器官被严格地"冻结"为一种消极的情感状态时，那么治疗师鼓励运动和身体重新定位，使心智、脑和身体转换到不同的情绪状态的做法难道不是明智的吗？为了实现向更加灵活的积极感受的转换，我们可以考虑不同的情感角度。例如，相较于仅仅进行认知层面的互动，嬉戏互动与直接的身体锻炼会不会产生更加迅速的进步(Ogden et al.,2006)？为了实现最佳的治疗进展,我们是否需要考虑从初级到三级的脑心组织的全部层面?如果演化上更加古老的情感过程指导了高阶心智器官如何运作,那又将会怎样(见图2.3)?我们现在需要同时思考身体与脑、身体与心智,从而最有效地解决情绪问题。

现在,研究者和精神健康专家们越来越有兴趣了解支持精神病理学的神经—情感失调和障碍,以及心理疗法造成的心脑变化;这些过程可以通过现代的脑成像以及其他神经科学技术进行拟想。由于这些问题已经有其他研究者很好地进行了阐述(Cozolino,2002,2010;Doidge,2007),因此我在本章节的主要目的是关注情感感受是如何生成的以及记忆如何在脑中固结,从而促进临床干预的进一步发展。

尽管我们处于这样一个时代,大部分最优秀的研究者认同弗洛伊德关于心智的生物和情感基础的观点(Freud,1937/1968),但本书所预想的相当直接的情感脑心动力学仍有待与治疗思考广泛地整合。部分因为历史的障碍,其中一些我们已经有所讨论。但更多的障碍来自其他方面。确实,弗洛伊德自己的精神分析的超心理学,也许“充满了”过多的概念工具(例如俄狄浦斯情结、阴茎妒羡),可以作为一个例子。它是根据有限的、具有文化局限的临床观察创造性地构建而成,导致了一种不利的历史轨迹。这些年来,许多问题都源于理论创造性的过剩,以及对于脑和心智演化层面的可靠理解非常之少。

作为结果的“戈尔迪之结”(Gordian knot)无法被完全解开,但我们可以想象情感神经科学知识如何作为未来临床思考的一种全新的并且有可能是坚实的基础。最主要的一点是,不同个体的情绪在初级过程层面大多是相似的;它们通过个体的学习和记忆获得多样性。并且在三级过程层面,它们大部分都会有所差异。有针对性的药物疗法在初级过程层面最为有效,尤其是因为它们同样可以对所有较高的层面产生强烈影响。行为治疗方法在次级过程层面最为有效,而认知方法则在思维和反思层面非常有效,并且通过有效的途径可以产生有益的下行调控效应。新的动力情感平衡方法能有效地解决所有问题。

脑的有意识和无意识过程与心理疗法:正确看待问题

尽管哺乳动物大脑的初级过程的情绪网络的唤醒,可以被人类和其他动物强烈地体验到,但是在所有无意识“心智”过程中识别脑心智的次级过程同样是非常重要的,它们是学习、记忆和习惯形成的基本形式。一旦我们理解了这一点,许多心理学过去的奇怪和错误的观点就可能被修正。例如,“自由意志”并不是如同许多科学家所宣称的那样,是我们想象力的虚构。自由意志是一种高阶的三级神经认知功能,我们经常使用它来计划未来的行动(当我们没有太多情绪唤醒时它非常有效)。这在瑞恩(Ryan)和德西(Deci)构建的“自主”(autonomy)和“自我决定”(self-determination)概念中得到了很好的体现(Ryan & Deci,2006)。然而,我们无法轻易地将自己从基础的情绪混乱中剔除,这种混乱是通过适应在心脑组织的初级和次级层面上的不良的情感模式固结形成的。在情绪过程的初级层面,不存在自由意志,也没有“受控的认知”。由我们野蛮的动物激情所塑造的自主的次级过程学习和记忆功能,也没有表现出自由意志。这只能从精雕细琢的、深度的自我反思和认知态度中产生。

我们最原始的情感需求和身体动机,在我们知道之前,在我们意识到认知上发生的事情之前,就塑造了我们成为什么样的人,经常在没有我们“个人”同意的情况下产生最终的结果。因此,需要认识到,我们对情绪的原始的、情感现象的经验以及我们情绪的认知反思意识是非常不同的心智过程类型。对于快速的治疗变化,也许通常是以情感经验自身需要作为起点。但情感经验一直是神经科学的最大难题之一,它很少被提及,并因此缺乏实证理解……事实上,甚至连有说服力的科学分析尝试都很少。本书的主要目标之一是提供一个如何改变这个状况的介绍。

理解基本情绪的曲折之路:我们继承的生活工具

为什么对情感生成机制的详细神经科学理解出现得如此缓慢?部分原

因是它所需要的详细脑研究在人类身上难以实现,但逐渐在动物模型上可以实现。由于在分析人和动物的行为时,传统的保守偏见反对使用初级过程的精神构建来科学地分析神经控制,因而拖延了进一步的进展。因此,基本的情绪网络以及它们生成情感感受并没有得到应有的重视。并且这些感受也通常被那些最有可能揭示它们神经基础构造的研究者(比如行为神经科学家)所忽视,因此,它们在现代生物精神病学讨论中不像它们所需要的那样明显。

从某种意义上来说,可悲的是大部分对学习和记忆感兴趣的研究者非常有效地将经典的恐惧条件反射作为他们主要的研究方法(见第 5 章),却不明确承认他们所研究的动物大脑中存在着无条件的恐惧系统(Panksepp et al.,2011)。杏仁核生成了情绪行为以及相关的自主反应,但它们通常仅仅被视作动物的无意识运动"输出"(Davis et al., 1995, 2010; LeDoux, 1996),而非情感生成的情绪系统。这种短视阻碍了那些对恐惧—学习感兴趣的人设想"无条件的恐惧反应"——恐惧系统的唤醒——可能对于生成恐惧—学习至关重要(见第 6 章)。当我们意识到这一回路同样是控制焦虑感的所在之处时,我们就可以设想记忆是如何变得令人害怕的。此外,我们可能会开始积极地思考各种积极的情感回路如何能够对抗这些心理上的消极性,并希望能使令人困扰的记忆在更加可接受的心智情感框架中进行再固结。

对于新的治疗进步,我们需要理解无条件的恐惧系统的持续唤醒如何对慢性焦虑症的生成产生重要影响(Panksepp, 1990b; Panksepp et al., 2011)。新的治疗焦虑的方式应该以减轻该系统的心理影响为目标,无论是使用药物使恐惧系统脱敏,还是使用心理疗法缓和恐惧的记忆。目前,这可以通过直接的药物手段减少恐惧系统的唤醒来实现,例如使用苯二氮类药物以及小范围的唤醒(比如脑的去甲肾上腺素)抑制剂——"β 阻断剂",比如心得安。这些药物可以减少通常会唤醒该系统的令人不安的记忆的影响,并使心理疗法增强它的积极情感系统的"肌肉"以对抗消极情感。在思考这些选择时,我们必须牢记脑心演化中的控制层级:恐惧系统加剧了充满焦虑的记忆,导致产生令人不安的想法,这是因人而异的。然而,源自原始恐惧系统的习得性焦虑在人类和其他哺乳动物身上必然非常相似。

由于遗传学和神经科学的进步,现在清晰的是动物模型能够提供一种准确的“考古学”,关于许多古老的情感原则,这些原则仍控制着人们的生活。因此,跨物种情感神经科学有助于阐明许多主观上体验到的原始情绪感受,它们在演化过程中为我们无尽复杂的认知能力提供了鞭子和胡萝卜——情感的束缚和指导。最终,人和动物的许多学习行为都与某些方式给有机体带来的感受紧密相关。因此,损伤精神健康的消极情感束缚需要和促进快乐情感的积极指导予以对抗,范围包括从具有丰富想象力和创造性的思维(由我们的探索系统所促进)到符合伦理道德的决策(由我们所有的亲社会情绪——关怀、悲痛和嬉戏所促进)。并且如果我们理解了这些感受的神经生物本质,以及它们如何控制学习,那么我们可能就有了一个坚实的神经科学的开端,了解人类心智体验到积极情绪意味着什么,从而通过明确的、情感上有益的临床干预措施,更好地对抗情绪障碍。现代脑成像有助于这些研究(关于此点的概述见 Cozolino,2010;Northoff,2011)。但与此同时,我们应当现实地面对这些技术在解剖学和功能上的局限性。

情感神经科学、生物精神病学与心理疗法

在当代的脑成像研究中,情绪脑的古老区域所受的关注远不及新皮层的功能,部分原因是这种技术对于大的、高度放电的神经系统具有更高的敏感性。其结果是人们关注于情绪过程的认知调节。神经元放电相对较小、较慢的脑区域(其中化学物质释放比动作电位频率更加重要的区域)则相对难以通过这些技术可视化。然而,这些神经生理上“迟钝的”低阶脑区对我们的情绪生活至关重要。

正如我在前文所指出的那样,基本情绪系统的皮层下定位已经得到证实,研究人员可以通过外科手术消除各种“简单的”实验动物的所有新皮层,而这些实验动物长大后似乎是正常的生物,长大后只要它们基本的情绪能量组合是彼此连接的。它们表现出探索冲动和搜索行为、恐惧、愤怒、欲望、母性关怀以及嬉戏。最后一种尤为令人吃惊,因为躯体嬉戏是一种动态灵

活的行为。在出生时缺少新皮层的人类儿童身上也观察到相似的模式(Shewmon et al.,1999;见图 13.2)。

当成年人遭遇类似的脑损伤时,功能性的损伤会更加严重,这很大程度上可能是因为一旦原始冲动在成熟的新皮层区域在认知层面被表征,无论是人类还是其他动物都会更加依赖那些更高级的、发育程序性的“软件”功能。一旦人们开始依赖那些良好的新皮层—认知工具来获得高阶形式的意识,那么他们就无法有效回归到简单的方式上。新皮层是否具有任何基于演化的情感功能,而不是依赖学习的发展,这一点尚未定论。但可以肯定的是它产生了大量情绪思维和行为。然而,它似乎仍是皮层下情绪性情感的核心,尽管如脑岛等古老的皮层区域能够产生各种特定的感官性情感感受,例如厌恶和疼痛(Craig,2002,2009),但这肯定离不开皮层下回路的参与。眼窝前区域参与了许多与味道、温度以及其他感官奖励和惩罚有关的消极和积极的感受。

当人类大脑皮层下的情感力量变得暴怒(或难以理解的失调)时,就会出现难以抗拒的、经常持续的情感问题。对于人类而言,这些通常伴随着认知变化,例如情绪上的纠缠归因、反思、各种各样的计划和担忧,以及关于世界是如何组织的认知“命题态度”。这一事实有助于解释为什么每当情绪出现在完整的心脑中,环境中似乎总是会有认知原因,以及我们思考和感知世界的方式的认知结果。但是情感变化是大多数精神疾病的基础。

这一观点表明,心理疗法不仅仅需要应对情绪混乱的认知沉淀,还需要更直接地应对同时产生的情感问题。情感神经科学表明有些人在没有突发事件的情况下,由于内部的脑刺激而变得过度情绪化。例如,个体患有“边缘系统癫痫”,是由敏化的情绪网络导致的(Lewis & Pincus,1989)。严重的情感失衡可能纯粹由于神经生物学原因而发生。这些问题可以通过直接操纵脑来缓解。认知干预是不必要的,尽管明智的咨询总是有帮助的,尤其是调整过程,弗洛伊德称之为“修通”(working through)。

还有一些童年创伤同样会给情绪系统的反应留下印记,而没有明显的认知残留(Janov,2007)。皮层下回路通过经验可以敏化和脱敏。有针对性的药物干预也可能有所帮助,也许不需要花费大量时间来谈论某人的生活,即使关注由此产生的个人特质如何影响人们的生活也应该能够提供有用的洞见。重要的是,要考虑到治疗师建立了牢固的治疗联盟的,他们通过在更加原始的层面上与他们交互,引导病人进入不同并且更加积极的情绪状态。例如,当消极情绪被允许表达,但积极情绪同样能够被技术精湛的治疗师所唤醒时,有可能明确地引导病人逐渐转向更加积极的情绪状态,从而使持久的治疗变化能够扎根。

显然,长期的情绪压力改变了个体回应和适应世界的方式。随着治疗各种疾病的大量新药的出现,精神药理学革命已经提供了许多例子,简单地操纵脑的化学物质可以对那些相对温和但在精神状态上有明显的痛苦的人产生显著的治疗效果(Kramer,2005)。确实,大部分精神药物都是 ABTs,因为它们疗效显著,它们在严格的非认知神经化学层面,严格地将初级过程的情绪反应和心情转到理想的方向。但这种不想要的感受的减少,通常使认知换位思考的观点变得更加有效。

很明显,大多数人类情绪问题都是由生活事件导致的。让一个有爱心的人直接从战场上倾听情绪事件的全部影响,可以说是一种治疗(Belenky et al.,1996)。众所周知,当一个人把感情用语言表达出来时,情感的主观强度就会减弱(Lieberman et al.,2011)。即使是明显来自非认知创伤的长期情感问题,都可以迅速嵌入复杂的认知叙述中,这就需要在治疗对话中充分交流和探索。正如我们所见,基本的情感和认知通常形成了一种双向通道:情绪唤醒修改了我们思考的方式,而我们思考的方式能够改变我们的感受。大部分描述人际关系的"日常疯狂"和悲剧都需要从情绪和认知两个层面进行解决。然而,在能够提升正念(mindfulness)的社会支持背景下,认知导致的情绪困境的锐利边缘可以被"存在的证据"的机会软化,这是一种能够专注一个人的日常生活,超越自己烦恼的平静的能力(Siegel,2007,2010)。而嬉戏,在适当的时刻明智地应用它,同样会有所帮助。

确实,情绪和认知在完整的人类心脑中联系如此紧密,以至于大部分心理学家不愿意区分二者,而这种观点经不起神经科学自下而上的考察。初级过程的情绪通过学习变得认知化,即纠缠于特定的内部和外部事件的意识表征。因此,在大部分人类心理问题中,认知开始陷入于初级情绪,使它们难以被区分。然而,情感神经科学强调初级过程、前命题的情绪能量状态如何具有它们自己的心智,作为情感心理状态的一种古老形式,它在演化上远远早于语言和思想。对于这种情绪能量以及它们在精神生活中角色的清晰识别,使人们能够同时在情感和认知层面更加完整地进行治疗工作。

理解初级过程的情绪如何影响人类生活,有助于科学地解释各种类型的心理疗法并建立一个全新的基本的神经科学基础结构,奠定未来生物精神病学发展的基础(Panksepp,2006a,2006b;Panksepp & Harro,2004)。因此,情感神经科学认为新的心理治疗观点可以补充已经确立的行为、认知、人文主义、人际关系以及心智的治疗传统。

情绪动力学与情感平衡疗法

心理疗法可以受益于我们对脑情绪—本能的行动动力的不断增长的理解。简单地让人们理解他们脑中的这种普遍的、共享的系统,就系统本身而言可能具有治疗作用。通过这种方式,有情绪问题的个体可能会更自信地面对世界,并且更好地理解作为情绪状态生成和调节背后的普遍性原则。跨物种情感神经科学不仅为思考基本的人的问题提供了一个连贯的结构,而且也为情感如何从大脑中产生提供了一个具体的视角。无条件的情绪动力提供了一种科学的方法来理解初级过程的情绪感受如何在脑中生成。

ABTs能够提供全新的基于证据的方式来直接改变情绪感受,从而使临床医生使用新的心理疗法促进情感态度,作为重构认知扭曲和减轻内心的压力的基础。确实,这种基于情感的交互能够提升在20世纪中叶精神病学革命中出现的传统药物疗法的效果,随后出现的是各种直接的脑刺激方法,包括电休克疗法以及其他形式的脑刺激,例如经颅磁刺激(transcranial magnetic stimulation)以及深层脑刺激(Panksepp,2004)。在这些方法中,有些能够直接改变神经系统的情感基调,是因为它们作用于脑皮层下区域中的初级过程的情绪网络(Coenen et al.,2011)。

尽管初级过程的情绪动力来自我们与其他动物共享的脑皮层下网络,但在心理治疗环境中它们可能比当下常规的做法更加有效。例如,我们早已知晓在心理学中，人们可以通过模拟情绪行动来唤醒情绪感受(Stepper & Strack,1993)。确实，通过模拟发笑和哭泣的行动动力，人们可以迅速实现情绪上典型的情感变化，例如喜悦和悲伤；这甚至可以通过心理行动想象实现(Panksepp & Gordon,2003)。同样，音乐是一种强有力的唤醒情绪的方式，可以用于治疗目的(Bernatzky et al.,2011)。

这种情绪表达以及情感状态的自愿控制，如何能够用于心理治疗之中，仍然有待系统研究。将这些情感上特定的能量应用于各种类型的心理治疗，似乎相当直接。高度集中的情绪练习的整合，在很大程度上有助于人类问题的心理治疗(Ogden et al.,2006)，同时也能够提供机会教育人们了解他们情绪生活的初级过程方面。

用这种方式逐渐掌控自己的情绪动力，可能有助于铺平通往情商的道路，进而在各种情况下实现内平衡。日常的积极情绪联系能够增强人们的“情绪肌肉”，以应对过去创伤的影响，并为情绪回路进行预防注射以对抗未来的灾难。例如，当消极情绪在治疗环境中被唤醒时，紧随其后的可以是常规的各种积极情感——从情绪上富有感染力的音乐片段到肢体表达运动，这些都充满积极情感。我们需要完成大量基础科学，从而评估这些新型技术的有效性，无论是在现有的身体疗法的环境下(Ogden et al.,2006)，还是情绪教育方案的一部分，这可能有助于提供极端情绪的预防措施，否则可能会引发严重的心理问题。作为全面的治疗方案的一部分，理解人们自身情绪的动力，有助于减少压力心理问题发生的概率。

情感平衡疗法与传统心理疗法的对比

将完整的情感原则与心理治疗实践同化，可能有助于在心理疗法领域重新情景化行为主义的遗产。行为主义为心理疗法提供了一颗珍贵的宝石：基于外部强化相倚重新排列的行为矫正(behavior modification)。例如，通过付钱给人们使其避免坏习惯，减少不良行为，这种方式目前普遍用于治疗上瘾冲动。然而，这种外在主义的观点持续扭曲着心理学领域的认知思维，导致人们继续误解有机体是被动的信息过程机器，而非情绪积极的生物。相反,关于哺乳动物心智情感机制的连贯观点提供了一个清晰的脑心基础结构图像——活跃的、情绪协调的人际精神结构——这是治疗性思维所需要的指导。

然而目前,精神病理学的认知概念相较于临床思维中明确的情感概念更加显著。尽管情绪调节问题肯定与心智的认知和情感方面的失调相关,但也许我们当前的时代精神鼓励心理治疗师寻求更加全面的科学方式来掌握我们的认知,而非情感本质。也可能是因为更多的机构投资是在认知神经科学而非情感神经科学进行的。不管什么原因,我们对于高阶脑功能如何能够整合我们的认知的理解,并不比我们对于低阶脑如何能够生成情绪的理解更多。我们确实知道治疗师的性格特征——毫无疑问,特别是他们的情感协调能力——通常比他们所使用的具体方法更为重要。我们都知道当一个人感觉糟糕时,关怀他人的注意力会迅速减少。12 步治疗方案可能非常有效,因为它们提供了社会关注和认可,这是人们重新连接潜在的积极感受所需要的。他人心智的社会情感力量能够帮助人们有效处理消极情感,因此大脑的情感领域可能提供了一个更清晰的心理力量的描述,它处于大部分人类心理问题的核心,以及为了实现最佳治疗效果而需要内在和人际的精神动力。

确实,相较于其背后的情绪问题,也许与心理疗法相关的认知问题在科学上仍具有更多的不确定性,并且更加难以理解。当然,纯粹的认知益处相较于情感益处更容易悄悄溜走。人们在心理治疗过程中能够很容易达到明显清晰的时刻,但这些进步很容易消退,他们会在两次治疗期间回到自己过去的情感习惯。这可能是因为每一种初级过程的情绪都为了自己的目的而“奴役”了大片的认知领域。如果是这样,那么尝试更直接地实现情绪内平衡,可能比在认知层面更加严格地进行工作,允许更简单和有效的路径来促进预想的认知再定位。

以自我为中心的情绪系统(关于这一概念的详细解释见 Northoff & Panksepp,2008;Panksepp,1998a;Panksepp & Northoff,2009)对认知过程带来的束缚,可以是压倒性的。例如,PTSD 可以反映出那些由简单的次级过程记忆激发的高度令人厌恶的情感(比如第 6 章所描述的经典条件反射),它们通常被无意识地激活(通过未被注意的刺激)。让许多治疗师感到意外的是,最近发现一些相当简单的认知类型的干预措施——例如本章结尾处所描述的眼动疗法——它们并不追求任何深层次的认知“洞见”,可能和其他治疗方式一样有助于有效抑制创伤记忆的力量。进一步说,如果治疗师知晓如何帮助病人在非认知的方式触发的积极情感经验中重构他们的创伤感受,那么他们可能会大大减少 PTSD 的情感风暴。再次重申,现在广泛认可的是,记忆并不像大多数人过去所认为的那样稳定。正如在第 6 章所讨论的,每当记忆被重新找回时,都有机会以不令人烦恼的方式帮它们“重新巩固”。目前,这种现象预示着,情绪上令人苦恼的记忆可以在情感上积极的心智框架中被重构,这需要相当简单的躯体动作的协助,甚至需要积极情感经验的系统性呈现的协助,例如聆听舒缓、安慰和令人愉快的音乐。

由于所有的心理疗法都必须从认知角度出发,并且大多数都旨在重塑人们思考自身问题的方式而设计,也许最直接的情感方法并没有得到应有的广泛思考。可以理解的是,在人类这样的物种中,语言几乎参与了所有的互动活动,认知方法在心理治疗领域仍将处于核心地位。但我们是否知道,即使有大量脑成像证据表明高阶脑变化,但主要的治疗效果实际上是在脑心的高阶认知动力中生成的?没有人真正知晓,但也许许多有益的转换确实内隐地发生在脑情感—认知交互的嵌套层级中(见图 2.3)。事实上,如果治疗途径是通过改变主要过程的情感基调来实现的,那么可能会产生最持久的效果。如果确实是这样,那么通过同化并利用关于源自情感神经科学的脑情绪系统的可用证据,并旨在更加充分地利用最直接的可用情感策略,临床医生的工作可能会得到促进。虽然人们喜欢讨论构成他们显性心智的无尽的情节记忆,并且心理分析通过这种方式很好地服务于个人的成长,但它并没有清晰地表明,对于提供长期的心理救助来说,是这种人际经验的认知方面还是情感方面更为重要。毫无疑问,两者都是重要的,但我认为,如果离开了持续的情感变化,那么认知重建可能不会如此有效。

在任何情况下,很明显心理治疗正处于情绪革命之中。心智的原初情感方面不再被边缘化,相反,它被公认为心智的引擎(Fosha et al.,2009a,

2009b)。例如，格林伯格以及他的同事在过程体验疗法(process-experiential therapy)中强调在治疗情境中体验和表达清晰地区分诸如愤怒和恐惧这种初级情绪感受的必要性(Elliot et al.,2004;Greenberg,2002)。福阿及其同事的研究(Foa et al.,1998)表明，在治疗过程中恐惧的实际体验是成功治疗焦虑症的关键。相反，在治疗战争创伤时，该领域的治疗师发现，对已经发生的事情的即时沟通和讨论，打开了通向直接的和明显的利益之门(Belenky et al.,1996)。但底线是，这种新式方法的进一步发展必须建立在深入理解其背后的致病因素的本质的基础上。我们在此没有足够的空间来详细讨论所有主要的精神障碍类型，因此我不得不选择抑郁症作为一个例子，来说明情感神经科学思考如何对于进一步的发展有所助益。

以抑郁症为重点的精神病理学和大脑

大脑中抑郁症的来源是什么？这是目前神经科学探究的一个热门话题，并且毫无疑问，关于抑郁症的持久答案一定部分来自对人们经历到的贯穿生命起伏的情感风暴的更好理解。当特定的初级过程的情绪系统长期失衡时，抑郁症就会出现。如果是这样，我们需要从神经科学角度更好地理解初级过程的情绪系统——存在于所有哺乳动物大脑中的原始情感内表型(Panksepp,2006a)。每一种基本情绪系统都可以通过重复的情感经验变得敏化或者脱敏。每一种情绪经验都可以促进各种形式的内隐和外显性学习，因为它与我们关于内部和外部现实的表征相互作用。通过这种长期的感受—思维模式的塑造，人们的态度会变得僵化和消极，减少更为流畅的积极推理。

因此，感受能以各种持续的方式和各种理由变得极端。毫无疑问，我们需要了解的关于这些过程的大部分知识仍有待发现。但是抑郁症，作为精神障碍中的“普通感冒”，是一个值得关注的关键问题，尤其是因为它在现代社会中发病率很高，而且似乎越来越普遍。当然，这种增加可能只是表面上的，部分是由于制药公司的推动，这些公司试图通过复杂的营销策略从而创造高利润但通常效果不太好的抗抑郁药物需求。当然，许多人都在生命中经历过短暂的抑郁,但最新的消息是高达20%的人正寻求药物援助来治疗这一症状。并且通常情况下,药物不是按需提供,而是长期提供。现在看来,长期使用抗抑郁药物会导致脑神经化学模式的持续变化(例如,通过受体过敏性的发展),当停止服用药物时,会引发更强烈的消极感受[详细的叙述见玛西亚·安吉尔斯(Marcia Angells)的《纽约书论》(*The New York Review of Books*)①]。

但我们对抑郁症患者的大脑尚未足够了解,从而还没有得出任何明确的结论。正如患者安德鲁·所罗门(Andrew Solomon)所描述,"让我们直截了当地说:我们真的不知道什么导致了抑郁症。我们真的不知道什么是抑郁症。我们真的不知道为何某些治疗方法对抑郁症有效。我们不知道抑郁症是如何通过了演化过程。我们不知道为何一个人会在不困扰另一个人的情况下患上抑郁症"(Solomon,2001)。我们对于抑郁症理解的失败可能部分源自这样一个事实,神经科学尚未足够深入研究最为相关的哺乳动物心脑的远古情感回路。

确实,目前的讨论尚未概念化哪一种大脑情绪系统受抑郁症的影响最大。为了帮助解决这一问题,我和沃特最近提供了一种综合的关于情感—社会神经科学的基本观点(Watt & Panksepp,2009),再加上同行评议和额外的反馈,这可能会促进解决这一顽固的问题。我们的建议是,要理解抑郁症,人们需要理解由持续的分离苦楚引发的精神痛苦——悲痛系统的过度以及持续唤醒——脑中最重要的社会—情绪系统之一。此外,可能由于悲痛的持续唤醒,探索系统的唤醒可能会在抑郁中减少(正如前文所叙述,见Coenen et al.,2011;Panksepp & Watt,2011;Zellner et al.,2011)。

我们已经看到,悲痛系统集中在扣带回前部、腹隔核、背侧视前区,以及终纹床核(BNST)、背内侧丘脑和中脑导水管周围灰质(PAG),在悲伤和悲痛的情绪生成以及哭泣的冲动中表现得非常明显(Herman & Panksepp,1981;Panksepp et al.,1988)。加剧痛苦感的大脑化学物质(例如促肾上腺皮质激素的释放因子的释放)以及那些能够强有力地减轻痛苦的化学物

---

① http://www.nybooks.com/articles/archives/2011/jun/23/epidemic-mental-illness-why/.

质(例如脑阿片肽、催产素和催乳素),在社会依恋的起源中扮演着重要角色,它们都可能在社会连结的调节中发挥重要作用(Nelson & Panksepp,1998)从而产生相应的抑郁情感。海伦·梅伯格(Helen Mayberg)及其同事(Mayberg et al.,2005)通过对深部脑刺激下的前扣带回,使难治性抑郁症实现了实质性的缓解,在那里可以抑制调节悲痛类型反思的高阶脑区。这种脑刺激很可能扰乱了由悲痛系统产生的精神疼痛的神经来源。事实上,该系统的长期过度唤醒可能是抑郁烦躁不安的主要来源之一。

从"抗议"到"绝望"转变的特征是探索的整体停滞,这可能是持续抑郁中的一个关键的脑心转变。已经确定的是,早期的分离和失去的经历会使人们更容易患上抑郁症,或者触发第一次的抑郁时期(Heim & Nemeroff,1999)。同样,调节依恋和分离的机制在女性中尤为敏感,因此女性患上抑郁症的可能性是男性的两倍。我们同样早已知晓,调节大脑分离/依恋机制的情感上积极的阿片剂具有强大的抗抑郁性能。如果不是因为阿片剂药物的成瘾风险,那么它们仍可能像在 20 世纪 50 年代现代精神药理学出现之前一样被用作抗抑郁药物。因此,抑郁可能部分地反映了那些天然的大脑化学物质的活动减少,这些化学物质使我们安全地、牢固地依恋他人时感受良好(见第 9 章)。在某种程度上,抑郁症可能反映了我们的天然内源性阿片类药物无法提供足够的安全感——简而言之,爱的社会依恋联结纽带是成瘾的一种原始形式(Panksepp,1981a)。

正如前文所指出,一种安全的、无成瘾性的抗抑郁药物(混合的阿片剂受体激动剂/拮抗剂以及丁丙诺啡)现在已经可以使用(Bodkin et al.,1995),尽管双盲测试以及安慰剂对照试验等测试其有效性的试验仍然有待完成。即便如此,它仍是一种"安全的阿片类药物",并且低剂量的丁丙诺啡能够直接对抗精神上的痛苦。不同于大多数阿片类药物,它并不会严重成瘾,因为随着剂量的增加,药物会发挥阿片类药物的拮抗效应。同样可以预料的是,这种药物在减少自杀念头方面可能相当有效。对悲痛系统的进一步研究应该能够发现更多的新药物来治疗从抑郁到社交恐惧症等各种疾病。然而,只有当我们真正愿意考虑作为基础的情感过程的本质时,这种转化研究才能够有效地解决临床问题。

尽管这些阿片剂驱动的依恋系统可能对于抑郁症至关重要,但仍可能有许多相关的机制调节了各种抑郁亚型。例如,强啡肽所导致的多巴胺驱动的欲求系统的停滞(当一个人在精神上绝望地“放弃”)可能是一些亚型病例中的一种独立的病因机制(Knoll & Carlezon,2010)。另一种类型的抑郁症可能源自与物质损失相关的情绪——尤其是生物体竞争资源时,在支配地位的相遇中遭遇的失败感(Panksepp,Moskal et al.,2002)。

顺带一提,在最极端的情绪环境中,分离—苦楚系统的急剧唤醒可能是惊恐发作的潜在原因之一(Panksepp,2006a;Preter & Klein,2008)。我们对于社会依恋的心理生物学的理解,主要源自对这些神经化学物质的研究,同样也与对儿童心理疾患,例如自闭症的初步认识相互联系。一些患有这类疾病的儿童有可能是孤僻的,因为他们沉溺于他们自己所分泌的阿片类药物,而不是那些由重要的他人所激活的阿片类药物(Panksepp et al.,1991)。近来,催产素对自闭症起作用的观点开始得到关注(Panksepp,1992b;Green & Hollander,2010)。

如果这一分析是正确的,那么我们需要对依恋和分离苦楚(悲痛系统)的大脑机制进行全新的研究工作,以及它们在抑郁症的病因、机制、治疗和预防中所起到的作用。正如传统的行为主义神经科学研究那样,这类研究通过解剖学和化学到达功能成像、脑刺激和药物试验,将涵盖基因和分子层面的各种方法(Watt & Panksepp,2009)。然而,按照这种研究模型,侧重点将会被放在心理学和神经病学方法的整合上(Panksepp & Watt,2011)。

正如前文已经指出,现代前临床研究,除一些例外,仍持续关注与精神状态相关的外部症状,而忽视了情感的重要性(以及生成情绪的大脑系统)。例如,研究恐惧的学者很少讨论恐惧回路的本质,而是专注于类似焦虑行为的条件反射,以及他们的工作如何能够与解决 PTSD 症状相关(Davis et al.,2010)。[①] 研究者在讨论焦虑的来源时甚至都没有考虑悲痛系统,但他们在

---

① 需要指出的是,大量关于哺乳动物无条件恐惧系统细节的极好的研究已经出现在巴西的一些实验室中,其中最令人瞩目的是弗雷德里科·格拉夫(Frederico Graeff)(比如 Del-Ben & Graeff,2009)以及马尔库斯·布兰道(Marcus Brandão)(Brandão et al.,2005)等的研究。

大鼠身上发现了一种新的“焦虑”，它由“泛杏仁核结构”中被称作终纹床核(BNST)的部分进行整合。然而，我们早就知晓，这是一个能够很容易唤醒动物的分离叫声的大脑区域；因此，他们的发现可能是这种社会性的情绪反应，而不是传统恐惧反应的一个变体。大脑中有两种独特的焦虑类型系统：恐惧和悲痛，它们都促进了消极感受。如果我们不区分这两种促进“焦虑”的系统，那么我们可能会在思考和疗法上犯很多错误。目前，对哺乳动物脑情绪系统的分析，以及根据情感回路失衡建立精神障碍模型的尝试仍然很少(Panksepp，2010b)。

共情的情感神经科学：对选定的文化习俗的看法

对脑的情绪系统更好的理解，也为促进更好的育儿方式和社会功能指明了方向。最近，人们广泛讨论了长期的母乳喂养，母亲与婴儿睡在一起，以及充足的儿童早期身体嬉戏的重要性对儿童茁壮成长的影响(Narvaez et al.，2012)，还有婚姻关系的质量对儿童的心理健康的影响(Code，2009)。

这些问题在生命过程中不断扩展，方式太过复杂以至于在此难以涵盖。但是，让我们思考人人都会面对的一个最常见的问题——所爱之人的去世。最有效方式的悲伤是什么？随着现代文化浪潮的迅速变化，如何度过生命旅程的榜样变得越来越模糊。传统上，家庭成员都会在社会支持的情况下应对这一问题。虽然哀悼的许多外在形式仍然完好无损，但随着社区的逐渐缩小，人们在现代文化中获得的情感支持往往变得更加脆弱。作为许多个人主义现代文化特征的社会变迁，耗尽了许多人在哀悼中感受到的整体社会支持水平。这里有一段来自埃伦·迪萨纳亚克(Ellen Dissanayake)的生动描述，说明生命的悲剧性的消逝如何能够用以构建维持人们的社会联结，并从延展的“家庭”中获得所需要的情绪支持：

> 传统仪式和习俗……在斯里兰卡人的生命中所扮演的角色要比我们的重要得多。在斯里兰卡，当一个人去世后，哀悼者会来到死者家中，而死者会被安放在客厅里打开的棺木中，周围环

> 绕着鲜花。失去亲人的家庭成员会在门口迎接每一个客人,当与每一位新客人谈论死者去世时的情形以及死者的优点时,他们会泣不成声。新客人会进到屋内,与其他客人待在一起;他们彼此低声谈论着各种话题(我们听到他们关于电影、生意以及政治问题的讨论);待了一段时间后,他们会离开。最终,家人和亲密的朋友前往荼毗或者安葬的地方,佛教僧侣会加入他们并颂唱合适的帕尔韦文本(Palwe texts)——反思出生、死亡、腐朽和转世。在葬礼后的三天,家人和牧师会举行布施仪式;其他关于死者的布施仪式分别会在三个月后、一年后以及此后每年进行。我们意识到这种形式化地应对悲痛的方式,以及定期的、得到社会支持的机会的哭泣和在越来越久的间隔时间表达自己的所失的机会,给予了丧失亲人的人一种可以遵循的程序,一种能够塑造并容纳自己感受的形式。相较于为了变得勇敢或者"现实"而抑制他们的悲痛和失落感,或者随意地、在孤独时发泄这些感受,丧失亲人的人能够通过悼念的仪式承认这些感受,并且在一个预定的结构中反复地、公开承认和表达这些感受。哀悼仪式的时间结构,虽然非常简单,但它确保了人们在既定的时间内反复表达失去亲人的思想和感受。即使一个人可能不会有意识地保有适当的悲伤感,但连续布施的习俗会确保引起这些感受。既定的正式仪式为扩展的社会网络提供了公开地表达他们的悲伤的场合(Dissanayake,2003)。

这是情感"治疗"的一种社会形式。这些进展凸显了传统文化已经学会如何优雅地、同情地、团结一致地应对我们始终存在的悲伤。传统社会中的人们普遍非常关心彼此的生活,而这使得经历失去的个体能够在悲痛的状态中前行,并且因此不太可能会陷入抑郁。很难想象在缺乏医生与病人之间基本的依恋感的情况下心理疗法如何能够取得成功。因此,治疗关系的质量一直被视作有效治疗的关键。

人本主义治疗师卡尔·罗杰斯(Carl Rogers)通过其无条件积极关注的

概念,发展了这种观点(Rogers,1961,1980)。如果治疗师不能假设一种立场,使其感同身受他人的精神痛苦,那么就永远不可能有信任感,而这是治愈的关键所在。离开了信任——这种无处不在的、美妙的“安慰剂效应”的基础,那么调节社会支持感受的内源性阿片类药物就不会在病人的心智中发挥作用。离开了真正的共情作用(它应当是各种治疗互动的核心),治疗过程中将总会残留怀疑、被操控的感受,而不是为积极的改变敞开心扉的深度接受——救赎的感受。同情心(正如在精神上提供咨询;见 Brammer,2011)对于照顾立场的建立至关重要,而这又是有效治疗的关键。

走向情感神经科学与治疗实践的综合

上述观点目前可能是生物精神病学中少数的观点,但我相信,它们反映了一种自然和合理的结构方式,将神经生物学原因与精神病学中最重要的情感关注联系起来,并以情感为中心的经验疗法。事实上,敏感的临床医生开始意识到这些概念图、实验研究和神经科学的发现可以为他们的工作提供信息(Valliant,2008)。尽管前文中所叙述的许多临床前事实可能没有清晰地体现这一点,但我的整体希望是基于证据理解心脑中生成的原始情感如何促进临床思考。这种方法最终也可以让我们更好地预见在未来精神病学的诊断方案中情绪问题的本质,到那时,思维需要依照情绪的内表型而非表面的症状进行重构(Panksepp,2006a)。同时,很明显的是,生物精神病学中对初级过程的情绪的研究仍处于初级阶段。

很明显,心理治疗师不需要被告知情绪失调是使他们的病人痛苦的关键问题。这是不言而喻的。并且许多治疗师目前认识到,只有他们真诚地参与患者的情感动态,创造性地、敏感地工作,以促进患者情感生活的重组,而不忽视人类从根本上也是认知的生物,才能实现最佳的进展。目前,这种多维度的治疗工作仍是一种艺术而非科学。就像是熟练地弹奏乐器,临床医生们需要坚实的、严谨的并且熟练的技巧,以及广泛有实证基础的理论的相关知识,从而支持实现真正临床艺术的灵感和突破。心理治疗实践越多建立在情感维度的思考和技巧上,它就越应该持久有效。情感神经科学的结构能够帮助临床医生们,使他们的方法变得更加系统化,每时每刻,日复一日,从而更少对运气和临床的直觉的依赖。

特别需要指出,如果人们在临床交互过程中持续集中地表达真正的情感关切,儿童会变得更加响应治疗帮助。为了更好地治愈他们的社会情感障碍,我们可能会明智地坚持复原他们的嬉戏能量。我们所有人心中都有一个小丑(谢天谢地,它可以使嬉戏脱离工作——有时,包括心理治疗工作)。与所有初级情绪冲动一样,嬉戏冲动来自新皮层下的网络。然而,越来越清楚的是,嬉戏的行为对大脑皮层有显著的影响,它使大脑皮层变得完全社会化,基因表达的许多变化使我们能够设想治疗抑郁症的新方法(Burgdorf et al.,2010,2011)。只要玩耍的精力能够在临床实践中得到很好的利用,临床干预措施一定会尽快取得积极进展。

举例来说,共享的笑声可能反映出重要的治疗时刻。如果一个治疗师在应对非常困难的生活环境时,能够促进一种积极的情感,甚至是与病人一起大笑,那么在记忆研究中的新发现,例如再固结,是否能够实现更加长久地减轻生命中痛苦的尝试?所有的记忆在被找回时都是不稳定的。他们倾向于回到半永久的仓库,并携带着最近的情感结构的经验。按照这种观点,在进行其他问题之前,治疗师将病人的消极感受和绝望转变为积极情感的能力,应当被视作一种工具,以确保那些消极的记忆失去了一些影响病人关于自身及其所处的生命环境的力量。

因此,嬉戏的积极情感可能对成人和儿童同样重要。情绪复原能力通过直接的身体嬉戏能够得以提升。那些现实生活中人与人之间的快乐很少被用于传统的心理疗法,甚至在儿童身上也很少。对于儿童而言,不移动身体的嬉戏是不可能的。当然,成年人可以仅仅通过口头交流获得愉悦,但人们必须思考,对于治疗师来说,把注意力集中在身体上,并鼓励紧张的病人采取不同的身体姿势,从坐在椅子上,到坐在地板上,再到站起来,或许还可以与治疗师进行各种非攻击性的情绪姿势互动,这是否有用[我见过帕特·奥格登(Pat Ogden)及其同事采用这种方法(Ogden et al.,2006),他们将感受运动整合到心理治疗方法中]?由于初级过程的情绪都与动态运动有关,也许这种治疗变化可以为真正有趣的嬉戏社会互动打开情绪表达的"大门”,具有丰富的长期治疗效果。

简而言之,我们需要学会如何将痛苦的、消极的甚至是创伤性的记忆装在新的、积极的情感“包裹”中,特别是关于再固结的研究——正如已经提到的,诱使我们考虑这种可能性。也许除了在重温强烈的消极情绪记忆后不久就进行积极的情绪唤醒,没有更好的方式来减轻令人烦恼的记忆。如果治疗师能够将他们与病人的互动优雅地转移到一种积极情感的或者嬉戏的空间中,那么记忆是否会以不那么痛苦的方式再固结?如果我们关于学习的观点是正确的(见第 6 章),即新的、无条件的初级过程的情绪状态调节了学习过程(通过自下而上的对信息固结的控制),我们将能够为旧的、处于消极情感状态的回忆提供新的情感—情境变量。我敢预言,过去记忆的痛苦的、分裂的边缘可以被“磨光”,从而使积极的情感将令人烦恼的记忆再情境化。我和我的同事已经在临床前研究中观察了这种效果:压力后的嬉戏能够减少抑郁反应;确实,如果人们在大鼠经历了恐惧的情形后给它挠痒,消极情感的力量可以被减弱。

当然,在使用这种策略时,人们必须牢记嬉戏的真实体验同样能够唤醒消极情绪;这在儿童的嬉戏中尤其普遍。在我们尝试评估对儿童的嬉戏干预的作用时,我们发现如果及时地、温和地解决,并将重回嬉戏作为一种奖励,那么问题行为可以被最小化。同样,当遇到过往有创伤的儿童时,一定会有许多特殊的问题,但我们预计,如果社会愉悦能够在一种信任的气氛中被用于这些儿童,那么所能获得的实质性的好处将会超过认知疗法(Panksepp & Scott,2012)。为实现这种目标,仍有大量研究有待完成,并且培训治疗师在社会安全的情况下促进自然的身体嬉戏。

任何能够在相互分享快乐时光的过程中抓住治疗时机的治疗师,都将会引领病人到达新的门槛:一个快乐生活的源泉。在某种程度上,病人可以在身体和心智上都保持在那里,那么治疗师可能已经提供了心理治疗所能提供的更大的情绪礼物之一。从儿童到成年人,嬉戏在心理治疗中处于一个非常特殊的位置。当然,由于幽默同样存在阴暗面,人们可能因此成为笑柄,幽默作为嬉戏的一种形式,是一柄双刃剑。因此,治疗师必须准备好识别新出现的危机,并及时处理。

在关怀和悲痛系统的操纵过程中同样存在治疗的可能性。它们是社会性依恋的正反两面的双胞胎。婴儿的痛苦表情会唤醒母亲的抚育冲动。从更广泛的角度而言,我们因他人的遭遇而产生恻隐之心。皮层下深处的情绪共鸣,包括当他人处于困境时的深深的同情,似乎是哺乳动物脑的自然属性。事实上,治疗师们也许需要格外熟练地使用他们的皮层“镜像神经元”系统,从而促进情感上有意义的接触和解释。换句话说,他们的身体需要与病人的情绪状态共鸣且相互协调,而不是简单地成为一个缺乏表情的“会说话的头”。

这将会是非常有趣的事情,即来自关怀和悲痛系统共同的化学物质的化学药剂,包括安全的阿片剂(比如丁丙诺啡)和催产素,最终如何能够用于治疗。这些很可能是促进我们与他人创造积极的主体间空间的脑化学物质。这些社会化学物质的医学应用可能有一天使临床医生有选择性地提升亲社会的情绪感受,从而促进治疗过程。通过营养活性补给对治疗进行补充可能会提升内源性阿片肽、催产素和催乳素的分泌。然而,补充这些激素——例如在夫妻治疗开始前补充鼻内催产素——它使得夫妻双方在当下更有效地参与治疗来提升治疗过程。

卡伊·麦克唐纳(Kai MacDonald)和蒂娜·麦克唐纳(Tina MacDonald)已经对大量社会依恋和社会性疼痛的脑机制的研究做了很好的总结(MacDonald & MacDonald,2010)。除了能够产生社会舒缓效果的脑阿片类药物,脑中的催产素现在已经被证明在经济决策中调节了信任行为,并且或许能够更加敏感地感知他人的想法(Pincus et al.,2010)。在心智三级过程方面的这种变化,在很大程度可能源自催产素减少了分离焦虑和孤独感;换句话说,它促进了自信(Panksepp,2009c)。在临床前模型中,它可以逆转社会隔离的一些有害和抑郁效果(Grippo et al.,2009)。可以预料的是,在这种自然化学物质的帮助下,那些过于胆小或者患上“社交恐惧症”的人可能会在与他人的互动中感受更加舒适。

小结

情感神经科学致力于研究存在于哺乳动物心脑中的真实初级过程情感。三角研究法——整合来自行为、神经以及精神分析的证据——是直接且不依赖猜测的。我希望它能够为基础性问题的进一步研究提供一个更加稳定的平台,这些研究能够指导临床思维、精神病学研究以及全新的以情感为中心的治疗实践的发展。使用这种方法,临床前研究人员可以将他们的努力集中于具体的有可能相关的情绪大脑网络,而不是精神疾病的模糊行为指标。由于情绪系统的组织和功能可以在各种各样的物种中以及良好控制的实验情况下进行研究和评估,情感神经科学致力于提供一种比目前可用的更连贯的经验基础,用于思考初级过程情绪。这也让我们明白为什么我们的大部分思想和认知如此显著地受到我们情感状态的影响。在心脑演化中,感受是首先出现的。

这并不是否认大多数的心理治疗关系也必须在认知层面进行协商。因此,初级过程情感神经科学尚未提供确凿的证据,说明在治疗环境中应当如何处理心智的情绪力量。然而,关于各种各样的负面影响如何导致悲伤和痛苦以及如何更好地利用正面影响来抵消负面影响,它提供了另一种视角,希望是一种清晰的视角。这些原则可能会比早期的情感生活愿景更好地将最佳治疗实践和理论置于情境中,在早期愿景中没有坚实的神经科学基础可用。

想要理解情绪性感受的核心本质,我们起码必须认识到生成于脑心发展早期的前命题的情感过程,以及它们如何能够在人类极其复杂的高阶心智过程中独立存在。在婴儿时期,初级过程的情感状态并没有融入认知和语言过程,这与在以后的生活中它们总是互动是不同的。通过了解我们的认知器官的极大可塑的神经生物学本质(这很大程度上由情感相关的生活经历动态地、发展地构建),我们现在处于一个更佳的位置,来更好地理解我们如何消除一些令人烦恼的高阶情感过程,其中一些已经成为脑不良硬件的一部分。

我们应当注意到本书对于认知和情感过程的区分仍是相当新颖的,甚至在当代认知和神经科学的某些方面还是不受欢迎的。大多数研究者所感兴趣的是情绪,其中很多人来自心理学中基于语言的建构主义传统,他们声称我们无法对认知和情绪过程做出有意义且有用的区分。然而,在原始神经层面,这是可能的,并且这将是未来神经科学进步的一个关键垫脚石。

尽管如此,情绪和认知存在如此相互作用,以至于对大脑的顶层——新皮层网络的习得性三级过程功能——区分变得困难。但是在皮层下的初级过程的脑心层面,可以很容易对它们进行区分。这并不是试图否认理解认知和情感领域如何相互作用的重要性,尤其是对于心理疗法,以及其他有关心理素质的动态系统理论而言(实例见 Lewis,2005)。

总而言之,认知是那些大脑信息处理功能,它们与大脑的感觉一知觉门户整体相连,而原始的情感和影响反映了大脑组织原则中一些最重要的部分。认知方面更加紧密地与个体的高阶脑发展的程序联系在一起,而原始的情绪和情感则代表了祖先遗传的生存工具。虽然情绪和认知的交互作用在每个个体的高阶心智的独特谜团中,都不可避免地纠缠在一起,但我们必须能够把认知和情绪想象成不同类型的心理过程,虽然它们是相互关联的。从解剖学上说,它们就像是我们的心脏和骨骼肌一样彼此不同且相互作用。为了清楚地思考基础问题,我们必须考虑大脑中的不同控制水平的独特贡献(Cromwell & Panksepp,2011)。

本章是面向所有帮助行业的人,他们被吸引来理解人类心智的基础——我们哺乳动物的基本的情感本质——以及这方面的知识如何与增进我们对各种人类精神问题的理解相关。我们可以预见的是,对情绪—情感网络的进一步研究所产生的知识最终将会帮助那些在生活中受到情绪性问题困扰的人。在最后一章,我将会详细阐述这方面的知识对理解一些长期存在的科学难题的哲学意义,以及一些关于人类意识和动物心理的本质的结论性思考。

余论:关于 PTSD、EMDR 和再固结的近期个人经验

对于未来的研究人员而言,弄清楚某些新兴的心理治疗介入工作如何调节脑的情绪基调尤为重要。我最近经历了一种新的心理治疗形式——它被称作眼动脱敏和再加工(EMDR)——这在过去的数十年间变得流行起来,但并没有被普遍接受,因为当它用于治疗 PTSD 和其他游离状态时,充满强烈情绪的记忆被分割开来,几乎与心智的其他部分相分离,而不是成为一个统一的、情绪功能良好的人格。在此,我提出了我的个人体验,以及一些关于为何这种形式的创伤—治疗可以如此有效的假设。

作为开场白,我想说的是,请让我罗列一下我在生命中遭遇的一些创伤。第一个"大事件"是在 1944 年,在 1 岁时我的下半身被烫伤,险些丧命,而我的家人在红军到来之前逃离了爱沙尼亚。这些婴儿时期的创伤记忆可能仍然部分存在我大脑深处的某个角落,虽然它们不断减弱,并且从我的显性认知记忆角度来看,它们是完全无意识的。然而,这种经验无疑留下了某种情感残余,也许反映在一种倾向于焦虑和过度担心,也许是抑郁的体质上。事实上,大量的证据表明早期的创伤会增加成人 PTSD 的发生率以及未来抑郁症发病率的严重性(关于此点的总结见 Watt & Panksepp,2009)。然而,幸好我具有被称作勇气的气质,从而历尽艰辛将其克服。

我最近的创伤与我在写这本书的一整年里所接受的一系列越来越苛刻的癌症疗法有关。在西雅图的一家被亲切地称作"弗莱德·哈奇"(Fred Hutch)的世界级医疗机构接受治疗时,桑德拉·保尔森(Sandra Paulsen)[《创伤和解离症状的治疗》(*Looking Through the Eyes of Trauma and Dissociation*)(Paulsen,2009)的作者]医生善意地为我提供了数次 EMDR 的治疗(保尔森医生同样对本书做出了贡献,见图 1.7、图 5.1)。以我的情感神经科学角度,是否能解释为何 EMDR 在这些年里对如此之多的患者产生了强大的治疗效果,她对此十分感兴趣。她指导我完成了 EMDR 疗法对于婴幼儿及癌症创伤的样本。

让我建立一个关于所有这一切的医疗情境。经过约 10 年的缓解,我再

一次开始治疗淋巴系统的恶性肿瘤——非霍奇金淋巴瘤（non-Hodgkin's lymphoma）。早在1998年，我的肺部就发现了一个拳头大小的肿瘤，这归功于一次在双疝修补术之前的常规X射线检查。这也有助于解释我胸口多年以来的沉重感。但是由于没有心脏病专家发现我有任何问题，所以我将其合理化为我的女儿蒂娜（Tiina）去世（1991年耶稣受难日）后的一种长期深切悲痛的残余。也许我的核心自我嵌入心血管控制系统中，正在经历着长久的悲痛折磨。错了。随着癌症治疗后，这些胸部症状消失了，这表明主要是因为这个巨大肿瘤压迫在我的心包之上。

但在我走向治疗的正轨之前，有一件令人震撼的事情发生了！当我的肿瘤活检的初步病理报告出来后，发现肿瘤的年轻外科医生让我和我的妻子坐下并告知我们，我最多只能有一年的寿命。事实上，从统计学上看他诊断出的这种大小的小细胞癌意味着我已经时日无多。幸运的是，在一个月的深深的忧虑之后（我将在此期间的事情安排妥当），梅奥诊所的病理学家正确地将肿瘤重新诊断为小细胞淋巴瘤，我得知它是可以治愈的，这让我如释重负，从此我给它起了个绰号"wimpoma"。虽然我的第一位肿瘤科医生已经为我提供了各种严格的化疗方案，但在一次治疗方案选择的深入讨论结束后，我问了一个关键问题："医生，你之前治疗过这种淋巴瘤吗？"他害羞地耸了耸肩，回答道："没有。"在友好地轻轻碰了他一下后，我立即说出了我的心声："好吧，我肯定会希望被有经验的人治疗。"他也笑了笑，并亲切地拍了拍我的肩膀，说："明智的选择！"在为期六周的日常放射后，肿瘤成功地被密歇根大学医院的肿瘤科所治愈，我成为艾伦·里胥特（Allen Lichter）博士的最后一位病人，他随后便从医学院的院长位置退休，并在华盛顿特区医疗基础领域承担领导角色。

我的淋巴瘤在2007年复发——相同的肿瘤类型，但集中于胃部——这表明相同疾病的一次全新的爆发[事实上，我联系的医生奥利弗·普雷斯（Oliver Press）饶有兴致地将这次和之前的恶性肿瘤进行了分子生物学比较，但事实证明这次并非以前肿瘤的残余物]。然而，这一次麻烦的问题是——新的肿瘤——已经扩散并侵入了我的骨髓。如同命运的安排，我的妻子在同一时间被诊断出患有一种不同类型的非霍奇金淋巴瘤。我们最近搬到了华盛顿州的普尔曼，这样我就可以住进华盛顿州立大学兽医学院。很快我们俩就被一系列医疗问题所困扰，首先是一场近乎致命的肺炎和败血症，导致我在重症监护室处于“崩溃的边缘”五天。随后，我的第一个化疗周期悲惨地失败了。然后，我又进行了数次更加激进的“组合”化疗，这被糟糕地称作 R-CHOP 化疗方案，进而实现了部分的缓解。不幸的是，在六个月内，我的病情恶化已经远远超出了诊断时所发现的阶段，这表明它已经迅速对传统化疗药物产生了耐药性。如果不能迅速采取更强的疗法——干细胞移植——两位医生分别给出了我的寿命将不超过一年半的令人沮丧的预断。命运注定，我的妻子阿奈莎(Anesa)通过 R-CHOP 实现了全面的好转，但她同样在六个月内又复发。

我们认为，两人都前往西雅图癌症护理联盟是一个明智的决定，那里的干细胞移植技术已经非常完善。我们对于整个医疗组的专业知识和经验都很有信心，但与此同时，我们面临着相当大的压力来延长病假。2009 年春天，当我完成本书第一稿时，我也刚刚完成四个月的治疗，这导致了一些微小的和一个会危及生命的副作用(一种耐抗生素的“超级病菌”)。我得到部分好转，但残余物和病灶放射一起摧垮了胃部。我的妻子同样获得了全面好转。在整个治疗过程中，她担任了我的全职保姆，因为如果没有专人的全天候看护，病人是不允许进行干细胞移植的。我们一起经历了多次进入急诊病房后死里逃生的情景，其中大部分是我，她也有一次。我感谢她自始至终表现出的奉献精神和勇气。在此期间，我接受过六七种连续的治疗方案，强度不断增大，使我愈发疲劳并产生各种形式的身体不适。总的来说，这些经历具有一定的创伤性，至少可以说，我渴望看到心理治疗，尤其是 EMDR，是否能够提供一些好处。

在我的 EMDR 治疗期间，保尔森医生首先使用的是一种“早期创伤”方案，这适用于处理隐性的婴幼儿时期的记忆。然而，我无法获取任何关于婴幼儿时期创伤的显性记忆[也许我本应可以获取，如果使用亚诺夫的革命性方法——参见其 2007 年的著作《原始疗愈》(*Primal Healing*)(Janov, 2007)]，所以我们继续转到标准的 EMDR 方案，该方案被设计用于治疗癌症创伤问题。大部分经历过艰苦的治疗程序，遭受了许多医源性副作用的人——由治疗本身导致的额外的医疗问题——都有许多抱怨。我当然也是如此。

我的脑海里全都是关于自体干细胞移植的令人困扰的鲜活记忆，在这期间我经历了超级病菌的血液和消化道感染。这导致了我频繁地去医院就诊，失败的抗生素治疗比我想回忆的要多，需要的诊断测试比我想重复的还要多。这导致我需要不断地通过手术移除并再植入静脉希克曼线(一种放置在心脏附近的导管，如果它运作良好，就可以避免无尽的静脉穿刺)，因为担心它可能成为感染的来源，其次是两根外周静脉慢性导管(peripheral intravenous chronic catheter，PICC)线，它们常常因为泄漏或其他问题而不得不被拉出。最终，我的血液感染得到了控制，我连续一个月每天三次对自己进行美洛培南静脉注射。我同样受够了医药导致的情绪负面作用——从严重的日常疲劳和冷漠，到多次在凌晨4点因恐惧而惊醒(为什么在凌晨的时候，消极情感通常会占据上风?)，我常常担心如果最后一种抗生素无法在杀死我之前杀死革兰阴性超级病菌，我可能会失去我的妻子、我的生命以及完成这本书的机会。事实上，我已经准备好尝试EMDR了。

EMDR对于创伤的治疗作用是由弗朗辛·夏皮罗(Francine Shapiro)发现的(Shapiro，2001，2002)。治疗包括对创伤性记忆的系统性恢复，然后由治疗师所引导的横向眼球运动来平息这类记忆的情感强度。据报道，创伤性记忆的力量会随着各种简单的注意力活动的双边重复而减弱。事实上，除了横向眼球运动，人们还可以专注于交替敲击膝盖，或者双耳交替聆听声音(换句话说，不同类型的双边刺激)。保尔森医生和我决定使用一种直接的“标准EMDR”方法。正如她所说，我们将会尝试“清除任何与癌症诊断本身，治疗(包括医源性作用)未解决的困扰，以及诸如医学行业、保险行业等的愤怒、对所爱之人的恐惧、对死亡的恐惧，或者任何其他让一切变得顺利的情绪障碍”。

与桑德拉在一起的几个小时让我大开眼界(更不用说“眼动”)：她让我系统地检索与癌症治疗相关的情感感受(这一点不难做到)，然后她立即让我跟随一根大约一码尺长度的杆上一排来回闪烁的灯。虽然我的自我诱导的情绪感受是清晰而独特的，在大量的自传式记忆库中检索恢复并不困难，但只要我开始移动我的眼睛，这些感受很快就消退了。这个实验以不同的感受一次又一次地重复：愤怒、焦虑、悲痛等。它总是非常迅速地起作用。换句话说，只要我切换到外部的感官注意力框架时，作为双眼刺激的结果，情感的强度就像是热煎锅上的黄油一样迅速融化(但没有嘶嘶声)。如果反复进行，这种类型的治疗被认为可以和其他任何已有的心理疗法一样迅速且有效地化解创伤性记忆。虽然这需要更多的实证评估，但 EMDR 给我的印象是一种相当直接的 ABT。目前，没有人完全知道大脑中发生了什么(van der Kolk，2006)，但无论 EMDR 如何工作，它都非常有帮助。

那么在 EMDR 治疗期间大脑中发生了什么？为什么这种简单的做法能够产生如此巨大的情绪好处？让我分享一些关于其工作原理的推测。有许多未经检验的理论正在传播，并且总是有人问我哪一个才是我最喜欢的观点。我通常赞同的观点是，探索性的眼球运动表现了一种灵长类动物的基本探索反应。这种扫描运动的组织是在上丘的深层中进行的，大约正好在 PAG 的上方，这是进行所有初级情绪过程的最重要的大脑区域(更加消极的情绪通常集中于 PAG 背侧，更接近于眼动回路，而更积极的网络则位于前腹侧)。从眼球运动区域有向下的神经连接，特别是到 PAG 背侧的消极情感区域。如果它们被证明很大程度上是抑制性的(比如可能充满了 GABA)，那么我们就可以解释为什么消极情感能够随着探索性眼动的开始而迅速扩散。它们可能会积极抑制我们大脑中的一些最令人苦恼的神经回路。当然，还有许多其他可能性——认知再聚焦、有限注意资源、情绪的自上而下调节等(这就是每个观察的科学可能性的本质)——但所有这些都尚未有决定性证据的支持。

为什么情感上的益处是持久的，创伤记忆虽然没有被遗忘，却在情感上被“软化”了？有相当多未经检验的理论，但“记忆再固结”这一概念可能会再次发挥作用(见第 6 章)，因为它已经在本章的主要部分讨论了许多可能性。首先，EMDR 治疗师通常建立一个“安全岛”，创伤性记忆在其中被系统地再加工。例如，在心理治疗师卡蒂·奥谢伊(Katie O’Shea)的 EMDR 方案中，患者首先被指示如何将未解决的情绪材料放入一个“想象的容器”中，然后被训练“在安全的情况下感到安全的能力”，例如联合治疗，最后使用

EMDR“重置自动情绪回路,使之具有健康的响应等级”(O'Shea,2009)。换句话说,EMDR 情境可以使人们接触到与创伤性记忆相关的情感,并随后在安全的范围内相当迅速地将它们情景化。

最后一种可能性是与最近的基础学习和记忆研究中关于“再整合”和“再固结”的有趣发现相一致的。大量的临床前动物模型工作现已表明,重新恢复的记忆往往倾向于修改后再回到它们的存储器中(Nader & Einarsson,2010)。如果这样的记忆修改可以在初级过程的情感层面实现,那么人们就可以很容易理解关于过去创伤事件的认知信息如何不再充斥着消极情感。换句话说,情绪的尖刺已经被拔出,并且情感的“炎症”已经得到缓解,通过在安全感中逐渐重新将情感上消极的记忆情境化来实现的。

当然,目前这只是一种理论而非已证实的神经科学事实。事实上,我们现已知晓的大多数心理疗法的益处仍停留在该类别中,尽管不断增多的脑成像研究已经表明各种疗法——认知—行为疗法、心理分析疗法以及人际疗法——如何能够改变某些脑区中情感唤醒的平衡,这些大脑区域因情绪性控制而为我们所熟知(Cozolino,2002,2010;Doidge,2007)。

与此相反,本书所推进的关于初级过程情绪的“控制点”观点,以及其他哺乳动物体验到相似的情绪这一事实,都是基于大量的事实。所有不相信该结论的人都有责任以其他方式解释所有的数据。我强烈敦促那些仍不相信动物具有情绪性感受的行为主义神经学家,不要像大多数人倾向于做的那样,仅仅反对这个结论,而是通过实验否定结论所依据的数据。这才是科学的工作方法,但由于某些原因,对于这一话题,意见长期凌驾于事实之上。正因为如此,我于 2011 年选择撰写一系列直率的文章,探讨关于行为主义神经科学需要真正了解其他动物的情绪感受的必要性(Panksepp,2011b,2011c)。

第13章　尾声:哲学反思——能否从小鼠到人类及再返回?

听到别人(我的长辈们)指称一件东西,或看到别人随着某一种声音做某一个动作,我便记下来;我记住了这东西叫什么,要指那件东西时,便发出那种声音。又从别人的动作了解别人的意愿,这是各民族的自然语言:用面上的表情,用目光和其他肢体的顾盼动作,用声音表达内心的情感,或为要求,或为保留,或是拒绝,或是逃避。这样一再听到那些语言,按各种语句中的先后次序,我逐渐通解它们的意义,便勉强鼓动唇舌,借以表达我的意愿。①

——圣·奥古斯丁(St. Augustine,343—430)(维特根斯坦的《逻辑哲学论》的题词)

我们知道所有的人类语言都是习得的。我们的大脑回路中是否有内在的"语言本能"或者只是一种进化的交流欲望仍然未知。但我们知道,我们的交流冲动与古老的皮层下过程紧密相连(Lieberman,2001)。我们的所有认知能力也是如此(Koziol & Budding,2009)。高级人类心智,如同所有其他哺乳动物,植根于我们祖传的感受,而对于语言习得,也许在我们的社会情感中。确实,在他们开始吸收同化命题内容之前,婴儿首先熟悉他们语言的韵律和语调。我们的"音乐"情绪语调可能是通往语言习得的大门(Panksepp,2008b;Panksepp,2009/2010)。

① 此处译文参考:奥古斯丁.忏悔录.周士良,译.北京:商务印书馆,1963.——译者注

哲学家路德维希·维特根斯坦(Ludwig Wittgenstein)在其《逻辑哲学论》(*Tractatus*)一书的题词中引用了上述圣·奥古斯丁(St. Augustine)的反思,从中我们对学习反映世界的脑过程有了一种直观理解,即镜像神经元的作用就在于精练语言和社会理解(Iacoboni, 2009b; Rizzolatti & Sinigaglia,2008)。圣·奥古斯丁反思了我们在我们天生地拥有、抵制和回避世界某些方面的倾向背后的神秘的情感心智状态,即我们行动中的原生的情绪意图(见图 1.4)。很少有现代心智学者构想过我们天生的情感感受对我们所成为的这种认知生物的重要性(Davies,2011),正如我们成长为对习得语言具有典型偏好的物种(关于此点的总结见 Panksepp,2008b,2009/2010)。

大卫·休谟(David Hume)(1711—1776),自然主义哲学家,撰写了著名的《人类理智研究》(*Enquiry Concerning Human Understanding*)(1748/1910)以及随后的《人性论》(*Treatise of Human Nature*)(1739),他是一位杰出的情感意向性观点的推崇者。他认为,人类行为很大程度上受到情绪感受的影响,这种观点在他所处的理性主义时代很大程度上是隐匿的,并且持续了几个世纪(McGilchrist,2009),直到达马西奥在他的《笛卡尔的错误》(*Descartes' Error*)(Damasio,1994)一书中才重新使之复活。但达马西奥却在那时提出了自己的潜在错误,即人类的感受主要源自高级脑功能。我们已经注意到,当我们完成本书时,达马西奥在他的第四本书《当自我来敲门》(*Self Comes to Mind*)(Damasio,2010)中已经全面重新思考了这个观点,他在书中认可了关于心智生活起源于更深的皮层下演化的观点,这与在本书和其他地方发展的观点(Panksepp,1982,1998b)没有什么不同。但直到最近,他也没有完全接受原生情感已在皮层下脑区充分发展的观点。在他的新观点中,的确如此。

尽管如此,大多数神经科学家和心理学家仍对心智的皮层下来源保持沉默和不可知的态度,或者彻底否认。在大量关于学习的研究中,他们运用奖励和惩罚来训练——强化——动物。但是,如同行为主义前辈一样,他们之中很多人似乎仍然相信,动物没有感受——脑的情感感受机制对于学习和记忆过程没有作用。人类研究早已表明并非如此。动物研究的证据也早就在支持相反结论。但目前，跨物种脑科学仍然对情感体验在动物行为控制中的作用置若罔闻。

为什么大多数神经科学家仍然选择沉默，无视他们所研究的动物的情感感受，这对于“局外人”而言是个谜……但答案很简单：在无情的还原论原则之上成功地蓬勃发展的研究认为，只有脑机制和行为才有价值，而动物脑中的心智活动并没有价值。资助应该用在脑机制和行为的研究上。这种偏见长期以来不利于我们对人类情绪的科学理解，也不利于整个知识界对心智生活根源的科学理解。同时，它也使得大部分公民——他们本应能够更好地理解多样的情感感受和祖传的情绪如何控制他们的高级意图——对于他们的心智更加困惑，而这并不是他们在这个后现代时期所应得的。

显然，情绪感受一直在演化。正如达尔文在《人类的起源》(*Descent of Man*)中推测的，哺乳动物心智生活的差别是“程度上的而非种类上的”。我们的情绪感受具有一个漫长的演化史，并且这些感受的远古根基仍被许多存在的物种所共享。这对科学而言是好消息，对于人类而言也同样是好消息。这种知识可以在我们先前物种的心智生活框架中重新定位我们自己，同时尊重我们广阔的、当然也是独特的认知深度的能力。最后这一章的目的不仅仅是提供本书的概念大纲，同时也要直面文化阻力，无论是脑科学之内还是之外，认识到理解其他动物的原生情绪体验对于理解我们自身感受的来源的重要性。

为了将本书中总结的诸多证据联系起来，让我们回顾一下功利主义之父杰里米·边沁(Jeremy Bentham)(1748—1832)是如何建议我们想象人类感受的。他指出，“功利”是指“任何客体的这样一种性质，由此，它通常会带来实惠、好处、快乐、利益或幸福……或者……阻止损害、痛苦、不幸或悲伤的发生”，并且借助“大自然把人类置于痛苦和快乐这两位至高无上的统治者的掌控之下。只有它们才能指示我们应当干什么，决定我们将要干什么”[《道德与立法原理导论》(*Introduction to the Principles of Morals and Legislation*)，1779/1879]。显然，所有行为主义者都应当清楚，他们用于奖励动物的“任何客体的这样一种性质”之所以能够持续有效,是因为它有能力唤醒积极感受。正如同有许多感受调节奖励,也有各种各样的消极情感,它们不是同样在调节“惩罚”吗?如果宇宙中没有所谓的“心智之尘”(mind-dust)(由威廉·詹姆斯创造的一个短语,用于表明非物质生命可能含有某种原意识),那么无生命的物质世界,当其在数十亿年前结合成为复杂的生命时,就找到了传递支持生命的内在价值的解决方案。这一性质就是情感体验,完全由神经活动构成。心智是由某些类型的神经回路活动产生的,这至少要追溯到在脑深处创造有机体情绪连贯性的古老网络。

目前,我们可以确信,哺乳动物的脑具有许多内在的情感价值,人类和所有其他哺乳动物,鸟类,可能还有许多其他类型的生物,仍然以类的形式(如果不是精确的形式)共享这些价值。然而,很少有神经学家或心理学家知道(或学习)情感是如何在哺乳动物的脑中构建的,这主要是因为行为主义的极端结果,就最近而言则是因为心理导向的研究共同体不愿承认,也许甚至是不愿重视,动物模型对于研究意识本质的重要性。这肯定是因为动物脑研究者对于这个主题仍保持缄默。然而,对精神病学中一些最紧要问题的回答必须来自对情感状态的“前临床的”模型的使用,这些情感状态源自情绪系统的有序和失调。

脑心很明显是一种在演化上分层的器官,它根基于情感,其中主要的通路在脑组织中仍然十分明显——越是古老的功能越集中于更低且更内侧的脑区,而更新的功能则位于更高和更外侧的区域。在这个演化的框架中,动物脑研究可以为理解人类感受的基础提供最深刻的指导。确实,通过这些工作,我们最终会理解人类情感体验是如何从哺乳动物脑动力学中产生的。这并不意味着动物发展出了人类复杂的认知—情感情操(sentiments),也不是说它们会像我们一样反思自己的不幸,但我们应当认识到,初级过程情感,在基因上以原生的形式内建到动物的脑心中,这与指导人脑的情感倾向的那些方式并没有什么不同。可悲的是,这些在人类心理学和哲学上无休止的概念争论常常淹没了神经演化上敏锐的动物研究长期一直提供的经验实证的信号:所有哺乳动物都是情感强烈的生物。

神经科学中最重要的问题是?

考虑到上文在实践和临床上提及的哲学问题,我将再次向所有对心智感兴趣的神经科学家和生物精神病学家提出如下问题:神经科学中最重要的问题是什么?毫无疑问会有各种各样的答案,从记忆的分子本质到调节认知的神经“计算”,偶尔也会有人认为是自由意志的本质。或许许多生物精神病学家目前希望投票给精神障碍的脑和遗传基质,也有少数会投票给意识体验的本质。我将会把我的一票投给:“原生情感体验如何在脑中产生?”为什么这一点如此重要?因为它的答案将会有助于阐明一般意义上的体验的根本性质(比如初级过程意识),以及人类灵魂可能会遭受的各种情感障碍(Solms & Panksepp,2012)。

因此,对于抑郁症,我会特别询问:“为什么抑郁的感受如此糟糕?”为什么抑郁症会痛苦?为什么它在心理上会如此痛苦?体验社会痛苦意味着什么(MacDonald & Jensen-Campbell,2011)?很少有神经科学家愿意提出这样的问题,但从情感神经科学的角度已经对初级过程情绪性提出了一些工作假说,基于约翰·鲍比(John Bowlby)关于悲痛唤醒的开创性观点——与母性关怀分离产生的急性心理痛苦——如果持续下去,会导致持久的绝望,这最终会通向抑郁(Panksepp & Watt,2011;Watt & Panksepp,2009)。同样,成瘾不仅仅通过积极感受来维持,而且由内部构建的强烈的消极感受的潜力维持,例如人们通过致幻药物寻求快感(Kassel,2010)。通过阐明实验室大鼠具有一套独特的积极情感的发声法,我们现在可以将这些作为直接的指标,说明动物的心智处于一种“情感空间”,并且这能够提供关于成瘾、抑郁以及总体幸福感的全新理解(Brudzynski,2010;Burgdorf et al.,2007;Knutson et al.,2002;Panksepp et al.,2002;Zellner et al.,2011)。

很少从深层的神经演化角度研究心智本质的心理学家,现在也开始接受特定类型的积极情感和消极情感是人类心智演化的物理景观的一部分(Lambie & Marcel,2002)。即使是一些顽固的社会建构论者以及那些信奉情绪维度论观点的人——他们是当前学术心理学的一股强大力量——都准备接受人类感受的生物学基础(Barrett,2006;Russell,2003,2009)。然而,相比于在初级过程层面感受好或坏,这些人类情绪的研究者并不容易接受任何更高级情感生活的证据。

心理科学界普遍未能认识到脑组织的初级过程的情绪方面(有一些例外,如 Buck,1999;Izard,2007),这导致了许多类似争论没有受到神经研究者的关注,并因此在很大程度上限制了对非常困难且本质上混乱的三级过程的考虑:这些更高层次的心智的确很大程度上是社会建构的,这导致了巨大的独特多样性。但是,动物脑研究表明,在人脑中也一定有许多天生的感受,不仅是源于本书中所讨论过的经验实证的证据,而且这也是演化建构脑的一种明智方式。

如果初级过程情感有任何演化功能可言,那么除了简单地指导学习它本质上是预测未来的生存需求。例如,如果情感对行为提供了即时的、无条件的"评估"指导,那么对它而言,最有用的就是获取威胁生存的各种内部状态和外部刺激的情感信号,以及获取那些促进令人满意甚至快乐生活的情感信号。当然,这并不否认有一些初级过程情绪可能会涉及多种情感(例如,尤其是探索系统的生成欲望和兴趣的冲动),也不是说高级脑功能无法以人类独有的方式进一步解析情感感受和意义。随着学习和思考,一种复杂的人类反思性情感意识应运而生。鉴于层级系统存在于脑心演化的许多层次,许多复杂性体现在脑心功能的嵌套层次结构中,其中低级情感脑功能会再次表征在高级功能中。随着时间的推移和教育程度的提升,高级功能会对情绪表达发展出递归的监督(执行)控制(见第 2 章图 2.3)。

但其核心是,原始情感是促进生存的内部评估过程。就生存而言,它们是脑过程,使我们的体验对我们来说很重要,不仅是在生存方面,而且是在日常价值方面。它们是奖励和惩罚——无条件刺激和反射——行为主义者使用它们将动物几乎塑造成他们所希望的任何形式,除非他们试图违背动物最强烈的本能。例如,训练大鼠在迷宫中向后跑寻找食物几乎是不可能的。许多年来,我的许多带有行为主义偏见的学生都尝试过,但都失败了。这是因为自然选择将大鼠设计成用它们的鼻子而不是屁股来探寻世界。

如果没有从爱到恨的各种各样的情绪感受——这些情绪感受给我们的生活增添了意义，从日常的欢乐和痛苦，到伟大的音乐、舞蹈、戏剧和其他艺术中微妙的，有时崇高的、丰富的情感——我们的生活会是什么样的呢？我们的情感生活促使我们去珍视和厌恶世界上各种各样的事件和事物，如果没有我们的情感能力，其中许多事件和事物将没有心理深度，没有深刻性。因此，无论我们的人类心理世界中存在什么样的基本价值观，它们都存在于人类的脑中，并且在很大程度上存在于我们从早期动物那里继承的祖传心智中。

我们的核心价值观源自我们大脑的许多古老网络的演化情绪和激励响应特性，特别是那些集中在所有哺乳动物共享的、位于皮层下脑区中间区域的脑网络，因为它们具有共同的祖先。心智的这些原始的力量通过学习连接到次级的生活体验。当然，如果人类不具有情绪感受，那么我们就不会刻意地在其他动物的脑中去寻找它们。但是当科学地、跨物种地追求这些问题时，现代情感神经科学最终向我们保证，我们不只是沉迷于无意义的拟人论（就好像现实位于我们的真理图的右下象限，见图1.5）。这使得比较神经现象学（comparative neurophenomenology）的研究——研究心脑的内在心理内容——成为一个极为重要的跨物种的科学事业（Panksepp，1999）。在其他动物身上，情感状态是它们脑中最容易研究的内容，因为产生情绪行动（不只是"反应"）的神经回路很容易被观察，并且它们与动物的情绪感受紧密交织在一起。这使得一种两面认识论得以可能，因此可观察的行为可以被视作隐藏感受的代理（Panksepp，2005b）。

然而，情感感受是完全主观的，并且目前物理科学尚不接受在物质世界的隐秘深处存在任何主体性。尽管达尔文（Darwin，1872）在《人类和动物的情绪表达》（*The Expression of Emotions in Humans and Animals*）中开创性地接受了动物的感受，但行为主义和逻辑实证主义在20世纪早期的统治已经导致了一种严苛的、长达一个世纪的限制，约束科学讨论其他动物是否具有指导它们行为的情感感受。在实验层面上，尤其是在脑研究中,这种对话几乎没有重新加入其中(Mendl et al.,2010;Panksepp,2010a)。

由于动物感受被边缘化,关于基本人类价值(即情感状态)的神经科学变得与相关的动物模型脱离,而这些模型能够通过经验实证解决这些问题,并阐明我们自身情绪感受的本质。除了现代脑成像研究,这类感受的基本神经机制的任何因果细节尚未在人类身上获得研究,尽管相关分析有强烈的表明,我们可以确信主要控制来源是皮层下的(Damasio et al.,2000;Northoff et al.,2009),位于我们与其他动物所共享的古老脑区(Panksepp,1982,1998a)。现在,随着心智科学的演化观被日益接受,在我们理解人类心智的初级过程的情感基础时,动物模型开始填补许多研究空白。

目前,人类"心智肉体"(mind flesh)的功能细节以及它如何产生内部主观体验到的感受只能通过不精确的测量进行推测,即主观的自我报告加上现代脑功能成像,这最终支持了基本情绪观点(Vytal & Hamann,2010)。然而,最近人们注意到,使用这种技术发现的脑与心理变化之间的相关性高得令人怀疑(见 Vul et al.,2009 以及六篇评论)。因为有大量的平均化工作需要完成,从而使数据具有功能意义,许多被观察到的脑—心理关系可能很大程度上是由统计造成的假象,这在相关性分析中经常出现,即数据合并前没有计算相关系数,这种偏差在一段时间内阻碍了我自己关于能量—平衡调节的工作(Panksepp,1973)。

令人遗憾的是,尽管我们有科学上的傲慢,我们在这方面所拥有的令人印象深刻的人脑成像工具更像是伽利略(Galileo)的小望远镜,而不是哈勃太空望远镜。现代脑功能成像主要提供了关于感兴趣的脑的区域的证据,这值得详细的实验审查。这种精细的审查在人类研究中几乎是不可能实现的。但这些技术可以给予我们统计上的估算,了解不同的脑区如何协同工作(区域血液变化的相关性产生了关于连通性地图的统计估算),这可以与实际的连通性(connectivity)相关联。最近的改进使脑中主要神经束(连接各脑区的通路)的可视化得以实现,通过使用弥散张量成像技术(diffusion tensor imaging,DTI),这甚至可以显示出外科医生在精细的精神外科手术中对情绪网络做了什么——例如,汇聚在一起的证据表明,抗抑郁的神经外科手术可能放大了探索系统的积极感受(Schoene-Bake et al.,2010)。这表明对探索系统的直接刺激能够产生抗抑郁效果[见后文施莱佛(Schlaepfer)和柯楠(Coenen)的研究工作]。

一些在人类身上可用的因果工具(例如,精神药理学干预和深层脑刺激[DBS])可以通过主观状态变化的相关性与心理过程相连接。近来,研究人员在一些对许多其他类型的治疗没有反应的患者身上发现,在对他们前扣带回区域进行局部深层脑刺激时,尤其是布罗德曼 25 区(Mayberg et al.,2005),会产生强烈的抗抑郁效果,该区域是悲痛系统的情感源头(见图 9.1)。可能是对布罗德曼 25 区的深层脑刺激破坏了悲痛系统的功能,从而导致患者抑郁的心理痛苦得到迅速缓解。对探索系统(伏隔核)前端使用深层脑刺激也取得了类似的效果。例如,托马斯·施莱佛(Thomas Schlaepfer)及其同事报告了如下内容(Schlaepfer et al.,2009)。

> 在打开刺激开关后,一个患者……自发地报告说,他意识到他是在科隆,他以前从未去过著名的科隆大教堂,并且他计划在不久的将来去一次,而在治疗之后的第二天他确实就去了。当被问及抑郁症状时,他没有汇报任何激烈的主观变化。另一位患者对刺激的即时(60 秒)反应也十分类似;她没有汇报任何关于抑郁症状的激烈变化,但却自发地提及她希望再次打保龄球(这是 12 年前,她的抑郁症病发前,她最喜欢的一种娱乐消遣)。她指出,"这将是非常愉快的"。这些即时以及自发的行为反应表明探索积极性的急剧增加,这与伏隔核在奖励—探索行为中的作用是一致的。特别值得一提的是,这些患者在长期抑郁期间严重缺乏积极性。

正如前文已经指出,我们现在可以估计,在过去的人类精神障碍(例如,抗治疗型抑郁)治疗中所使用的各种不同的精神外科技术,可能对那些没有通过其他治疗方式获得缓解的个体产生了好处。这些效果可能是由于对享乐通路造成的趋同影响,例如探索系统的内侧前脑束,为抗治疗型抑郁提供了另一个合理的目标(Coenen et al.,2011;Schoene-Bake et al.,2010)。当然,这类实验研究问题只能在严格的知情同意下,作为先前制定的治疗策略的辅助。尽管如此,开发这种新型的精神病治疗工具,仍需要进行可行性研究。

可用于动物脑研究的技术,包括对特定神经系统的电化学刺激,以及对局部脑化学物质的详细测量,包括基因表达谱,能够更为精确地指导新型的因果研究(Burgdorf et al.,2010)。然而,由于动物无法谈论它们的体验,因此太多的研究人员相信,我们将永远无法通达它们的主观心智。正如本书通篇所述,只要我们认识到通过人工刺激特定脑区而获得的"奖励"和"惩罚"充分证明了确定的脑变化,对动物而言确实至关重要,那么这种长期(近一个世纪)的偏见就是非常不恰当的。

对我们的心智从模糊的祖先动物过去中形成的认识,加之对演化的微妙方式的理解,这些强烈表明许多其他动物具有与我们自己非常类似的情感生存价值。因此,我们原初情绪感受的来源是最容易通过跨物种的情感神经科学研究阐明的。我们必须记住,对其他动物的实验研究促进了医学进步,这对于改善人类生活非常重要。如果离开了动物胰岛素研究,在过去的一个世纪中,会有数以千万计的儿童过早死亡。动物研究能够阐明神经机制的基本原则,这些原则支配着我们的初级情感以及相关次级过程的学习机制。当更多的学者开始研究这些直接与意识问题以及与人和动物的福祉密切关联的议题时,心理学、精神病学以及心理治疗将会被改变,并丰富起来。我们有理由相信,从哲学视野到宗教视野,我们甚至可以重新设想我们文化体系的基础[(Davies,2011;Thandeka,2005;另见《意识研究杂志》(*Journal of Consciousness Studies*)关于情感神经科学中的哲学研讨会论文(Panksepp et al.,2012)]。

意识的祖传来源

本书的目的是概述我们关于人类精神的原初动物基质的知识,以及这些知识对帮助人类的意义,只是我们暂不考虑许多能够进一步补充整体论证的细节。由于认识到演化有时会导致一系列日益复杂的有机体分支而不是遵循单一上升的阶梯,因此我们尚未充分讨论古老的情绪系统是如何与人类的高级认知能力进行互动的。目前,我们对于这些重要的互动所掌握的精确知识要少于原生情绪过程以及学习的简单形式,例如经典的和工具性条件反射。然而,的确正是我们巨大的脑"思维帽盖"——我们延展的皮层—认知器官——将我们与我们的动物祖先在心智上区分开。这些增加层带来了动物模型难以解决的复杂性(Harmon-Jones & Winkielman,2007;Northoff et al.,2011)。

随着哺乳动物脑皮层覆盖面的增大以及更加复杂,我们的认知意识也随之扩大,产生了更高(即三级过程)的意识形式(Damasio,1999),以及一种自我中心的主张,即以语言为基础的理性是人类意识的基础(Fogelin,2003;McGilchrist,2009)。正如第 11 章所讨论的,这些"延展的"认知意识的形式仍与生物更加古老的情感形式有着千丝万缕的联系。另一种目前尚未得到现有神经科学支持的观点认为,认知意识从根本上来自感知外部世界的一阶能力,与情感感受没有决定性的联系。这种观点似乎是完全错误的,因为当皮层下的情感基质被大量破坏时,所有形式的意识也随之瓦解(Panksepp,2005b,2007a)。语言是我们最独特的大脑技能,但即使是语言也是通过情绪引导产生的。然而,通过语言,我们能够独一无二地研究人类延展的三级过程的认知情感意识。这就是为什么在心理学中,描述性的(即非神经科学的)情绪研究仍大量增多的原因(Davidson et al.,2003;Lewis et al.,2008)。

达马西奥指出,"延展意识是一个比核心意识更大的主题,但在科学上它更容易研究"(Damasio,1999)。我们对此表示赞同,即使科学注定会变得不那么机械论,并因此提供更少的信息,至少就因果问题而言如此。然而,由于易于研究,因此正如同严格的行为主义者会做的那样,基于各种形式人类语言使用的情绪研究进路往往暗中阻碍了对动物的初级过程的核心情感意识的研究。研究经费,以及因此而来的快速发展,都需要科学界的共识。一旦涉及我们原初的动物情绪,这一切都变成了零。因此,几乎很少有关于动物情绪感受的明确的神经科学研究工作得以完成(而这对于理解人类的情感具有深远的潜在意义),尤其是当与人类情绪研究的复兴相比时。这些问题更加古老和更基础的层次在于它们不幸地被西方理智传统所忽视,尽管这些问题对于揭示人类情绪感受以及折磨了无数人生活的相关精神障碍而言非常重要。

我的观点与达马西奥一样,在现今的心脑科学中,核心情感意识这一主题在人类身上很难进行经验实证的研究。但是,对于心理学家关注的许多核心问题的实质进展,现在可能更为重要的是理解人类和动物感受的初级过程的演化来源,而非获得如此多关注的延展的文化意识。这一领域的许多领袖可能不会这样认为,但我相信他们并没有彻底思考所有与神经—演化视角相关的这些问题,诸如初级到三级的分析层次。事实上,如果初级过程情感的自然禀赋是我们复杂的人类心智装置仍然依赖的脑功能,那么忽视理解我们的深层本质的机会将是可悲的,因为这根本无法通过人类研究轻易阐明。

尽管人类可能有理由对我们扩展的认知意识的特殊品质感到相当自豪——诸如我们基于象征的言语能力,这种能力已经创造了文化、文明以及我们丰富且细致的心智生活——但我们没有强有力的方法来理解我们心智的情感基础。这只能通过研究其他动物的类似过程来揭示。我们许多高级心智功能更像是"意识的工具"——完全根植并依赖本书所描述的皮层下过程的完整性。因此,珍视我们的感知器官是明智的——尤其是我们敏锐的听觉和视觉——如果失去它们,我们"只是"失去了许多意识的珍贵内容,但仍是完整的有意识的生命。一些更古老的感知装置的成分,即我们的前庭感觉,几乎很少被明晰地体验到,直到它们受到伤害。我们应当明智地认识到,对动物核心情感意识的科学研究提供了理解支持我们高级心智装置的远古心智的途径,也许是唯一的途径。

正因为如此,我们贯穿本书的重点一直是动物意识的初级过程情感形式的本质,而不是试图讨论也可能存在于三级过程(这种过程很难在动物中进行研究)心智中的负载情绪的思想(Mendl et al.,2010;评论见 Panksepp,2010a)。我们需要开启并鼓励被一个世纪之前主宰学术界的行为主义者封闭的——也可能永远封闭的——关于动物心智本质的持续讨论。行为主义者的愿景,或许适合他们那个时代,但在当今神经科学时代已经被证明是短视的。它导致对初级过程的情感心智的过早抛弃,原因只是三级过程的认知心智无法很好地在动物身上进行研究。他们很容易地做出了选择,因为达尔文的知识继承者使用了太多不成熟的心智主义的概念来解释动物的行为(Romanes,1882)。

那些决定的残余仍以有力但非常消极的方式在我们的大学中持续至今。由于行为主义神经科学家选择被那些旧的行为主义概念所制约,因此他们擦除了情感(例如,"奖励系统"以及"奖励预测谬误"——见第3章),神经学家实际上仍维持着不直接讨论动物情感过程的传统。情绪感受甚至仍被那些本应更清楚了解它们的人所嘲笑。严谨的科学家不希望看到他们的工作被视作一种拟人论(见图1.3)。但神经科学证据的压倒性力量表明,那些被称作"奖励"和"惩罚"的世界中的实体实际上是由脑中的情感变化所构成的。事实上,控制情绪行动交响乐协调进行的脑的无条件情绪反应系统并非无意识的。这些脑网络是情绪感受的源头。视角的这一微小转变能够极大地激活我们使用临床前精神障碍模型的方式。我们生活在这样一个时代,被广泛使用的"强化"这个科学概念应当仅仅被潜在地视作一个速记术语,用于解释核心情感——动物的无条件刺激和无条件反射——在世界的变动事件中起作用的复杂方式。普遍存在的强化步骤是非常有效的,但强化过程仍是一种假设的而非证实的脑功能。现在,"强化"被广泛假设为一种真实的脑过程,但它可能被证明只不过是行为分析中被逐渐接受作为一种对实在描述的"燃素"。

因为动物心智的潘多拉魔盒在几代人之前就已经被封闭,关于动物情绪功能的恰当讨论仍有待充分进行,尤其是对于那些适合做必要研究的学术共同体而言。如果辩论在神经科学家中被及时地开始(至少在20世纪70年代),如同一些认真地尝试认知动物行为学的研究者[如唐纳德·格里芬(Donald Griffin)],那么现在我们可能能够更好地阐明人类和其他动物的古老情感心智的主观方面。

无论如何,意识的认知形式,即整合了陈述性和自传式记忆的我们关于世界中特定环境的思想,它们本质上要比核心情感更加难以机械地研究,尤其是在动物身上。就我们所知,其中一个简单的原因是,特定的认知并不具有与原初情绪一样明确的神经通路。此外,核心情感的神经化学编码包含大量调节特定情感的神经肽(见图 13.1)。这个事实对于跨物种预测而言是一个福音。未来的神经肽研究应当能够测试这些神经控制是否能够在动物和人身上产生类似的情感变化;这些类型的效果已经通过催产素和社会感受得到有效验证(Panksepp,1992,2009c;Pincus et al.,2010)。

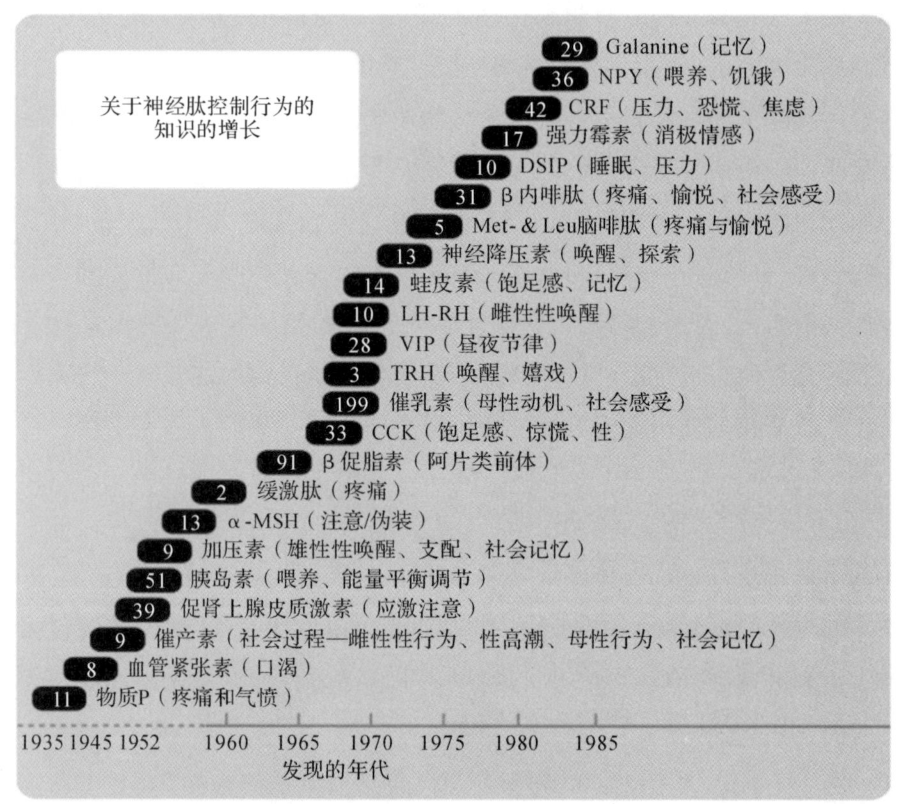

图 13.1 参与控制行为以及各种情绪和动机过程的各类脑功能的主要神经肽的发现时间线。进展一开始非常缓慢(见虚线),但在 1970 年左右开始迅速加快。方块中的数字表示每个神经肽中的氨基酸数目(源自 Panksepp,1998a;获得牛津大学出版社许可改编)。

换句话说,相较于认知而言,情感的神经化学编码的丰富性使得预测跨动物脑到人类心智研究与反向研究之间坚固的神经科学桥梁具有极大多样性。相比之下,我们所有的认知都更加严格地按照动态变化的谷氨酸能兴奋性传递,受到 γ-氨基丁酸能抑制性引导机制的塑造。此外,相较于皮层下的核心情感感受,大脑皮层的认知和感知也必然需要更加复杂和迅速的神经元放电模式。控制认知的大规模的复杂神经动力学也必然因物种而异。这使得对高级心智过程的神经科学理解比对演化上保守的初级过程的情感的跨物种研究更加困难。

虽然在成熟人类中如此发达的命题语言所调节的思想肯定不存在于大多数其他动物中,但我们知道无法排除这种可能性。有可能其他动物更多的是以内部知觉意象(perceptual images)的形式进行思考,这可能更好地反映了动物记忆和思维的远古形式(Grandin,2005)。但是这很难进行评估,除非通过全脑成像(如 PET 扫描)的相关因素(correlates)。良好的因果关系研究目前几乎不可能进行。因此,我们必须对任何关于人类和动物认知的三级过程水平的同源性的确定结论持保留态度。另外,作为条件性行为基础的基本的次级过程学习机制,主要是无意识的神经机制,使非常有效的跨物种转译成为可能(LeDoux,1996,2007)。

然而,没有证据表明这种条件控制增加了动物体验到的情感感受种类的多样性,因为学习只是改变了情绪的强度及其时空表达。例如,当条件反射取代无条件反射(UCR)时,可以预见情感会大幅减少。脑极为重要的 UCR 机制可能不仅对于生成情感至关重要,同时至关重要的是它也提供了“胶水”——“强化”——借此条件刺激唤醒了条件反射(见第 6 章)。

同样,对于初级过程情感以及相关条件过程的理解可能对于我们自身的三级过程、自我反思的倾向极为重要,尽管目前我们没有明确的科学数据说明这一切是如何发生的。很显然,我们所有的高级心智复杂性——从科学行为到哲学、精神分析以及艺术——都需要我们牢记许多象征性的、基于语言的记忆,以及关于过去和未来可能性的诸多模式。我们知道没有动物具有类似的大脑技能,但我们也知道许多其他动物都有非常聪明之处(Romanes,1882;Griffin,2001),并且它们无疑是充满活力的情感生物。这使我们对开展研究的方式和我们关心的所有动物生活的方式负有非常特殊的责任。这种关于动物福利议题的知识的影响是巨大的(Bekoff,2000;

Grandin，2005；McMillan，2005）。

那些无时不在的认知—情感互动

我们有意不予以详细讨论我们高级的感知—认知心智装置的本质。这样，我们就不会否认我们独特的延展意识对于使我们成为完整的、审慎的人类的重要性。我们的目标是，通过培养一种充分尊重其他动物的情绪生活的观点，为现实且有效地、科学地面对人类激情的远古来源开辟智能空间。我不希望减少每一个物种、每一个独特的人以及人类文化所带来的重要差别，这些差别构成了我们这个世界丰富的心智存在盛宴。我主要是寻求那些仍让我们彼此相连的一般心智原则……就像一个大家庭需要回顾它所分享的祖传珍宝。现在有许多实证发现支持了我所倡导的观点，并且有更多证据有待发现。

主张情感只是认知的一种变体，这种广为流传的观点对于我而言就好像是一个文字游戏，尽管我当然承认，在大多数人类和动物心智的充分复杂性中，神经系统的许多评价（好的和坏的）感受总是与认知（想象、学习、记忆和思考）相交互。事实上，这同样适用于注意和原始动机（如口渴和饥饿），以及所有心智的远古能力。就像是身体的器官，我们体内的一切都在交互。我在神经科学领域学到的第一课是，进入眼中的具有特定频率的频闪视觉信号几乎可以在脑的每个角落被测量到。这并不意味着在追求真正理解视觉的进步时，我们不应当将视觉系统与听觉系统或者其他脑感官系统区分开来。

对于那些仍坚持认为情感与认知在人类的心脑中完全混在一起的人（其中可能包括当今大部分心理学家和哲学家），我会建议他们不要仅仅从自己的角度思考他们的论点，也应该从这里所倡导的自下而上的角度思考他们的论点。当我们站在皮层—认知的角度向下看心智生活，是的，一切都在交互。然而，如果我们理解认知往往是“侍从”（或情感的使者），那么这种混合就不再适用。当人们被消极感受困扰时，积极情绪（目前还无法以任何有意义的方式被“计算”）能够直接促进积极的自下而上的情感体内平衡（homeostasis）的实现，或者恢复调节良好的心理平衡。自上而下的认知技能同样能够有效地寻找各种能抵消消极感受的积极情感。

因此,这里的关键问题是:认知与情感是否通过非常相似的神经元原理,在相同脑区中运作?这里所偏好的自下而上的演化观点给予我们至少三个充足的理由来坚持初级过程情感独立存在,这可以追溯到比认知概念所包含的脑过程更早的心脑演化阶段。

第一,如果在生命早期失去他/它们主要的认知区域(即新皮层),动物和人的情绪—情感的存在仍然会相当完好。

第二,针对这一问题,“认知过程的主要区域(例如,丘脑—新皮层轴)与那些情绪—情感过程丰富的区域[即皮层下和皮层中线系统,或者 SCMS(见 Northoff & Panksepp,2008),传统上被称作延展的边缘系统]是否存在重大的神经生理学差异”?答案是肯定的。就神经元的放电速率而言,认知—躯体区域充满了高放电频率的神经元(即每秒数百动作电位),而情感—内脏区域则充满放电频率非常缓慢的神经元(例如,很难发现超过每秒放电 10 次的神经元)。

第三,在正常的新皮层和丘脑中,不存在这样一个区域,你可以进行局部脑刺激并且始终如一地得到相同的认知或思维[尽管彭菲尔德(Penfield)证明,人们可以通过刺激临近边缘系统的颞叶的某些区域来获得一成不变的感知现象]。与此相反,在 SCMS 中人们很容易通过反复刺激相同的脑位置来获得相同的情感状态。

情绪情感的古老的心脑基质不仅仅是我们行为方式的管理者,它们同样促使我们仔细思考当我们在这个世界活动时我们生活的复杂性。最重要的是,正如它们交织在完整的脑中一样,情感与认知的区别使我们承认其他动物同样具有沿着内在生存价值完整谱系的体验。它们在情感上体验到的神经系统的状态与我们的并没有巨大差异。

对这一事实的认识赋予我们一种特殊的责任,从而带着持久的敏感性进行我们的研究,并对为让我们获得这些知识而牺牲的动物表达深切的尊重和关心(McMillan,2005)。遗憾的是,如果没有对动物相关脑系统的科学研究,就无法更全面地了解人类的条件反射及其情绪上的困难。这一结论与这样的事实无法分割,即它们是有情感的生物,并且它们的情感能力来自与我们相同类型的神经土壤。人类可能更富有“理性”,并且更善于“反思”自己的心智状态,但所有哺乳动物都能在情感上体验情绪。正如默克(Merker,2007)和休蒙等(Shewmon et al.,1999)的临床研究所揭示的那样,这些感受源自人类和动物脑非常深的区域(见图13.2)。显然,我们人类可以比其他物种更加深刻地思考我们生活中存在的问题。毕竟,我们能够象征性地说话和思考。但是,这并没有赋予我们任何接近原生情感体验的特权。如果我们人类是生命不可分割的交织网中唯一有意识的生物,那这将是一个多么空虚和孤独的世界。当我们认识到无论我们的动物同伴在地球的哪个地方漫游,都会有意识的气泡时,这是一种多么美妙的慰藉。

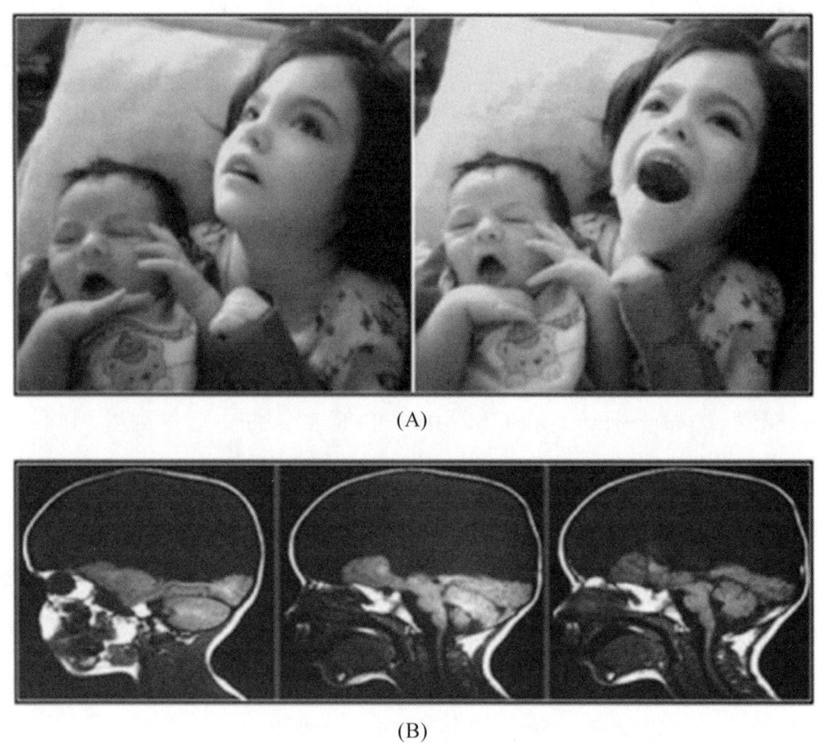

(A)

(B)

图13.2　无脑儿童对放在膝盖上的婴儿的情绪反应,见图13.2(A)。此类儿童的脑发育不全类型,见图13.2(B)[数据来自 Merker,2007;感谢比约恩·默克(Bjorn Merker)让我可以使用这些照片。X线照片获得美国放射学会(American College of Radiology)授权转载(ACR 学习档案,神经放射学,第二版,2004)。如无美国放射学会明确的书面许可,此材料不允许用于其他任何形式]。

"意义"在 20 世纪的丧失

在 20 世纪早期,行为主义科学失去了与我们心智装置内在价值的联系。随着 20 世纪物理学、天文学、化学以及脑科学的巨大进步,应运而生的主流科学观点认为,人类的存在,就如同物理科学已经确证的物理世界,是没有价值的,或者内在毫无意义的。许多心理学家,特别是行为主义者,认为这是我们研究老鼠和人的唯一正确方法。主观体验的神经系统状态从科学讨论中被抛弃,尽管还保留在理智的辩论中。学术心理学因而疏远了情感感受。来自动物躯体和它们行为的冰冷坚硬的证据才是重要的。

在很大程度上,这都反映在理智生活中。经典的"存在主义者"立场是,每个人的内在价值都不是天生的"本质",人们必须通过他们每天所过的生活重新产生意义。生活本质上是荒谬的,没有什么比人们在自己的存在中构建更有意义。一方面,这导致了虚无主义;另一方面,它鼓励了一种观点,即所有的"意义"都是由每个人创造的。这可能对于心智的三级方面而言是正确的,在那里,镜像神经元、共情以及同情心必须注入由文化、教育、学习和个体发展构成的新皮层矩阵。但它并没有很好地描述演化在我们心智装置的下游所构建的情感工具(Panksepp & Northoff,2009)。

随着对行为和心智的科学分析的出现,大量简单且有效的研究学习和记忆的方式被开发出来。人们可以使用任何古老的中性信号——一个提示音、一束光线、在肩膀上的敲击等——作为 CS(条件刺激),紧接着用电击或者同等有效的 UCS(无条件刺激),在一些试验中,动物会开始逃离、僵直和排便,同时它们的血压会上升,心脏扑通扑通跳动,正如同在 CS 中的表现一样。所有这些之所以有效,只是因为很多 UCS 能够产生很多 UCR,这是神经系统极其重要的本能功能。这些相同的 UCS 能够被用于训练动物在"工具性条件反射"(例如,走迷宫)或操作(例如,按压杠杆)过程中做各种事情。这一切都像发条一样工作,但这只是因为动物"恰巧"是机器吗?[①] 或者这一

① 计算机革命推动了深层生物心智可以在硅芯片平台上进行计算的想法——这种观点在新的认知科学中占据上风,并且似乎在学术界的许多其他角落盛行(Panksepp,2008c)。

切的发生是因为演化将原始的情感体验构建到了许多UCS和UCR脑网络的神经矩阵中吗?科学家们简单地将动物视作无感受的机器。大部分尚未研究的是本能的UCR,至少在情绪的领域内(例如,恐惧系统),它们对于恐惧条件反射的有效进行是必不可少的。

一个经常被遗忘的历史记录是,对于研究条件反射的所有环境参数以及情绪条件反射的脑机制的科学家而言,很少有人停下来钻研自己的实验对象UCR的本质。当然,这在行为主义的全盛时期是困难的,因为它需要大量关于神经系统的知识以及高强度的脑研究。这可能还需要科学家接受这样一种现实可能性,即UCR很大程度上是由脑心初级过程的情感变化所构成。因此,在"奖励与惩罚"的标题下,这些科学家用于训练他们动物的UCS的各种心脑结果,从来未被概念化为激发演化上嵌入神经系统的原生情感状态。在桑代克(Thorndike)的情感定律(law of affect)被转变为效果律(law of effect)后(例如对世界的"满意"和"不适"转变为"奖励"和"惩罚",见第2章),关于动物情绪感受的对话几乎停止了。

既然我们知道实验动物心理学中使用的大多数无条件刺激源于这样一个事实,即它们不仅引起客观的行为变化,而且还引起大脑中主观体验的情感变化(即各种不同类型的情绪UCR),为了揭示大脑许多情感"本能"的本质,开发更清晰的视野和更注重情感的研究计划至关重要。但是,现实情况比应有的更加困难,甚至"本能"这个词都在极端实证主义(ultra-positivism)的时代声名扫地。此外,让当代科学家转移他们的研究重点,这需要"强化相倚"(reinforcement contingencies)中出现一种社会转变,具体而言,研究经费的主要来源[比如国家卫生研究院(National Institutes of Health)和国家科学基金会(National Science Foundation)]需要鼓励更加灵活的研究动物情绪的方法,特别是对于动物脑的许多情感UCR。如果我们不这样做,我们就永远不会知晓人类的情绪是如何演化的。这尚未实现,所以很少有科学家坦率地(并以证据为基础的方式)谈论其他生物体验到的情感状态。如果我们理解这些原初情绪,我们将会有更好的方式来用概念表达有机体行动的心理和运动连贯性,从而我们可以更好地理解核心自我如何与整个脑作为一个整体工作。

尽管我们人类的意识的深度和广度已经通过我们扩增的脑和文化的理智潜力得到极大拓展，但事实上，我们是构成我们心智中根本意义的古老生物价值的继承者。遗憾的是，这种意义的情感根基很难进行讨论。因此，我们最伟大的晚近天赋，即语言的发现，既是一种祝福，也是一种诅咒。除了给我们带来优美的歌曲、诗词和其他文学，语言，与我们共享的动物本质一起，同样被完美地设计用于传播分歧、纠纷及对他人的排斥。心智的初级方面无法简单地通过使用语词进行理解。这种理解需要不排斥古老脑功能的心智属性的神经科学的探索。20 世纪的哲学通常无益于突破文化抵制，而这种突破最终将会使神经科学在理解心智动力方面取得进步。路德维希·维特根斯坦具有影响力的哲学给了我们一个摆脱困境的窗口，这个困境曾阻碍我们理解人类和其他动物的心智生活。

维特根斯坦的痛苦：人对意义的寻求

在过去的一个世纪中，许多人以我们使用语词的方式寻求人类的意义。当诗人和作曲家展现出我们如何能够艺术性地用象征的手法来表达我们最深切的渴望、喜悦和绝望时，其他人则在语言的逻辑中寻求着我们的存在和意义的基础。路德维希·维特根斯坦（1889—1951）沿着这条道路寻求着语言的终极逻辑。在他的《逻辑哲学论》（*Tractatus Logico Philosophicus*）中，他尝试提供一种明确的陈述，即关于语言的结构如何与世界的结构相关。该宣称包含七个命题，以及一系列的子命题。与我们所讨论的情绪最相关的是命题 6.5：

> 若解答不可说，其问题也就不可说。
>
> 谜是不存在的。
>
> 当一个问题可以提出，它也就有可能得到解答。[①]

① 此处译文参考：维特根斯坦. 逻辑哲学论. 贺绍甲，译. 北京：商务印书馆，1996. ——译者注

如果有人将这一规则应用到本书所讨论的情感主题上,那么问题就是,是否存在一个关于情绪感受本质的可信的科学答案?我相信这最终可以实现,但这只是因为最近的神经科学进展。现在,我们已经充分了解非凡脑的纷繁复杂之处,从而可以构想心智是如何从与身体状态和环境条件密切联系的神经动力中出现的。在子命题(6.52)中,维特根斯坦接着断言:

> 我们觉得,即使一切可能的科学问题都已得到解答,也还完全没有触及人生问题。当然那时不再有问题留下来,而这也就正是答案。[①]

在情绪的认识论中,人们可能认为这断言了一种对曾经研究自然的最深层方面(诸如情感意识)的可能性的深刻怀疑。事实上,有学者相信,我们不可能科学地研究我们基本价值的来源。但达尔文时代的脑科学,且不说维特根斯坦时代的脑科学,相较于我们现在而言还很原始。维特根斯坦最接近于承认感受的说法来自他的心智命题 6.522 中的隐秘概说:

> 确实有不可说的东西,它们显示自己。它们是神秘的东西。[②]

简而言之,他的语言逻辑无法处理情感之谜。维特根斯坦在引言以及最后独立的第七个命题中总结了《逻辑哲学论》中的观点,"所有可以说的已经被说清楚,对于不可说的我们必须保持沉默"[③]。情绪感受,在他的时代——心理学的行为主义时代——是世界中的那些"神秘"范畴之一,位于命题逻辑的领域之外,无法言表,难以渗透到科学之中。心智的这种幽灵般的方面似乎永远位于连贯的科学分析之外。直到今天,人们还没有普遍认

---

① 此处译文参考:维特根斯坦. 逻辑哲学论. 贺绍甲,译. 北京:商务印书馆,1996.——译者注

② 此处译文参考:维特根斯坦. 逻辑哲学论. 贺绍甲,译. 北京:商务印书馆,1996.——译者注

③ 此处译文参考:维特根斯坦. 逻辑哲学论. 贺绍甲,译. 北京:商务印书馆,1996.——译者注

识到这种科学理解现在是可能的,或者说,它必须与辨别创造我们情绪感受和价值的脑过程严格地联系起来(Panksepp,1998b;Russell,2003)。

在完成关于知识的语言学基础的“权威性”陈述后不久,维特根斯坦就意识到他的世界体系存在很大缺陷。他在痛苦的情绪生活中度过了余生,探索意义如何从我们无比灵活地使用言语的方式中产生。在他努力了 20 年,并在去世后两年才出版的第二本著作《哲学研究》[*Philosophic Investigations* (1953/1967)]中,维特根斯坦几乎做了一个 180 度转变,从《逻辑哲学论》的严肃枯燥中摆脱出来,并开始探讨我们如何从无限种类的“语言游戏”中创造意义。

他留给我们的知识遗产是一种关于心智生活的观点,在这种观点中,意义是一种我们如何进行语词游戏的灵活表现。这一直是后现代文化的标志之一,同样也是社会科学中情绪研究的轨迹之一——研究我们如何使用语词,以及我们如何在语义上构建情绪。直到最近,秉承这种传统的学者才开始思考如下观点,即对于情绪感受而言存在更深层的神经生物学现实,至少在脑中存在影响积极和消极情感维度的自然机制(Russell,2003)。当涉及初级过程的情绪系统时,这是一种进步,但仍显不足。也许情绪研究的维度理论最适用于三级过程层面,在该层面我们的各种情感生活被转换成能够促进研究的简化的情绪概念[Zachar & Ellis,2012;同样可见《情绪评论》(*Emotion Review*)2011 年的特刊,吉姆・拉塞尔(Jim Russell)及其同事编辑了该特刊,以便更好地理解“基本”情绪理论者究竟在谈论什么]。无论如何,如果基本情绪以及情绪的维度理论反映了心脑组织的不同层次,它们可以很好地协同工作(Panksepp,2007d)。如前文所述,现代人类脑成像中存在大量关于基本情绪的强有力证据(Vytal& Hamann,2010)。

当人们沉思人类本性时,心智科学领域似乎很少有人能够最终抵抗自然主义的海妖之歌的诱惑。即使是维特根斯坦,在上文提及的第二本书中,也谈论到“人的躯体如何是人的灵魂的最佳图像”。它就是这样一种愿景——聚焦于表征在脑中的“身体”——我们必须独立地探索,从而理解初级过程的情绪系统如何真正地创造了哺乳动物脑中的感受(Panksepp,1998b)。

达马西奥的理论正沿着这条道路前进,逐渐从我们感受的皮层来源转移到认可情绪—情感过程源自深层皮层下区域。当我完成本书时,正如前文提及,我很高兴看到达马西奥的观点(Damasio,2010)正在变得更贴近于我的观点。我相信会有很多人跟随这位明智的学者。在《当自我来敲门》(*Self Comes to Mind*)中,他承认脑中存在多样的皮层下情感网络,通过演化,原初心智从原初自我中生成(或与原初自我一同生成)。各种各样古老的情绪的、体内平衡的以及感官的情感都是脑的内在功能,由各种身体输入触发和调节(Denton,2006)。然而,对于一种科学的精神病学来说,只有情绪感受才是至关重要的,我希望用更好的概念来理解临床医生通过心理治疗需要实现的结果。

具有讽刺意味的是,维特根斯坦个人如此接近——但在智力上却如此遥远——理解前语言心理与古老的大脑心理现实的联系。正如他为自己第二本书所选择的如此动人的题词——来自圣·奥古斯丁的《忏悔录》(*Confessions*)(见本章开头)——语言某种程度上来自儿童与社会世界的情感交互。由于维特根斯坦对于心智的根本性质以及对我们通过神经科学能够理解和不能理解的内容的困惑,他精心构造了一种关于人类本质和人际互动的过度相对主义观点,这非常适用于人类心脑的三级过程区域。但这一不完整的观点目前阻碍了心理学成为一门全面寻求理解心智生活真正的演化基础的完整科学。

也许这可以追溯到我们学习说话的那个艰难和长期的过程。协调的人类主体间性,这是语言习得事业的核心,包括有节奏的非语言社会信号——一种自然的身体语言——这与"探索、获得、拒绝或逃避"可能成为我们"自身欲望"目标的世界物体相关。人的存在不仅仅是一种感官联合,即使这些联合最终填满了我们的心智世界,以至于有时我们识别不了其他事物。我们应当记住,尽管人类扩展的新皮层是维特根斯坦所设想的一种相对主义的器官,但它并不是我们与所有其他哺乳动物所共享的皮层下领域。我们新皮层的巨大的计算空间在出生时几乎没有心理内容,而实际上我们最终被知晓的一切内容——安道尔·图威(Endel Tulving)所说的纯思维的(noetic)和自主思维的(autonoetic)意识(见

Vandekerckhove & Panksepp,2009)——都是习得的。但在新皮层以下的情况并非如此,而我们的未得到理解的无思维意识(anoetic consciousness)就居于新皮层之前。

我们祖传的脑包含了基于遗传的特殊意义类型;原生感受的潜质被建立在身体本能的(即遗传的)神经行动结构中。这些感受具有非常多的种类。有些与来自外部的感官输入紧密相连(感觉的愉悦与不愉悦),另一些与脑的身体内部输入(例如,饥饿、口渴及其满足)相关,还有一些反映在演化中置入脑的行动动力,至少以原生的形式。所有这些生存工具在某种程度上都是可塑的;它们可以通过经验加强或减弱。这些原生感受与我们渴望以特定方式深入世界并响应我们所遭遇的原型(archetypal)挑战的内在冲动有着密切联系。它们并不具有高级的意向性(即"去行动的意图"),但它们确实具有内在的意向性[即"行动中的意图"(intentions in action),见 Panksepp,2003a,图 1.4、图 1.8]。感受使我们成为活跃的有机体,而不是仅仅作为被动的信息处理机器。

很多人可能会同意,情绪感受是人类最早的交流的根源。但是许多人仍将它们视作感官的一种变体,而不是运动过程,也就是说,更被动(即对所发生事情的感受——或许是一种三级过程的观点)而非主动(即通过上帝,我使这一切发生!——一种初级过程的观点)。事实上,情绪感受和意识本身可能既是运动—行动过程的前提,也是感官—感知过程的前提(见第 12 章)。我们的感知心智以及我们祖传的情感心智似乎被锚定在这样的行动坐标中,而行动坐标是我们可以很容易在哺乳动物物种中识别的各种本能的情绪行动。本能行动装置的核心作用在关于情绪感受和意识的分析中向来被边缘化。它经常被简单地作为一种神经系统的"输出",而不是一种复杂的综合过程。正如达尔文所说,情绪上的表达行动为我们的基本情绪本质提供了连贯的图像。我们对世界最早的介入是自发主动的。只要看一下任何婴儿、任何儿童和任何年幼的脊椎动物就知道了:探索是它们所有渴望的基础。

情感选择与意见

我们正面临着一个严峻的选择。要么我们与其他动物都是代表我们脑的情感潜质的各种内在价值的继承者，要么我们是无感受的僵尸，可以作为一件件机器被研究。我们要选择哪个选项？在神经科学中我们如何回答这个问题将决定我们创造出什么类型的知识以及什么样的文化。

我们不可低估摆在我们面前的这一科学问题的严重性。在动物和人脑中出现的意识的所有方面，都是广泛分布的神经元网络相互作用的结果。意识没有单独的回路或者“中心”，即使存在关键的汇聚点(Sukhotinsky et al.,2007)。正如我一直认为的那样，PAG 可能是脑中最重要的位置，因为它与高级和低级脑功能都密切相连。它是我们情感生活的“中央车站”(grand central station)，并且对于各种情绪体验的原初整合必不可少。它将自己的触手伸至低级和高级脑区。脑中大多数此类“暗能量”都很难通过现代脑成像技术可视化(Zhang & Raichle,2010)，但通过正确任务，仍然可以产生引人注目的图像(Mobbs et al.,2009)。

正如许多演化心理学家倾向于假设的那样，PAG 以及其相关的脑干网络对于构建高级心智而言至关重要，在那里，分布式但专门化的脑网络模型要比高级预设的模块专门化更加真实。当我们开始设想神经元和神经网络的千变万化，以及它们看似无尽的神经化学作用，它们在多个可重新进入的活动循环中彼此影响——既彼此供给也供给自身——并生成在目前几乎是无法测量的多样化的全局场动力时，从一开始我们就要对详细解释脑心实际如何工作这一任务的复杂性保持谦卑的态度。但是，如果我们想要了解自己，我们必须沿着这条道路一步接一步地走下去。理解脑如何生成原初情绪感受可能是意识研究中最可解的——“最简单的”——问题。

意识毫无疑问并不是行动中的脑的唯一的全局属性。它有一个漫长的演化史，可以追溯到编码生存所必需的脑和身体状态的古老系统。在心理上，那些由各种内在的脑神经动力产生的“祖传的基因的声音”被体验为原生的感受或者原始的情感状态。我们关注其他哺乳动物(以及一些鸟类；见

Bernroider & Panksepp,2011),这主要是因为神经解剖学和神经化学的同源性是惊人的,这保证了跨物种概括的可信度。

无脊椎动物的意识则是一个更为困难的议题,因为缺少神经相似性。但是,正如我们前文所提及的,即使是淡水鳌虾(基本上是大型昆虫),在接受会使人类成瘾以及使其他哺乳动物寻求奖励的药物时,也会表现出条件性地点偏好(Huber et al.,2011;Nathaniel et al.,2009,2010;Panksepp & Huber,2004)。因此,最明智的做法是对这些“低级”物种的问题保持开放的态度,并看看这些预测会把我们引向何方。但在神经科学中存在一个核心困境。在心智科学中,我们希望理解大尺度的过程——“整体”——但神经科学最擅长研究的却是小的离散现象,或者说“整体”的“某些部分”。由于这种倾向性,我们很容易混淆两者,导致一种整分论谬误(mereological fallacies),即部分—整体混淆(Bennett & Hacker,2003)。目前神经科学已经给出了如此多的部分——如此多的脑机制——但它们在心智,即在这个“整体”中发挥什么功能,这个问题更加难以解答。

科学家想要了解世界,但他们知道,他们的技术更适用于研究自然的部分,而非其复合的整体。不同人对这个困境有不同的解决方案。常见的一种是把关注重点放在较狭窄的问题上(纯粹出于必要性,这是科学家们所青睐的),即人们开始只见树木,不见森林。大部分人一定会注意到勒内·笛卡尔(Rene Descartes) (1596—1650)在《谈谈方法》(*Discourse on Method*)中所提到的科学的第三项原则:“按次序进行我的思考,从最简单、最容易认识的对象开始,一点一点逐步上升,直到认识最复杂的对象;就连那些本来没有先后关系的东西,也给它们设定一个次序。”①或者,如爱因斯坦(Einstein)所说,“简化,但不得超过必要”。这就是我们在这里尝试理解人类情感意识时所采取的路径。

活体脑,连同其心智(即网络层次上的神经生物功能的无形表现)在众多交互神经回路中有一种微妙的平衡,但人们对此知之甚少,这些神经回路在活的身体中运行并为这个活着的身体工作,通过创造理想的环境和避免

① 此处译文参考:笛卡尔.谈谈方法.王太庆,译.北京:商务印书馆,2000.——译者注

有害的环境来应对世界的挑战。情绪感受是这种交互作用的被体验到的情感表现;它们是心智的主观品质,它的一些方面最终可以在其他生物身上进行详细、系统的研究。由此,我们可以从神经科学角度来理解我们自己的心智。如果离开了对其他动物相关过程的研究,我们就无法实现这种理解。正如在已预示了医疗进步的生物学的成功案例中,对人类自身心智的理解一直都以动物研究的发现为指导。正如查尔斯·达尔文所认识到的那样,我们所获得的知识将会对理解人类状况产生深远影响。作为一个物种,我们对于自身还有许多地方需要了解。我们还在等什么呢?

参考文献

Abbass, A. A., Hancock, J. T., Henderson, J., & Kisely, S. (2006). Short-term psychodynamic psychotherapies for common mental disorders. *Cochrane Database of Systematic Reviews*, 4, CD004687.

Adamec, R. (2001). Does long term potentiation in periacqueductal gray (PAG) mediate lasting changes in rodent anxiety-like behavior (ALB) produced by predator stress? —Effects of low frequency stimulation (LFS) of PAG on place preference and changes in ALB produced by predator stress. *Behavioural Brain Research*, 120(2), 111-135.

Adamec, R., Blundell, J., & Burton, P. (2005). Neural circuit changes mediating lasting brain and behavioral response to predator stress. *Neuroscience & Biobehavioral Reviews*, 29, 1225-1241.

Adamec, R. E., & Young, B. (2000). Neuroplasticity in specific limbic system circuits may mediate specific kindling induced changes in animal affect-implications for understanding anxiety associated with epilepsy. *Neuroscience & Biobehavioral Reviews*, 24, 705-723.

Adkins-Regan, E. (2009). Neuroendocrinology of social behavior. *Institute for Laboratory Animal Research Journal*, 50, 5-14.

Adolphs, R., Tranel, D., & Damasio, A. R. (2003). Dissociable neural systems for recognizing emotions. *Brain and Cognition*, 52, 61-69.

Agrawal, A., Timothy, J., Pandit, L., & Manju, M. (2006). Post-traumatic epilepsy: An overview. *Clinical Neurology and Neurosurgery*, 108, 433-439.

Ahern, T. H., & Young, L. J. (2009). The impact of early life family structure on adult social attachment, alloparental behavior, and the neuropeptide systems regulating affiliative behaviors in the monogamous prairie vole (microtus ochrogaster). *Frontiers in Behavioral Neuroscience*, 3, 17.

Aichhorn, A. (1925). *Wayward Youth*. London: Imago Publishing.

Ainsworth, M. D. (1982). Attachment: Retrospect and prospect. In C. M. Parkes and J. Stevenson-Hinde (Eds.), *The Place of Attachment in Human Behaviour*. London: Tavistock.

Ainsworth, M. D., & Boston, M. (1952). Psychodiagnostic assessments of a child after prolonged separation in early childhood. *British Journal of Medical Psychology*, 25, 169-201.

Airan, R. D., Thompson, K. R., Fenno, L. E., Bernstein, H., & Deisseroth, K. (2009). Temporally precise in vivo control of intracellular signaling. *Nature*, 458, 1025-1029.

Al-Azzawi, F., Bitzer, J., Brandenburg, U., Castelo-Branco, C., Graziottin, A., Kenemans, P., & Zahradnik, H. P. (2010). Therapeutic options for postmenopausal female sexual dysfunction. *Climateric*, 13, 103-120.

Alcaro, A., Huber, R., & Panksepp, J. (2007). Behavioral functions of the mesolimbic dopaminergic system: An affective neuroethological perspective. *Brain Research Reviews*, 56, 283-321.

Alcaro, A., Panksepp, J., Witczak, J., Hayes, D. J., & Northoff, G. (2010). Is subcortical-cortical midline activity in depression mediated by glutamate and GABA? A cross-species translational approach. *Neuroscience & Biobehavioral Reviews*, 34(4), 592-605.

Aldis, O. (1975). *Play Fighting*. New York, NY: Academic Press.

Alexander, M., & Perachio, A. A. (1973). The influence of target sex and dominance on evoked attack in rhesus monkeys. *American Journal of Physical Anthropology*, 38, 543-547.

Amano, K., Notani, M., Iseki, H., Kawabatake, H., Tanikawa, T., Kawamura, H., & Kitamura, K. (1979). Homovanillic acid concentrations of the third ventricular CSF before and after electrical stimulation of the periventricular gray in humans. In E. R. Hitchcock, H. T. Ballantine, & B. A. Meyerson (Eds.), *Modern Concepts in Psychiatric Surgery* (pp. 65-76). Amsterdam: Elsevier.

Amaral, D. G., Price, J. L., Pitkanen, A., & Carmichael, T. (1992). Anatomical organization of the primate amygdaloid complex. In J. Aggleton

(Ed.), *The Amygdala: Neurobiological Aspects of Emotion, Memory, and Mental Dysfunction* (pp. 1-66). New York, NY: Wiley-Liss.

Amaral, O. B., & Roesler, R. (2008). Targeting the NMDA receptor for fear-related disorders. *Recent Patents CNS Drug Discovery*, 3, 166-178.

Antelman, S. M., Szechtman, H., Chin, P., & Fisher, A. E. (1975). Tail pinch-induced eating, gnawing and licking behavior in rats: Dependence on the nigrostriatal dopamine system. *Brain Research*, 99(975), 319-337.

Austin, J. H. (1998). *Zen and the Brain*. Cambridge, MA: MIT Press.

Austin, J. H. (2006). *Zen-brain Reflections*. Cambridge, MA: MIT Press.

Avena, N. M., Rada, P., & Hoebel, B. G. (2008). Evidence for sugar addiction: Behavioral and neurochemical effects of intermittent, excessive sugar intake. *Neuroscience and Biobehavioral Reviews*, 32, 20-39.

Averill, J. R. (2010). Ten questions about anger that you may never have thought to ask. In F. Pahlavan (Ed.), *Multiple Facets of Anger: Getting Mad or Restoring Justice?* (pp. 1-25). New York, NY: Nova Science.

Baddeley, A. D., & Hitch, G. J. (1974). Working memory. In G. A. Bower (Ed.), *The Psychology of Learning and Motivation: Advances in Research and Theory* (Vol. 8, pp. 47-89). New York, NY: Academic Press.

Bagemihl, B. (1999). *Biological Exuberance: Animal Homosexuality and Natural Diversity*. New York, NY: St. Martin's Press.

Bailey, P., & Davis, E. W. (1942). Effects of lesions of the periaqueductal gray matter in the cat. *Proceedings of the Society for Experimental Biology and Medicine*, 351, 305-306.

Bailey, P., & Davis, E. W. (1943) Effects of lesions of the periaqueductal gray matter on the Macaca Mulatta. *Journal of Neuropathology and Experimental Neurology*, 3, 69-72.

Balthazart, J., Tlemçani O., & Ball, G. F. (1996). Do sex differences in the brain explain sex differences in the hormonal induction of reproductive behavior? What 25 years of research on the Japanese quail tells us. *Hormones & Behavior*, 30, 627-661.

Bandler, R. (1988). Brain mechanisms of aggression as revealed by electrical and chemical stimulation: Suggestion of a central role for the midbrain periaqueductal gray region. In A. N. Epstein & A. R. Morrison (Eds.), *Progress in Psychobiology and Physiological Psychology* (Vol. 13, pp. 67-154). San Diego: Academic Press.

Barbour, J. (2000). *The End of Time*. New York, NY: Oxford University Press.

Barrett, L. F. (2006). Emotions as natural kinds? *Perspectives on Psychological Science*, 1, 28-58.

Barrett, P., & Bateson, P. (1978). The development of play in cats. *Behaviour*, 66, 105-120.

Bartz, J. A., & Hollander, E. (2008). Oxytocin and experimental therapeutics in autism spectrum disorders. *Progress in Brain Research*, 170, 451-462.

Bartz, J., Simeon, D., Hamilton, H., Kim, S., Crystal, S., Braun, A., Vicens, V., & Hollander, E. (2010). Oxytocin can hinder trust and cooperation in borderline personality disorder. *Social Cognitive and Affective Neuroscience*, 6(5): 556-563.

Bauby, J.-D. (1997). *The Diving Bell and the Butterfly*. New York, NY: AA Knopf.

Beatty, W. W., Costello, K. B., & Berry, S. L. (1984). Suppression of play fighting by amphetamine: Effects of catecholamine antagonists, agonists and synthesis inhibitors. *Pharmacology Biochemistry and Behavior*, 20, 747-755.

Beatty, W. W., Dodge, A. M., Dodge, L. J., Whike, K., & Panksepp, J. (1982). Psychomotor stimulants, social deprivation and play in juvenile rats. *Pharmacology Biochemistry and Behavior*, 16, 417-422.

Beebe, B., & Lachmann, E. M. (1988). The contribution of mother-infantmutual influence to the origins of self and object relations. *Psychoanalytic Psychology*, 5, 305-337.

Bejjani, B. P., Damier, P., Arnulf, I., Thivard, L., Bonnet, A. M., Dormont, D., Cornu, P., Pidoux, B., Samson, Y., & Agid, Y. (1999). Transient acute depression induced by high-frequency deep-brain stimulation. *New England Journal of Medicine*, 340, 1476-1480.

Bekkedal, M. Y., Rossi, J., & Panksepp, J. (2011). Human brain EEG indices of emotions: Delineating responses to affective vocalizations by measuring frontal theta event-related synchronization. *Neuroscience & Biobehavioral Reviews*, 35(9), 1959-1970.

Bekoff, M. (2000). *The Smile of a Dolphin: Remarkable Accounts of Animal Emotions*. New York, NY: Random House/Discovery Books.

Bekoff, M. (2007). *The Emotional Lives of Animals*. Novato, CA: New World Library.

Belenky, G., Martin, J. A., & Marcy, S. C. (1996). After-Action critical incident stress debriefings and battle reconstructions following combat. In J. Martin, L. Sparacino, & G. Belenky (Eds.), *The Gulf War and Mental Health: A Comprehensive Guide* (pp. 105-114). Westport, CT: Praeger Publishers.

Benedek, T., & Rubenstein, B. B. (1942). *The Sexual Cycle in Women*. Washington, DC: National Research Council.

Bennett, M. R., & Hacker, P. M. S. (2003). *Philosophical Foundations of Neuroscience*. Malden, MA: Blackwell.

Bentham, J. (1779/1879). *Introduction to the Principles of Morals and Legislation*. Oxford: Clarendon Press.

Berlin, H. A. (2007). Antiepileptic drugs for the treatment of post-traumatic stress disorder. *Current Psychiatry Reports*, 9, 291-300.

Berlin, H. A., Rolls, E. T., & Kischka, U. (2004). Impulsivity, time perception, emotion and reinforcement sensitivity in patients with orbitofrontal cortex lesions. *Brain*, 127, 1108-1126.

Bernatzky, G., Presch, M., Anderson, M., & Panksepp, J. (2011). Emotional foundations of music as a non-pharmacological pain management tool in modern medicine. *Neuroscience & Biobehavioral Reviews*, 35, 1989-1999.

Bernroider, G., & Panksepp, J. (2011, March 3). Mirrors and feelings: Have you seen the actors outside? *Neuroscience & Biobehavioral Reviews*, 35, 2009-2016.

Berridge, K. C. (1996). Food reward: Brain substrates of wanting and liking. *Neuroscience and Biobehavioral Reviews*, 20, 1-26.

Berridge, K. C. (2000). Measuring hedonic impact in animals and infants: Microstructure of affective taste reactivity patterns. *Neuroscience and Biobehavioral Reviews*, 24, 173-198.

Berridge, K. C. (2004). Pleasures, unfelt affect, and irrational desire. In A. S. R. Manstead, N. Frijda, & A. Fischer (Eds.), *Feelings and Emotions: The Amsterdam Symposium* (pp. 243-262). Cambridge, UK: Cambridge University Press.

Berridge, K. C., & Robinson, T. E. (1998). What is the role of dopamine inreward: Hedonic impact, reward learning, or incentive salience? *Brain Research Reviews*, 28, 309-369.

Berridge, K. C., Robinson, T. E., & Aldridge, J. W. (2009). Dissecting components of reward: 'liking', 'wanting', and learning. *Current Opinion in Pharmacology*, 9, 65-73.

Berridge, K. C., & Valenstein, E. S. (1991). What psychological process mediates feeding evoked by electrical stimulation of the lateral hypothalamus? *Behavioral Neuroscience*, 105, 2-14.

Berta, P., Hawkins, J. R., Sinclair, A. H., Taylor, A., Griffiths, B. L. & Goodfellow, P. N. (1990). Genetic evidence equating SRY and testis-determining factor. *Nature*, 348, 488-450.

Birbaumer, N. (2006). Breaking the silence: Brain-computer interfaces (BCI) for communication and motor control. *Psychophysiology*, 43, 517-532.

Black, D. (1982). Pathological laughter: A review of the literature. *Journal of Nervous and Mental Disorders*, 170, 67-71.

Blackburn, J. R., Pfaus, J. G., & Phillips, A. G. (1992). Dopamine functions in appetitive and defensive behaviours. *Progress in Neurobiology*, 39, 247-279.

Blair, R. J., Morris, J. S., Frith, C. D., Perrett, D. I., & Dolan, R. J. (1999) Dissociable neural responses to facial expressions of sadness and anger. *Brain*, 122, 883-893.

Blakemore, S. J. (2003). Deluding the motor system. *Consciousness and Cognition*, 12, 647-655.

Blakemore, S. -J., Wolpert, D., & Frith, C. D. (2000). Why can't you tickle yourself? *NeuroReport*, 11, R11-R16.

Bliss, T., & Lomo, T. (1973). Long-lasting potentiation of synaptic transmission in the dentate area of the anaesthesized rabbit following stimulation of the perforant path. *Journal of Physiology*, 232(2), 331-356.

Blood, A. J., & Zatorre, R. J. (2001). Intensely pleasurable responses to music correlate with activity in brain regions implicated in reward and emotion. *Proceedings of the National Academy of Sciences*, 98, 11818-11823.

Blumer, D. (2000). Dysphoric disorders and paroxysmal affects: Recognition and treatment of epilepsy-related psychiatric disorders. *Harvard Review of Psychiatry*, 8, 8-17.

Bodkin, J. A., Zornberg, G. L., Lukas, S. E., & Cole, J. O. (1995). Buprenorphine treatment of refractory depression. *Journal of Clinical Psychopharmacology*, 1, 49-57.

Bohus, M. J., Lanwhremeyer, G. B., Stiglmayr, C. E., Limberger, M. F., Bohme, R., & Schmahl, C. G. (1999). Naltrexone in the treatment of dissociative symptoms in patients with borderline personality disorder: An open-label trial. *Journal of Clinical Psychiatry*, 60, 598-603.

Boldrini, M., Underwood, M. D., Hen, R., Rosoklija, G. B., Dwork, A. J., Mann, J., & Arango, V. (2009). Antidepressants increase neural progenitor cells in the human hippocampus. *Neuropsychopharmacology*, 34, 2376-2389.

Bolwerk, E. L. M., & Swanson, H. H. (1984). Does oxytocin play a role in the onset of maternal behavior in the rat? *Journal of Endocrinology*, 101, 353-357.

Borod, J. C. (Ed.) (2000). *The Neuropsychology of Emotion*. New York, NY: Oxford University Press.

Bos, P. A., Hermans, E. J., & van Honk, J. (2010). Testosterone decreases trust in socially naive humans. *Proceedings of the National Academy of Sciences*, 107, 9991-9995.

Bos, P. A., Panksepp, J., Bluthé, R. M, & Honk, J. V. (2012). Acute effects of steroid hormones and neuropeptides on human social-emotional behavior: A Review of single administration studies. *Frontiers in Neuroendocrinology*, 33(1): 17-35.

Bouvard, M. P., Leboyer, M., Launay, J.-M., Racasens, C., Plumet, M.-H., Waller-Perotte, D., Tabuteau, F., Bondoux, D., Dugas, M., Lensing, P., & Panksepp, J. (1995). Low dose naltrexone effects on plasma chemistries and clinical symptoms in autism: A double-blind placebo-controlled study. *Psychiatry Research*, 58, 191-201.

Bowlby, J. (1953). *Child Care and the Growth of Love*. London: Penguin Books.

Bowlby, J. (1960). Separation anxiety. *International Journal of Psychonanalysis*, 41, 89-113.

Bowlby, J. (1980). *Attachment and Loss*, *Vol. 3*. *Loss: Sadness and Depression*. New York, NY: Basic Books.

Brammer, R. (2011). *Diversity in Counseling: Exploring Ethnic and Gender Issues* (2nd ed.). Pacific Grove, CA: Brooks/Cole.

Brandão, M. L., Borelli, K. G., Nobre, M. J., Santos, J. M., Albrechet-Souza, L., Oliveira, A. R., & Martinez, R. C. (2005). Gabaergic regulation of the neural organization of fear in the midbrain tectum. *Neuroscience & Biobehavioral Reviews*, 29, 1299-1311.

Brandão, M. L., Tronscoso, A. C., Silva, M. A. S., & Huston, J. P. (2003). The relevance of neuronal substrates of defense in the midbrain tectum to anxiety and stress: Empirical and conceptual considerations. *European Journal of Pharmacology*, 463, 225-233.

Brandão, M. L., Zanoveli, J. M., Ruiz-Martinez, R. C., Oliveira, L. C., & Landeira Fernandez, J. (2008). Different patterns of freezing behavior organized in the periaqueductal gray of rats: Association with different types of anxiety. *Behavioral Brain Research*, 188, 1-13.

Brayley, K. N., & Albert, D. J. (1977). Suppression of VMH-lesion-induced reactivity and aggressiveness in the rat by stimulation of lateral septum, but not medial septum or cingulate cortex. *Journal of Comparative and Physiological Psychology*, 91, 290-299.

Breedlove, S. M. (1992). Sexual differentiation of the brain and behavior. In J. B. Becker, S. M. Breedlove, & D. Crews (Eds.), *Behavioral Endocrinology*. Cambridge, MA: MIT Press.

Brown, P. L., & Jenkins, H. M. (1968). Autoshaping of the pigeon's key peck. *Journal of the Experimental Analysis of Behavior*, 11, 1-8.

Browning, J. R., Browning, D. A., Maxwell, A. O., Dong, Y., Jansen, H. T., Panksepp, J., & Sorg, B. A. (2011). Positive affective vocalizations during cocaine and sucrose self-administration: A model for spontaneous drug desire in rats. *Neuro Pharmacology*, 61, 268-275.

Bruchas, M. R., Land. B. B., & Chavkin, C. (2010). The dynorphin/kappa opioid system as a modulator of stress-induced and pro-addictive behaviors. *Brain Research*, 1314, 44-55.

Brudzynski, S. M. (2007). Ultrasonic calls of rats as indicator variables of negative or positive states: Acetylcholine-dopamine interaction and acoustic coding. *Behavioural Brain Research*, 182(2), 261-273.

Brudzynski, S. M. (Ed.). (2010). *Handbook of Mammalian Vocalization*. Oxford, UK: Academic Press.

Brudzynski, S. M, & Holland, G. (2005). Acoustic characteristic of air puffinduced 22-kHz alarm calls in direct recordings. *Neuroscience & Biobehavioral Reviews*, 29, 1169-1180.

Brudzynski, S. M., Silkstone, M., Komadoski, M., Skullion, K., Duffus, S., Burgdorf, J., Kroes, R. A., Moskal, J. R., & Panksepp, J. (2010). Effects of intra-accumbens amphetamine on production of 50-kHz vocalizations in three lines of selectively bred Long-Evans rats. *Behavioural Brain Research*, 217(1), 32-40.

Buck, R. (1999). The biological affects: A typology. *Psychological Review*, 106(2), 301-336.

Burgdorf, J., Knutson, B., & Panksepp, J. (2000). Anticipation of rewarding electrical brain stimulation evokes ultrasonic vocalizations in rats. *Behavioral Neuroscience*, 114, 320-327.

Burgdorf, J., Knutson, B., Panksepp, J., & Ikemoto, S. (2001). Nucleus accumbens amphetamine microinjections unconditionally elicit 50-kHz ultrasonic vocalizations in rats. *Psychopharmacology*, 155, 35-42.

Burgdorf, J., Kroes, R. A., Beinfeld, M. C., Panksepp, J., & Moskal, J. R. (2010). Uncovering the molecular basis of positive affect using rough-and-tumble play in rats: A role for insulin-like growth factor I. *Neuroscience*, 163, 769-777.

Burgdorf, J., Kroes, R. A., Moksal, J. R., Pfaus, J. G., Brudzynski, S. M., & Panksepp, J. (2008). Ultrasonic vocalizations of rats (rattus norvegicus) during mating, play, and aggression: Behavioral concomitants, relationship to reward, and self-administration of playback. *Journal of Comparative Psychology*, 122, 357-367.

Burgdorf, J., & Panksepp, J. (2006). The neurobiology of positive *emotions*. *Neuroscience and Biobehavioral Reviews*, 30, 173-187.

Burgdorf, J., Panksepp, J., Beinfeld, M. C., Kroes, R. A., & Moskal, J. R. (2006). Regional brain cholecystokinin changes as a function of rough-and-tumble play behavior in adolescent rats. *Peptides*, 27, 172-177.

Burgdorf, J., Panksepp, J., Brudzynski, S. M., Beinfeld, M. C., Cromwell, H. C., Kroes, R. A., & Moskal, J. R. (2009). The effects of selective breeding for differential rates of 50-kHz ultrasonic vocalizations on emotional behavior in rats. *Developmental Psychobiology*, 51, 34-46.

Burgdorf, J., Panksepp, J., Brudzynski, S. M., & Moskal, J. R. (2005). Breeding for 50-kHz positive affective vocalizations in rats. *Behavior Genetics*, 35, 67-72.

Burgdorf, J., Panksepp, J., & Moskal, J. R. (2011). Frequency-modulated 50kHz ultrasonic vocalizations: A tool for uncovering the molecular substrates of positive affect. *Neuroscience & Biobehavioral Reviews*, 35, 1831-1836.

Burgdorf, J., Wood, P. L., Kroes, R. A., Moskal, J. R., & Panksepp, J. (2007). Neurobiology of 50-kHz ultrasonic vocalizations in rats: Electrode mapping, lesion, and pharmacology studies. *Behavioral Brain Research*, 182 (2), 274-283.

Burghardt, G. M. (2005). *The Genesis of Animal Play: Testing the Limits*. Cambridge, MA: MIT Press.

Busnel, M. C., Granier-Deferre, C., & Lecanuet, J. P. (1992). Fetal audition. *Annals of the New York Academy of Sciences*, 662, 118-134.

Byers, J. A. (1997). *American Pronghorn: Social Adaptations and the Ghosts of Predators Past*. Chicago: University of Chicago Press.

Byers, J. A., and Walker, C. B. (1995). Refining the motor training hypothesis for the evolution of play. *American Naturalist*, 146, 25-40.

Cabanac, M. (1992). Pleasure: The common currency. *Journal of Theoretical Biology*, 155, 173-200.

Cacioppo, J., & Patrick, W. (2008). *Loneliness: Human Nature and the Need for Social Connection*. New York: W. W. Norton.

Caggiula, A. R. (1970). Analysis of the copulation-reward properties of posterior hypothalamic stimulation in male rats. *Journal of Comparative and Physiological Psychology*, 70, 399-412.

Caggiula, A. R., & Eibergen, R. (1969). Copulation of virgin male rats evoked by painful peripheral stimulation. *Journal of Comparative and Physiological Psychology*, 69, 414-419.

Calder, A. J., Keane, J., Lawrence, A. D., & Manes, F. (2004). Impaired recognition of anger following damage to the ventral striatum. *Brain*, 127, 1958-1969.

Caldwell, J. D. (2002). A sexual arousability model involving steroid effects at the plasma membrane. *Neuroscience and Biobehavioral Reviews*, 26, 13-30.

Campeau, S., & Davis, M. (1995). Involvement of subcortical and cortical afferents to the lateral nucleus of the amygdala in fear conditioning measured with fear-potentiated startle in rats trained concurrently with auditory and visual conditioned stimuli. *Journal of Neuroscience*, 15, 2312-2327.

Cannon, W. B. (1927). The James-Lange theory of emotions: A critical examination and an alternative theory. *American Journal of Psychology*, 39, 106-124.

Carter, C. S. (1998). Neuroendocrine perspectives on social attachments and love. *Psychoneuroendocrinology*, 23, 779-818.

Carter, C. S. (2007). Sex differences in oxytocin and vasopressin: Implications for autism spectrum disorders? *Behavioural Brain Research*, 176, 170-186.

Carter, S. C., DeVries, A. C., & Gets, L. L. (1995). Physiological substrates of mammalian monogamy: The prairie vole model. *Neuroscience and Biobehavioral Reviews*, 19, 303-314.

Castellanos, F. X., & Tannock, R. (2002). Neuroscience of attention-deficit/hyperactivity disorder: The search for endophenotypes. *Nature Reviews Neuroscience*, 3, 617-628.

Chalmove, A. S. (1978). Therapy of isolate rhesus: Different partners andsocial behavior. *Child Development*, 49, 43-50.

Champagne, F., Francis, D. D., Mar, A., & Meaney, M. J. (2003). Variations in maternal care in the rat as a mediating influence for the effects of environment on development. *Physiology & Behavior*, 79, 359-371.

Chase, T. N., & Friedhoff, A. J. (Eds.). (1982). *Gilles de la Tourette* syndrome. New York, NY: Raven Press.

Chen, Q., Panksepp, J. B., & Lahvis, G. P. (2009). Empathy is moderated bygenetic background in mice. *PLOS One*, 4, e4387.

Chen, R. C., & Forster, F. M. (1973). Cursive epilepsy and gelastic epilepsy. *Neurology*, 23, 1019-1029.

Chiron, C., Jambaque, I., Nabbout, R., Lounes, R., Syrota, A., & Dulac, O. (1997). The right brain hemisphere is dominant in human infants. *Brain*, 120, 1057-1065.

Chomsky, N. (1968). *Language and Mind*. New York, NY: Harcourt, Brace & Jovanovich.

Chugani, H. T. (1996). Neuroimaging of developmental nonlinearity and developmental pathologies. In R. W. Thatcher, G. Reid Lyon, J. Rumsey, & N. Krasnegor (Eds.), *Developmental Neuroimaging: Mapping the Developmental of Brain and Behavior* (pp. 187-198). San Diego: Academic Press.

Chugani, H. T. (1998). A critical period of brain development: Studies of cerebral glucose utilization with PET. *Preventive Medicine*, 27, 184-188.

Cibrian-Llanderal T., Tecamachaltzi-Silvaran, M., Triana-Del Rio, R., Pfaus, J. G., Manzo, J., & Coria-Avila, G. A. (2010). Clitoral stimulation modulates appetitive sexual behavior and facilitates reproduction in rats. *Physiology & Behavior*, 100, 148-153.

Ciocchi, S., Herry, C., Grenier, F., Wolff, S. B., Letzkus, J. J., Vlachos, I. Ehrlich, I., Sprengel, R., Deisseroth, K., Stadler, M. B., Müller, C., & Lüthi. A. (2010). Encoding of conditioned fear in central amygdala inhibitory circuits. *Nature*, 468, 277-282.

Cirulli, F., Francia, N., Berry, A., Aloe, L., Alleva, E., & Suomi, S. J. (2009). Early life stress as a risk factor for mental health: Role of neurotrophins from rodents to non-human primates. *Neuroscience and Biobehavioral Reviews*, 33, 573-585.

Clancy, S. (2009). *The Trauma Myth: The Truth About the Sexual Abuse of Children—and Its Aftermath*. New York: Basic Books.

Clarke, S., & Trowill, J. A. (1971). Sniffing and motivated behavior in the rat. *Physiology & Behavior*, 6, 49-52.

Clayton, N. S., Bussey, J. T., & Dickenson, A. (2003). Can animals recall the past and plan the future? *Nature Reviews Neuroscience*, 4, 685-691.

Clayton, N. S., & Russell, J. (2009). Looking for episodic memory in animals and young children: Prospects for a new minimalism. *Neuropsychologia*, 47, 2330-2340.

Clynes, M. (1977). *Sentics: The Touch of Emotions*. New York, NY: Doubleday.

Code, D. (2009). *To Raise Happy Kids, Put Your Marriage First*. New York, NY: Crossroad.

Coenen, V. A., Schlaepfer, T. E., Maedler, B., & Panksepp, J. (2011). Cross-species affective functions of the medial forebrain bundle-Implications for the treatment of affective pain and depression in humans. *Neuroscience & Biobehavioral Reviews*, 35, 1971-1981.

Colonnello, V., Iacobucci, P., Fuchs, T., Newberry, R. C., & Panksepp, J. (2011). Octodon degus. A useful animal model for social-affective neuroscience research: Basic description of separation distress, social attachments and play. *Neuroscience & Biobehavioral Reviews*, 35, 1854-1863.

Comings, D. E., Comings, B. G., Muhleman, D., Dietz, G., Shahbahrami, B., Tast, D. & Flanagan, S. D. (1991). The dopamine D2 receptor locus as a modifying gene in neuropsychiatric disorders. *Journal of the American Medical Association*, 266, 1793-1800.

Conrad, C. D. (2008). Chronic stress-induced hippocampal vulnerability: The glucocorticoid vulnerability hypothesis. *Reviews of Neuroscience*, 19, 395-411.

Conway, A. R. A., Kane, M. J., & Engle, R. W. (2003). Working memory capacity and its relation to general intelligence. *Trends in Cognitive Sciences*, 7, 547-552.

Copleston, F. (1962a). *A History of Philosophy, Vol. 1: Greece and Rome, Part I*. Garden City, NY: Image Books.

Copleston, F. (1962b). *A History of Philosophy, Vol. 4: Modern Philosophy: Descartes to Leibniz*. Garden City, NY: Image Books.

Cousins, N. (1983). *The Healing Heart: Antidotes to Panic and Helplessness*. New York, NY: W. W. Norton.

Cozolino, L. (2002). *The Neuroscience of Psychotherapy: Building and Rebuilding the Human Brain*. New York, NY: W. W. Norton.

Cozolino, L. (2010). *The Neuroscience of Psychotherapy: Healing the Social Brain* (2nd ed). New York, NY: W. W. Norton.

Craig, A. D. (2002). How do you feel? Interoception: The sense of the physiological condition of the body. *Nature Reviews Neuroscience*, 3, 655-666.

Craig, A. D. (2003a). Interoception: The sense of the physiological condition of the body. *Current Opinion in Neurobiology*, 13, 500-505.

Craig, A. D. (2003b). Pain mechanisms: Labeled lines versus convergence in central processing. *Annual Review of Neuroscience*, 26, 1-30.

Craig, A. D. (2009). How do you feel-now? The anterior insula and human awareness. *Nature Reviews Neuroscience*, 10, 59-70.

Crawley, J. N. (2007). *What's Wrong With My Mouse? Behavioral Phenotyping of Transgenic and Knockout Mice* (2nd ed.). New York, NY: Wiley & Sons.

Cromwell, H. C. & Panksepp, J. (2011). Rethinking the cognitive revolution from a neural perspective: How overuse/misuse of the term 'cognition' and the neglect of affective controls in behavioral neuroscience could be delaying progress in understanding the BrainMind. *Neuroscience and Biobehavioral Reviews*, 35, 2026-2035.

Dahan, L., Astier, B., Vautrelle, N., Urbain, N., Kocsis, B., & Chouvet, G. (2007). Prominent burst firing of dopaminergic neurons in the ventral tegmental area during paradoxical sleep. *Neuropsychopharmacology*, 32, 1232-1241.

Daitzman, R., & Zuckerman, M. (1980). Disinhibitory sensation seeking, personality and gonadal hormones. *Personality and Individual Differences*, 1, 103-110.

Daly, M., & Wilson, M. (2001). Risk-taking, intrasexual competition and homicide. *Nebraska Symposium on Motivation*, 47, 1-36.

Damasio, A. R. (1994). *Descartes' Error: Emotion, Reason, and the Human Brain*. New York, NY: Avon Books.

Damasio, A. R. (1999). *The Feeling of What Happens: Body and Emotion in the Making of Consciousness*. New York, NY: Harcourt Brace.

Damasio, A. R. (2003). *Looking for Spinoza: Joy, Sorrow and the*

Feeling Brain. Orlando: Harcourt.

Damasio, A. R. (2010). *Self Comes to Mind: Constructing the Conscious Brain*. New York, NY: Pantheon Books.

Damasio, A. R., Grabowski, T. J., Bechara, A., Damasio, H., Ponto, L. L. B., Parvizi, J., & Hichwa, R. D. (2000). Subcortical and cortical brain activity during the feeling of self-generated emotions. *Nature Neuroscience*, 3, 1049-1056.

Damoiseaux, J. S., Rombouts, S. A., Barkhof, F., Scheltens, P., Stam, C. J., Smith, S. M., & Beckmann, C. F. (2006). Consistent resting state networks across healthy subjects. *Proceedings of the National Academy of Sciences U. S. A.*, 103, 13848-13853.

Dantzer, R., Bluthe, R. M., Koob, G. F., &Le Moal, M. (1987). Modulation ofsocial memory in male rats by neurohypophyseal peptides. *Psychopharmacology*, 91, 363-368.

Dantzer, R., Koob, G. F., Bluthe, R. M., & Le Moal, M. (1988). Septal vasopressin modulates social memory in male rats. *Brain Research*, 457, 143-147.

Dantzer, R., O'Connor, J. C., Freund, G. G., Johnson, R. W., & Kelley, K. W. (2008). From inflammation to sickness and depression: When the immune system subjugates the brain. *Nature Reviews Neuroscience*, 6, 46-57.

Darwin, C. (1871). *The Descent of Man, and Selection in Relation to Sex*. Princeton, NJ: Princeton University Press.

Darwin, C. (1872). *The Expression of the Emotions in Man and Animals*. London, UK: John Murray.

Darwin, C. (1872/1998). *The Expression of Emotion in Man and Animals* (3rd ed.). New York, NY: Oxford University Press.

Daston, L., & Mitman, G. (2005). *Thinking with Animals: New Perspectives on Anthropomorphism*. New York, NY: Columbia University Press.

Davanloo, H. (2005). Intensive short-term dynamic psychotherapy. In H. Kaplan and B. Sadock (Eds.), *Comprehensive Textbook of Psychiatry* (8th ed., Vol. 2, pp. 2628-2652). Philadelphia: Lippincott Williams & Wilkins.

Davidson, R. J. (2004). Well-being and affective style: Neural substrates and biobehavioral correlates. *Philosophical Transactions of the Royal Society of London*, *B*, 359, 1395-1411.

Davidson, R. J., Scherer, K. R., & Goldsmith, H. H. (2003). *Handbook of Affective Sciences*. New York, NY: Oxford University Press.

Davies, P. S. (2011). Ancestral voices in the mammalian mind: Philosophical implications of Jaak Panksepp's affective neuroscience. *Neuroscience and Biobehavioral Reviews*, 35, 2036-2044.

Davis, K. L., Panksepp, J., & Normansell, L. (2003). The affective neuroscience personality scales: Normative data and implications. *Neuro Psychoanalysis*, 5, 21-29.

Davis, K. L., & Panksepp, J. (2011). The brain's emotional foundations of human personality and the Affective Neuroscience Personality Scales. *Neuroscience and Biobehavioral Reviews*, 35, 1946-1958.

Davis, M. (1992). The role of the amygdala in fear and anxiety. *Annual Reviews Neuroscience*, 15, 353-375.

Davis, M., Campeau, S., Kim, M., & Falls, W. A. (1995). Neural systems of emotion: The amygdala's role in fear and anxiety. In J. L. McGaugh, N. M. Weinberger, & G. Lynch (Eds.), *Brain and Memory: Modulation and Mediation of Neuroplasticity* (pp. 3-40). New York, NY: Oxford University Press.

Davis, M., & Lang, P. J. (2003). Emotion. In M. Gallagher, R. J. Nelson, & I. B. Weiner (Eds.), *Handbook of Psychology*: *Vol* 3. *Biological Psychology*(pp. 405-440). Hoboken, NJ: John Wiley & Sons.

Davis, M., Ressler, K., Rothbaum, B. O., & Richardson R. (2006). Effects of D-cycloserine on extinction: Translation from preclinical to clinical work. *Biological Psychiatry*, 60, 369-375.

Davis, M., Walker, D. L., Miles, L., & Grillon, C. (2010). Phasic vs. sustained fear in rats and humans: Role of the extended amygdala in fear vs anxiety. *Neuropsychopharmacology Reviews*, 35, 105-135.

Decety, J., & Ickes, W. (Eds.) (2009). *The Social Neuroscience of Empathy*. Cambridge, MA: MIT Press.

De Dreu, C. K., Greer, L. L., Handgraaf, M. J., Shalvi, S., Van Kleef, G. A., Baas, M., Ten Velden, F. S., Van Dijk, E., & Feith, S. W. (2010). The neuropeptide oxytocin regulates parochial altruism in intergroup conflict among humans. *Science*, 328, 1408-1411.

de Jong, T. R., Chauke, M., Harris, B. N., & Saltzman, W. (2009). From here to paternity: Neural correlates of the onset of paternal behavior in California mice (*Peromyscus californicus*). *Hormones & Behavior*, 56, 220-231.

Del-Ben, C. M., & Graeff, F. G. (2009). Panic disorder: Is the PAG involved? *Neural Plasticity*, 1-9. doi: 10. 1155/2009/108135.

Delgado, J. M. R. (1969). *Physical Control of the Mind: Toward a Psychocivilized Society*. New York, NY: Harper and Row.

Delgado, J. M. R., Roberts, W. W., & Miller, N. E. (1954). Learning motivated by electrical stimulation of the brain. *American Journal of Physiology*, 179, 587-593.

DeMolina A. F., & Hunsperger, R. W. (1962). Organization of the subcortical system governing defense and flight reactions in the cat. *Journal of Physiology (London)*, 160, 200-213.

Denton, D. (2006). *The Primordial Emotions: The Dawning of Consciousness*. New York, NY: Oxford University Press.

Descartes, R. (1960). *Discourse on Method* (L. Lafleur, Trans.). New York, NY: Macmillan.

De Vries, G. J., & Panzica, G. C. (2006). Sexual differentiation of central vasopressin and vasotocin systems in vertebrates: different mechanisms, similar endpoints. *Neuroscience*, 138, 947-55.

de Waal, F. (2009). *Primates and Philosophers: How Morality Evolved*. Princeton, NJ: Princeton University Press.

Diamond, M. (2004). Sex, gender, and identity over the years: A changing perspective. *Child and Adolescent Psychiatric Clinics of North America*, 13, 591-607.

Dissanayake, E. (2003). The core of art: Making special. *Journal of the Canadian Association for Curriculum Studies*, 1, 13-38.

Ditzen, B., Schaer, M., Gabriel, B., Bodenmann, G., Ehlert, U., & Heinrichs, M. (2009). Intranasal oxytocin increases positive communication and reduces cortisol levels during couple conflict. *Biological Psychiatry*, 65, 728-731.

Doidge, N. (2007). *The Brain that Changes Itself*. New York, NY: Penguin.

Donaldson, Z. R., & Young, L. J. (2008). Oxytocin, vasopressin, and the neurogenetics of sociality. *Science*, 322, 900-904.

Doron, N. N., & LeDoux, J. E. (1999). Organization of projections to the lateral amygdala from auditory and visual areas of the thalamus in the rat. *Journal of Comparative Neurology*, 412, 383-409.

Droit-Volet, S., & Meck, W. H. (2007). How emotions colour our perception of time. *Trends in Cognitive Sciences*, 11, 504-513.

Ehrhardt, A. A., Meyer-Bahlburg, H. F. L., Rosen, L. R., Feldman, J. F., Veridiano, N. P., Zimmerman, I., & McEwen, B. S. (1985). Sexual orientation after prenatal exposure to exogenous estrogen. *Archives of Sexual Behavior*, 14, 57-78.

Ehrlich, I., Humeau, Y., Grenier, F., Ciocchi, S., Herry, C., & Lüthi, A. (2009). Amygdala inhibitory circuits and the control of fear memory. *Neuron*, 62, 757-771.

Ehrsson, H. H., Spence, C., & Passingham, R. E. (2004). That's my hand! Activity in premotor cortex reflects feeling of ownership of a limb. *Science*, 305, 875-877.

Eibl-Eibesfeldt, I. (1989). *Human ethology*. New York, NY: Aldine de Gruyter.

Eickhoff, F. W. (2006). On Nachträglichkeit: The modernity of an old concept. *International Journal of Psychoanalysis*, 87(Pt 6), 1453-1469.

Einon, D., & Potegal, M. (1991). Enhanced defense in adult rats deprived of playfighting experience as juveniles. *Aggressive Behavior*, 17, 27-40.

Eisenberger, N. (2010). The neuronal basis of social pain: Findings and implications. In G. MacDonald & L. A. Jensen-Campbell (Eds.), *Social Pain: Neuropsychological and Health Implications of Loss and Exclusion* (pp. 53-78). Washington, DC: American Psychological Association.

Ekman, P. (1994). Strong evidence for universals in facial expressions: A reply to Russell's mistake critique. *Psychological Bulletin*, 115, 263-287.

Ekman, P., & Davidson, R. J. (Eds.). (1994). *The Nature of Emotion: Fundamental Questions*. New York, NY: Oxford University Press.

Elbert, T., & Rockstroh, B. (2004). Reorganization of the human cerebral cortex: The range of changes following use and injury. *Neuroscientist*, 10, 129-141.

Eleftheriou, B. E. (Ed.). (1972). *The Neurobiology of the Amygdala*. New York, NY: Plenum.

Elliot, A. (Ed.). (2008). *Handbook of Approach and Avoidance Motivation*. New York, NY: Taylor & Francis.

Elliott, R., Watson, J. C., Goldman, R. N., & Greenberg, L. S. (2004). *Learning Emotion-focused Therapy*. Washington, DC: American Psychological Association.

Ellis, G. F. R., & Toronchuk, J. A. (2005). Neural development: Affective and immune system influences. In R. D. Ellis & N. Newton (Eds.), *Consciousness and Emotion: Agency, Conscious Choice, and Selective Perception* (pp. 81-119). Amsterdam: John Benjamins.

Elsinger, P. J., Grattan, L. M., Damasio, H., & Damasio, A. R. (1992). Developmental consequences of childhood frontal lobe damage. *Archives of Neurology*, 49, 764-769.

Epstein, M. (1993). Postcommunist postmodernism. *Common Knowledge*, 2(3), 110-111.

Evans, C. S. (1967). Methods of rearing and social interaction in Macaca nemestrina. *Animal Behaviour*, 15, 263-266.

Everitt, B. J. (1990). Sexual motivation: A neural and behavioural analysis of the mechanisms underlying appetitive and copulatory responses of male rats. *Neuroscience and Biobehavioral Reviews*, 14, 217-232.

Fagen, R. (1981). *Animal Play Behavior*. New York, NY: Oxford University Press.

Faimberg, H. (2007). A plea for a broader concept of Nachträglichkeit. *Psychoanalytic Quarterly*, 76, 1221-1240.

Fanselow, M. S., & Poulos, A. M. (2005). The neuroscience of mammalian associative learning. *Annual Review of Psychology*, 56, 207-234.

Faure, A., Richard, J. M., & Berridge, K. C. (2010). Desire and dread from the nucleus accumbens: Cortical glutamate and subcortical GABA differentially generate motivation and hedonic impact in the rat. *PLOS*

ONE, 5(6), e11223.

Faure, A., Reynolds, S. M., Richard, J. M., & Berridge K. C. (2008). Mesolimbic dopamine in desire and dread: Enabling motivation to be generated by localized glutamate disruptions in nucleus accumbens. *Journal of Neuroscience*, 28, 7184-7192.

Fearon, R. P., Bakermans-Kranenburg, M. J., van Ijzendoorn, M. H., Lapsley, A. M., & Roisman, G. I. (2010). The significance of insecure attachment and disorganization in the development of children's externalizing behavior: A meta-analytic study. *Child Development*, 81, 435-456.

Feifel, D., Macdonald, K., Nguyen, A., Cobb, P., Warlan, H., Galangue, B., Minassian, A., Becker, O., Cooper, J., Perry, W., Lefebvre, M., Gonzales, J., & Hadley, A. (2010). Adjunctive intranasal oxytocin reduces symptoms in schizophrenia patients. *Biological Psychiatry*, 68, 678-680.

Feldman, R., Gordon, I., Schneiderman, I., Weisman, O., & Zagoory-Sharon, O. (2010). Natural variations in maternal and paternal care are associated with systematic changes in oxytocin following parent-infant contact. *Psychoneuroendocrinology*, 35, 1133-1141.

Ferris, C. F., Kulkarni, P., Sullivan, J. M. Jr., Harder, J. A., Messenger, T. L., & Febo, M. (2005). Pup suckling is more rewarding than cocaine: Evidence from fMRI and 3D computational analysis. *Journal of Neuroscience*, 25, 149-156.

Fibiger, H. C., & Phillips, A. G. (1986). Reward, motivation, cognition: Psychobiology of mesotelencephalic dopamine systems. In *Handbook of Physiology*, *Vol. 4*, *The Nervous System*, *Intrinsic Regulatory Systems of the Brain* (pp. 647-675). Bethesda, MD: American Physiological Society.

Flagel, S. B., Clark, J. J., Robinson, T. E., Mayo, L., Czuj, A., Willuhn, I., Akers, C. A., Clinton, S. M., Phillips, P. E., & Akil, H. (2011a). A selective role for dopamine in stimulus-reward learning. *Nature*, 469, 53-57.

Flagel, S. B., Cameron, C. M., Pickup, K. N., Watson, S. J., Akil, H., & Robinson, T. E. (2011b). A food predictive cue must be attributed with incentive salience for it to induce c-fos mRNA expression in cortico-striatal-thalamic brain regions. *Neuroscience*, 196, 80-96.

Fleming, A. S., & Rosenblatt, J. S. (1974). Olfactory regulation of maternal behavior in rats. I. Effects of olfactory bulb removal in experienced and inexperi-enced lactating and cycling females. *Journal of Comparative and Physiological Psychology*, 86, 221-232.

Fleming, A. S., O'Day, D. H., & Kraemer, G. W. (1999). Neurobiology of motherinfant interactions: Experience and central nervous system plasticity across development and generations. *Neuroscience and Biobehavioral Reviews*, 23, 673-685.

Flynn, J. P. (1976). Neural basis of threat and attack. In R. G. Grenell & S. G. Abau (Eds.), *Biological Foundations of Psychiatry* (pp. 275-295). New York, NY: Raven Press.

Foa, E. B., & Kozak, M. J. (1998). Clinical applications of bioinformational theory: Understanding anxiety and its treatment. *Behavior Therapy*, 29, 675-690.

Fogelin, R. J. (2003). *Walking the Tightrope of Reason: The Precarious life of a Rational Animal*. New York, NY: Oxford University Press.

Fosha, D. (2000). *The Transforming Power of Affect: A Model for Accelerated Change*. New York, NY: Basic Books.

Fosha, D., Siegel, D., & Solomon, M. (Eds.). (2009a). *The Embodied Mind: Integration of the Body, Brain and Mind in Clinical Practice*. New York, NY: W. W. Norton.

Fosha, D., Siegel, D. J., & Solomon, M. F. (Eds.). (2009b). *The Healing Power of Emotion: Affective Neuroscience, Development and Clinical Practice*. New York, NY: W. W. Norton.

Fox, M. D., and Raichle, M. E. (2007). Spontaneous fluctuations in brain activity observed with functional magnetic resonance imaging. *Nature Reviews Neuroscience*, 8, 700-711.

Fransson, P. (2006). How default is the default mode of brain function? Further evidence from intrinsic BOLD signal fluctuations. *Neuropsychologia*, 44, 2836-2845.

Freed, P. J., & Mann, J. J. (2007). Sadness and loss: Toward a neurobiopsycho-social model. *American Journal of Psychiatry*, 164, 28-34.

Freed, P. J., Yanagihara, T. K., Hirsch, J., & Mann, J. J. (2009). Neural mechanisms of grief regulation. *Biological Psychiatry*, 66, 33-40.

Freud, S. (1895/1968). Project for a scientific psychology. In *The Origins of Psychoanalysis. SE I*. London: Hogarth Press. (Original work published 1895)

Freud, S. (1905a/1968). *Jokes and Their Relation to the Unconscious* (Standard Edition 8). London: Hogarth Press. (Original work published 1905)

Freud, S. (1905b/1968). *Three Essays on the Theory of Sexuality* (Standard Edition 7). London: Hogarth Press. (Original work published 1905)

Freud, S. (1937/1968). *Constructions in Analysis* (Standard Edition 23). London: Hogarth Press. (Original work published 1937)

Galenson, E., & Roiphe, H. (1974). The emergence of genital awareness during the second year of life. In R. C. Friedman, R. M. Richard & R. L. van Wiele (Eds.), *Sex Differences in Behavior* (pp. 223-231). New York, NY: Wiley.

Gallagher, S. (2000). Philosophical conceptions of the self: Implications for cognitive science. *Trends in Cognitive Sciences*, 4, 14-21.

Gallagher, H. L., & Frith, C. D. (2003). Functional imaging of 'theory of mind'. *Trends in Cognitive Sciences*, 7, 77-83.

Gallagher, S., & Shear, J. (Eds.). (1999). *Models of the self*. Exeter, UK: Imprint Academic.

Ganasen, K. A., Ipser, J. C., & Stein, D. J. (2010). Augmentation of cognitive behavioral therapy with pharmacotherapy. *Psychiatric Clinics of North America*, 33, 687-699.

Gardner, H. (1985). *The Mind's New Science: A History of the Cognitive Revolution*. New York, NY: Basic Books.

Gavrilets, S., & Rice, W. R. (2006). Genetic models of homosexuality: Generating testable predictions. *Proceedings of the Royal Society B*, 273, 3031-3038.

Gedo, J. (1997). *Spleen and Nostalgia: A Life and Work in Psychoanalysis*. New York, NY: Jason Aronson.

Georgiadis, J. R., Farrell, M. J., Boessen, R., Denton, D. A., Gavrilescu, M., Kortekaas, R., Renken, R. J., Hoogduin, J. M., & Egan, G. F. (2010). Dynamic subcortical blood flow during male sexual activity with ecological validity: A perfusion fMRI study. *Neuroimage*, 50, 208-216.

Georgiadis, J. R., Kortekaas, R., Kuipers, R., Nieuwenburg, A., Pruim,

J., Reinders, A. A., & Holstege, G. (2006). Regional cerebral blood flow changes associated with clitorally induced orgasm in healthy women. *European Journal of Neuroscience*, 24, 3305-3316.

Georgiadis, J. R., Reinders, A. A., Paans, A. M., Renken, R., & Kortekaas, R. (2009). Men versus women on sexual brain function: Prominent differences during tactile genital stimulation, but not during orgasm. *Human Brain Mapping*, 30, 3089-3101.

Giegling, I. Rujescu, D., Mandelli, L., Schneider, B., Hartmann, A. M., Schnabel, A., Maurer, K., De Ronchi, D., Möller, H. J., & Serretti, A. (2007). Tachykinin receptor 1 variants associated with aggression in suicidal behavior. *American Journal of Medical Genetics Part B: Neuropsychiatric Genetics*, 144B(6), 757-761.

Gleason, E. D., Fuxjager, M. J., Oyegbile, T. O., & Marler, C. A. (2009). Testosterone release and social context: When it occurs and why. *Frontiers in Neuroendocrinology*, 30, 460-469.

Goel, V., & Dolan, R. J. (2003). Reciprocal neural response within lateral and ventral medial prefrontal cortex during hot and cold reasoning. *Neuroimage*, 20, 2314-2321.

Goldman-Rakic, P. S. (1998). The cortical dopamine system: Role in memory and cognition. *Advances in Pharmacology*, 42, 707-711.

Goldstein, J. M. (2006). Sex, hormones and affective arousal circuitry dysfunction in schizophrenia. *Hormones & Behavior*, 50, 612-622.

Goleman, D. (2006). *Social Intelligence: The New Science of Human Relationships*. New York, NY: Arrow.

Goodall, J. (1986). *The Chimpanzees of Gombe*. Cambridge, MA: Harvard University Press.

Goodson, J. L., & Bass, A. H. (2001). Social behavior functions and related anatomical characteristics of vasotocin/vasopressin systems in vertebrates. *Brain Research Reviews*, 35, 246-265.

Gooren, L. (2006). The biology of human psychosexual differentiation. *Hormones and Behavior*, 50, 589-601.

Gordon, N. S., Burke, S., Akil, H., Watson, S., & Panksepp, J. (2003). Socially-induced brain 'fertilization': Play promotes brain derived neurotrophic factor transcription in the amygdala and dorsolateral frontal cortex in juvenile rats. *Neuroscience Letters*, 341, 17-20.

Gordon, N. S., Kollack-Walker, S., Akil, H., & Panksepp, J. (2002). Expression of *cfos* gene activation during rough and tumble play in juvenile rats. *Brain Research Bulletin*, 57, 651-659.

Gorski, R. A. (1988). Sexual differentiation of the brain: Mechanisms and implications for neuroscience. In S. S. Easter Jr., K. F. Barald, and B. M. Carlson (Eds.), *From Message to Mind: Direction in Developmental Neurobiology* (pp. 256-271). Sunderland, MA: Sinauer.

Gottesman, I. I., & Gould, T. D. (2003). The endophenotype concept in psychiatry: Etymology and strategic intentions. *American Journal of Psychiatry*, 160, 636-645.

Grace, A. A. (1991). Phasic versus tonic dopamine release and modulation of dopamine system responsivity: A hypothesis for the etiology of schizophrenia. *Neuroscience*, 41, 1-24.

Graeff, F. G. (2004). Serotonin, the periaqueductal gray and panic. *Neuroscience & Biobehavioral Reviews*, 28, 239-259.

Grandin, T. (2005). *Animals in Translation*. New York, NY: Scribner.

Grandin, T. & Johnson, C. (2009). *Animals Make Us Human*. Orlando, FL: Houghton Mifflin Harcourt Publishing Company.

Gray, J. (1990). Brain systems that mediate both emotion and cognition. *Cognition and Emotion*, 4, 269-288.

Gray, J. (1992). *Men are From Mars and Women From Venus*. New York, NY: Harper Collins.

Gray, L., Miller, L. W., Philipp, B. L., & Blass, E. M. (2002). Breastfeeding is analgesic in healthy newborns. *Pediatrics*, 109, 590-593.

Green, J. J., & Hollander, E. (2010). Autism and oxytocin: new developments in translational approaches to therapeutics. *Neurotherapeutics*, 7, 250-257.

Greenberg, L. (2002). *Emotion-focused Therapy: Coaching Clients to Work Through Feelings*. Washington, DC: American Psychological Association.

Greenberg, L., & Watson, J. (2005). *Emotion-focused Therapy of Depression*. Washington, DC: American Psychological Association.

Greenspan, R. J., & Baars, B. J. (2005). Consciousness eclipsed: Jacques Loeb, Ivan P. Pavlov, and the rise of reductionistic biology after 1900.

Consciousness and Cognition, 14, 219-230.

Gregg, T., & Siegel, A. (2003). Differential effects of NK1 receptors in the midbrain periaqueductal gray upon defensive rage and predatory attack in the cat. *Brain Research*, 994, 55-66.

Griffin, D. R. (1984). *Animal Thinking*. Cambridge, MA: Harvard University Press.

Griffin, D. R. (2001). *Animal Minds: Beyond Cognition to Consciousness*. Chicago: University of Chicago Press.

Grimm, S., Beck, J., Schuepbach, D., Hell, D., Boesiger P., Bermpohl, F., Niehaus, L., Boeker, H., & Northoff G. (2008). Imbalance between left and right dorsolateral prefrontal cortex in major depression is linked to negative emotional judgment: An fMRI study in severe major depressive disorder. *Biological Psychiatry*, 63, 369-376.

Grimm, S., Boesiger P., Beck, J., Schuepbach, D., Bermpohl, F., Walter, M, Ernst, J., Hell, D., & Northoff, G. (2009). Altered negative BOLD responses in the default-mode network during emotion processing in depressed subjects. *Neuropsychopharmacology*, 34, 932-943.

Grippo, A. J, Trahanas, D. M., Zimmerman, R. R., Porges, S. W., & Carter, C. S. (2009). Oxytocin protects against negative behavioral and autonomic consequences of long-term social isolation. *Psychoneuroendocrinology*, 34, 1542-1553.

Groos, K. (1898). *The Play of Animals* (E. L. Baldwin, Trans.). New York, NY: Appleton.

Groos, K. (1901). *The Play of Man* (E. L. Baldwin, Trans.). New York, NY: Appleton.

Grosenick, L., Greer, S., & Knutson, B. (2008). Interpretable classifiers for FMRI improve prediction of purchases. *IEEE Transactions on Neural Systems and Rehabilitation Engineering*, 16, 539-548.

Gross, J. J. (2008). Emotion regulation. In M. Lewis, J. M. Haviland-Jones, & L. F. Barrett (Eds.), *Handbook of Emotions* (3rd ed., pp. 497-512). New York, NY: Guilford.

Gross, J. J. (Ed.). (2009). *Handbook of Emotion Regulation*. New York, NY: Guilford.

Gross-Isseroff, R., Biegon, A., & Wezman, A. (1998). The suicide brain: A review of postmortem receptor/transporter binding studies. *Neuroscience & Biobehavioral Reviews*, 22, 653-661.

Guastella, A. J., Howard, A. L., Dadds, M. R., Mitchell, P., & Carson, D. S. (2009). A randomized controlled trial of intranasal oxytocin as an adjunct to exposure therapy for social anxiety disorder. *Psychoneuroendocrinology*, 34, 917-923.

Guerra, D. J., Colonnello, V., & Panksepp, J. (2010). The neurobiology of rage and anger and psychiatric implications with a focus on depression. In F. Pahlavan (Ed.), *Multiple Facets of Anger: Getting Mad or Restoring Justice?* (pp. 81-103). New York, NY: Nova Science.

Gur, R. C., Mozley, L. H., Mozley, P. D., Resnick, S. M., Karp, J. S., Alavi, A., Arnold, S. E., & Gur, R. E. (1995). Sex differences in regional cerebral glucose metabolism during a resting state. *Science*, 267, 528-531.

Gurian, M. (2004). *What Could He Be Thinking? How a Man's Mind Really Works*. New York, NY: St. Martin's Griffin.

Haber, S. N., & Knutson, B. (2010). The reward circuit: Linking primate anatomy and human imaging. *Neuropsychopharmacology Reviews*, 35, 4-26.

Halasz, J., Toth, M., Mikics, E., Hrabovszky, E., Barsy, B., Barsvari, B., & Haller, J. (2008). The effect of neurokinin 1 receptor blockade on territorial aggression and in a model of violent aggression. *Biological Psychiatry*, 63, 271-278.

Hamburg, M. D. (1971). Hypothalamic unit activity and eating behavior. *American Journal of Physiology*, 220, 980-985.

Hansen, S., & Kohler, C. (1984). The importance of the peripeduncularnucleus in the neuroendocrine control of sexual behavior and milk ejection in the rat. *Neuroendocrinolology*, 39, 563-572

Hao, S., Liu, S., Zheng, X., Zheng, W., Ouyang, H., Mata, M., & Fink, D. J. (2010). The role of TNF? in the periaqueductal gray during nalaxone-precipiated morphine withdrawal in rats. *Neuropsychopharmacology*, 36, 664-676.

Hardt, O., Einarsson. E. O., & Nader, K. (2010). A bridge over troubled water: Reconsolidation as a link between cognitive and neuroscientific memory research traditions. *Annual Review of Psychology*, 61, 141-167.

Harlow, H. F. (1958). The nature of love. *American Psychology*, 13, 673-685.

Harmon, K. M., Cromwell, H. C., Burgdorf, J., Moskal, J. R., Brudzynski, S. M., Kroes, R. A., & Panksepp, J. (2008). Rats selectively bred for low levels of 50kHz ultrasonic vocalizations exhibit alterations in early social motivation. *Developmental Psychobiology*, 50, 322-231.

Harmon-Jones, E., & Winkielman, P. (2007). *Social Neuroscience: Integrating Biological and Psychological Explanations of Social Behavior*. New York: Guilford.

Harro, J. (2010). Inter-individual differences in neurobiology as vulnerability factors for affective disorders: Implication for psychopharmacology. *Pharmacological Therapeutics*, 125, 402-422.

Harro, J., & Oreland, L. (2001). Depression as a spreading adjustment disorder of monoaminergic neurons: A case for primary implication of the locus coeruleus. *Brain Research Reviews*, 38, 79-128.

Harro, J., Kanarik, M., Matrov, D., & Panksepp, J. (2011). Mapping patterns of depression-related brain regions with cytochrome oxidase histochemistry: Relevance of animal affective systems to human disorders, with a focus on resilience to adverse events. *Neuroscience & Biobehavioral Reviews*, 35, 1876-1889.

Hart, S. L., & Legerstee, M. (Eds.). (2010). *Handbook of Jealousy: Theories, Principles, and Multidisciplinary Approaches*. New York, NY: Wiley-Blackwell.

Hartman, S. (2011). *Go Again Within (the Biology of Spirit)*. www. eonwriter. com.

Haubensak, W., Kunwar, P. S., Cai, H., Ciocchi, S., Wall, N. R., Ponnusamy, R., Biag, J., Dong, H. W., Deisseroth, K., Callaway, E. M., Fanselow, M. S., Lüthi, A., & Anderson. D. J. (2010). Genetic dissection of an amygdala microcircuit that gates conditioned fear. *Nature*, 468, 270-276.

Heath, R. (1996). *Exploring the Mind-Body Relationship*. Baton Rouge, LA: Moran Printing.

Heath, R. G., Llewellyn, R. C., & Rouchell, A. (1980). The cerebellar pacemaker for intractable behavioral disorders and epilepsy: Follow-up report. *Biological Psychiatry*, 15, 254-256.

Hebb, D. O. (1949). *The Organization of Behavior*. New York, NY: John Wiley.

Heidbreder, C., Gewiss, M., De Mot, B., Mertens, I., & De Witte, P. (1992). Balance of glutamate and dopamine in the nucleus accumbens modulates selfstimulation behaviour after injection of cholecystokinin and neurotensin in the rat brain. *Peptides*, 13, 441-449.

Heim, C., & Nemeroff, C. B. (1999). The impact of early adverse experiences on brain systems involved in the pathophysiology of anxiety and affective disorders. *Biological Psychiatry*, 4, 1509-1522.

Heim, C., Plotsky, P. M., & Nemeroff, C. B. (2004). Importance of studying the contributions of early adverse experience to neurobiological findings in depression. *Neuropsychopharmacology*, 29, 641-648.

Heim, C., Shugart, M., Craighead, W. E., & Nemeroff, C. B. (2010). Neurobiological and psychiatric consequences of child abuse and neglect. *Developmental Psychobiology*, 52, 671-690.

Hein, G., & Singer, T. (2008). I feel how you feel but not always: The empathic brain and its modulation. *Current Opinions in Neurobiology*, 18, 153-158.

Heinrichs, M., & Domes, G. (2008). Neuropeptides and social behaviour: Effects of oxytocin and vasopressin in humans. *Progress in Brain Research*, 170, 337-350.

Heinrichs, M., von Dawans, B., & Domes, G. (2009). Oxytocin, vasopressin, and human social behavior. *Frontiers in Neuroendocrinology*, 30, 548-557.

Heresco-Levy, U., Ermilov, M., Shimoni, J., Shapiro, B., Silipo, G. & Javitt, D. C. (2002). Placebo-controlled trial of D-cycloserine added to conventional neuroleptics, olanzapine and risperidone in schizophrenia. *American Journal of Psychiatry*, 159, 480-482.

Herman, B. H., & Panksepp, J. (1978). Effects of morphine and naloxone on separation distress and approach attachment: Evidence for opiate mediation of social affect. *Pharmacol Biochem Behav*, 9(2), 213-220.

Herman, B. H., & Panksepp, J. (1981). Ascending endorphin inhibition of distress vocalization. *Science*, 211, 1060-1062.

Hermans, E. J., Ramsey, N. F., & van Honk, J. (2008). Exogenous testosterone enhances responsiveness to social threat in the neural circuitry of social aggression in humans. *Biological Psychiatry*, 63, 263-270.

Hess, W. R. (1954). *Diencephalon: Autonomic and Extrapyramidal Functions*. New York: Grune and Stratton.

Hess, W. R. (1957). *The Functional Organization of the Diencephalon*. New York, NY: Grune and Statton.

Hess, W. R. (1964). *The Biology of Mind*. Chicago: University of Chicago Press.

Hitchcock, E., & Cairns, V. (1973). Amygdalotomy. *Postgraduate Medicine*, 49, 894-904.

Hoffman, R. (Ed.). (2011). *The Sublime*. New York, NY: Oxford University Press.

Hofmann, S. G., Pollack, M. H., & Otto, M. W. (2006). Augmentation treatment of psychotherapy for anxiety disorders with D-cycloserine. *CNS Drug Reviews*, 12, 208-217.

Hole, G. J., & Einon, D. F. (1984). Play in rodents. In P. K. Smith (Ed.), *Play in Animals and Humans* (pp. 95-117). New York, NY: Basil Blackwell.

Holsboer, F., & Ising M. (2008). Central CRH system in depression andanxiety—evidence from clinical studies with CRH1 receptor antagonists. *European Journal of Pharmacology*, 583, 350-357.

Holstege, G., Georgiadis, J. R., Paans, A. M., Meiners, L. C., van der Graaf, F. H., & Reinders, A. A. (2003). Brain activation during human male ejaculation. *Journal of Neuroscience*, 23, 9185-9193.

Holstege, G. R., & Saper, C. B. (2005). Special issue: The anatomy of the soul. *Journal of Comparative Neurology*, 493, 1-176.

Holt, R. R. (1989). *Freud Reappraised*. New York, NY: The Guilford Press.

Holtzheimer, P. E., & Nemeroff, C. B. (2006). Advances in the treatment of depression. *Journal of the American Society for Experimental Neurotherapeutics*, 3, 42-56.

Hosobuchi, Y., Rossier, J., Bloom, F. E., & Guillemin, R. (1979). Stimulation of human periaqueductal gray for pain relief increases immunoreactive betaendorphin in ventricular fluid. *Science*, 203, 279-281.

Hoyenga, K. B., & Hoyenga, K. T. (1993). *Gender-related Differences: Origins and Outcomes*. Boston, MA: Allyn & Bacon.

Hrdy, S. (2009). *Mothers and Others: The Evolutionary Origins of Mutual Understanding*. Cambridge, MA: Harvard University Press.

Hubel, D., & Wiesel, T. (1979). Brain mechanisms of vision. *Scientific American*, 241, 150-162.

Huber, R., Panksepp, J. B., Nathaniel, T., Alcaro, A. and Panksepp, J. (2011). Drugsensitive reward in crayfish: an invertebrate model system for the study of SEEKING, reward, addiction, and withdrawal. *Neuroscience & Biobehavioral Reviews*, 35, 1847-1853.

Huber, D., Veinante, P., & Stoop, R. (2005). Vasopressin and oxytocin excite distinct neuronal populations in the central amygdala. *Science*, 308, 245-247.

Hughes, D. A. (2006). *Building the Bonds of Attachment: Awakening Love in Deeply Troubled Children* (2nd ed.). Lanham, MD: Jason Aronson.

Hughes, D. A. (2007). *Attachment-focused Family Therapy*. New York, NY: W. W. Norton.

Hume, D. (1739). *A Treatise of Human Nature: Being an Attempt to Introduce the Experimental Method of Reasoning into Moral Subjects*. New York, NY: Penguin Classic.

Hume, D. (1748/1910). *An Enquiry Concerning Human Understanding*. New York, NY: P. F. Collier & Son.

Huston, J. P., & Borbély, A. A. (1973). Operant conditioning in forebrainablated rats by use of rewarding hypothalamic stimulation. *Brain Research*, 50, 467-472.

Huston, J. P., & Borbély, A. A. (1974). The thalamic rat: General behavior, operant learning with rewarding hypothalamic stimulation, and effects of amphetamine. *Physiology & Behavior*, 12, 433-448.

Hyman, S. E. (2007). Can neuroscience be integrated into the DSM-V? *Nature Reviews Neuroscience*, 8, 725-732.

Iacoboni, M. (2009a). Imitation, empathy and mirror neurons. *Annual Review of Psychology*, 60, 653-670.

Iacoboni, M. (2009b). *Mirroring People: The New Science of How We Connect With Others*. New York, NY: Farrar, Straus, and Giroux.

Ikemoto, S. (2007). Dopamine reward circuitry: Two projection systems from the ventral midbrain to the nucleus accumbens-olfactory tubercle complex. *Brain Research Review*, 56, 27-78.

Ikemoto, S. (2010). Brain reward circuitry beyond the mesolimbic dopamine system: A neurobiological theory. *Neuroscience & Biobehavioral Reviews*, 35, 129-150.

Ikemoto, S., & Panksepp, J. (1992). The effects of early social isolation on the motivation for social play in juvenile rats. *Developmental Psychobiology*, 25, 261-274.

Ikemoto, S., & Panksepp, J. (1994). The relationship between self-stimulation and sniffing in rats: Does a common brain system mediate these behaviors? *Behavioral Brain Research*, 61, 143-162.

Ikemoto, S., & Panksepp, J. (1999). The role of nucleus accumbens dofamine in motivated behavior: A unifyhing interpretation with special reference to reward-seeking. *Brain Research Reviews*, 31, 6-41.

Insel, T. R. (1990). Oxytocin and maternal behavior. In N. A. Krasnegor & R. S. Bridges (Eds.), *Mammalian Parenting* (pp. 260-280). New York, NY: Oxford University Press.

Insel, T. R. (2003). Is social attachment an addictive disorder? *Physiology & Behavior*, 79, 351-357.

Insel, T. R. (2010). The challenge of translation in social neuroscience: A review of oxytocin, vasopressin, and affiliative behavior. *Neuron*, 65, 768-779.

Insel, T. R., & Harbaugh, C. R. (1989). Lesions of the hypothalamic paraventricular nucleus disrupt the initiation of maternal behavior. *Physiology & Behavior*, 45, 1033-1041.

Insel, T. R., & Shapiro, L. E. (1992). Oxytocin receptors and maternal behaviour. In C. A. Pedersen, J. D. Caldwell, & G. F. Jirikowski (Eds.), *Oxytocin in Maternal, Sexual, and Social Behaviours* (pp. 122-141). New York, NY: New York Academy of Sciences.

Insel, T. R., & Young, L. J. (2001). The neurobiology of attachment. *Nature Reviews Neuroscience*, 2, 129-136.

Irle, E., Lange, C., Sachsse, U., & Weniger, G. (2009). Further evidence that posttraumatic stress disorder but not dissociative disorders are related to amygdale and hippocampal size reduction in trauma-exposed individuals. *Acta Psychiatrica Scandinavica*, 119(4), 330-331.

Ishak, W. W., Kahloon, M., & Fakhry, H. (2010). Oxytocin role in enhancing wellbeing: A literature review. *Journal of Affective Disorders*, 130, 1-9.

Izard, C. E. (2007). Basic emotions, natural kinds, emotion schemas, and a new paradigm. *Perspectives on Psychological Science*, 2, 260-268.

Izdebski, K. (Ed.). (2008). *Emotions in the Human Voice, Vols. 1-3*. San Diego, CA: Plural.

Jacob, F. (1977). Evolution and tinkering. *Science*, 196, 1161-1166.

James, W. (1968). What is an emotion? In M. Arnold (Ed.), *The Nature of Emotion*. Baltimore: Penguin. (Original work published 1884)

James, W. (1892). *Psychology: The Briefer Course*. New York, NY: Harper & Row.

Janov, A. (2007). *Primal Healing*. Franklin Lakes, NJ: New Page Books.

Jeannerod, M. (2003). The mechanism of self-recognition in humans. *Behavioural Brain Research*, 142, 1-15.

Jirikowski, G. F., Caldwell, J. D., Stumpf, W. E., & Pederson, C. A. (1988). Estradiol influences oxytocin immunoreactive brain systems. *Neuroscience*, 25, 237-248.

Johnson, S., Hollis, C., Kochhar, P., Hennessy, E., Wolke, D., & Marlow, N. (2010). Autism spectrum disorders in extremely preterm children. *Journal of Pediatrics*, 156, 525-531.

Jonason, K. R., Enlloe, L. J., Contrucci, J., & Meyer, P. M. (1973). Effects of simultaneous and successive septal and amygdaloid lesions on social behavior of the rat. *Journal of Comparative and Physiological Psychology*, 83, 54-61.

Jürgens, U. (2002). Neural pathways underlying vocal control. *Neuroscience & Biobehavioral Reviews*, 26, 235-258.

Kalin, N. H., Shelton, S. E., & Barksdale, C. M. (1988). Opiate modulation of separation-induced distress in non-human primates. *Brain Research*, 440, 285-292.

Kalin, N. H., Shelton, S. E., Davidson, R. J., & Kelley, A. E. (2001). The primate amygdala mediates acute fear but not the behavioral and physiological components of anxious temperament. *Journal of Neuroscience*, 21, 2067-2074.

Kalogeras, K. T., Neiman, L. K., Friedman, T. C., Doppman, J. L., Cutler, G. B. Jr., Chrousos, G. P., Wilder, R. L., Gold, P. W. Q., & Yanovski, J. A. (1996). Inferior petrosal sinus sampling in healthy human subjects reveals a unilateral corticotrophin-releasing hormone-induced arginine vasopressin release associated with ipsilateral adrenocorticotropin secretion. *Journal of Clinical Investigation* 97, 2045-2050.

Kanarik, M., Alttoa, A., Matrov, D., Koiv, K., Sharp, T., Panksepp, J., & Harro, J. (2010). Brain responses to chronic social defeat stress: Effects on regional oxidative metabolism as a function of a hedonic trait, and gene expression in susceptible and resilient rats. *European Journal of Neuropsychopharmacology*, 21, 92-107.

Kandel, E. (2007). *In Search of Memory: The Emergence of a New Science of Mind*. New York, NY: W. W. Norton.

Kaplan-Solms, K., & Solms, M. (2000). *Clinical Studies in Neuro-Psychoanalysis: Introduction to a Depth Neuropsychology*. London: Karnac.

Kassel, J. D. (2010). *Substance Abuse and Emotion*. Washington, DC: American Psychological Association.

Kehoe, P., & Blass, E. M. (1986). Opioid-mediation of separation distress in 10-day-old rats: Reversal of stress with maternal stimuli. *Developmental Psychobiology*, 19, 385-398.

Kelley, A. E. (1999). Neural integrative activities of nucleus accumbens subregions in relation to learning and motivation. *Psychobiology*, 27, 198-213.

Kelley, A. E. (2004). Memory and addiction: Shared neural circuitry and molecular mechanisms. *Neuron*, 44, 161-179.

Keltner, D. (2009). *Born to Be Good: The Science of a Meaningful Life*. New York, NY: W. W. Norton.

Kendrick, K. M. (2000). Oxytocin, motherhood and bonding. *Experimental Physiology*, 85, 111S-124S.

Kendrick, K. M., Levy, F., & Keverne, E. B. (1992). Changes in the sensory processing of olfactory signals induced by birth in sheep. *Science*,

256,833-836.

Kennedy,S. E.,Koeppe,R. A.,Young,E. A.,& Zubieta,J. K. (2006). Dysregulation of endogenous opioid emotion regulation circuitry in major depression in women. *Archives of General Psychiatry*,63,1199-1208.

Kerchner,G. A.,& Nicoll,R. A. (2008). Silent synapses and the emergence of a postsynaptic mechanism for LTP. *Nature Reviews Neuroscience*, 9,813-825.

Keverne,E. B.,& Kendrick,K. M. (1994). Maternal behavior in sheep and its neuroendocrine regulation. *Acra Paediatrica Supplment*,379,47-56.

Keverne,E. B.,Levy,F.,Poindron,P.,& Lindsay,D. R. (1983). Vaginal stimulation: An important determinant of maternal bonding in sheep. *Science*,219,81.

Keverne,E. B.,Martensz,N.,& Tuite,B. (1989). Beta-endorphin concentrations in CSF of monkeys are influenced by grooming relationships. *Psychoneuroendocrinology*,14,155-161.

Keverne,E. B.,Nevison,C. M.,& Martel,F. L. (1997). Early learning and the social bond. *Annals of New York Academy of Sciences*,807, 329-339.

Kimbrell,T. A.,George,M. S.,Parekh,P. I.,Ketter,T. A.,Podell,D. M.,Danielson,A. L.,Repella,J. D.,Benson,B. E.,Willis,M. W.,Herscovitch, P.,& Post,R. M. (1999). Regional brain activity during transient self-induced anxiety and anger in healthy adults. *Biological Psychiatry*,46,454-465.

Kimchi,T.,Xu,J.,& Dulac,C. (2007). A functional circuit underlying malesexual behaviour in the female mouse brain. *Nature*,448,1009-1014.

King,B. E.,Packard,M. G.,& Alexander,G. M. (1999). Affective properties of intra-medial preoptic area injections of testosterone in male rats. *Neuroscience Letters*,269,149-152.

King,H. E. (1961). Psychological effects of excitation in the limbic system. In D. E. Sheer (Ed.),*Electrical Stimulation of the Brain* (pp. 477-486). Austin:University of Texas Press.

Kinsey,A. C.,Pomeroy,W. B.,& Martin,C. E. (1948). *Sexual Behavior in the Human Male*. Philadelphia:W. B. Saunders.

Kinsley,C. H.,& Lambert,K. G. (2006). The maternal brain.

Scientific American, 294, 72-79.

Kinsley, C. H., & Lambert, K. G. (2008). Reproduction-induced neuroplasticity: Natural behavioural and neuronal alterations associated with the production and care of offspring. *Journal of Neuroendocrinology*, 20, 515-525.

Kinsley, C. H., Bardi, M., Karelina, K., Rima, B., Christon, L., Friedenberg, J., & Griffin, G. (2008). Motherhood induces and maintains behavioral and neural plasticity across the lifespan in the rat. *Archives of Sexual Behavior*, 37, 43-56.

Kisilevsky, B. S., & Davies, G. A. (2007). Auditory processing deficits in growth restricted fetuses affect later language development. *Medical Hypotheses*, 68, 620-628.

Klein, D. F., & Rabkin, J. (Eds.). (1981). *Anxiety: New Research and Changing Concepts*. New York: Raven Press.

Klüver, H., & Bucy, P. C. (1939). Preliminary analysis of functions of the temporal lobes in monkeys. *Archives of Neurology and Psychiatry*, 42, 979-1000.

Knack, J. M., Gomez, H. L., & Jensen-Campbell, L. A. (2011). Bullying and its longterm health implications. In G. MacDonald & L. A. Jensen-Campbell (Eds.), *Social Pain: Neuropsychological and Health Implications of Loss and Exclusion* (pp. 215-236). Washington, DC: American Psychological Association.

Knoll, A. T., & Carlezon, W. A. Jr. (2010). Dynorphin, stress, and depression. *Brain Research*, 1314, 56-73.

Knutson, B., Burgdorf, J., & Panksepp, J. (1998). Anticipation of play elicits vocalizations in juvenile rats. *Journal of Comparative Psychology*, 112, 65-73.

Knutson, B., Burgdorf, J., & Panksepp, J. (1999). High-frequency ultrasonic vocalizations index conditioned pharmacological reward in rats. *Physiology & Behavior*, 66, 65-73.

Knutson, B., Burgdorf, J., & Panksepp, J. (2002). Ultrasonic vocalizations as indices of affective states in rats. *Psychological Bulletin*, 128 (6), 961-977.

Knutson, B., & Cooper, J. C. (2005). Functional magnetic resonance imaging of reward prediction. *Current Opinions in Neurobiology*, 18, 411-417.

Knutson, B., & Greer, S. M. (2008). Anticipatory affect: Neural correlates and consequences for choice. *Philosophical Transactions of the Royal Society, London B Biological Sciences*, 363, 3771-3786.

Knutson, B., Wolkowitz, O. M., Cole, S. W., Chan, T., Moore, E. A., Johnson, R. C., Terpstra, J., Turner, R. A., & Reus, V. I. (1998). Selective alteration of personality and social behavior by serotonergic intervention. *American Journal of Psychiatry*, 155, 373-379.

Koenigsberg, H. W. (2010) Affective instability: Towards an integration of neuroscience and psychological perspectives. *Journal of Personality Disorders*, 24, 60-82.

Kolb, B., & Tees, C. (Eds.). (1990). *The Cerebral Cortex of the Rat*. Cambridge, MA: MIT Press.

Kolmen, B. K., Feldman, H. M., Handen, B. L., & Janosky, J. E. (1997). Naltrexone in young autistic children: Replication study and learning measures. *Journal of the American Academy of Child and Adolescent Psychiatry*, 36, 1570-1578.

Konner, M. (2010). *The Evolution of Childhood*. Cambridge, MA: Belknap Press of Harvard University Press.

Koob, G. F., & Le Moal, M. (2001). Drug addiction, dysregulation of reward, and allostasis. *Neuropsychopharmacology*, 24, 97-129.

Kovács, G. L., & Van Ree, M. V. (1985). Behaviorally active oxytocin fragments simultaneously attenuate heroin self-administration and tolerance in rats. *Life Sciences*, 37, 1895-1900.

Kovács, G. L, Sarnyai, Z., & Szabó, G. (1998). Oxytocin and addiction: A review. *Psychoneuroendocrinology*, 23, 945-962.

Koziol, L. F., & Budding, D. E. (2009). *Subcortical Structures and Cognition: Implications for Neuropsychological Assessment*. New York, NY: Springer.

Kramer, P. D. (2005). *Listening to Prozac*. New York, NY: Viking Penguin.

Krueger, J. M., Rector, D. M., Roy, S., Van Dongen, H. P. A., Belenky, G., & Panksepp, J. (2008). Sleep as a fundamental property of neuronal *assemblies. Nature Reviews Neuroscience*, 9, 910-919.

Lahey, B. B., Van Hulle, C. A., Keenan, K., Rathouz, P. J., D'Onofrio, B. M., Rodgers, J. L., & Waldman, I. D. (2008). Temperament and parenting during the first year of life predict future child conduct problems. *Journal of Abnormal Child Psychology*, 15, 548-558.

Lambert, M. J., & Barley, D. E. (2001). Research summary on the therapeutic relationship and psychotherapy outcome. *Psychotherapy: Theory/Research/Practice/Training*, 38, 357-361.

Lambie, J. A., & Marcel, A. J. (2002). Consciousness and the varieties of emotion experience: A theoretical framework. *Psychological Review*, 109, 219-259.

Land, B. B., Bruchas, M. R., Melief, E., Xu, M., Lemos, J., & Chavkin, C. (2008). The dysphoric component of stress is encoded by activation of the dynorphinekappa opioid system. *Journal of Neuroscience*, 28, 407-414.

Lange, C. (1885). *Om Sindsbevaegelser et Psyco-Fysiologisk Studie*. Copenhagen: Kronar.

Lanius, R. A., Williamson, P. C., Bluhm, R. L., Densmore, M., Boksman, K., Neufeld, R. W., Gati, J. S., & Menon, R. S. (2005). Functional connectivity of dissociative responses in posttraumatic stress disorder: A functional magnetic resonance imaging investigation. *Biological Psychiatry*, 57, 873-884.

Larsen, R. J., & Augustine, A. A. (2008). Basic personality dispositions related to approach and avoidance: Extraversion/neuroticism, BAS/BIS, and positive/negative affectivity. In A. Elliot (Ed.), *Handbook of Approach and Avoidance Motivation* (pp. 67-87). Mahwah, NJ: Lawrence Erlbaum.

Laureys, S., Pellas, F., Van Eeckhout, P., Ghorbel, S., Schnakers, C., Perrin, F., Berré, J., Faymonville, M. E., Pantke, K. H., Damas, F., Lamy, M., Moonen, G., & Goldman, S. (2005). The locked-in syndrome: What is it like to be conscious but paralyzed and voiceless? *Progress in Brain Research*, 150, 495-511.

Laviola, G., Adriani, W., Terranova, M. L., & Gerra, G. (1999). Psychobiological risk factors for vulnerability to psychostimulants in human adolescents and animal models. *Neuroscience and Biobehavioral Reviews*, 23, 993-1010.

LeDoux, J. (1996). *The Emotional Brain: The Mysterious Underpinnings of Emotional Life*. New York, NY: Simon and Schuster.

LeDoux, J. E. (2000). Emotion circuits in the brain. *Annual Review of Neuroscience*, 23, 155-184.

LeDoux, J. (2002). *The Synaptic Self: How Our Brains Become Who We Are*. New York, NY: Penguin.

LeDoux, J. (2007). The amygdala. *Current Biology*, 17, R868-R874.

Léger, L., Sapin, E., Goutagny, R., Peyron, C., Salvert, D., Fort, P., & Luppi, P. H. (2010). Dopaminergic neurons expressing Fos during waking and paradoxical sleep in the rat. *Journal of Chemical Neuroanatomy*, 39, 262-271.

Le Gros Clark, W. E., Beattie, J., Riddoch, G., & Dott, N. M. (1938). *The Hypothalamus, Morphological, Functional, Clinical, and Surgical Aspects*. Edinburgh: Oliver and Boyd.

Léna, I., Parrot, S., Deschaux, O., Muffat-Joly, S., Sauvinet, V., Renaud, B., SuaudChagny, M. -F., & Gottesmann, C. (2005). Variations in extracellular levels of dopamine, noradrenaline, glutamate, and aspartate across the sleep-wake cycle in the medial prefrontal cortex and nucleus accumbens of freely moving rats. *Journal of Neuroscience Research*, 81, 891-899.

Leskelä, U., Rytsälä, H., Komulainen, E., Melartin, T., Sokero, P., Lestelä-Mielonen, P., & Isometsä, E. (2006). The influence of adversity and perceivedsocial support on the outcome of major depressive disorder in subjects with different levels of depressive symptoms. *Psychological Medicine*, 36, 779-788.

Lester, B. M., Masten, A., & McEwen, B. (Eds.). (2007). *Resilience in Children*. New York, NY: Wiley-Blackwell.

Levin, F. M., Trevarthen, C., Colibazzi, T., Ihanus, J., Talvitie, V., Carney, J. K., & Panksepp, J. (2008). Sleep and dreaming, Part 1: Dreams are emotionally meaningful adaptive learning engines that help us identify and deal with unconscious (ucs) threats by means of deferred action plans; REM sleep consolidates memory for that which we learn and express in dreams. In F. Levin (Ed.), *Emotion and the Psychodynamics of the Cerebellum* (pp. 3-36). New York, NY: Other Press.

Levine, M. I. (1951). Pediatric observations on masturbation in children. *Psychoanalytic Study of the Child*, 6, 117-124.

Levy, F., Guevara-Guzman, R., Hinton, M. R., Kendrick, K. M., and Kaverne, E. B. (1993). Effects of parturition and maternal experience on noradrenaline and acetylcholine release in the olfactory bulb of sheep. *Behavioral Neuroscience*, 107, 662-668.

Levy, F., Kendrick, K. M., Goode, J. A., Guevara-Guzman, R., and Kaverne, E. B. (1995). Oxytocin and vasopressin release in the olfactory bulb of parturient ewes: Changes with maternal experience and effects on acetyl choline, gamma aminobutyric acid, glutamate and noradrenaline. *Brain Research*, 669, 197-206.

Lewis, D. O., & Pincus, J. H. (1989). Epilepsy and violence: Evidence for a neuropsychotic-aggressive syndrome. *Journal of Neuropsychiatry & Clinical Neuroscience*, 1, 413-418.

Lewis, H. B. (1976). *Psychic War in Men and Women*. New York, NY: New York University Press.

Lewis, M. D. (2005). Bridging emotion theory and neurobiology throughdynamic systems modelling. *Behavioral and Brain Sciences*, 28, 169-245.

Lewis, M., Haviland, J. M., & Barrett, L. F. (Eds.). (2008). *Handbook of emotions* (3rd ed.). New York, NY: Guilford.

Liberzon, I., Trujillo, K. A., Akil, H., & Young, E. A. (1997). Motivational properties of oxytocin in the conditioned place preference paradigm. *Neuropsychopharmacology*, 17, 353-359.

Lieberman, M. D., Inagaki, T. K., Tabibnia, G., & Crockette, M. J. (2011). Subjective responses to emotional stimuli during labelling, reappraisal and distraction. *Emotion*, 11, 468-480.

Lieberman, P. (2001). Human language and our reptilian brain: The subcortical bases of speech, syntax, and thought. *Perspectives in Biology and Medicine*, 44, 32-51.

Lindsay, L. W. (1880). *Mind in the Lower Animals, in Health and Disease*. New York, NY: D. Appleton.

Linke, R., De Lima, A. D., Schwegler, H., & Pape, H. C. (1999). Direct synaptic connections of axons from superior colliculus with identified thalamo-amygdaloid projection neurons in the rat: Possible substrates of a subcortical visual pathway to the amygdala. *Journal of Comparative Neurology*,403,158-170.

Liotti, M., & Panksepp, J. (2004a). Imaging human emotions and affective feelings: Implications for biological psychiatry. In J. Panksepp (Ed.), *Textbook of Biological Psychiatry* (pp. 33-74). Hoboken, NJ: Wiley.

Liotti, M., & Panksepp, J. (2004b). On the neural nature of human emotions and implications for biological psychiatry. In J. Panksepp (Ed.), *Textbook of Biological Psychiatry* (pp. 33-74). Hoboken, NJ: Wiley.

London, J. (1963). *White Fang and Other Stories*. New York: Dodd, Mead.

Lonstein, J. S., & De Vries, G. J. (2000). Sex differences in the parental behavior of rodents. *Neuroscience and Biobehavioral Reviews*,24,669-686.

Lorberbaum, J. P., Newman, J. D., Horwitz, A. R., Dubno, J. R., Lydiard, R. B., Hamner, M. B., Bohning, D. E., & George, M. S. (2002). A potential role for thalamocingulate circuitry in human maternal behavior. *Biological Psychiatry*,51,431-445.

Lorenz, K. (1935). Der Kumpan in der Umwelt des Vogels. *J. Ornithologie*, 83,137-213.

Lumia, A. R., & McGinnis, M. Y. (2010). Impact of anabolic androgenic steroids on adolescent males. *Physiology & Behavior*,100,199-204.

MacDonald, G., & Jensen-Campbell, L. A. (Eds.). (2011). *Social Pain: Neuropsychological and Health Implications of Loss and Exclusion*. Washington, DC: American Psychological Association.

MacDonald, K., & MacDonald, T. M. (2010). The peptide that binds: A systematic review of oxytocin and its prosocial effects in humans. *Harvard Review of Psychiatry*,18,1-21.

Machado-Vieira, R., Salvadore, G., Diaz Granados, & Zarate, C. A. (2009). Ketamine and the next generation of antidepressants with a rapid onset of action. *Pharmacological Therapeutics*,123,143-150.

MacLean, P. (1990). *The Triune Brain in Evolution: Role in Paleocerebral Functions*. New York, NY: Plenum Press.

MacLean, P. D., & Ploog, D. W. (1962). Cerebral representation of penile erection. *Journal of Neurophysiology*,25,29-55.

Malan, D. (1979). *Individual Psychotherapy and the Science of Psychodynamics*. London: Butterworth-Heinemann.

Malan, D. (1999) *Individual Psychotherapy and the Science of Psychodynamics* (2nd ed.). Oxford: Butterworth-Heinemann.

Malloch, S. & Trevarthen, C. (2009). *Communicative Musicality: Exploring the Basis of Human Companionship*. New York, NY: Oxford University Press.

Mancia, G., & Zanchetti, A. (1981). Hypothalamic control of autonomic functions. In P. J. Morgane and J. Panksepp (Eds.), *Handbook of the Hypothalamus: Vol. 3, Part B, Behavioral Studies of the Hypothalamus* (pp. 147-202). New York, NY: Marcel Dekker.

Manning, J. T. (2002). *Digit Ratio: A Pointer to Fertility, Behavior and Health*. New Brunswick, NJ: Rutgers University Press.

Maren, S. (2005). Building and burying fear memories in the brain. *Neuroscientist*, 11, 89-99.

Maren, S., & Quirk, G. J. (2004). Neuronal signaling of fear memory. *Nature Reviews Neuroscience*, 5, 844-852.

Mark, V. H., Ervin, F. R., & Sweet, W. H. (1972). Deep temporal lobe stimulation in man. In E. B. Eleftheriou (Ed.), *The Neurobiology of the Amygdale* (pp. 485-507). New York, NY: Plenum.

Marks, L. S. (2004). 5α-Reductase: History and clinical importance. *Reviews in Urology*, 6, S11-S21.

Martinson, F. M. (1994). *The Sexual Life of Children*. Westport, CT: Bergin & Garvey.

Masserman, J. H. (1941). Is the hypothalamus a center for emotion? *Psychosomatic Medicine*, 3, 3-25.

Maté, G. (2008). *In the Realm of Hungry Ghosts: Close Encounters with Addiction*. Toronto: Knopf.

Matthiesen, A. S., Ransjö-Arvidson, A. B., Nissen, E., & Uvnäs-Moberg, K. (2001). Postpartum maternal oxytocin release by newborns: Effects of infant hand massage and sucking. *Birth*, 28, 13-19.

Mayberg, H. S. (2009). Targeted electrode-based modulation of neural circuits for depression. *Journal of Clinical Investigations*, 119, 717-725.

Mayberg, H. S., Lozano, A. M., Voon, V., McNeely, H. E., Seminowicz,

D., Hamani, C., Schwalb, J. M., & Kennedy, S. H. (2005). Deep brain stimulation for treatment-resistant depression. *Neuron*, 45, 651-660.

Mayer, D. J., Wolfle, T. L., Akil, H., Carder, B., & Liebeskind, J. C. (1971). Analgesia from electrical stimulation in the brainstem of the rat. *Science*, 174, 1351-1354.

McCarley, R. W. (2011). Neurobiology of REM sleep. *Handbook of Clinical Neurology*, 9, 151-171.

McCarthy, M. M. (1990). Oxytocin inhibits infanticide in wild female house mice(Mus domesticus). *Hormones and Behavior*, 24, 365-375.

McCarthy, M. M., Low, L-M., & Pfaff, D. W. (1992). Speculations concerning the physiological significance of central ocytocin in maternal behaviour. *Annals of the New York Academy of Sciences*, 652, 253-270.

McCleary, R. A., & Moore, R. Y. (1965). *Subcortical Mechanisms of Behavior*. New York, NY: Basic Books.

McGaugh, J. L., & Roozendaal, B. (2009). Drug enhancement of memory consolidation: Historical perspective and neurobiological implications. *Psychopharmacology*, 202, 3-14.

McGilchrist, I. (2009). *The Master and His Emissary: The Divided Brain and the Making of the Western World*. New Haven, CT: Yale University Press.

McGinnis, M. Y., & Vakulenko, M. (2003). Characterization of 50-kHz ultrasonic vocalizations in male and female rats. *Physiology & Behavior*, 80, 81-88.

McGowan, P. O., Sasaki, A., D'Alessio, A. C., Dymov, S., Labonté, B., Szyf, M., Turecki, G., & Meaney, M. J. (2009). Epigenetic regulation of the glucocorti coid receptor in human brain associates with childhood abuse. *Nature Neuroscience*, 12, 342-348.

McKeon, R. (Ed.). (1941) *The Basic Works of Aristotle*. New York, NY: Random House.

McMillan, F. (Ed.). (2005). *Mental Health and Well-Being in Animals*. Oxford: Blackwell.

Meaney, M. J. (2001). Maternal care, gene expression, and the transmission of individual differences in stress reactivity across generations. *Annual Review of Neuroscience*, 24, 1161-1192.

Meaney, M. J. (2010). Epigenetics and the biological definition of gene x environment interactions. *Child Development*, 81, 41-79.

Meck, W. H., Penney, T. B., & Pouthas, V. (2008). Cortico-striatal representation of time in animals and humans. *Current Opinions in Neurobiology*, 18, 145-152.

Melis, M. R., Argioolas, A., & Gessa, G. L. (1986). Oxytocin-induced penile erection and yawning: Site of action in the brain. *Brain Research*, 398, 259-265.

Mendl, M., Burman, O. H. P., & Paul, E. S. (2010). An integrative and functional framework for the study of animal emotions and mood. *Proceedings of the Royal Society B*, 277, 2895-2904.

Mennella, J., & Moltz, H. (1988). Infanticide in rats: Male strategy and female counter-strategy. *Physiology & Behavior*, 42, 19-28.

Merker, B. (2007). Consciousness without a cerebral cortex: A challenge for neuroscience and medicine. *Behavioral and Brain Sciences*, 30, 63-134.

Meston, C. M., & Frohlich, P. F. (2000). The neurobiology of sexual function. *Archives of General Psychiatry*, 57, 1012-1030.

Meyer-Lindenberg, A. (2008). Impact of prosocial neuropeptides on human brain function. *Progress in Brain Research*, 170, 463-470.

Miczek, K. A. (1987). The psychopharmacology of aggression. In L. L. Iversen, S. D. Iversen, & S. H. Snyder (Eds.), *Handbook of Psychopharmacology. Vol.* 19, *New Directions in Behavioral Pharmacology* (pp. 183-328). New York, NY: Plenum.

Miczek, K. A. (1991). Tolerance to the analgesic, but not discriminative stimulus effects of morphine after brief social defeat in rats. *Psychopharmacology*, 104(2), 181-186.

Middlebrook, D. W. (1998). *Suits me: The Double Life of Billy Tipton*. New York, NY: Mariner.

Miller, A. H., Maletic, V., & Raison, C. L. (2009). Inflammation and its discontents: The role of cytokines in the pathophysiology of major depression. *Biological Psychiatry*, 65, 732-741.

Mirsky, A. F., & Siegel, A. (1994). The neurobiology of violence and aggression. In. A. J. Reiss, K. A. Miczek & J. A. Roth (Eds.), *Understanding and Preventing Violence: Biobehavioral Influences* (pp. 59-172). Washington, DC: National Academy Press.

Mobbs, D., Marchant, J. L., Hassabis, D., Seymour, B., Tan, G., Gray, M., Petrovic, P., Dolan, R. J., & Frith, C. D. (2009). From threat to fear: The neural organization of defensive fear systems in humans. *Journal of Neuroscience*, 29, 12236-12243.

Mobbs, D., Petrovic, P., Marchant, J. L., Hassabis, D., Weiskopf, N., Seymour, B., Dolan, R. J., & Frith, C. D. (2007). When fear is near: Threat imminence elicits prefrontal-periaqueductal gray shifts in humans. *Science*, 317, 1079-1083.

Modney, B. K., & Hatton, G. I. (1990). Motherhood modifies magnocellular neuronal interrelationships in functionally meaningful ways. In N. A. Krasnegor & R. S. Bridges (Eds.), *Mammalian Parenting* (pp. 305-323). New York, NY: Oxford University Press.

Möhler, H. (2011). The rise of a new GABA pharmacology. *Neuropharmacology*, 60, 1042-1049.

Money, J. (1995). *Gendermaps: Social Constructionism, Feminism, and Sexosophical History*. New York, NY: Continuum.

Mook, D. G. (1989). Oral factors in appetite and satiety. *Annals of the New York Academy of Sciences*, 575, 265-278.

Moore, B. E., & Fine, B. D. (1990). *Psychoanalytic Terms and Concepts*. New Haven and London: Yale University Press and the American Psychoanalytic Association.

Morris, P. H., Doe, C., & Godsell, E. (2008). Secondary emotions in non-primate species? Behavioural reports and subjective claims by animal owners. *Cognition and Emotion*, 22, 3-20.

Moskal, J. R., Burgdorf, J., Kroes, R. A., Brudzynski, S. M., & Panksepp, J. (2011). A novel NMDA receptor glycine-site partial agonist, GLYX-13, has therapeutic potential for the treatment of autism. *Neuroscience & Biobehavioral Reviews*, 35, 1982-1988

Murray, T. J., Fowler, P. A., Abramovich, D. R., Haites, N., & Lea, R. G. (2000). Human fetal testis: Second trimester proliferative and steroidogenic capacities. *Journal of Clinical Endocrinology & Metabolism*, 85, 4812-4817.

Myers, K. M., & Davis, M. (2007). Mechanisms of fear extinction.

Molecular Psychiatry, 12, 120-150.

Naber, F., van IJzendoorn, M. H., Deschamps, P., van Engeland, H., & BakermansKranenburg, J. (2010). Intranasal oxytocin increases father's observed responsiveness during play with their children: A double-blind within-subject experiment. *Psychoneuroendocrinology*, 35, 1583-1586.

Nader, K., & Einarsson, E. O. (2010). Memory reconsolidation: An update. *Annals of the New York Academy of Sciences*, 1191, 27-47.

Nader, K., & Hardt, O. (2009). A single standard for memory: The case for reconsolidation. *Nature Reviews Neuroscience*, 10, 224-234.

Naghavi, H. R., & Nyberg, L. (2005). Common fronto-parietal activity in attention, memory, and consciousness: Shared demands on integration? *Consciousness & Cognition*, 14, 390-425.

Narvaez, D., Panksepp, J., Schore, A., & Gleason, T. (Eds.). (2012). *Human Nature, Early Experience and the Environment of Evolutionary Adaptedness*. New York, NY: Oxford University Press.

Nashold, B. S., Wilson, W. P., & Slaughter, G. (1969). Sensations evoked by stimulation of the midbrain of man. *Journal of Neurosurgery*, 30, 14-24.

Nathaniel, T. I., Panksepp, J., & Huber, R. (2009). Drug-seeking behavior in an invertebrate system: Evidence of morphine-induce reward, extinction and reinstatement in crayfish. *Behavioural Brain Research*, 197, 331-338.

Nathaniel, T. I., Panksepp, J., & Huber, R. (2010). Effects of a single and repeated morphine treatment on conditioned and unconditioned behavioral sensitization in crayfish. *Behavioural Brain Research*, 207, 310-320.

Nelson, C. A., & Bloom, F. E. (1997). Child development and neuroscience. *Child Development*, 68, 970-987.

Nelson, E., & Panksepp, J. (1996). Oxytocin and infant-mother bonding in rats. *Behavioral Neuroscience*, 110, 583-592.

Nelson, E., & Panksepp, J. (1998). Brain substrates of infant-mother attachment: Contributions of opioids, oxytocin, and norepinephrine. *Neuroscience and Biobehavioral Reviews*, 22, 437-452.

Nelson, R. J., Trainor, B. C., Chiavegatto, S., & Demas, G. E. (2006). Pleiotropic contributions of nitric oxide to aggressive behavior. *Neuroscience and Biobehavioral Reviews*, 30, 346-355.

Newman, J. D. (Ed.). (1988). *The Physiological Control of Mammalian Vocalizations*. New York, NY: Plenum.

Newton, J. R., Ellsworth, C., Miyakawa, T., Tonegawa, S., & Sur, M. (2004). Acceleration of visually cued conditioned fear through the auditory pathway. *Nature Neuroscience*, 7, 968-973.

Nishimori, K., Takayanagi, Y., Yoshida, M., Kasahara, Y., Young, L. J., & Kawamata, M. (2008). New aspects of oxytocin receptor function revealed by knockout mice: sociosexual behaviour and control of energy balance. *Progress in Brain Research*, 170, 79-90.

Nocjar, C., & Panksepp, J. (2002). Chronic intermittent amphetamine pretreatment enhances future appetitive behavior for drug-, food- and sexual-reward: Interaction with environmental variables. *Behavioural Brain Research*, 128, 189-203.

Norberg, M. M., Krystal, J. H., & Tolin, D. F. (2008). A meta-analysis of Dcycloserine and the facilitation of fear extinction and exposure therapy. *Biological Psychiatry*, 63, 1118-1126.

Normansell, L., & Panksepp, J. (1990). Effects of morphine and naloxone on playrewarded spatial discrimination in juvenile rats. *Developmental Psychobiology*, 23, 75-83.

Normansell, L., & Panksepp, J. (2011). Glutamatergic modulation of separation distress: Profound emotional effects of excitatory amino acids in chicks. *Neuroscience and Biobehavioral Reviews*, 35, 1890-1901.

Northoff, G. (2004). *Philosophy of the Brain: The Brain Problem*. Amsterdam: John Benjamins.

Northoff, G. (2007). Psychopathology and pathophysiology of the self in depression—neuropsychiatric hypothesis. *Journal of Affective Disorders*, 104, 1-14.

Northoff, G. (2011). *Neuropsychoanalysis in Practice: Brain, Self and Objects*. New York: NY: Oxford University Press.

Northoff, G., & Bermpohl, F. (2004). Cortical midline structures and the self. *Trends in Cognitive Sciences*, 8, 102-107.

Northoff, G., Heinzel, A., de Greck, M., Bermpohl, F., and Panksepp, J. (2006). Our brain and its self: The central role of cortical midline *structures*, *Neuro Image*, 15, 440-457.

Northoff, G., & Panksepp, J. (2008). The trans-species concept of self and the subcortical-cortical midline system. *Trends in Cognitive Sciences*, 12 (7), 259-264.

Northoff, G., Qin, P., & Nakao, T. (2010). Rest-stimulus interaction in the brain: A review. *Trends in Neurosciences*, 33, 277-284.

Northoff, G., Schneider, F., Rotte, M., Matthiae, C. Tempelmann, C., Wiebking, C., Bermpohl, F., Heinzel, A., Danos, P., Heinze, H. J., Bogerts, B., Walter, M., & Panksepp, J. (2009). Differential parametric modulation of self-relatedness and emotions in different brain regions. *Human Brain Mapping*, 30, 369-382.

Northoff, G., Wiebking, C., Feinberg, T., & Panksepp, J. (2011). The, resting-state hypothesis of major depressive disorder—A translational subcortical-cortical framework for a system disorder. *Neuroscience and Biobehavioral Reviews*, 35, 1929-1945.

Novak, M. A. (1979). Social recovery of monkeys isolated for the first year of life: II. Long-term assessment. *Developmental Psychology*, 15, 50-61.

Numan, M. (1990). Neural control of maternal behavior. In N. A. Krasnegor & R. S. Bridges (Eds.), *Mammalian Parenting* (pp. 231-259). New York, NY: Oxford University Press.

Numan, M., & Insel, T. R. (2003). *The Neurobiology of Parental Behavior*. New York, NY: Springer.

Oades, R. D. (1985). The role of noradrenaline in tuning and dopamine in switching between signals in the CNS. *Neuroscience and Biobehavioral Reviews*, 9, 261-282.

Ogden, P., Minton, K., & Pain, C. (2006). *Trauma and the Body: A Sensorimotor Approach to Psychotherapy*. New York, NY: W. W. Norton.

Oldfield, R. G., & Hofmann, H. A. (2011). Neuropeptide regulation of social behavior in a monogamous cichlid fish. *Physiology & Behavior*, 102, 296-303.

Olds, J. (1977). *Drives and Reinforcements: Behavioral Studies of Hypothalamic Function*. New York, NY: Raven Press.

Olds, J., Disterhoft, J., Segal, M., Kornblith, C., & Hirsch, R. (1972).

Learning centers of rat brain mapped by measuring latencies of conditioned responses. *Journal of Neurophysiology*, 35, 202-219.

Olds, J., & Milner, P. (1954). Positive reinforcement produced by electrical stimulation of the septal area and other regions of rat brain. *Journal of Comparative and Physiological Psychology*, 47, 419-427.

Olmstead, M. C., & Franklin, K. B. (1997). The development of a conditioned place preference to morphine: Effects of microinjections into various CNS sites. *Behavioral Neuroscience*, 111, 1324-1334.

O'Shea, K. (2009). EMDR friendly preparation methods for adults and children, In R. Shapiro (Ed.), *EMDR Solutions Ⅱ: For Depression, Eating Disorders, Performance, and More* (pp. 289-312). New York, NY: W. W. Norton.

Overton, D. A. (1991). Historical context of state dependent learning and discriminative drug effects. *Behavioural Pharmacology*, 2, 253-264.

Pahlavan, F. (Ed.). (2010). *Multiple Facets of Anger: Getting Mad or Restoring Justice*? New York, NY: Nova Science.

Panksepp, J. (1971). Aggression elicited by electrical stimulation of the hypothalamus in albino rats. *Physiology & Behavior*, 6, 311-316.

Panksepp, J. (1973). A reanalysis of feeding patterns in the rat. *Journal of Comparative and Physiological Psychology*, 82, 78-94.

Panksepp, J. (1981a). Brain opioids: A neurochemical substrate for narcotic and social dependence. In S. Cooper (Ed.), *Progress in Theory in Psychopharmacology* (pp. 149-175). London: Academic Press.

Panksepp, J. (1981b). Hypothalamic integration of behavior: Rewards, punishments, and related psychobiological process. In P. J. Morgane and J. Panksepp (Eds.), *Handbook of the Hypothalamus, Vol. 3, Part A. Behavioral Studies of the Hypothalamus* (pp. 289-487). New York, NY: Marcel Dekker.

Panksepp, J. (1981c). The ontogeny of play in rats. *Developmental Psychobiology*, 14, 327-332.

Panksepp, J. (1982). Toward a general psychobiological theory of emotions. *Behavioral and Brain Sciences*, 5, 407-467.

Panksepp, J. (1985). Mood changes. In P. J. Vinken, G. W. Bruyn, & H. L. Klawans (Eds.), *Handbook of Clinical Neurology (revised series)*:

Clinical Neuropsychology (pp. 271-285). Amsterdam:Elsevier Science.

Panksepp,J. (1988). Brain emotional circuits and psychopathologies. In M. Clynes and J. Panksepp (Eds.),*Emotions and Psychopathology* (pp. 37-76). New York,NY:Plenum.

Panksepp,J. (1990a). Gray zones at the emotion-cognition interface: A commentary. *Cognition and Emotion* ,4,289-302.

Panksepp, J. (1990b). The psychoneurology of fear: Evolutionary perspectives and the role of animal models in understanding human anxiety. In R. Noyes (Ed.), *Handbook of Anxiety*, *the Neurobiology of Anxiety* (pp. 3-58). Amsterdam:Elsevier/North-Holland Biomedical Press.

Panksepp,J. (1991). Affective neuroscience: A conceptual framework for the neurobiological study of emotions. In K. Strongman (Ed.), *International Reviews of Emotion Research* (pp. 59-99). Chichester, UK: Wiley.

Panksepp,J. (1992). Oxytocin effects on emotional processes: Separation distress,social bonding,and relationships to psychiatric disorders. *Annals of the New York Academy of Sciences* ,652,243-252.

Panksepp, J. (1993). Rough-and-tumble play: A fundamental brain process. In K. B. MacDonald (Ed.), *Parents and Children Playing* (pp. 147-184). Albany,NY:SUNY Press.

Panksepp, J. (1998a). *Affective Neuroscience*: *The Foundations of Human and Animal Emotions*. New York,NY:Oxford University Press.

Panksepp,J. (1998b). The periconscious substrates of consciousness: Affective states and the evolutionary origins of the SELF. *Journal of Consciousness Studies* ,5,566-582.

Panksepp, J. (1999). Emotions as viewed by psychoanalysis and neuroscience: An exercise in consilience, and accompanying commentaries. *Neuropsychoanalysis*,1,15-89.

Panksepp,J. (2000). The neurodynamics of emotions: An evolutionary-neurodevelopmental view. In M. D. Lewis & I. Granic (Eds.), *Emotion*, *Self-organization*, *and Development* (pp. 236-264). New York, NY: Cambridge University Press.

Panksepp,J. (2002). The MacLean legacy and some modern trends in emotion research. In G. A. Cory, Jr. & R. Gardner, Jr. (Eds.), *The*

Evolutionary Neuroethology of Paul MacLean (pp. ix-xxvii). Westport, CT:Praeger.

Panksepp,J. (2003a). At the interface between the affective,behavioral and cognitive neurosciences:Decoding the emotional feelings of the brain. *Brain and Cognition*,52,4-14.

Panksepp,J. (2003b). Can anthropomorphic analyses of separation cries in other animals inform us about the emotional nature of social loss in humans? *Psychological Reviews*,110,376-388.

Panksepp, J. (2003c). Feeling the pain of social loss. *Science*, 302, 237-239.

Panksepp,J. (Ed.). (2004). *Textbook of Biological Psychiatry*. Hoboken, NJ:Wiley.

Panksepp,J. (2005a). Affective consciousness:Core emotional feelings in animals and humans. *Consciousness & Cognition*,14,19-69.

Panksepp, J. (2005b). On the embodied neural nature of core emotionalaffects. *Journal of Consciousness Studies*,12,158-184.

Panksepp, J. (2006a). Emotional endophenotypes in evolutionary psychiatry. *Progress in Neuro-Psychopharmacology & Biological Psychiatry*, 30,774-784.

Panksepp,J. (2006b). The core emotional systems of the mammalian brain:The fundamental substrates of human emotions. In J. Corrigall, H. Payne,& H. Wilkinson (Eds.),*About a Body:Working with the Embodied Mind in Psychotherapy* (pp. 14-32). Hove,UK:Routledge.

Panksepp,J. (2006c). On the neuro-evolutionary nature of social pain, support,and empathy. In M. Aydede (Ed.),*Pain:New Essays on Its Nature & the Methodology of Its Study* (pp. 367-387). Cambridge, MA: The MIT Press.

Panksepp J. (2007a). Affective consciousness. In M. Velmans & S. Schneider (Eds.), *The Blackwell Companion to Consciousness* (pp. 114-129). Malden,MA:Blackwell.

Panksepp,J. (2007b). Can PLAY diminish ADHD and facilitate the construction of the social brain? *Journal of the Canadian Academy of Child and Adolescent Psychiatry*,16,57-66.

Panksepp,J. (2007c). Neuroevolutionary sources of laughter and social joy: Modeling primal human laughter in laboratory rats. *Behavioral Brain Research*, 182, 231-244.

Panksepp, J., (2007d). Neurologizing the psychology of affects: How appraisalbased constructivism and basic emotion theory can co-exist. *Perspectives in Psychological Sciences*, 2, 281-296.

Panksepp, J. (2008a). The affective brain and core-consciousness: How does neural activity generate emotional feelings? In M. Lewis, J. M. Haviland, & L. F. Barrett (Eds.), *Handbook of Emotions* (pp. 47-67). New York, NY: Guilford.

Panksepp, J. (2008b). The power of the word may reside in the power of affect. *Integrative Physiological and Behavioral Science*, 42, 47-55.

Panksepp, J. (2008c). Simulating the primal affective mentalities of the mammalian brain: A fugue on the emotional feelings of mental life and implications for AI-robotics. In D. Dietrich, G. Fodor, G. Zucker, & D. Bruckner (Eds.), *Simulating the Mind: A Technical Neuropsychoanalytic Approach* (pp. 149-177). New York, NY: Springer.

Panksepp, J. (2009a). Brain emotional systems and qualities of mental life: From animal models of affect to implications for psychotherapeutics. In D. Fosha, D. J. Siegel, & M. F. Solomon (Eds.), *The Healing Power of Emotion: Affective Neuroscience, Development and Clinical Practice* (pp. 1-26). New York, NY: W. W. Norton.

Panksepp, J. (2009b). A non-reductive physicalist account of affective consciousness. In S. J. Wood, N. B. Allen, & C. Pantelis (Eds.), *The Neuropsychology of Mental Illness* (pp. 399-407). Cambridge, UK: Cambridge University Press.

Panksepp, J. (2009c). Primary process affects and brain oxytocin. *Biological Psychiatry*, 65, 725-727.

Panksepp, J. (2009/2010). The emotional antecedents to the evolution of music and language. *Musicae Scientiae*, 13, 229-259.

Panksepp, J. (2010a). Affective consciousness in animals: Perspectives on dimensional and primary process emotion approaches. *Proceedings of the Royal Society, Biological Sciences*, 77, 2905-2907.

Panksepp, J. (2010b). Affective neuroscience of the emotional BrainMind: Evolutionary perspectives and implications for understanding depression.

Dialogues in Clinical Neuroscience,12,533-545.

Panksepp,J. (2010c). The evolutionary sources of jealousy: Cross-species approaches to fundamental issues. In S. L. Hart & M. Legerstee (Eds.), *Handbook of Jealousy: Theories, Principles, and Multidisciplinary Approaches* (pp. 101-120). New York, NY: Wiley-Blackwell.

Panksepp,J. (2010d). Science of the brain as a gateway to understanding play: An interview with Jaak Panksepp. *American Journal of Play*, 2, 245-277.

Panksepp,J. (2011a). The neurobiology of social loss in animals: Some keys to the puzzle of psychic pain in humans. In G. MacDonald & L. A. Jensen-Campbell (Eds.), *Social Pain: Neuropsychological and Health Implications of Loss and Exclusion* (pp. 11-51). Washington, DC: American Psychological Association.

Panksepp,J. (2011b). Cross-Species Affective Neuroscience Decoding of the Primal Affective Experiences of Humans and Related Animals. *PLOS ONE*,6(8),e21236.

Panksepp, J. (2011c). The basic emotional circuits of mammalian brains: Do animals have affective lives? *Neurosciences & Biobehavioral Reviews*,35,1791-1804.

Panksepp,J., Asma,S., Curran,G, Gabriel,R. (2012). The Philosophical Implications of Affective Neuroscience. *Journal of Consciousness Studies*, 19,6-48.

Panksepp, J., Bean, N. J., Bishop, P., Vilberg, T., & Sahley, T. L. (1980). Opioid blockade and social comfort in chicks. *Pharmacology Biochemistry & Behavior*,13,673-683.

Panksepp,J., & Beatty, W. W. (1980). Social deprivation and play in rats. *Behavioral and Neural Biology*,30,197-206.

Panksepp,J., & Bekkedal, M. (1997). Neuropeptides and the varieties of anxiety in the brain. *Italian Journal of Psychopathology*,1,18-27.

Panksepp,J., & Bernatzky,G. (2002). Emotional sounds and the brain: The neuroaffective foundations of musical appreciation. *Behavioural Processes*, 60,133-155.

Panksepp,J., & Bishop,P. (1981). An autoradiographic map of (3H) diprenorphine binding in rat brain: Effects of social interaction. *Brain*

Research Bulletin, 7, 405-410.

Panksepp, J., & Burgdorf, J. (1999). Laughing rats? Playful tickling arouses high frequency ultrasonic chirping in young rodents. In S. Hameroff, D. Chalmers, & A. Kazniak (Eds.), *Toward a Science of Consciousness III* (pp. 231-244). Cambridge, MA: MIT Press.

Panksepp, J., & Burgdorf, J. (2000). 50-kHz chirping (laughter?) in response to conditioned and unconditioned tickle-induced reward in rats: Effects of social housing and genetic variables. *Behavioral Brain Research*, 115, 25-38.

Panksepp, J., & Burgdorf, J. (2003). "Laughing" rats and the evolutionary antecedents of human joy? *Physiology & Behavior*, 79, 533-547.

Panksepp, J., Burgdorf, J., Gordon, N., & Turner, C. (2002). Treatment of ADHD with methylphenidate may sensitize brain substrates of desire: Implications for changes in drug abuse potential from an animal model. *Consciousness & Emotion*, 3, 7-19.

Panksepp, J., Burgdorf, J., Turner, C., & Gordon, N. (2003). Modeling ADHD-type arousal with unilateral frontal cortex damage in rats and beneficial effects of play therapy. *Brain and Cognition*, 52, 97-105.

Panksepp, J., & Crepeau, L. (1990). Selective lesions of the dual olfactory system and cat smell-attenuated play fighting among juvenile rats. *Aggressive Behavior*, 16, 130-131.

Panksepp. J., Crepeau, L., & Clynes, M. (1987). Effects of CRF on separation distress in juvenile play. *Social Neuroscience Abstracts*, 13, 1320.

Panksepp, J., Fuchs, T., & Iacabucci, P. (2011). The basic neuroscience of emotional experiences in mammals: The case of subcortical FEAR circuitry and implications for clinical anxiety. *Applied Animal Behaviour Science*, 129, 1-17.

Panksepp, J., & Gordon, N. (2003). The instinctual basis of human affect: Affective imaging of laughter and crying. *Consciousness & Emotion*, 4, 197-206.

Panksepp, J., & Harro, J. (2004). The future of neuropeptides in biological psychiatry and emotional psychopharmacology: Goals and strategies. In J. Panksepp (Ed.), *Textbook of Biological Psychiatry* (pp. 627-660). New York, NY: Wiley.

Panksepp, J., Herman, B., Conner, R., Bishop, P., & Scott, J. P. (1978). Thebiology of social attachments: opiates alleviate separation distress. *Biol Psychiatry*, 13(5), 607-618.

Panksepp, J., Herman, B. H., Vilberg, T., Bishop, P., & DeEskinazi, F. G. (1980). Endogenous opioids and social behavior. *Neuroscience and Biobehavioral Reviews*, 4, 473-487.

Panksepp, J. B., & Huber, R. (2004). Ethological analyses of crayfish behavior: A new invertebrate system for measuring the rewarding properties of psychostimulants. *Behavioral Brain Research*, 153, 171-180.

Panksepp, J., Jalowiec, J., DeEskinazi, F. G., & Bishop, P. (1985). Opiates and play dominance in juvenile rats. *Behavioral Neuroscience*, 99, 441-453.

Panksepp, J., Knutson, B., & Burgdorf, J. (2002). The role of emotional brain systems in addictions: A neuro-evolutionary perspective. *Addiction*, 97, 459-469.

Panksepp, J., Lensing, P., Leboyer, M., & Bouvard, M. P. (1991). Naltrexone and other potential new pharmacological treatments of autism. *Brain Dysfunction*, 4, 281-300.

Panksepp, J., & Miller, A. (1996). Emotions and the aging brain: Regrets and remedies. In C. Magai & S. H. McFadden (Eds.), *Handbook of Aging* (pp. 3-26). New York, NY: Academic Press.

Panksepp, J., & Moskal, J. (2008). Dopamine and SEEKING: Subcortical "reward" systems and appetitive urges. In A. Elliot (Ed.), *Handbook of Approach and Avoidance Motivation* (pp. 67-87) New York, NY: Taylor & Francis.

Panksepp, J., Moskal, J., Panksepp, J. B., & Kroes, R. (2002). Comparative approaches in evolutionary psychology: Molecular neuroscience meets the mind. *Neuroendocrinology Letters*, 23 (Suppl. 4): 105-115.

Panksepp, J., Nelson, E., & Bekkedal, M. (1997). Brain systems for the mediation of social separation-distress and social-reward. Evolutionary antecedents and neuropeptide intermediaries. *Annals of the New York Academy of Sciences*, 807, 78-100.

Panksepp, J., Newman, J. D., & Insel, T. R. (1992). Critical conceptual issues in the analysis of separation distress systems of the brain. In K. T.

Strongman (Ed.), *International Review of Studies on Emotion*, *Vol.* 2 (pp. 51-72). Chichester, UK: Wiley.

Panksepp, J., Normansell, L., Cox, J. F., Crepeau, L. J., & Saks, D. S. (1987). Psychopharmacology of social play. In B. Oliver, J. Mos, & P. F. Brain (Eds.), *Endopharmacology of Agonistic Behaviour in Animals and Humans* (pp. 132-144). Dordrecht: Martinus Nijhoff.

Panksepp, J., Normansell, L. A., Cox, J. F., and Siviy, S. (1994). Effects of neonatal decortication on the social play of juvenile rats. *Physiology & Behavior*, 56, 429-443.

Panksepp, J., Normansell, L., Herman, B., Bishop, P., & Crepeau, L. (1988). Neural and neurochemical control of separation distress call. In J. D. Newman (Ed.), *The Physiological Control of Mammalian Vocalizations*. New York, NY: Plenum.

Panksepp, J., & Northoff, G. (2009). The trans-species core SELF: The emergence of active cultural and neuro-ecological agents through self-related processing within subcortical-cortical midline networks. *Consciousness and Cognition*, 18, 193-215.

Panksepp, J. & Panksepp, J. B. (2000). The seven sins of evolutionary psychology. *Evolution & Cognition*, 6, 108-131.

Panksepp, J., Sacks, D. S., Crepeau, L., & Abbott, B. B. (1991). The psycho-and neuro-biology of fear systems in the brain. In M. R. Denny (Ed.), *Aversive Events and Behavior* (pp. 7-59). New York, NY: Lawrence Erlbaum.

Panksepp, J. & Scott, E. (2012). Reflections on rough and tumble play, social development, and attention-deficit hyperactivity disorders (ADHD). In A. L. Meyer and T. P. Gullotta (Eds.), *Physical Activity Across the Lifespan*, *Issues in Children's and Families' Lives*. New York: Springer.

Panksepp, J., Siviy, S., & Normansell, L. (1984). The psychobiology of play: Theoretical and methodological perspectives. *Neuroscience and Biobehavioral Reviews*, 8, 465-492.

Panksepp, J., Siviy, S. M., & Normansell, L. A. (1985). Brain opioids and social emotions. In M. Reite and T. Fields (Eds.), *The Psychobiology of Attachment and Separation* (pp. 3-49). New York, NY: Academic Press.

Panksepp, J., & Trevarthen, C. (2009). Psychobiology of music: Motive impulses and emotions in expressions of musicality and in sympathetic emotional response to music. In S. Malloch and C. Trevarthen (Eds.), *Communicative Musicality* (pp. 105-146). Cambridge, UK: Cambridge University Press.

Panksepp, J., & Trowill, J. A. (1967a). Intraoral self-injection: I. Effects of delay or reinforcement on resistance to extinction and implications for self-stimulation. *Psychonomic Science*, 9, 407-408.

Panksepp, J., and Trowill, J. A. (1967b). Intraoral self-injection: II. The simulation of self-stimulation phenomena with a conventional reward. *Psychonomic Science*, 9, 405-406.

Panksepp, J., Vilberg, T., Bean, N. J., Coy, D. H., & Kastin, A. J. (1978). Reduction of distress vocalization in chicks by opiate-like peptides. *Brain Res Bull*, 3(6), 663-667.

Panksepp, J., & Watt, J. (2011). Why does depression hurt? Ancestral primaryprocess separation-distress (PANIC) and diminished brain reward (SEEKING) processes in the genesis of depressive affect. *Psychiatry, Interpersonal and Biological Processes*, 74, 5-14.

Panksepp, J., & Zellner, M. (2004). Towards a neurobiologically based unified theory of aggression. *Revue Internationale de Psychologie Sociale/ International Review of Social Psychology*, 17, 37-61.

Panzica, G. C., Aste, N., Castagna, C., Viglietti-Panzica, C., & Balthazart, J. (2001). Steroid-induced plasticity in the sexually dimorphic vasotocinergic innervations of the avian brain: Behavioral implications. *Brain Research Reviews*, 37, 178-200.

Papes, F., Logan, D. W., & Stowers. L. (2010). The vomeronasal organ mediates interspecies defensive behaviors through detection of protein pheromone homologs. *Cell*, 141, 692-703.

Parada, M., Chamas, L., Censi, S., Coria-Avila, G., & Pfaus, J. G. (2010). Clitoral stimulation induces conditioned place preference and Fos activation in the rat. *Hormones & Behavior*, 57, 112-118.

Passingham, R. (1993). *The Frontal Lobes and Voluntary Action*. New York, NY: Oxford University Press.

Paul, A. M. (2010). *Origins: How the Nine Months Before Birth Shape the Rest of Our Lives*. New York, NY: Simon and Schuster.

Paulsen, S. (2009). *Looking Through the Eyes of Trauma and Dissociation: An Illustrated Guide for EMDR Therapists and Clients*. Charleston, SC: Booksurge LLC.

Peciña, S., Smith, K., & Berridge, K. C. (2006). Hedonic hot spots in the brain. *Neuroscientist*, 12, 500-511.

Pedersen, C. A. (2004). Biological aspects of social bonding and the roots of human violence. *Annals of the New York Academy of Sciences*, 1036, 106-127.

Pedersen, C. A., Ascher, J. A., Monroe, Y. L., & Prange, A. J. (1982). Oxytocin induces maternal behavior in virgin female rats. *Science*, 216, 648-649.

Pedersen, C. A., Caldwell, J. D., Peterson, G., Walker, C. H., & Mason, G. A. (1992). Oxytocin activation of maternal behavior in the rat. *Annals of the New York Academy of Sciences*, 652, 58-69.

Pedersen, C. A., Vadlamudi, S. V., Boccia, M. L., & Amico, J. A. (2006). Maternal behavior deficits in nulliparous oxytocin knockout mice. *Genes Brain and Behavior*, 5, 274-281.

Pellis, S. M., & McKenna, M. (1995). What do rats find rewarding in play fighting? An analysis using drug-induced non-playful partners. *Behavioral Brain Research*, 68, 65-73.

Pellis, S. M., & Pellis V. C. (1987). Play fighting differs from serious fighting in both target of attack and tactics of fighting in the laboratory rat *rattus norvegicus*. *Aggressive Behavior*, 13, 227-242.

Pellis, S. M., & Pellis V. C. (2009). *The Playful Brain: Venturing to the Limits of Neuroscience*. Oxford, UK: Oneworld.

Perecman, E. (Ed.). (1987). *The Frontal Lobes Revisited*. New York, NY: IRBN Press.

Pessoa, L. (2008). On the relationship between emotion and cognition. *Nature Reviews Neuroscience*, 9, 148-158.

Pfaff, D. W. (1999). *Drive: Neurobiological and Molecular Mechanisms of Sexual Behavior*. Cambridge, MA: MIT Press.

Pfaff, D. (2006). *Brain Arousal and Information Theory*. Cambridge, MA: Harvard University Press.

Pfaus, J. G., Kippin, T. E., & Coria-Avila, G. (2003). What can animal models tell us about human sexual response? *Annual Review of Sex Research*, 14, 1-63.

Phillips, A. G., McDonald, A. C., & Wilkie, D. M. (1981). Disruption ofautoshaped responding to a signal of brain-stimulation reward by neuroleptic drugs. *Pharmacology, Biochemistry, & Behavior*, 14, 543-548.

Phoenix, C., Goy, R., Gerall, A., & Young, W. (1959). Organizing actions of prenatally administered testosterone propionate on the tissues mediating mating behavior in the female guinea pig. *Endocrinology*, 65, 369-382.

Pincus, D., Kose, S., Arana, A., Johnson, K., Morgan, P. S., Borckardt, J., Herbsmand, T., Hardaway, F., George, M. S., Panksepp, J., & Nahas, Z. (2010). Inverse effects of oxytocin on attributing mental activity to others in depressed and healthy subjects: A double-blind placebo controlled fMRI study. *Frontiers in Psychiatry*, 1, 134.

Pincus, J. H. (2001). *Base Instincts: What Makes Killers Kill*. New York, NY: W. W. Norton.

Pincus, J. H. (1981). Violence and epilepsy. *New England Journal of Medicine*, 305(12), 696-698.

Pitman, R. K., van der Kolk, B. A., Orr, S. P., & Greenberg, M. S. (1990). Naloxone-reversible analgesic response to combat related stimuli in posttraumatic stress disorder. A pilot study. *Archives of General Psychiatry*, 47, 541-544.

Plato. (1941). *The Republic* (B. Jowett, Ed.). New York, NY: Modern Library.

Poeck, K. (1969). Pathophysiology of emotional disorders associated with brain damage. In P. J. Vinken & G. W. Bruyb (Eds.), *Handbook of clinical neurology* (Vol. 3, pp. 343-367). Amsterdam: North Holland.

Popik, P., Vetulani, J., & Van Ree, J. M. (1992). Low doses of oxytocin facilitate social recognition in rats. *Psychopharmacology*, 106, 71-74.

Porges, S. W. (2009a). The polyvagal theory: New insights into adaptive reactions of the autonomic nervous system. *Cleveland Clinic Journal of Medicine*, 76 (Suppl. 2), S86-90.

Porges, S. (2009b). Reciprocal influences between body and brain in the perception and expression of affect. In D. Fosha, D. J. Siegel, & M. F.

Solomon (Eds.), *The Healing Power of Emotion: Affective Neuroscience, Development and Clinical Practice* (pp. 27-39). New York, NY: W. W. Norton.

Potegal, M., & Einon, D. (1989). Aggressive behaviors in adult rats deprived of playfighting experience as juveniles. *Developmental Psychobiology*, 22, 159-172.

Power, T. G. (2000). *Play and Exploration in Children and Animals*. Mahwah, NJ: Lawrence Erlbaum.

Powers, A., Ressler, K. J., & Bradley, R. G. (2009). The protective role of friendship on the effects of childhood abuse and depression. *Depression and Anxiety*, 26, 46-53.

Preter, M. & Klein, D. F. (2008). Panic, suffocation false alarms, separation anxiety and endogenous opioids. *Progress in Neuropsychopharmacology and Biological Psychiatry*, 32, 603-612.

Preter, M., Lee, S. H., Petkova, E., Vannucci, M., Kim, S., & Klein, D. F. (2011). Controlled cross-over study in normal subjects of naloxone-preceding-lactate infusions; respiratory and subjective responses: relationship to endogenous opioid system, suffocation false alarm theory and childhood parental loss. *Psychological Medicine*, 41, 385-393.

Previc, F. H. (2009). *The Dopamineric Mind in Human Evolution and History*. Cambridge, UK: Cambridge University Press.

Propper, C., Moore, G. A., Mills-Koonce, W. R., Halpern, C. T., Hill-Soderlund, A. L., Calkins, S. D., Mary Anna Carbone, M. A., & Cox, M. (2008). Gene-environment contributions to the development of infant vagal reactivity: The interaction of dopamine and maternal sensitivity. *Child Development*, 79, 1377-1394.

Provine, R. R. (2000). *Laughter: A Scientific Investigation*. New York, NY: Viking.

Pryor, K. (2005). *Clicker Training for Dogs*. Waltham, MA: Sunshine Brooks, Inc.

Pulver, S. E. (1995). The psychoanalytic process and mechanisms of therapeutic change. In B. Moore & B. Fine (Eds.), *Psychoanalysis, the Major Concepts*. New Haven: Yale University Press.

Ragland, J. D., Yoon, J., Minzenberg, M. J., & Carter, C. S. (2007).

Neuroimaging of cognitive disability in schizophrenia: Search for a pathophysiological mechanism. *International Review of Psychiatry*, 19, 417-427.

Raichle, M. E., MacLeod, A. M., Snyder, A. Z., Powers, W. J., Gusnard, D. A., & Shulman, G. L. (2001). A default mode of brain function. *Proceedings of the National Academy of Sciences*, 98, 676-682.

Redgrave, P., Prescott, T. J., & Gurney, K. (1999). Is the short-latency DA response too short to signal reward error? *Trends in Neurosciences*, 22, 146-151.

Reddy, V. (2008). *How Infants Know Minds*. Cambridge, MA: Harvard University Press.

Reuter, M., Panksepp, J., Schnabel, N., Kellerhoff, N., Kempel, P., & Hennig, J. (2005). Personality and biological markers of creativity. *European Journal of Personality*, 19, 83-95.

Richardson, D. E., & Akil, H. (1977). Pain reduction by electrical brain stimulation in man, Part 1: Acute administration in periaqueductal and periventricular sites. *Journal of Neurosurgery*, 47, 178-183.

Riches, D. (1974). The Netsilik eskimo: A special case of selective female infanticide. *Ethnology*, 13, 351-361.

Rifkin, J. (2009). *The Empathic Civilization: A Race to Global Consciousness in a World in Crisis*. New York, NY: Jeremy P. Tarcher/Penguin.

Rilling, J. K., Winslow, J. T., & Kilts, C. D. (2004). The neural correlates of mate competition in dominant male rhesus macaques. *Biological Psychiatry*, 56, 364-375.

Rilling, J. K., Barks, S. K., Parr, L. A., Preuss, T. M., Faber, T. L., Pagnoni, G., Bremner, J. D., & Votaw, J. R. (2007). A comparison of resting state brain activity in humans and chimpanzees. *Proceedings of the National Academy of Sciences*, 104, 17146-17151.

Riters, L. V. (2010). Evidence for opioid involvement in the motivation to sing. *Journal of Chemical Neuroanatomy*, 39, 141-150.

Riters, L. V. (2011). Pleasure seeking and birdsong. *Neuroscience and Biobehavioral Reviews*, 35, 1837-1845.

Riters, L. V., & Panksepp, J. (1997). Effects of vasotocin on aggressive behavior in male Japanese quail. *Annals of the New York Academy of Sciences*, 807, 478-480.

Rizzolatti, I., & Sinigaglia, C. (2008). *Mirrors in the brain: How our minds share actions, emotions, and experience*. Oxford, UK: Oxford University Press.

Roberts, V. J., & Cox, V. C. (1987). Active avoidance conditioning with dorsal central gray stimulation in a place preference paradigm. *Psychobiology*, 15, 167-170.

Robinson, T. E., & Berridge, K. C. (1993). The neural basis of drug craving: An incentive sensitization theory of addiction. *Brain Research Reviews*, 19, 247-291.

Rogers, C. (1961). *On Becoming a Person*. Boston: Houghton Mifflin.

Rogers, C. (1980). *A Way of Being*. Boston: Houghton Mifflin.

Rolls, E. T. (1999). *The Brain and Emotion*. Oxford, UK: Oxford University Press.

Rolls, E. T. (2005). *Emotion Explained*. Oxford, UK: Oxford University Press.

Romanes, G. (1882). *Animal Intelligence*. London: Routledge & Kegan Paul.

Roosevelt, F. D. (1933, March 4). First inaugural address. [Speech presented at the U. S. Capitol, Washington, DC].

Rosenblatt, J. S. (1967). Nonhormonal basis of maternal behavior in the rat. *Science*, 156(3781), 1512-1514.

Rosenblatt, J. S. (1990). Landmarks in the physiological study of maternal behavior with special reference to the rat. In N. A. Krasnegor & R. S. Bridges (Eds.), *Mammalian Parenting* (pp. 40-60). New York, NY: Oxford University Press.

Ross, M. D., Owren, M. J., & Zimmermann, E. (2009). Reconstructing the evolution of laughter in great apes and humans. *Current Biology*, 19, 1106-1111.

Ross, A. G., Shochet, I. M., & Bellair, R. (2010). The role of social skills and school connectedness in preadolescent depressive symptoms. *Journal of Clinical Child and Adolescent Psychology*, 39, 269-275.

Ross, H. E., & Young, L. J. (2009). Oxytocin and the neural

mechanisms regulating social cognition and affiliative behavior. *Frontier in Neuroendocrinology*, 30, 534-547.

Rossi, J., & Panksepp, J. (1992). Analysis of the relationships between self-stimulation sniffing and brain-stimulation sniffing. *Physiology and Behavior*, 51, 805-813.

Rossignol, D. A. (2009). Novel and emerging treatments for autism spectrum disorders: A systematic review. *Annals of Clinical Psychiatry*, 21, 213-236.

Rosvold, H. E., Mirsky, A. F., and Pribram, K. H. (1954). Influence of amygdalectomy on social behavior in monkeys. *Journal of Comparative Physiology and Psychology*, 47, 173-178.

Rubin, L. H., Carter, C. S., Drogos, L., Pournajafi-Nazarloo, H., Sweeney, J. A., & Maki, P. M. (2010). Peripheral oxytocin is associated with reduced symptom severity in schizophrenia. *Schizophrenia Research*, 124, 13-21.

Rumpel, S., LeDoux, J., Zador, A., & Malinow, R. (2005). Postsynaptic receptor trafficking underlying a form of associative learning. *Science*, 308, 83-88.

Russell, J. S. (1994). Is there universal recognition of emotion from facial expressions? A review of cross-cultural studies. *Psychological Bulletin*, 115, 102-141.

Russell, J. A. (2003). Core affect and the psychological construction of emotions. *Psychological Review*, 110, 145-172.

Russell, J. A. (2009). Emotion, core affect, and psychological construction. *Cognition and Emotion*, 23, 1259-1283.

Russell, J. A., Rosenberg, E. L., & Lewis, M. D. (Eds.). (2011). Introduction to a special section on basic emotion theory. *Emotion Review*, 3(4), 363.

Ryan, R. M. & Deci, E. L. (2006). Self-regulation and the problem of human autonomy: Does psychology need choice, self-determination and will? *Journal of Personality*, 74, 1557-1585.

Sacks, O. (1973). *Awakenings*. New York, NY: Dutton.

Salamone, J. D. (1994). The involvement of the nucleus accumbens in appetitive and aversive motivation. *Behavioral Brain Research*, 61, 117-133.

Salamone, J. D., Correa, M., Farrar, A. M., Nunes, E. J., & Pardo, M.

(2009). Dopamine, behavioral economics, and effort. *Frontiers in Behavioral Neuroscience*, 3, 13.

Savic, I., Hedén-Blomqvist, E., & Berglund, H. (2009). Pheromone signal transduction in humans: What can be learned from olfactory loss. *Human Brain Mapping*, 30, 3057-3065.

Schachter, S., & Singer, J. (1962). Cognitive, social and physiological determinants of emotional state. *Psychological Review*, 69, 379-399.

Schaefer, C. E., & Kaduson, H. G. (Eds.) (2006). *Contemporary Play Therapy: Theory, Research, and Practice*. New York, NY: The Guilford Press.

Schiff, N. D. (2007). Global disorders of consciousness. In M. Velmans & S. Schneider (Eds.), *The Blackwell Companion to Consciousness* (pp. 589-604). Oxford, UK: Blackwell.

Schiller, D., Monfils, M. H, Raio, C. M., Johnson, D. C., Ledoux, J. E., & Phelps, E. A. (2010). Preventing the return of fear in humans using reconsolidation update mechanisms. *Nature*, 463, 49-53.

Schlaepfer, T. E., Cohen, M. X., Frick, C., Kosel, M., Brodesser, D., Axmacher, N., Joe, A. Y., Kreft, M., Lenartz, D., & Sturm, V. (2008). Deep brain stimulation to reward circuitry alleviates anhedonia in refractory major depression. *Neuropsychopharmacology*, 33(2), 368-377.

Schnall, S., & Laird, J. D. (2003). Keep smiling: Enduring effects of facial expressions and postures on emotional experience and memory. *Cognition and Emotion*, 17, 787-797.

Schoene-Bake, J. -C., Parpaley, Y., Weber, B., Panksepp, J. Hurwitz, T. A., & Coenen, V. A. (2010). Tractographic analysis of historical lesion-surgery for depression. *Neuropsychopharmacology*, 35, 2553-2563.

Schore, A. (1994). *Affect Regulation and the Origin of the Self: The Neurobiology of Emotional Development*. Hillsdale, NJ: Lawrence Erlbaum.

Schore, A. N. (2001). The effects of a secure attachment relationship on right brain development, affect regulation and infant mental health. *Infant Mental Health Journal*, 22, 7-66.

Schore, A. (2003a). *Affect Dysregulation and Disorders of the Self*. New York, NY: W. W. Norton.

Schore, A. (2003b). *Affect Regulation and the Repair of the Self*.

New York, NY: W. W. Norton.

Schultz, W. (2006). Behavioral theories and the neurophysiology of reward. *Annual Review of Psychology*, 57, 87-115.

Schultz, W. (2010). Dopamine signals for reward value and risk: Basic andrecent data. *Behavioral Brain Functions*, 6, 24.

Schultz, W., Apicella, P., & Ljunberg, T. (1993). Responses of monkey dopamine neurons to reward and conditioned stimuli during successive steps of learning a delayed response task. *Journal of Neuroscience*, 13, 900-913.

Schultz, W., & Dickinson, A. (2000). Neuronal coding of prediction errors. *Annual Review of Neuroscience*, 23, 473-500.

Schultz, W., & Romo, R. (1990). Dopamine neurons of the monkey midbrain: Contingency of responses to stimuli eliciting immediate behavioural reactions. *Journal of Neurophysiology*, 63, 607-617.

Scott, E. (2001). *Toward a Play Program to Benefit Children's Attention in the Classroom* (Doctoral dissertation). Bowling Green State University, Bowling Green, Ohio.

Scott, E., & Panksepp, J. (2003). Rough-and-tumble play in human children. *Aggressive Behavior*, 29, 539-551.

Scott, J. P. (1974). Effects of psychotropic drugs on separation distress in dogs. *Excerpta Medica International Congress Series*, 359, 735-745.

Scott, J. P., & Fuller J. L. (1998). *The Genetics and Social Behavior of the Dog*. Chicago: University of Chicago Press.

Sewards, T. V. (2004). Dual separate pathways for sensory and hedonic aspects of taste. *Brain Research Bulletin*, 62, 271-283.

Shair, H. N. (2007). Acquisition and expression of a socially mediated separation responses. *Behavioral and Brain Research*, 182, 180-192.

Shamay-Tsoory, S. G., Fischer, M., Dvash. J., Harari, H., Perach-Bloom, N., & Levkovitz, Y. (2009). Intranasal administration of oxytocin increases envy and schadenfreude (gloating). *Biological Psychiatry*, 66, 864-870.

Shapiro, F. (2001). *Eye Movement Desensitization and Reprocessing: Basic Principles, Protocols and Procedures* (2nd ed.). New York, NY: Guilford.

Shapiro, F. (2002). EMDR 12 years after its introduction: Past and future research. *Journal of Clinical Psychology*, 58, 1-22.

Shedler, J. (2010). The efficacy of psychodynamic psychotherapy. *American Psychologist*, 65, 98-109.

Sheehan, T., & Numan, M. (2002). Estrogen, progesterone, and pregnancy termination alter neural activity in brain regions that control maternal behavior in rats. *Neuro-Endocrinology*, 75, 12-23.

Sheldon, K., Kashdan, T., & Steger, M. (Eds.). (2011). *Designing the Future of Positive Psychology: Taking Stock and Moving Forward*. New York, NY: Oxford University Press.

Shema, R., Sacktor, T. C., & Dufai, Y. (2007). Rapid erasure of long-term memory associations in the cortex by an inhibitor of PKM zeta. *Science*, 317, 951-953.

Shewmon, D. A., Holmes, G. L., & Byrne, P. A. (1999). Consciousness in congenitally decorticate children: Developmental vegetative state as self-fulfilling prophecy. *Developmental Medicine & Child Neurology*, 41, 364-374.

Shi, C., & Davis, M. (2001). Visual pathways involved in fear conditioning measured with fear-potentiated startle: Behavioral and anatomic studies. *Journal of Neuroscience*, 21, 9844-9855.

Siegel, A. (2005). *The Neurobiology of Aggression and Rage*. Boca Raton, FL: CRC Press.

Siegel, D. J. (2007). *The Mindful Brain: Reflection and Attunement in the Cultivation of Well-Being*. New York, NY: W. W. Norton.

Siegel, D. J. (2010). *Mindfulness*. New York, NY: Bantam.

Sierra-Mercado, D., Padilla-Coreano, N., & Quirk, G. J. (2011). Dissociable roles of prelimbic and infralimbic cortices, ventral hippocampus, and basolateral amygdala in the expression and extinction of conditioned fear. *Neuropsychopharmacology*, 36, 529-538.

Singewald, N. (2007). Altered brain activity processing in high-anxiety rodents revealed by challenge paradigms and functional mapping. *Neuroscience & Biobehavioral Reviews*, 31, 18-40.

Singh, D., & Randall, P. K. (2007). Beauty is in the eye of the plastic surgeon: Waist-hip ratio (WHR) and women's attractiveness. *Personality and Individual Difference*, 43, 329-340.

Siviy, S. M. (2010). Play and adversity: How the playful mammalian brain withstands threats and anxieties. *American Journal of Play*, 2, 297-314.

Siviy, S. M., Harrison, K. A., & McGregor, I. S. (2006). Fear, risk assessment, and playfulness in the juvenile rat. *Behavioral Neuroscience*, 120, 49-59.

Siviy, S. M., & Panksepp, J. (1985). Dorsomedial diencephalic involvement in the juvenile play of rats. *Behavioral Neuroscience*, 99, 1103-1113.

Siviy, S. M., & Panksepp, J. (1987a). Sensory modulation of juvenile play in rats. *Developmental Psychobiology*, 20, 39-55.

Siviy, S. M., & Panksepp, J. (1987b). Juvenile play in the rat: Thalamic and brain stem involvement. *Physiology & Behavior*, 41, 103-114.

Skinner, B. F. (1938). *The Behaviour of Organisms*. New York, NY: Appleton Century-Crofts.

Skinner, B. F. (1948). 'Superstition' in the pigeon. *Journal of Experimental Psychology*, 38, 168-172.

Skinner, B. F. (1953). *Science and Human Behavior*. New York, NY: Simon & Schuster.

Skolnick, P. (2009). Glutamate-based antidepressants: 20 years on. *Trends in Pharmacological Sciences*, 30, 563-569.

Skrundz, M., Bolten, M., Nast, I., Hellhammer, D. H., & Meinlschmidt, G. (2011). Plasma oxytocin concentration during pregnancy is associated with development of postpartum depression. *Neuropsychopharmacology*, 36 (9), 1886-1893.

Slade, A. & Wolf, D. P. (Eds.). (1994). *Children at Play: Clinical and Developmental Approaches to Meaning and Representation*. New York, NY: Oxford University Press.

Slotnick, B. M. (1975). Neural and hormonal basis of maternal behavior in the rat. In B. E. Eletheriou & R. L. Sprott (Eds.), *Hormonal Correlates of Behavior* (pp. 585-656). New York, NY: Plenum.

Smith, W. D. (1979). *Hippocratic Tradition*. Ithaca, NY: Cornell University Press.

Smotherman, W. P. & Robinson, S. R. (1992). Kappa opioid mediation of fetal responses to milk. *Behavioral Neuroscience*, 106, 396-407.

Snyder, S. H. (1972). Catecholamines in the brain as mediators of amphetamine psychosis. *Archives of General Psychiatry*, 27, 169-179.

Solanto, M. V. (2000). Clinical psychopharmacology of AD/HD: Implications for animal models. *Neuroscience and Biobehavioral Reviews*, 24, 27-30.

Solms, M. (2000). Dreaming and REM sleep are controlled by different brain mechanisms. *Behavioral and Brain Sciences*, 23, 843-850.

Solms, M. (2002). Dreaming: Cholinergic and dopaminergic hypotheses. In E. Perry, H. Ashton, & A. Young (Eds.), *Neurochemistry of Consciousness: Neurotransmitters in Mind* (Vol. 36, pp. 123-131). Amsterdam, Netherlands: John Bensamis.

Solms, M., & Panksepp, J. (2010). Why depression feels bad. In E. K. Perry, D. Collerton, F. E. N. LeBeau, & H. Ashton (Eds.), *New horizons in the Neuroscience of Consciousness* (pp. 169-178). Amsterdam: John Benjamins.

Solms, M., & Panksepp, J. (2012). The "Id" knows more than the "Ego" admits: Neuropsychoanalytic and primal consciousness perspectives on the interface between affective and cognitive neuroscience. *Brain Sciences*, 2(2), 147-175.

Solms, M., & Turnbull, O. (2002). *The Brain and the Inner World: An Introduction to the Neuroscience of Subjective Experience*. New York, NY: Other Press.

Solomon, A. (2001). *The Noonday Demon: An Atlas of Depression*. New York, NY: Scribner.

Soltysik, S., & Jelen, P. (2005). In rats, sighs correlate with relief. *Physiology & Behavior*, 85, 598-602.

Sparks, D. L. (1988). Neural cartography: Sensory and motor maps in the superior colliculus. *Brain Behavior and Evolution*, 31, 49-56.

Spinka, M., Newberry, R. C., & Bekoff, M. (2001). Mammalian play: Training for the unexpected. *Quarterly Review of Biology*, 76, 141-168.

Spitz, R. A., and Wolf, K. M. (1946). Anaclitic depression: An inquiry into the genesis of psychiatric conditions in early childhood. *Psychoanalytic Study of the Child*, 2, 313-342.

Stein, D. J. (2009). Borderline personality disorder: Toward integration.

CNS Spectrum, 14, 352-356.

Steiner, J. E., Glaser, D., Hawilo, M. E., & Berridge, K. C. (2001). Comparative expression of hedonic impact: Affective reactions to taste by human infants and other primates. *Neuroscience and Biobehavioral Reviews*, 25, 53-74.

Stengel, A., & Taché, Y. (2010). Corticotropin-releasing factor signaling and visceral response to stress. *Experimental Biology and Medicine*, 235, 1168-1178.

Stepniewska, I., Fang, P. C., & Kaas, J. H. (2005). Microstimulation reveals specialized subregions for different complex movements in posterior parietal cortex of prosimian galagos. *Proceedings of the National Academy of Sciences*, 102, 4878-4883.

Stepper, S., & Strack, F. (1993). Proprioceptive determinants of emotional and nonemotional feelings. *Personality & Social Psychology*, 64, 211-220.

Stern, D. N. (2004). *The Present Moment in Psychotherapy and Everyday Life*. New York, NY: W. W. Norton.

Sterns, F. R. (1972). *Laughing: Physiology, Pathophysiology, Psychology, Psychopathology and Development*. Springfield, IL: Charles C. Thomas.

Stone, K. C., LaGasse, L. L., Lester, B. M., Shankaran, S., Bada, H. S., Bauer, C. R., & Hammond, J. A. (2010). Sleep problems in children with prenatal substance exposure: The Maternal Lifestyle study. *Archives Pediatric & Adolescent Medicine*, 164, 452-456.

Strassman, R. J., Appenzeller, O., Lewy, A. J., Qualls, C. R., & Peake, G. T. (1989). Increase in plasma melatonin, beta-endorphin, and cortisol after a 28. 5-mile mountain race: Relationship to performance and lack of effect of naltrexone. *Journal of Clinical Endocrinology & Metabolism*, 69, 540-545.

Strehler, B. L. (1991). Where is the self? A neuroanatomical theory of consciousness. *Synapse*, 7, 44-91.

Strüber, D., Lück, M., & Roth, G. (2008). Sex, aggression and impulse control: An integrative account. *Neurocase*, 14, 93-121.

Stutz, R. M., Rossi, R. R., Hastings, L., & Brunner, R. L. (1974).

Discriminability of intracranial stimuli: The role of anatomical connectedness. *Physiology & Behavior*, 12, 69-73.

Suddendorf, T., & Corballis, M. (1997). Mental time travel and the evolution of the human mind. *Genetic, Social and General Psychology Monographs*, 123, 133-167.

Sukhotinsky, I., Zalkind, V., Lu, J., Hopkins, D. A., Saper, C. B., & Devor, M. (2007). Neural pathways associated with loss of consciousness caused by intracerebral microinjection of GABAA-active anesthetics. *European Journal of Neuroscience*, 25, 1417-1436.

Sunderland, M. (2006). *The Science of Parenting*. New York, NY: Dorling Kindersley.

Suomi, S. J. (2006). Risk, resilience and gene x environment interaction in rhesus monkeys. *Annals of the New York Academy of Sciences*, 1094, 52-62.

Sur, M., & Rubinstein, J. L. (2005). Patterning and plasticity of the cerebral cortex. *Science*, 310, 805-810.

Swain, J. E, Lorberbaum, J. P, Korse, S., & Strathearn, L. (2007). Brain basis of early parent-infant interactions: Psychology, physiology, and in vivo function neuroimaging studies. *Journal of Child and Adolescent Psychiatry*, 48, 262-287.

Szalavitz, M. & Perry, B. D. (2010). *Born for Love: Why Empathy is Essential—and Endangered*. New York, NY: HarperCollins Publishers.

Szyf, M., McGowan, P., & Meaney, M. J. (2008). The social environment and the epigenome. *Environmental and Molecular Metagenesis*, 49, 46-60.

Takahashi, H., Matsuura, M., Yahata, N., Koeda, M., Suhara, T., & Okubo Y. (2006). Men and women show distinct brain activations during imagery of sexual and emotional infidelity. *Neuroimage*, 32, 1299-1307.

Talmi, D., Hurlemann, R., Patin, A., & Dolan, R. J. (2010). Framing effect following bilateral amygdala lesions. *Neuropsychologia*, 48, 1823-1827.

Tansey, K. E., Brookes, K. J., Hill, M. J., Cochrane, L. E., Gill, M., Skuse, D., Correia, C., Vicente, A., Kent, L., Gallagher, L., & Anney, R. J. (2010). Oxytocin receptor (OXTR) does not play a major role in the aetiology of autism: Genetic and molecular studies. *Neuroscience Letters*, 474, 163-167.

Taylor, S. E., Klein, L. C., Lewis, B. P., Gruenewald, T. L., Gurung, R. A., & Updegraff, J. A. (2000). Biobehavioral responses to stress in females: Tend-andbefriend, not fight-or-flight. *Psychological Review*, 107, 411-429.

Taylor, S. E., Saphire-Bernstein, S., & Seeman, T. E. (2010). Are plasma oxytocin in women and plasma vasopressin in men biomarkers of distressed pair-bond relationships? *Psychological Science*, 21, 3-7.

Teasdale, J. D., Taylor, R., & Fogarty, S. J. (1980). Effects of induced elationdepression on the accessibilitȧ of memories of happy and unhappy experiences. *Behavioral Research and Therapy*, 18, 339-346.

Tenore, P. L. (2008). Psychotherapeutic benefits of opioid agonist therapy. *Journal of Addiction Disorders*, 27, 49-65.

Thandeka. (2005). Schleiermacher's affekt theology. *International Journal of Practical Theology*, 9, 197-216.

Thandeka. (2009). Future designs for American liberal theology. *American Journal of Theology and Philosophy*, 30, 72-100.

Thor, D. H., & Holloway, W. R. Jr. (1984a). Developmental analyses of social play behavior in juvenile rats. *Bulletin of the Psychonomic Society*, 22, 587-590.

Thor, D. H. & Holloway, W. R. Jr. (1984b). Social play in juvenile rats: A decade of methodological and experimental research. *Neuroscience Biobehavioral Reviews*, 455-464.

Thorndike, E. L. (1911). *Animal Intelligence: Experimental Studies*. New York, NY: Macmillan.

Tinbergen, N. (1951). *The Study of Instinct*. New York, NY: Oxford University Press.

Tomasello, M. (2009). *Why We Cooperate*. Cambridge, MA: MIT Press.

Tomkins, S. S. (1962). *Affect, Imagery, Consciousness: Vol. 1. The Positive Affects*. New York, NY: Springer.

Tomkins, S. S. (1963). *Affect, Imagery, Consciousness: Vol. 2. The Negative Affects*. New York, NY: Springer.

Trezza, V., & Vanderschuren, L. J. (2008). Cannabinoid and opioid modulation of social play behaviour in adolescent rats: Differential behavioural mechanisms. *European Neuropsychopharmacology*, 18, 519-530.

Trezza, V., & Vanderschuren, L. J. (2009). Divergent effects of anandamide transporter inhibitors with different target selectivity on social play behaviour in adolescent rats. *Journal of Pharmacology and Experimental Therapeutics*, 328, 343-350.

Tronick, E. (2007). *The Neurobehavioral and Social Emotional Development of Infants and Children*. New York, NY: W. W. Norton.

Tronson, N. C., & Tayor, J. R. (2007). Molecular mechanisms of memory reconsolidation. *Nature Reviews Neuroscience*, 8, 262-275.

Tucker, D., & Williamson, P. A. (1984). Asymmetric neural control systems in human self-regulation. *Psychological Review*, 91, 185-215.

Tuiten, A., van Honk, J., Koppeschaar, H., Bernaards, C., Thijssen, J., & Verbaten, R. (2000). Time course of effects of testosterone administration on sexual arousal in women. *Archives of General Psychiatry*, 57, 149-153.

Tulving, E. (2001). Episodic memory and common sense: How far apart? *Philosophical Transactions of the Royal Society London B Biological Sciences*, 356, 1505-1515.

Tulving, E. (2002). Episodic memory: From mind to brain. *Annual Review of Psychology*, 53, 1-25.

Tulving, E. (2005). Episodic memory and autonoesis: Uniquely human? In H. S. Terrace & J. Metcalfe (Eds.), *The Missing Link in Cognition: Origins of Selfreflective Consciousness* (pp. 3-56). New York, NY: Oxford University Press.

Tzschentke, T. M. (2007). Measuring reward with the conditioned place preference (CPP) paradigm: Update of the last decade. *Addiction Biology*, 12, 227-462.

Udry, J. R. (2000). Biological limits of gender construction. *American Sociological Review*, 65, 443-457.

Uhl-Bronner, S., Waltisperger, E., Martínez-Lorenzana, G., Condes Lara, M., & Freund-Mercier, M. J. (2005). Sexually dimorphic expression of oxytocin binding sites in forebrain and spinal cord of the rat. *Neuroscience*, 135, 147-154.

Ungerstedt, U. (1971). Adipsia and aphagia after 6-hydroxydopamine induced degeneration of the nigro-striatal dopamine system. *Acta Physiological Scandinanvica*, 367, 95-122.

Ungless, M. A. (2004). Dopamine: The salient issue. *Trends in Neurosciences*, 27, 702-706.

Uvnäs-Moberg, K. (1998). Oxytocin may mediate the benefits of positive social interaction and emotions. *Psychoneuroendocrinology*, 23, 819-835.

Valenstein, E. S. (1966). The anatomical locus of reinforcement. In E. Stellar & J. M. Sprague (Eds.), *Progress in Physiological Psychology* (pp. 149-190). New York, NY: Academic Press.

Valenstein, E. S., Cox, V. C., & Kakolewski, V. C. (1970). Reexamination of the role of the hypothalamus in motivation. *Psychological Review*, 77, 16-31.

Vaillant, G. E. (2008). Positive emotions, spirituality and the practice of psychiatry. *Mental Health, Spirituality, Mind*, 6, 48-62.

Vandekerckhove, M., & Panksepp, J. (2009). The flow of anoetic to noetic and autonoetic consciousness: A vision of unknowing anoetic and knowing noetic consciousness in the remembrance of things past and imagined futures. *Consciousness and Cognition*, 18(4), 1018-1028.

van der Kolk, B. A. (2006). Clinical implications of neuroscience research in PTSD. *Annals of the New York Academy of Sciences*, 1071, 277-293.

Vanderschuren, L. J. M. J. (2010). How the brain makes play fun. *American Journal of Play*, 2, 315-337.

Vanderschuren, L. J. M. J., Niesink, R. J. M., Spruijt, B. M., & Van Ree, J. M. (1995). Effects of morphine on different aspects of social play in juvenile rats. *Psychopharmacology*, 117, 225-231.

van Gulick, R. (2004). Consciousness. In E. N. Zalta (Ed.), *Stanford Encyclopedia of Philosophy*. http://plato. stanford. edu/entries/consciousness/.

van Honk, J., Harmon-Jones, E., Morgan, B. E., & Schutter, D. J. (2010). Socially explosive minds: The triple imbalance hypothesis of reactive aggression. *Journal of Personality*, 78, 67-94.

van Honk, J., & Pruessner, J. C. (2010). Psychoneuroendocrine imaging. *Psychoneuroendocrinology*, 35, 1-4.

van Honk, J., Schutter, D. J., Hermans, E. J., Putman, P., Tuiten, A., &

Koppeschaar, H. (2004). Testosterone shifts the balance between sensitivity for punishment and reward in healthy young women. *Psychoneuroendocrinology*, 29, 937-943.

van Leengoed, E., Kerker, E., & Swanson, H. H. (1987). Inhibition of postpartum maternal behavior in the rat by infusion of an oxytocin antagonist into the cerebral ventricles. *Journal of Endocrinology*, 112, 275-282.

Varela, F. J. (1999). Present-time consciousness. *Journal of Consciousness Studies*, 6, 111-140.

Veenema, A. H., & Neumann, I. D. (2008). Central vasopressin and oxytocin release: Regulation of complex social behaviours. *Progress in Brain Research*, 170, 261-276.

Velmans, M. (2009). *Understanding Consciousness* (2nd ed.). New York, NY: Routledge.

Vertes, R. P. & Kocsis, B. (1997). Brainstem-diencephalo-septohippocampal systems controlling the theta rhythm of the hippocampus. *Neuroscience*, 81, 893-926.

Viviani, D., & Stoop, R. (2008). Opposite effects of oxytocin and vasopressin on the emotional expression of the fear response. In J. D. Neumann & R. Landgraf (Eds.), *Progress in Brain Research*, 170, 207-220.

Viviani, D., Terrettaz, T., Magara, F., & Stoop, R. (2010). Oxytocin enhances the inhibitory effects of diazepam in the rat central medial amygdala. *Neuropharmacology*, 58, 62-68.

Voracek, M., Manning, J. T., & Dressler, S. G. (2007). Repeatability and interobserver error of digit ration (2D: 4D) measurement made by experts. *American Journal of Human Biology*, 19, 142-146.

Vul, E., Harris, C., Winkelman, P., & Pashler, H. (2009). Puzzlingly high correlations in fMRI studies of emotion, personality, and social cognition. *Perspectives on Psychological Science*, 3, 274-290.

Vyas, A. Kim, S. K., Giacomini, N., Boothroyd, J. C., & Sapolsky, R. M. (2007). Behavioral changes induced by Toxoplasma infection of rodents are highly specific to aversion of cat odors. *Proceedings of National Academy of Sciences*, 104, 6442-6447.

Vytal, K., & Hamann, S. (2010). Neuroimaging support for discrete neural correlates of basic emotions: A voxel-based meta-analysis. *Journal of Cognitive Neuroscience*, 22, 2864-2885.

Wallace, B. A. (2000). *The Taboo of Subjectivity*. New York, NY: Oxford University Press.

Walsh, R. J., Slaby, F. J., & Posner, B. I. (1987). A receptor-mediated mechanism for the transport of prolactin from blood to cerebrospinal fluid. *Endocrinology*, 120, 1846-1850.

Waraczynski, M. A. (2006). The central extended amygdala network as a proposed circuit underlying reward valuation. *Neuroscience and Biobehavioral Reviews*, 30, 472-496.

Ward, I. L. (1992). Sexual behavior: The product of perinatal hormonal and prepubertal social factors. In A. A. Gerall, H. Moltz, & I. L. Ward (Eds.), *Sexual Differentiation, Vol. 11, Handbook of Behavioral Neurobiology* (pp. 157-178). New York, NY: Plenum.

Watson, D., Clark, L. A., & Tellegen, A. (1988). Development and validation of brief measures of positive and negative affect: The PANAS scales. *Journal of Personality and Social Psychology*, 54, 1063-1070.

Watson, J. B. (1929). *Behaviorism*. New York, NY: W. W. Norton.

Watt, D. F. (2000). The centrencephalon and thalamocortical integration: Neglected contributions of periaqueductal gray. *Emotion and Consciousness*, 1, 93-116.

Watt, D. F. (2007). Toward a neuroscience of empathy (with commentaries). *Neuro-Psychoanalysis*, 9, 119-172.

Watt, D. F., & Panksepp, J. (2009). Depression: An evolutionarily conserved mechanism to terminate separation-distress? A review of aminergic, peptidergic and neural network perspectives. *Neuropsychoanalysis*, 11, 5-104.

Watt, D. F., & Pincus, D. I. (2004). Neural substrates of consciousness: Implications for clinical psychiatry. In J. Panksepp (Ed.), *Textbook of Biological Psychiatry*. Hoboken, NJ: Wiley.

Wayner, M. J., Barone, F. C., & Loulis, C. C. (1981). The lateral hypothalamus and adjunctive behavior. In P. J. Morgane and J. Panksepp (Eds.), *Handbook of the Hypothalamus, Vol. 3, Part B. Behavioral*

Studies of the Hypothalamus (pp. 107-146). New York, NY: Marcel Dekker.

Weisler, A., & McCall, R. R. (1976). Exploration and play: Resume and redirection. *American Psychologist*, 31, 492-508.

Welker, W. I. (1971). Ontogeny of play and exploratory behaviors: A definition of problems and search for new conceptual solutions. In P. P. G. Bateson & H. Moltz (Eds.), *The Ontogeny of Vertebrate Behavior* (pp. 171-228). New York, NY: Academic Press.

Wiegmann, D. D., Wiegmann, D. A., & Waldron, F. A. (2003). Effects of a reward downshift on the consummatory behavior and flower choices of bumblebee foragers. *Physiology & Behavior*, 79, 561-566.

Wiest, G., Lehner-Baumgartner, E., & Baumgartner, C. (2006). Panic attacks in an individual with bilateral selective lesions of the amygdala. *Archives of Neurology*, 63, 1798-1801.

Wild, B., Rodden, F. A., Grodd, W., & Ruch, W. (2003). Neural correlates of laughter and humor. *Brain*, 126, 2121-2138.

Williams, G. C. (1992). *Natural Selection: Domains, Levels, and Challenges*. New York, NY: Oxford University Press.

Wise, R. A. (1971). Individual differences in effects of hypothalamic stimulation locus. *Physiology & Behavior*, 6, 569-572.

Wise, R. A. (1982). Neuroleptics and operant behavior: The anhedonia hypothesis. *Behavioral and Brain Sciences*, 5, 39-87.

Wise, R. A., & Rompre, P. P. (1989). Brain dopamine and reward. *Annual Review of Psychology*, 40, 191-225.

Wittgenstein, L. (1967). *Philosophical Investigations* (G. E. M. Anscombe, Trans.). Oxford: Blackwell. (Original work published 1953.)

Wittgenstein, L. (1981). *Tractatus Logico-philosophicus*. London: Routledge. (Original work published 1922.)

Wöhr, M., Kehl, M., Borta, A., Schänzer, A., Schwarting, R. K., & Höglinger, G. U. (2009). New insights into the relationship of neurogenesis and affect: Tickling induces hippocampal cell proliferation in rats emitting appetitive 50-kHz ultrasonic vocalizations. *Neuroscience*, 163, 1024-1030.

Worthman, C. M., Plotsky, P. M., Schechter, D. S., & Cummings, C. A. (2010). *Formative Experiences*. New York, NY: Cambridge University

Press.

Wright, J., & Panksepp, J. (2011). Toward affective circuit-based preclinical models of depression: Sensitizing dorsal PAG arousal leads to sustained suppression of positive affect in rats. *Neuroscience & Biobehavioral Reviews*, 35, 1902-1915.

Yamamuro, T., Senzaki, K, Iwamoto, S., Nakagawa, Y., Hayashi, T., Hori, M., Sakamoto, S., Murakami, K, Shiga, T., & Urayamaa, O. (2010). Neurogenesis in the dentate gyrus of the rat hippocampus enhanced by tickling stimulation with positive emotion. *Neuroscience Research*, 68, 285-289.

Yamasue, H., Kuwabara, H., Kawakubo, Y., & Kasai, K. (2009). Oxytocin, sexually dimorphic features of the social brain, and autism. *Psychiatry and Clinical Neurosciences*, 63, 129-40.

Yarbus, A. L. (1967). *Eye Movements and Vision*. New York, NY: Plenum.

Yates, A. (1978). *Sex Without Shame: Encouraging the Child's Healthy Sexual Development*. New York, NY: William Morrow.

Yeomans, J. S., Mathur, A., & Tampakeras, M. (1993). Rewarding brain stimulation: Role of tegmental cholinergic neurons that activate dopamine neurons. *Behavioral Neuroscience*, 107, 1077-1087.

Young, L. J., & Wang, Z. (2004). The neurobiology of pair bonding. *Nature Neuroscience*, 7, 1048-1054.

Zachar, P., & Ellis, R. (Eds.). (2012). *Emotional Theories of Jaak Panksepp and Jim Russell*. Amsterdam: John Benjamins.

Zaharna, M., Dimitriu, A., & Guilleminault, C. (2010). Expert opinion on pharmacotherapy of narcolepsy. *Expert Opinions in Pharmacotherapy*, 11, 1633-1645.

Zellner, M., Watt, D. F., Solms, M., & Panksepp, J. (2011). Affective neuroscientific and neuropsychoanalytic approaches to two intractable psychiatric problems: Why depression feels so bad and what addicts really want. *Neuroscience & Biobehavioral Reviews*, 35, 2000-2008.

Zhang, D., & Raichle, M. E. (2010). Disease and the brain's dark energy. *Nature Reviews Neurology*, 6, 15-28.

Zhang, T. Y., & Meaney, M. J. (2010). Epigenetics and the environmental regulation of the genome and its function. *Annual Review of Psychology*, 61, 439-466.

Zhou, J. -N., Hofman, M. A., Gooren, L. J. G., & Swaab, D. F. (1995). A sex difference in the human brain and its relation to transsexuality. *Nature*, 378, 68-70.

Zinken, J., Knoll, M., & Panksepp, J. (2008). Universality and diversity in the vocalization of emotions. In K. Izdebski (Ed.), *Emotions in the Human Voice*, *Vol*. 1. *Foundations*. (pp. 185-202). San Diego, CA: Plural.

Zubieta, J. K., Ketter, T. A., Bueller, J. A., Xu, Y., Kilbourn, M. R., Young, E. A., & Koeppe, R. A. (2003). Regulation of human affective responses by anterior cingulate and limbic mu-opioid neurotransmission. *Archives of General Psychiatry*, 60, 1145-1153.

Zuckerman, M., & Kuhlman, D. M. (2000). Personality and risk-taking: Common biosocial factors. *Journal of Personality*, 68, 999-1029.

译 后 记

我们提出,应该甚至必须从生命以及生命的存续、安康(well-being)、适应和演化的角度来理解和探究心智的本性、机能以及诸机能之间的关系。我们将这个研究主张称之为“心智的生命观”(view of mind from life)。生命的本性何以蕴含了对心智的理解,这需要从生命本性的分析中去寻找。

艾瑟 · 康沃尔-鲍登(Athel Cornish-Bowden) 及玛丽亚 · 卢兹 · 卡德纳斯(María Luz Cárdenas)在《生命理论的对比:历史背景、当前理论以及寻找一个理想的理论》中写道:“生命的一个重要原则一旦指出来,就是显而易见的,但却在大多数生命化学解释中被忽视,这个原则就是闭合(closure)。不管人们如何定义机器,不论它是如斧头这样非常简单的工具,还是如飞机或工厂这类更复杂的(complicated)机器,机器都不能制造自身或者维持自身:它需要一个外部代理(agency)的输入才能做到这一点。”①事实上,我们在当代几个聚焦于生命本质的主要理论——自创生(autopoiesis)、(代谢,修复)系统[(M,R) systems]、化学子(chemoton)、超循环(hypercycle)、自催化集(autocatalytic sets)——中确实看到了“循环”(circularity)特别是“闭合”的观念。这种闭合不是一般几何学意义上的形状闭合(譬如一个圆形),而是

① Cornish-Bowden, A., & Cárdenas, M. L. (2020). Contrasting theories of life: Historical context, current theories. In search of an ideal theory. *Biosystems*, 188, 104063.

涉及物质的生产(making, producing)或制造(fabricating)的操作闭合(operational closure)或动力因闭合(efficient causation closure)。

面对热力学熵增这个无情的宇宙学趋势,一个物质系统要保持“活着”(stay alive)(换言之,一个物质系统是生命系统),它就必须要有一种对抗热力学熵增趋势的机制,这个机制就是:无需外部代理,该系统能够生产出因热力学熵增而不可避免衰损的成分,从而维持系统的功能组织的完整性。因此,所有生命(无论简单和还是高级)本质上是一个源于内部自我生产过程(新陈代谢)的自我维持体系。

康德认为,要理解生命或有机体就必须依赖“内在目的”这种概念。与康德的思想一致,“(代谢,修复)系统”理论的提出者、理论生物学家罗伯特·罗森(Robert Rosen)认为,要描述自我生产的物质系统或动力因闭合的物质系统的性质(nature)、属性(property)、特征(feature)或特点(characteristic)就必然会涉及“预期”(anticipation)、“目的”(end、purpose)、“目的性”(teleonomy)、“目标”(goal)等范畴。他写道:

尤其,我以因果语言提出并表明:一个闭合的蕴涵循环允许一个完全严格的“目的因”概念(a closed loop of entailment permits a perfectly rigorous notion of final cause)。[①]

既然生命系统的机制——操作闭合或动力因闭合——允许“目的因”范畴,那么它也内在地允许“主体”“自我”“价值”“意义”等范畴,如此一来,生命的机制分析与生命的现象学分析就彼此对应和呼应起来。

至此,如上一番论说与情绪有何关系呢?我们的意图很简单,就是在生命的本性中锚定情绪的根源,从而将潘克塞普的“心智考古学”一直贯彻到

① Rosen, R. (2006). Autobiographical reminiscences of Robert Rosen. *Axiomathes*, 16 (1-2), 1-23.

生命的诞生处,将心智的考古发掘一直贯彻到还无神经“加持”的最简单的生命中。

生命是一个本然的价值系统,因为生命有机体(living organism)与环境的任何互动最终都指向和服务生存(活着)和安康这个根本的生物学目的或生物学价值。以生物的趋化作用(chemotaxis)为例,我们来领会一下最原始的生物情绪。所谓“趋化作用”是生物体对外界环境中的化学物质刺激所产生的趋向性反应,是身体细胞、细菌及其他单细胞、多细胞生物依据环境中某些化学物质而趋向的运动,这对细菌寻找食物(如葡萄糖)十分重要,细菌以此趋近有较高食物分子浓度的地方,或远离有毒(如苯酚)的地方。例如,当变形虫吞噬原生动物时,其细胞膜会对构成原生动物的化学物质的出现做出反应,从而导致变形虫原生质的稠度发生变化,这些变化表现为伪足的指状突起——当变形虫在准备捕食原生动物时会延伸到它的周围。类似地,某些细菌具有被称为鞭毛的尾巴状膜结构,它像螺旋桨一样旋转以使细菌移动,当鞭毛向一个方向旋转时,细菌会做出简单的翻转,而改变旋转方向会导致移动。如果将一粒糖放入含有这种细菌的溶液中,细胞膜上的化学受体就会感应到糖分子,这会导致膜的变化,使得细菌改变鞭毛推进结构的旋转方向,并逐渐向糖分子的最大浓度方向移动(趋化作用)。在这两种情况下,化学环境的变化均会引起细胞膜的感觉扰动,从而产生运动。

对于阿米巴虫或细菌这种简单的生物来说,它们除了马斯洛需求层次中的生理需求(即活着),似乎再无更高的需求,当然也无实现更高需求的能力。但正是在这个根本和极简的生存需求中,我们也能看到它们的心智——知情意的三元统一体。如果变形虫想生存下来,它就必须有一种最基本的分类(categorize)能力,即区分出环境中的事物是食物还是非食物的能力,以及基于这种分类做出不同反应的行动能力——趋近还是避开。分类显然是一种基本的感知和认知成分,而行动也可以看作实现认知选择的意志成分,而在阿米巴虫整体的分类—行动(或感知—运动)中,我们也看到其中蕴含着明显的价值和"态度"的成分,即糖类分子对阿米巴虫是有益的、令它喜欢的,还是有害的、令它厌恶的。有益与有害,是价值范畴;喜欢与厌恶,是情感和情绪范畴,也是态度范畴。因此,趋近和避开这两种机体反应代表着阿米巴虫的情绪,这绝不是拟人的说辞。

阿米巴虫的一切都是简单的:它的认知是简单的,可能只能区分出事物是可食的还是不可食的;它的行为是简单的,譬如只有鞭毛的旋转方向;它的情绪也是简单的,可能只有喜欢与厌恶。相比人类情绪——情绪反应、情绪表达、情绪诱发以及情绪感受——在情绪谱上分布的广泛性和丰富性,阿米巴虫的情绪似乎只占据了情绪谱的两端,即代表正向情绪一端的喜欢与代表负向情绪一端的厌恶。对于更复杂也更高级的生命有机体,它们的情绪将以更加多样的表现分布在情绪谱的不同点上。

情绪以及情绪体验是生命有机体对于环境中事物之于其价值的反应和表达,而所有生命意义的根源也在于此。我们在生物界中目睹的种种复杂、多样的生物智能的演化,本质上都受情绪价值的引导,同时也服务于这些情绪价值的实现。通常我们理解的情绪主要来自人类和高等动物的情绪表达,但潘克赛普对情绪的理解更为一般。情绪相当于一个内在的奖惩系统,它是有机体对当前生存状态的反应,正面情绪反映当前状态是适宜的,负面情绪则反映当前状态是不适宜的。如此一来,通过情绪包括进一步的情绪感受,有机体获得了一种评估与环境价值关系的方式,从而有利地指引有机体的行为。尽管随着人类演化复杂性的增加,知(认知、智能、理性)情(情绪、情感、感受)意(选择、决断、行动)三者在人类生活中出现了很大的分离,甚至在哲学史和思想史上,我们看到理性与情绪对立、赞扬理性贬抑情绪、理性至上的观念和学说，但是事实上，正如前文想表明的，这三者在生命的根源处是统一的。既然当代生命理论的分析表明，任何具有对抗熵增趋势的机制的生命系统必然是一个内在目的的系统和一个本然价值的系统，那么我们可以进一步合理地说，生命的存续、安康和适应必然要求：一个生命系统既是一个情绪系统，也是一个认知系统和行动系统。

潘克赛普对心智演化的层级的观点、对情绪与认知关系的观点反映了与我们所坚持的这个更深层的观点是相通的，即情绪与生物价值的内在关联性。当然，这样的研究路向也充分地表现在安东尼奥 · 达马西奥(Antonio Damasio)等当代认知神经科学家的杰出研究中。当我们从更原始、更基础的层面上理解情绪的雏形，这将有助于我们更好地理解更复杂、更高级层面的情绪。

雅克 · 潘克塞普 1943 年出生于爱沙尼亚塔尔图，后随家人一同移民美国。潘克塞普于匹茨堡大学获得心理学学士学位(1965)，并于马萨诸塞大学阿默斯特分校获得生理心理学硕士学位(1967)和博士学位(1969)，其博士论文《白鼠攻击性的神经基础》(*The Neural Basis of Aggression in the Albino Rat*)重点研究了激励转变导致的行为结果、药物对自我刺激和攻击性的影响，以及对大脑积极和消极电刺激的行为分析。自 20 世纪 70 年代，潘克塞普长期活跃于情绪情感研究领域，在动物情绪情感研究方面做出重要贡献，帮助人们更加深入地了解情感的本质以及情绪在人类和动物行为中的作用。在近半个世纪的研究生涯中，潘克塞普累计发表 260 余篇科学研究论文，撰写《情感神经科学：人类和动物的情绪基础》(1998)[①]、《心智考

① Panksepp, J. (1998). *Affective Neuroscience: The Foundations of Human and Animal Emotions*. New York: Oxford University Press.

古学：人类情绪的神经演化起源》(2012)[①]、《人格的情绪基础：一种神经生物学和演化方法》(2018)[②]等著作，可谓硕果累累。

作为潘克塞普情绪情感研究的集大成之作，《心智考古学：人类情绪的神经演化起源》一书系统全面地阐述了其情感神经科学(affective neuroscience)的情绪理论和成果。

(1)对传统神经科学的超越。传统神经科学认为，新皮层的高级认知功能——思维、规划、决策和问题解决——对于整个心智的发展起到决定性作用，人类所能达到的一切智力成就都是因为新皮层能够以精细的方式进行学习和反思。然而，作为"情感神经科学"的开创者，潘克塞普提出了截然相反的观点。在潘克塞普看来，源于新皮层下的低阶脑区的情感在心智演化过程中居于首要地位。心智生活的所有方面，包括高级认知活动，都受到初级过程情感的影响。如果离开了脑深处的低阶脑区，那么新皮层根本就无法取得任何成就。

(2)与其他动物共享的情绪情感。潘克塞普用大量实验证据表明非人类的哺乳动物具有与人类相似的初级过程的情绪情感。大致上，"动物能够感受"情绪情感的证据可以分为三类。第一，当对动物脑进行局部电刺激时，它们会明显表现出喜爱或厌恶的偏好，而当对人类相应的脑区进行电刺激时，受试者会汇报主观的感受；第二，通过观察缺少新皮层的人类和动物的行为发现，新皮层对于初级过程的情绪体验的生成并不是必要的；第三，鉴于情绪感受与情绪行为显著的同源性，因此有充足的理由相信动物的情绪行为表现反映了情绪感受状态的激活。

---

① Panksepp, J., & Biven, L. (2012). *The Archaeology of Mind: Neuroevolutionary Origins of Human Emotion*. New York: W. W. Norton & Company.

② Panksepp, J., & Davis, K. (2018). *The Emotional Foundations of Personality: A Neurobiological and Evolutionary Approach*. New York: W. W. Norton & Company.

(3)嵌套的脑心层次结构。潘克塞普提出了嵌套的脑心层次结构理论。该理论认为，脑心(BrainMind)是一种在演化上分层的器官，生物的情感、学习和认知能力是逐层嵌套的，低阶脑区心智功能嵌入并再现于高阶大脑功能中，而作为生物的规范来源的系统，即情感或情绪感受，在演化上要更早；只是随着哺乳动物脑皮层覆盖面的增大以及变得更加复杂，生物的记忆、学习、思考和反思能力——即通常所说的智能——才随着次级过程和三级过程的演化而出现；在整个心智过程中，不仅仅存在智能等高阶脑功能自上而下对情感的调节；更重要的是，低阶脑区的情感功能可以自下而上，通过学习和发展机制，对高阶脑功能进行引导和控制；这种双向的路径，可以被视为“循环因果作用”，它使脑成了一个具有强烈内部相互作用的整体器官；每一种情感最初都是在初级过程的层次上进行表达，但随着主体的发育成长，这些情感开始习得与客体之间的关系(次级过程的情感)，对外部世界进行认知理解，并建立与思想和反思等高级认知活动的联系，从而形成人类复杂的三级过程的情感。

(4)七类基本情绪系统。潘克塞普对情绪系统进行了神经科学定义并确定了七类存在于所有哺乳动物皮层下脑回路中的基本情绪系统，分别为：探索(期望)系统、愤怒(气愤)系统、恐惧(焦虑)系统、欲望(性欲)系统、关怀(抚育)系统、惊慌/悲痛(分离苦楚)系统以及嬉戏(愉悦)系统。这些系统各自具有相对应的核心大脑区域并受到特定的神经递质调节。潘克塞普在对这七类情绪系统进行科学阐述的同时，还对它们可能导致的精神疾病及相关治疗建议，甚至是它们对人类生活和社会发展的影响进行了分析和讨论。

潘克塞普的研究在为我们理解情绪情感的本质提供了重要的线索的同时，也向我们揭示了为何当前的人工智能生存性威胁论是一种“虚幻”的忧虑。

潘克塞普指出，虽然新皮层作为一种生成复杂认知能力以及文化的器官，它对于复杂的知觉、学习和认知极为重要，人类所能达到的一切文化里程碑都是因为有新皮层，但新皮层的这种作用是“次级”的，因为“仍存在于哺乳动物和爬行动物脑回路中的我们更深的皮层下的隐秘之地则塑造着我们日常心智体验的先天‘纹理’”。

这些古老的皮层下的脑系统，对于任何想要理解所有我们已知并在生命中将要体验的基本价值的根源来说，都是珍贵而多彩的“宝石”。这些位于皮层下回路中的情感系统形塑了我们的主观生活，并对我们的行为和思维产生根本性的影响，情感作为一种规范能引导和驱使生物去学习，去发展解决生存需要的各种智力策略。如果离开了脑深处高度演化的根本心智，那么皮层就不可能取得任何成就。

潘克塞普认为，当前的人工智能生存性威胁论的迷思就在于混淆了心智活动中的智能认知部分与情感情绪部分。智能认知只能提供“分析”“计算”“判定”等，“威胁”“控制”“奴役”等规范性概念是由情感（情感和动机）系统所承载的，而并非依托于智能（感知和思维）系统。换言之，如果缺乏规范性维度的情感，任何高级智能的沉思都只能获得一种实然的“计算”描述，而不可能产生任何应然的情感上的“威胁”。

人工智能作为一种机器模拟的智能，只能根据预先编程的规则和算法执行“分析”“计算”“判定”等智能任务，并不具备产生情绪或体验情感的能力，也就是说，人工智能从根本上就不会生发出“威胁”“控制”“奴役”这些源自情感情绪系统的行动。

正如K. T. 斯托曼(K. T. Strongman)所说：“潘克塞普的情绪理论是神经生理和神经科学领域最优秀和最详尽的理论之一。”翻译《心智考古学：人类情绪的神经演化起源》这本堪称情绪情感研究领域百科全书的著作，无疑是一项工作量大但又刺激的工作。本书翻译始于 2016 年夏。李恒威初译了第 11、12、13 章，王昊晟初译了其余所有部分。初译稿完成后，王昊晟对整个初译进行了第一遍的统校，之后李恒威又陆续对全译稿做了一遍校译。当时间被各种事务分解为片段后，一本如此之厚的著作被一再延宕完成也是情非所愿但又事所必然。由于被事务牵绊而不能制心一处，翻译难免出现理解的不信、语句的不达、修辞的不雅，请各位读者指正。

本书的翻译工作获得科技部科技创新 2030“脑科学与类脑研究”重大项目（2021ZD0200409）、国家社科基金一般项目“心智的生命观研究”（20BZX045）、国家社科基金重大项目“马克思主义认识论与认知科学范式的相关性研究”（22&ZD034）、“中央高校基本科研业务费专项资金资助项目”等基金的资助或支持，对此我们深表谢忱！

李恒威　王昊晟

2023 年 7 月 15 日